Hansjörg Seiler
Nicolas von Werdt
Andreas Güngerich

Bundesgerichtsgesetz (BGG)
Bundesgesetz über das Bundesgericht

Hansjörg Seiler
Nicolas von Werdt
Andreas Güngerich

Stämpflis Handkommentar SHK

Bundesgerichtsgesetz (BGG)

Bundesgesetz über das Bundesgericht

Stämpfli Verlag AG Bern · 2007

Bibliografische Information Der Deutschen Nationalbibliothek
Die Deutsche Nationalbibliothek verzeichnet diese Publikation in der Deutschen Nationalbibliografie; detaillierte bibliografische Daten sind im Internet über <http://dnb.d-nb.de> abrufbar.

Alle Rechte vorbehalten, insbesondere das Recht der Vervielfältigung, der Verbreitung und der Übersetzung. Das Werk oder Teile davon dürfen ausser in den gesetzlich vorgesehenen Fällen ohne schriftliche Genehmigung des Verlags weder in irgendeiner Form reproduziert (z. B. fotokopiert) noch elektronisch gespeichert, verarbeitet, vervielfältigt oder verbreitet werden.

© Stämpfli Verlag AG Bern · 2007

Gesamtherstellung:
Stämpfli Publikationen AG, Bern
Printed in Switzerland

ISBN 3-7272-2530-0

Vorwort

Das Bundesgesetz über das Bundesgericht (Bundesgerichtsgesetz BGG) tritt am 1. Januar 2007 in Kraft. Das neue Gesetz ist Teil einer umfassenden Neuordnung der Bundesrechtspflege. Mit ihm weicht insbesondere die bisherige Aufteilung auf verschiedene Rechtsmittel (weitgehend) einem Einheitsbeschwerdeverfahren.

Der vorliegende Kommentar ist vor dem Inkrafttreten des Bundesgerichtsgesetzes entstanden. Eine Praxis zum neuen Rechtsmittelsystem fehlt noch. Damit ist gesagt, dass der Kommentar nur eine erste Darstellung der neuen Rechtsmittelordnung sein kann, die eine spätere Vertiefung erforderlich macht. Die Kommentierung basiert auf der Auswertung der Materialien zum Gesetz, gibt die bisherige Rechtsprechung wieder, soweit sie auch in Zukunft Geltung haben dürfte, erläutert die Änderungen gegenüber dem Bundesgesetz über die Bundesrechtspflege (OG) und wirft zahlreiche Fragen auf, welche die künftige Praxis zu beantworten haben wird.

Die Autoren danken Frau lic. iur. Anita Buri sowie den Herren lic. iur. Urs Marti und Andreas Günther für ihre wertvolle Mitarbeit sowie die Erstellung des ausführlichen Sachregisters.

Die Autoren   HANSJÖRG SEILER
NICOLAS VON WERDT
ANDREAS GÜNGERICH

Inhaltsverzeichnis

Vorwort V
Abkürzungsverzeichnis XIII
Literaturverzeichnis XXI

Entstehungsgeschichte 1

1. Kapitel: Stellung und Organisation 11

1. Abschnitt: Stellung 11
    Art. 1   Oberste Recht sprechende Behörde 11
    Art. 2   Unabhängigkeit 17
    Art. 3   Verhältnis zur Bundesversammlung 19
    Art. 4   Sitz 22

2. Abschnitt: Richter und Richterinnen 24
    Art. 5   Wahl 24
    Art. 6   Unvereinbarkeit 27
    Art. 7   Nebenbeschäftigung 32
    Art. 8   Unvereinbarkeit in der Person 34
    Art. 9   Amtsdauer 37
    Art. 10   Amtseid 40
    Art. 11   Immunität 42
    Art. 12   Wohnort 48

3. Abschnitt: Organisation und Verwaltung 49
    Art. 13   Grundsatz 49
    Art. 14   Präsidium 51
    Art. 15   Gesamtgericht 55
    Art. 16   Präsidentenkonferenz 60
    Art. 17   Verwaltungskommission 62
    Art. 18   Abteilungen 67
    Art. 19   Abteilungsvorsitz 71
    Art. 20   Besetzung 73
    Art. 21   Abstimmung 78
    Art. 22   Geschäftsverteilung 81
    Art. 23   Praxisänderung und Präjudiz 84
    Art. 24   Gerichtsschreiber und Gerichtsschreiberinnen 88
    Art. 25   Verwaltung 92
    Art. 25a Infrastruktur 94
    Art. 26   Generalsekretariat 96
    Art. 27   Information 98
    Art. 28   Öffentlichkeitsprinzip 102

2. Kapitel: Allgemeine Verfahrensbestimmungen ... 105

1. Abschnitt: Zuständigkeit ... 105
- Art. 29 Prüfung ... 105
- Art. 30 Unzuständigkeit ... 107
- Art. 31 Vorfragen ... 109

2. Abschnitt: Prozessleitung ... 112
- Art. 32 Instruktionsrichter oder Instruktionsrichterin ... 112
- Art. 33 Disziplin ... 115

3. Abschnitt: Ausstand von Gerichtspersonen ... 117
- Art. 34 Ausstandsgründe ... 117
- Art. 35 Mitteilungspflicht ... 121
- Art. 36 Ausstandsbegehren ... 122
- Art. 37 Entscheid ... 124
- Art. 38 Verletzung der Ausstandsvorschriften ... 126

4. Abschnitt: Parteien, Parteivertreter und -vertreterinnen, Rechtsschriften ... 128
- Art. 39 Zustellungsdomizil ... 128
- Art. 40 Parteivertreter und -vertreterinnen ... 131
- Art. 41 Unfähigkeit zur Prozessführung ... 134
- Art. 42 Rechtsschriften ... 136
- Art. 43 Ergänzende Beschwerdeschrift ... 142

5. Abschnitt: Fristen ... 144
- Art. 44 Beginn ... 144
- Art. 45 Ende ... 147
- Art. 46 Stillstand ... 149
- Art. 47 Erstreckung ... 152
- Art. 48 Einhaltung ... 154
- Art. 49 Mangelhafte Eröffnung ... 157
- Art. 50 Wiederherstellung ... 159

6. Abschnitt: Streitwert ... 161
- Art. 51 Berechnung ... 161
- Art. 52 Zusammenrechnung ... 167
- Art. 53 Widerklage ... 168

7. Abschnitt: Verfahrenssprache ... 170
- Art. 54 ... 170

8. Abschnitt: Beweisverfahren ... 173
- Art. 55 Grundsatz ... 173
- Art. 56 Anwesenheit der Parteien und Urkundeneinsicht ... 177

9. Abschnitt: Urteilsverfahren ... 180
- Art. 57 Parteiverhandlung ... 180
- Art. 58 Beratung ... 181
- Art. 59 Öffentlichkeit ... 183
- Art. 60 Eröffnung des Entscheids ... 188
- Art. 61 Rechtskraft ... 191

10. Abschnitt: Kosten		196
Art. 62	Sicherstellung der Gerichtskosten und der Parteientschädigung	196
Art. 63	Vorschuss für Barauslagen	202
Art. 64	Unentgeltliche Rechtspflege	205
Art. 65	Gerichtskosten	217
Art. 66	Erhebung und Verteilung der Gerichtskosten	225
Art. 67	Kosten der Vorinstanz	236
Art. 68	Parteientschädigung	238
11. Abschnitt: Vollstreckung		247
Art. 69	Entscheide auf Geldleistung	247
Art. 70	Andere Entscheide	248
12. Abschnitt: Ergänzendes Recht		251
Art. 71		251

Vorbemerkungen zu Art. 72–89 BGG ... 253

3. Kapitel: Das Bundesgericht als ordentliche Beschwerdeinstanz ... 255

1. Abschnitt: Beschwerde in Zivilsachen		255
Art. 72	Grundsatz	255
Art. 73	Ausnahme	262
Art. 74	Streitwertgrenze	264
Art. 75	Vorinstanzen	269
Art. 76	Beschwerderecht	273
Art. 77	Internationale Schiedsgerichtsbarkeit	277
2. Abschnitt: Beschwerde in Strafsachen		281
Art. 78	Grundsatz	281
Art. 79	Ausnahme	286
Art. 80	Vorinstanzen	288
Art. 81	Beschwerderecht	291
3. Abschnitt: Beschwerde in öffentlich-rechtlichen Angelegenheiten		295
Art. 82	Grundsatz	295
Art. 83	Ausnahmen	311
Art. 84	Internationale Rechtshilfe in Strafsachen	337
Art. 85	Streitwertgrenzen	340
Art. 86	Vorinstanzen im Allgemeinen	343
Art. 87	Vorinstanzen bei Beschwerden gegen Erlasse	351
Art. 88	Vorinstanzen in Stimmrechtssachen	353
Art. 89	Beschwerderecht	357

4. Kapitel: Beschwerdeverfahren ... 375

1. Abschnitt: Anfechtbare Entscheide		375
Art. 90	Endentscheide	375
Art. 91	Teilentscheide	378

Art. 92	Vor- und Zwischenentscheide über die Zuständigkeit und den Ausstand..		381
Art. 93	Andere Vor- und Zwischenentscheide..		386
Art. 94	Rechtsverweigerung und Rechtsverzögerung............................		392

2. Abschnitt: Beschwerdegründe.. 397
    Art. 95   Schweizerisches Recht 397
    Art. 96   Ausländisches Recht... 408
    Art. 97   Unrichtige Feststellung des Sachverhalts 412
    Art. 98   Beschränkte Beschwerdegründe 419

3. Abschnitt: Neue Vorbringen 424
    Art. 99   424

4. Abschnitt: Beschwerdefrist... 428
    Art. 100   Beschwerde gegen Entscheide 428
    Art. 101   Beschwerde gegen Erlasse 434

5. Abschnitt: Weitere Verfahrensbestimmungen 436
    Art. 102   Schriftenwechsel... 436
    Art. 103   Aufschiebende Wirkung 441
    Art. 104   Andere vorsorgliche Massnahmen... 445
    Art. 105   Massgebender Sachverahlt 447
    Art. 106   Rechtsanwendung... 450
    Art. 107   Entscheid 454

6. Abschnitt: Vereinfachtes Verfahren 458
    Art. 108   Einzelrichter oder Einzelrichterin... 458
    Art. 109   Dreierbesetzung.. 462

Vorbemerkung zu den Art. 110–112 BGG... 466

7. Abschnitt: Kantonales Verfahren 467
    Art. 110   Beurteilung durch richterliche Behörde 467
    Art. 111   Einheit des Verfahrens.. 470
    Art. 112   Eröffnung der Entscheide 474

5. Kapitel: Subsidiäre Verfassungsbeschwerde 483
    Art. 113   Grundsatz.. 483
    Art. 114   Vorinstanzen... 487
    Art. 115   Beschwerderecht... 489
    Art. 116   Beschwerdegründe.. 493
    Art. 117   Beschwerdeverfahren 495
    Art. 118   Massgebender Sachverhalt 498
    Art. 119   Gleichzeitige ordentliche Beschwerde.................................... 500

6. Kapitel: Klage 503
    Art. 120   503

7. Kapitel: Revision, Erläuterung und Berichtigung ... 511

1. Abschnitt: Revision ... 511

    Art. 121   Verletzung von Verfahrensvorschriften ... 511
    Art. 122   Verletzung der Europäischen Menschenrechtskonvention ... 519
    Art. 123   Andere Gründe ... 524
    Art. 124   Frist ... 529
    Art. 125   Verwirkung ... 534
    Art. 126   Vorsorgliche Massnahmen ... 537
    Art. 127   Schriftenwechsel ... 539
    Art. 128   Entscheid ... 541

2. Abschnitt: Erläuterung und Berichtigung ... 545

    Art. 129 ... 545

8. Kapitel: Schlussbestimmungen ... 555

    Art. 130   Kantonale Ausführungsbestimmungen ... 555
    Art. 131   Aufhebung und Änderung bisherigen Rechts ... 563
    Art. 132   Übergangsbestimmungen ... 567
    Art. 133   Referendum und Inkrafttreten ... 573

Sachregister ... 575

Abkürzungsverzeichnis

a	(vor einem Erlass, z.B. aBV) alte Fassung des jeweiligen Erlasses
a.A.	anderer Ansicht
a.a.O.	am angeführten Ort
a.E.	am Ende
a.M.	anderer Meinung
Abs.	Absatz
AG	Aktiengesellschaft
AHVG	BG vom 20. Dezember 1946 über die Alters- und Hinterlassenenversicherung (SR 831.10)
AJP/PJA	Aktuelle juristische Praxis
al.	Alinea
Amtl. Bull.	Amtliches Bulletin
ANAG	BG vom 26. März 1931 über Aufenthalt und Niederlassung der Ausländer (SR 142.20)
Anm.	Anmerkung
ArG	BG vom 13. März 1964 über die Arbeit in Industrie, Gewerbe und Handel (Arbeitsgesetz; SR 822.11)
Art.	Artikel
ARV	Arbeitsrecht; Zeitschrift für Arbeitsrecht und Arbeitslosenversicherung
AS	Amtliche Sammlung des Bundesrechts
ASA	Archiv für Schweizerisches Abgaberecht
ATSG	BG vom 6. Oktober 2000 über den Allgemeinen Teil des Sozialversicherungsrechts (SR 830.1)
ATSV	VO vom 11. September 2002 über den Allgemeinen Teil des Sozialversicherungsrechts (SR 830.11)
Aufl.	Auflage
AuG	BG vom 16. Dezember 2005 über die Ausländerinnen und Ausländer (BBl 2002 3709)
AVIG	BG vom 25. Juni 1982 über die obligatorische Arbeitslosenversicherung und die Insolvenzentschädigung (Arbeitslosenversicherungsgesetz; SR 837.0)
BBl	Bundesblatt
BBG	BG vom 13. Dezember 2002 über die Berufsbildung (Berufsbildungsgesetz; SR 412.10)
Bd.	Band
BehiG	BG vom 13. Dezember 2002 über die Beseitigung von Benachteiligungen von Menschen mit Behinderungen (Behindertengleichstellungsgesetz; SR 151.3)

Abkürzungsverzeichnis

Bem.	Bemerkungen
betr.	Betreffend
BewG	BG vom 16. Dezember 1983 über den Erwerb von Grundstücken durch Personen im Ausland (SR 211.412)
BG	Bundesgesetz
BGBM	BG vom 6. Oktober 1995 über den Binnenmarkt (Binnenmarktgesetz; SR 943.02)
BGE	Entscheidungen des Schweizerischen Bundesgerichts; amtl. Sammlung
BGer	Bundesgericht
BGFA	BG über die Freizügigkeit der Anwältinnen und Anwälte vom 23. Juni 2000 (Anwaltsgesetz; SR 935.61)
BGG	BG über das Bundesgericht vom 17. Juni 2005 (Bundesgerichtsgesetz; SR 173.110)
BGÖ	BG vom 17. Dezember 2004 über das Öffentlichkeitsprinzip der Verwaltung (Öffentlichkeitsgesetz, SR 152.3)
BoeB	BG vom 16. Dezember 1994 über das öffentliche Beschaffungswesen (SR172.056.1)
BPG	Bundespersonalgesetz vom 24. März 2000 (SR 172.220.1)
BPR	BG vom 17. Dezember 1976 über die politischen Rechte (SR 161.1)
BR	Bundesrat
BS	Bereinigte Sammlung der Bundesgesetze und Verordnungen, 1848-1947
BSG	Bernische Systematische Gesetzessammlung
Bsp.	Beispiel(e)
bspw.	Beispielsweise
BStP	BG vom 15. Juni 1934 über die Bundesstrafrechtspflege (SR 312.0)
BüG	BG vom 29. September 1952 über Erwerb und Verlust des Schweizer Bürgerrechts (Bürgerrechtsgesetz; SR 141.0)
BÜPF	BG vom 6. Oktober 2000 betreffend die Überwachung des Post- und Fernmeldeverkehrs (SR 780.1)
BV	Bundesverfassung der Schweizerischen Eidgenossenschaft vom 18. April 1999 (SR 101)
BVG	Bundesgesetz vom 25. Juni 1982 über die berufliche Alters-, Hinterlassenen- und Invalidenvorsorge (SR 831.40)
BVO	VO vom 6. Oktober 1986 über die Begrenzung der Zahl der Ausländer (SR 823.21)
BVR	Bernische Verwaltungsrechtsprechung; Entscheidungen und Abhandlungen zum bernischen Verwaltungsrecht
BWIS	BG vom 21. März 1997 über Massnahmen zur Wahrung der inneren Sicherheit (SR 120)

bzgl.	Bezüglich
BZG	BG vom 4. Oktober 2002 über den Bevölkerungsschutz und den Zivilschutz (Bevölkerungs- und Zivilschutzgesetz; SR 520.1)
BZP	BG vom 4. Dezember 1947 über den Bundeszivilprozess (SR 273)
bzw.	beziehungsweise
c.	contra
d.h.	das heisst
D	Dekret
DBG	BG vom 14. Dezember 1990 über die direkte Bundessteuer (SR 642.11)
DesG	BG über den Schutz von Design vom 5. Oktober 2001 (Designgesetz; SR 232.12)
Diss.	Dissertation
DSG	BG vom 19. Juni 1992 über den Datenschutz (SR 235.1)
E	Entwurf
E.	Erwägung
EBG	Eisenbahngesetz vom 20. Dezember 1957 (SR 742.101)
EFTA	Europäische Freihandelsassoziation
EGMR	Europäischer Gerichtshof für Menschenrechte
EHG	BG vom 28. März 1905 über die Haftpflicht der Eisenbahn- und Dampfschifffahrtsunternehmungen und der Schweizerischen Post (SR 221.112.742)
eidg.	Eidgenössisch
EJPD	Eidgenössisches Justiz- und Polizeidepartement
EmbG	BG vom 22. März 2002 über die Durchsetzung von internationalen Sanktionen (Embargogesetz; SR 946.231)
EMRK	Konvention vom 4. November 1950 zum Schutz der Menschenrechte und Grundfreiheiten (SR 0.101)
EntG	BG vom 20. Juni 1930 über die Enteignung (SR 711)
EOG	BG vom 25. September 1952 über den Erwerbsersatz für Dienstleistende und bei Mutterschaft (Erwerbsersatzgesetz; SR 834.1)
etc.	et cetera
ETH	Eidgenössische Technische Hochschule
ETHG	BG vom 4. Oktober 1991 über die Eidgenössischen Technischen Hochschulen (ETH-Gesetz; SR 414.110)
EU	Europäische Union
EVG	Eidgenössisches Versicherungsgericht
evtl.	eventuell
f.	und folgende (Seite, Note usw.)

FamPra	Die Praxis des Familienrechts
ff.	und folgende (Seiten, Noten usw.)
FG	(bernisches) Gesetz vom 6. Februar 1984 über die Fürsprecher (BSG 168.11)
FG	BG vom 7. Oktober 1983 über die Forschung (Forschungsgesetz; SR 420.1)
FHG	BG vom 7. Oktober 2005 über den eidgenössischen Finanzhaushalt (Finanzhaushaltsgesetz; SR 611.0)
FiG	BG vom 14. Dezember 2001 über Filmproduktion und Filmkultur (Filmgesetz; SR 443.1)
FiLaG	BG vom 3. Oktober 2003 über den Finanz- und Lastenausgleich (SR 613.2)
FKG	BG vom 28. Juni 1967 über die eidgenössische Finanzkontrolle (Finanzkontrollgesetz; SR 614.0)
FMG	Fernmeldegesetz vom 30. April 1997 (SR 784.10)
Fn.	Fussnote
FWG	BG vom 4. Oktober 1985 über Fuss- und Wanderwege (SR 704)
FZA	Abkommen vom 21. Juni 1999 zwischen der Schweizerischen Eidgenossenschaft einerseits und der Europäischen Gemeinschaft und ihren Mitgliedstaaten andererseits über die Freizügigkeit (SR 0.142.112.681)
GarG	BG vom 26. März 1934 über die politischen und polizeilichen Garantien zugunsten der Eidgenossenschaft (BS 1 152)
GestG	BG vom 24. März 2000 über den Gerichtsstand in Zivilsachen (Gerichtsstandsgesetz; SR 272)
GKG	BG vom 13. Dezember 1996 über die Kontrolle zivil und militärisch verwendbarer Güter sowie besonderer militärischer Güter (Güterkontrollgesetz; SR 946.202)
GlG	BG vom 24. März 1995 über die Gleichstellung von Frau und Mann (Gleichstellungsgesetz; SR 151)
GPK	Geschäftsprüfungskommission
GTG	BG vom 21. März 2003 über die Gentechnik im Ausserhumanbereich (Gentechnikgesetz; SR 814.91)
h.L.	herrschende Lehre
HGer	Handelsgericht
HRegV	Handelsregisterverordnung vom 7. Juni 1937 (SR 221.411)
Hrsg.	Herausgeber
i.f.	in fine
i.S.	in Sachen; im Sinne
i.V.	in Verbindung
i.w.S.	im weiteren Sinne

IPR	Internationales Privatrecht
IPRG	BG vom 18. Dezember 1987 über das Internationale Privatrecht (SR 291)
IRSG	BG vom 20. März 1981 über internationale Rechtshilfe in Strafsachen (Rechtshilfegesetz; SR 351.1)
IVG	BG vom 19. Juni 1959 über die Invalidenversicherung (SR 831.20)
IVöB	Interkantonale Vereinbarung über das öffentliche Beschaffungswesen (BSG 731.2.)
JdT	Journal des Tribunaux
JFG	BG vom 6. Oktober 1989 über die Förderung der ausserschulischen Jugendarbeit (Jugendförderungsgesetz; SR 446.1)
KEG	Kernenergiegesetz vom 21. März 2003 (SR 732.1)
KG	BG vom 6. Oktober 1995 über Kartelle und andere Wettbewerbsbeschränkungen (Kartellgesetz; SR 251)
KHG	Kernenergiehaftpflichtgesetz vom 18. März 1983 (SR 732.44)
KSG	Konkordat vom 27. März 1969 über die Schiedsgerichtsbarkeit (SR 279, BSG 279.2)
KV	Kantonsverfassung
KVG	BG vom 18. März 1994 über die Krankenversicherung (SR 832.10)
lit.	litera
LFG	BG vom 21. Dezember 1948 über die Luftfahrt (SR 748.0)
LugÜ	Übereinkommen vom 16. September 1988 über die gerichtliche Zuständigkeit und die Vollstreckung gerichtlicher Entscheidungen in Zivil- und Handelssachen (SR 0.275.11)
LVG	BG vom 8. Oktober 1982 über die wirtschaftliche Landesversorgung (Landesversorgungsgesetz; SR 531)
LwG	BG vom 29. April 1998 über die Landwirtschaft (Landwirtschaftsgesetz; SR 910.1)
MG	BG vom 3. Februar 1995 über die Armee und die Militärverwaltung (Militärgesetz; SR 510.10)
MSchG	BG vom 28. August 1992 über den Schutz von Marken und Herkunftsangaben (Markenschutzgesetz; SR 232.11)
MStG	Militärstrafgesetz vom 13. Juni 1927 (SR 321.0)
MStP	Militärstrafprozess vom 23. März 1979 (SR 322.1)
MVG	BG vom 19. Juni 1992 über die Militärversicherung (SR 833.1)
N	Note, Nationalrat
NF	Neue Folge
NHG	BG vom 1. Juli 1966 über den Natur- und Heimatschutz (SR 451)
NR	Nationalrat
Nr.	Nummer
o.	oben

Abkürzungsverzeichnis

OG	BG vom 16. Dezember 1943 über die Organisation der Bundesrechtspflege (Bundesrechtspflegegesetz; BS 3 531)
OHG	BG vom 4. Oktober 1991 über die Hilfe an Opfer von Straftaten (Opferhilfegesetz; SR 112.5)
OR	BG vom 30. März 1911 betreffend die Ergänzung des Schweizerischen Zivilgesetzbuches (Fünfter Teil; Obligationenrecht; SR 220)
PatG	BG vom 25. Juni 1954 über die Erfindungspatente (Patentgesetz; SR 232.14)
ParlG	BG vom 13. Dezember 2002 über die Bundesversammlung (Parlamentsgesetz; SR 171.10)
ParlVV	VO der Bundesversammlung vom 3. Oktober 2003 zum Parlamentsgesetz und über die Parlamentsverwaltung (Parlamentsverwaltungsverordnung; SR 171.115)
PartG	BG vom 18. Juni 2004 über die eingetragene Partnerschaft gleichgeschlechtlicher Paare (Partnerschaftsgesetz; SR 211.231)
PBG	BG vom 18. Juni 1993 über die Personenbeförderung und die Zulassung als Strassentransportunternehmung (Personenbeförderungsgesetz; SR 744.10)
Pra	Die Praxis des Bundesgerichts
publ.	publiziert
PublG	BG vom 18. Juni 2004 über die Sammlungen des Bundesrechts und das Bundesblatt (Publikationsgesetz; SR 170.512)
PüG	Preisüberwachungsgesetz vom 20. Dezember 1985 (SR 942.20)
RDAF	Revue de droit administratif et de droit fiscal
RDAT	Rivista di diritto amministrativo e tributario ticinese
R-BGer	Reglement vom 14. Dezember 1978 für das Schweizerische Bundesgericht (AS 1979 46)
R-EVG	Reglement vom 16. November 1999 für das Eidgenössische Versicherungsgericht (AS 1999 3019)
RKUV	Rechtsprechung und Verwaltungspraxis der Kranken- und Unfallversicherung
rev.	revidiert
Rev.	Revision
RPG	BG vom 22. Juni 1979 über die Raumplanung (Raumplanungsgesetz; SR 700)
RTVG	BG vom 21. Juni 1991 über Radio und Fernsehen (SR 784.40), bzw. rev RTVG vom 24. März 2006 (Referendumsvorlage BBl 2006 3587)
RVOG	Regierungs- und Verwaltungsorganisationsgesetz vom 21. März 1997 (SR 172.010)
Rz.	Randziffer
S	Ständerat

Abkürzungsverzeichnis

S.	Seite
S., s.	siehe
SchGG	BG vom 4. Dezember 1947 über die Schuldbetreibung gegen Gemeinden und andere Körperschaften des kantonalen öffentlichen Rechts (SR 282.11)
SchKG	BG vom 11. April 1889 über Schuldbetreibung und Konkurs (SR 281.1)
SGG	BG vom 4. Oktober 2002 über das Bundesstrafgericht (Strafgerichtsgesetz; SR 173.71)
sic!	Zeitschrift für Immaterialgüter-, Informations- und Wettbewerbsrecht
sog.	so genannt
SortG	BG vom 20. März 1975 über den Schutz von Pflanzenzüchtungen (Sortenschutzgesetz; SR 232.16)
SR	Systematische Sammlung des Bundesrechts, Ständerat
StE	Der Steuerentscheid (Basel)
StGB	Schweizerisches Strafgesetzbuch vom 21. Dezember 1937 (SR 311.0)
StHG	BG vom 14. Dezember 1990 über die Harmonisierung der direkten Steuern der Kantone und Gemeinden (SR 642.14)
SuG	BG vom 5. Oktober 1990 über Finanzhilfen und Abgeltungen (Subventionsgesetz; SR 616.1)
SUVA	Schweizerische Unfallversicherungsanstalt
SVG	Strassenverkehrsgesetz vom 19. Dezember 1958 (SR 741.01)
SVR	Sozialversicherungsrecht Rechtsprechung
SZS	Schweizerische Zeitschrift für Sozialversicherung und berufliche Vorsorge
ToG	BG vom 9. Oktober 1992 über den Schutz von Topographien von Halbleitererzeugnissen (Topographiengesetz; SR 231.2)
u.a.	und andere(s); unter anderem
UBI	Unabhängige Beschwerdeinstanz für Radio und Fernsehen
u.U.	unter Umständen
uP	unentgeltliche Prozessführung
URG	BG vom 9. Oktober 1992 über das Urheberrecht und verwandte Schutzrechte (Urheberrechtsgesetz; SR 231.1)
URP	Umweltrecht in der Praxis
USG	BG vom 7. Oktober 1983 über den Umweltschutz (Umweltschutzgesetz; SR 814.01)
usw.	und so weiter
UWG	BG vom 19. Dezember 1986 gegen den unlauteren Wettbewerb (SR 241)
VDG	BG vom 11. Juni 1928 über die eidgenössische Verwaltungs- und Disziplinarrechtspflege

VG	BG vom 14. März 1958 über die Verantwortlichkeit des Bundes sowie seiner Behördenmitglieder und Beamten (Verantwortlichkeitsgesetz; SR 170.32)
VGG	BG vom 17. Juni 2005 über das Bundesverwaltungsgericht (Verwaltungsgerichtsgesetz; SR 173.32)
VoeB	VO vom 11. Dezember 1995 über das öffentliche Beschaffungswesen (SR 172.056.11)
Vorbem.	Vorbemerkung(en)
VRPG BE	G vom 23. Mai 1989 über die Verwaltungsrechtspflege des Kantons Bern (BSG 155.21)
VwVG	BG vom 20. Dezember 1968 über das Verwaltungsverfahren (SR 172.021)
WaG	BG vom 4. Oktober 1991 über den Wald (Waldgesetz; SR 921.0)
WPEG	BG vom 12. Juni 1959 über die Wehrpflichtersatzabgabe (SR 661)
z.B.	zum Beispiel
z.T.	zum Teil
ZBJV	Zeitschrift des Bernischen Juristenvereins
ZBl	Schweizerisches Zentralblatt für Staats- und Verwaltungsrecht
ZDG	BG vom 6. Oktober 1995 über den zivilen Ersatzdienst (Zivildienstgesetz; SR 824.0)
ZertES	Bundesgesetz vom 19. Dezember 2003 über Zertifizierungsdienste im Bereich der elektronischen Signatur (Bundesgesetz über die elektronische Signatur; SR 943.03)
ZG	Zollgesetz vom 1. Oktober 1925 (SR 631.0)
ZGB	Schweizerisches Zivilgesetzbuch vom 10. Dezember 1907 (SR 210)
Ziff.	Ziffer
zit.	zitiert
ZPO BE	Zivilprozessordnung für den Kanton Bern vom 7. Juli 1918 (BSG 271.1)
ZSR	Zeitschrift für schweizerisches Recht
ZStV	Zivilstandsverordnung vom 28. April 2004 (SR 211.112.2)

Literaturverzeichnis

Die nachfolgenden Werke werden nur mit dem Namen des Verfassers zitiert; soweit notwendig, wird ein Stichwort beigefügt. Hier nicht aufgeführte Werke werden an gegebener Stelle *in vollständiger Zitierweise* vermerkt.

Referenzen auf den Berner, den Zürcher und den Basler Kommentar beziehen sich auf die jeweils aktuelle Auflage und werden mit dem Namen des Autors und dem vorangestellten Kürzel BK, ZK oder BSK zitiert. Der Kommentar zum Schweizerischen Privatrecht, Basel, wird zitiert mit Autor, SPR und Band.

Aemisegger	*Heinz Aemisegger*, Der Beschwerdegang in öffentlich-rechtlichen Angelegenheiten, in: Bernhard Ehrenzeller/Rainer Schweizer (Hrsg.), Die Reorganisation der Bundesrechtspflege – Neuerungen und Auswirkungen in der Praxis. Schriftenreihe des Instituts für Rechtswissenschaft und Rechtspraxis, St. Gallen 2006, S. 103 ff.
Amonn/Walther	*Kurt Amonn/Fridolin M. R. Walther*, Grundriss des schweizerischen Schuldbetreibungs- und Konkursrechts, 7. Aufl., Bern 2003
Aubert/Eichenberger/Müller/ Rhinow/Schindler	*Jean François Aubert/Kurt Eichenberger/Jörg Paul Müller/René A. Rhinow/Dietrich Schindler* (Hrsg.), Kommentar zur Bundesverfassung der Schweizerischen Eidgenossenschaft, Basel/Zürich/Bern 1987 ff. (zit.: AUTOR, Kommentar aBV)
Auer	*Christoph Auer*, Auswirkungen der Reorganisation der Bundesrechtspflege auf die Kantone, in: ZBl 2006, S. 121–140
Bänziger	*Rolf Bänziger*, Der Beschwerdegang in Strafsachen, in: Bernhard Ehrenzeller/Rainer Schweizer (Hrsg.), Die Reorganisation der Bundesrechtspflege – Neuerungen und Auswirkungen in der Praxis: Schriftenreihe des Instituts für Rechtswissenschaft und Rechtspraxis, St. Gallen 2006, S. 81 ff.
Bellanger	*François Bellanger,* Le recours en matière de droit public, in: Bellanger/Tanquerel, Les nouveaux recours fédéraux en droit public, Genf 2006, S. 43 ff.
Bellanger/Tanquerel	*François Bellanger/Thierry Tanquerel* (Hrsg.), Les nouveaux recours fédéraux en droit public/Journée de droit administratif, Genf 2006
Birchmeier	*Wilhelm Birchmeier*, Handbuch des Bundesgesetzes über die Organisation der Bundesrechtspflege vom 16. Dezember 1943 unter Berücksichtigung der Schluss- und Übergangsbestimmungen, Zürich 1950
Bucher	*Eugen Bucher*, in: Arthur Mayer-Hayoz (Hrsg.), Berner Kommentar, Kommentar zum schweizerischen Privatrecht, Einleitung und Personenrecht, Die natürlichen Personen,

Literaturverzeichnis

	Kommentar zu den Art. 11–26 ZGB, Bern 1976 (zit.: BUCHER, Berner Kommentar)
Daum/Marti	Michel Daum/Ursula Marti, Die öffentlichrechtliche Einheitsbeschwerde, in: Plädoyer 2006, H. 3 S. 34–38
Ehrenzeller et al.	Bernhard Ehrenzeller/Philippe Mastronardi/Rainer Schweizer/Klaus A. Vallender (Hrsg.) Die schweizerische Bundesverfassung: Kommentar, Zürich/Lachen 2002 (zit.: AUTOR, St. Galler Kommentar zur BV)
Fellmann/Zindel	Walter Fellmann/Gaudenz G. Zindel, (Hrsg.), Kommentar zum Anwaltsgesetz, Bundesgesetz über die Freizügigkeit der Anwältinnen und Anwälte (Anwaltsgesetz, BGFA), Zürich 2005
Frank/Sträuli/Messmer	Richard Frank/Hans Sträuli/Georg Messmer, Kommentar zur Zürcherischen Zivilprozessordnung, 3. Aufl., Zürich 1997
Gächter/Thurnherr	Thomas Gächter/Daniela Thurnherr, Neues Bundesgerichtsgesetz: Rechtsschutz gewahrt, Plädoyer 2/2006. S. 32 ff.
Geiser/Münch	Thomas Geiser/Peter Münch (Hrsg.), Prozessieren vor Bundesgericht, 2. Aufl., Basel 1998 (zit.: AUTOR, Prozessieren vor Bundesgericht)
Gygi	Fritz Gygi, Verwaltungsrechtspflege des Bundes, 2. Aufl., Bern 1983 (zit.: GYGI, Bundesverwaltungsrechtspflege)
Gygi	Fritz Gygi, Verwaltungsrecht, Eine Einführung, Bern 1986 (zit.: GYGI, Verwaltungsrecht)
Häfelin/Haller/Keller	Ulrich Häfelin/Walter Haller/Helen Keller, Bundesgericht und Verfassungsgerichtsbarkeit nach der Justizreform – Supplement zur 6. Auflage des „Schweizerischen Bundesstaatsrechts", Zürich/Basel/Genf 2006
Häfelin/Müller	Ulrich Häfelin/Georg Müller, Allgemeines Verwaltungsrecht, 4. Aufl., Zürich 2002
Häner	Isabelle Häner, Die Beteiligten im Verwaltungsverfahren und Verwaltungsprozess unter besonderer Berücksichtigung des Verwaltungsverfahrens und des Verwaltungsprozesses im Bund, Zürich 2000
Hangartner	Yvo Hangartner, „Recht auf Rechtsschutz", AJP/PJA 2002, S. 131 ff.
Hohl	Fabienne Hohl, Procédure civile, Bern 2001
Honsell/Vogt/Geiser	Heinrich Honsell/Nedim Peter Vogt/Thomas Geiser (Hrsg.) Basler Kommentar zum Schweizerischen Privatrecht, Schweizerisches Zivilgesetzbuch I, Art. 1–456 ZGB, 2. Aufl., Basel 2002 (zit.: AUTOR, Basler Kommentar)
Hottelier	Michel Hottelier, Entre tradition et modernité: le recours constitutionnel subsidiaire, in: Bellanger/Tanquerel, Les nouveaux recours fédéraux en droit public/Journée de droit administratif, S. 71 ff.
Hugi Yar	Thomas Hugi Yar, Direktprozesse, in: Geiser/Münch (Hrsg), Prozessieren vor Bundesgericht, 2. Auflage 1998, S. 243 ff.

Kälin	Walter Kälin, Das Verfahren der staatsrechtlichen Beschwerde, 2. Aufl., Bern 1994
Kälin	Walter Kälin, Die Bedeutung der Rechtsweggarantie für die kantonale Verwaltungsjustiz, ZBl 1999 S. 49 ff.
Karlen	Peter Karlen, Das neue Bundesgerichtsgesetz: die wesentlichen Neuerungen und was sie bedeuten, Basel 2006
Kiener	Regina Kiener, Richterliche Unabhängigkeit, Verfassungsrechtliche Anforderungen an Richter und Gerichte, Bern 2001 (zit.: KIENER, Unabhängigkeit)
Kiener/Kuhn	Regina Kiener/Mathias Kuhn, Das neue Bundesgerichtsgesetz – eine vorläufige Würdigung, ZBl 2006 S. 141 ff.
Koller	Heinrich Koller, Grundzüge der neuen Bundesrechtspflege und des vereinheitlichten Prozessrechtes, ZBl 2006 S. 57 ff.
Koller/Auer	Heinrich Koller/Christoph Auer, Totalrevision der Bundesrechtspflege: Rechtsschutzdefizite im Entwurf des Bundesrats? ZSR 121/2002 I S. 459 ff.
Kölz/Häner	Alfred Kölz/Isabelle Häner, Verwaltungsverfahren und Verwaltungsrechtspflege des Bundes, 2. Aufl., Zürich 1998
Leuch/Marbach/Kellerhals/ Sterchi	Georg Leuch/Omar Marbach/Franz Kellerhals/Martin Sterchi, unter Mitarbeit von Andreas Güngerich, Die Zivilprozessordnung für den Kanton Bern, 5. Aufl., Bern 2000
Lugon/Poltier/Tanquerel	Jean-Claude Lugon/Etienne Poltier/Thierry Tanquerel, Les conséquences de la réforme de la justice fédérale pour les cantons, in: Bellanger/Tanquerel (Hrsg.), Les nouveaux recours fédéraux en droit public, Genf 2006, S. 103 ff.
Mader	Luzius Mader, La réforme de la justice fédérale: genèse et grands principes, in: Bellanger/Tanquerel (Hrsg.), Les nouveaux recours fédéraux en droit public, Genf 2006, S. 9 ff.)
Manfrini	Pierre Louis Manfrini, Le Tribunal administratif fédéral, in: Etienne Poltier/Thierry Tanquerel (Hrsg.), Les nouveaux recours fédéraux en droit public, Genf 2006, S. 25 ff.)
Marbach	Eugen Marbach, Markenrecht, in: Roland von Büren/Lucas David (Hrsg.): Schweizerisches Immaterialgüter- und Wettbewerbsrecht, Bd. III, Kennzeichenrecht, Basel 1996
Merkli/Aeschlimann/Herzog	Thomas Merkli/Arthur Aeschlimann/Ruth Herzog, Kommentar zum Gesetz über die Verwaltungsrechtspflege im Kanton Bern, Bern 1997
Meyer/Arnold	Ulrich Meyer/Peter Arnold, Der letztinstanzliche Sozialversicherungsprozess nach dem bundesrätlichen Entwurf für ein Bundesgerichtsgesetz (E-BGG), ZSR 121/2002 I S. 485 ff.
Moor	Pierre Moor, De l'accès au juge et de l'unification des recours, in: Etienne Poltier/Thierry Tanquerel (Hrsg.), Les nouveaux recours fédéraux en droit public, Genf 2006, S. 153 ff.)
Müller	Markus Müller, Die Rechtsweggarantie, Chancen und Risiken, ZBJV 2004 S. 161 ff.

Pfisterer	*Thomas Pfisterer*, Der kantonale Gesetzgeber vor der Reform der Bundesrechtspflege, in: Bernhard Ehrenzeller/ Rainer Schweizer (Hrsg.), Die Reorganisation der Bundesrechtspflege – Neuerungen und Auswirkungen in der Praxis: Schriftenreihe des Instituts für Rechtswissenschaft und Rechtspraxis, St. Gallen 2006, S. 257 ff.
Poudret	*Jean-François Poudret/Suzette Sandoz-Monod*, Commentaire de la loi fédérale d'organisation judiciaire, Vol. I (Art. 1–40), Bern 1990; Vol. II (Art. 41–74), Bern 1990; Vol. V (Art. 136–171), Bern 1992
Sägesser	*Thomas Sägesser* (Hrsg.), Die Bundesbehörden: Bundesversammlung, Bundesrat, Bundesgericht: Kommentar, Beiträge und Materialien zum 5. Titel der schweizerischen Bundesverfassung, Bern 2000
Schmid	*Niklaus Schmid*, Die Strafrechtsbeschwerde nach dem Bundesgesetz über das Bundesgericht – eine erste Auslegeordnung, ZStrR 2006 S. 161 ff.
Schürmann	*Frank Schürmann*, Das Urteil des Europäischen Gerichtshofs für Menschenrechte i.S. F.R. gegen die Schweiz vom 8. Juni 2001, in: Karl Spühler (Hrsg.), Internationales Zivilprozess- und Verfahrensrecht II, Zürich 2003
Schweizer	*Rainer J. Schweizer*, Die subsidiäre Verfassungsbeschwerde nach dem neuen Bundesgerichtsgesetz, in: B. Ehrenzeller/R.J. Schweizer (Hrsg.), Die Reorganisation der Bundesrechtspflege – Neuerungen und Auswirkungen in der Praxis, Band 40, St. Gallen 2006, S. 211 ff.
Seiler	*Hansjörg Seiler*, Praktische Fragen der parlamentarischen Oberaufsicht über die Justiz, ZBl 2000 S. 281–294
Thommen/Wiprächtiger	*Marc Thommen/Hans Wiprächtiger*, Die Beschwerde in Strafsachen, ALP/PJA 2006 S. 651 ff.
Tophinke	*Esther Tophinke*, Bedeutung der Rechtsweggarantie für die Anpassung der kantonalen Gesetzgebung, ZBl 2006 S. 88 ff.
Tschannen	*Pierre Tschannen*, Staatsrecht der schweizerischen Eidgenossenschaft, Bern 2004
Ursprung/Fleischanderl	*Rudolf Ursprung/Petra Fleischanderl*, Die Kognition des Eidgenössischen Versicherungsgerichts nach dem neuen Bundesgesetz über des Bundesgericht (BGG), in: Festschrift 100 Jahre Aargauischer Anwaltsverband, Zürich/ Basel/Genf, 2005, S. 415 ff.
Vogel/Spühler	*Oscar Vogel/Karl Spühler*, Grundriss des Zivilprozessrechts und des internationalen Zivilprozessrechts der Schweiz, 7. Aufl., Bern 2001
von Werdt	*Nicolas von Werdt*, Freiwillige Gerichtsbarkeit, in Kellerhals/von Werdt/Güngerich (Hrsg.), Kommentar zum Bundesgesetz über den Gerichtsstand in Zivilsachen, 2. Auflage, 2005

Wurzburger	*Alain Wurzburger*, La loi sur le tribunal fédéral du 17 juin 2005: charge et décharge du Tribunal fédéral, SJZ 101/2005 S. 489 ff.
Ziegler	*Philipp Ziegler,* Von der Rechtsmittelvielfalt zur Einheitsbeschwerde: Bestandesaufnahme – Probleme – Lösungen, Basel 2003
Zimmerli/Kälin/Kiener	*Ulrich Zimmerli/Walter Kälin/Regina Kiener*, Grundlagen des öffentlichen Verfahrensrechts, Bern 2004

Entstehungsgeschichte allgemein

A. Vor dem OG 1943

Die Bundesrechtspflege ist während langer Zeit in mehreren Ausbauschritten entstanden, was zu einer wenig übersichtlichen Regelung führte.

Nach der **Bundesverfassung von 1848** war das Bundesgericht als Zivilgericht zuständig für nicht staatsrechtliche Streitigkeiten zwischen Kantonen unter sich oder zwischen Bund und Kantonen, in gewissen Fällen bei Klagen Privater gegen den Bund, zudem auch in Prorogationsfällen. Ferner entschied das Bundesgericht über Straffälle nach Massgabe der Bundesgesetzgebung und über die Verletzung der durch die Bundesverfassung garantierten Rechte, wenn entsprechende Klagen von der Bundesversammlung ans Bundesgericht überwiesen wurden.

Das **Gesetz vom 5. Juni 1849** über die **Organisation der Bundesrechtspflege** (AS 1 65) führte dies näher aus. Es errichtete ein Assisengericht zur Beurteilung bestimmter strafrechtlicher Fälle sowie ein Kassationsgericht zur Beurteilung von Nichtigkeitsbeschwerden gegen Urteile des Assisengerichts.

Das **Gesetz vom 22. November 1850** über das **Verfahren bei dem Bundesgerichte in bürgerlichen Rechtsstreitigkeiten** (AS 2 77) regelte das Verfahren in Zivilsachen, das Bundesgesetz vom 27. August 1851 über die Bundesstrafrechtspflege (AS 2 743) das Verfahren vor dem Assisengericht und dem Kassationsgericht.

Das **Bundesgesetz vom 4. Februar 1853** über das **Bundesstrafrecht der schweizerischen Eidgenossenschaft** (AS 3 404) enthielt gewisse Delikte, von denen die schwereren den Bundesassisen, die andern in der Regel der kantonalen Justiz unterstanden.

Nach der **Bundesverfassung von 1874** war das Bundesgericht zuständig für zivilrechtliche Streitigkeiten zwischen Bund und Kantonen oder zwischen Kantonen sowie zwischen Privaten und dem Bund oder Kantonen in gewissen Fällen. Mit Zuziehung von Geschworenen entschied es in gewissen Straffällen. Ferner war es zuständig für Kompetenzkonflikte zwischen Bund und Kantonen und staatsrechtliche Streitigkeiten zwischen Kantonen. Neu war, dass Beschwerden wegen Verletzung verfassungsmässiger Rechte nicht nur auf Überweisung durch die Bundesversammlung hin, sondern auf direkte Beschwerde hin durch das Bundesgericht zu beurteilen waren.

Dementsprechend regelte das **Bundesgesetz vom 27. Juni 1874** über die **Organisation der Bundesrechtspflege** (AS NF 1 136) die in der BV genannten zivilrechtlichen Klagen sowie die spezialgesetzlich dem Bundesgericht übertragenen

Streitigkeiten. Neu konnte auch in Rechtsstreitigkeiten, die von kantonalen Gerichten nach eidgenössischem Recht zu beurteilen waren, die Abänderung letztinstanzlicher kantonaler Urteile verlangt werden. Ferner regelte das Gesetz den Strafprozess vor dem Geschworenengericht. Im Rahmen des Bundesgerichts war ein Kassationsgericht zuständig für Kassationen gegen Urteile des Geschworenengerichts sowie Beschwerden gegen Urteile kantonaler Gerichte in Bezug auf Übertretungen fiskalischer Bundesgesetze. Schliesslich regelte das Gesetz die staatsrechtlichen Streitigkeiten zwischen Bund und Kantonen oder zwischen Kantonen sowie die Beschwerden von Privaten und Korporationen wegen Verletzung verfassungsmässiger Rechte sowie von Konkordaten und Staatsverträgen.

8   Das **Gesetz vom 22. März 1893** über die **Organisation der Bundesrechtspflege** (AS NF XIII S. 455; BS 1 152) ersetzte das Gesetz von 1874, wobei die Rechtsmittel nicht wesentlich geändert, aber systematischer dargestellt wurden. Das Bundesgericht fungierte demnach als Zivilgericht als einzige Instanz in den bisherigen Fällen, als Beschwerdeinstanz gegen Entscheide eidgenössischer Behörden in gewissen Enteignungs- und Eisenbahnsachen sowie als Berufungs-, Beschwerde- oder Kassationsinstanz gegen zivilrechtliche Entscheide kantonaler Gerichte in Anwendung eidgenössischer Gesetze. In Strafsachen gab es für bundesstrafrechtliche Straffälle das Verfahren vor den Bundesassisen oder vor dem Bundesstrafgericht; ferner gab es den Kassationshof für Beschwerden gegen Urteile der Bundesassisen und des Bundesstrafgerichts sowie gegen kantonale Urteile in Anwendung von Bundesgesetzen. Schliesslich fungierte das Bundesgericht als Staatsgerichtshof, soweit nicht der Bundesrat oder die Bundesversammlung zuständig war. Seit 1896 war das Bundesgericht auch zuständig für Beschwerden in SchKG-Sachen.

9   Mit **Teilrevision vom 6. Oktober 1911** (AS NF XXVIII S. 45) wurde das OG von 1893 geändert: Nebst organisatorischen Änderungen wurden im Zusammenhang mit dem eidgenössischen ZGB die Zuständigkeiten des Bundesgerichts als Beschwerdeinstanz in Fällen der nicht streitigen Zivilrechtspflege erweitert und der Gegenstand der staatsrechtlichen Beschwerde ausgeweitet, namentlich in Bezug auf Stimmrechtsangelegenheiten.

10   Mit einer weiteren Änderung vom 25. Juni 1921 (AS NF XXXVII S. 716) wurde der Streitwert in Zivilsachen erhöht.

11   Mit Art. 122 des Kranken- und Unfallversicherungsgesetzes vom 13. Juni 1911 (BS 8 281) wurde das **Eidgenössische Versicherungsgericht in Luzern** errichtet, welches mit dem Bundesbeschluss vom 28. März 1917 betreffend die Organisation und das Verfahren des Eidgenössischen Versicherungsgerichts (BS 3 607) näher geregelt wurde. Seine Zuständigkeiten betrafen zunächst die Kranken-, Unfall- und Militärversicherung und wurden später mit dem Ausbau der Sozialversicherungsgesetzgebung erweitert.

Mit dem **Bundesgesetz vom 11. Juni 1928** über die **eidgenössische Verwaltungs- und Disziplinarrechtspflege** (VDG; AS NF 44 779) erhielt das Bundesgericht, entsprechend dem 1914 angenommenen neuen Art. 114bis der BV, auch Aufgaben im Bereich der eidgenössischen Verwaltungsrechtspflege. Es war nun zuständig für bestimmte, abschliessend aufgezählte verwaltungsrechtliche Streitigkeiten, namentlich über bundesrechtliche Abgaben. Ferner entschied es als einzige Instanz in gewissen verwaltungsrechtlichen Materien, namentlich auch über Streitigkeiten aus dem Bundesbeamtenverhältnis, zudem in bestimmten Fällen als Beschwerdeinstanz gegen Disziplinarentscheide.

12

Mit dem **Bundesgesetz über die Bundesstrafrechtspflege vom 15. Juni 1934** (BStP; AS 50 685; SR 312.0) wurde die Bundesstrafgerichtsbarkeit neu geregelt. Das Bundesgericht blieb einerseits als Bundesstrafgericht oder (erweitert um Geschworene) als Bundesassisengericht zuständig für die erstinstanzliche Beurteilung bestimmter Straftaten, andererseits als Kassationshof in Strafsachen zuständig für die Beurteilung von Nichtigkeitsbeschwerden gegen Entscheide kantonaler Straf- und Überweisungsbehörden. Zudem gab es einen ausserordentlichen Kassationshof zur Beurteilung von Nichtigkeitsbeschwerden und Revisionsgesuchen gegen Urteile der Bundesassisen, der Kriminalkammer und des Bundesstrafgerichts. Die entsprechenden Bestimmungen im OG von 1893 wurden aufgehoben.

13

B. OG 1943

Am 16. Dezember 1943 wurde ein totalrevidiertes **Bundesgesetz über die Organisation der Bundesrechtspflege** erlassen (OG; BS 3 531; in Kraft ab 1.1.1945). Damit wurden das Organisationsgesetz von 1893 sowie das VDG von 1928 ersetzt und zudem die Vorschriften über die Beschwerde in SchKG-Sachen ins OG aufgenommen. Das Gesetz regelte die Zuständigkeit des Bundesgerichts als einzige Instanz in Zivilsachen, als Berufungs- und Beschwerdeinstanz in Zivilsachen, als Beschwerdeinstanz in Schuldbetreibungs- und Konkurssachen, als Klage- und Beschwerdeinstanz in der Staatsrechtspflege, als Beschwerde- oder Klageinstanz in bestimmten, einzeln aufgezählten verwaltungsrechtlichen Gebieten und als Beschwerdeinstanz in der Disziplinarrechtspflege betreffend Bundesbeamte. Es regelte zudem auch die Staats- und Verwaltungsrechtspflege durch den Bundesrat. Gleichzeitig wurden die Vorschriften über die Nichtigkeitsbeschwerde an das Bundesgericht in Strafsachen neu gefasst; sie wurden aber nicht ins OG aufgenommen, sondern verblieben im BStP.

14

C. Revisionen und Revisionsbestrebungen

15 1968 wurde die **Verwaltungsgerichtsbarkeit** im Bund ausgebaut. Dies führte einerseits zum Erlass des VwVG, anderseits zu einer grösseren Änderung des OG (beides mit Datum vom 20.12.1968, in Kraft am 1.10.1969, AS 1969 737, 767): Das VwVG regelte das Verfahren für den Erlass von Verfügungen und das verwaltungsinterne Beschwerdeverfahren. Auch die Bestimmungen über das Beschwerdeverfahren beim Bundesrat wurden vom OG ins VwVG überführt. Im OG wurden die Bestimmungen über die Verwaltungsgerichtsbeschwerde und die verwaltungsgerichtliche Klage geändert. Die Verwaltungsgerichtsbeschwerde war nun aufgrund einer Generalklausel in allen bundesverwaltungsrechtlichen Angelegenheiten zuständig, soweit das Gesetz nicht eine Ausnahme enthielt. Zudem wurde das bisher völlig eigenständige EVG nun als organisatorisch selbständige **Sozialversicherungsabteilung** des Bundesgerichts bezeichnet und neu im OG geregelt. Dabei wurde auch das Rechtsmittel an das EVG, das bisher als Berufung bezeichnet worden war, neu als Verwaltungsgerichtsbeschwerde bezeichnet und mit einigen Sonderbestimmungen derjenigen an das Bundesgericht gleichgestellt. Der entsprechende Bundesbeschluss von 1917 wurde aufgehoben.

16 Seit den achtziger Jahren stieg die Geschäftslast sowohl am Bundesgericht als auch am EVG stark an, was nach Massnahmen zur **Entlastung des Bundesgerichts** rief.

17 Am **23. Juni 1989** verabschiedete die Bundesversammlung eine **Änderung des OG** (BBl 1989 II 872). Diese sah mehrere Entlastungsmassnahmen vor. Sie wurde jedoch in der Volksabstimmung vom 1. April 1990 verworfen, wobei namentlich der vorgesehenen Erhöhung der Streitwertgrenze in der Zivilrechtspflege auf Fr. 30'000.– und dem Vorprüfungsverfahren im Verfahren der staatsrechtlichen Beschwerde Opposition erwachsen war.

18 In der Folge erliess die Bundesversammlung am **4. Oktober 1991** eine reduzierte **Revision des OG**, in Kraft ab 15. Februar 1992 (AS 1992 288). Damit wurden diejenigen Entlastungsmassnahmen eingeführt, welche bei der gescheiterten Revision von 1989/90 weitgehend unbestritten geblieben waren, namentlich die allgemeine Einführung der Dreier- anstatt der Fünferbesetzung, eine Erweiterung des vereinfachten Verfahrens, die Einführung eines Zirkulationsverfahrens sowie der Ausbau der gerichtlichen Vorinstanzen: Die Kantone wurden verpflichtet, als Vorinstanzen der Verwaltungsgerichtsbeschwerde gerichtliche Instanzen einzusetzen (Art. 98a OG).

19 Auch der Bund baute seine gerichtlichen Vorinstanzen aus: Gleichzeitig mit dieser Änderung des OG wurde auch das VwVG um eine Regelung über **eidgenössische Schieds- und Rekurskommissionen** (Art. 71a–71d VwVG) erweitert. In zahlreichen Gesetzen wurden anstelle der bisherigen verwaltungsinternen Beschwerdeinstanzen solche Kommissionen als Beschwerdeinstanzen festgelegt, die

nun ausdrücklich als unabhängige richterliche Instanzen bezeichnet wurden (Art. 71c Abs. 1 VwVG in der Fassung vom 4.10.1991).

Mit einer **Teilrevision vom 23. Juni 2000** (in Kraft ab 1.1.2001; AS 2000 2719) zur Entlastung des Bundesgerichts wurden namentlich der Direktprozess vor Bundesgericht eingeschränkt und die Zahl der Richter am EVG von 9 auf 11 erhöht.

D. Stand vor der Justizreform

In der bisherigen Bundesrechtspflege gab es somit insgesamt folgende Verfahren vor Bundesgericht:

a) **Direktprozess in Zivilsachen.** Dieser war ursprünglich in weitem Umfange zulässig, namentlich auch infolge Prorogation (Art. 41 und 42 OG in der ursprünglichen Fassung), mit Gesetzesänderung vom 23. Juni 2000 jedoch beschränkt auf zivilrechtliche Streitigkeiten zwischen dem Bund und einem Kanton oder zwischen Kantonen unter sich.

b) **Berufung in Zivilsachen** (Art. 43–67 OG). Diese war grundsätzlich nur zulässig wegen Verletzung eidgenössischen Rechts (Art. 43 OG) und eingeschränkt wegen unvollständiger Sachverhaltsfeststellung (Art. 64 OG). Im Übrigen konnte die Sachverhaltsfeststellung und Beweiswürdigung nicht mit Berufung, sondern nur mit staatsrechtlicher Beschwerde (wegen Willkür) überprüft werden, ebenso die Verletzung verfassungsmässiger Rechte. Zudem war die Berufung in vermögensrechtlichen Streitigkeiten nur zulässig bei einem Streitwert von ursprünglich 4000.–, ab 1959 8000.– Franken.

c) In nichtberufungsfähigen Zivilsachen die **Nichtigkeitsbeschwerde in Zivilsachen**, im Wesentlichen beschränkt auf die Rüge der Anwendung falschen Rechts (Art. 68–74 OG).

d) **Beschwerde in Schuldbetreibungs- und Konkurssachen** gegen Entscheide der Aufsichtsbehörden (Art. 75–82 OG).

e) **Bundesstrafprozess** vor dem Bundesgericht (BStP).

f) **Nichtigkeitsbeschwerde in Strafsachen** gegen kantonale Urteile in Bundesstrafsachen (Art. 268-278bis BStP) wegen Verletzung eidgenössischen Rechts. Die Sachverhaltsfeststellung oder die Verletzung verfassungsmässiger Rechte konnte nur mit staatsrechtlicher Beschwerde gerügt werden.

g) **Verwaltungsgerichtsbeschwerde** an das **Bundesgericht** gegen eidgenössische und kantonale, auf öffentliches Recht des Bundes gestützte Verfügungen (Art. 97–115 OG), sofern keine der Ausnahmen gemäss Art. 99–102 OG vorlag.

29 h) **Verwaltungsgerichtsbeschwerde** an das EVG gegen eidgenössische und kantonale Entscheide in Bundessozialversicherungsangelegenheiten (Art. 128–135 OG).

30 i) In bestimmten Fällen die **verwaltungsgerichtliche Klage** beim Bundesgericht (Art. 116–120 OG) oder beim EVG (Art. 130 und 131 OG).

31 j) In bestimmten Fällen die **staatsrechtliche Klage** (Art. 83 OG).

32 k) Subsidiär die **staatsrechtliche Beschwerde** gegen letztinstanzliche kantonale Entscheide sowie gegen kantonale Erlasse (Art. 84–96 OG) wegen Verletzung verfassungsmässiger Rechte, von Konkordaten und Staatsverträgen sowie in kantonalen Stimmrechtsangelegenheiten.

33 l) **Revision** gegen bundesgerichtliche Urteile (Art. 136–144 OG).

34 m) **Erläuterung oder Berichtigung** bundesgerichtlicher Urteile (Art. 145 OG).

E. Justizreform

35 Das Bedürfnis nach einer grundlegenderen Justizreform blieb bestehen. Mit Verfügung vom 7. Juni 1993 setzte das Eidgenössische Justiz- und Polizeidepartement eine Expertenkommission ein zur Vorbereitung einer Totalrevision des Bundesrechtspflegegesetzes (OG).

36 Die **Expertenkommission** publizierte im Juni 1997 einen Entwurf für ein Bundesgesetz über das Bundesgericht samt einem Schlussbericht mit Erläuterungen zum **Gesetzesentwurf**.

37 Am 6. Oktober 1997 ermächtigte der Bundesrat das Eidgenössische Justiz- und Polizeidepartement (EJPD), zum Entwurf für ein Bundesgerichtsgesetz das **Vernehmlassungsverfahren** durchzuführen. Am 4. November 1998 nahm der Bundesrat Kenntnis von den Ergebnissen des Vernehmlassungsverfahrens.

38 Parallel zu den Arbeiten der **Expertenkommission** zur Revision der Bundesrechtspflege entstanden im Rahmen einer zweiten Expertenkommission die Vorschläge zu einer Justizreform auf **Verfassungsebene**. Im Rahmen der Totalrevision der BV vom 18. April 1999 wurde gemäss dem Konzept der Nachführung auf eine inhaltliche Änderung der Bestimmungen über das Bundesgericht im Wesentlichen verzichtet, doch schlug der Bundesrat ein besonderes Paket Justizreform auf Verfassungsebene vor (BBl 1997 I 28 ff., 36, 640). Am 8. Oktober 1999 verabschiedete die Bundesversammlung den Bundesbeschluss über die Reform der Justiz. Diese Justizreform auf Verfassungsebene umfasste folgende Neuerungen:

39 • Grundrecht auf gerichtliche Beurteilung von Rechtsstreitigkeiten (sog. Rechtsweggarantie; Art. 29a BV),

- Verfassungsgrundlage für die Vereinheitlichung des Zivil- und Strafprozessrechts (Art. 122 und Art. 123 BV), 40
- Verankerung des Grundsatzes der Selbstverwaltung des Bundesgerichts und der richterlichen Unabhängigkeit (Art. 188 Abs. 3 und Art. 191c BV), 41
- Neufassung der Zuständigkeitsbestimmungen für das Bundesgericht (Art. 189 BV), damit namentlich die Einführung der Stimmrechtsbeschwerde für eidgenössische Wahlen und Abstimmungen (Art. 189 Abs. 1 lit. f BV), zugleich aber auch Verankerung des Grundsatzes, dass Akte der Bundesversammlung und des Bundesrates beim Bundesgericht nicht anfechtbar sind (Art. 189 Abs. 4 BV), 42
- Regelung des Zugangs zum Bundesgericht (Art. 191 BV), 43
- Errichtung eines eidgenössischen erstinstanzlichen Strafgerichts, eines Bundesverwaltungsgerichts und allenfalls weiterer richterlicher Behörden (Art. 191a BV), 44
- Verpflichtung der Kantone zur Bestellung richterlicher Behörden (Art. 191b BV). 45

Entgegen dem Vorschlag des Bundesrates lehnte aber die Bundesversammlung die Einführung einer inzidenten **Verfassungsgerichtsbarkeit** für Bundesgesetze sowie die Einführung eines **Vorprüfungsverfahrens** für den Zugang zum Bundesgericht ab (vgl. KOLLER/AUER, S. 462 f.). 46

Diese **Verfassungsänderung** wurde in der Volksabstimmung vom **12. März 2000** angenommen (BBl 2000 2990). Die Bundesversammlung war ermächtigt, das Inkrafttreten zu bestimmen (Ziff. III Abs. 2 des Bundesbeschlusses); dadurch sollte ermöglicht werden, das Inkrafttreten der Justizreform auf Verfassungsebene bis zum Inkrafttreten der Reform auf Gesetzesebene hinauszuschieben (BBl 1997 I 542). 47

Weitgehend auf der Grundlage des Entwurfs der Expertenkommission und in Berücksichtigung der Justizreform auf Verfassungsebene legte der Bundesrat am 28. Februar 2001 die **Botschaft zur Totalrevision der Bundesrechtspflege** vor (BBl 2001 4202). Mit der Botschaft wurden auch die Stellungnahmen des EVG vom 22. Dezember 2000 (BBl 2001 5898) sowie des Bundesgerichts vom 23. Februar 2001 (BBl 2001 5890) wiedergegeben. 48

Mit dieser Botschaft wurden mehrere Erlasse vorgeschlagen, nämlich: 49
- Ein Gesetz über das Bundesgericht (BGG; BBl 2001 4480), welches das OG ersetzen sollte, 50
- Ein Bundesgesetz über das Bundesstrafgericht (SGG; BBl 2001 4517), 51
- Ein Bundesgesetz über das Bundesverwaltungsgericht (VGG; BBl 2001 4539), 52

53	• Ein Bundesbeschluss über das Inkrafttreten der Justizreform vom 12. März 2000 (BBl 2001 4615).
54	Die hauptsächlichen Ziele der Revision waren die folgenden (BBl 2001 4223 ff.):
55	• **Entlastung des Bundesgerichts**. Diesem Zweck sollten folgende Massnahmen dienen:
56	▪ Ausbau der **richterlichen Vorinstanzen** durch Schaffung eines Bundesstrafgerichts (zur Entlastung des Bundesgerichts von Direktprozessen und strafprozessualen Beschwerden; vgl. SGG) sowie eines Bundesverwaltungsgerichts (durch Zusammenfassung der verschiedenen Rekurskommissionen; vgl. VGG) und durch eine Verpflichtung der Kantone zum Ausbau der richterlichen Vorinstanzen (vgl. Art. 75, 80, 86–88 BGG),
57	▪ Erhöhung der **Streitwertgrenze** in vermögensrechtlichen Zivilrechtssachen und in der Staatshaftung auf Fr. 40 000.– (vgl. Art. 74 und 85 BGG),
58	▪ **Ausschluss** bestimmter Sachgebiete von der Beschwerdemöglichkeit (vgl. Art. 73, 83 und 84 BGG),
59	▪ Erleichterungen beim vereinfachten Verfahren (vgl. Art. 108 und 109 BGG),
60	• Vereinfachung des Rechtsmittelwegs, indem die bisherige Vielfalt von Rechtsmitteln durch drei **Einheitsbeschwerden** im Zivil-, Straf- und öffentlichen Recht ersetzt wurden,
61	• Schliessung einiger **Rechtsschutzlücken** und weitgehender Verzicht auf Rechtspflegekompetenzen des Bundesrates,
62	• **Teilintegration des EVG** ins Bundesgericht und Gleichstellung des sozialversicherungsrechtlichen Verfahrens mit demjenigen in anderen öffentlich-rechtlichen Angelegenheiten.
63	Entsprechend der inzwischen geklärten verfassungsrechtlichen Lage verzichtete der Entwurf auf eine inzidente Normenkontrolle für Bundesgesetze und die Einführung eines Vorprüfungsverfahrens.
64	Mit einer Zusatzbotschaft vom 27. November 2001 (BBl 2001 6049) unterbreitete der Bundesrat Vorschläge für den Sitz von Bundesstraf- und Bundesverwaltungsgericht.
65	In der Folge wurde das als dringlicher beurteilte **Bundesstrafgerichtsgesetz** vorgezogen und am 4. Oktober 2002 von den Räten verabschiedet. Es trat am 1. August 2003/1. April 2004 in Kraft (AS 2003 2131). Damit nahm das neue Bundesstrafgericht in Bellinzona seine Tätigkeit auf. Zugleich wurden durch eine entsprechende Änderung des OG am Bundesgericht die Anklagekammer, die Krimi-

nalkammer und das Bundesstrafgericht sowie der ausserordentliche Kassationshof aufgehoben.

Der Entwurf des **Bundesgerichtsgesetzes** wurde vom **Ständerat** als Erstrat im **Herbst 2003** behandelt und mit einigen Änderungen gegenüber dem bundesrätlichen Entwurf verabschiedet (Amtl. Bull. S vom 23.9.2003 S. 881–916). 66

Nachdem das Bundesgericht erhebliche Vorbehalte gegen die Version des Ständerates geäussert hatte, diese auch in der Lehre z.T. kritisiert wurde und auch in der nationalrätlichen Kommission einige Punkte heftig umstritten waren (namentlich die vorgesehenen Zulassungsbeschränkungen, die Erhöhung der Streitwertgrenze im Zivilrecht, die Einschränkung der Kognition in Sozialversicherungssachen sowie der Wegfall der staatsrechtlichen Beschwerde; vgl. dazu AUER, Auswirkungen, S. 134; KOLLER/AUER, passim; WURZBURGER, S. 490 f.), setzte der Vorsteher des Justiz- und Polizeidepartements zur Lösung der umstrittenen Punkte eine von ihm persönlich geleitete «**Arbeitsgruppe Bundesgerichtsgesetz**» ein, bestehend aus Vertretungen der Verwaltung, des Bundesgerichts und des EVG. In ihrem **Bericht vom 16. März 2004** schlug die Arbeitsgruppe vor, am Übergang zum System der drei Einheitsbeschwerden in Zivilsachen, Strafsachen und öffentlich-rechtlichen Angelegenheiten festzuhalten, neu aber eine subsidiäre Verfassungsbeschwerde gegen jene kantonalen Entscheide zuzulassen, die nicht ans Bundesgericht weitergezogen werden können. Zudem wurde die Streitwertgrenze bei der zivilrechtlichen Beschwerde weniger stark erhöht. 67

Der Bundesrat übernahm die Vorschläge dieser Arbeitsgruppe (vgl. Amtl. Bull. N vom 5.10.2004 S. 1578, BR Blocher). 68

Auf der Grundlage dieser Vorschläge fand auch die nationalrätliche Kommission Kompromisslösungen, vor allem in den hauptsächlich umstrittenen Punkten der Streitwertgrenzen, der subsidiären Verfassungsbeschwerde und der Kognition in Sozialversicherungssachen. Der **Nationalrat** behandelte das Gesetz im **Herbst 2004** (Amtl. Bull. N vom 5.10.2004 S. 1570–1616). 69

In der **Differenzbereinigung** stimmte zunächst der **Ständerat** im **Frühling 2005** weitgehend den Beschlüssen des Nationalrates zu (Amtl. Bull. S vom 8.3.2005 S. 117–139). 70

Im **Sommer 2005** räumte der **Nationalrat** die verbleibenden Differenzen bis auf eine einzige (Beschwerden im Bereich der Raumplanung) aus (Amtl. Bull. N vom 6.6.2005 S. 640–648). Der **Ständerat** stimmte in diesem Punkt dem Nationalrat zu (Amtl. Bull. S vom 8.6.2005 S. 552 f.). 71

In den **Schlussabstimmungen** wurde das Gesetz am **17. Juni 2005** im Nationalrat wie im Ständerat einstimmig verabschiedet (Amtl. Bull. N vom 17.62005 S. 968, S vom 17.6.2005 S. 664; Referendumsvorlage BBl 2005 4045). Die Referendumsfrist lief am 6. Oktober 2005 unbenutzt ab. 72

Entstehungsgeschichte

73 Im Zusammenhang mit einer **Revision des IVG** vom 16. Dezember 2005 wurden die Art. 97 Abs. 2 und 105 Abs. 3 BGG geändert (AS 2006 2003).

74 Noch vor Inkrafttreten des BGG unterbreitete der Bundesrat sodann am 1. März 2006 eine Botschaft über die **Bereinigung und Aktualisierung der Totalrevision der Bundesrechtspflege** (BBl 2006 3067), womit einige Ergänzungen zum beschlossenen Gesetz vorgeschlagen wurden (Art. 25a, Art. 130, 132). Diese Vorschläge wurden von der Bundesversammlung am 23. Juni 2006 angenommen (Amtl. Bull. S vom 9.6.2006 S. 379–382, N vom 13.6.2006 S. 904–910; Schlussabstimmung 23.6.2006; Referendumsvorlage BBl 2006 5799).

75 Das BGG tritt samt diesen genannten Änderungen am **1. Januar 2007 in Kraft** (AS 2006 1205). Damit werden das Bundesgericht in Lausanne und das EVG zu einem einheitlichen Bundesgericht (an zwei Standorten) zusammengefügt. Gleichzeitig werden die bisher noch nicht in Kraft gesetzten Teile der Justizreform auf Verfassungsebene in Kraft gesetzt. Auf den gleichen Zeitpunkt tritt das VGG in Kraft und nimmt das neue Bundesverwaltungsgericht seine Tätigkeit auf.

1. Kapitel: Stellung und Organisation

1. Abschnitt: Stellung

Art. 1

Oberste Recht sprechende Behörde	¹ Das Bundesgericht ist die oberste Recht sprechende Behörde des Bundes.
	² Es übt die Aufsicht über die Geschäftsführung des Bundesstrafgerichts und des Bundesverwaltungsgerichts aus.
	³ Es besteht aus 35–45 ordentlichen Bundesrichtern und Bundesrichterinnen.
	⁴ Es besteht ausserdem aus nebenamtlichen Bundesrichtern und Bundesrichterinnen; deren Zahl beträgt höchstens zwei Drittel der Zahl der ordentlichen Richter und Richterinnen.
	⁵ Die Bundesversammlung legt die Zahl der Richter und Richterinnen in einer Verordnung fest.
Autorité judiciaire suprême	¹ Le Tribunal fédéral est l'autorité judiciaire suprême de la Confédération.
	² Il exerce la surveillance sur la gestion du Tribunal pénal fédéral et sur celle du Tribunal administratif fédéral.
	³ Il se compose de 35 à 45 juges ordinaires.
	⁴ Il se compose en outre de juges suppléants, dont le nombre n'excède pas les deux tiers de celui des juges ordinaires.
	⁵ L'Assemblée fédérale fixe l'effectif des juges dans une ordonnance.
Autorità giudiziaria suprema	¹ Il Tribunale federale è l'autorità giudiziaria suprema della Confederazione.
	² Esercita la vigilanza sulla gestione del Tribunale penale federale e del Tribunale amministrativo federale.
	³ Si compone di 35–45 giudici ordinari.
	⁴ Si compone inoltre di giudici non di carriera; il loro numero è al massimo pari a due terzi di quello dei giudici ordinari.
	⁵ L'Assemblea federale stabilisce il numero dei giudici mediante ordinanza.

Inhaltsübersicht   Note   Seite

	Note	Seite
I. Bisheriges Recht und Entstehungsgeschichte	1	12
II. Kommentar	3	13
1. Stellung des Bundesgerichts (Abs. 1)	3	13

2. Aufsicht über Bundesstraf- und Bundesverwaltungsgericht (Abs. 2)	6	14
3. Ordentliche Richter (Abs. 3)	10	14
4. Nebenamtliche Richter (Abs. 4)	13	15
5. Verordnung der Bundesversammlung (Abs. 5)	19	16

I. Bisheriges Recht und Entstehungsgeschichte

1 Altes Recht:

Abs. 1: Keine ausdrückliche Entsprechung im OG.

Abs. 2: Keine Entsprechung, da es die beiden Gerichte früher nicht gab. Hingegen war das Bundesgericht Oberaufsichtsbehörde über das Schuldbetreibungs- und Konkurswesen (Art. 15 SchKG in der Fassung vom 28.6.1895) und Aufsichtsbehörde über die Enteignungsschätzungskommissionen (Art. 63 EntG, ursprüngliche Fassung).

Abs. 3 und 4: Art. 1 Abs. 1 OG (Bundesgericht in Lausanne: 30 Mitglieder und 15 nebenamtliche Richter); Art. 123 Abs. 1 OG (EVG: je 9–11 Mitglieder und nebenamtliche Richter). Mit Bundesbeschluss vom 23. März 1984 über die Erhöhung der Zahl der nebenamtlichen Richter des Bundesgerichts (AS 1984 748) war die Zahl der nebenamtlichen Richter des Bundesgerichts vorübergehend, d.h. bis zum Inkrafttreten der Justizreform, auf 30 erhöht worden.

Abs. 5: Keine Entsprechung.

2 Entwurf der Expertenkommission: Art. 1.

Entwurf des Bundesrates: Art. 1 (BBl 2001 4258 f., 4277 f., 5895).

Bundesversammlung: Amtl. Bull. S vom 23.9.2003 S. 888 f., N vom 5.10.2004 S. 1580–1584, S vom 8.3.2005 S. 118.

Abs. 1 in Stände- und Nationalrat diskussionslos angenommen.

Abs. 2 war im Entwurf noch nicht enthalten; die Aufsicht über die unterinstanzlichen Bundesgerichte sollte der Bundesversammlung zustehen (BBl 2001 4258 f.). Das Bundesgericht plädierte für eine Aufsicht durch das Bundesgericht (BBl 2001 5893). Der Ständerat schloss sich zunächst dem Entwurf an (entsprechend einem Bericht der GPK des Ständerates vom 28.6.2002 betr. die parlamentarische Oberaufsicht über die eidgenössischen Gerichte, BBl 2002 7625). Die Arbeitsgruppe Bundesgericht gelangte hingegen zur Auffassung, dass das Bundesgericht besser als eine politische Behörde für diese Aufsicht geeignet sei. Der Bundesrat schlug daher einen neuen Abs. 1bis vor, der die Aufsicht über die Geschäftsführung des Bundesstraf- und Bundesverwaltungsgerichts dem Bundesgericht überträgt. Der Nationalrat stimmt dieser Änderung nach Diskussion zu (Amtl. Bull. N 2004 1580–1582), der Ständerat schloss sich an (Amtl. Bull. S 2005 118).

Abs. 3 und 4: Die Expertenkommission schlug 30–39 Mitglieder und gleich viele nebenamtliche Richter vor. Der Entwurf sah in Abs. 2 eine Zahl von 35–45 ordentlichen Richtern und in Abs. 3 höchstens zwei Drittel dieser Zahl als Ersatzrichter vor. Der Ständerat beschloss auf Antrag seiner Kommission eine Erhöhung der Zahl der ordentlichen Richter auf 40–50 Mitglieder, dafür eine Reduktion der nebenamtlichen Richter auf höchstens ein Drittel dieser Zahl, mit der Begründung, die hauptamtlichen Richter sollten vermehrt die schwierigen Fälle selber bearbeiten; er kehrte zudem im deutschen Text zur Bezeichnung als nebenamtliche Richter (nicht Ersatzrichter) zurück (Amtl. Bull. S 2003 888 f.). Der Nationalrat kehrte zum Vorschlag des Bundesrates zurück und lehnte zudem einen Minderheitsantrag, welcher Richterfunktionen im Teilpensum ermöglichen wollte, mit 86:65 Stimmen ab (Amtl. Bull. N vom 5.10.2004 S. 1582–1584). Der Ständerat schloss sich an (Amtl. Bull. S vom 8.3.2005 S. 118).

Abs. 5: In Ständerat und Nationalrat diskussionslos angenommen.

II. Kommentar

1. Stellung des Bundesgerichts (Abs. 1)

Abs. 1 entspricht Art. 188 Abs. 1 BV. Die Stellung als oberste Recht sprechende Behörde bedeutet (BBl 2001 4277; KISS/KOLLER, St. Galler Kommentar zur BV N 8 ff. zu Art. 188 BV), dass das **Bundesgericht** und nicht der Bundesrat oder die Bundesversammlung auf **höchster Ebene** Recht spricht. Dies schliesst allerdings nicht aus, dass bestimmte Entscheide, namentlich solche mit politischem Charakter, der gerichtlichen Überprüfung entzogen sind (Art. 29a Satz 2 BV). Insbesondere sind Entscheide der Bundesversammlung und des Bundesrates grundsätzlich nicht beim Bundesgericht anfechtbar (Art. 189 Abs. 4 und Art. 190 BV; vgl. Art. 86 Abs. 1 BGG).

Es gibt nur ein **einziges oberstes Gericht** des Bundes, das Bundesgericht. Es gibt kein Gericht, auch kein Verfassungsgericht, das über dem Bundesgericht steht. Die bisherige Sonderstellung des Eidg. Versicherungsgerichts als organisatorisch selbständige Sozialversicherungsabteilung des Bundesgerichts (Art. 122 OG) ist damit aufgehoben (vgl. aber Art. 4 Abs. 2 BGG). Die anderen Gerichte des Bundes wie auch der Kantone sind dem Bundesgericht im Instanzenzug untergeordnet. Ausgenommen sind jedoch Entscheide der Militärgerichte: Diese sind letztinstanzlich beim Militärkassationsgericht anfechtbar (Art. 184 und 195 MStP), welches im Zuständigkeitsbereich der Militärjustiz (Art. 2–6 MStG) auf gleicher Stufe mit dem Bundesgericht steht.

5   Die Bezeichnung als oberstes Gericht hat sodann zur Folge, dass dem Bundesgericht in der Regel **andere Gerichte** vorgeschaltet sind (Art. 75, 80, 86 Abs. 1 und 2 BGG), freilich mit Ausnahmen (Art. 86 Abs. 3, Art. 87, Art. 88 und Art. 120 BGG).

2. *Aufsicht über Bundesstraf- und Bundesverwaltungsgericht (Abs. 2)*

6   Diese Bestimmung ist eine Folge der Errichtung des Bundesstraf- und Bundesverwaltungsgerichts (s. Entstehungsgeschichte allgemein, N 44, 51 f., 56). Die Oberaufsicht auch über diese beiden Gerichte wird durch die Bundesversammlung ausgeübt (Art. 169 Abs. 1 BV; Art. 3 Abs. 2 VGG; Art. 3 Abs. 1 SGG). Das Bundesgericht übt aber die **unmittelbare Aufsicht** aus.

7   Als Konsequenz der auch den unterinstanzlichen Gerichten zustehenden gerichtlichen Unabhängigkeit (Art. 191c BV) erstreckt sich die Aufsicht des Bundesgerichts einzig auf die **Geschäftsführung** (vgl. dazu analog Art. 3 BGG N 2). Die Kontrolle der Rechtsprechung erfolgt demgegenüber auf dem Weg des Rechtsmittelzugs.

8   Das Bundesgericht erlässt ein Reglement über die Aufsicht (Art. 15 Abs. 1 lit. a BGG). Die Ausübung der Aufsicht obliegt der Verwaltungskommission (Art. 17 Abs. 4 lit. g BGG). Die **Aufsichtsbefugnisse** bestehen hauptsächlich in Informationsrechten. Eine Disziplinaraufsicht ist nicht vorgesehen. Das Bundesgericht kann gegenüber den unterinstanzlichen Richtern keine Sanktionen verhängen. Möglich ist einzig die Amtsenthebung von Bundesverwaltungs- und Bundesstrafrichtern, die – auf Antrag der Verwaltungskommission des Bundesgerichts (Art. 17 Abs. 4 lit. g BGG) – der Bundesversammlung obliegt (Art. 10 VGG; Art. 10 SGG).

9   Mit der Justizreform wurde die bisher dem Bundesgericht obliegende Oberaufsicht über das **Schuldbetreibungs- und Konkurswesen** an den Bundesrat übertragen (Art. 15 Abs. 1 SchKG in der Fassung gemäss BGG), die Aufsicht über die **Enteignungsschätzungskommissionen** an das Bundesverwaltungsgericht (Art. 63 Abs. 1 EntG in der Fassung gemäss VGG).

3. *Ordentliche Richter (Abs. 3)*

10   Der vorgesehene Rahmen gibt der Bundesversammlung die **Flexibilität**, um diejenige Anzahl Bundesrichter zu wählen, die aufgrund der Geschäftslast erforderlich ist. Es ist also nicht mehr nötig, das Gesetz zu ändern, um zusätzliche Richter zu wählen, wenn das Bundesgericht überlastet ist. Umgekehrt kann die Bundesversammlung darauf verzichten, einen in den Ruhestand getretenen Rich-

ter zu ersetzen, wenn die Zahl der Beschwerden abnimmt (BBl 2001 4277). S. auch Art. 9 BGG N 7.

Das Gesetz legt die **Zahl der Richterinnen und Richter** fest, nicht etwa die Zahl der Richterstellen. Es geht davon aus, dass das Amt des Bundesrichters zwingend ein **Vollamt** ist (vgl. auch Art. 7 BGG), was auch aus der Entstehungsgeschichte klar hervorgeht (KARLEN, S. 15). Es wäre demzufolge unzulässig, z.b. anstelle eines Richters zwei Teilzeitrichter zu wählen. 11

Die Richter sind «ordentlich» im Gegensatz zu den nebenamtlichen Richtern (Abs. 4). Sie gelten als sog. Magistratspersonen. Sie unterstehen nicht dem Bundespersonalgesetz (Art. 2 Abs. 2 lit. a BPG). Ihre **Rechtsstellung** richtet sich nach den Art. 5–12 BGG, Besoldung und Ruhegehalt nach dem Bundesgesetz vom 6. Oktober 1989 über Besoldung und berufliche Vorsorge der Magistratspersonen (SR 172.121) und der entsprechenden Verordnung der Bundesversammlung vom gleichen Datum (SR 172.121.1). 12

4. *Nebenamtliche Richter (Abs. 4)*

Die Institution der **nebenamtlichen Richter** soll die Möglichkeit bieten, potenzielle Kandidaten für das Amt eines ordentlichen Richters kennen zu lernen und spezielle Belastungen zu bewältigen oder ausgefallene ordentliche Richter zu ersetzen. Hingegen ist nicht die Idee, eine chronische Überlastung durch ständige teilzeitliche Richter zu bewältigen (BBl 2001 4278). Die 1991 aufgenommene Regel von Art. 1 Abs. 3 OG, wonach ausscheidende Mitglieder, die als nebenamtliche Richter gewählt werden, auf die Zahl der nebenamtlichen Richter nicht anzurechnen sind, ist nicht mehr übernommen worden. 13

Wo das Gesetz generell von Richtern spricht, sind damit die ordentlichen wie die nebenamtlichen gemeint. Meint es nur die ordentlichen, erwähnt es dies in der Regel ausdrücklich. Die nebenamtlichen Richter werden gleichermassen wie die ordentlichen durch die **Bundesversammlung** gewählt (Art. 5 BGG). Die **Unvereinbarkeitsgründe** nach Art. 6 Abs. 1–3 und Art. 8 BGG gelten für sie ebenfalls, nicht hingegen das **Verbot eines anderen Amtes oder einer anderen Erwerbstätigkeit** nach Art. 6 Abs. 4 BGG und die **Bewilligungspflicht für Nebenbeschäftigungen** (Art. 7 BGG). Für die nebenamtlichen Richter gelten auch die Bestimmungen über die **Amtsdauer** (Art. 9 BGG), den **Amtseid** (Art. 10 BGG) und – neu gegenüber Art. 5a OG, der sich nur auf die Mitglieder, d.h. die ordentlichen Richter bezog – auch über die **Immunität** (Art. 11 BGG; vgl. Art. 11 BGG N 7). 14

Die nebenamtlichen Richter können nicht Präsident oder Vizepräsident des Bundesgerichts sein (Art. 14 Abs. 1 BGG) und gehören nicht zum **Gesamtgericht** (Art. 15 Abs. 1 BGG). Nicht ausdrücklich, wohl aber nach dem Sinn des Gesetzes 15 können sie auch nicht Abteilungspräsident (Art. 19 BGG N 4) oder Mitglied der Verwaltungskommission sein. In Bezug auf die **Rechtsprechungstätigkeit** sind sie jedoch den ordentlichen Richtern gleichgestellt, unter Vorbehalt von Art. 23 (s. Art. 23 BGG N 4).

16 Die nebenamtlichen Richter unterstehen wie die ordentlichen nicht dem Bundespersonalgesetz (Art. 2 Abs. 2 lit. a BPG), sondern dem Bundesgesetz vom 6. Oktober 1989 über Besoldung und berufliche Vorsorge der Magistratspersonen (SR 172.121), in der Fassung gemäss BGG.

17 Die nebenamtlichen Richter unterstehen wie die ordentlichen dem Verantwortlichkeitsgesetz (Art. 1 lit. c VG), namentlich auch der **Immunität** gemäss Art. 14 VG.

18 Das Gesetz legt keine Mindestzahl von nebenamtlichen Richtern fest, nur eine **Höchstzahl**. Die zwei Drittel der ordentlichen Richter beziehen sich nicht auf die gesetzliche Maximalzahl von 45, sondern auf die durch die Verordnung der Bundesversammlung festgesetzte Zahl.

5. *Verordnung der Bundesversammlung (Abs. 5)*

19 Absatz 5 gibt der Bundesversammlung die Kompetenz, im Rahmen der Absätze 3 und 4 die Zahl der ordentlichen und nebenamtlichen Richter mittels **Verordnung** (vgl. Art. 163 Abs. 1 BV, Art. 22 Abs. 2 ParlG) festzulegen. Da eine entsprechende Delegation auch im VGG (Art. 1 Abs. 4) und im SGG (Art. 1 Abs. 4) enthalten ist, ist es möglich, eine einzige Verordnung über die Zahl der Richter an den eidgenössischen Gerichten zu erlassen (BBl 2001 4278).

20 Diese Delegation vermeidet, dass die Vereinigte Bundesversammlung bei jeder (Wieder)-Wahl mit Diskussionen über eine Erhöhung oder Herabsetzung der Richterzahl konfrontiert wird. Wenn die Bundesversammlung beabsichtigt, eine Stelle nicht mehr zu besetzen oder die Zahl der Stellen zu erhöhen, muss sie vorgängig die Verordnung ändern.

21 Wird durch **Verordnungsänderung** die Zahl der Richter erhöht, so sind Ergänzungswahlen vorzunehmen (Art. 137 ParlG; vgl. Art. 5 BGG N 5). Wird die Zahl reduziert, so kann diese Reduktion erst nach Ablauf der Amtsdauer oder bei Rücktritt bisheriger Mitglieder wirksam werden, da die Richter auf eine feste Amtsdauer gewählt sind (Art. 9 BGG) und vorher nicht abgesetzt werden können.

22 Die **gegenwärtige Zahl** beträgt 38 ordentliche und 19 nebenamtliche Richter (Verordnung der Bundesversammlung vom 23.6.2006 über die Richterstellen am Bundesgericht, SR 173.110.1). S. aber übergangsrechtlich Art. 132 Abs. 4 BGG.

Art. 2

Unabhängigkeit	¹ Das Bundesgericht ist in seiner Recht sprechenden Tätigkeit unabhängig und nur dem Recht verpflichtet. ² Seine Entscheide können nur von ihm selbst nach Massgabe der gesetzlichen Bestimmungen aufgehoben oder geändert werden.
Indépendance	¹ Dans l'exercice de ses attributions judiciaires, le Tribunal fédéral est indépendant et n'est soumis qu'à la loi. ² Ses arrêts ne peuvent être annulés ou modifiés que par lui-même et conformément aux dispositions de la loi.
Indipendenza	¹ Nella sua attività giurisdizionale il Tribunale federale è indipendente e sottostà al solo diritto. ² Le sue sentenze possono essere annullate o modificate soltanto da esso medesimo e conformemente alle disposizioni della legge.

Inhaltsübersicht   Note   Seite

I. Bisheriges Recht und Entstehungsgeschichte   1   17
II. Kommentar 2   17
    1. Unabhängigkeit (Abs. 1)..   2   17
    2. Unabänderlichkeit der Urteile (Abs. 2)   6   18

I. Bisheriges Recht und Entstehungsgeschichte

Altes Recht: Art. 21 Abs. 3 OG.   1

Entwurf der Expertenkommission: Art. 2.

Entwurf des Bundesrates: Art. 2 (BBl 2001 4279).

Ständerat: Unverändert (Amtl. Bull. S vom 23.9.2003 S. 889).

Nationalrat: Unverändert (Amtl. Bull. N vom 5.10.2004 S. 1584).

II. Kommentar

1. Unabhängigkeit (Abs. 1)

Die Bestimmung entspricht Art. 30 Abs. 1 und Art. 191c BV. Die Unab-   2
hängigkeit bezieht sich ausdrücklich auf die **Recht sprechende Tätigkeit**. Die
Gerichtsverwaltung ist damit nicht erfasst. Diese wird aber für das Bundesgericht
durch Art. 188 Abs. 3 BV und Art. 13 BGG gewährleistet.

3   Die Rechtsprechungsunabhängigkeit bedingt, dass das Gericht **ohne sachfremde Einflüsse** urteilt, seien diese gerichtsintern oder -extern. Sie wird durch zahlreiche Bestimmungen konkretisiert, welche die personelle und institutionelle Unabhängigkeit sicherstellen, namentlich die personelle Trennung von den anderen Staatsbehörden (Art. 6 Abs. 1 BGG), die strenge Beschränkung der Nebenbeschäftigungen (Art. 7), die Unvereinbarkeitsbestimmungen (Art. 8) und die Wahl der Richter auf eine feste Amtsdauer, während welcher sie nicht abgesetzt werden können (Art. 9 BGG; zur Nichtwiederwahl s. Art. 9 BGG N 5), die strafrechtliche Immunität (Art. 11 BGG) sowie die Ausstandsregeln (Art. 34 ff. BGG).

4   Kein sachfremder Einfluss, sondern zulässige Meinungsäusserung (Art. 16 BV) ist es, wenn das Bundesgericht in den Schranken des Rechts (s. namentlich Art. 173 ff. und Art. 285 StGB) kritisiert wird. Zur Frage der Zulässigkeit der Kritik politischer Behörden an bundesgerichtlichen Urteilen s. Art. 3 BGG N 6.

5   Entgegen einer häufig vertretenen Ansicht bedeutet die gerichtliche Unabhängigkeit nicht, dass das Gericht bei seiner Rechtsprechung gegenüber der Legislative oder der Exekutive unabhängig wäre. Im Gegenteil ist das Gericht an das **Gesetz** und damit an Entscheide des Gesetzgebers **gebunden** (Art. 5 Abs. 1 und Art. 190 BV), ebenso an rechtmässige Verordnungen der Bundesversammlung und des Bundesrates. Hingegen können weder Bundesversammlung noch Bundesrat ausserhalb der Gesetzes- oder Verordnungsform dem Bundesgericht Weisungen erteilen. Zur Oberaufsicht der Bundesversammlung über das Bundesgericht s. Art. 3.

2. Unabänderlichkeit der Urteile (Abs. 2)

6   Abs. 2 garantiert eine besondere Ausprägung der Rechtsprechungsunabhängigkeit. Urteile des Bundesgerichts sind mit ihrer Ausfällung **rechtskräftig** (Art. 61 BGG) und grundsätzlich **unabänderlich**. Sie können nur aufgehoben werden durch die Bundesversammlung in Form der Begnadigung (Art. 173 Abs. 1 lit. k BV; Art. 394 StGB) oder vom Bundesgericht selber auf dem Wege der Fristwiederherstellung (Art. 50 Abs. 2 BGG) oder der Revision (Art. 121 ff. BGG).

7   Auch der **Europäische Gerichtshof für Menschenrechte** kann Urteile des Bundesgerichts nicht aufheben; stellt er eine Konventionsverletzung fest, kann aber eine Revision in Frage kommen (Art. 122 BGG).

8   Die vollziehenden Behörden müssen Urteile des Bundesgerichts **vollstrecken** (Art. 182 Abs. 2 BV; Art. 69 f. BGG), ohne sie in Frage zu stellen.

Art. 3

Verhältnis zur Bundesversammlung	[1] Die Bundesversammlung übt die Oberaufsicht über das Bundesgericht aus. [2] Sie entscheidet jährlich über die Genehmigung des Voranschlags, der Rechnung und des Geschäftsberichts des Bundesgerichts.
Rapports avec l'Assemblée fédérale	[1] L'Assemblée fédérale exerce la haute surveillance sur le Tribunal fédéral. [2] Elle approuve chaque année le budget, les comptes et le rapport de gestion du Tribunal fédéral.
Rapporto con l'Assemblea federale	[1] L'Assemblea federale esercita l'alta vigilanza sul Tribunale federale. [2] Decide ogni anno sull'approvazione del progetto di preventivo, del consuntivo e del rapporto di gestione del Tribunale federale.

Inhaltsübersicht   Note   Seite

I. Bisheriges Recht und Entstehungsgeschichte 1   19
II. Kommentar 2   19
   1. Oberaufsicht im Allgemeinen (Abs. 1) 2   19
   2. Voranschlag, Rechnung, Geschäftsbericht (Abs. 2) 7   21

I. Bisheriges Recht und Entstehungsgeschichte

Altes Recht: Art. 21 Abs. 1 und 2 OG.

Entwurf der Expertenkommission: Art. 4.

Entwurf des Bundesrates: Art. 3 (BBl 2001 4247, 4279).

Ständerat: Änderung (Amtl. Bull. S vom 23.9.2003 S. 889).

Nationalrat: Zustimmung zum Ständerat (Amtl. Bull. N vom 5.10.2004 S. 1584).

1

II. Kommentar

1. Oberaufsicht im Allgemeinen (Abs. 1)

Die Oberaufsicht der Bundesversammlung über das Bundesgericht ergibt sich aus Art. 169 Abs. 1 BV. Sie wird im Auftrag der Bundesversammlung von den Geschäftsprüfungskommissionen (GPK) von National- und Ständerat ausgeübt (Art. 52 ff. ParlG). Die Kontrolltätigkeit beschränkt sich auf die **Geschäftsführung**, d.h. darauf, ob das Bundesgericht korrekt funktioniert und ob es die

2

Mittel, über die es verfügt, ordnungsgemäss verwaltet (BBl 2001 4279). In Bezug auf die Geschäftsführung haben die GPK ein Akteneinsichts- und Auskunftsrecht (Art. 153 und 156 i.V.m. Art. 162 Abs. 1 lit. c ParlG; vgl. eingehend BBl 2004 5661 ff., 59). Sie können dem Bundesgericht Empfehlungen unterbreiten, über deren Umsetzung das Bundesgericht informiert (Art. 158 i.V.m. Art. 162 Abs. 1 lit. c ParlG).

3 Die Bundesversammlung besitzt **keine Disziplinargewalt** über die Richter am Bundesgericht (BBl 2001 4279). Zulässig ist hingegen die Nichtwiederwahl (s. Art. 9 BGG N 5). Ebenso ist eine parlamentarische Untersuchungskommission in Bezug auf das Bundesgericht möglich (Art. 162 Abs. 1 lit. d i.V.m. Art. 163 ff. ParlG).

4 Nach einem **besonderen Vorkommnis** am Bundesgericht im Februar 2003, in welchem Zusammenhang auch weitere Unregelmässigkeiten behauptet wurden, beschlossen die Geschäftsprüfungskommissionen, den Vorfall und die behaupteten Unregelmässigkeiten abzuklären. Anschliessend äusserten sie die Empfehlung, der betroffene Bundesrichter sollte ohne Verzug zurücktreten, und stellten andernfalls eine Amtsenthebung in Form eines referendumspflichtigen Bundesbeschlusses zur Diskussion (Untersuchung von besonderen Vorkommnissen am Bundesgericht, Bericht der Geschäftsprüfungskommissionen des Nationalrates und des Ständerates vom 6.10.2003, BBl 2004 5647, 5686 ff.). Dies wurde gegenstandslos, da der betreffende Richter zurücktrat (BBl 2005 1917). In einem **Konflikt** zwischen mehreren Richtern am EVG, der von einem Gerichtsmitglied direkt an die GPK getragen worden war, lehnten diese es ab, eine Schiedsrichter- oder Vermittlerrolle zu übernehmen (BBl 2005 1915 f.).

5 Die Unabhängigkeit in der Rechtsprechung (Art. 2 BGG) schliesst eine **materielle Kontrolle** der richterlichen Entscheidungen im Rahmen der Oberaufsicht aus (Art. 26 Abs. 4 ParlG; vgl. BBl 2004 5659 f., 2001 4279). Die Bundesversammlung kann Entscheide des Bundesgerichts ausser auf dem Weg der Begnadigung nicht aufheben (Art. 2 Abs. 2 BGG). **Postulate**, **Interpellationen** und **Anfragen** an das Bundesgericht sind nur in Bezug auf dessen Geschäftsführung und Finanzhaushalt zulässig, **Motionen** überhaupt nicht (Art. 118 Abs. 4 ParlG). Zulässig sind **Petitionen** an die Bundesversammlung (Art. 33 BV; Art. 126 ff. ParlG) sowie **Aufsichtseingaben** zu Geschäftsführung und Finanzgebaren (Art. 129 ParlG), wobei aber die GPK keine Einzelurteile überprüfen (BBl 2004 5659 f.).

6 Die Lehre hält z.T. auch eine **parlamentarische Diskussion von gerichtlichen Entscheiden** für unzulässig (Darstellung der verschiedenen Lehrmeinungen bei POUDRET N 1.1 und 4 zu Art. 21 OG; Parlamentarische Verwaltungskontrollstelle, Zur Tragweite der parlamentarischen Oberaufsicht über die Gerichte, Positionen in der Rechtslehre, BBl 2002 7690, Ziff. 4.3). Dies trifft jedoch nicht zu: Zu den Aufgaben der Bundesversammlung gehört die Wirksamkeitskontrolle der Gesetze (Art. 170 BV). Die Bundesversammlung hat im Sinne einer Gesetzeseva-

luation zu verfolgen, wie die vom Gesetzgeber erlassenen Gesetze in der Verwaltungs- und Gerichtspraxis umgesetzt werden, um sie gegebenenfalls anzupassen, wenn die Gerichte die Gesetze nicht so verstehen, wie der Gesetzgeber sie gemeint hat. Zu diesem Zweck ist eine inhaltliche Diskussion über die Rechtsprechung unerlässlich und zulässig (KIENER, Unabhängigkeit, S. 300; SEILER, S. 286 ff.). Auch im Rahmen der Überprüfung des Geschäftsberichts, der auch Aussagen über die Inhalte der Rechtsprechung enthalten kann, ist eine inhaltliche Diskussion möglich.

2. Voranschlag, Rechnung, Geschäftsbericht (Abs. 2)

Der **Voranschlag** wird von der Verwaltungskommission des Bundesgerichts verabschiedet (Art. 17 Abs. 4 lit. b BGG), vom Bundesrat unverändert in den Voranschlag der Eidgenossenschaft aufgenommen (Art. 142 Abs. 2 ParlG) und von einem Gerichtsmitglied in den parlamentarischen Finanzkommissionen (vgl. Art. 50 ParlG) und im Plenum vertreten (Art. 142 Abs. 3 und Art. 162 Abs. 2 ParlG). Er wird von der Bundesversammlung beschlossen und ist für das Gericht verbindlich in Bezug auf die nicht gebundenen Ausgaben. Die gebundenen Ausgaben müssen jedoch so oder so getätigt werden, auch wenn der Voranschlag dafür nicht ausreicht. Zu den gebundenen Ausgaben gehören namentlich die Löhne für die von der Bundesversammlung gewählten Magistratspersonen in der von der Bundesversammlung festgesetzten Höhe (Art. 1 BGG N 12) sowie die Entschädigungen an unentgeltliche Rechtsvertreter gemäss den vom Bundesgericht selber gefällten Entscheiden (Art. 64 Abs. 2 BGG).

7

Das Bundesgericht untersteht der Finanzaufsicht durch die Finanzkontrolle, soweit diese der Ausübung der Oberaufsicht durch die Bundesversammlung dient (Art. 8 Abs. 2 FKG). Die Verwaltungskommission verabschiedet die **Rechnung** zuhanden der Bundesversammlung (Art. 17 Abs. 4 lit. b BGG). Im Übrigen gilt für die Genehmigung der Rechnung Analoges wie für den Voranschlag (Art. 142 Abs. 2 und 3 und Art. 162 Abs. 2 ParlG).

8

Der **Geschäftsbericht** wird vom Gesamtgericht verabschiedet (Art.15 Abs. 1 lit. c BGG) und ebenfalls von einem Gerichtsmitglied in den Geschäftsprüfungskommissionen (vgl. Art. 52 ParlG) und im Plenum der Bundesversammlung vertreten (Art. 162 Abs. 2 ParlG).

9

Art. 4

Sitz ¹ **Sitz des Bundesgerichts ist Lausanne.**
  ² **Eine oder mehrere Abteilungen haben ihren Standort in Luzern.**
Siège ¹ Le siège du Tribunal fédéral est à Lausanne.
  ² Une ou plusieurs cours siègent à Lucerne.
Sede ¹ La sede del Tribunale federale è Losanna.
  ² Una o più corti hanno sede a Lucerna.

Inhaltsübersicht	Note	Seite
I. Bisheriges Recht und Entstehungsgeschichte	1	22
II. Kommentar	2	22

I. Bisheriges Recht und Entstehungsgeschichte

1 Altes Recht: Art. 19 Abs. 1 OG (Sitz des Bundesgerichts Lausanne); Art. 124 OG (Sitz des EVG Luzern).

Entwurf der Expertenkommission: Art. 5. Für das ganze Gericht war infolge der damals geplanten Totalintegration der Sitz in Lausanne vorgesehen.

Entwurf des Bundesrates: Art. 4 (BBl 2001 4242 ff., 4279, 5894–5896, 5899 f.). Da der Bundesrat eine Teilintegration des EVG befürwortete, sollten eine oder zwei Abteilungen in Luzern sein.

Der Ständerat beschloss die offenere Formulierung «eine oder mehrere Abteilungen», gegen eine Minderheit, die mit einer ausdrücklichen Verankerung des Eidgenössischen Versicherungsgerichts in Luzern den bisherigen Zustand aufrechterhalten wollte (Amtl. Bull. S vom 23.9.2003 S. 890 f.).

Nationalrat: Zustimmung (Amtl. Bull. N vom 5.10.2004 S. 1584).

II. Kommentar

2 Der Sitz des Bundesgerichts ist durch die BV nicht vorgegeben, war aber historisch bedingt und unbestritten. Nach der gesetzlichen Regelung bleibt der Hauptsitz in **Lausanne**.

3 Die sog. Teilintegration des EVG bezweckt eine schlankere Organisation, die bessere Flexibilität in der Zuteilung des Personals und der Aufgaben sowie eine Aufwertung der sozialversicherungsrechtlichen Rechtsprechung. Sie schafft or-

ganisatorisch ein einziges Gericht, belässt aber räumlich den bisherigen Standort **Luzern**.

Das Gesetz legt nicht mehr fest, dass die Sozialversicherungsabteilung in Luzern liegt (BBl 2001 4279). Das Gericht kann im Rahmen seiner **Organisationsautonomie** (Art. 13 BGG) selber festlegen, wie viele und welche Abteilungen sich in Luzern befinden (BBl 2001 4279; KARLEN, S. 14). Zurzeit sind es die beiden Sozialrechtlichen Abteilungen. 4

2. Abschnitt: Richter und Richterinnen

Art. 5

Wahl	[1] **Die Bundesversammlung wählt die Richter und Richterinnen.** [2] **Wählbar ist, wer in eidgenössischen Angelegenheiten stimmberechtigt ist.**
Election	[1] L'Assemblée fédérale élit les juges. [2] Quiconque a le droit de vote en matière fédérale est éligible.
Elezione	[1] I giudici sono eletti dall'Assemblea federale. [2] È eleggibile chiunque abbia diritto di voto in materia federale.

Inhaltsübersicht	Note	Seite
I. Bisheriges Recht und Entstehungsgeschichte	1	24
II. Kommentar	2	24
1. Wahl (Abs. 1)	2	24
2. Wählbarkeit (Abs. 2)	7	25

I. Bisheriges Recht und Entstehungsgeschichte

1   Altes Recht: Art. 1 Abs. 2 und Art. 2 Abs. 1 OG.

Entwurf der Expertenkommission: Art. 6.

Entwurf des Bundesrates: Art. 5 (BBl 2001 4280).

Ständerat: Zustimmung (Amtl. Bull. S vom 23.9.2003 S. 891).

Nationalrat: Zustimmung (Amtl. Bull. N vom 5.10.2004 S. 1584).

II. Kommentar

1. Wahl (Abs. 1)

2   Die **Zuständigkeit** der Bundesversammlung zur Wahl ergibt sich aus Art. 168 Abs. 1 BV. Dies gilt sowohl für die ordentlichen als auch für die nebenamtlichen Richter (Art. 1 BGG N 14).

Die Wahl erfolgt durch die **Vereinigte Bundesversammlung** (Art. 157 Abs. 1 lit. a BV; Art. 39 ff. ParlG), die Vorbereitung der Wahl durch die Gerichtskommission; diese schreibt offene Richterstellen öffentlich aus, prüft die eingegangenen Bewerbungen und unterbreitet ihre Wahlvorschläge der Bundesversammlung (Art. 40a Abs. 1–3 ParlG). Sie beachtet dabei in der Regel einen Parteienproporz und die Vorschläge der entsprechenden Fraktionen. 3

Die bisherige Bestimmung, wonach alle **Amtssprachen** vertreten sein sollen (Art. 1 Abs. 2 Satz 2 OG), wurde nicht mehr aufgenommen. Mit der Justizreform ist auch die entsprechende Bestimmung in der Verfassung (Art. 188 Abs. 4 BV) aufgehoben worden. Eine angemessene Vertretung soll durch die Zusammensetzung der Bundesversammlung gewährleistet werden (BBl 2001 4280). 4

Die **Wahl** erfolgt jeweils für eine Amtsdauer bzw. für den Rest derselben (Art. 9 BGG). Zur Wahl ist das absolute Mehr der gültigen Wahlzettel erforderlich (Art. 130 ParlG). Bei den periodischen **Wiederwahlen** bei Ablauf der Amtsdauern werden – getrennt nach ordentlichen und nebenamtlichen Richtern (Art. 135 Abs. 1 ParlG) – alle sich zur Wiederwahl stellenden Richter auf einer Namenliste aufgeführt, von welcher die Wählenden einzelne oder alle Namen streichen, aber keine neuen hinzufügen können (Art. 136 Abs. 1 und 2 ParlG). Wer das absolute Mehr nicht erreicht, kann in einer **Ergänzungswahl** antreten (Art. 136 Abs. 3 ParlG). Diese erfolgt ebenfalls aufgrund einer gemeinsamen Liste für alle frei werdenden Sitze, wobei auch neue Namen möglich sind (im Einzelnen s. Art. 137 ParlG). 5

Anders als nach bisherigem Recht werden infolge der Integration des EVG die Richter nicht mehr fest an den Sitz in **Lausanne** oder den Standort **Luzern** gewählt. Sie können damit zwischen Lausanne und Luzern hin und her wechseln (BBl 2001 4244 f., 4280). Die Zuteilung der Gewählten auf die Abteilungen und damit auch auf die Standorte erfolgt durch das Gesamtgericht (Art. 15 Abs. 1 lit. d BGG), unter Berücksichtigung der fachlichen Kenntnisse und der Amtssprachen (Art. 18 Abs. 2 BGG). 6

2. Wählbarkeit (Abs. 2)

Nach Art. 143 BV sind alle **Stimmberechtigten** in das Bundesgericht wählbar. Das Gesetz präzisiert, dass es um die Stimmberechtigung in eidgenössischen Angelegenheiten geht. Diese setzt voraus (Art. 136 BV): Schweizer Bürgerrecht, zurückgelegtes 18. Altersjahr, keine Entmündigung wegen Geisteskrankheit oder Geistesschwäche (Art. 369 ZGB). 7

Juristische Ausbildung und Erfahrung wird in der Praxis zwar vorausgesetzt, ist aber kein Wählbarkeitserfordernis. Zulässig und möglicherweise sinnvoll wäre namentlich die Wahl von Personen mit rechtsrelevantem ausserjuristischem 8

Sachverstand (als Fachrichter), z.b. medizinisch Ausgebildete für die Sozialrechtlichen Abteilungen.

9   **Wohnsitz** in der Schweiz ist keine Wählbarkeitsvoraussetzung, muss aber bei Amtsantritt bestehen (Art. 12 BGG). Die **Mitgliedschaft in Bundesversammlung oder Bundesrat** oder ein **Arbeitsverhältnis zum Bund** sind keine Wahlhindernisse, sondern bloss Unvereinbarkeitsgründe (Art. 6 Abs. 1 BGG).

10 Da die Wählbarkeitsvoraussetzungen während der ganzen Amtsausübung bestehen müssen (BGE 128 I 34, 37 E. 1d), wird durch deren Verlust (Verlust des Schweizer Bürgerrechts [Art. 41–48 BüG]; Entmündigung [Art. 369 und 373 ff. ZGB]) das Amt von Gesetzes wegen **beendet**.

11 Zum **Alter** s. Art. 9 BGG N 9 f.

Art. 6

Unvereinbarkeit

¹ Die Richter und Richterinnen dürfen weder der Bundesversammlung noch dem Bundesrat angehören und in keinem anderen Arbeitsverhältnis mit dem Bund stehen.

² Sie dürfen weder eine Tätigkeit ausüben, welche die Erfüllung der Amtspflichten, die Unabhängigkeit oder das Ansehen des Gerichts beeinträchtigt, noch berufsmässig Dritte vor dem Bundesgericht vertreten.

³ Sie dürfen keine amtliche Funktion für einen ausländischen Staat ausüben und keine Titel oder Orden ausländischer Behörden annehmen.

⁴ Die ordentlichen Richter und Richterinnen dürfen kein Amt eines Kantons bekleiden und keine andere Erwerbstätigkeit ausüben. Sie dürfen auch nicht als Mitglied der Geschäftsleitung, der Verwaltung, der Aufsichtsstelle oder der Revisionsstelle eines wirtschaftlichen Unternehmens tätig sein.

Incompatibilité à raison de la fonction

¹ Les juges ne peuvent être membres de l'Assemblée fédérale ou du Conseil fédéral ni exercer aucune autre fonction au service de la Confédération.

² Ils ne peuvent exercer aucune activité susceptible de nuire à l'exercice de leur fonction de juge, à l'indépendance du tribunal ou à sa réputation ni représenter des tiers à titre professionnel devant le Tribunal fédéral.

³ Ils ne peuvent exercer aucune fonction officielle pour un Etat étranger ni accepter des titres ou des décorations octroyés par des autorités étrangères.

⁴ Les juges ordinaires ne peuvent exercer aucune fonction au service d'un canton ni exercer aucune autre activité lucrative. Ils ne peuvent pas non plus être membres de la direction, de l'administration, de l'organe de surveillance ou de l'organe de révision d'une entreprise commerciale.

Incompatibilità

¹ I giudici non possono essere membri dell'Assemblea federale o del Consiglio federale, né esercitare alcun'altra funzione al servizio della Confederazione.

² Non possono esercitare alcuna attività che pregiudichi l'adempimento della loro funzione, l'indipendenza del Tribunale o la sua dignità, né esercitare professionalmente la rappresentanza in giudizio dinanzi al Tribunale federale.

³ Non possono esercitare alcuna funzione ufficiale per uno Stato estero, né accettare titoli o decorazioni conferiti da autorità estere.

⁴ I giudici ordinari non possono esercitare alcuna funzione al servizio di un Cantone né altre attività lucrative. Non possono neppure essere

membri della direzione, dell'amministrazione, dell'ufficio di vigilanza o dell'ufficio di revisione di un'impresa commerciale.

Inhaltsübersicht Note Seite

I. Bisheriges Recht und Entstehungsgeschichte 1   28
II. Kommentar 2   28
    1. Unvereinbarkeit mit Funktionen beim Bund (Abs. 1) 2   28
    2. Beeinträchtigung der Amtspflichten, der Unabhängigkeit und
       des Ansehens (Abs. 2) 7   29
    3. Unabhängigkeit gegenüber dem Ausland (Abs. 3) 11   30
    4. Erwerbstätigkeit (Abs. 4) 14   30
    5. Wirkung und Sanktionen 19   31

I. Bisheriges Recht und Entstehungsgeschichte

1 Altes Recht: Art. 2 Abs. 2 und Art. 3 OG.

Entwurf der Expertenkommission: Art. 7.

Entwurf des Bundesrates: Art. 6 (BBl 2001 4281).

Der Ständerat fügte auf Antrag seiner Kommission den letzten Halbsatz in Abs. 2 ein, in Anlehnung an Art. 6 Abs. 2 VGG (Amtl. Bull. S vom 23.9.2003 S. 891).

Nationalrat: Zustimmung (Amtl. Bull. N vom 5.10.2004 S. 1584).

II. Kommentar

1. Unvereinbarkeit mit Funktionen beim Bund (Abs. 1)

2 Die **Unvereinbarkeit zwischen Bundesgericht, Bundesversammlung und Bundesrat** ergibt sich schon aus Art. 144 Abs. 1 BV. Sie gilt auch für die nebenamtlichen Bundesrichter (Art. 1 BGG N 14), nicht aber für die Gerichtsschreiber oder anderen Mitarbeiter des Gerichts (SÄGESSER, Art. 144 BV N 20). Diese dürfen aber aufgrund von Art. 14 ParlG nicht der Bundesversammlung angehören.

3 Nach Art. 144 Abs. 2 BV dürfen sodann die vollamtlichen Richter kein anderes «Amt» des Bundes (oder eines Kantons, dazu Abs. 4) bekleiden. Der Begriff «Amt» im Sinne der BV ist weit auszulegen und umfasst alle Arbeitsverhältnisse, aber auch ehrenamtliche Tätigkeiten (LÜTHI, St. Galler Kommentar zur BV, N 5 zu Art. 144 BV), auch bei Organisationen ausserhalb der Bundesverwaltung, welche öffentliche Aufgaben des Bundes erfüllen (SÄGESSER, Art. 144 N 30). Art. 144 Abs. 2 BV gilt hingegen nicht für nebenamtliche Bundesrichter

(SÄGESSER, Art. 144 N 29). Art. 6 Abs. 1 BGG geht jedoch (gestützt auf Art. 144 Abs. 3 BV) darüber hinaus und schliesst, neu gegenüber dem bisherigen Recht, auch für **nebenamtliche Richter** jedes Arbeitsverhältnis mit dem Bund aus. **Unzulässig** ist damit insbesondere auch die Funktion als **Richter** am Bundesstraf- oder Bundesverwaltungsgericht oder als **Gerichtsschreiber** an diesen Gerichten oder am Bundesgericht.

Unvereinbar sind auch **nebenamtliche Ämter** oder bloss **teilzeitliche Anstellungen** wie z.b. Preisüberwacher (Art. 3 PüG), regelmässige Lehraufträge an eidgenössischen Lehranstalten oder die Mitgliedschaft in ständigen ausserparlamentarischen Kommissionen. Als zulässig ist hingegen die Mitgliedschaft in Expertenkommissionen des Bundes zu erachten in Bereichen, in denen die Sachkunde des Bundesgerichts gefragt ist (BBl 1991 II 518; SÄGESSER, Art. 144 N 33). 4

Aufträge (z. B. Anwaltsmandate oder Gutachtertätigkeit) oder **Werkverträge** für den Bund sind an sich kein Arbeitsverhältnis. Erfolgen sie regelmässig, sind sie jedoch in teleologischer Auslegung einem Arbeitsverhältnis gleichzustellen. Zulässig ist (unter Vorbehalt von Abs. 4) ein Anstellungsverhältnis bei Dritten, die ihrerseits für den Bund tätig sind. 5

Kein Amt oder Arbeitsverhältnis ist die Erfüllung der **Militärdienstpflicht** als Milizarmeeangehörige. Vereinbar ist daher auch die milizmässig ausgeübte Tätigkeit in der Militärjustiz. Unzulässig ist demgegenüber eine Tätigkeit als Berufs- oder Zeitmilitär (Art. 47 MG). 6

2. Beeinträchtigung der Amtspflichten, der Unabhängigkeit und des Ansehens (Abs. 2)

Abs. 2 will die **Funktionsfähigkeit**, die Unabhängigkeit und das Ansehen des Bundesgerichts schützen. Er überschneidet sich in Bezug auf andere Erwerbstätigkeiten für die ordentlichen Richter weitgehend mit Abs. 4 (BBl 2001 4281). 7

Über Abs. 4 hinaus untersagt Abs. 2 aber auch Tätigkeiten, die nicht einen Erwerbszweck enthalten, aber sonstwie die **Unabhängigkeit** und das **Ansehen** des Gerichts tangieren. Darunter können namentlich gutachterliche oder schiedsrichterliche Tätigkeiten fallen (BBl 1991 II 518; POUDRET, N 2 zu Art. 3a OG), aber auch führende Tätigkeiten im Rahmen politischer oder gesellschaftlicher Organisationen, wenn dadurch in der Öffentlichkeit der Eindruck einer Befangenheit entstehen kann. Zulässig ist hingegen die normale Mitgliedschaft in politischen Parteien oder Vereinen. 8

Eine selbständige Bedeutung hat Abs. 2 besonders für die **nebenamtlichen Richter**, die anderweitige Erwerbstätigkeiten ausüben dürfen (BBl 2001 4281). Unvereinbar mit dem Amt als nebenamtlicher Bundesrichter ist namentlich auch 9 eine Tätigkeit, die derart stark absorbiert, dass die Aufgabe am Bundesgericht nicht innert nützlicher Zeit erledigt werden kann.

10 Die Ausübung der **Advokatur** ist für nebenamtliche Richter grundsätzlich zulässig, mit der wichtigen Einschränkung des letzten Halbsatzes. Mit der Einschränkung auf die «berufsmässige» Vertretung ist nur die entgeltliche Tätigkeit ausgeschlossen. Gratismandate sind zulässig. Ebenso ist die anwaltliche Tätigkeit vor anderen Gerichten als dem Bundesgericht zulässig, auch vor Bundesstraf- und Bundesverwaltungsgericht (Protokoll Kommission für Rechtsfragen des Ständerats, 26./27.2.2003, S. 31).

3. Unabhängigkeit gegenüber dem Ausland (Abs. 3)

11 Abs. 3 entspricht Art. 12 Abs. 1 aBV, der in die neue BV nicht mehr aufgenommen, sondern auf Gesetzesstufe herabgestuft wurde (BBl 1999 7942). Er will die Unabhängigkeit des Bundesgerichts gegenüber **ausländischen Einflüssen** sicherstellen.

12 Der Begriff der **amtlichen Funktionen** ist analog zu Abs. 2 weit zu verstehen und umfasst alle amtlichen Tätigkeiten, auch ehrenamtlicher oder nebenamtlicher Natur.

13 Als **Titel** und **Orden** gelten staatliche Auszeichnungen, welche, ohne mit einer amtlichen Funktion verbunden zu sein, ihren Trägern als besondere Ehrenbezeichnung verliehen werden (SCHINDLER, Kommentar aBV, Art. 12 N 11 und 13 f.; vgl. Art. 40a MG), auch Orden humanitärer und kultureller Art (BGE 115 Ia 127, 131 E. 3b/aa). Als zulässig zu erachten sind jedoch akademische Titel. Auf bereits angenommene Titel oder Orden muss bei Amtsantritt ausdrücklich verzichtet werden (BBl 1999 7943).

4. Erwerbstätigkeit (Abs. 4)

14 Abs. 4 entspricht Art. 144 Abs. 2 BV und bezweckt, im Interesse der gerichtlichen Unabhängigkeit **Interessenkollisionen** zu vermeiden. Zugleich soll sichergestellt werden, dass die Magistraten ihre ganze Arbeitskraft dem Amt widmen (POUDRET, N 1 zu Art. 3; LÜTHI, St. Galler Kommentar zur BV, N 4 zu Art. 144 BV).

15 Der Begriff des **Amts eines Kantons** ist weit auszulegen und umfasst jede ehrenamtliche oder besoldete Tätigkeit für einen Kanton (LÜTHI, St. Galler Kommentar zur BV, N 5 zu Art. 144 BV), namentlich auch die Mitgliedschaft in einem Kantonsparlament oder in kantonalen Kommissionen und Behörden jeder Art. Da das Bundesrecht mit «Kanton» in der Regel die gesamte kantonale Organisation

meint, ist auch ein Amt in einer Gemeinde oder einer anderen öffentlichrechtlichen Körperschaft ausgeschlossen (SÄGESSER, Art. 144 BV N 30), z.B. Mitgliedschaft in einem Gemeindeparlament oder einer Gemeindebehörde. Dies muss auch für interkantonale Organisationen gelten.

Unzulässig ist jede selbständige oder unselbständige **Erwerbstätigkeit** (vgl. aber Art. 7 BGG N 3). E contrario sind Tätigkeiten ohne Erwerbszweck grundsätzlich zulässig. Im Sinne der ratio legis gilt dies allerdings nicht, wenn solche Tätigkeiten den Charakter üblicher Freizeitbeschäftigungen übersteigen, vgl. dazu Art. 7 BGG. 16

Das Verbot der **Mitgliedschaft in Geschäftsleitung, Verwaltung, Aufsichtsstelle oder Revisionsstelle** eines wirtschaftlichen Unternehmens gilt unabhängig von der Rechtsform eines solchen Unternehmens. Zulässig ist die Eigenschaft als Aktionär, Gesellschafter oder Kommanditär, wenn damit keine Geschäftsführung verbunden ist (POUDRET, N 2 zu Art. 3 OG). Zulässig ist auch die Mitwirkung in leitenden Organen gemeinnütziger, kultureller usw. Vereine, unter Vorbehalt von Abs. 2. 17

Abs. 4 gilt nur für die ordentlichen, **nicht** für die **nebenamtlichen Richter**. Diese dürfen unter Vorbehalt der Abs. 1–3 beliebige andere Erwerbstätigkeiten ausüben. Zulässig ist insbesondere die Stellung als kantonaler Richter (nicht hingegen als Bundesverwaltungs- oder Bundesstrafrichter, Art. 6 Abs. 1 BGG) oder eine Tätigkeit in der Advokatur, vorbehalten Abs. 2 letzter Halbsatz. Eine Bewilligung gemäss Art. 7 BGG ist dazu nicht erforderlich. Allerdings können solche Tätigkeiten eine Ausstandspflicht begründen (Art. 34 BGG). 18

5. Wirkung und Sanktionen

Die Unvereinbarkeitsgründe sind **nicht Wählbarkeitshindernisse**. Die betroffene Person muss sich aber vor dem Amtsantritt für das eine oder andere entscheiden (Art. 15 Abs. 1 ParlG), ebenso dann, wenn während der Amtsausübung ein Unvereinbarkeitsgrund neu eintritt (a.M. SÄGESSER, Art. 144 N 36, der das spätere Eingehen unzulässiger Verpflichtungen als rechtlich unwirksam bezeichnet; indessen kann der Richter durch Rücktritt von seinem Amt die Unzulässigkeit beenden). 19

Ist **streitig**, ob ein Unvereinbarkeitsgrund vorliegt, entscheidet die Verwaltungskommission (Art. 17 Abs. 4 lit. g BGG), allenfalls die Bundesversammlung in Ausübung ihrer Oberaufsicht (Art. 3 Abs. 1 BGG; POUDRET, N 3 zu Art. 3 OG). 20

Sanktionen gegen einen Richter, der die Unvereinbarkeitsgründe missachtet, sind nicht ausdrücklich vorgesehen. Das Gericht oder allenfalls die GPK wird ihm die Aufgabe der entsprechenden Tätigkeit oder den Rücktritt nahelegen. 21

Art. 7

Nebenbeschäftigung

¹ Das Bundesgericht kann den ordentlichen Richtern und Richterinnen gestatten, eine Nebenbeschäftigung ohne Erwerbszweck auszuüben, wenn die uneingeschränkte Erfüllung der Amtspflichten, die Unabhängigkeit und das Ansehen des Gerichts dadurch nicht beeinträchtigt werden.

² Es bestimmt die Voraussetzungen für diese Bewilligung in einem Reglement.

Activité accessoire

¹ Le Tribunal fédéral peut autoriser les juges ordinaires à exercer une activité accessoire à but non lucratif, pour autant que le plein exercice de leur fonction ainsi que l'indépendance du tribunal et sa réputation n'en soient pas affectés.

² Il détermine dans un règlement les conditions d'octroi de cette autorisation.

Attività accessoria

¹ Il Tribunale federale può autorizzare i giudici ordinari a esercitare un'attività accessoria senza scopo lucrativo in quanto non siano pregiudicati il pieno adempimento della loro funzione e l'indipendenza e la dignità del Tribunale.

² Determina mediante regolamento le condizioni per il rilascio di tale autorizzazione.

Inhaltsübersicht   Note   Seite
I. Bisheriges Recht und Entstehungsgeschichte   1   32
II. Kommentar   2   33
    1. Erlaubte Nebenbeschäftigung (Abs. 1)   2   33
    2. Reglement (Abs. 2)   6   33

I. Bisheriges Recht und Entstehungsgeschichte

1   Altes Recht: Art. 3a OG.

Entwurf der Expertenkommission: Art. 8.

Entwurf des Bundesrates: Art. 7 (BBl 2001 4281).

Ständerat: Zustimmung (Amtl. Bull. S vom 23.9.2003 S. 891).

Nationalrat: Geringfügige Änderung gemäss Antrag der Arbeitsgruppe Bundesgerichtsgesetz und des Bundesrates (Amtl. Bull. N vom 5.10.2004 S. 1584).

Ständerat: Zustimmung (Amtl. Bull. S vom 8.3.2005 S. 118).

II. Kommentar

1. Erlaubte Nebenbeschäftigung (Abs. 1)

Ausseramtliche Tätigkeiten ohne Erwerbszweck sind nach Art. 6 BGG grundsätzlich zulässig, können aber ein Ausmass annehmen, das die Aufgabenerfüllung beeinträchtigt. Das Gesetz unterwirft sie daher der **Genehmigungspflicht**. Der alte Art. 3a OG hatte ausdrücklich die Tätigkeit als Schiedsrichter und Gutachter genannt, nachdem vor allem die Schiedsrichtertätigkeit einiger Bundesrichter auf Kritik gestossen war (POUDRET, N 1 zu Art. 3a). Die neue Bestimmung verzichtet auf die ausdrückliche Nennung dieser Tätigkeiten, die aber weiterhin mit umfasst sind. 2

Die Genehmigung kann nur erteilt werden für Nebenbeschäftigungen **ohne Erwerbszweck**. Die Botschaft führt aus, es werde Sache des Bundesgerichts sein, in seinem gemäss Abs. 2 zu erlassenden Reglement jenen Betrag zu bestimmen, ab welchem der durch eine Nebenbeschäftigung erzielte Gewinn als einem Erwerbszweck dienend gelte (BBl 2001 4281). Damit ist vorausgesetzt, dass eine bescheidene Honorierung genehmigter Nebenbeschäftigungen trotz Art. 6 zulässig ist. Das Reglement des Bundesgerichts erlaubt gewisse Nebeneinnahmen. 3

Die Genehmigung wird im Einzelfall durch die **Verwaltungskommission** nach Anhörung der Präsidentenkonferenz erteilt (Art. 17 Abs. 4 lit. f BGG). 4

Die Genehmigungspflicht gilt nicht für die **nebenamtlichen Richter**, da diesen nach Art. 6 Abs. 4 eine anderweitige Tätigkeit ohnehin erlaubt ist. 5

2. Reglement (Abs. 2)

Das Reglement wird durch das **Gesamtgericht** erlassen (Art. 15 BGG N 8). 6

Art. 8

Unvereinbarkeit in der Person

¹ Dem Bundesgericht dürfen nicht gleichzeitig als Richter oder Richterinnen angehören:
a. Ehegatten, eingetragene Partnerinnen oder Partner und Personen, die in dauernder Lebensgemeinschaft leben;
b. Ehegatten oder eingetragene Partnerinnen oder Partner von Geschwistern und Personen, die mit Geschwistern in dauernder Lebensgemeinschaft leben;
c. Verwandte in gerader Linie sowie bis und mit dem dritten Grad in der Seitenlinie;
d. Verschwägerte in gerader Linie sowie bis und mit dem dritten Grad in der Seitenlinie.

² Die Regelung von Absatz 1 Buchstabe d gilt bei dauernden Lebensgemeinschaften sinngemäss.

Incompatibilité à raison de la personne

¹ Ne peuvent être en même temps juges au Tribunal fédéral:
a. les conjoints, les partenaires enregistrés et les personnes qui font durablement ménage commun;
b. les conjoints et les partenaires enregistrés de frères et soeurs ainsi que les personnes qui font durablement ménage commun avec un frère ou une soeur;
c. les parents en ligne directe et, jusqu'au troisième degré inclus, en ligne collatérale;
d. les alliés en ligne directe et, jusqu'au troisième degré inclus, en ligne collatérale.

² La réglementation prévue à l'al. 1, let. d, s'applique par analogie aux personnes qui font durablement ménage commun.

Incompatibilità personale

¹ Non possono esercitare nel medesimo tempo la funzione di giudice del Tribunale federale:
a. i coniugi, i partner registrati e le persone che convivono stabilmente;
b. i coniugi o partner registrati di persone che tra loro sono fratelli o sorelle, nonché le persone che convivono stabilmente con persone che tra loro sono fratelli o sorelle;
c. i parenti in linea retta e, fino al terzo grado compreso, in linea collaterale;
d. gli affini in linea retta e, fino al terzo grado compreso, in linea collaterale.

² La regola di cui al capoverso 1 lettera d vale, applicata per analogia, anche riguardo alle persone che convivono stabilmente.

Inhaltsübersicht

	Note	Seite
I. Bisheriges Recht und Entstehungsgeschichte	1	35
II. Kommentar	2	35

I. Bisheriges Recht und Entstehungsgeschichte

Altes Recht: Art. 4 OG 1

Entwurf der Expertenkommission: Art. 9: Weiter gehende Unvereinbarkeitsregel, nicht nur zwischen Bundesrichtern, sondern auch zwischen solchen und Mitgliedern der Bundesversammlung, des Bundesrates, anderer richterlicher Behörden, eidgenössischem Untersuchungsrichter oder Vertretung der Bundesanwaltschaft.

Entwurf des Bundesrates: Art. 8 Beschränkung der Unvereinbarkeit entsprechend dem bisherigen Recht innerhalb der Richter, erweitert bloss um die dauernde Lebensgemeinschaft (BBl 2001 4281).

Ständerat: Zustimmung (Amtl. Bull. S vom 23.9.2003 S. 891).

Nationalrat: Beschränkung der Unvereinbarkeit auf den dritten Grad in der Seitenlinie und redaktionelle Neufassung (Amtl. Bull. N vom 5.10.2004 S. 1584 f.).

Im Ständerat wurde ein Antrag Schmid gestellt und wieder zurückgezogen, der die Unvereinbarkeit auch auf die Gerichtsschreiber und Gerichtsschreiberinnen erweitern wollte; im Übrigen schloss sich der Ständerat dem Nationalrat an (Amtl. Bull. S vom 8.3.2005 S. 118 f.).

II. Kommentar

Art. 8 regelt im Unterschied zu Art. 6 nicht das Verhältnis der Richter zu Tätigkeiten ausserhalb des Gerichts, sondern will **persönliche Beziehungen** innerhalb des Gerichts eliminieren. Die Bestimmung gilt sowohl für die ordentlichen als auch für die nebenamtlichen Richter, nicht hingegen (anders als Art. 4 OG in der ursprünglichen Fassung) für die Gerichtsschreiber, noch weniger demzufolge für das übrige Personal (mit Einschluss des Generalsekretärs); doch kann sich durch entsprechende Beziehungen gegebenenfalls ein Ausstandsgrund (Art. 34 ff. BGG) ergeben (BBl 2001 4281). 2

Für die im BGG verwendeten Begriffe ist auf die **zivilrechtliche Definition** abzustellen (BIRCHMEIER, Bundesrechtspflege, Art. 4 N 1; POUDRET, Art. 4 N 1 OG). 3

Ehegatten und **eingetragene Partnerschaften**: S. Art. 94 ff. ZGB und PartG. Auflösung der Ehe oder Partnerschaft hebt den Unvereinbarkeitsgrund auf.

Der Begriff der **dauernden Lebensgemeinschaft** ist nicht gesetzlich umschrieben. Er ist im Sinne des Konkubinats gemäss bisheriger Rechtsprechung zu verstehen (BBl 2001 4281). Erforderlich ist eine gewisse Dauer und Intensität einer Beziehung oder eines gemeinsamen Haushaltes (BGE 126 II 425, 433 E. 4c/bb). Eine solche Beziehung ist in der Regel zu bejahen, wenn ein Paar mit einem ge- 4 meinsamen Kind zusammenlebt (BGE 130 III 765, 767 E. 2.2; 106 III 11, 16 E. 3c); sie wird auch sonst vermutet, wenn die Beziehung mehr als fünf Jahre gedauert hat (BGE 114 II 295, 298 E. 1b; FamPra.ch 2004 S. 434 E. 2.3), kann aber auch früher bereits gegeben sein (BGE 124 III 52, 54 ff. E. 2a).

5 **Verwandtschaft**: S. Art. 20 ZGB. Dazu gehören auch Halbgeschwister (BIGLER-EGGENBERGER, Basler Kommentar, Art. 20 ZGB N 7a und 10; RDAT 1993 I Nr. 18 E. 8) und Adoptivverhältnisse (Art. 267 ZGB). Mit der Reduktion auf den 3. Grad in der Seitenlinie sind z.b. Cousins/Cousinen vereinbar, nicht aber z.B. Tante und Neffe.

6 **Verschwägerte**: S. Art. 21 ZGB. Der Begriff meint nur Verwandte des Partners, nicht Angeheiratete; er umfasst also nicht die Ehegatten von zwei Geschwistern (BGE 116 Ia 477, 481 ff.). Stiefelternschaft begründet nicht Verwandtschaft, wohl aber Schwägerschaft (Art. 21 Abs. 1 ZGB; BIGLER-EGGENBERGER, Basler Kommentar, Art. 21 ZGB N 2; BUCHER, Berner Kommentar, Art. 20/21 ZGB N 41). Die Schwägerschaft und damit auch die Unvereinbarkeit hört mit der Auflösung der Ehe, die sie begründet hat, nicht auf (Art. 21 Abs. 2 ZGB; BIGLER-EGGENBERGER, Basler Kommentar, Art. 21 ZGB N 4), was – wohl unbeabsichtigt – zu inkonsequenten Ergebnissen im Vergleich mit aufgelösten Ehen und Partnerschaften (s. N 3) führt.

7 Die Unvereinbarkeitsgründe hindern die Amtsausübung, solange sie bestehen, sind aber (entgegen SÄGESSER, Art. 144 N 55) **nicht Wählbarkeitshindernisse**, weil sie durch Amtsverzicht bzw. Rücktritt der einen der beiden Personen beendet werden können, ebenso wenn sie erst während der Amtsdauer entstehen, z.B. durch Eingehen einer Ehe oder dauernden Lebensgemeinschaft (POUDRET, Art. 4 N 3 OG).

8 Werden Urteile unter Verletzung dieser Unvereinbarkeitsgründe gefällt, liegt ein Revisionsgrund vor (s. Art. 121 BGG N 12).

Art. 9

Amtsdauer

¹ Die Amtsdauer der Richter und Richterinnen beträgt sechs Jahre.

² Richter und Richterinnen scheiden am Ende des Jahres aus ihrem Amt aus, in dem sie das 68. Altersjahr vollenden.

³ Frei gewordene Stellen werden für den Rest der Amtsdauer wieder besetzt.

Période de fonction

¹ La période de fonction des juges est de six ans.

² Lorsqu'un juge atteint l'âge de 68 ans, sa période de fonction s'achève à la fin de l'année civile.

³ Les sièges vacants sont repourvus pour le reste de la période.

Durata della carica

¹ I giudici stanno in carica sei anni.

² I giudici che compiono 68 anni lasciano la carica alla fine dell'anno civile.

³ I seggi divenuti vacanti sono riassegnati per il resto del periodo.

Inhaltsübersicht   Note   Seite

I. Bisheriges Recht und Entstehungsgeschichte   1   37
II. Kommentar   2   38
   1. Amtsdauer (Abs. 1)   2   38
   2. Altersgrenze (Abs. 2)   9   39
   3. Ergänzungswahlen (Abs. 3)   11   39

I. Bisheriges Recht und Entstehungsgeschichte

Altes Recht: Art. 5 und 123 Abs. 2 OG. Abs. 2 hatte keine Entsprechung. Die letzte sechsjährige Amtsdauer für die Mitglieder des Bundesgerichts begann im Jahre 2003, diejenige für die Mitglieder des EVG im Jahre 2002.

Entwurf der Expertenkommission: Art. 10.

Entwurf des Bundesrates: Art. 9. Gegenüber dem vorherigen Recht wurde Abs. 2 neu eingeführt (BBl 2001 4281 f.).

Ständerat: Zustimmung (Amtl. Bull. S vom 23.9.2003 S. 891).

Nationalrat: Zustimmung (Amtl. Bull. N vom 5.10.2004 S. 1585).

Um die Koordination der Amtsdauern zu erreichen, wurde nachträglich diejenige der Richter am EVG derjenigen der Richter in Lausanne angepasst (Art. 132 Abs. 3 BGG, s. Kommentar zu Art. 132 BGG).

II. Kommentar

1. Amtsdauer (Abs. 1)

2 Die sechsjährige Amtsdauer entspricht Art. 145 Satz 2 BV. Aus Abs. 3 ergibt sich, dass die Amtsdauer nicht individuell für jeden Richter ab dem Datum seiner Wahl bemessen wird, sondern dass es **feste Amtsperioden** für sämtliche Gerichtsmitglieder gibt (vgl. auch Art. 135 Abs. 1 ParlG). Die Amtsdauern gelten gleichermassen auch für die nebenamtlichen Richter.

3 Die **laufenden Amtsdauern** werden durch das Inkrafttreten des neuen Gesetzes grundsätzlich nicht berührt. Zur Anpassung der Amtsdauern der Richter in Lausanne und Luzern s. Art. 132 Abs. 3.

4 Nach Ablauf der Amtsdauer endet das Amt von Gesetzes wegen. Diejenigen Mitglieder, die sich für eine Wiederwahl zur Verfügung stellen, müssen in einer **Erneuerungswahl** wiedergewählt werden (zum Verfahren s. Art. 5 BGG N 5).

5 Es besteht **kein Anspruch auf Wiederwahl**. Auch aus der richterlichen Unabhängigkeit lässt sich ein solcher Anspruch nicht herleiten: Diese besteht nach Massgabe der Verfassung, welche selber eine Amtsdauer und eine Wahl durch die Bundesversammlung festlegt, ohne dieser eine Einschränkung in der Wahlfreiheit aufzuerlegen. Auch die völkerrechtliche Garantie eines unabhängigen Gerichts verlangt bloss eine feste, nicht zu kurze Amtsdauer (Urteil des EGMR i.S. Sramek vom 22.10.84, Ziff. 38; Urteil Lambelet 33275/96 vom 7.9.00, Ziff. 1: vier Jahre Amtsdauer als genügend erachtet), aber nicht eine Wahl auf Lebenszeit oder eine garantierte Wiederwahl. In der Praxis werden freilich die Richter regelmässig wiedergewählt.

6 Während der Amtsdauer wird das Amt **beendet** durch Tod, Verlust der Wählbarkeit (Art. 5 BGG N 10), Eintritt der Altersgrenze (Abs. 2) oder durch Rücktritt; ein solcher ist jederzeit möglich, sollte aber frühzeitig genug angekündigt werden, um der Bundesversammlung die rechtzeitige Wahl eines Nachfolgers zu ermöglichen.

7 Im Übrigen können Bundesrichter – im Unterschied zu den Bundesverwaltungs- und Bundesstrafrichtern (Art. 10 VGG; Art. 10 SGG) – **nicht** vor Ablauf der Amtsdauer **ihres Amtes enthoben** werden. Dies geht infolge der Höherrangigkeit des Gesetzes gegenüber der Verordnung auch der Kompetenz der Bundesversammlung vor, die Zahl der Bundesrichterstellen in dem in Art. 1 Abs. 3 genannten Rahmen zu reduzieren. Eine solche Stellenreduktion ist demnach während einer Amtsdauer nur möglich, indem beim vorzeitigen Ausscheiden eines Mitglieds auf eine Ersatzwahl verzichtet wird (vgl. BBl 2006 3070, 3072).

8 Die einzige gesetzlich vorgesehene Möglichkeit, während der Amtsdauer einen Richter an der Amtsausübung zu hindern, besteht darin, dass die Bundesver-

sammlung, wenn sie die Ermächtigung zur Strafverfolgung wegen einer strafbaren Handlung, die sich auf die amtliche Tätigkeit bezieht, erteilt (vgl. Art. 11 BGG N 2), zugleich auch eine **vorläufige Einstellung** im Amt beschliessen kann (Art. 14 Abs. 4 VG). In dem vorne (Art. 3 BGG N 4) erwähnten Fall hat ausserhalb einer solchen Einstellung das Gesamtgericht beschlossen, den betroffenen Richter vorläufig nicht mehr in der Rechtsprechung einzusetzen (BBl 2004 5671).

2. Altersgrenze (Abs. 2)

Diese Bestimmung ist neu. Vorher war die Amtszeit gesetzlich nicht befristet, doch bestand ein entsprechendes gentlemens' agreement zwischen der Bundesversammlung und den Gerichten (BBl 2001 4282). Das **Ausscheiden** erfolgt von Gesetzes wegen.

9

Aus dem Sinn der Bestimmung ergibt sich, dass Personen, die älter sind, gar **nicht** als Richter **gewählt** werden können, müssten sie doch unverzüglich zurücktreten (anders BBl 2001 4282, wonach Absatz 2 nicht eine neue Wählbarkeitsvoraussetzung einführe und somit nicht anwendbar wäre, wenn die Bundesversammlung einen Richter wählen würde, der älter als 68 Jahre ist).

10

3. Ergänzungswahlen (Abs. 3)

Abs. 3 bezieht sich auf Stellen, die während der Amtsdauer frei geworden sind (aus den oben N 6 genannten Gründen). Die Wahl erfolgt als **Ergänzungswahl** (Art. 137 ParlG), d.h. gegebenenfalls, wenn im gleichen Zeitpunkt mehrere Demissionen vorliegen, für alle zu vergebenden Sitze gemeinsam (Art. 137 Abs. 2 ParlG). Das neu gewählte Mitglied tritt in die Amtsdauer des ausgeschiedenen ein. Bei Demission auf Ende der Amtsdauer erfolgt ebenfalls eine Ergänzungswahl (Art. 135 Abs. 2 ParlG), aber auf eine ordentliche Amtsdauer.

11

Art. 10

Amtseid

¹ Die Richter und Richterinnen werden vor ihrem Amtsantritt auf gewissenhafte Pflichterfüllung vereidigt.

² Die Vereidigung erfolgt durch die Abteilung unter dem Vorsitz des Präsidenten oder der Präsidentin des Bundesgerichts.

³ Statt des Eids kann ein Gelübde abgelegt werden.

Serment

¹ Avant leur entrée en fonction, les juges s'engagent à remplir consciencieusement leurs devoirs.

² Ils prêtent serment devant leur cour sous la présidence du président du Tribunal fédéral.

³ Le serment peut être remplacé par une promesse solennelle.

Giuramento

¹ Prima di entrare in carica, i giudici giurano di adempiere coscienziosamente il loro dovere.

² Il giuramento è prestato dinanzi alla rispettiva corte sotto la presidenza del presidente del Tribunale.

³ Il giuramento può essere sostituito dalla promessa solenne.

Inhaltsübersicht Note Seite
I. Bisheriges Recht und Entstehungsgeschichte 1 40
II. Kommentar 2 41

I. Bisheriges Recht und Entstehungsgeschichte

1 Altes Recht: Art. 9 OG.

Entwurf der Expertenkommission: Art. 11 (Amtseid vor der Bundesversammlung).

Entwurf des Bundesrates: Art. 10, wie die Expertenkommission. Durch die Vereidigung vor der Bundesversammlung sollte die Feierlichkeit betont und die Gleichstellung mit den Mitgliedern des Bundesrates erreicht werden (BBl 2001 4282).

Der Ständerat entschied sich aus Gründen der Einfachheit für die Vereidigung vor dem Bundesgericht (Amtl. Bull. S vom 23.9.2003 S. 892).

Die Arbeitsgruppe Bundesgericht schlug vor, die Vereidigung entsprechend der bisherigen Praxis vor der Abteilung unter dem Vorsitz des Gesamtgerichtspräsidenten vorzunehmen.

Nationalrat: Zustimmung (Amtl. Bull. N vom 5.10.2004 S. 1585).

Ständerat: Zustimmung (Amtl. Bull. S vom 8.3.2005 S. 119).

II. Kommentar

Die Bestimmung gilt für die **ordentlichen** wie für die **nebenamtlichen Richter**, aber – anders als nach altem Recht (Art. 9 OG) – nicht mehr für die Gerichtsschreiber.   2

Die Vereidigung muss vor der ersten Amtshandlung erfolgen. Wer sich weigert, den Eid oder das Gelübde zu leisten, **verzichtet** auf sein Amt (Art. 3 Abs. 3 ParlG).   3

Die Vereidigung erfolgt der Einfachheit halber (namentlich im Hinblick auf die beiden Gerichtsstandorte) nicht durch das Gesamtgericht, sondern durch die **Abteilung**, welcher der gewählte Richter zugeordnet wurde (Art. 18 BGG), immerhin unter Vorsitz des Gerichtspräsidenten. Dieser kann sich durch den Vizepräsidenten vertreten lassen (Art. 14 Abs. 4 BGG).   4

Eid- bzw. Gelübdeformel: S. Art. 3 Abs. 4 und 5 ParlG.   5

Art. 11

Immunität

¹ Gegen die Richter und Richterinnen kann während ihrer Amtsdauer wegen Verbrechen und Vergehen, die nicht in Zusammenhang mit ihrer amtlichen Stellung oder Tätigkeit stehen, ein Strafverfahren nur eingeleitet werden mit der schriftlichen Zustimmung der betroffenen Richter oder Richterinnen oder auf Grund eines Beschlusses des Gesamtgerichts.

² Vorbehalten bleibt die vorsorgliche Verhaftung wegen Fluchtgefahr oder im Fall des Ergreifens auf frischer Tat bei der Verübung eines Verbrechens. Für eine solche Verhaftung muss von der anordnenden Behörde innert 24 Stunden direkt beim Gesamtgericht um Zustimmung nachgesucht werden, sofern die verhaftete Person nicht ihr schriftliches Einverständnis zur Haft gegeben hat.

³ Ist ein Strafverfahren wegen einer in Absatz 1 genannten Straftat bei Antritt des Amtes bereits eingeleitet, so hat die Person das Recht, gegen die Fortsetzung der bereits angeordneten Haft sowie gegen Vorladungen zu Verhandlungen den Entscheid des Gesamtgerichts zu verlangen. Die Eingabe hat keine aufschiebende Wirkung.

⁴ Gegen eine durch rechtskräftiges Urteil verhängte Freiheitsstrafe, deren Vollzug vor Antritt des Amtes angeordnet wurde, kann die Immunität nicht angerufen werden.

⁵ Wird die Zustimmung zur Strafverfolgung eines Richters oder einer Richterin verweigert, so kann die Strafverfolgungsbehörde innert zehn Tagen bei der Bundesversammlung Beschwerde einlegen.

Immunité

¹ Un juge peut, pendant la durée de son mandat, faire l'objet d'une procédure pénale pour un crime ou un délit qui n'a pas trait à l'exercice de sa fonction ou de son activité, à la condition expresse qu'il y ait consenti par écrit ou que la Cour plénière ait donné son autorisation.

² L'arrestation préventive pour cause de risque de fuite ou, en cas de crime, de flagrant délit, est réservée. L'autorité qui ordonne l'arrestation doit, dans les 24 heures, requérir directement l'autorisation de la Cour plénière, à moins que la personne n'y ait consenti par écrit.

³ La personne qui, au moment d'entamer son mandat, fait l'objet d'une procédure pénale pour un acte visé à l'al. 1, a le droit de demander à la Cour plénière de se prononcer contre la poursuite de la détention qui a été ordonnée et contre les citations à comparaître à des audiences. Sa requête n'a pas d'effet suspensif.

⁴ L'immunité ne peut être invoquée contre un jugement entré en force qui prévoit une peine privative de liberté dont l'exécution a été ordonnée avant le début du mandat.

⁵ Si le consentement pour la poursuite pénale d'un juge est refusé, l'autorité de poursuite pénale peut faire recours auprès de l'Assemblée fédérale dans les dix jours.

Immunità

¹ Contro un giudice in carica non può essere promosso alcun procedimento penale per un crimine o delitto non connesso alla sua condizione o attività ufficiale, se non con il suo consenso scritto o con l'autorizzazione della Corte plenaria.

² Rimane salvo l'arresto preventivo in caso di pericolo di fuga o, se si tratta di crimine, in caso di flagrante reato. Entro 24 ore, l'autorità che ha ordinato l'arresto deve chiedere direttamente il beneplacito della Corte plenaria, salvo che il magistrato arrestato non lo dia egli stesso per scritto.

³ Il giudice che, all'atto dell'entrata in funzione, risulta già oggetto di un procedimento penale per un reato menzionato nel capoverso 1 può domandare alla Corte plenaria che vengano sospesi sia l'arresto sia le citazioni ad udienze. La domanda non ha effetto sospensivo.

⁴ L'immunità non può essere invocata quando si tratta di una pena detentiva pronunciata con sentenza passata in giudicato la cui esecuzione è stata ordinata già prima dell'entrata in funzione.

⁵ Se il consenso a procedere penalmente contro un giudice è negato, l'autorità incaricata del procedimento penale può, entro dieci giorni, interporre ricorso all'Assemblea federale.

Inhaltsübersicht

	Note	Seite
I. Bisheriges Recht und Entstehungsgeschichte	1	43
II. Kommentar	2	44
1. Einleitung des Verfahrens während Amtsdauer (Abs. 1)	2	44
2. Vorsorgliche Verhaftung (Abs. 2)	12	45
3. Fortführung eines bei Amtsantritt bereits eingeleiteten Strafverfahrens (Abs. 3)	14	45
4. Bei Amtsantritt bereits verhängte Freiheitsstrafe (Abs. 4)	16	46
5. Beschwerde an die Bundesversammlung (Abs. 5)	20	46

I. Bisheriges Recht und Entstehungsgeschichte

Die Immunität der Bundesrichter war ursprünglich in Art. 4 GarG geregelt. Mit dem ParlG vom 13. Dezember 2002 wurde das GarG aufgehoben und die Bestimmung betreffend die Bundesrichter als Art. 5a ins OG übernommen und

1

analog zu Art. 61a RVOG (betreffend Mitglieder des Bundesrates sowie Bundeskanzler) ausgestaltet (BBl 2001 3616).

Entwurf der Expertenkommission: ---

Entwurf des Bundesrates: ---

Ständerat: ---

Der Nationalrat übernahm die Fassung mit geringfügigen redaktionellen (und z.T. materiellen, s. N 7) Änderungen aus dem inzwischen gemäss ParlG eingefügten Art. 5a OG (Amtl. Bull. N vom 5.10.2004 S. 1585).

Ständerat: Zustimmung (Amtl. Bull. S vom 8.3.2005 S. 119).

II. Kommentar

1. Einleitung des Verfahrens während Amtsdauer (Abs. 1)

2   Art. 11 BGG bezieht sich nur auf Delikte, die **nicht im Zusammenhang mit der amtlichen Tätigkeit** stehen. Für Delikte im Zusammenhang mit der amtlichen Tätigkeit gilt demgegenüber Art. 14 VG, wonach für eine Strafverfolgung in jedem Fall die Zustimmung der Bundesversammlung erforderlich ist.

3   Die Immunität stützt sich auf Art. 162 Abs. 2 BV. Sie ist nicht ein persönliches Privileg der Amtsinhaber, sondern dient der Sicherstellung des **Ansehens** und der **Funktionsfähigkeit** des Bundesgerichts, die durch eine Freiheitsstrafe eines Bundesrichters, aber auch bereits durch Untersuchungsmassnahmen beeinträchtigt wären.

4   Die Immunität gilt nur für **Strafverfahren**, nicht aber für andere Verfahren (Zivil- oder Verwaltungsverfahren), auch wenn diese u.U. ebenfalls Zwangsmassnahmen erlauben.

5   Entsprechend ihrer Zielsetzung besteht die Immunität nur während der **Amtsdauer**. Dieser Begriff meint nicht die einzelne sechsjährige Amtsdauer (Art. 9 Abs. 1 BGG), sondern die gesamte Dauer der Amtsausübung, wie sich klar aus dem französischen und italienischen Text wie auch aus dem deutschen Wortlaut von Art. 5a OG und Art. 61a RVOG ergibt.

6   Die Immunität beginnt nicht bereits mit der Wahl, sondern erst mit dem **Amtsantritt**. Sie endet mit dem Ausscheiden aus dem Amt.

7   Während Art. 5a OG (und Art. 4 Abs. 2 GarG) nur für die Mitglieder des Bundesgerichts, mithin nur für die ordentlichen Richter (Art. 1 Abs. 2 OG) galt, spricht Art. 11 BGG generell von «**Richter und Richterinnen**». Damit sind nach der üblichen Terminologie (Art. 1 BGG N 14) auch die nebenamtlichen Richter gemeint.

Die Immunität gilt nur für **Verbrechen** und **Vergehen** (vgl. Art. 10 StGB), unabhängig davon, ob es sich um Delikte nach StGB, MStG oder Nebenstrafrecht handelt, nicht aber für Übertretungen (Art. 103 StGB); hier droht keine Freiheitsstrafe, welche das Funktionieren des Gerichts beeinträchtigen könnte. 8

Die Immunität wird aufgehoben, wenn entweder der betroffene Richter selber oder das Gesamtgericht die **Zustimmung** zur Strafverfolgung gibt. Die Strafverfolgungsbehörde muss also, sofern der betroffene Richter nicht zustimmt, ein entsprechendes Gesuch an das Gesamtgericht stellen. Solange diese Zustimmung nicht vorliegt oder wenn sie verweigert wird, sind Untersuchungshandlungen nicht zulässig. 9

Die Zustimmung ist nur für die **Einleitung** des Verfahrens erforderlich, nicht etwa für das Urteil oder seine Vollstreckung. Liegt die Zustimmung zur Einleitung vor, kann das Verfahren ohne weitere Einschränkung durchgeführt, ein Urteil gefällt und eine allfällige Freiheitsstrafe vollstreckt werden. 10

Ist schon die Einleitung eines Verfahrens ohne Zustimmung unzulässig, gilt dies umso mehr für **strafprozessuale Zwangsmassnahmen**, insbesondere (unter Vorbehalt von Abs. 2) auch für die Verhaftung. 11

2. Vorsorgliche Verhaftung (Abs. 2)

Abs. 2 enthält **zwei Tatbestandsvarianten**, in denen auch ohne Zustimmung (des betroffenen Richters oder des Gesamtgerichts) eine **vorsorgliche Verhaftung** zulässig ist, nämlich die Verhaftung wegen Fluchtgefahr oder bei Ergreifung auf frischer Tat bei Verübung eines Verbrechens. Die zweite Variante gilt somit nicht bei Vergehen. Demgegenüber ist die erste Variante auch bei Vergehen zulässig, wie sich aus dem französischen und italienischen Text klar ergibt. 12

Aus dem Wortlaut ergibt sich bloss, dass das **Gesuch** an das Gesamtgericht innert 24 Stunden gestellt werden muss. Ist das Gesuch rechtzeitig gestellt, kann somit die Haft aufrechterhalten bleiben, bis das Gesamtgericht seinen Entscheid getroffen hat. Verweigert das Gericht seine Zustimmung, muss die Haft beendet werden. 13

3. Fortführung eines bei Amtsantritt bereits eingeleiteten Strafverfahrens (Abs. 3)

Ist ein Strafverfahren bei Amtsantritt bereits eingeleitet, aber noch nicht mit einem rechtskräftigen Urteil abgeschlossen (für diesen Fall s. Abs. 4) worden, so kann es grundsätzlich **weitergeführt** werden, ohne dass es dazu einer Zustimmung (des betroffenen Richters oder des Gesamtgerichts) bedürfte. 14

15 Hingegen kann der betroffene Richter **Einspruch** zuhanden des Gesamtgerichts erheben gegen die Fortsetzung einer bereits angeordneten Haft (für die Anordnung einer neuen Haft gilt Abs. 2) oder die Vorladung zu Verhandlungen, was sowohl Instruktionsverhandlungen als auch Urteilsverhandlungen umfasst. Im Unterschied zu Abs. 1 kann die Haft oder Verhandlung aber durchgeführt werden, solange der Entscheid des Gesamtgerichts nicht gefällt ist. Gegen andere Zwangsmassnahmen (Beschlagnahmungen usw.) besteht kein derartiges Einspruchsrecht.

4. Bei Amtsantritt bereits verhängte Freiheitsstrafe (Abs. 4)

16 Ist bei Amtsantritt ein **rechtskräftiges Urteil** bereits gefällt, so muss es grundsätzlich vollzogen werden. Massgebend ist auch hier nicht der Zeitpunkt der Wahl, sondern derjenige des Amtsantritts. Voraussetzung ist jedoch, dass der Vollzug bereits angeordnet ist.

17 Als Umkehrschluss ergibt sich, dass die Immunität angerufen werden kann, wenn bei Amtsantritt ein Urteil gefällt, aber **noch nicht rechtskräftig** ist, oder wenn ein rechtskräftiges Urteil vorliegt, sein **Vollzug** aber **noch nicht angeordnet** wurde, unabhängig davon, ob es sich um eine unbedingt ausgesprochene Strafe oder um einen nachträglich angeordneten Vollzug einer bedingten oder aufgeschobenen Strafe handelt. Dasselbe gilt für die **Rückversetzung** nach einer bedingten Entlassung.

18 Die Immunität gilt nur in Bezug auf **Freiheitsstrafen**. Nach ihrem Sinn und Zweck muss sie auch gelten in Bezug auf **Massnahmen**, die mit einem Freiheitsentzug verbunden sind. Sie gilt hingegen nicht für Geldstrafen.

19 Die Immunität besteht nicht automatisch, sondern nur, wenn sie (vom betroffenen Richter) angerufen wird. Das Verfahren für die **Anrufung der Immunität** ist analog zu Abs. 3: Der Richter, der sich auf die Immunität berufen will, muss das Gesamtgericht anrufen. Bis zu dessen Entscheid ist der Vollzug der Strafe zulässig.

5. Beschwerde an die Bundesversammlung (Abs. 5)

20 Die **Beschwerde an die Bundesversammlung** ist zulässig, wenn das Gesamtgericht die Zustimmung zur Strafverfolgung gemäss Abs. 1 verweigert, sinngemäss aber auch wenn das Gesamtgericht in den Fällen von Abs. 2–4 seine Zustimmung verweigert. Die Erteilung der Zustimmung ist nicht anfechtbar.

21 Zum **Beschwerdeverfahren** s. Art. 79 VwVG. Legitimiert ist nur die Strafverfolgungsbehörde, nicht aber Dritte. Der Entscheid ergeht nicht in der Vereinigten

Bundesversammlung, sondern im ordentlichen Verfahren (Art. 157 BV e contrario; Art. 71 lit. h ParlG; BBl 2001 3615). Die Beschwerde hat keine aufschiebende Wirkung (Art. 79 Abs. 3 VwVG).

Eine Art. 4 Abs. 5 GarG entsprechende Bestimmung, wonach die **Verjährung** 22 während der Dauer des Verfahrens über Bewilligung oder Verweigerung der Immunität ruht, ist im geltenden Recht nicht mehr enthalten (BBl 2001 3615, betr. Art. 61a RVOG).

Art. 12

Wohnort	Die Richter und Richterinnen können ihren Wohnort in der Schweiz frei wählen; ordentliche Richter und Richterinnen müssen jedoch das Gericht in kurzer Zeit erreichen können.
Lieu de résidence	Les juges choisissent librement leur lieu de résidence en Suisse; les juges ordinaires doivent toutefois pouvoir rejoindre rapidement le tribunal.
Luogo di residenza	I giudici scelgono liberamente il loro luogo di residenza, che dev'essere in Svizzera; i giudici ordinari devono tuttavia poter raggiungere rapidamente il Tribunale.

Inhaltsübersicht Note Seite
I. Bisheriges Recht und Entstehungsgeschichte 1 48
II. Kommentar 2 48

I. Bisheriges Recht und Entstehungsgeschichte

1 Art. 19 Abs. 2 OG.

Entwurf der Expertenkommission: Art. 12.

Entwurf des Bundesrates: Art. 11 (freie Wahl des Wohnsitzes; BBl 2001 4282).

Ständerat: Zustimmung (Amtl. Bull. S vom 23.9.2003 S. 892).

Nationalrat: Zustimmung (Amtl. Bull. N vom 5.10.2004 S. 1585).

In der Differenzbereinigung stellte der Ständerat klar, dass der Wohnsitz in der Schweiz liegen muss (Amtl. Bull. S vom 8.3.2005 S. 119).

Nationalrat: Zustimmung (Amtl. Bull. N vom 6.6.2005 S. 641).

II. Kommentar

2 Der erste Halbsatz gilt sowohl für ordentliche als auch nebenamtliche Richter. Beiden ist somit ein Wohnsitz im **Ausland** untersagt, auch wenn Wohnsitz in der Schweiz kein Wählbarkeitserfordernis ist (Art. 5 BGG N 9).

3 Der zweite Halbsatz gilt nur für die **ordentlichen Richter**, nicht für die nebenamtlichen.

3. Abschnitt: Organisation und Verwaltung

Art. 13

Grundsatz	Das Bundesgericht regelt seine Organisation und Verwaltung.
Principe	Le Tribunal fédéral règle son organisation et son administration.
Principio	Il Tribunale federale determina la sua organizzazione e amministrazione.

Inhaltsübersicht	Note	Seite
I. Bisheriges Recht und Entstehungsgeschichte	1	49
II. Kommentar	2	49

I. Bisheriges Recht und Entstehungsgeschichte

Altes Recht: Art. 8, 14 und 20 OG. 1

Entwurf der Expertenkommission: Art. 13.

Entwurf des Bundesrates: Art. 12 (BBl 2001 4282).

Ständerat: Zustimmung (Amtl. Bull. S vom 23.9.2003 S. 892).

Nationalrat: Zustimmung (Amtl. Bull. N vom 5.10.2004 S. 1585).

II. Kommentar

Nach Art. 188 Abs. 2 BV bestimmt das Gesetz die Organisation und das 2
Verfahren, während sich nach Art. 188 Abs. 3 BV das Gericht selber verwaltet
(dazu Art. 25 BGG). Art. 13 BGG überträgt dem Bundesgericht nicht nur die
Selbstverwaltung, sondern delegiert ihm im Rahmen der folgenden Artikel in
erheblichem Umfang auch seine **Organisation**.

Gesetzlich vorgegeben sind der Sitz (Art. 4 BGG) sowie die folgenden Organe 3
samt ihren hauptsächlichen Zuständigkeiten: Präsidium (Art. 14 BGG), Gesamtgericht (Art. 15 BGG), Präsidentenkonferenz (Art. 16 BGG), Verwaltungskommission (Art. 17 BGG), Abteilungen (Art. 18–20 BGG), Vereinigung der betroffenen Abteilungen (Art. 23 BGG), Generalsekretariat (Art. 26 BGG).

4 Eingeschränkt ist das Bundesgericht in seiner Organisations- und Verwaltungsautonomie zudem dadurch, dass sein **Personal** dem BPG untersteht. Aufgrund von Art. 35 BPG kennt das Bundesgericht zusätzlich zu den im BGG genannten Organen eine interne Beschwerdeinstanz für Beschwerden gegen Personalentscheide der Verwaltungskommission oder des Generalsekretariats. Die Entscheide dieser internen Rekurskommission sind bei einer besonderen Rekurskommission, bestehend aus den Präsidenten der Verwaltungsgerichte der Kantone Luzern, Waadt und Tessin, anfechtbar (Art. 36 Abs. 2 BPG i.d.F. des VGG).

5 Im Übrigen ist das Bundesgericht in seiner Organisation **autonom**. Anders als nach altem Recht (Art. 12, 122, 124 OG) sind insbesondere weder die Zahl noch die Bezeichnung, noch der Sitz der Abteilungen gesetzlich geregelt (vgl. dazu Art. 18 BGG).

6 Die Selbstorganisation äussert sich namentlich in der Befugnis des Bundesgerichts, die eigenen Angelegenheiten durch **Reglement** zu regeln; solche Reglemente werden durch das Gesamtgericht erlassen (Art. 15 Abs. 1 lit. a BGG).

7 **Ausgeschlossen** ist aufgrund von Art. 13 BGG jede **Organisationskompetenz des Bundesrates** in Bezug auf das Bundesgericht. Die bisher gemäss Art. 146 OG dem Bundesrat zustehende Kompetenz, die Vergütungen für Reisen sowie diejenigen an die nebenamtlichen Richter zu regeln, steht neu der Bundesversammlung zu (Art. 1 Abs. 1 und Art. 2a des Bundesgesetzes vom 6.10.1989 über Besoldung und berufliche Vorsorge der Magistratspersonen [SR 172.121] in der Fassung gemäss BGG).

8 Hingegen werden die das Bundesgericht betreffenden **Erlasse der Bundesversammlung** (Gesetze, Verordnungen der Bundesversammlungen) durch den Bundesrat vorbereitet (Art. 181 BV), wenn nicht die Bundesversammlung selber die Erlasse ausarbeitet; diesbezüglich besteht somit kein direktes Antragsrecht des Bundesgerichts an die Bundesversammlung. Dies gilt auch für die von der Bundesversammlung zu erlassende Verordnung über die Zahl der Richter (Art. 1 Abs. 5). Hingegen wird das Bundesgericht vorgängig zu solchen Erlassen angehört (Art. 11 Vernehmlassungsverordnung [SR 172.061.1]; vgl. Art. 16 BGG N 8).

9 S. für die **Verwaltungsautonomie** zudem Art. 25 und Art. 25a BGG.

Art. 14

Präsidium

¹ Die Bundesversammlung wählt aus den ordentlichen Richtern und Richterinnen:
a. den Präsidenten oder die Präsidentin des Bundesgerichts;
b. den Vizepräsidenten oder die Vizepräsidentin.

² Die Wahl erfolgt für zwei Jahre; einmalige Wiederwahl ist zulässig.

³ Der Präsident oder die Präsidentin führt den Vorsitz im Gesamtgericht und in der Verwaltungskommission (Art. 17). Er oder sie vertritt das Gericht nach aussen.

⁴ Er oder sie wird durch den Vizepräsidenten oder die Vizepräsidentin oder, falls dieser oder diese verhindert ist, durch den Richter oder die Richterin mit dem höchsten Dienstalter vertreten; bei gleichem Dienstalter ist das höhere Lebensalter massgebend.

Présidence

¹ L'Assemblée fédérale élit parmi les juges ordinaires:
a. le président;
b. le vice-président.

² Ils sont élus pour deux ans et peuvent être reconduits une fois dans leur fonction.

³ Le président préside la Cour plénière et la Commission administrative (art. 17). Il représente le Tribunal fédéral à l'extérieur.

⁴ En cas d'empêchement, il est remplacé par le vice-président et, si ce dernier est empêché, par le juge ordinaire doyen de fonction et, à ancienneté égale, par le doyen d'âge.

Presidenza

¹ L'Assemblea federale elegge, scegliendoli tra i giudici ordinari:
a. il presidente del Tribunale federale;
b. il vicepresidente del Tribunale federale.

² Il presidente e il vicepresidente stanno in carica due anni; la rielezione è possibile, ma una volta sola.

³ Il presidente presiede la Corte plenaria e la Commissione amministrativa (art. 17). Rappresenta il Tribunale federale verso l'esterno.

⁴ In caso di impedimento, il presidente è rappresentato dal vicepresidente o, se anche questi è impedito, dal giudice con la maggiore anzianità di servizio; se vi sono più giudici con la stessa anzianità di servizio, dal più anziano tra di loro.

Inhaltsübersicht   Note   Seite

I.   Bisheriges Recht und Entstehungsgeschichte   1   52
II. Kommentar   2   52
     1. Wahl (Abs. 1)   2   52

2. Amtsdauer (Abs. 2)	4	53
3. Aufgaben (Abs. 3)	7	53
4. Vertretung (Abs. 4)	12	54

I. Bisheriges Recht und Entstehungsgeschichte

1 Altes Recht: Art. 6 OG.

Entwurf der Expertenkommission: Art. 14, wie bisheriges Recht.

Entwurf des Bundesrates: Art. 13. Der Präsident sollte den Vorsitz im Gesamtgericht führen, Mitglied der Gerichtsleitung sein und das Gericht nach aussen vertreten (BBl 2001 4283).

Der Ständerat fügte ausdrücklich bei, dass Wiederwahl möglich sei (Amtl. Bull. S vom 23.9.2003 S. 892).

Die Arbeitsgruppe Bundesgericht beschränkte die Wiederwahl auf eine einmalige und setzte entsprechend der Neuregelung der Organisation (vgl. Art. 17 BGG N 1) den Präsidenten nun als Vorsitzenden im Gesamtgericht und in der Verwaltungskommission ein.

Nationalrat: Zustimmung (Amtl. Bull. N vom 5.10.2004 S. 1585 f.).

Ständerat: Zustimmung (Amtl. Bull. S vom 8.3.2005 S. 119).

II. Kommentar

1. Wahl (Abs. 1)

2 Die **Zuständigkeit der Bundesversammlung** zur Wahl des Präsidiums und Vizepräsidiums ergibt sich nicht zwingend aus der BV, entspricht aber dem bisherigen Recht und der Bedeutung des Amtes. Die Wahl erfolgt auf Vorschlag des Gesamtgerichts (Art. 15 Abs. 1 lit. e BGG), doch ist die Bundesversammlung an diesen Vorschlag nicht gebunden (BBl 2001 4283). Die Wahl von Präsident und Vizepräsident erfolgt gleichzeitig auf getrennten Wahlzetteln (Art. 138 ParlG).

3 Infolge der Fusion von Bundesgericht und EVG gibt es nur noch **ein Präsidium** für das Gesamtgericht (BBl 2001 4245). Das Gesetz schliesst nicht aus, dass ein Mitglied, welches in Luzern tätig ist, ins Präsidium gewählt wird. Das Bundesgerichtsreglement geht allerdings davon aus, dass in der Regel das Präsidium in Lausanne, das Vizepräsidium in Luzern ist. Dies hat zur Folge, dass entgegen der bisherigen Praxis nicht quasi automatisch der bisherige Vizepräsident zum neuen Präsidenten gewählt wird, sofern das entsprechende Mitglied nicht nach Lausanne wechseln will.

2. Amtsdauer (Abs. 2)

Die **zweijährige Amtsdauer** entspricht dem bisherigen Recht. Die bisher gesetzlich zulässige, aber nie praktizierte (POUDRET, N 1 zu Art. 6 OG) Möglichkeit einer Wiederwahl soll die Kontinuität stärken und die bisher meistens praktizierte Anciennitätsregel zugunsten einer mehr persönlichkeits- und eignungsbezogenen Wahl relativieren. 4

Die **Wiederwahl** ist nur einmal zulässig. Eine erneute Wahl nach einem Unterbruch ist jedoch möglich. 5

Die Beschränkung auf eine **einmalige Wiederwahl** bezieht sich auf die beiden Ämter des Präsidiums und des Vizepräsidiums je getrennt. Es ist also denkbar, dass jemand zwei mal zwei Jahre Vizepräsident und anschliessend zwei mal zwei Jahre Präsident ist. Es ist deshalb theoretisch auch zulässig, dass jemand nach vier Jahren Präsidium während zwei oder vier Jahren Vizepräsident ist und anschliessend wieder Präsident wird. 6

3. Aufgaben (Abs. 3)

Von Gesetzes wegen ist der Präsident **Vorsitzender des Gesamtgerichts** (Art. 15 BGG) und der **Verwaltungskommission** (Art. 17 BGG), nicht aber der Präsidentenkonferenz (Art. 16 BGG). Dies entspricht der gesetzgeberischen Absicht, die Rechtsprechungs- von den Verwaltungsaufgaben zu trennen (BBl 2001 4283, Amtl. Bull. S 2005 119). 7

Das Gesetz schliesst nicht aus, dass der Gerichtspräsident – wie das bisher meistens der Fall war – zugleich **Präsident einer Abteilung** und damit auch Mitglied der Präsidentenkonferenz ist. Dies wird jedoch durch das Reglement ausgeschlossen. 8

Eigene **Präsidialkompetenzen** sind nicht vorgesehen, ausser den eher repräsentativen (Vorsitz bei der Vereidigung, Art. 10 Abs. 2 BGG). Sowohl das Gesamtgericht als auch die Verwaltungskommission sind Kollektivgremien, in denen der Präsident den Vorsitz führt, aber keine eigenen Befugnisse hat, mit Ausnahme des Stichentscheids bei Stimmengleichheit in Abstimmungen (Art. 21 Abs. 2 BGG). 9

Das Präsidium **vertritt** das Gericht nach aussen durch seine Unterschrift und in repräsentativen Angelegenheiten. Die Vertretung in der Bundesversammlung wird in der Regel ebenfalls durch den Präsidenten wahrgenommen, doch kann das Gericht auch ein anderes Mitglied bezeichnen (Art. 162 Abs. 2 ParlG). Auch die Vertretung in internationalen Vereinigungen (Art. 15 Abs. 1 lit. g BGG) obliegt nicht zwingend dem Präsidenten. 10

11   In Bezug auf die **Rechtsprechung** hat der Präsident keine besonderen Befugnisse. Er ist wie die anderen Gerichtsmitglieder als Mitglied einer Abteilung in der Rechtsprechung tätig.

    4. Vertretung (Abs. 4)

12   Der Vizepräsident hat keine eigenen **Vizepräsidialaufgaben**, kann aber das Präsidium in dessen sämtlichen Aufgaben vertreten.

13   Die ersatzweise **Anciennititätsregelung** gilt nur für ordentliche Richter, nicht für nebenamtliche.

Art. 15

Gesamtgericht

¹ Das Gesamtgericht besteht aus den ordentlichen Richtern und Richterinnen. Es ist zuständig für:
a. den Erlass von Reglementen über die Organisation und Verwaltung des Gerichts, die Geschäftsverteilung, die Durchführung der Aufsicht über das Bundesstrafgericht und das Bundesverwaltungsgericht, die Schlichtung von Streitigkeiten zwischen Richtern und Richterinnen, die Information, die Gerichtsgebühren sowie die Entschädigungen an Parteien, amtliche Vertreter und Vertreterinnen, Sachverständige sowie Zeugen und Zeuginnen;
b. Wahlen, soweit diese nicht durch Reglement einem anderen Organ des Gerichts zugewiesen werden;
c. die Verabschiedung des Geschäftsberichts;
d. die Bestellung der Abteilungen und die Wahl ihrer Präsidenten und Präsidentinnen auf Antrag der Verwaltungskommission;
e. den Vorschlag an die Bundesversammlung für die Wahl des Präsidenten oder der Präsidentin und des Vizepräsidenten oder der Vizepräsidentin;
f. die Anstellung des Generalsekretärs oder der Generalsekretärin und des Stellvertreters oder der Stellvertreterin auf Antrag der Verwaltungskommission;
g. Beschlüsse betreffend den Beitritt zu internationalen Vereinigungen;
h. andere Aufgaben, die ihm durch Gesetz zugewiesen werden.

² Beschlüsse des Gesamtgerichts sind gültig, wenn an der Sitzung oder am Zirkulationsverfahren mindestens zwei Drittel aller Richter und Richterinnen teilnehmen.

Cour plénière

¹ La Cour plénière se compose des juges ordinaires. Elle est chargée:
a. d'édicter les règlements relatifs à l'organisation et à l'administration du tribunal, à la répartition des affaires, à l'exercice de la surveillance sur le Tribunal pénal fédéral et le Tribunal administratif fédéral, à la résolution de conflits entre les juges, à l'information, aux émoluments judiciaires, aux dépens alloués aux parties et aux indemnités allouées aux mandataires d'office, aux experts et aux témoins;
b. de procéder aux nominations que le règlement n'attribue pas à un autre organe du tribunal;
c. d'adopter le rapport de gestion;
d. de constituer les cours et de nommer leur président sur proposition de la Commission administrative;
e. de faire une proposition à l'Assemblée fédérale pour l'élection à la présidence et à la vice-présidence;
f. de nommer le secrétaire général et son suppléant sur proposition de la Commission administrative;
g. de statuer sur l'adhésion à des associations internationales;

	h. d'exercer les autres tâches que la loi lui attribue.
	² La Cour plénière ne peut siéger ou décider par voie de circulation qu'avec la participation de deux tiers au moins des juges.
Corte plenaria	¹ La Corte plenaria si compone dei giudici ordinari. Le competono:

    a. l'emanazione dei regolamenti concernenti l'organizzazione e l'amministrazione del Tribunale, la ripartizione delle cause, l'esercizio della vigilanza sul Tribunale penale federale e sul Tribunale amministrativo federale, la composizione delle controversie tra giudici, l'informazione, le tasse di giustizia, le spese ripetibili accordate alle parti e le indennità concesse a patrocinatori d'ufficio, periti e testimoni;
    b. le nomine, in quanto non siano attribuite mediante regolamento a un altro organo del Tribunale;
    c. l'adozione del rapporto di gestione;
    d. la designazione delle corti e la nomina dei loro presidenti su proposta della Commissione amministrativa;
    e. la proposta all'Assemblea federale per la nomina del presidente e del vicepresidente;
    f. l'assunzione del segretario generale e del suo sostituto su proposta della Commissione amministrativa;
    g. le decisioni concernenti l'adesione ad associazioni internazionali;
    h. altri compiti attribuitile per legge.

² La Corte plenaria delibera validamente soltanto se alla seduta o alla procedura per circolazione degli atti partecipano almeno due terzi dei giudici.

Inhaltsübersicht

		Note	Seite
I.	Bisheriges Recht und Entstehungsgeschichte	1	56
II.	Kommentar	2	57
	1. Zusammensetzung (Abs. 1)	2	57
	2. Aufgaben (Abs. 1)	4	57
	2.1 Im Allgemeinen	4	57
	2.2 Erlass von Reglementen (lit. a)	6	57
	2.3 Wahlen (lit. b)	17	58
	2.4 Weitere Aufgaben (lit. c–h)	19	59
	3. Beschlussfassung (Abs. 2)	24	59

I. Bisheriges Recht und Entstehungsgeschichte

1   Altes Recht: Art. 11, 147, 160 OG.
Entwurf der Expertenkommission: Art. 15.
Entwurf des Bundesrates: Art. 14 (BBl 2001 4283).

Der Ständerat erweiterte die Aufzählung (Amtl. Bull. S vom 23.9.2003 S. 892 f.).
Die Arbeitsgruppe Bundesgericht erweiterte sie zusätzlich.
Nationalrat: Zustimmung (Amtl. Bull. N vom 5.10.2004 S. 1586).

Der Ständerat fügte nach einiger Diskussion unter dem Eindruck von zwei aktuellen gerichtsinternen Konflikten auf Antrag seiner Kommissionsmehrheit in der Liste der Reglementsgegenstände die Schlichtung von Streitigkeiten zwischen Richterinnen und Richtern bei (Amtl. Bull. S vom 8.3.2005 S. 120–122).
Nationalrat: Zustimmung nach Diskussion zu dieser Frage (Amtl. Bull. N vom 6.6.2005 S. 641 f.).

II. Kommentar

1. Zusammensetzung (Abs. 1)

Wie bisher umfasst das Gesamtgericht nur die **ordentlichen Richter** unter Ausschluss der nebenamtlichen. Infolge der Fusion von Bundesgericht und EVG besteht es aus den Richtern beider Standorte. Es tagt in Lausanne (Art. 4 Abs. 1 BGG), soweit es nicht auf dem Zirkulationsweg entscheidet. 2

Das **Protokoll** wird durch den Generalsekretär geführt (Art. 26 BGG). 3

2. Aufgaben (Abs. 1)

2.1 Im Allgemeinen

Die **Verwaltungsaufgaben** sollen zwecks Entlastung der Gerichtsmitglieder grundsätzlich von der Verwaltungskommission wahrgenommen werden. Dem Gesamtgericht obliegen nur die abschliessend gesetzlich festgelegten wichtigsten Verwaltungs- und Organisationsgeschäfte. Die übrigen Verwaltungsbefugnisse stehen der Verwaltungskommission zu (Art. 17 Abs. 4 lit. h BGG). 4

Eine **Rechtsprechungskompetenz** steht dem Gesamtgericht als Organ nicht zu. Hingegen kann die Vereinigung der betroffenen Abteilungen (Art. 23) je nach den Umständen mit dem Gesamtgericht personell identisch sein. 5

2.2 Erlass von Reglementen (lit. a)

Die **Befugnis** des Bundesgerichts zum Erlass von Reglementen stützt sich auf Art. 188 Abs. 3 BV. Die vom Bundesgericht erlassenen Reglemente sind rechtsetzende Erlasse des Bundesrechts im Sinne von Art. 2 lit. e PublG. 6

7 Soweit das Gericht Reglemente erlassen kann, die nicht die in Art. 15 lit. a aufgezählten Gegenstände betreffen (z.b. über die elektronische Zustellung von Eingaben, Art. 42 Abs. 4 BGG), ist dafür nicht das Gesamtgericht, sondern die **Verwaltungskommission** zuständig (Art. 17 Abs. 4 lit. h BGG).

8 Zu **Organisation und Verwaltung** (s. Art. 13 und 25 BGG) gehören nebst den allgemeinen organisatorischen Bestimmungen auch die Regelungen über die Nebenbeschäftigungen (vgl. Art. 7 Abs. 2 BGG) und die Bildung der Spruchkörper und der Einsatz der nebenamtlichen Richter (vgl. Art. 22 BGG; s. zu all diesen Fragen das Bundesgerichtsreglement), zudem die personalrechtlichen Fragen in den Schranken des BPG (vgl. Art. 13 BGG N 4; s. Personalverordnung des Bundesgerichts).

9 **Geschäftsverteilung**: S. Art. 22 BGG.

10 **Aufsicht über Bundesstrafgericht und Bundesverwaltungsgericht**: S. Art. 1 Abs. 2 BGG und das Reglement betreffend die Aufsicht des Bundesgerichts über das Bundesstrafgericht und das Bundesverwaltungsgericht.

11 **Schlichtung von Streitigkeiten**: Diese Bestimmung geht auf einige im Zeitpunkt der Entstehung des Gesetzes aktuelle Querelen unter Richtern am EVG zurück. Aufgabe des Gesamtgerichts ist nur der Erlass eines Reglements. Die Schlichtung im Einzelfall obliegt nicht dem Gesamtgericht, sondern der Verwaltungskommission (Art. 17 Abs. 4 lit. h BGG).

12 **Information**: S. Art. 27 und 28 BGG.

13 **Gerichtsgebühren**: S. Art. 65 BGG sowie Tarif vom 31. März 2006 für die Gerichtsgebühren im Verfahren vor dem Bundesgericht.

14 **Entschädigungen an die Parteien und amtliche Vertreter**: S. Art. 64 und 68 BGG. Reglement vom 31. März 2006 über die Parteientschädigung und die Entschädigung für die amtliche Vertretung im Verfahren vor dem Bundesgericht.

15 **Entschädigungen an Sachverständige und Zeugen**: S. Art. 65 BGG N 10.

16 Zusätzlich hat das Gesamtgericht auch ein Reglement über die **Verwaltungsgebühren** des Bundesgerichts erlassen (vgl. Art. 65 BGG N 4).

2.3 Wahlen (lit. b)

17 Nebst der in lit. d ausdrücklich genannten Wahl der **Abteilungsvorsitzenden** wählt das Gesamtgericht die **zusätzlichen Mitglieder der Verwaltungskommission** (Art. 17 Abs. 3 BGG) sowie die Mitglieder der internen Rekurskommission (Art. 35 BPG; vgl. Art. 13 BGG N 4), nicht hingegen – entgegen dem bisherigen Recht (POUDRET, N 1 zu Art. 11 OG) – die Gerichtsschreiber (Art. 17 Abs. 4 lit. c BGG).

Die früher vom Bundesgericht gewählten eidgenössischen **Untersuchungsrichter** werden heute durch das Bundesstrafgericht gewählt (Art. 15 lit. e SGG). Die bisher dem Bundesgericht zustehende Wahl der Präsidien der **Schätzungskommissionen** und der Hälfte der Mitglieder der **Oberschätzungskommission** ist neu an das Bundesverwaltungsgericht übergegangen (Art. 59 Abs. 1 lit. a und Art. 80 Abs. 1 EntG i.d.F. des VGG).

2.4 Weitere Aufgaben (lit. c–h)

Geschäftsbericht (lit. c): S. Art. 3 BGG N 9. Jahresrechnung und Budget werden demgegenüber durch die Verwaltungskommission zuhanden der Bundesversammlung verabschiedet (Art. 17 Abs. 4 lit. b).

Bestellung der Abteilungen (lit. d): S. Art. 18 und 19 BGG.

Wahlvorschlag zuhanden der Bundesversammlung (lit. e): S. Art. 14 BGG.

Anstellung Generalsekretär und Stellvertretung (lit. f): Die hier genannten Funktionen sind die einzigen Angestellten, die angesichts ihrer Bedeutung durch das Gesamtgericht angestellt werden. Alle übrigen werden durch die Verwaltungskommission oder den Generalsekretär ernannt (Art. 17 Abs. 4 lit. c und h, Art. 26 BGG).

Weitere gesetzliche Aufgaben (lit. h): Ermächtigung zur Strafverfolgung (Art. 11 BGG).

3. *Beschlussfassung (Abs. 2)*

Abs. 2 legt nur das **Quorum** für die Gültigkeit fest, nicht das erforderliche Mehr. Dieses richtet sich nach Art. 21 BGG.

Das Gesetz setzt die Zulässigkeit von **Zirkulationsentscheiden** des Gesamtgerichts voraus. Dies ist insbesondere im Hinblick auf die zwei Standorte (Art. 4 BGG) zweckmässig, die eine gemeinsame Sitzung des Gesamtgerichts erschweren.

Art. 16

Präsidenten-
konferenz

¹ Die Präsidentenkonferenz besteht aus den Präsidenten und Präsidentinnen der Abteilungen. Sie konstituiert sich selbst.

² Die Präsidentenkonferenz ist zuständig für:
a. den Erlass von Weisungen und einheitlichen Regeln für die Gestaltung der Urteile;
b. die Koordination der Rechtsprechung unter den Abteilungen; vorbehalten bleibt Artikel 23;
c. die Vernehmlassung zu Erlassentwürfen.

Conférence
des présidents

¹ La Conférence des présidents se compose des présidents des cours. Elle se constitue elle-même.

² Elle est chargée:
a. d'édicter des directives et des règles uniformes pour la rédaction des arrêts;
b. de coordonner la jurisprudence entre les cours; l'art. 23 est réservé;
c. de prendre position sur les projets d'actes normatifs.

Conferenza
dei presidenti

¹ La Conferenza dei presidenti consta dei presidenti delle corti. Si costituisce autonomamente.

² La Conferenza dei presidenti è competente per:
a. emanare istruzioni e regole uniformi per la stesura delle sentenze;
b. coordinare la giurisprudenza delle corti; rimane salvo l'articolo 23;
c. esprimersi sui progetti di atti normativi sottoposti a procedura di consultazione.

Inhaltsübersicht	Note	Seite
I. Bisheriges Recht und Entstehungsgeschichte	1	60
II. Kommentar	2	61
1. Zusammensetzung (Abs. 1)	2	61
2. Aufgaben (Abs. 2)	5	61

I. Bisheriges Recht und Entstehungsgeschichte

1   Altes Recht: Die Präsidentenkonferenz war im OG nicht ausdrücklich vorgesehen. Sie war durch Art. 23 ff. des Reglements für das Bundesgericht (in der Fassung vom 6. September 1990, in Kraft ab 1. Januar 1991) gebildet worden.

Entwurf der Expertenkommission: ---.

Der Entwurf des Bundesrates sah in Art. 15 eine Gerichtsleitung vor, welche für die Gerichtsverwaltung zuständig sein sollte.

Der Ständerat behielt diese Regelung bei, wobei er das Gremium in Geschäftsleitung umbenannte (Amtl. Bull. S vom 23.9.2003 S. 892 f.).

Die Arbeitsgruppe Bundesgericht schlug vor, die bisher im Reglement vorgesehene Präsidentenkonferenz auf Gesetzesstufe zu verankern.

Nationalrat (Amtl. Bull. N vom 5.10.2004 S. 1586) und Ständerat (Amtl. Bull. S vom 8.3.2005 S. 122) stimmten dem diskussionslos zu.

II. Kommentar

1. Zusammensetzung (Abs. 1)

Indem das **Gesamtgericht** die Präsidien der Abteilungen wählt (Art. 15 Abs. 1 lit. d BGG), wählt es automatisch auch die Präsidentenkonferenz. Im Unterschied zur bisherigen Regelung ist der Gesamtgerichtspräsident nicht Mitglied der Präsidentenkonferenz (Art. 14 BGG N 8; Art. 19 BGG N 4). 2

Zum **Abstimmungsverfahren** in der Präsidentenkonferenz s. Art. 21. 3

Das **Sekretariat** der Präsidentenkonferenz wird vom Generalsekretär geführt (Art. 26 BGG). 4

2. Aufgaben (Abs. 2)

Die **Zuständigkeiten** der Präsidentenkonferenz sind abschliessend aufgezählt und gegenüber dem bisherigen Recht reduziert worden. Die Gerichtsverwaltungstätigkeiten obliegen nun der Verwaltungskommission. Der Präsidentenkonferenz verbleiben die rechtsprechungsnahen Aspekte der Gerichtsverwaltung. Sie hat aber keine Rechtsprechungskompetenzen im Einzelfall. 5

Lit. a: Diese **Weisungen** betreffen nicht den Inhalt, aber zwecks Einheitlichkeit des Auftretens den Aufbau, die Gliederung und die Redaktion der Urteile. 6

Lit. b: Für die inhaltliche Rechtsprechung erfolgt die **Koordination** durch die Vereinigung der betroffenen Abteilungen (Art. 23 BGG). Die Präsidentenkonferenz kann aber koordinationsbedürftige Rechtsfragen identifizieren und Vorkehren treffen, damit das Vorgehen nach Art. 23 BGG eingehalten wird. 7

Lit. c: Gemeint sind Erlassentwürfe der Bundesversammlung, die dem Bundesgericht zur **Vernehmlassung** unterbreitet werden (vgl. Art. 11 Vernehmlassungsverordnung [SR 172.061.1]). 8

Daneben stellt die Präsidentenkonferenz der Verwaltungskommission Antrag auf Zuteilung der nebenamtlichen Richter (Art. 17 Abs. 4 lit. a BGG) und nimmt Stellung zu Gesuchen um Nebenbeschäftigungen (Art. 17 Abs. 4 lit. f BGG). 9

Art. 17

Verwaltungs-kommission

¹ Die Verwaltungskommission setzt sich zusammen aus:
a. dem Präsidenten oder der Präsidentin des Bundesgerichts;
b. dem Vizepräsidenten oder der Vizepräsidentin;
c. höchstens drei weiteren Richtern und Richterinnen.

² Der Generalsekretär oder die Generalsekretärin nimmt mit beratender Stimme an den Sitzungen der Verwaltungskommission teil.

³ Die Richter und Richterinnen nach Absatz 1 Buchstabe c werden vom Gesamtgericht für zwei Jahre gewählt; einmalige Wiederwahl ist zulässig.

⁴ Die Verwaltungskommission trägt die Verantwortung für die Gerichtsverwaltung. Sie ist zuständig für:
a. die Zuteilung der nebenamtlichen Bundesrichter und Bundesrichterinnen an die Abteilungen auf Antrag der Präsidentenkonferenz;
b. die Verabschiedung des Voranschlags und der Rechnung zuhanden der Bundesversammlung;
c. die Anstellung der Gerichtsschreiber und Gerichtsschreiberinnen und deren Zuteilung an die Abteilungen auf Antrag der Abteilungen;
d. die Bereitstellung genügender wissenschaftlicher und administrativer Dienstleistungen;
e. die Gewährleistung einer angemessenen Fortbildung des Personals;
f. die Bewilligung von Nebenbeschäftigungen der ordentlichen Richter und Richterinnen nach Anhörung der Präsidentenkonferenz;
g. die Wahrnehmung der Aufsicht über das Bundesstrafgericht und das Bundesverwaltungsgericht;
h. sämtliche weiteren Verwaltungsgeschäfte, die nicht in die Zuständigkeit des Gesamtgerichts oder der Präsidentenkonferenz fallen.

Commission administrative

¹ La Commission administrative se compose:
a. du président;
b. du vice-président;
c. de trois autres juges ordinaires au plus.

² Le secrétaire général a voix consultative.

³ Les juges mentionnés à l'al. 1, let. c, sont nommés par la Cour plénière pour deux ans et peuvent être reconduits une fois dans leur fonction.

⁴ La Commission administrative est responsable de l'administration du tribunal. Elle est chargée:
a. d'affecter les juges suppléants aux cours sur proposition de la

Conférence des présidents;
b. d'adopter le projet de budget et les comptes et de les transmettre à l'Assemblée fédérale pour approbation;
c. d'engager les greffiers et de les affecter aux cours sur proposition de celles-ci;
d. de veiller à ce que les prestations des services scientifiques et administratifs répondent aux besoins du tribunal;
e. de garantir une formation continue adéquate du personnel;
f. d'accorder les autorisations pour les activités accessoires des juges ordinaires après avoir entendu la Conférence des présidents;
g. d'exercer la surveillance sur le Tribunal pénal fédéral et le Tribunal administratif fédéral;
h. de traiter toutes les autres affaires administratives qui ne relèvent pas de la compétence de la Cour plénière ou de la Conférence des présidents.

Commissione amministrativa

[1] La Commissione amministrativa è composta:
a. del presidente del Tribunale federale;
b. del vicepresidente del Tribunale federale;
c. di altri tre giudici al massimo.

[2] Il segretario generale partecipa con voto consultivo alle sedute della Commissione amministrativa.

[3] I giudici di cui al capoverso 1 lettera c sono eletti dalla Corte plenaria per un periodo di due anni; sono rieleggibili, ma una volta sola.

[4] La Commissione amministrativa è responsabile dell'amministrazione del Tribunale. È competente per:
a. assegnare i giudici non di carriera alle diverse corti, su proposta della Conferenza dei presidenti;
b. adottare il progetto di preventivo e il consuntivo a destinazione dell'Assemblea federale;
c. assumere i cancellieri del Tribunale e attribuirli alle corti in base alle proposte delle corti medesime;
d. approntare sufficienti servizi scientifici e amministrativi;
e. assicurare un adeguato perfezionamento professionale del personale;
f. autorizzare i giudici ordinari a svolgere attività accessorie, sentita la Conferenza dei presidenti;
g. esercitare la vigilanza sul Tribunale penale federale e sul Tribunale amministrativo federale;
h. svolgere tutte le altre mansioni amministrative che non rientrano nella competenza della Corte plenaria o della Conferenza dei presidenti.

Inhaltsübersicht   Note   Seite

I. Bisheriges Recht und Entstehungsgeschichte 1   64
II. Kommentar 2   64

| 1. Zusammensetzung (Abs. 1–3) | 2 | 64 |
| 2. Aufgaben (Abs. 4) | 7 | 65 |

I. Bisheriges Recht und Entstehungsgeschichte

1 Altes Recht: Eine Verwaltungskommission war im OG nicht ausdrücklich vorgesehen. Auf Reglementsstufe kannte das Bundesgericht in Lausanne eine Verwaltungskommission (Art. 26–28 des Bundesgerichtsreglements, in der Fassung vom 6.9.1990, in Kraft seit 1.1.1991), das EVG eine Gerichtsleitung (Art. 16–18 R-EVG).

Entwurf der Expertenkommission: ---

Der Entwurf des Bundesrates sah in Art. 15 eine vom Gesamtgericht gewählte Gerichtsleitung vor, welche die Verantwortung für die Verwaltung des Bundesgerichts tragen sollte (BBl 2001 4284).

Der Ständerat beschloss zwecks Verstärkung der Leistungsfunktion eine Geschäftsleitung, bestehend aus dem Präsidenten des Gerichts, dem Verwaltungsdirektor sowie weiteren Mitgliedern; diese Geschäftsleitung sollte die Verantwortung für die Gerichtsverwaltung tragen (Amtl. Bull. S vom 23.9.2003 S. 892 f.).

Die Arbeitsgruppe Bundesgericht schlug eine kleine Verwaltungskommission vor, bestehend aus Präsident und Vizepräsident und einem weiteren vom Gesamtgericht gewählten Gerichtsmitglied; die Kommission sollte umfassend für Verwaltungsaufgaben zuständig sein.

Der Nationalrat vermehrte die Zahl der zusätzlichen Mitglieder auf höchstens drei und nahm redaktionelle Anpassungen vor (Amtl. Bull. N vom 5.10.2004 S. 1586 f.). Der Ständerat fügte noch ausdrücklich die beratende Stimme des Generalsekretärs bei (Amtl. Bull. S vom 8.3.2005 S. 120–122).

Dem stimmte der Nationalrat zu (Amtl. Bull. N vom 6.6.2005 S. 642).

II. Kommentar

1. Zusammensetzung (Abs. 1–3)

2 Präsident und Vizepräsident werden auf Vorschlag des Gesamtgerichts (Art. 15 Abs. 1 lit. e BGG) durch die **Bundesversammlung** gewählt (Art. 14 Abs. 1 BGG), die weiteren Mitglieder durch das Gesamtgericht auf zwei Jahre (Abs. 3; vgl. auch Art. 15 Abs. 1 lit. b BGG).

3 Die Beschränkung auf **zwei Amtsdauern** à zwei Jahre (Abs. 3) gilt nur für die Wahl als Mitglied gemäss Abs. 1 lit. c. Es ist aber zulässig, nach zwei mal zwei

Jahren in dieser Eigenschaft als Präsident oder Vizepräsident gewählt zu werden oder umgekehrt. Für die Amtsdauer von Präsident und Vizepräsident s. Art. 14 Abs. 2 BGG.

Innerhalb des gesetzlichen Rahmens von höchstens drei weiteren Mitgliedern legt das Gesamtgericht die **Zahl der Mitglieder** fest (Art. 15 Abs. 1 lit. a BGG). Nach Bundesgerichtsreglement gibt es nur ein weiteres Mitglied. 4

Zum **Abstimmungsverfahren** in der Verwaltungskommission s. Art. 21 BGG. 5

Der **Generalsekretär** hat beratende Stimme (Abs. 2) und führt das Protokoll der Verwaltungskommission (Art. 26 BGG). 6

2. Aufgaben (Abs. 4)

Um die Gerichtsmitglieder möglichst von Verwaltungsaufgaben zu entlasten, ist der grösste Teil der **Verwaltungsaufgaben** abschliessend an die Verwaltungskommission übertragen. 7

Zuteilung der nebenamtlichen Richter (lit. a). Die ordentlichen Richter werden demgegenüber durch das Gesamtgericht auf die Abteilungen zugeteilt (Art. 15 Abs. 1 lit. d BGG). 8

Voranschlag/Rechnung (lit. b): S. Art. 3 BGG N 7 f. 9

Gerichtsschreiber (lit. c): Die Verwaltungskommission ist Anstellungs- und vorgesetzte Behörde im Sinne des Personalrechts für die Gerichtsschreiber (Art. 24 BGG). Die Abteilungen haben ein Antragsrecht. E contrario wird das übrige Personal (Art. 25 BGG) nicht durch die Verwaltungskommission, sondern durch das Generalsekretariat angestellt (Art. 26 BGG). 10

Bereitstellung von Dienstleistungen (lit. d): Die Verwaltungskommission ist im Rahmen des Budgets (vgl. Art. 3 BGG N 7) für den Einsatz der Personal- und Sachressourcen zuständig. 11

Bewilligung von Nebenbeschäftigungen (lit. f): Vgl. Art. 7 BGG. 12

Aufsicht über Bundesstraf- und Bundesverwaltungsgericht (lit. g): Vgl. Art. 1 Abs. 2 BGG. 13

Weitere Geschäfte (lit. h): Die Verwaltungskommission hat die subsidiäre Generalkompetenz für die Verwaltungsaufgaben (Art. 25 BGG), d.h. für sämtliche Aufgaben des Bundesgerichts, die nicht Rechtsprechung sind. Vorbehalten sind die Aufgaben des Gesamtgerichts und der Präsidentenkonferenz sowie des Generalsekretariats (Art. 26 BGG). 14

Die Verwaltungskommission ist insbesondere auch zuständig für vorübergehende **Entlastungsmassnahmen** zu Gunsten einzelner Abteilungen, wie namentlich die 15

Anordnung des über den Einzelfall hinausgehenden Einsatzes eines Richters in einer anderen Abteilung (Art. 18 Abs. 3 BGG) oder die Umverteilung eines Sachgebiets auf eine andere Abteilung.

Art. 18

Abteilungen
¹ **Die Abteilungen werden jeweils für zwei Jahre bestellt. Ihre Zusammensetzung wird öffentlich bekannt gemacht.**

² **Bei der Bestellung sind die fachlichen Kenntnisse der Richter und Richterinnen sowie die Amtssprachen angemessen zu berücksichtigen.**

³ **Die Richter und Richterinnen sind zur Aushilfe in anderen Abteilungen verpflichtet.**

Cours
¹ Les cours sont constituées pour deux ans. La Cour plénière rend publique leur composition.

² Lors de la constitution des cours, la Cour plénière tient compte des compétences des juges et de la représentation des langues officielles.

³ Tout juge peut être appelé à siéger dans une autre cour.

Corti
¹ Le corti sono costituite per due anni. La loro composizione è resa pubblica.

² Per costituire le corti si tiene adeguatamente conto delle conoscenze specifiche dei giudici e delle lingue ufficiali.

³ Ciascun giudice può essere tenuto a prestare il proprio concorso in una corte diversa dalla sua.

Inhaltsübersicht Note Seite
I. Bisheriges Recht und Entstehungsgeschichte 1 67
II. Kommentar 2 68
   1. Abteilungen (Abs. 1) 2 68
   2. Bestellung und Bekanntmachung (Abs. 1) 7 68
   3. Berücksichtigung der Kenntnisse und Amtssprachen (Abs. 2) 12 69
   4. Aushilfe (Abs. 3) 14 69

I. Bisheriges Recht und Entstehungsgeschichte

Altes Recht: Art. 12 und 122 OG.

Entwurf der Expertenkommission: Art. 16 (mehrere öffentlich-rechtliche Abteilungen, zwei oder mehrere Zivilabteilungen, eine Abteilung in Strafsachen).

Entwurf des Bundesrates: Art. 16 (BBl 2001 4284 f.).

Ständerat: Zustimmung (Amtl. Bull. S vom 23.9.2003 S. 893).

Nationalrat: Redaktionelle Änderung (Amtl. Bull. N vom 5.10.2004 S. 1587).

Ständerat: Zustimmung (Amtl. Bull. S vom 8.3.2005 S. 122).

II. Kommentar

1. Abteilungen (Abs. 1)

2 Die Abteilungen sind die ordentlichen Rechtsprechungsorgane des Bundesgerichts (Art. 20 BGG; unter Vorbehalt der Zuständigkeiten der Vereinigung der betroffenen Abteilungen, Art. 23 BGG).

3 Anders als Art. 12 und 122 OG legt das Gesetz die Zahl und Bezeichnung der Abteilungen nicht mehr selber fest, sondern überlässt dies der **Selbstorganisation** des Gerichts. Damit soll ermöglicht werden, die Zahl der Abteilungen in Abhängigkeit von der Entwicklung der Geschäftslast zu ändern. Auch wäre es möglich, die Zuständigkeiten der Abteilungen nach Sachbereich zu regeln, ohne an die juristische Einteilung in Öffentliches Recht, Privatrecht und Strafrecht gebunden zu sein (BBl 2001 4284).

4 Das Gesetz geht gemäss Art. 20 BGG davon aus, dass jede Abteilung mindestens **5 Mitglieder** hat (vgl. POUDRET, N 1.4 zu Art. 12 OG), so dass bei 45 Mitgliedern maximal 9 Abteilungen möglich wären. Es ist nicht gesetzlich vorgeschrieben, dass alle Abteilungen gleich viele Mitglieder haben müssen. Eine unterschiedliche Zahl je nach Arbeitslast ist denkbar.

5 Aus Art. 22 BGG, wonach die Verteilung der Geschäfte auf die Abteilung nach **Rechtsgebieten** erfolgen muss, ergibt sich sodann, dass eine Bildung von Abteilungen ausschliesslich nach z.B. sprachlichen Kriterien nicht zulässig wäre (BBl 2001 4284).

6 Innerhalb dieser Schranken legt das Gesamtgericht im Organisationsreglement (Art. 15 Abs. 1 lit. a BGG) die **Zahl der Abteilungen** und ihrer **Mitglieder** sowie die Bezeichnungen und Zuständigkeiten der Abteilungen fest. Aktuell bestehen 2 öffentlich-rechtliche Abteilungen, 2 Zivilabteilungen, der Kassationshof in Strafsachen und 2 sozialrechtliche Abteilungen.

2. Bestellung und Bekanntmachung (Abs. 1)

7 Die **Bestellung der Abteilungen** erfolgt durch das Gesamtgericht (Art. 15 Abs. 1 lit. d BGG). Die nebenamtlichen Richter werden durch die Verwaltungskommission ebenfalls einer Abteilung zugeteilt (Art. 17 Abs. 4 lit. a BGG).

8 Die Periode von **zwei Jahren** soll eine gewisse Stabilität und Kontinuität in der Rechtsprechung ermöglichen (BBl 2001 4284 f.). Dies bedeutet nicht, dass die Zusammensetzung alle zwei Jahre geändert werden sollte (BBl 2001 4284). Eine längere Zugehörigkeit zu einer Abteilung ist üblich und dient der Kontinuität der Rechtsprechung, wenn auch nicht unbedingt deren Einheitlichkeit (POUDRET, N 1.3 zu Art. 12 OG).

Es ist nicht gesetzmässig, während dieser zwei Jahre die Zusammensetzung der Abteilung ohne zwingenden Grund zu **ändern**. Ein zwingender Grund ist das Ausscheiden eines Richters aus dem Gericht. Dabei braucht nicht das neu gewählte Mitglied in die Abteilung des ausgeschiedenen einzutreten; es ist denkbar, dass eines der bisherigen Mitglieder, das bisher in einer anderen Abteilung tätig war, in die betreffende Abteilung wechselt, was dann auch in dieser weiteren Abteilung einen Wechsel zur Folge hat. 9

Die zweijährige Zusammensetzung wird durch den aushilfsweisen **Beizug** von Mitgliedern anderer Abteilungen (Abs. 3) relativiert. Unzulässig wäre hingegen die Bildung einer eigenen Abteilung ad hoc für die Beurteilung eines bestimmten Geschäfts (BBl 2001 4285). 10

Die **öffentliche Bekanntmachung** der Zusammensetzung soll den Parteien erlauben, die mögliche Zusammensetzung des Spruchkörpers im Voraus zu erkennen, namentlich auch im Hinblick auf allfällige Ausstandsbegehren (Art. 36 BGG). Der nicht ohne weiteres vorhersehbare Einsatz von Mitgliedern anderer Abteilungen relativiert allerdings die Wirkung dieser Publizitätsvorschrift. 11

3. Berücksichtigung der Kenntnisse und Amtssprachen (Abs. 2)

Bisher erfolgte die Bestellung der Abteilungen in der Regel entsprechend der **Anciennität** der Richter gemäss deren Präferenzen, unter Beachtung einer ausgewogenen sprachlichen Verteilung. Abs. 2 will das Gericht anhalten, vermehrt anstatt auf die Anciennität auf die **fachliche Eignung** abzustellen, um die fachlichen Fähigkeiten optimal zu nützen (BBl 2001 4245, 4280, 4285). 12

Da die Geschäfte den Abteilungen nach Rechtsgebieten zugeteilt werden (Art. 22 BGG), müssen alle Abteilungen Geschäfte aus allen Amtssprachen erledigen. Zu diesem Zweck müssen die **Amtssprachen** angemessen verteilt sein. 13

4. Aushilfe (Abs. 3)

Die Aushilfe kann nicht nur zum Tragen kommen, wenn eine Abteilung infolge von Ausstand oder Unpässlichkeit nicht genügend Mitglieder für den erforderlichen Spruchkörper hat, sondern auch zum Ausgleich vorübergehender ausserordentlicher Belastungen in einer Abteilung (POUDRET, N 3 zu Art. 12 OG). Sie kann auch sinnvoll sein in Fällen, welche den Zuständigkeitsbereich einer anderen Abteilung berühren. Sie kann sowohl für **einzelne Fälle** als auch für eine **gewisse Periode** angeordnet werden, darf allerdings nicht auf eine Umgehung der zweijährigen Dauer der Zusammensetzung hinauslaufen. 14

15 Die Aushilfe wird auf Antrag eines Abteilungspräsidiums durch die **Verwaltungskommission** angeordnet (Art. 17 Abs. 4 lit. h BGG); das betreffende Mitglied ist anzuhören, hat aber kein Vetorecht.

Art. 19

Abteilungsvorsitz

¹ Die Präsidenten oder Präsidentinnen der Abteilungen werden jeweils für zwei Jahre gewählt.

² Im Verhinderungsfall werden sie durch den Richter oder die Richterin mit dem höchsten Dienstalter vertreten; bei gleichem Dienstalter ist das höhere Lebensalter massgebend.

³ Der Abteilungsvorsitz darf nicht länger als sechs Jahre ausgeübt werden.

Présidence des cours

¹ Les présidents des cours sont nommés pour deux ans.

² En cas d'empêchement, le président est remplacé par le doyen de fonction et, à ancienneté égale, par le doyen d'âge.

³ La fonction de président d'une cour ne peut être exercée plus de six ans.

Presidenza delle corti

¹ I presidenti delle corti sono eletti per due anni.

² In caso di impedimento, il presidente è rappresentato dal giudice con la maggior anzianità di servizio; se vi sono più giudici con la stessa anzianità di servizio, dal più anziano tra di loro.

³ La presidenza di una corte non può essere esercitata per più di sei anni.

Inhaltsübersicht   Note   Seite
I. Bisheriges Recht und Entstehungsgeschichte   1   71
II. Kommentar   2   72

I. Bisheriges Recht und Entstehungsgeschichte

Altes Recht: Art. 13 Abs. 1 und 2 OG.

Entwurf der Expertenkommission: Art. 17.

Entwurf des Bundesrates: Art. 17 (BBl 2001 4285).

Ständerat: Redaktionelle Änderung in Abs. 1 und Beschränkung der Amtsdauer auf in der Regel sechs Jahre (Amtl. Bull. S vom 23.9.2003 S. 893).

Nationalrat: Beschränkung auf sechs Jahre zwingend (Amtl. Bull. N vom 5.10.2004 S. 1587).

Ständerat: Zustimmung (Amtl. Bull. S vom 8.3.2005 S. 122).

II. Kommentar

2 Die **Abteilungspräsidien** haben eine zentrale Funktion in der Rechtsprechung: Sie instruieren das Verfahren oder bestimmen Instruktionsrichter bzw. Referenten (Art. 32 Abs. 1 BGG); sie entscheiden im Einzelfall über die Zusammensetzung des Spruchkörpers (Art. 20 BGG N 5) und sind in der Regel bei allen Fällen ihrer Abteilung beteiligt. Sie genehmigen und unterzeichnen die endgültige Fassung der Entscheide.

3 Die **Wahl** erfolgt durch das Gesamtgericht (Art. 15 Abs. 1 lit. d BGG). Die Präsidenten sind von Amtes wegen Mitglied der Präsidentenkonferenz (Art. 16 Abs. 1 BGG).

4 Obwohl nicht ausdrücklich gesagt, kommen als Abteilungspräsidenten nur **ordentliche Richter** in Frage, nicht nebenamtliche. Das Gesetz schliesst nicht aus, dass der Gesamtgerichtspräsident oder ein anderes Mitglied der Verwaltungskommission zugleich Abteilungspräsident ist, doch wird dies vom Reglement ausgeschlossen.

5 Die Wahl erfolgt für die **zweijährige Dauer** der Abteilungsbildung (Art. 18 Abs. 1 BGG). Die Begrenzung der Amtszeit auf insgesamt sechs Jahre (Abs. 3) ist zwingend.

6 Es gibt keine offiziellen Vizepräsidenten der Abteilungen, nur im **Verhinderungsfall** eine Vertretung durch den amtsältesten Richter, wobei nur die ordentlichen Richter, nicht die nebenamtlichen in Frage kommen. Verhinderungsfall meint Ausstand, aber auch Ferien- oder Krankheitsabwesenheiten. Ausscheiden aus dem Amt führt hingegen zu einer Neubesetzung der Abteilung (Art. 18 BGG N 9).

Art. 20

Besetzung

¹ Die Abteilungen entscheiden in der Regel in der Besetzung mit drei Richtern oder Richterinnen (Spruchkörper).

² Über Rechtsfragen von grundsätzlicher Bedeutung oder auf Antrag eines Richters oder einer Richterin entscheiden sie in Fünferbesetzung. Ausgenommen sind Beschwerden gegen Entscheide der kantonalen Aufsichtsbehörden in Schuldbetreibungs- und Konkurssachen.

³ In Fünferbesetzung entscheiden sie ferner über Beschwerden gegen referendumspflichtige kantonale Erlasse und gegen kantonale Entscheide über die Zulässigkeit einer Initiative oder das Erfordernis eines Referendums. Ausgenommen sind Beschwerden, die eine Angelegenheit einer Gemeinde oder einer anderen Körperschaft des kantonalen Rechts betreffen.

Composition

¹ En règle générale, les cours statuent à trois juges.

² Elles statuent à cinq juges si la cause soulève une question juridique de principe ou si un juge en fait la demande. Sont exceptés les recours contre les décisions des autorités cantonales de surveillance en matière de poursuite pour dettes et de faillite.

³ Elles statuent également à cinq juges sur les recours contre un acte normatif cantonal soumis ou sujet au référendum ainsi que sur les recours contre une décision cantonale ayant trait à la recevabilité d'une initiative ou à l'exigence d'un référendum. Sont exceptés les recours qui portent sur une cause relevant d'une commune ou d'une autre corporation de droit cantonal.

Composizione

¹ Di regola, le corti giudicano nella composizione di tre giudici (collegio giudicante).

² Giudicano nella composizione di cinque giudici se la causa concerne una questione di diritto di importanza fondamentale o se un giudice lo richiede. Sono eccettuati i ricorsi contro decisioni delle autorità cantonali di vigilanza in materia di esecuzione e fallimento.

³ Le corti giudicano nella composizione di cinque giudici anche i ricorsi contro atti normativi cantonali che sottostanno al referendum e contro decisioni cantonali sull'ammissibilità di un'iniziativa o sull'esigenza di un referendum. Sono eccettuati i ricorsi in materia comunale o inerenti a un altro ente di diritto cantonale.

Inhaltsübersicht Note Seite

I. Bisheriges Recht und Entstehungsgeschichte 1   74
II. Kommentar 2   74
   1. Entscheidzuständigkeit im Allgemeinen 2   74
   2. Grundsätzliche Bedeutung und Antrag (Abs. 2) 6   75

3. Politische Angelegenheiten (Abs. 3)	9	75
3.1 Allgemeines	9	75
3.2 Erlasse	11	76
3.3 Initiative/Referendum	13	76
3.4 Kantonale Ebene	16	77
4. Sanktion	18	77

I. Bisheriges Recht und Entstehungsgeschichte

1   Altes Recht: Art. 15 OG: in der Regel 3 Richter; für Rechtsfragen von grundsätzlicher Bedeutung oder auf Anordnung eines Abteilungspräsidenten 5 Richter (ausser in der Schuldbetreibungs- und Konkurskammer); über Beschwerden gegen referendumspflichtige kantonale Erlasse sowie über die Zulässigkeit von Initiativen oder das Erfordernis von Referenden 7 Richter.

Entwurf der Expertenkommission: Art. 18 (wie bisheriges Recht).

Entwurf des Bundesrates: Art. 18 (Ersetzung der bisherigen Siebnerbesetzung durch eine Fünferbesetzung; BBl 2001 4285 f.).

Ständerat: Zustimmung; zusätzlich Befugnis, eine Fünferbesetzung zu verlangen, auch für die übrigen Richter (Amtl. Bull. S vom 23.9.2003 S. 893).

Nationalrat: Zustimmung (Amtl. Bull. N vom 5.10.2004 S. 1587).

II. Kommentar

1. Entscheidzuständigkeit im Allgemeinen

2   Das Bundesgerichtsgesetz kennt als **ordentlichen Spruchkörper** die **Dreierbesetzung** (Abs. 1). Diese gilt im ordentlichen Verfahren (Art. 57 ff. BGG) wie auch im vereinfachten Verfahren gemäss Art. 109 BGG.

3   Neu kennt das Gesetz zudem **einzelrichterliche Entscheidkompetenzen**, nämlich die Abschreibung (Art. 32 Abs. 2 BGG) sowie einzelrichterliche Nichteintretensentscheide im vereinfachten Verfahren (Art. 108 BGG). Einzelrichterlich ergehen sodann die verfahrensleitenden Anordnungen (Art. 32 Abs. 1, Art. 55 Abs. 2, Art. 103 Abs. 3, Art. 104) und in den Fällen von Art. 64 Abs. 3 Satz 3 BGG die Gewährung der unentgeltlichen Rechtspflege.

4   In den Fällen von Abs. 2 und 3 gilt sodann eine **Fünferbesetzung**. Die im bisherigen Recht vorgesehene Siebnerbesetzung gibt es nicht mehr. Vorbehalten sind jedoch die Zuständigkeiten der Vereinigung der betroffenen Abteilungen (Art. 23 BGG).

Soweit die Abteilungen mehr Mitglieder haben als der Spruchkörper, ergibt sich dessen **Zusammensetzung** nicht automatisch, sondern muss durch die Abteilungsvorsitzenden in jedem Einzelfall festgelegt werden, vgl. dazu Art. 22 BGG.

2. Grundsätzliche Bedeutung und Antrag (Abs. 2)

Entsprechend ihrer Bedeutung sollen **Rechtsfragen von grundsätzlicher Bedeutung** in einem grösseren Spruchkörper entschieden werden. Der Begriff der grundsätzlichen Bedeutung ist gleich auszulegen wie in Art. 74 Abs. 2 lit. a und Art. 85 Abs. 2 BGG (s. Art. 74 BGG N 8). Sachverhaltliche Komplexität begründet keine grundsätzliche Bedeutung (POUDRET, N 4 zu Art. 15 OG), ebenso wenig eine grosse Bedeutung des Falles für die Parteien.

Auch wenn keine grundsätzliche Bedeutung vorliegt, können der Abteilungsvorsitzende wie auch andere mitwirkende Richter eine Fünferbesetzung verlangen. Ein solcher **Antrag** ist zwingend.

Die Ausnahme betreffend Beschwerden gegen Entscheide der kantonalen Aufsichtsbehörden in **Schuldbetreibungs- und Konkurssachen** entspricht dem bisherigen Recht (Art. 15 Abs. 2 OG) und wird mit dem Interesse an einem raschen Verfahren begründet (BBl 2001 4286). Sie gilt nicht generell in Schuldbetreibungs- und Konkurssachen (Art. 72 Abs. 2 lit. a BGG), sondern nur bei Beschwerden gegen Entscheide der kantonalen Aufsichtsbehörden (Art. 19 SchKG), nicht aber bei Beschwerden gegen betreibungs- und konkursrechtliche Gerichtsurteile.

3. Politische Angelegenheiten (Abs. 3)

3.1 Allgemeines

Die Sonderregelung begründet sich damit, dass es hier um die **Tragweite von Volksrechten** geht, was eine besondere demokratiepolitische Bedeutung hat. Die hier vorgeschriebene Fünferbesetzung gilt auch in Fällen, in denen keine Fragen von grundsätzlicher Bedeutung anstehen. Hingegen können mit der gebotenen Zurückhaltung auch in diesen Fällen Entscheide im vereinfachten Verfahren einzelrichterlich (Art. 108 BGG) oder in Dreierbesetzung (Art. 109 BGG, wobei praktisch nur der Fall von Abs. 2 lit. a in Frage kommt) getroffen werden (vgl. in Bezug auf Art. 36a OG BGE 118 Ia 124, 125 f. E. 1; Urteil 2P. 134/1995 E. 4; POUDRET, N 3.3 zu Art. 15 OG).

Die Sonderregelung gilt nach dem Wortlaut für **Beschwerden**. Unter altem Recht entschied das Bundesgericht, dass diese Regelung über den Wortlaut von Art. 15

Abs. 3 OG hinaus nicht nur im Verfahren der damaligen staatsrechtlichen Beschwerde, sondern auch der staatsrechtlichen Klage gilt (BGE 118 Ia 195, 200 E. 1b). Gleiches dürfte auch unter dem neuen Recht gelten, soweit entsprechende Streitigkeiten im Verfahren der **Klage** (Art. 120 BGG) vor Bundesgericht gebracht werden.

3.2 Erlasse

11 Die Sonderregelung gilt dann, wenn der Erlass als solcher Streitgegenstand bildet, d.h. im Verfahren der **abstrakten Normenkontrolle** (Art. 82 lit. b BGG). Für eine inzidente Überprüfung eines kantonalen Erlasses auf seine Übereinstimmung mit höherrangigem Recht gelten die normalen Regeln (Abs. 1 und 2). Der Begriff Erlasse ist gleich zu verstehen wie in Art. 82 lit. b BGG; er umfasst generell-abstrakte Rechtssätze, nicht jedoch andere referendumspflichtige Rechtsakte des Parlaments (vgl. zum alten Recht POUDRET, N 3.1 zu Art. 15 OG; BGE 106 Ia 307, 308f. E. 1a).

12 Sie gilt jedoch nur für **referendumspflichtige** Erlasse, unabhängig davon, ob der Erlass dem obligatorischen oder dem fakultativen Referendum unterstellt war und unabhängig davon, ob tatsächlich eine Volksabstimmung stattgefunden hat. Ist ein Erlass nur teilweise referendumspflichtig, so gilt sie selbst dann, wenn nur nicht referendumspflichtige Teile angefochten sind, deren Inkrafttreten aber vom Inkrafttreten eines gleichzeitig erlassenen referendumspflichtigen Erlasses abhängt (Pra 2000 Nr. 41 E. 1a/bb).

3.3 Initiative/Referendum

13 Die Sonderregelung gilt für Entscheide über die **Zulässigkeit einer Initiative**: Im Gegensatz zum Begriff «Erlasse» bezieht sich diese Bestimmung nicht nur auf Verfassungs- und Gesetzesinitiativen, sondern auf alle Initiativen, die nach kantonalem Staatsrecht zulässig sind. Gemeint sind jedoch ausschliesslich Volksinitiativen, nicht parlamentarische oder weitere Initiativen. Der Begriff ist umfassend auszulegen; er betrifft nicht nur die Frage, ob eine Angelegenheit der Volksabstimmung zu unterstellen sei, sondern auch, in welcher Form dies zu geschehen habe (BGE 121 I 357, 359 E. 1, bzgl. einer durch das Parlament vorgenommenen Konkretisierung einer Initiative in der Form der allgemeinen Anregung).

14 Sie gilt ferner für Entscheide betreffend das **Erfordernis eines Referendums**: Es geht um die Frage, ob ein Akt dem (obligatorischen oder fakultativen) Referendum zu unterstellen ist. Auch dies bezieht sich nicht nur auf Referenden gegen

Erlasse, sondern auf alle nach kantonalem Recht vorgesehenen Referenden (z.B. Finanz- oder Verwaltungsreferenden).

Da es nur um die Frage der Zulässigkeit einer Initiative bzw. des Erfordernisses eines Referendums geht, fallen Entscheide über das **Zustandekommen** nicht unter Abs. 3, ebenso wenig **andere Stimmrechtsrügen** (Art. 82 lit. c BGG) oder die Rüge, in einem nicht dem Referendum unterstellten Erlass seien Bestimmungen enthalten, welche richtigerweise in einem referendumspflichtigen Erlass enthalten sein sollten (vgl. Art. 82 BGG N 64 ff. betreffend Abgrenzung zwischen Gewaltenteilungs- und Stimmrechtsbeschwerde).

3.4 Kantonale Ebene

Beide Varianten von Abs. 3 gelten nur für entsprechende Akte auf **kantonaler Ebene**, nicht für solche auf der Ebene von Gemeinden, Gemeindeverbänden, Bezirken, Korporationen usw.

Auf **eidgenössischer Ebene** stellt sich die Frage nicht, da die entsprechenden Akte nicht der Beschwerde an das Bundesgericht unterliegen (Art. 82 BGG N 69).

4. Sanktion

Die Nichteinhaltung der Vorschriften über die Besetzung des Gerichts ist ein **Revisionsgrund** (Art. 121 lit. a BGG).

Art. 21

Abstimmung

¹ Das Gesamtgericht, die Präsidentenkonferenz, die Verwaltungskommission und die Abteilungen treffen die Entscheide, Beschlüsse und Wahlen, wenn das Gesetz nichts anderes bestimmt, mit der absoluten Mehrheit der Stimmen.

² Bei Stimmengleichheit ist die Stimme des Präsidenten beziehungsweise der Präsidentin ausschlaggebend; bei Wahlen entscheidet das Los.

³ Bei Entscheiden, die in einem Verfahren nach den Artikeln 72–129 getroffen werden, ist Stimmenthaltung nicht zulässig.

Vote

¹ La Cour plénière, la Conférence des présidents, la Commission administrative et les cours rendent leurs arrêts, prennent leurs décisions et procèdent aux nominations à la majorité absolue des voix, à moins que la loi n'en dispose autrement.

² En cas d'égalité des voix, celle du président est prépondérante; s'il s'agit d'une nomination, le sort en décide.

³ L'abstention est exclue lors de décisions prises dans une procédure selon les art. 72 à 129.

Votazione

¹ Salvo che la legge disponga altrimenti, la Corte plenaria, la Conferenza dei presidenti, la Commissione amministrativa e le corti deliberano, prendono le decisioni e procedono alle nomine a maggioranza assoluta dei voti.

² In caso di parità di voti, quello del presidente decide; se si tratta di nomine o assunzioni, decide la sorte.

³ L'astensione è esclusa nelle decisioni prese in una procedura secondo gli articoli 72–129.

Inhaltsübersicht	Note	Seite
I. Bisheriges Recht und Entstehungsgeschichte	1	78
II. Kommentar	2	79
1. Absolutes Mehr (Abs. 1)	2	79
2. Stichentscheid (Abs. 2)	8	79
3. Verbot der Stimmenthaltung (Abs. 3)	10	80

I. Bisheriges Recht und Entstehungsgeschichte

1 Altes Recht: Art. 10 OG.

Entwurf der Expertenkommission: Art. 20 (wie bisheriges Recht, ohne Abs. 3).

Entwurf des Bundesrates: Art. 19 (BBl 2001 4286).

Ständerat: Hinzufügung von Abs. 3 (Amtl. Bull. S vom 23.9.2003 S. 893).

Nationalrat: Anpassung von Abs. 1 an die neue Struktur (Präsidentenkonferenz und Verwaltungskommission, vgl. Art. 17 BGG N 1; Amtl. Bull. N vom 5.10.2004 S. 1588).

Ständerat: Zustimmung (Amtl. Bull. S vom 8.3.2005 S. 122).

II. Kommentar

1. Absolutes Mehr (Abs. 1)

Das Erfordernis des **absoluten Mehrs** gilt für die Wahlen und Abstimmungen in sämtlichen Organen des Bundesgerichts, insbesondere auch für die ordentlichen Rechtsprechungsentscheide der Abteilungen (vgl. Abs. 3) sowie, obwohl im Text nicht ausdrücklich erwähnt, die Vereinigung der betroffenen Abteilungen (Art. 23; vgl. zu Art. 10 OG POUDRET, N 2 zu Art. 10 OG; BIRCHMEIER, Bundesrechtspflege, S. 9 zu Art. 10). 2

Das absolute Mehr berechnet sich nach der **Anzahl der abgegebenen Stimmen**. Die Stimme des Generalsekretärs und der Gerichtsschreiber zählt, da nur beratend (Art. 17 Abs. 2; Art. 24 Abs. 1 Satz 2), nicht mit. 3

Es gilt auch bei **Zirkulationsentscheiden**, welche für das Gesamtgericht (Art. 15 Abs. 2 BGG) und die Vereinigung der betroffenen Abteilungen (Art. 23 Abs. 3 BGG) ausdrücklich vorgesehen, aber auch bei der Präsidentenkonferenz und der Verwaltungskommission nicht ausgeschlossen sind. 4

Bei **Rechtsprechungsentscheiden** gilt das Mehrheitserfordernis sowohl für das Dispositiv als auch für die Begründung (POUDRET, N 1 zu Art. 10 OG). 5

Im Falle mehrerer divergierender Anträge sind **Eventualabstimmungen** in Anlehnung an das parlamentarische Verfahren (Art. 79 ParlG) durchzuführen (POUDRET, N 1 zu Art. 10 OG). 6

Stimmberechtigt sind die Mitglieder der entsprechenden Organe. Bei Rechtsprechungsfunktionen der Abteilungen gehören dazu im Einzelfall auch die mitwirkenden nebenamtlichen Richter, nicht hingegen für Verwaltungsaufgaben der Abteilungen. 7

2. Stichentscheid (Abs. 2)

Anders als im parlamentarischen Verfahren (Art. 80 ParlG) stimmt der Präsident auch mit und hat bei Abstimmungen zusätzlich den **Stichentscheid**. Mit Präsident ist der jeweilige Vorsitzende gemeint, also gegebenenfalls der Vizeprä- 8 sident oder das ihn vertretende amts- oder lebensälteste Mitglied (Art. 14 Abs. 4 und Art. 19 Abs. 2 BGG).

9   Da die Rechtsprechungsspruchkörper eine ungerade Zahl von Personen aufweisen (Art. 20 BGG) und sich niemand der Stimme enthalten darf (Abs. 3), kann sich bei **Rechtsprechungsentscheiden** keine Stimmengleichheit ergeben, ausser bei Entscheiden der Vereinigung der betroffenen Abteilungen.

3. Verbot der Stimmenthaltung (Abs. 3)

10   Das Verbot der **Stimmenthaltung** betrifft alle Rechtsprechungsverfahren (Beschwerden, Klagen, Revisions-, Erläuterungs- und Berichtigungsgesuche) in der Abteilung, nicht aber das Verfahren in der Vereinigung der betroffenen Abteilungen (Art. 23 BGG).

Art. 22

Geschäftsverteilung	Das Bundesgericht regelt die Verteilung der Geschäfte auf die Abteilungen nach Rechtsgebieten, die Bildung der Spruchkörper sowie den Einsatz der nebenamtlichen Richter und Richterinnen durch Reglement.
Répartition des affaires	Le Tribunal fédéral fixe dans un règlement les modalités de la répartition des affaires entre les cours selon les domaines juridiques, de la composition des cours appelées à statuer et du recours aux juges suppléants.
Ripartizione delle cause	Il Tribunale federale disciplina mediante regolamento la ripartizione delle cause tra le corti in funzione della materia, la composizione dei collegi giudicanti e l'impiego dei giudici non di carriera.

Inhaltsübersicht   Note   Seite

I. Bisheriges Recht und Entstehungsgeschichte................................... 1   81
II. Kommentar 2   81
   1. Verteilung der Geschäfte 2   81
   2. Bildung der Spruchkörper 3   82
   3. Einsatz nebenamtlicher Richter... 8   83
   4. Erlass des Reglements... 10   83

I. Bisheriges Recht und Entstehungsgeschichte

Altes Recht: Art. 14 Abs. 1 OG.   1

Entwurf der Expertenkommission: Art. 22.

Entwurf des Bundesrates: Art. 20 (BBl 2001 4286).

Ständerat: Redaktionelle Änderung (nebenamtliche Richter statt Ersatzrichter; Amtl. Bull. S vom 23.9.2003 S. 893).

Nationalrat: Zustimmung (Amtl. Bull. N vom 5.10.2004 S. 1588).

II. Kommentar

1. Verteilung der Geschäfte

    Die Verteilung der Geschäfte auf die Abteilungen ist nicht mehr im Gesetz   2
festgelegt (Art. 18 BGG), sondern wird im Bundesgerichtsreglement (Art. 15
Abs. 1 lit. a BGG) festgelegt. Die Zuweisung muss nach Rechtsgebieten erfolgen.

Ausgeschlossen ist damit die Geschäftsverteilung z.B. nach sprachlichen Kriterien.

2. Bildung der Spruchkörper

3 Da die Spruchkörper in der Regel nicht alle Mitglieder einer Abteilung umfasst (Art. 20 BGG N 5), muss er im **Einzelfall** zusammengesetzt werden. Damit steht die personelle Besetzung im konkreten Fall nicht von vornherein fest.

4 Dies steht nach der Rechtsprechung nicht im Widerspruch zu Art. 30 Abs. 1 BV: Diese Bestimmung verlangt, dass die Zuständigkeit und die Organisation der Gerichte gesetzlich geregelt sind und keine Personen am Urteil mitwirken, die nicht gesetzmässig gewählt sind (BGE 131 I 31, 34 E. 2.1.2.1; 129 V 196, 198 E. 4.1; SVR 2006 KV Nr. 3 E. 5; Hotz, St. Galler Kommentar zur BV, N 11 f. zu Art. 30). Sie verlangt auch, dass die personelle Zusammensetzung bekannt ist (BGE 114 V 61, 62 E. 2b). Dies bezweckt vor allem, dass allfällige **Ausstandsgründe** geltend gemacht werden können (BGE 128 V 82 E. 2a). Diesem Zweck genügt es jedoch, wenn die mögliche Zusammensetzung aus einer allgemein zugänglichen Publikation entnommen werden kann (BGE 114 Ia 278, 280 E. 3c). Dies ist mit der öffentlichen Bekanntmachung der Abteilungszusammensetzung (Art. 18 Abs. 1 BGG) gewährleistet. Allfällige Ausstandsgründe gegen Abteilungsmitglieder können und müssen mit der Einreichung der Beschwerde geltend gemacht werden, auch ohne dass die konkret vorgesehene Besetzung des Spruchkörpers bekannt ist.

5 In Bezug auf den nicht ohne weiteres vorhersehbaren Beizug nebenamtlicher Richter oder von Aushilfen aus anderen Abteilungen (Art. 18 Abs. 3 BGG) kann allerdings ein vorgängiges Ausstandsgesuch nicht verlangt werden. Wird die personelle Zusammensetzung erst nachträglich bekannt gegeben, sind die Parteien zur Geltendmachung von Ausstandsvorschriften auf das **Revisionsverfahren** angewiesen (Art. 121 lit. a BGG).

6 Dies erschwert die Geltendmachung von Ausstandsbegehren. Zudem weckt die einzelfallweise Zusammensetzung des Spruchkörpers Bedenken im Hinblick auf allfälligen Missbrauch und den Anspruch auf den gesetzlichen Richter (Art. 30 Abs. 1 BV; BBl 2001 4286). Um diesen Bedenken entgegenzutreten, muss das Gericht in generell-abstrakter Weise **Kriterien** festlegen, nach denen die Spruchkörper zusammenzusetzen sind.

7 Es ist nicht eine erschöpfende, alle Fälle abdeckende Regelung verlangt, aber ein gewisser Grad an **Vorhersehbarkeit** (BBl 2001 4286). Das Bundesgerichtsreglement enthält dazu einige Kriterien.

3. Einsatz nebenamtlicher Richter

Die nebenamtlichen Richter werden ebenfalls einer **Abteilung zugeteilt** (Art. 17 Abs. 4 lit. a BGG), wobei in erster Linie die besonderen Kenntnisse und die Sprache der Richter sowie die Belastungen und Bedürfnisse der Abteilungen massgebend sind. 8

In welchen Fällen die nebenamtlichen Richter eingesetzt werden, entscheidet der **Abteilungsvorsitzende**. Es gelten dafür die gleichen Regeln für die Spruchkörperbildung wie für die ordentlichen Richter. 9

4. Erlass des Reglements

Zuständig zum Erlass des nach Art. 22 BGG vorgeschriebenen Reglements ist das **Gesamtgericht** (Art. 15 Abs. 1 lit. a BGG). 10

Art. 23

Praxisänderung und Präjudiz

¹ Eine Abteilung kann eine Rechtsfrage nur dann abweichend von einem früheren Entscheid einer oder mehrerer anderer Abteilungen entscheiden, wenn die Vereinigung der betroffenen Abteilungen zustimmt.

² Hat eine Abteilung eine Rechtsfrage zu entscheiden, die mehrere Abteilungen betrifft, so holt sie die Zustimmung der Vereinigung aller betroffenen Abteilungen ein, sofern sie dies für die Rechtsfortbildung oder die Einheit der Rechtsprechung für angezeigt hält.

³ Beschlüsse der Vereinigung der betroffenen Abteilungen sind gültig, wenn an der Sitzung oder am Zirkulationsverfahren mindestens zwei Drittel der ordentlichen Richter und Richterinnen jeder betroffenen Abteilung teilnehmen. Der Beschluss wird ohne Parteiverhandlung und öffentliche Beratung gefasst; er ist für die Antrag stellende Abteilung bei der Beurteilung des Streitfalles verbindlich.

Changement de jurisprudence et précédents

¹ Une cour ne peut s'écarter de la jurisprudence arrêtée par une ou plusieurs autres cours qu'avec l'accord des cours intéressées réunies.

² Lorsqu'une cour entend trancher une question juridique qui concerne plusieurs cours, elle demande l'accord des cours intéressées réunies si elle est d'avis qu'une décision commune est souhaitable pour le développement du droit ou l'uniformité de la jurisprudence.

³ Les cours réunies ne peuvent siéger ou décider par voie de circulation qu'avec la participation de deux tiers au moins des juges ordinaires de chacune des cours intéressées. La décision est prise sans débats et à huis clos; elle lie la cour qui doit statuer sur la cause.

Modifica della giurisprudenza e precedenti

¹ Una corte può derogare alla giurisprudenza di una o più altre corti soltanto con il consenso delle corti interessate riunite.

² Se deve giudicare una questione di diritto concernente più corti, la corte giudicante, qualora lo ritenga opportuno ai fini dell'elaborazione del diritto giudiziale o per garantire una giurisprudenza uniforme, chiede il consenso delle corti interessate riunite.

³ Le corti riunite deliberano validamente soltanto se alla seduta o alla procedura per circolazione degli atti partecipano almeno due terzi dei giudici ordinari di ciascuna corte interessata. La decisione è presa senza dibattimento e a porte chiuse; è vincolante per la corte che deve giudicare la causa.

Inhaltsübersicht   Note   Seite

I. Bisheriges Recht und Entstehungsgeschichte 1   85
II. Kommentar 2   85

1. Vereinigung der betroffenen Abteilungen	2	85
2. Praxisänderung (Abs. 1)	6	86
3. Präjudiz (Abs. 2)	12	87
4. Beschlussfassung (Abs. 3)	13	87

I. Bisheriges Recht und Entstehungsgeschichte

Altes Recht: Art. 16 OG. 1

Entwurf der Expertenkommission: Art. 23.

Entwurf des Bundesrates: Art. 21 (BBl 2001 4286 f.).

Ständerat: Zustimmung (Amtl. Bull. S vom 23.9.2003 S. 893).

Nationalrat: Zustimmung (Amtl. Bull. N vom 5.10.2004 S. 1588).

II. Kommentar

1. Vereinigung der betroffenen Abteilungen

Die Mehrzahl von bundesgerichtlichen Spruchkörpern birgt die Gefahr, 2
dass zu gleichen Rechtsfragen unterschiedliche höchstinstanzliche Lösungen bestehen, was im Lichte der Rechtssicherheit und Rechtseinheit nicht befriedigt. Art. 23 BGG will solche **Widersprüchlichkeiten** vermeiden.

Das Verfahren von Art. 23 BGG kommt nur im Zusammenhang mit einem konkreten anstehenden Rechtsfall zum Zuge. Es ist nur anwendbar bei **Rechtsfragen**, nicht bei Sachverhaltsfragen. Voraussetzung ist zudem, dass eine entscheiderhebliche Antwort auf eine Rechtsfrage zur Diskussion steht, nicht bloss ein obiter dictum (POUDRET, N 3 zu Art. 16 OG). 3

Die Vereinigung der betroffenen Abteilungen ist ein Organ des Bundesgerichts 4
mit der Besonderheit, dass sie nicht eine feste **Zusammensetzung** hat, sondern sich fallweise wechselnd zusammensetzt. Sie besteht aus allen ordentlichen Mitgliedern der betroffenen Abteilungen (Abs. 3), also nicht nur denjenigen Richtern, die im konkreten Fall, welcher Anlass zur angestrebten Praxisänderung gegeben hat, zum Spruchkörper gehören. Hingegen gehören die der Abteilung zugeteilten nebenamtlichen Richter nicht zur Vereinigung der betroffenen Abteilungen, und zwar auch dann nicht, wenn sie im konkreten Fall Instruktionsrichter sind. Dies ist unbefriedigend, weshalb man ihnen eine beratende Stimme zugestehen sollte.

Betroffene Abteilungen sind alle, welche die entsprechende Rechtsprechung 5
bereits geübt haben oder – im Falle von Abs. 2 – bei denen sich die gleiche Frage stellen könnte. Bei manchen Fragen (z.B. verfassungs- oder prozessrechtlicher

Natur) sind dies nicht selten alle Abteilungen des Bundesgerichts, so dass die Vereinigung der betroffenen Abteilungen personell mit dem Gesamtgericht identisch ist.

2. Praxisänderung (Abs. 1)

6 Der Beizug der Vereinigung der betroffenen Abteilungen ist **zwingend**, wenn sich die **gleiche Rechtsfrage** stellt, die eine andere Abteilung **bereits** anders **beantwortet** hat, aber nicht schon dann, wenn sich bestimmte Berührungspunkte zwischen zwei Rechtsfragen ergeben (BGE 122 V 85, 88 f. E. 2b). Es ist auch nicht ausgeschlossen, dass ein bestimmter Grundsatz oder Rechtssatz aus bereichsspezifischen Gründen in einem Rechtsgebiet anders konkretisiert wird als in einem andern (BGE 115 V 308, 315 E. 4b).

7 Das Verfahren wird nicht bereits dann durchgeführt, wenn ein Mitglied der zuständigen Abteilung eine Rechtsprechungsänderung in Betracht zieht oder vorschlägt, sondern erst dann, wenn eine **Mehrheit** des im konkreten Fall zuständigen Spruchkörpers eine solche befürwortet. Die Urteilsberatung (sei dies auf dem Weg der Zirkulation oder der mündlichen Beratung [Art. 58 BGG]) ist in einem solchen Fall auszusetzen bis zum Entscheid der Vereinigung der betroffenen Abteilungen.

8 Das bisherige Recht sah vor, dass ein Beschluss der Vereinigung der beteiligten Abteilungen nicht erforderlich ist, wenn die betroffene andere Abteilung zustimmt. Das BGG sieht dies nicht mehr ausdrücklich vor, sondern verlangt in jedem Fall einen **Beschluss der Vereinigung der betroffenen Abteilung(en)**, was im Hinblick auf das Stimmenverhältnis nicht unerheblich ist (s. unten N 13).

9 Es ist nicht ausgeschlossen, dass auch ein von der Vereinigung der betroffenen Abteilungen gefällter Beschluss wieder **geändert** wird, doch bedarf es dazu wiederum des gleichen Verfahrens (POUDRET, N 3c zu Art. 16 OG).

10 Hat eine Abteilung die Rechtsprechung einer anderen Abteilung geändert, ohne das Verfahren nach Art. 23 beachtet zu haben, und will die andere betroffene Abteilung später wieder zu ihrer früheren Rechtsprechung zurückkehren, so ist ebenfalls das Verfahren nach Art. 23 durchzuführen (POUDRET, N 3e zu Art. 16 OG); so wird wenigstens nachträglich wieder eine Rechtssicherheit erreicht.

11 Eine **Missachtung** von Art. 23 Abs. 1 hat keine unmittelbare Sanktion und stellt namentlich keinen Revisionsgrund dar (POUDRET, N 6 zu Art. 16 OG).

3. Präjudiz (Abs. 2)

Die Möglichkeit, auch bei **neuen**, mehrere Abteilungen betreffenden **Rechtsfragen** die anderen Abteilungen einzubeziehen, war im bisherigen Recht nicht ausdrücklich vorgesehen, wurde aber bereits praktiziert (BGE 126 I 81, 84 E. 2c). Im Unterschied zum Falle der Abweichung von einer bestehenden Rechtsprechung (Abs. 1) ist hier der Beizug der Vereinigung der betroffenen Abteilungen **nicht obligatorisch**, sondern liegt im Ermessen der jeweiligen Abteilung.

12

4. Beschlussfassung (Abs. 3)

Das **Quorum** von zwei Dritteln bedeutet, dass Stimmenthaltung zulässig ist (vgl. auch Art. 21 Abs. 3 BGG *e contrario*). Das **Abstimmungsverfahren** richtet sich nach Art. 21 BGG. Massgebend ist somit die Mehrheit der (teilnehmenden) Mitglieder der Vereinigung der betroffenen Abteilungen, nicht etwa die Stimme der Abteilungen als solchen, was nicht unerheblich ist, wenn z.B. in zwei beteiligten Abteilungen eine knappe Mehrheit einer Meinung ist, die dritte hingegen einstimmig der anderen Meinung, was zusammen mit der Minderheit der anderen Abteilungen gesamthaft zur Mehrheit führt.

13

Den **Vorsitz** nimmt der amtsälteste Präsident der beteiligten Abteilungen ein. Das ist im geltenden Recht zwar im Unterschied zu Art. 16 Abs. 2 OG nicht mehr ausdrücklich im Gesetz geregelt.

14

Der **Beschluss** der Vereinigung der betroffenen Abteilungen wird nicht als besonderer Entscheid publiziert, aber in den Erwägungen des betreffenden Entscheids sinngemäss wiedergegeben (vgl. BGE 126 I 81, 84 f. E. 2; Urteil 1P.40/1997 E. 5; Urteil 1P.607/1991 E. 3a).

15

Art. 24

Gerichtsschreiber und Gerichtsschreiberinnen	¹ Die Gerichtsschreiber und Gerichtsschreiberinnen wirken bei der Instruktion der Fälle und bei der Entscheidfindung mit. Sie haben beratende Stimme.

² Sie erarbeiten unter der Verantwortung eines Richters oder einer Richterin Referate und redigieren die Entscheide des Bundesgerichts.

³ Sie erfüllen weitere Aufgaben, die ihnen das Reglement überträgt. |
| Greffiers | ¹ Les greffiers participent à l'instruction et au jugement des affaires. Ils ont voix consultative.

² Ils élaborent des rapports sous la responsabilité d'un juge et rédigent les arrêts du Tribunal fédéral.

³ Ils remplissent les autres tâches que leur attribue le règlement. |
| Cancellieri | ¹ I cancellieri partecipano all'istruzione e al giudizio delle cause. Hanno voto consultivo.

² Elaborano rapporti sotto la responsabilità di un giudice e redigono le sentenze del Tribunale federale.

³ Adempiono gli altri compiti che il regolamento affida loro. |

Inhaltsübersicht Note Seite
I. Bisheriges Recht und Entstehungsgeschichte 1 88
II. Kommentar 2 89
   1. Rechtsstellung 2 89
   2. Mitwirkung bei Instruktion und Entscheidfindung (Abs. 1) 7 90
   3. Referate und Entscheide (Abs. 2) 10 90
   4. Weitere Aufgaben (Abs. 3) 12 91

I. Bisheriges Recht und Entstehungsgeschichte

1 Altes Recht: Art. 7 OG.

Entwurf der Expertenkommission: Art. 24.

Entwurf des Bundesrates: Art. 22 (BBl 2001 4287 f., 5902 f.).

Der Ständerat strich im damaligen ersten Absatz das vorgesehene Reglement über die Aufgaben der Gerichtsschreiber und fügte im (heutigen) Abs. 2 die Worte «unter der Verantwortung eines Richters oder einer Richterin» bei (Amtl. Bull. S 2003 893).

Der Nationalrat strich auf Antrag des Bundesrates den ersten Absatz gänzlich und stimmte im übrigen zu (Amtl. Bull. N 2004 1588).
Ständerat: Zustimmung (Amtl. Bull. S 2005 122).

II. Kommentar

1. Rechtsstellung

Arbeitsverhältnis und **Rechtsstellung** der Gerichtsschreiber richten sich nach dem Bundespersonalgesetz (Art. 2 Abs. 1 lit. g BPG). Anders als nach altem Recht (Art. 7 Abs. 2 OG) sind sie nicht mehr auf Amtsdauer gewählt, sondern durch einen öffentlich-rechtlichen, kündbaren Arbeitsvertrag angestellt (Art. 8 ff. BPG). Die Gerichtsschreiber werden auf Antrag der Abteilungen durch die Verwaltungskommission angestellt (Art. 17 Abs. 4 lit. c BGG), welche auch zuständige Personalbehörde ist. 2

Die **Zahl** der Gerichtsschreiberstellen wird durch das Bundesgericht selber (d.h. durch die Verwaltungskommission, Art. 17 Abs. 4 lit. h BGG) festgesetzt, freilich im Rahmen des von der Bundesversammlung genehmigten Budgets (Art. 3 Abs. 2 BGG). 3

Die Gerichtsschreiber gelten **nicht als Richterinnen oder Richter** im Sinne des Gesetzes. Die Art. 5–12 BGG sind auf sie nicht anwendbar. Ihre Nebenbeschäftigungen richten sich somit nicht nach Art. 6 und 7 BGG, sondern nach Art. 23 BPG. Grundsätzlich können also (teilzeitliche) Gerichtsschreiber auch z.B. in der Advokatur tätig sein oder (nebenamtliche) kantonale Gerichtsmandate versehen. Unzulässig ist das Amt eines nebenamtlichen Bundesrichters (Art. 6 Abs. 1 BGG) oder Richters am Bundesstraf- oder Bundesverwaltungsgericht (Art. 6 Abs. 1 SGG, Art. 6 Abs. 1 VGG). Andere Anstellungen beim Bund sind hingegen nicht ausgeschlossen. Die Ausstandsregeln (Art. 34 ff. BGG) gelten auch für die Gerichtsschreiber. 4

Anders als nach bisherigem Recht (Art. 9 Abs. 3 OG) werden die Gerichtsschreiber nicht mehr **vereidigt** (Art. 10 Abs. 1 BGG). 5

Anders als das bisherige unterscheidet das neue Recht nicht mehr zwischen Gerichtsschreibern, Gerichtssekretären und persönlichen Mitarbeitern der Richter, da die Aufgaben bereits bisher nicht unterschiedlich gewesen waren; es ist aber nicht ausgeschlossen, dass das Bundesgericht die Gerichtsschreiber unterschiedlich einsetzt, beispielsweise einige als persönliche Mitarbeiter den Richtern zuordnet. 6

2. Mitwirkung bei Instruktion und Entscheidfindung (Abs. 1)

7   Während sich früher die Tätigkeit der Bundesgerichtsschreiber im Wesentlichen auf die Urteilsredaktion beschränkte, ist der Tätigkeitsbereich im Laufe der Zeit erweitert worden. Unter dem Druck zunehmender Geschäftslast wurde ein Teil der Arbeit, die früher den Richtern vorbehalten war, an die juristischen Mitarbeiter, deren Zahl stark erhöht wurde, abgegeben. Diese wichtige, mit erheblicher Verantwortung verbundene Tätigkeit sollte nach dem Willen des Bundesrates im Gesetz ihren Niederschlag finden, namentlich auch der Einsatz der Gerichtsschreiber bei der **Verfahrensinstruktion** (BBl 2001 4287; zur Instruktion vgl. die Art. 32, 33, 35, 56 und 102–104 BGG). Die **Entscheidfindung** umfasst hauptsächlich die Erstellung von Referaten (dazu s. Abs. 2) und die Mitwirkung bei Verhandlungen (Art. 57–61 BGG).

8   Ausdrücklich gesetzlich festgelegt ist die früher bereits praktizierte **beratende Stimme** der Gerichtsschreiber im Rahmen der Rechtsprechung. In denjenigen Fällen, in denen der Gerichtsschreiber den Referatsentwurf erstellt hat (Abs. 2), wird dadurch die beratende Funktion bereits ausgeübt. Im Übrigen wird sie durch das Bundesgerichtsreglement geregelt.

9   Die Gerichtsschreiber haben jedoch **kein Stimmrecht**. Ihre Zustimmung ist nicht Voraussetzung für einen Entscheid. Sie können daher auch keine mündliche Beratung (Art. 58 Abs. 1 BGG) verlangen.

3. Referate und Entscheide (Abs. 2)

10   In einer Grosszahl der Fälle erstellen die Gerichtsschreiber mit oder ohne Anweisung durch den Instruktionsrichter die **Referate (Urteilsentwürfe)**, die nach Genehmigung durch den Instruktionsrichter dem urteilenden Gremium zum Entscheid vorgelegt werden. Dies führte zum Vorwurf einer nicht demokratisch legitimierten «Gerichtsschreiberjustiz». Die Bundesversammlung legte daher Wert darauf, dass die Referatsausarbeitung durch die Gerichtsschreiber unter der Verantwortung eines Richters zu erfolgen hat. Es ist somit nicht zulässig, dass die Gerichtsschreiber selber der urteilenden Abteilung Antrag stellen; der Antrag stammt vom Instruktionsrichter, auch wenn der Urteilsentwurf von einem Gerichtsschreiber verfasst wurde.

11   Nachdem das Urteilsdispositiv in mündlicher Beratung oder auf dem Zirkulationsweg (Art. 58 BGG) entschieden worden ist, wird die **Urteilsbegründung** redigiert. Diese Urteilsredaktion ist nach wie vor eine der Hauptaufgaben der Gerichtsschreiber. Im Unterschied zur Referatserstellung ist hier die Verantwortung der Richter nicht ausdrücklich erwähnt, ergibt sich aber daraus, dass das Urteil, welches von der Abteilung erlassen wird, nicht nur das Dispositiv, sondern

auch die redigierten Erwägungen umfasst (Art. 21 BGG N 5), diese somit auch der Genehmigung durch die Abteilung unterliegen.

4. Weitere Aufgaben (Abs. 3)

Möglich ist namentlich auch der Beizug von Gerichtsschreibern zur Unterstützung der Abteilungspräsidien **(Präsidialsekretäre)**. S. im Einzelnen die Aufgaben gemäss Bundesgerichtsreglement.

Art. 25

Verwaltung	[1] Das Bundesgericht verwaltet sich selbst.
	[2] Es richtet seine Dienste ein und stellt das nötige Personal an.
	[3] Es führt eine eigene Rechnung.
Administration	[1] Le Tribunal fédéral s'administre lui-même.
	[2] Il constitue ses services et engage le personnel nécessaire.
	[3] Il tient sa propre comptabilité.
Amministrazione	[1] Il Tribunale federale gode di autonomia amministrativa.
	[2] Istituisce i suoi servizi e assume il personale necessario.
	[3] Tiene una contabilità propria.

Inhaltsübersicht   Note   Seite
I. Bisheriges Recht und Entstehungsgeschichte   1   92
II. Kommentar   2   92
    1. Selbstverwaltung (Abs. 1)   2   92
    2. Personal (Abs. 2)   5   93
    3. Rechnung (Abs. 3)   6   93

I. Bisheriges Recht und Entstehungsgeschichte

1   Altes Recht: Keine ausdrückliche Entsprechung im OG. Art. 8 OG ermächtigte das Bundesgericht, die Aufgaben des Personals durch ein Reglement festzulegen.

Entwurf der Expertenkommission: ---

Entwurf des Bundesrates: Art. 23 (BBl 2001 4288).

Ständerat: Zustimmung (Amtl. Bull. S vom 23.9.2003 S. 894).

Nationalrat: Zustimmung (Amtl. Bull. N vom 5.10.2004 S. 1588).

II. Kommentar

1. Selbstverwaltung (Abs. 1)

2   Absatz 1 entspricht Art. 188 Abs. 3 BV, wonach sich das Bundesgericht selbst verwaltet. Dieser Grundsatz gewährleistet die **Verwaltungsautonomie** des Bundesgerichts gegenüber der Exekutivgewalt und verstärkt so seine Unabhängigkeit (s. auch Art. 13 BGG). Die Bundesgerichtsverwaltung ist kein Teil der

Bundesverwaltung im Sinne von Art. 2 RVOG. Sie muss jedoch die auf die Gesamtheit der Organe des Bundes anwendbaren Bestimmungen, wie jene des BPG oder des FHG respektieren (BBl 2001 4288). Im Übrigen ist das Bundesgericht in seiner Verwaltungsorganisation frei; es geniesst namentlich Personal- und Finanzautonomie (Abs. 2 und 3). Zur Infrastruktur s. Art. 25a BGG.

Infolge der Fusion von Bundesgericht und EVG gibt es nur noch eine **einheitliche Verwaltung** für das ganze Bundesgericht (BBl 2001 4244), wovon jedoch zwangsläufig ein Teil am Standort Luzern angesiedelt ist. 3

Nebst den ihm obliegenden Rechtsprechungsaufgaben hat das Bundesgericht in Bezug auf seine eigene Verwaltung auch **Verwaltungsentscheide** zu treffen. Diese sind mit Ausnahme der personalrechtlichen Entscheide (Abs. 2) bei keiner Instanz ausserhalb des Bundesgerichts anfechtbar. Intern anfechtbar sind sodann die Verfügungen in Bezug auf den Aktenzugang (Art. 28 Abs. 2 BGG). Die übrigen Verwaltungsentscheide des Bundesgerichts sind nicht anfechtbar. 4

2. Personal (Abs. 2)

Das Bundesgericht kann im Rahmen seines Budgets (Art. 3 Abs. 2 BGG) die zur Erfüllung seiner Aufgaben nötigen Verwaltungsdienste selber bestellen und das **Personal** für diese Dienste selber anstellen. Das Verfahren richtet sich in Bezug auf personalrechtliche Verfügungen nach VwVG (Art. 1 Abs. 2 lit. b VwVG). Entsprechende Verfügungen (der Verwaltungskommission oder des Generalsekretariats) können bei der internen Rekurskommission (Art. 35 BPG) und anschliessend bei einer besonderen Rekurskommission, bestehend aus den Verwaltungsgerichtspräsidenten der Kantone Luzern, Waadt und Tessin, angefochten werden (Art. 36 Abs. 2 BPG, i.d.F. des VGG). 5

3. Rechnung (Abs. 3)

Ein wesentliches Element der Verwaltungsautonomie besteht in der **Finanzautonomie**. Die Rechnung des Bundesgerichts bildet zwar formell Teil der Staatsrechnung, wird aber direkt vom Bundesgericht zuhanden der Bundesversammlung erstellt (vgl. Art. 3 Abs. 2 BGG; BBl 2001 4288). In dem vom Gesetz bestimmten Rahmen verfügt das Bundesgericht frei über die Mittel, die ihm vom Parlament zugewiesen werden (BBl 2001 4288; Art. 3 BGG N 7). 6

Art. 25a

Infrastruktur

¹ Für die Bereitstellung, die Bewirtschaftung und den Unterhalt der vom Bundesgericht benutzten Gebäude ist das Eidgenössische Finanzdepartement zuständig. Dieses hat die Bedürfnisse des Bundesgerichts angemessen zu berücksichtigen.

² Das Bundesgericht deckt seinen Bedarf an Gütern und Dienstleistungen im Bereich der Logistik selbständig.

³ Das Bundesgericht und der Bundesrat regeln die Einzelheiten der Zusammenarbeit zwischen dem Bundesgericht und dem Eidgenössischen Finanzdepartement in einer Vereinbarung. Darin kann die Zuweisung der Zuständigkeiten gemäss den vorherigen Absätzen in einzelnen Punkten anders geregelt werden.

Infrastructure

¹ Le Département fédéral des finances met à la disposition du Tribunal fédéral les bâtiments utilisés par celui-ci, les gère et les entretient. Il prend en compte de manière appropriée les besoins du tribunal.

² Le Tribunal fédéral couvre de manière autonome ses besoins en biens et prestations dans le domaine de la logistique.

³ Le Tribunal fédéral et le Conseil fédéral règlent les modalités de la collaboration entre le Tribunal fédéral et le Département fédéral des finances dans une convention. Celle-ci peut prévoir sur des points particuliers une répartition des compétences qui s'écarte de celle prévue aux alinéas précédents.

Infrastruttura

¹ Il Dipartimento federale delle finanze è competente per l'approntamento, la gestione e la manutenzione degli edifici utilizzati dal Tribunale federale. Esso tiene adeguatamente in considerazione le esigenze del Tribunale federale.

² Il Tribunale federale sopperisce autonomamente ai suoi bisogni in beni e servizi nell'ambito della logistica.

³ Il Tribunale federale e il Consiglio federale disciplinano in una convenzione i dettagli della collaborazione tra il Tribunale federale e il Dipartimento federale delle finanze. In singoli punti possono pattuire una ripartizione delle competenze diversa da quanto stabilito nei capoversi precedenti.

Inhaltsübersicht

		Note	Seite
I.	Bisheriges Recht und Entstehungsgeschichte	1	95
II.	Kommentar	2	95

I. Bisheriges Recht und Entstehungsgeschichte

Altes Recht: Art. 25a hatte keine ausdrückliche Entsprechung im OG. Gemäss Art. 4 Abs. 3 der auf das RVOG gestützten Verordnung vom 14. Dezember 1998 über das Immobilienmanagement und die Logistik des Bundes (VILB; SR 172.010.21) galten auch die Immobilien der eidgenössischen Gerichte als zivile Immobilien des Bundes, die durch das Bundesamt für Bauten und Logistik verwaltet werden.

Entwurf der Expertenkommission: ---

Entwurf des Bundesrates: ---

Im Rahmen der nachträglichen Bereinigung und Aktualisierung der Totalrevision der Bundesrechtspflege schlug der Bundesrat eine gesetzliche Regelung für die Immobilien der Gerichte vor (BBl 2006 3072–3074, 3077).

Ständerat: Zustimmung (Amtl. Bull. S vom 9.6.2006 S. 381).

Nationalrat: Zustimmung; ein Antrag auf Streichung des Artikels wurde abgelehnt (Amtl. Bull. N vom 13.6.2006 S. 907–909).

II. Kommentar

Entsprechend dem Grundsatz der Selbstverwaltung (Art. 188 Abs. 3 BV, Art. 25 BGG) ist das Bundesgericht grundsätzlich selber für seine **Logistik** zuständig, was allerdings im Bereich der Immobilien nicht zweckmässig wäre. Da aber die bloss im Rahmen des RVOG und auf Verordnungsstufe geregelte Zuständigkeit der Bundesverwaltung für das Immobilienmanagement gemäss Auffassung des Bundesgerichts und des Bundesamtes für Justiz mit dem höherrangigen Recht nicht mehr vereinbar war, wurde dafür im BGG eine gesetzliche Grundlage geschaffen (BBl 2006 3073). Die vom Bundesgericht benutzten **Gebäulichkeiten** werden demnach vom Finanzdepartement zur Verfügung gestellt (Abs. 1).

Eine **Vereinbarung** zwischen dem Bundesgericht und dem Bundesrat regelt die Zusammenarbeit (Abs. 3), namentlich auch das Mitspracherecht des Bundesgerichts, die Verwaltung und die Benutzungsregelungen (Sicherheitskonzept usw.; BBl 2006 3077).

Die übrigen **Güter und Dienstleistungen** werden vom Bundesgericht selbständig beschafft (Abs. 2) und über den Budgetkredit des Bundesgerichts (Art. 3 Abs. 2 BGG) abgewickelt (BBl 2006 3077).

Art. 26

Generalsekretariat	Der Generalsekretär oder die Generalsekretärin steht der Gerichtsverwaltung einschliesslich der wissenschaftlichen Dienste vor. Er oder sie führt das Sekretariat des Gesamtgerichts, der Präsidentenkonferenz und der Verwaltungskommission.
Secrétaire général	Le secrétaire général dirige l'administration, y compris les services scientifiques. Il dirige le secrétariat de la Cour plénière, de la Conférence des présidents et de la Commission administrative.
Segretariato generale	Il segretario generale dirige l'amministrazione del Tribunale, compresi i servizi scientifici. Dirige inoltre il segretariato della Corte plenaria, della Conferenza dei presidenti e della Commissione amministrativa.

Inhaltsübersicht Note Seite
I. Bisheriges Recht und Entstehungsgeschichte 1 96
II. Kommentar 2 96

I. Bisheriges Recht und Entstehungsgeschichte

1 Altes Recht: Bisher war nicht im Gesetz, aber auf Reglementsstufe, je für das Bundesgericht und das EVG die Stelle eines Generalsekretärs vorgesehen (Art. 29–31 R-Bger, Art.20 R-EVG).

Entwurf der Expertenkommission: Art. 25.

Entwurf des Bundesrates: Art. 24 (BBl 2001 4288 f.).

Ständerat: Mit Änderungen angenommen (Amtl. Bull. S vom 23.9.2003 S. 894).

Nationalrat: Anpassung an die Neugliederung (Art. 17 BGG N 1; Amtl. Bull. N vom 5.10.2004 S. 1588).

Ständerat: Zustimmung (Amtl. Bull. S vom 8.3.2005 S. 122).

II. Kommentar

2 Der Gesetzgeber wollte die Funktion des **Generalsekretariats** angesichts seiner Bedeutung ausdrücklich im Gesetz verankern (BBl 2001 4288). Infolge der Fusion von Bundesgericht und EVG gibt es nur noch einen Generalsekretär für das gesamte Gericht.

3 Der Generalsekretär ist **Chef** der gesamten **Gerichtsverwaltung**. Die dazu gehörenden wissenschaftlichen Dienste sind die Dokumentations-, Bibliotheks- und

Informatikdienste, nicht aber die Gerichtsschreiber; diese unterstehen administrativ der Verwaltungskommission (Art. 17 Abs. 4 lit. c BGG) und fachlich den Abteilungen, denen sie zugeteilt sind. Für die Verwaltung ist das Generalsekretariat demgegenüber die vorgesetzte Stelle.

Der Generalsekretär wird vom **Gesamtgericht** angestellt, aber nicht – wie im bundesrätlichen Entwurf ursprünglich vorgesehen – auf Amtszeit, sondern ordentlich auf Kündigung nach Art. 8 ff. BPG. Er untersteht auch sonst den Bestimmungen des BPG (Art. 2 Abs. 1 lit. g BPG). 4

Zu den **Aufgaben** des Generalsekretärs gehört auch die Führung des Sekretariats von Gesamtgericht (Art. 15 BGG), Präsidentenkonferenz (Art.16 BGG) und Verwaltungskommission (Art. 17 BGG). 5

Aus Art. 15 Abs. 1 lit. f BGG geht hervor, dass es auch einen **stellvertretenden Generalsekretär** gibt. Dieser kann nebst eigenen Zuständigkeiten auch sämtliche Aufgaben des Generalsekretärs bei dessen Verhinderung wahrnehmen. 6

Art. 27

Information

¹ Das Bundesgericht informiert die Öffentlichkeit über seine Rechtsprechung.

² Die Veröffentlichung der Entscheide hat grundsätzlich in anonymisierter Form zu erfolgen.

³ Das Bundesgericht regelt die Grundsätze der Information in einem Reglement.

⁴ Für die Gerichtsberichterstattung kann das Bundesgericht eine Akkreditierung vorsehen.

Information

¹ Le Tribunal fédéral informe le public sur sa jurisprudence.

² Les arrêts sont en principe publiés sous une forme anonyme.

³ Le Tribunal fédéral règle les principes de l'information dans un règlement.

⁴ Il peut prévoir l'accréditation des chroniqueurs judiciaires.

Informazione

¹ Il Tribunale federale informa il pubblico sulla sua giurisprudenza.

² La pubblicazione delle sentenze avviene di norma in forma anonimizzata.

³ Il Tribunale federale disciplina in un regolamento i principi dell'informazione.

⁴ Per la cronaca giudiziaria, il Tribunale federale può prevedere un accreditamento.

Inhaltsübersicht

	Note	Seite
I. Bisheriges Recht und Entstehungsgeschichte	1	98
II. Kommentar	2	99
1. Information über die Rechtsprechung (Abs. 1)	2	99
2. Anonymisierung (Abs. 2)	5	100
3. Reglement (Abs. 3)	9	100
4. Akkreditierung (Abs. 4)	10	100

I. Bisheriges Recht und Entstehungsgeschichte

1 Altes Recht: Art. 17 OG regelte die Öffentlichkeit der Sitzungen. Eine dem heutigen Art. 27 entsprechende Bestimmung gab es nur in Bezug auf das EVG (Art. 127 Abs. 5 OG). Eine Akkreditierung von Gerichtsberichterstattern war bisher nur auf Reglementsstufe vorgesehen (Art. 31 R-Bger; vgl. auch Richtlinien der Präsidentenkonferenz betreffend die Gerichtsberichterstattung am Bundesgericht, AS 1994 2152).

Entwurf der Expertenkommission: Art. 26.

Entwurf des Bundesrates: Art. 25, etwa entsprechend den heutigen Abs. 1 und 4 (BBl 2001 4289).

Der Ständerat fügte auf Antrag seiner Kommission den heutigen Abs. 2 ein; ein Minderheitsantrag, den Satzteil «in anonymisierter Form» zu streichen, wurde abgelehnt (Amtl. Bull. S vom 23.9.2003 S. 894).

Der Nationalrat stimmte der ständerätlichen Ergänzung zu und fügte den heutigen Abs. 3 hinzu (Amtl. Bull. N vom 5.10.2004 S. 1588).

Der Ständerat stimmte zu (Amtl. Bull. S vom 8.3.2005 S. 122).

II. Kommentar

1. Information über die Rechtsprechung (Abs. 1)

Von Anfang an publizierte das Bundesgericht auch ohne ausdrückliche gesetzliche Grundlage die wichtigen seiner Urteile in einer **amtlichen Sammlung**, was angesichts der Präzedenzkraft der Entscheidungen von grosser Bedeutung ist (BBl 2001 4289). Nebst diesen offiziell publizierten Urteilen wurde schon seit langem ein weiterer Teil der Urteile in **Fachzeitschriften** und ähnlichen Publikationsorganen ausseramtlich publiziert. Seit 2000 werden zudem alle Urteile ausser denjenigen, die keinerlei Interessenwert haben (hauptsächlich die Urteile, die im vereinfachten Verfahren ergehen, bisher Art. 36a OG, neu Art. 108 f. BGG), im **Internet** publiziert. 2

Der Gesetzgeber wollte aufgrund der grossen Präzedenzbedeutung der Bundesgerichtspraxis diese **Informationsaufgabe** ausdrücklich gesetzlich verankern (BBl 2001 4289). Diese Pflicht besteht nur für die Rechtsprechungsaufgaben. In Bezug auf die Verwaltungs- und Aufsichtsaufgaben richtet sich die Information nach Art. 28. 3

Soweit eine **öffentliche Beratung** stattfindet (Art. 59 Abs. 1 BGG), ist die Rechtsprechung ohnehin öffentlich. Zudem muss das Dispositiv nicht öffentlich beratener Entscheide **öffentlich aufgelegt** werden (Art. 59 Abs. 3 BGG). Art. 27 Abs. 1 BGG geht davon aus, dass auch darüber hinaus die Öffentlichkeit über die Rechtsprechung zu informieren ist. Das Gesetz legt jedoch nicht fest, in welcher Form diese Information stattzufinden hat, sondern überlässt dies dem Gericht. 4

2. Anonymisierung (Abs. 2)

5 Bis 1986 wurden die Urteile in der amtlichen Sammlung in der Regel mit Namen publiziert, und zwar auch in denjenigen Materien, in denen gemäss Art. 17 OG keine öffentliche Verhandlung stattfand. Ab 1987 wurde die Publikationspraxis aus Gründen des Persönlichkeitsschutzes geändert; die Urteile wurden fortan in der Regel **anonymisiert** publiziert.

6 Dies gilt nach dem neuen Gesetz weiterhin. Der Gesetzgeber wollte damit verhindern, dass Personen aufgrund des Wissens, dass die Entscheidungen des Bundesgerichts unter Angabe ihres Namens veröffentlicht werden, davon abgehalten werden, sich überhaupt an das Bundesgericht zu wenden (Amtl. Bull. S 2003 894).

7 Nach Art. 30 Abs. 3 BV und im Geltungsbereich von Art. 6 Ziff. 1 EMRK auch durch diese Bestimmung wird nun allerdings eine **öffentliche Urteilsverkündung** verlangt, was gemäss BGE 124 IV 234, 240 E. 3e auch Anspruch auf Kenntnisnahme eines vollständigen, nicht anonymisierten Urteils gibt. Um den Konflikt zwischen Persönlichkeitsschutz und Öffentlichkeit zu lösen, entwickelte das Bundesgericht ab 2003 folgende Praxis: Das Dispositiv des Urteils wird samt Rubrum in nicht anonymisierter Form während 30 Tagen im Gericht aufgelegt und steht zur Einsicht offen. In der amtlichen Publikation sowie im Internet wird der Text in der Regel **anonymisiert** publiziert.

8 Das Gesetz lässt aber **Ausnahmen** von der Anonymisierung zu. Dies gilt insbesondere dann, wenn eine öffentliche Verhandlung (Art. 59 BGG) stattfindet, weil dabei ohnehin die Namen der Parteien bekannt sind (Amtl. Bull. S 2003 894). Auch sonst kann in bestimmten Fällen auf die Anonymisierung verzichtet werden.

3. Reglement (Abs. 3)

9 Die aufgrund von Abs. 1 und 2 offenen Punkte können vom Bundesgericht geregelt werden. Die Zuständigkeit zum Erlass des Reglements liegt beim **Gesamtgericht** (Art. 15 Abs. 1 lit. a BGG).

4. Akkreditierung (Abs. 4)

10 Die bisher nur auf Reglementsstufe geregelte **Akkreditierung** wird neu gesetzlich geregelt. Die Akkreditierung bezweckt, eine fachlich korrekte Berichterstattung über Gerichtsentscheide zu gewährleisten.

Soweit die Entscheide des Bundesgerichts ohnehin der Öffentlichkeit zugänglich sind (Abs. 1), kann jedermann sie zur Kenntnis nehmen und darüber berichten (Art. 16 und 17 BV; Art. 10 EMRK). Das Erfordernis der Akkreditierung kann nicht diese Freiheit einschränken. Den akkreditierten Journalisten werden jedoch bestimmte zusätzliche Dienstleistungen angeboten (Zustellung von Unterlagen, Zugang zu den Räumlichkeiten des Gerichts). Sie müssen dafür die **Richtlinien** beachten, insbesondere in Bezug auf die Einhaltung allfälliger Sperrfristen und Persönlichkeitsschutz bei der Berichterstattung (s. im Einzelnen die Richtlinien betreffend die Gerichtsberichterstattung am Bundesgericht).

Art. 28

Öffentlichkeitsprinzip

¹ Das Öffentlichkeitsgesetz vom 17. Dezember 2004 gilt sinngemäss für das Bundesgericht, soweit dieses administrative Aufgaben oder Aufgaben im Zusammenhang mit der Aufsicht über das Bundesverwaltungsgericht und das Bundesstrafgericht erfüllt.

² Das Bundesgericht bezeichnet ein Beschwerdeorgan, das über Beschwerden gegen seine Verfügungen betreffend den Zugang zu amtlichen Dokumenten entscheidet. Es kann vorsehen, dass kein Schlichtungsverfahren durchgeführt wird; in diesem Fall erlässt es die Stellungnahme zu einem Gesuch um Zugang zu amtlichen Dokumenten in Form einer beschwerdefähigen Verfügung.

Principe de la transparence

¹ La loi du 17 décembre 2004 sur la transparence s'applique par analogie au Tribunal fédéral, dans la mesure où il exécute des tâches concernant son administration ou la surveillance sur le Tribunal administratif fédéral et sur le Tribunal pénal fédéral.

² Le Tribunal fédéral institue une autorité de recours qui statue sur les recours contre ses décisions concernant l'accès aux documents officiels. Il peut exclure la procédure de médiation; dans ce cas, il rend sa prise de position sur la demande d'accès sous la forme d'une décision directement sujette à recours.

Principio di trasparenza

¹ La legge del 17 dicembre 2004 sulla trasparenza si applica per analogia al Tribunale federale laddove esso svolga compiti amministrativi o mansioni connesse alla vigilanza sul Tribunale amministrativo federale o sul Tribunale penale federale.

² Il Tribunale federale designa un organo di ricorso che pronuncia sui ricorsi contro le sue decisioni concernenti l'accesso a documenti ufficiali. Può prevedere che non venga svolta una procedura di conciliazione; in tal caso, sulla domanda di accedere ai documenti ufficiali si pronuncia con decisione ricorribile.

Inhaltsübersicht

	Note	Seite
I. Bisheriges Recht und Entstehungsgeschichte	1	102
II. Kommentar	2	103
1. Öffentlichkeitsprinzip (Abs. 1)	2	103
2. Verfahren (Abs. 2)	5	103

I. Bisheriges Recht und Entstehungsgeschichte

1   Altes Recht: Art. 17a OG (in der Fassung gemäss BGÖ, in Kraft ab 1. Juli 2006). Entwurf der Expertenkommission: ---

Entwurf des Bundesrates: ---

Ständerat: ---

Erst nach der Erstberatung im Ständerat behandelte die Bundesversammlung das Bundesgesetz über das Öffentlichkeitsprinzip der Verwaltung (BGÖ), welches zum Ziel hat, zwecks Förderung der Transparenz den Zugang zu amtlichen Dokumenten zu gewährleisten (Art. 1 BGÖ). Mit diesem Gesetz wurde ein neuer Art. 17a ins OG eingefügt. Der Nationalrat nahm eine entsprechende Bestimmung auch ins BGG auf (Amtl. Bull. N vom 5.10.2004 S. 1588 f.).

Der Ständerat stimmte zu (Amtl. Bull. S vom 8.3.2005 S. 122).

II. Kommentar

1. Öffentlichkeitsprinzip (Abs. 1)

Das BGÖ, am 1. Juli 2006 in Kraft getreten, gilt für das Bundesgericht nur in Bezug auf personalrechtliche Verfügungen direkt (Art. 2 Abs. 1 lit. b BGÖ i.V.m. Art. 1 Abs. 2 lit. b VwVG). Es wird aber durch Art. 28 Abs. 1 BGG «sinngemäss» auch für die **Verwaltungs- und Aufsichtsaufgaben** des Bundesgerichts anwendbar. Es gilt gemäss dem sinngemäss ebenfalls anwendbaren Art. 3 Abs. 1 lit. a BGÖ nicht für Verfahren der Rechtsprechung, bezüglich welcher die Information der Öffentlichkeit nach Art. 27 BGG erfolgt. Die Öffentlichkeit gemäss Art. 28 BGG gilt nur für die Dokumente, welche die Verwaltung des Gerichts betreffen (BBl 2003 1985). 2

Das **Grundprinzip** des BGÖ besteht darin, dass jede Person das Recht hat, amtliche Dokumente (zum Begriff: Art. 5 BGÖ) einzusehen und von den Behörden Auskünfte über den Inhalt amtlicher Dokumente zu erhalten (Art. 6 BGÖ), mit bestimmten Ausnahmen (Art. 7–9 BGÖ). 3

Die bloss **«sinngemässe» Geltung** erlaubt dem Bundesgericht vor allem, von den Verfahrensbestimmungen des BGÖ abzuweichen (Abs. 2). 4

2. Verfahren (Abs. 2)

Das BGÖ sieht ein besonderes **Verfahren** für den Zugang zu amtlichen Dokumenten vor (Art. 10–17 BGÖ), nämlich ein Gesuch an die Behörde, eine Stellungnahme der Behörde, allenfalls nach Anhörung der Person(en), deren Daten in den betreffenden Dokumenten enthalten sind, gegebenenfalls ein Schlichtungsverfahren vor dem Datenschutz- und Öffentlichkeitsbeauftragten, eine Empfehlung des Datenschutz- und Öffentlichkeitsbeauftragten, wenn keine Schlichtung zustandekommt, eine Verfügung der Behörde, anschliessend Be- 5 schwerde an das Bundesverwaltungsgericht (Art. 33 lit. f VGG; vgl. Art. 16 BGÖ in der Fassung des VGG) und schliesslich ans Bundesgericht (Art. 82 ff. BGG).

6 Da es nicht angemessen wäre, wenn entsprechend diesem in der Bundesverwaltung geltenden Verfahrensweg dem Bundesgericht untergeordnete Instanzen (Datenschutz- und Öffentlichkeitsbeauftragter, Bundesverwaltungsgericht), deren Entscheide letztlich wiederum beim Bundesgericht anfechtbar sind, über Entscheide bundesgerichtlicher Organe befinden könnten (BBl 2003 1985), kann das **Bundesgericht** das Verfahren selber regeln.

7 Der Erlass des entsprechenden Reglements obliegt dem **Gesamtgericht** (Art. 15 Abs. 1 lit. a BGG).

2. Kapitel: Allgemeine Verfahrensvorschriften

1. Abschnitt: Zuständigkeit

Art. 29

Prüfung	¹ **Das Bundesgericht prüft seine Zuständigkeit von Amtes wegen.** ² **Bestehen Zweifel, ob das Bundesgericht oder eine andere Behörde zuständig ist, so führt das Gericht mit dieser Behörde einen Meinungsaustausch.**
Examen	¹ Le Tribunal fédéral examine d'office sa compétence. ² En cas de doute quant à sa propre compétence, il procède à un échange de vues avec l'autorité dont la compétence lui paraît entrer en ligne de compte.
Esame	¹ Il Tribunale federale esamina d'ufficio la sua competenza. ² In caso di dubbio, procede a uno scambio di opinioni con l'autorità che presume competente.

Inhaltsübersicht Note Seite

		Note	Seite
I.	Bisheriges Recht und Entstehungsgeschichte..................................	1	105
II.	Kommentar...	2	106
	1. Allgemeines...	2	106
	2. Meinungsaustausch...	4	106

I. Bisheriges Recht und Entstehungsgeschichte

Altes Recht: Art. 96 OG.   1

Entwurf der Expertenkommission: Art. 27.

Entwurf des Bundesrates: Art. 26 (BBl 2001 4289).

Ständerat unverändert angenommen (Amtl. Bull. S vom 23.9.2003 S. 894).

Nationalrat unverändert angenommen (Amtl. Bull. N vom 5.10.2004 S. 1589).

II. Kommentar

1. Allgemeines

2 Das Bundesgericht prüft wie jedes andere Gericht vorab seine Zuständigkeit. Fehlt es an der Zuständigkeit, so ist eine Prozessvoraussetzung nicht erfüllt und das Bundesgericht fällt einen **Nichteintretensentscheid** (s. Art. 30 Abs. 1 BGG). Die Prüfung der Zuständigkeit erfolgt von Amtes wegen, also unabhängig von den Anträgen der Parteien. Einlassung ist nach BGG nicht vorgesehen.

3 Sind die Prozessvoraussetzungen erfüllt, ergeht darüber in der Regel kein besonderer (förmlicher) Vorentscheid, sondern das Verfahren nimmt seinen Fortgang.

2. Meinungsaustausch

4 Bestehen Zweifel an der Zuständigkeit des Bundesgerichts und kommt die Zuständigkeit einer anderen Behörde in Betracht, so hat das Bundesgericht einen Meinungsaustausch mit dieser Behörde zu führen (Abs. 2). Diese Vorschrift geht über das bisherige Recht (vgl. Art. 96 Abs. 2 und Art. 113 OG) hinaus, indem insbesondere auch ein Meinungsaustausch mit einer kantonalen Behörde in Frage kommt (Botschaft, BBl 2001 4289). Dies kann angezeigt sein, wenn unklar ist, ob der kantonale Instanzenzug erschöpft ist oder nicht. Wenn bspw. das Bundesgericht im Verfahren der abstrakten Normenkontrolle (Art. 82 lit. b BGG) mittels Beschwerde angegangen wird, kann sich die Frage stellen, ob der Erlass der Verfassungsgerichtsbarkeit des kantonalen Verwaltungsgerichts unterliegt und der Beschwerdeführer daher zunächst ein kantonales Rechtsmittel ergreifen muss. Ergibt der Meinungsaustausch die Zuständigkeit einer anderen Behörde, so sind die Akten an diese zu überweisen (s. Art. 30 Abs. 2 BGG).

5 In der Praxis von geringer Bedeutung – obwohl grundsätzlich zulässig – dürfte ein Meinungsaustausch mit einer ausländischen Behörde sein.

6 Ist die Zuständigkeit einer anderen Behörde wahrscheinlich, so kann das Bundesgericht von einem Meinungsaustausch absehen und die Akten direkt der betreffenden Behörde zustellen (s. Art. 30 Abs. 2 BGG).

7 Der Meinungsaustausch bzw. dessen Ergebnis sollte in den Akten verbalisiert werden. Die Parteien müssen im Rahmen des Meinungsaustauschverfahrens nicht angehört werden.

Art. 30

Unzuständigkeit

¹ Erachtet sich das Bundesgericht als nicht zuständig, so tritt es auf die Sache nicht ein.

² Hat sich in einem Meinungsaustausch die Zuständigkeit einer anderen Behörde ergeben oder erscheint die Zuständigkeit einer anderen Bundesbehörde als wahrscheinlich, so überweist das Bundesgericht die Sache der betreffenden Behörde.

Incompétence

¹ Si le Tribunal fédéral est d'avis qu'il est incompétent, il rend une décision d'irrecevabilité.

² Si la compétence d'une autre autorité a été déterminée à l'issue d'un échange de vues ou si la compétence d'une autre autorité fédérale apparaît vraisemblable, le Tribunal fédéral transmet l'affaire à cette autorité.

Incompetenza

¹ Se si ritiene incompetente, il Tribunale federale pronuncia la non entrata nel merito.

² Se da uno scambio di opinioni risulta che è competente un'altra autorità o se la competenza di un'altra autorità federale appare verosimile, il Tribunale federale trasmette la causa a tale autorità.

Inhaltsübersicht   Note   Seite
I. Bisheriges Recht und Entstehungsgeschichte 1   107
II. Kommentar 2   108
    1. Nichteintretensentscheid 2   108
    2. Weiterleitung 3   108

I. Bisheriges Recht und Entstehungsgeschichte

Altes Recht: Keine explizite Regelung. 1

Entwurf der Expertenkommission: Art. 29.

Entwurf des Bundesrates: Art. 27 (BBl 2001 4290).

Ständerat unverändert angenommen (Amtl. Bull. S vom 23.9.2003 S. 894).

Nationalrat unverändert angenommen (Amtl. Bull. N vom 5.10.2004 S. 1589).

II. Kommentar

1. Nichteintretensentscheid

2   Ergibt die Prüfung (Art. 29 BGG), dass das Bundesgericht nicht zuständig ist, so fällt es einen Nichteintretensentscheid. Ein solcher ergeht auch dann, wenn im Rahmen des Meinungsaustausches (Art. 29 Abs. 2 BGG) die Zuständigkeit einer anderen Behörde festgestellt worden ist oder – ohne Durchführung eines Meinungsaustausches – die Zuständigkeit einer anderen Behörde als wahrscheinlich erscheint (s. Botschaft, BBl 2001 4290). Zur Aktenüberweisung in solchen Fällen s. N 3.

2. Weiterleitung

3   Hat sich im Rahmen des Meinungsaustausches (Art. 29 Abs. 2 BGG) die Zuständigkeit einer anderen Bundesbehörde oder einer Behörde eines Kantons ergeben, so ist das Bundesgericht verpflichtet, die Sache der betreffenden Behörde zu überweisen (Botschaft, BBl 2001 4290). Hat kein Meinungsaustausch stattgefunden und erscheint die Zuständigkeit einer anderen Behörde als wahrscheinlich, so ist nach der in der Botschaft vertretenen Auffassung die Weiterleitung nur zwingend, wenn die andere Behörde eine Bundesbehörde ist. Die Weiterleitungspflicht stimmt danach mit derjenigen gemäss Art. 8 Abs. 1 VwVG überein. Soweit es sich bei der wahrscheinlich zuständigen Behörde um eine kantonale oder um eine ausländische Behörde handelt, entscheidet das Bundesgericht nach Ermessen, ob eine Weiterleitung angezeigt ist (Botschaft, a.a.O.). Nach der bisherigen Praxis zu Art. 98a OG aber hat das Bundesgericht bei nicht ausgeschöpftem Instanzenzug innerhalb des Kantons die Sache an die zuständige kantonale Behörde im Allgemeinen weitergeleitet. Es ist davon auszugehen, dass dies auch unter der Herrschaft des BGG so gehandhabt wird.

4   Durch die Weiterleitung der Akten wird die Rechtshängigkeit der Streitsache nicht beendet. Die Rechtzeitigkeit der Eingabe bleibt im Falle der Weiterleitung damit gewahrt (vgl. dazu MERKLI/AESCHLIMANN/HERZOG, N 1 zur analogen kantonalen Bestimmung von Art. 4 VRPG BE).

Art. 31

Vorfragen	Ist das Bundesgericht in der Hauptsache zuständig, so befindet es auch über die Vorfragen.
Questions préjudicielles	Si le Tribunal fédéral est compétent sur le fond, il statue également sur les questions préjudicielles.
Questioni pregiudiziali	Se è competente nel merito, il Tribunale federale giudica anche sulle questioni pregiudiziali.

Inhaltsübersicht Note Seite

I. Bisheriges Recht und Entstehungsgeschichte 1 109
II. Kommentar 2 109
   1. Allgemeines 2 109
   2. Kein Entscheid über die Vorfrage vorliegend 4 110
   3. Über die Vorfrage wurde bereits befunden 6 110
   4. Keine Rechtskraftwirkung 9 111

I. Bisheriges Recht und Entstehungsgeschichte

Altes Recht: Art. 96 Abs. 3 OG.   1

Entwurf der Expertenkommission: Art. 28.

Entwurf des Bundesrates: Art. 28 (BBl 2001 4290).

Ständerat: Vorschlag des Bundesrates angenommen (Amtl. Bull. S vom 23.9.2003 S. 894).

Nationalrat: Zustimmung zum Beschluss des Ständerates (Amtl. Bull. N vom 5.10.2004 S. 1589).

II. Kommentar

1. Allgemeines

    Die gegebene Zuständigkeit in der Hauptsache bewirkt, dass das Bundesgericht auch über Vorfragen befinden kann. Dies gilt selbstredend einerseits für diejenigen Vorfragen, die ohnehin in den Zuständigkeitsbereich des Bundesgerichts fallen. Die Zuständigkeit zur Beurteilung einer Vorfrage ist aber auch dann gegeben, wenn die Vorfrage eine Rechtsfrage betrifft, die – wäre sie als Hauptsache zu beurteilen – der Zuständigkeit des Bundesgerichts entzogen wäre (vgl. dazu Art. 96 Abs. 3 OG; sog. **fremdrechtliche Vorfrage**). Dies ist bspw.   2 der Fall, wenn die Vorfrage einem Rechtsgebiet entstammt, das nach Art. 83 BGG von der Beschwerdemöglichkeit ausgenommen ist. Eine solche Zuständigkeitsordnung entspricht einem allgemeinen prozessualen Grundsatz und gilt nicht nur in Bezug auf das Bundesgericht (s. dazu GYGI, Bundesverwaltungsrechtspflege).

3 Zu unterscheiden ist, ob die an sich kompetente Behörde über die Vorfrage bereits entschieden hat oder nicht.

2. Kein Entscheid über die Vorfrage vorliegend

4 Liegt kein Entscheid über die fremdrechtliche Vorfrage vor, so ist das Bundesgericht frei, darüber zu befinden. Es soll sich dabei indessen an eine klare Praxis der an sich zuständigen Behörde halten (s. HÄFELIN/MÜLLER, Rz. 65).

5 Soweit die Möglichkeit des Zuwartens besteht (wenn also die an sich zuständige Behörde ohnehin die Vorfrage entscheiden muss), kommt auch ein solches Vorgehen in Betracht.

3. Über die Vorfrage wurde bereits befunden

6 Hat die kompetente Instanz über die Vorfrage bereits entschieden, so ist dieser Entscheid für das Bundesgericht grundsätzlich bindend (s. GYGI, Bundesverwaltungsrechtspflege, S. 97). Es ist aber die nachstehende Praxis zu beachten:

7 In Bezug auf die Frage, ob ein Strafrichter, der einen Fall von Ungehorsam gegen amtliche Verfügungen gemäss Art. 292 StGB zu beurteilen hat, die die Strafandrohung enthaltende Verfügung prüfen darf, gibt es eine differenzierte Rechtsprechung des Bundesgerichts (s. dazu BGE 121 IV 29, 31 E. 2a; BGE 98 IV 106 ff.). Danach gilt Folgendes:

8 Der Strafrichter kann die Rechtmässigkeit der Verfügung frei prüfen, wenn die Verfügung nicht an ein Verwaltungsgericht weitergezogen werden konnte. Die Kognition des Strafrichters ist auf offensichtliche Rechtsverletzung und Ermessensmissbrauch beschränkt, wenn eine Beschwerde an das Verwaltungsgericht zwar möglich war, von dieser Möglichkeit aber nicht Gebrauch gemacht wurde oder der Entscheid des Verwaltungsgerichts noch aussteht. Ist die Rechtmässigkeit der Verfügung von einem Verwaltungsgericht bejaht worden, so kann der Strafrichter sie nicht mehr überprüfen. Diese Rechtsprechung kann mutatis mutandis auch auf andere Vorfragekonstellationen übertragen werden.

4. Keine Rechtskraftwirkung

Der Entscheid über die Vorfrage erscheint im Urteil des Bundesgerichts lediglich in den Urteilserwägungen, hingegen nicht im Dispositiv. Er erwächst daher nicht in Rechtskraft (s. HÄFELIN/MÜLLER, Rz. 69). 9

2. Abschnitt: Prozessleitung

Art. 32

Instruktionsrichter oder Instruktionsrichterin	¹ Der Präsident oder die Präsidentin der Abteilung leitet als Instruktionsrichter beziehungsweise Instruktionsrichterin das Verfahren bis zum Entscheid; er oder sie kann einen anderen Richter oder eine andere Richterin mit dieser Aufgabe betrauen. ² Der Instruktionsrichter oder die Instruktionsrichterin entscheidet als Einzelrichter beziehungsweise Einzelrichterin über die Abschreibung von Verfahren zufolge Gegenstandslosigkeit, Rückzugs oder Vergleichs. ³ Die Verfügungen des Instruktionsrichters oder der Instruktionsrichterin sind nicht anfechtbar.
Juge instructeur	¹ Le président de la cour ou un juge désigné par lui dirige la procédure au titre de juge instructeur jusqu'au prononcé de l'arrêt. ² Le juge instructeur statue comme juge unique sur la radiation du rôle des procédures devenues sans objet ou achevées par un retrait ou une transaction judiciaire. ³ Les décisions du juge instructeur ne sont pas sujettes à recours.
Giudice dell'istruzione	¹ Il presidente della corte dirige il procedimento quale giudice dell'istruzione sino alla pronuncia della sentenza; può delegare questo compito a un altro giudice. ² Il giudice dell'istruzione decide quale giudice unico circa lo stralcio dal ruolo delle cause divenute prive di oggetto, ritirate o risolte tramite transazione. ³ Le decisioni del giudice dell'istruzione non sono impugnabili.

Inhaltsübersicht

	Note	Seite
I. Bisheriges Recht und Entstehungsgeschichte	1	112
II. Kommentar	2	113
1. Aufgaben des Instruktionsrichters..	2	113
2. Abschreibung von Verfahren (Abs. 2)	10	113
3. Keine Anfechtbarkeit (Abs. 3)	13	114

I. Bisheriges Recht und Entstehungsgeschichte

1 Altes Recht: Keine explizite Bestimmung.

Entwurf der Expertenkommission: Art. 30.

Entwurf des Bundesrates: Art. 29 (BBl 2001 4290 f.).

Ständerat: Vorschlag des Bundesrates angenommen (Amtl. Bull. S vom 23.9.2003 S. 894).

Vorschläge der Arbeitsgruppe «Bundesgerichtsgesetz» vom 16. März 2004, S. 9 (Klarstellung betreffend Abs. 2).

Vorschläge des EJPD vom 18. März 2004, S. 3.

Nationalrat: Neuer Vorschlag des Bundesrates (Abs. 2) angenommen, Rest Zustimmung zum Beschluss des Ständerates (Amtl. Bull. N vom 5.10.2004 S. 1589).

Ständerat: Zustimmung zum Beschluss des Nationalrates (Abs. 2) (Amtl. Bull. S vom 8.3.2005 S. 122).

II. Kommentar

1. Aufgaben des Instruktionsrichters

Art. 32 betrifft die **funktionelle Zuständigkeit**, indem gewisse Aufgaben im Rahmen eines beim Bundesgericht hängigen Verfahrens einem Instruktionsrichter (anstelle des Kollegialgerichts) zugewiesen werden. 2

Der Instruktionsrichter leitet das Verfahren bis zum Entscheid. Er bereitet den Prozess so vor, dass das Richterkollegium den Fall beurteilen kann. Dazu gehören insbesondere folgende Aufgaben: 3

– Anordnung des Schriftenwechsels (Art. 102 BGG) und der Bezahlung von Kostenvorschüssen (Art. 62 Abs. 3 BGG; soweit dies in Routinefällen nicht durch die Kanzlei erfolgt). 4
– Anordnung der Sicherstellung der Parteientschädigung (Art. 62 Abs. 3 BGG). 5
– Anordnung von Vorschüssen für Barauslagen (Art. 63 Abs. 2 BGG). 6
– Falls erforderlich, Anordnung von Beweismassnahmen (Art. 55 Abs. 2 BGG). 7
– Gewährung der unentgeltlichen Rechtspflege in klaren Fällen (Art. 64 Abs. 3 i.f. BGG). 8
– Entscheid über die Gewährung oder den Entzug der aufschiebenden Wirkung (Art. 103 Abs. 3 BGG). 9
– Entscheid über andere vorsorgliche Massnahmen (Art. 104 und 126 BGG).

2. Abschreibung von Verfahren (Abs. 2)

Zum Zwecke der Beschleunigung wird in den Fällen von Abs. 2 (Abschreibung infolge Gegenstandslosigkeit, Rückzugs oder Vergleichs) die Erledigung von Verfahren dem Instruktionsrichter als Einzelrichter zugewiesen. Der Instruk- 10 tionsrichter hat im Rahmen der Abschreibung auch über die Kostenliquidation zu befinden.

11 Abschreibung infolge **Gegenstandslosigkeit** liegt vor, wenn das Objekt wegfällt, um das sich der Rechtsstreit dreht, oder wenn der angefochtene Akt förmlich aufgehoben wird (s. MERKLI/AESCHLIMANN/HERZOG, N 2 zu Art. 39 VRPG BE; s. auch KÖLZ/HÄNER, Rz. 682). Dies kann z.b. dann der Fall sein, wenn ein angefochtener kantonaler Erlass (Art. 82 lit. b BGG) während des hängigen Beschwerdeverfahrens vor Bundesgericht von der kantonalen Behörde wiederum aufgehoben wird. Es fehlt diesfalls (nachträglich) an einem Anfechtungsobjekt, weshalb das Verfahren vor Bundesgericht nicht mehr weiterzuführen ist.

12 In Fällen eines nicht fristgerecht bezahlten **Kostenvorschusses** der beschwerdeführenden Partei ergeht – wie bereits nach früherer Praxis des Bundesgerichts – ein Nichteintretensentscheid. In der Botschaft (BBl 2001 4290) wird auch dieser Fall als Beispiel eines gegenstandslos gewordenen Prozesses i.S. von Abs. 2 aufgezählt, obgleich hier das Streitobjekt (s. N 5) nicht dahinfällt. Der Botschaftstext ist daher unpräzise: Das Leisten des Kostenvorschusses stellt richtigerweise eine besondere Prozessvoraussetzung dar (vgl. dazu MERKLI/AESCHLIMANN/ HERZOG, 24 zu Art. 105 VRPG BE). Gemäss ausdrücklicher Vorschrift von Art. 62 Abs. 3 BGG trifft das Gericht in solchen Fällen einen Nichteintretensentscheid, wobei der Instruktionsrichter zunächst eine Nachfrist anzusetzen hat.

3. Keine Anfechtbarkeit (Abs. 3)

13 Gegen Verfügungen des Instruktionsrichters stehen keine Rechtsmittel offen. Anders allerdings im Klageverfahren, wo die Vorschrift von Art. 80 Abs. 2 BZP zu beachten ist. Danach kann der Entscheid eines Instruktionsrichters über vorsorgliche Verfügungen an das Gericht weitergezogen werden. Diese Vorschrift geht im Klageverfahren Art. 32 BGG vor (s. Art. 120 Abs. 3 BGG i.V.m. Art. 1 Abs. 2 BZP).

Art. 33

Disziplin

¹ Wer im Verfahren vor dem Bundesgericht den Anstand verletzt oder den Geschäftsgang stört, wird mit einem Verweis oder einer Ordnungsbusse bis zu 1000 Franken bestraft.

² Im Falle böswilliger oder mutwilliger Prozessführung können die Partei und ihr Vertreter oder ihre Vertreterin mit einer Ordnungsbusse bis zu 2000 Franken und bei Wiederholung bis zu 5000 Franken bestraft werden.

³ Der oder die Vorsitzende einer Verhandlung kann Personen, die seine oder ihre Anweisungen nicht befolgen, aus dem Sitzungssaal wegweisen und mit einer Ordnungsbusse bis zu 1000 Franken bestrafen.

Discipline

¹ Quiconque, au cours de la procédure devant le Tribunal fédéral, enfreint les convenances ou perturbe le déroulement de la procédure est passible d'une réprimande ou d'une amende d'ordre de 1000 francs au plus.

² La partie ou son mandataire qui use de mauvaise foi ou de procédés téméraires est passible d'une amende d'ordre de 2000 francs au plus, voire de 5000 francs au plus en cas de récidive.

³ Le juge qui préside une audience peut faire expulser de la salle les personnes qui ne se conforment pas à ses ordres et leur infliger une amende d'ordre de 1000 francs au plus.

Disciplina

¹ Chiunque, durante il procedimento dinanzi al Tribunale federale, offende le convenienze o turba l'andamento della causa, è punito con l'ammonimento o con la multa disciplinare fino a 1000 franchi.

² In caso di malafede o temerarietà processuale, la parte e il suo patrocinatore possono essere puniti con la multa disciplinare fino a 2000 franchi e, in caso di recidiva, fino a 5000 franchi.

³ Il giudice che presiede un'udienza può far espellere dalla sala le persone che non ottemperano ai suoi ordini e punirle con la multa disciplinare fino a 1000 franchi.

Inhaltsübersicht	Note	Seite
I. Bisheriges Recht und Entstehungsgeschichte	1	116
II. Kommentar	2	116

I. Bisheriges Recht und Entstehungsgeschichte

1 Altes Recht: Art. 31 OG.
Entwurf der Expertenkommission: Art. 31.
Entwurf des Bundesrates: Art. 30 (BBl 2001 429).
Ständerat unverändert angenommen (Amtl. Bull. S vom 23.9.2003 S. 894).
Nationalrat unverändert angenommen (Amtl. Bull. N vom 5.10.2004 S. 1589).

II. Kommentar

2 Die Bestimmung entspricht weitgehend Art. 31 OG. Die Bussenhöchstbeträge wurden an die heutigen Verhältnisse angepasst.

3 Neu eingeführt ist die explizite Möglichkeit der **Wegweisung aus dem Sitzungssaal**, falls die Anordnungen des Vorsitzenden nicht beachtet werden. Diese Sanktionsmöglichkeit besteht nicht nur gegenüber den Parteien und deren Vertretern, sondern bspw. auch gegenüber Zuhörern (bei öffentlichen Beratungen).

3. Abschnitt: Ausstand von Gerichtspersonen

Art. 34

Ausstandsgründe

¹ Richter, Richterinnen, Gerichtsschreiber und Gerichtsschreiberinnen (Gerichtspersonen) treten in Ausstand, wenn sie:
a. in der Sache ein persönliches Interesse haben;
b. in einer anderen Stellung, insbesondere als Mitglied einer Behörde, als Rechtsberater oder Rechtsberaterin einer Partei, als sachverständige Person oder als Zeuge beziehungsweise Zeugin, in der gleichen Sache tätig waren;
c. mit einer Partei, ihrem Vertreter beziehungsweise ihrer Vertreterin oder einer Person, die in der gleichen Sache als Mitglied der Vorinstanz tätig war, verheiratet sind oder in eingetragener Partnerschaft oder dauernder Lebensgemeinschaft leben;
d. mit einer Partei, ihrem Vertreter beziehungsweise ihrer Vertreterin oder einer Person, die in der gleichen Sache als Mitglied der Vorinstanz tätig war, in gerader Linie oder in der Seitenlinie bis und mit dem dritten Grad verwandt oder verschwägert sind;
e. aus anderen Gründen, insbesondere wegen besonderer Freundschaft oder persönlicher Feindschaft mit einer Partei oder ihrem Vertreter beziehungsweise ihrer Vertreterin, befangen sein könnten.

² Die Mitwirkung in einem früheren Verfahren des Bundesgerichts bildet für sich allein keinen Ausstandsgrund.

Motifs de récusation

¹ Les juges et les greffiers se récusent:
a. s'ils ont un intérêt personnel dans la cause;
b. s'ils ont agi dans la même cause à un autre titre, notamment comme membre d'une autorité, comme conseil d'une partie, comme expert ou comme témoin;
c. s'ils sont liés par les liens du mariage ou du partenariat enregistré ou font durablement ménage commun avec une partie, son mandataire ou une personne qui a agi dans la même cause comme membre de l'autorité précédente;
d. s'ils sont parents ou alliés en ligne directe ou, jusqu'au troisième degré inclus, en ligne collatérale avec une partie, son mandataire ou une personne qui a agi dans la même cause comme membre de l'autorité précédente;
e. s'ils pouvaient être prévenus de toute autre manière, notamment en raison d'une amitié étroite ou d'une inimitié personnelle avec une partie ou son mandataire.

² La participation à une procédure antérieure devant le Tribunal fédéral ne constitue pas à elle seule un motif de récusation.

Motivi di ricusazione ¹ I giudici e i cancellieri si ricusano se:
a. hanno un interesse personale nella causa;
b. hanno partecipato alla medesima causa in altra veste, segnatamente come membri di un'autorità, consulenti giuridici di una parte, periti o testimoni;
c. sono coniugi o partner registrati di una parte, del suo patrocinatore o di una persona che ha partecipato alla medesima causa come membro dell'autorità inferiore ovvero convivono stabilmente con loro;
d. sono parenti o affini in linea retta, o in linea collaterale fino al terzo grado, con una parte, il suo patrocinatore o una persona che ha partecipato alla medesima causa come membro dell'autorità inferiore;
e. per altri motivi, segnatamente a causa di rapporti di stretta amicizia o di personale inimicizia con una parte o il suo patrocinatore, potrebbero avere una prevenzione nella causa.

² La partecipazione a un procedimento anteriore del Tribunale federale non è in sé un motivo di ricusazione.

Inhaltsübersicht Note Seite

I. Bisheriges Recht und Entstehungsgeschichte 1   118
II. Kommentar 2   119
   1. Allgemeines 2   119
   2. Anschein der Befangenheit 5   119
   3. Mitwirkung in einem früheren Verfahren 7   120

I. Bisheriges Recht und Entstehungsgeschichte

1   Altes Recht: Art. 22 OG.

Entwurf der Expertenkommission: Art. 32.

Entwurf des Bundesrates: Art. 31 (BBl 2001 4291).

Ständerat: Vorschlag des Bundesrates angenommen (Amtl. Bull. S vom 23.9.2003 S. 894).

Nationalrat: Abs. 1 lit. c und d angepasst, Rest gemäss Beschluss des Ständerates angenommen (Amtl. Bull. N vom 5.10.2004 S. 1589).

Ständerat: Zustimmung zum Beschluss des Nationalrates (Amtl. Bull. S vom 8.3.2005 S. 122).

II. Kommentar

1. Allgemeines

Art. 34 BGG führt die Bestimmung von Art. 30 BV aus, die den Anspruch auf ein durch Gesetz geschaffenes, zuständiges, unabhängiges und unparteiisches Gericht verankert. Dieser Anspruch gewährleistet unter anderem die Unbefangenheit des Gerichts (s. dazu HOTZ, St. Galler Kommentar zur BV, N 13 zu Art. 29 BV).

Art. 34 BGG geht über das bisherige Recht hinaus (vgl. Art. 22 f. OG). Neu haben Richter und Gerichtsschreiber auch dann in den Ausstand zu treten, wenn sie mit einer Person, die in der gleichen Sache bei der Vorinstanz tätig war, verheiratet sind (Abs. 1 lit. c). Es spielt dabei keine Rolle, ob es sich bei der Vorinstanz um eine Bundes- oder um eine kantonale Behörde handelt. Ferner wurden die Ausstandsgründe infolge Verwandtschaft dahingehend erweitert, dass auch eine eingetragene Partnerschaft bzw. eine dauernde Lebensgemeinschaft einer Gerichtsperson mit einer Person i.S. von Abs. 1 lit. c einen gesetzlichen Ausstandsgrund schafft.

Die im bisherigen Recht vorgesehene Unterscheidung zwischen zwingenden Ausschliessungsgründen (Art. 22 OG) und Ablehnungsgründen, auf deren Geltendmachung eine Partei verzichten kann (Art. 23 OG), wurde aufgehoben. Neu sind sämtliche Ausstandsgründe zwingend und **von Amtes wegen** zu berücksichtigen.

2. Anschein der Befangenheit

Lit. e (Gefahr der Befangenheit) dient im Verhältnis zu den lit. a–d als Auffangtatbestand. Die Gefahr der Befangenheit nach lit. e ist nach der bisherigen bundesgerichtlichen Rechtsprechung gegeben, wenn Umstände vorliegen, die geeignet sind, Misstrauen in die Unparteilichkeit eines Richters zu erwecken (s. BGE 114 Ia 50, 54 E 3b, m.w.H.). Die Gründe hierfür können in der Person des Richters liegen wie bspw. ein eigenes Interesse am Prozessausgang, enge Beziehungen zu einer Partei, persönliches Verhalten oder in äusserem Druck, dem die Person des Richters ausgesetzt ist (s. HOTZ, St. Galler Kommentar zur BV, N 13 zu Art. 30 BV).

Es genügt, wenn der Anschein solcher Befangenheit vorliegt. Der Nachweis der Befangenheit ist nicht erforderlich. Es ist zur Bejahung der Ausstandspflicht ausreichend, wenn das Misstrauen in die Unvoreingenommenheit in objektiver Weise begründet erscheint, auf das rein subjektive Empfinden einer Partei kommt es hingegen nicht an (BGE 120 V 365; 118 Ia 285 f.).

3. Mitwirkung in einem früheren Verfahren

7   Die Mitwirkung einer Gerichtsperson in einem früheren Verfahren des Bundesgerichts in der gleichen Sache bildet gemäss Abs. 2 für sich allein keinen Ausstandsgrund. Ein solcher liegt nur vor, wenn (zusätzlich) ein Tatbestand i.S. von Abs. 1 lit. a–e gegeben ist.

8   Ein Richter, der in einem bundesgerichtlichen Verfahren mitgewirkt hat, mit dem ein Urteil einer Vorinstanz aufgehoben und zu neuem Entscheid an diese zurückgewiesen worden ist, darf also erneut urteilen, wenn die Sache wiederum an das Bundesgericht weitergezogen wird. In gleicher Weise ist es zulässig, dass ein Bundesrichter ein Revisionsgesuch beurteilt (Art. 121 ff. BGG), der bereits bei dem mit der Revision angefochtenen Entscheid mitgewirkt hat.

9   Die vormalige Befassung mit der Sache kann jedoch dann eine erneute Mitwirkung als problematisch erscheinen lassen, wenn sich eine Gerichtsperson bereits zum späteren Ausgang des Verfahrens zu äussern hatte, so namentlich wenn das Bundesgericht einer Partei das Recht zur unentgeltlichen Prozessführung nicht gewährt hat, weil die Sache als aussichtslos erachtet wurde (Art. 64 Abs. 1 i.f. BGG), oder wenn einer Beschwerde die Zuerkennung der aufschiebenden Wirkung verweigert wurde mit der Begründung, dass der Beschwerde kaum Erfolgschancen zukämen (Art. 103 Abs. 3 BGG). Nach der bisherigen bundesgerichtlichen Rechtsprechung, die unter dem neuen Recht weiterhin Geltung haben dürfte, wird eine Ausstandspflicht in solchen Fällen indessen verneint (s. BGE 131 I 113, 119 E. 3b.; 114 Ia 50, 57 f.; s. auch Art. 64 BGG N 45).

Art. 35

Mitteilungspflicht	**Trifft bei einer Gerichtsperson ein Ausstandsgrund zu, so hat sie dies rechtzeitig dem Abteilungspräsidenten oder der Abteilungspräsidentin mitzuteilen.**
Obligation d'informer	Le juge ou le greffier qui se trouve dans un cas de récusation est tenu d'en informer en temps utile le président de la cour.
Obbligo di comunicare	Il giudice o cancelliere che si trovi in un caso di ricusazione deve comunicarlo tempestivamente al presidente della corte.

Inhaltsübersicht	Note	Seite
I. Bisheriges Recht und Entstehungsgeschichte	1	121
II. Mitteilungspflicht	2	121

I. Bisheriges Recht und Entstehungsgeschichte

Altes Recht: Art. 24 OG. 1

Entwurf der Expertenkommission: Art. 33.

Entwurf des Bundesrates: Art. 32 (BBl 2001 4291).

Ständerat: Vorschlag des Bundesrates angenommen (Amtl. Bull. S vom 23.9.2003 S. 894).

Nationalrat: Zustimmung zum Beschluss des Ständerates (Amtl. Bull. N vom 5.10.2004 S. 1589.)

II. Mitteilungspflicht

In Übereinstimmung mit dem bisherigen Recht (Art. 24 OG) muss eine Gerichtsperson, die von einem Ausstandsgrund betroffen ist, diesen Umstand unaufgefordert mitteilen. 2

Art. 36

Ausstandsbegehren	¹ Will eine Partei den Ausstand einer Gerichtsperson verlangen, so hat sie dem Gericht ein schriftliches Begehren einzureichen, sobald sie vom Ausstandsgrund Kenntnis erhalten hat. Die den Ausstand begründenden Tatsachen sind glaubhaft zu machen. ² Die betroffene Gerichtsperson hat sich über die vorgebrachten Ausstandsgründe zu äussern.
Demande de récusation	¹ La partie qui sollicite la récusation d'un juge ou d'un greffier doit présenter une demande écrite au Tribunal fédéral dès qu'elle a connaissance du motif de récusation. Elle doit rendre vraisemblables les faits qui motivent sa demande. ² Le juge ou le greffier visé prend position sur le motif de récusation invoqué.
Domanda di ricusazione	¹ La parte che intende chiedere la ricusazione di un giudice o cancelliere deve presentare una domanda scritta al Tribunale federale non appena viene a conoscenza del motivo di ricusazione. Deve rendere verosimili i fatti su cui si fonda la domanda. ² Il giudice o cancelliere interessato si esprime sul motivo di ricusazione invocato dalla parte.

Inhaltsübersicht	Note	Seite
I. Bisheriges Recht und Entstehungsgeschichte	1	122
II. Kommentar	2	123
1. Rechtzeitigkeit des Ausstandsbegehrens	2	123
2. Ablehnung aller betroffener Gerichtspersonen	4	123
3. Pauschale Ablehnungsgesuche	5	123
4. Beweis	6	123

I. Bisheriges Recht und Entstehungsgeschichte

1 Altes Recht: Art. 25 OG.

Entwurf der Expertenkommission: Art. 34.

Entwurf des Bundesrates: Art. 33 (BBl 2001 4291 f.).

Ständerat unverändert angenommen (Amtl. Bull. S vom 23.9.2003 S. 894).

Nationalrat unverändert angenommen (Amtl. Bull. N vom 5.10.2004 S. 1589).

II. Kommentar

1. Rechtzeitigkeit des Ausstandsbegehrens

Wie nach bisherigem Recht (Art. 25 OG) sind Ausstandsbegehren sofort nach Entstehen oder Bekanntwerden des Ausstandsgrundes zu stellen. Der Grundsatz von Treu und Glauben, der auch im Verfahrensrecht zu beachten ist, verlangt rechtzeitiges Handeln (vgl. dazu BGE 121 I 225, 229 f.).

Das bisherige Recht hat bei verspätetem Ausstandsbegehren indessen einzig Kostenfolgen vorgesehen (Art. 25 Abs. 3 OG; s. dazu die Kritik bei POUDRET, N 3 zu Art. 25 OG). Da eine entsprechende Regelung im BGG fehlt, ist davon auszugehen, dass neu durch Zuwarten das Recht verwirken kann, den Ausstand zu verlangen. Vorbehalten bleiben Fälle, in denen die Berücksichtigung des Ausstandsgrundes auch in solchen Fällen von Amtes wegen geboten erscheint.

2. Ablehnung aller betroffener Gerichtspersonen

Die Partei muss sämtliche Mitglieder der zuständigen Abteilung, die von einem Ausstandsgrund betroffen sind, ablehnen, auch wenn die Zusammensetzung des Spruchkörpers noch nicht bekannt gegeben worden ist (s. dazu Art. 22 BGG N 4).

3. Pauschale Ablehnungsgesuche

Unzulässig sind pauschale Ablehnungsgesuche gegen alle Mitglieder einer Abteilung (s. dazu Art. 37 BGG N 3).

4. Beweis

Sämtliche den Ausstand begründenden Tatsachen sind **glaubhaft zu machen**. Es genügt also, wenn eine überwiegende Wahrscheinlichkeit dargetan werden kann, dass der Ausstandsgrund besteht. Das nach bisherigem Recht geltende Erfordernis, dass die den Ausstand begründenden Tatsachen urkundlich zu bescheinigen sind (Art. 25 Abs. 2 OG), wurde fallen gelassen.

Der Ausstandsgrund der Befangenheit (Art. 34 Abs. 1 lit. e BGG) ist bereits dann gegeben, wenn Umstände vorliegen, die den **Anschein der Befangenheit** zu begründen vermögen (s. dazu Art. 34 BGG N 6).

Art. 37

Entscheid

¹ Bestreitet die Gerichtsperson, deren Ausstand verlangt wird, oder ein Richter beziehungsweise eine Richterin der Abteilung den Ausstandsgrund, so entscheidet die Abteilung unter Ausschluss der betroffenen Gerichtsperson über den Ausstand.

² Über die Ausstandsfrage kann ohne Anhörung der Gegenpartei entschieden werden.

³ Sollte der Ausstand von so vielen Richtern und Richterinnen verlangt werden, dass keine gültige Verhandlung stattfinden kann, so bezeichnet der Präsident beziehungsweise die Präsidentin des Bundesgerichts durch das Los aus der Zahl der Obergerichtspräsidenten und -präsidentinnen der in der Sache nicht beteiligten Kantone so viele ausserordentliche nebenamtliche Richter und Richterinnen, als erforderlich sind, um die Ausstandsfrage und nötigenfalls die Hauptsache selbst beurteilen zu können.

Décision

¹ Si le motif de récusation est contesté par le juge ou le greffier visé, ou par un autre membre de la cour, celle-ci statue en l'absence du juge ou du greffier visé.

² La décision peut être prise sans que la partie adverse ait été entendue.

³ Si, en raison de récusations, les juges ne se trouvent plus en nombre suffisant pour statuer, le président du Tribunal fédéral tire au sort, parmi les présidents des tribunaux supérieurs des cantons non intéressés, le nombre nécessaire de juges suppléants extraordinaires pour que la cour puisse statuer sur la demande de récusation et, au besoin, sur l'affaire elle-même.

Decisione

¹ Se il motivo di ricusazione è contestato dal giudice o cancelliere interessato o da un altro membro della corte, quest'ultima decide in assenza dell'interessato.

² La decisione può essere presa senza che sia sentita la controparte.

³ Se il numero dei giudici di cui è domandata la ricusazione è tale da rendere impossibile una deliberazione valida, il presidente del Tribunale federale designa per sorteggio, tra i presidenti dei tribunali superiori dei Cantoni non interessati nella causa, tanti giudici straordinari non di carriera necessari per decidere sulla ricusazione e, all'occorrenza, giudicare la causa.

Inhaltsübersicht	Note	Seite
I. Bisheriges Recht und Entstehungsgeschichte	1	125
II. Kommentar	2	125
1. Entscheid über den Ausstand	2	125
2. Pauschale Ablehnungsgesuche	3	125

I. Bisheriges Recht und Entstehungsgeschichte

Altes Recht: Art. 26 OG.
Entwurf der Expertenkommission: Art. 35.
Entwurf des Bundesrates: Art. 34 (BBl 2001 4292).
Ständerat: Anpassung Abs. 3, Rest gemäss Vorschlag des Bundesrates angenommen (Amtl. Bull. S vom 23.9.2003 S. 894).
Nationalrat: Zustimmung zum Beschluss des Ständerates (Amtl. Bull. N vom 5.10.2004 S. 1589).

1

II. Kommentar

1. Entscheid über den Ausstand

Wird der Ausstandsgrund bestritten, so ist ein Entscheid nötig. Dieser ist von der betroffenen Abteilung zu fällen. Da die Person, deren Ausstand verlangt wird, bei der Beschlussfassung nicht teilnehmen darf, muss sie ersetzt werden. Falls notwendig (nämlich wenn das Ausstandsbegehren so viele Richter einer Abteilung betrifft, dass die Spruchbehörde nicht mehr gebildet werden kann), ist die betroffene Abteilung in Anwendung von Art. 18 Abs. 3 BGG durch Richter einer anderen Abteilung zu vervollständigen.

2

2. Pauschale Ablehnungsgesuche

Ein pauschal gegen alle Mitglieder einer Abteilung (oder sogar des gesamten Bundesgerichts) gerichtetes Ausstandsbegehren (mit dem also nicht im Einzelnen dargetan wird, in Bezug auf welche Gerichtsperson welcher Ausstandsgrund gegeben sein soll) ist unzulässig. Nach der bisherigen Praxis des Bundesgerichts wird ein solches Ablehnungsbegehren von der mit der Sache befassten Abteilung behandelt, ohne das Verfahren nach Art. 26 Abs. 3 OG einzuschlagen (s. dazu z.B. BGE 105 Ib 301, 304). Diese Praxis dürfte auch unter der Herrschaft von Art. 37 BGG beibehalten werden.

3

Art. 38

Verletzung
der Ausstands-
vorschriften

¹ Amtshandlungen, an denen eine zum Ausstand verpflichtete Person mitgewirkt hat, sind aufzuheben, sofern dies eine Partei innert fünf Tagen verlangt, nachdem sie vom Ausstandsgrund Kenntnis erhalten hat.

² Nicht wiederholbare Beweismassnahmen dürfen von der entscheidenden Instanz berücksichtigt werden.

³ Wird der Ausstandsgrund erst nach Abschluss des Verfahrens entdeckt, so gelten die Bestimmungen über die Revision.

Violation
des dispositions
sur la récusation

¹ Les opérations auxquelles a participé une personne tenue de se récuser sont annulées si une partie le demande au plus tard cinq jours après avoir eu connaissance du motif de récusation.

² Les mesures probatoires non renouvelables peuvent être prises en considération par l'autorité de décision.

³ Si un motif de récusation n'est découvert qu'après la clôture de la procédure, les dispositions sur la révision sont applicables.

Violazione
delle norme
sulla ricusazione

¹ Gli atti ai quali ha partecipato una persona tenuta a ricusarsi sono annullati se una parte lo domanda entro cinque giorni da quello in cui è venuta a conoscenza del motivo di ricusazione.

² Le misure probatorie non rinnovabili possono essere prese in considerazione dall'autorità cui compete la decisione.

³ Se il motivo di ricusazione è scoperto soltanto dopo la chiusura del procedimento, si applicano le disposizioni sulla revisione.

Inhaltsübersicht	Note	Seite
I. Bisheriges Recht und Entstehungsgeschichte	1	126
II. Kommentar	2	127

I. Bisheriges Recht und Entstehungsgeschichte

1   Altes Recht: Art. 28 OG.

Entwurf der Expertenkommission: Art. 36.

Entwurf des Bundesrates: Art. 35 (BBl 2001 4292).

Ständerat: Vorschlag des Bundesrates angenommen (Amtl. Bull. S vom 23.9.2003 S. 895).

Nationalrat: Zustimmung zum Beschluss des Ständerates (Amtl. Bull. N vom 5.10.2004 S. 1589).

II. Kommentar

Amtshandlungen, an denen eine zum Ausstand verpflichtete Person mitgewirkt hat, sind **nicht nichtig**. Der Ausstand gilt grundsätzlich nur für die Zukunft. Soll eine bereits erfolgte Amtshandlung aufgehoben werden, so ist dies von einer Partei innert einer Frist von fünf Tagen seit Entdecken des Ausstandsgrundes (nicht seit dem Entscheid über das Ausstandsbegehren) zu beantragen, ansonsten eine **Genehmigungsfiktion** eintritt. Das Begehren muss indessen nicht näher begründet werden. Es besteht mithin ein Rechtsanspruch auf die Aufhebung der Amtshandlung (s. aber betreffend unwiederholbare Beweismassnahmen N 3).

Sind **Beweismassnahmen** nicht wiederholbar (z.B. weil der befragte Zeuge zwischenzeitlich verstorben ist), so ermächtigt Abs. 2 die entscheidende Instanz, die bereits abgenommenen Beweise gleichwohl zu berücksichtigen, auch wenn zum Zeitpunkt der Beweisabnahme ein Ausstandsgrund gegeben war. Das Gericht hat den Entscheid, ob die Beweismassnahme berücksichtigt wird oder nicht, nach pflichtgemässem Ermessen zu fällen. Es soll sich dabei von der Auswirkungsmöglichkeit des betroffenen Ausstandsgrundes auf das Beweisergebnis und von der Bedeutung der getroffenen Beweismassnahme für die Beurteilung des Falles leiten lassen.

Abschluss des Verfahrens i.S. von Abs. 3 ist der Zeitpunkt des Eintritts der formellen Rechtskraft (Art. 61 BGG). Anschliessend ist nur noch Revision (Art. 121 ff. BGG) möglich. Der Umstand, dass die Vorschriften über die Besetzung des Gerichts oder über den Ausstand verletzt worden sind, stellt einen eigenen Revisionsgrund dar (s. Art. 121 lit. a BGG).

4. Abschnitt: *Parteien, Parteivertreter und -vertreterinnen, Rechtsschriften*

Art. 39

Zustellungsdomizil	¹ Die Parteien haben dem Bundesgericht ihren Wohnsitz oder Sitz anzugeben.

² Sie können überdies eine elektronische Zustelladresse mit ihrem öffentlichen kryptografischen Schlüssel angeben und ihr Einverständnis erklären, dass Zustellungen auf dem elektronischen Weg erfolgen.

³ Parteien, die im Ausland wohnen, haben in der Schweiz ein Zustellungsdomizil zu bezeichnen. Mitteilungen an Parteien, die dieser Auflage nicht Folge leisten, können unterbleiben oder in einem amtlichen Blatt eröffnet werden. |
| Domicile | ¹ Les parties sont tenues d'indiquer au Tribunal fédéral leur domicile ou leur siège.

² Elles peuvent en outre lui indiquer une adresse électronique ainsi que leur clé cryptographique publique et accepter que les notifications leur soient faites par voie électronique.

³ Les parties domiciliées à l'étranger doivent élire en Suisse un domicile de notification. A défaut, le Tribunal fédéral peut s'abstenir de leur adresser des notifications ou les publier dans une feuille officielle. |
| Recapito | ¹ Le parti devono comunicare al Tribunale federale il loro domicilio o la loro sede.

² Possono inoltre indicare un recapito elettronico e la loro chiave crittografica pubblica e consentire che le notificazioni siano fatte loro per via elettronica.

³ Le parti domiciliate all'estero devono designare un recapito in Svizzera. Se non ottemperano a tale incombenza, le notificazioni loro destinate possono essere omesse o avvenire mediante pubblicazione in un foglio ufficiale. |

Inhaltsübersicht	Note	Seite
I. Bisheriges Recht und Entstehungsgeschichte	1	129
II. Kommentar	2	129
1. Zustellungsdomizil	2	129
2. Zustellungen auf elektronischem Weg	5	130

I. Bisheriges Recht und Entstehungsgeschichte

Altes Recht: Art. 29 OG. 1
Entwurf der Expertenkommission: Art. 37.
Entwurf des Bundesrates: Art. 36 (BBl 2001 4292 f.).
Ständerat: Vorschlag des Bundesrates angenommen (Amtl. Bull. S vom 23.9.2003 S. 895).
Nationalrat: Zustimmung zum Beschluss des Ständerates (Amtl. Bull. N vom 5.10.2004 S. 1589).

II. Kommentar

1. Zustellungsdomizil

Die Parteien haben dem Bundesgericht anzugeben, wo Zustellungen an sie 2 erfolgen sollen. Bei nicht anwaltlich vertretenen, in der Schweiz domizilierten Parteien befindet sich das Zustellungsdomizil an deren Wohnsitz bzw. Sitz.

Falls die **Parteien im Ausland** ihren Wohnsitz oder Sitz haben, sind sie ver- 3 pflichtet, ein Zustellungsdomizil in der Schweiz zu bezeichnen, wobei sie dazu nicht zwingend einen Anwalt beauftragen müssen, sie können auch nur zum Zwecke der Zustellung eine Person als Vertreter bevollmächtigen, sonst aber den Prozess selbst führen (vgl. dazu POUDRET, N 6.1 zu Art. 29 OG).

Das Staatsvertragsrecht sieht mitunter vor, dass Behörden mit den Parteien unmit- 4 telbar miteinander verkehren können. Daraus ist abzuleiten, dass in solchen Fällen ein Zustellungsdomizil in der Schweiz i.S. von Abs. 3 entbehrlich ist (s. z.B. Anhang II Art. 1 des Abkommens zwischen der Schweizerischen Eidgenossenschaft einerseits und der Europäischen Gemeinschaft und ihren Mitgliedstaaten andererseits über die Freizügigkeit vom 21.6.1999 [SR 0.142.112.681] i.V.m. Art. 84 Abs. 3 der Verordnung [EWG] Nr. 1408/71 des Rates vom 14.6.1971 zur Anwendung der Systeme der sozialen Sicherheit auf Arbeitnehmer und Selbständige sowie deren Familienangehörige, die innerhalb der Gemeinschaft zu- und abwandern [SR 0.831.109.268.1]. S. zu weiteren staatsvertraglichen Vorschriften POUDRET, N 6.5 zu Art. 29 OG).

2. Zustellungen auf elektronischem Weg

5   Abs. 2 bringt eine grundlegende Änderung, indem neben dem herkömmlichen schriftlichen Verkehr die elektronische Zustellung ausdrücklich als zulässig bezeichnet wird.

6   Die elektronische Zustellung ist nur im Verhältnis mit Parteien zulässig, die damit ausdrücklich einverstanden sind. Es wird mithin von Gesetzes wegen nicht verlangt, dass die Partei auf elektronischem Weg erreichbar sein muss. Die Parteien haben, falls sie die elektronische Zustellung wünschen, ihre elektronische Zustellungsadresse und ihren öffentlichen kryptografischen Schlüssel anzugeben. S. zur elektronischen Signatur BG über die Zertifizierungsdienste im Bereich der elektronischen Signatur vom 19. Dezember 2003 (ZertES) sowie die ausführende Verordnung vom 3. Dezember 2004 (VZertES).

7   S. zur Übermittlung von Rechtsschriften auf elektronischem Weg Art. 42 Abs. 4 BGG und zur Eröffnung von Entscheidungen auf dem elektronischen Weg Art. 60 Abs. 3 BGG. S. ferner das ausführende Reglement des Bundesgerichts, welches bei Drucklegung des Kommentars noch nicht vorliegend war.

Art. 40

Parteivertreter und -vertreterinnen	¹ In Zivil- und Strafsachen können Parteien vor Bundesgericht nur von Anwälten und Anwältinnen vertreten werden, die nach dem Anwaltsgesetz vom 23. Juni 2000 oder nach einem Staatsvertrag berechtigt sind, Parteien vor schweizerischen Gerichtsbehörden zu vertreten. ² Die Parteivertreter und -vertreterinnen haben sich durch eine Vollmacht auszuweisen.
Mandataires	¹ En matière civile et en matière pénale, seuls ont qualité pour agir comme mandataires devant le Tribunal fédéral les avocats autorisés à pratiquer la représentation en justice en vertu de la loi du 23 juin 2000 sur les avocats ou d'un traité international. ² Les mandataires doivent justifier de leurs pouvoirs par une procuration.
Patrocinatori	¹ Nelle cause civili e penali sono ammessi come patrocinatori dinanzi al Tribunale federale soltanto gli avvocati che la legge del 23 giugno 2000 sugli avvocati o un trattato internazionale autorizza a esercitare la rappresentanza in giudizio in Svizzera. ² I patrocinatori devono giustificare il loro mandato mediante procura.

Inhaltsübersicht   Note   Seite

	Note	Seite
I. Bisheriges Recht und Entstehungsgeschichte................	1	131
II. Kommentar	2	132
1. Allgemeines	2	132
2. Vertretungsmonopol	4	132
3. Vollmacht	8	133

I. Bisheriges Recht und Entstehungsgeschichte

Altes Recht: Art. 29 OG.

Entwurf der Expertenkommission: Art. 38.

Entwurf des Bundesrates: Art. 37 (BBl 2001 4293).

Ständerat: Diskussion, dann Vorschlag des Bundesrates angenommen (Amtl. Bull. S vom 23.9.2003 S. 895 f.).

Nationalrat: Anpassung von Abs. 1 gemäss Antrag Triponez, Rest gemäss Beschluss des Ständerates angenommen (Amtl. Bull. N vom 5.10.2004 S. 1589–1593).

Ständerat: Diskussion und Zustimmung zum Beschluss des Nationalrates (Amtl. Bull. S vom 8.3.2005 S. 122–124).

II. Kommentar

1. Allgemeines

2   Die Frage der Prozessvertretung wurde im Gesetzgebungsverfahren intensiv diskutiert, die verabschiedete Regelung entspricht aber weitgehend der bisherigen Vorschrift von Art. 29 OG.

3   Nach wie vor ist es möglich, seinen Prozess «selbst», also ohne einen Rechtsvertreter, zu führen.

2. Vertretungsmonopol

4   Wird ein Rechtsvertreter gewählt, so gilt in Zivil- und Strafsachen das Vertretungsmonopol der Anwälte. S. zu den Voraussetzungen der Zulassung als Anwalt das **Bundesgesetz über die Freizügigkeit der Anwältinnen und Anwälte** vom 23. Juni 2000 (BGFA; dort insbesondere Art. 4 ff.). In öffentlich-rechtlichen Angelegenheiten besteht kein Vertretungsmonopol der Anwälte. So ist es etwa zulässig, sich in einer Steuersache durch einen Steuerberater ohne Anwaltspatent vertreten zu lassen.

5   Der Begriff der **Zivilsache** gemäss Abs. 1 ist i.S. von Art. 72 ff. BGG zu verstehen. Dies bedeutet, dass Beschwerden in Zivilsachen nur von zugelassenen Anwälten i.s. des BGFA eingereicht werden dürfen, falls die Partei eine Vertretung bestellen will. Dies gilt auch dann, wenn eine Streitsache i.S. von Art. 72 Abs. 2 BGG betroffen ist. Zwar handelt es sich dabei um öffentlich-rechtliche Angelegenheiten, hingegen folgt der Rechtsmittelweg demjenigen der Zivilsachen, da ein enger Bezug zu diesen gegeben ist. Diese verfahrensrechtliche Gleichstellung muss auch für die Frage der Vertretung durch Anwälte gelten. Eine andere Rechtsauffassung würde bspw. dazu führen, dass bei einer Anfechtungsklage nach Art. 285 ff. SchKG, einer sog. betreibungsrechtlichen Streitigkeit mit Reflexwirkung auf das materielle Recht, die unter Art. 72 Abs. 2 lit. a BGG fällt (s. dazu Art. 72 BGG N 19), das Vertretungsmonopol nicht zur Anwendung käme, obgleich sich hier schwierige verfahrensrechtliche Fragen stellen können. In gleicher Weise sind **Strafsachen** i.S. von Abs. 1 solche, die Anfechtungsobjekte der Beschwerde in Strafsachen i.S von Art. 78 Abs. 1 und 2 BGG bilden.

6   Weggefallen ist die Möglichkeit des bisherigen Rechts (Art. 29 Abs. 2 OG), dass vor Bundesgericht auch **Universitätsprofessoren** als Prozessvertreter auftreten dürfen.

7   Zur Zulassung von **ausländischen Anwälten** s. Art. 21 ff. BGFA.

3. Vollmacht

Die Vollmacht muss aus Beweisgründen grundsätzlich **schriftlich** sein (vgl. die bisherige Vorschrift von Art. 29 Abs. 1 OG). Im Falle **elektronisch** übermittelter Rechtsschriften kommt auch eine Vollmacht in elektronischer Form in Betracht, sofern im Übrigen die Voraussetzungen von Art. 42 Abs. 4 BGG erfüllt sind.

8

Art. 41

Unfähigkeit zur Prozessführung	¹ Ist eine Partei offensichtlich nicht imstande, ihre Sache selber zu führen, so kann das Bundesgericht sie auffordern, einen Vertreter oder eine Vertreterin beizuziehen. Leistet sie innert der angesetzten Frist keine Folge, so bestellt ihr das Gericht einen Anwalt oder eine Anwältin. ² Die vom Bundesgericht bezeichnete Vertretung hat Anspruch auf eine angemessene Entschädigung aus der Gerichtskasse, soweit sie ihren Aufwand nicht aus einer zugesprochenen Parteientschädigung decken kann und die Partei selbst zahlungsunfähig ist. Die Partei hat der Gerichtskasse Ersatz zu leisten, wenn sie später dazu in der Lage ist.
Incapacité de procéder	¹ Si une partie est manifestement incapable de procéder elle-même, le Tribunal fédéral peut l'inviter à commettre un mandataire. Si elle ne donne pas suite à cette invitation dans le délai imparti, il lui attribue un avocat. ² L'avocat désigné par le Tribunal fédéral a droit à une indemnité appropriée versée par la caisse du tribunal pour autant que les dépens alloués ne couvrent pas ses honoraires et qu'il n'ait pas pu obtenir le paiement de ces derniers en raison de l'insolvabilité de la partie. Si celle-ci peut rembourser ultérieurement la caisse, elle est tenue de le faire.
Incapacità di stare direttamente in giudizio	¹ Se una parte non è manifestamente in grado di far valere da sé le proprie ragioni in giudizio, il Tribunale federale può invitarla a designare un patrocinatore. Se non dà seguito a tale invito entro il termine impartitole, il Tribunale le designa un avvocato. ² L'avvocato designato dal Tribunale federale ha diritto a un'indennità adeguata, versata dalla cassa del Tribunale, in quanto le spese di patrocinio non possano essere coperte dalle spese ripetibili e la parte sia insolvibile. Se in seguito è in grado di farlo, la parte è tenuta a risarcire la cassa.

Inhaltsübersicht   Note   Seite

I. Bisheriges Recht und Entstehungsgeschichte 1   134
II. Kommentar 2   135

I. Bisheriges Recht und Entstehungsgeschichte

1 Altes Recht: Art. 29 Abs. 5 OG.

Entwurf der Expertenkommission: Art. 39.

Entwurf des Bundesrates: Art. 38 (BBl 2001 4294).

Ständerat: Vorschlag des Bundesrates angenommen (Amtl. Bull. S vom 23.9.2003 S. 896).

Nationalrat: Zustimmung zum Beschluss des Ständerates (Amtl. Bull. N vom 5.10.2004 S. 1593).

II. Kommentar

Art. 41 BGG betrifft die sog. **Postulationsfähigkeit**, d.h. die Fähigkeit einer Partei, vor Gericht selbständig Anträge zu stellen und ihre Sache vorzutragen (s. VOGEL/SPÜHLER, 5 N 42). Die Postulationsfähigkeit geht im Allgemeinen einher mit der Prozessfähigkeit, da nach BGG ein Anwaltszwang nicht besteht. Ist jedoch offensichtlich, dass die Partei eines Vertreters bedarf, so kann das Bundesgericht von der Partei die Bestellung eines solchen verlangen. Wird der Aufforderung nicht Folge geleistet, bestimmt das Bundesgericht selbst einen Vertreter. Funktionell zuständig für solche Anordnungen dürfte der Instruktionsrichter (Art. 32 BGG) sein. 2

Der vom Bundesgericht eingesetzte Anwalt handelt im Namen der Partei, ohne dass er dazu einer Vollmacht der Partei bedarf (s. Botschaft, BBl 2001 4294). 3

Das Honorar des Vertreters ist in erster Linie von der Partei zu bezahlen, soweit es nicht durch eine allfällig zugesprochene Parteientschädigung gedeckt wird. Ist die Partei zahlungsunfähig, so kann sich der Vertreter an die Gerichtskasse halten. Über die Höhe der Entschädigung befindet das Bundesgericht. 4

Art. 42

Rechtsschriften

¹ Rechtsschriften sind in einer Amtssprache abzufassen und haben die Begehren, deren Begründung mit Angabe der Beweismittel und die Unterschrift zu enthalten.

² In der Begründung ist in gedrängter Form darzulegen, inwiefern der angefochtene Akt Recht verletzt. Ist eine Beschwerde nur unter der Voraussetzung zulässig, dass sich eine Rechtsfrage von grundsätzlicher Bedeutung stellt oder ein besonders bedeutender Fall nach Artikel 84 vorliegt, so ist auszuführen, warum die jeweilige Voraussetzung erfüllt ist.

³ Die Urkunden, auf die sich die Partei als Beweismittel beruft, sind beizulegen, soweit die Partei sie in Händen hat; richtet sich die Rechtsschrift gegen einen Entscheid, so ist auch dieser beizulegen.

⁴ Bei elektronischer Zustellung muss das Dokument, das die Rechtsschrift und die Beilagen enthält, von der Partei oder ihrem Vertreter beziehungsweise ihrer Vertreterin mit einer anerkannten elektronischen Signatur versehen werden. Das Bundesgericht bestimmt in einem Reglement, in welchem Format die elektronische Zustellung erfolgen kann.

⁵ Fehlen die Unterschrift der Partei oder ihrer Vertretung, deren Vollmacht oder die vorgeschriebenen Beilagen oder ist die Vertretung nicht zugelassen, so wird eine angemessene Frist zur Behebung des Mangels angesetzt mit der Androhung, dass die Rechtsschrift sonst unbeachtet bleibt.

⁶ Unleserliche, ungebührliche, unverständliche, übermässig weitschweifige oder nicht in einer Amtssprache verfasste Rechtsschriften können in gleicher Weise zur Änderung zurückgewiesen werden.

⁷ Rechtsschriften, die auf querulatorischer oder rechtsmissbräuchlicher Prozessführung beruhen, sind unzulässig.

Mémoire

¹ Les mémoires doivent être rédigés dans une langue officielle, indiquer les conclusions, les motifs et les moyens de preuve, et être signés.

² Les motifs doivent exposer succinctement en quoi l'acte attaqué viole le droit. Si le recours n'est recevable que lorsqu'il soulève une question juridique de principe ou porte sur un cas particulièrement important au sens de l'art. 84, il faut exposer en quoi l'affaire remplit la condition exigée.

³ Les pièces invoquées comme moyens de preuve doivent être jointes au mémoire, pour autant qu'elles soient en mains de la partie; il en va de même de la décision attaquée si le mémoire est dirigé contre une décision.

⁴ En cas de transmission par voie électronique, le document contenant le mémoire et les pièces annexées doit être certifié par la signature électronique reconnue de la partie ou de son mandataire. Le Tribunal fédéral fixe dans un règlement le format dans lequel les mémoires et pièces peuvent lui être communiqués par voie électronique.

⁵ Si la signature de la partie ou de son mandataire, la procuration ou les annexes prescrites font défaut, ou si le mandataire n'est pas autorisé, le Tribunal fédéral impartit un délai approprié à la partie pour remédier à l'irrégularité et l'avertit qu'à défaut le mémoire ne sera pas pris en considération.

⁶ Si le mémoire est illisible, inconvenant, incompréhensible ou prolixe ou qu'il n'est pas rédigé dans une langue officielle, le Tribunal fédéral peut le renvoyer à son auteur; il impartit à celui-ci un délai approprié pour remédier à l'irrégularité et l'avertit qu'à défaut le mémoire ne sera pas pris en considération.

⁷ Le mémoire de recours introduit de manière procédurière ou à tout autre égard abusif est irrecevable.

Atti scritti

¹ Gli atti scritti devono essere redatti in una lingua ufficiale, contenere le conclusioni, i motivi e l'indicazione dei mezzi di prova ed essere firmati.

² Nei motivi occorre spiegare in modo conciso perché l'atto impugnato viola il diritto. Qualora il ricorso sia ammissibile soltanto se concerne una questione di diritto di importanza fondamentale o un caso particolarmente importante ai sensi dell'articolo 84, occorre spiegare perché la causa adempie siffatta condizione.

³ Se sono in possesso della parte, i documenti indicati come mezzi di prova devono essere allegati; se l'atto scritto è diretto contro una decisione, anche questa deve essere allegata.

⁴ In caso di trasmissione per via elettronica, la parte o il suo patrocinatore deve munire di una firma elettronica riconosciuta il documento che contiene l'atto scritto e gli allegati. Il Tribunale federale determina mediante regolamento in quale formato il documento può essere trasmesso per via elettronica.

⁵ Se mancano la firma della parte o del suo patrocinatore, la procura dello stesso o gli allegati prescritti, o se il patrocinatore non è autorizzato in quanto tale, è fissato un congruo termine per sanare il vizio, con la comminatoria che altrimenti l'atto scritto non sarà preso in considerazione.

⁶ Gli atti illeggibili, sconvenienti, incomprensibili, prolissi o non redatti in una lingua ufficiale possono essere del pari rinviati al loro autore affinché li modifichi.

⁷ Gli atti scritti dovuti a condotta processuale da querulomane o altrimenti abusiva sono inammissibili.

Inhaltsübersicht	Note	Seite
I. Bisheriges Recht und Entstehungsgeschichte	1	138
II. Kommentar	2	138
1. Sprache	2	138
2. Begründungspflicht	4	139
2.1 Allgemeines	4	139
2.2 Gesteigerte Begründungspflicht	6	139
2.3 Rügeprinzip	8	140
3. Elektronische Signatur	11	140
4. Anzahl Exemplare	15	141
5. Querulatorische Eingaben	16	141

I. Bisheriges Recht und Entstehungsgeschichte

1 Altes Recht: Art. 30 und 108 OG.

Entwurf der Expertenkommission: Art. 40.

Entwurf des Bundesrates: Art. 39 (BBl 2001 4294 ff.).

Ständerat: Vorschlag des Bundesrates angenommen (Amtl. Bull. S vom 23.9.2003 S. 896).

Nationalrat: Zustimmung zum Beschluss des Ständerates (Amtl. Bull. N vom 5.10.2004 S. 1593).

Ständerat: Neuer Antrag des Bundesrates (Abs. 2), Diskussion und Zustimmung zum neuen Antrag des Bundesrates (Amtl. Bull. S vom 8.3.2005 S. 124–128).

Nationalrat: Diskussion und Zustimmung zum Beschluss des Ständerates (Amtl. Bull. N vom 6.6.2005 S. 642–646).

II. Kommentar

1. Sprache

2 Die Parteien haben sich einer **Amtssprache** zu bedienen, wobei es ihnen freigestellt ist, welche Amtssprache sie wählen. Auch eine in einem deutschsprachigen Kanton ansässige Person kann also bspw. in französischer Sprache ans Bundesgericht gelangen. Rätoromanisch Sprechende können die Rechtsschrift in Rätoromanisch einreichen (Art. 70 Abs. 1 BV), wobei Art. 42 – im Gegensatz zu Art. 54 BGG – keine Beschränkung auf Rumantsch Grischun vorsieht (vgl. Botschaft, BBl 2001 4294).

3 Vorbehalten bleiben internationale Übereinkommen, die **weitere Sprachen** zulassen, s. insbesondere Anhang II Art. 1 des Abkommens zwischen der Schweize-

rischen Eidgenossenschaft einerseits und der Europäischen Gemeinschaft und ihren Mitgliedstaaten andererseits über die Freizügigkeit vom 21. Juni 1999 (SR 0.142.112.681) i.V.m. Art. 84 Abs. 4 der Verordnung (EWG) Nr. 1408/71 des Rates vom 14. Juni 1971 zur Anwendung der Systeme der sozialen Sicherheit auf Arbeitnehmer und Selbständige sowie deren Familienangehörige, die innerhalb der Gemeinschaft zu- und abwandern (SR 0.831.109.268.1).

2. Begründungspflicht

2.1 Allgemeines

Die Begründung hat aufzuzeigen, in welchen Punkten der angefochtene Entscheid beanstandet wird und daher aufzuheben ist. Die Begründung ist gemäss Gesetzeswortlaut **in gedrängter Form** vorzutragen, d.h. es ist in knapper Weise darzutun, inwiefern der angefochtene Entscheid eine Rechtsnorm gemäss den Artikeln 95 oder 96 BGG verletzt oder auf einer unrichtigen Feststellung des Sachverhalts im Sinne von Art. 97 BGG beruht. Fehlt eine hinreichende Begründung, so ist auf die Beschwerde nicht einzutreten. Fraglich ist, ob eine Begründung ohne ausdrückliche Nennung der verletzten Bestimmungen ausreicht (s. Botschaft, BBl 2001 4294). Im Falle des Fehlens jeder Begründung ist auf die Eingabe nicht einzutreten.

4

Die Begründungspflicht gemäss Abs. 2 soll **nicht ein Rügeprinzip** begründen (s. KARLEN, S. 27). Im Beschwerdeverfahren wendet das Bundesgericht das Recht von Amtes wegen an (Art. 106 Abs. 1 BGG). Dies bedeutet, dass das Bundesgericht – ist eine formell genügende Begründung enthalten (s. N 4), so dass einzutreten ist – eine Beschwerde auch aus Gründen gutheissen kann, die in der Beschwerde nicht aufgeführt sind.

5

2.2 Gesteigerte Begründungspflicht

In einzelnen, vom Gesetz ausdrücklich genannten Fällen gilt eine gesteigerte Begründungspflicht (Abs. 2 Satz 2). Dies ist zum einen der Fall bei der Beschwerde in Zivilsachen und in gewissen öffentlich-rechtlichen Angelegenheiten, falls die massgebende Streitwertgrenze nicht erreicht ist, der Beschwerdeführer aber geltend macht, es stelle sich eine **Rechtsfrage von grundsätzlicher Bedeutung** (Art. 74 Abs. 2 lit. a BGG und Art. 85 Abs. 2 BGG). In einem solchen Fall darf sich der Beschwerdeführer nicht mit appellatorischer Kritik am angefochtenen Entscheid begnügen, sondern es ist auch auszuführen, worin die Grundsätzlichkeit des Falles liegt (s. ebenso Art. 83 lit. f Ziff. 2 BGG). Zum anderen sind erhöhte Anforderungen an die Begründung zu stellen, falls eine Beschwerde in

6

öffentlich-rechtlichen Angelegenheiten in einer internationalen Rechtshilfesache im Sinne von Art. 84 BGG ergriffen wird. Die Zulässigkeit der Beschwerde hängt nämlich davon ab, dass ein **besonders bedeutender Fall** (Art. 84 Abs. 2 BGG) vorliegt, was vom Beschwerdeführer darzutun ist.

7   Auch in diesen Fällen gilt aber der Grundsatz *iura novit curia*. Das Bundesgericht kann also bspw. im Falle von Art. 74 Abs. 2 lit. a BGG die Grundsätzlichkeit der sich stellenden Rechtsfrage auch aus Gründen bejahen, die der Beschwerdeführer nicht vorbringt.

2.3 Rügeprinzip

8   Keine Rechtsanwendung von Amtes wegen erfolgt in Fällen, in denen die **Verletzung von Grundrechten, von kantonalem oder interkantonalem Recht** geltend gemacht wird.

9   In diesem Bereich finden sich Überreste des Verfahrens der staatsrechtlichen Beschwerde (vgl. Art. 90 Abs. 1 lit. b OG; s. Botschaft, BBl 2001 4344). Das Bundesgericht prüft gemäss Art. 106 Abs. 2 BGG derartige Rechtsverletzungen nur insofern, als eine Rüge in der Beschwerde vorgebracht und begründet worden ist. Fehlt eine Rüge, so ist das Bundesgericht an die vorinstanzliche Rechtsanwendung gebunden. Das Gesagte gilt sowohl im Bereich des (Einheits-) Beschwerdeverfahrens als auch im Bereich der subsidiären Verfassungsbeschwerde (Art. 117 i.V. mit Art. 106 Abs. 2 BGG).

10   Ein striktes Rügeprinzip gilt ferner für Beschwerden gegen einen Entscheid eines **internationalen Schiedsgerichts** (Art. 190 ff. IPRG). Das Bundesgericht prüft nur Rügen, die in der Beschwerde vorgebracht und begründet worden sind (Art. 77 Abs. 3 BGG), wobei nur Rügen im Sinne von Art. 190 IPRG zulässig sind.

3.   Elektronische Signatur

11   Das BGG ermöglicht die elektronische Zustellung einer Rechtsschrift. Voraussetzung ist, dass das Dokument, das die Rechtsschrift und die Beilagen enthält, mit einer elektronischen Signatur versehen ist; s. dazu das BG über die Zertifizierungsdienste im Bereich der elektronischen Signatur vom 19. Dezember 2003 (ZertES) sowie die ausführende Verordnung vom 3. Dezember 2004 (VZertES). S. zum Ganzen JACQUES BÜHLER, JusLink – der elektronische Rechtsverkehr in der Schweiz, Jusletter vom 1. März 2004 und die unter www.juslink.ch abrufbaren Informationen zum Stand des elektronischen Geschäftsverkehrs mit dem Bundesgericht.

Es genügt nicht, dass nur die Rechtsschrift mit der elektronischen Signatur versehen ist, sondern das Dokument, das die Rechtsschrift und die Beilagen enthält, ist zu signieren. Damit wird gewährleistet, dass es sich bei den Beilagen um die in der Rechtsschrift genannten Dokumente handelt, dass sie vom Beschwerdeführer oder seinem Vertreter stammen und dass sie seit ihrem Versand nicht verändert worden sind (Botschaft, BBl 2001 4295). 12

Zur Fristwahrung im Falle elektronischer Übermittlung s. Art. 48 Abs. 2 BGG. 13

Die Anforderungen an das Format im Falle elektronischer Zustellung werden in einem Reglement des Bundesgerichts geregelt, dessen endgültige Fassung bei Drucklegung noch nicht vorlag. 14

4. Anzahl Exemplare

Das neue Recht verzichtet darauf, dass Rechtsschriften im Doppel oder in noch grösserer Zahl eingereicht werden müssen. Es genügt also, ein Exemplar der Beschwerdeschrift zuzustellen (vgl. zum bisherigen Recht Art. 30 Abs. 1 und 108 Abs. 1 OG). Erst recht genügt selbstverständlich die Zustellung nur eines Dokuments, falls die elektronische Übermittlung gewählt wird. 15

5. Querulatorische Eingaben

Im Falle querulatorischer oder rechtsmissbräuchlicher Prozessführung ist auf eine Rechtsvorkehr nicht einzutreten (vgl. Art. 108 Abs. 1 lit. c BGG und bisher Art. 36a Abs. 2 OG). Bei psychopathischer Querulanz kann das Bundesgericht dem Beschwerdeführer sogar die Prozessfähigkeit absprechen (s. BGE 118 Ia 236 ff.; s. dazu im Übrigen FORSTER, Prozessieren vor Bundesgericht, Ziff. 2.38). 16

Art. 43

Ergänzende Beschwerdeschrift	Das Bundesgericht räumt den beschwerdeführenden Parteien auf Antrag eine angemessene Frist zur Ergänzung der Beschwerdebegründung ein, wenn: a. es eine Beschwerde auf dem Gebiet der internationalen Rechtshilfe in Strafsachen als zulässig erachtet; und b. der aussergewöhnliche Umfang oder die besondere Schwierigkeit der Beschwerdesache eine Ergänzung erfordert.
Mémoire complémentaire	Le Tribunal fédéral accorde au recourant, à sa demande, un délai approprié pour compléter la motivation de son recours en matière d'entraide pénale internationale: a. s'il a déclaré recevable ce recours, et b. si l'étendue exceptionnelle ou la difficulté particulière de l'affaire le commande.
Memoria integrativa	Il Tribunale federale accorda alla parte che ne abbia fatto richiesta nel ricorso un congruo termine per completarne la motivazione se: a. ritiene ammissibile un ricorso interposto in materia di assistenza giudiziaria internazionale; b. l'estensione straordinaria o la particolare difficoltà della causa lo richiede.

Inhaltsübersicht Note Seite
I. Bisheriges Recht und Entstehungsgeschichte 1 142
II. Kommentar 2 143

I. Bisheriges Recht und Entstehungsgeschichte

1   Altes Recht: Keine Regelung.

Im Entwurf der Expertenkommission sowie im Entwurf des Bundesrates nicht vorgesehen.

Ständerat: Neuer Art. 39a auf Antrag des Bundesrates, Zustimmung zum Antrag des Bundesrates (Amtl. Bull. S vom 8.3.2005 S. 128).

Nationalrat: Zustimmung zum Beschluss des Ständerates (Amtl. Bull. N vom 6.6.2005 S. 646).

II. Kommentar

Auch in Fällen von Art. 43 BGG muss der Beschwerdeführer innert der Rechtsmittelfrist seine Beschwerde einreichen. Es handelt sich mithin nicht um eine Erstreckungsmöglichkeit der gesetzlichen Rechtsmittelfrist. 2

Art. 43 BGG trägt dem Umstand Rechnung, dass es im Bereich der internationalen Rechtshilfe in Strafsachen oftmals schwierig oder sogar unmöglich ist, innert der gesetzlichen Rechtmittelfrist eine vollständige bzw. sorgfältig redigierte Beschwerdebegründung auszuarbeiten, zumal in diesem Bereich eine 10-tägige Beschwerdefrist (Art. 100 Abs. 2 lit. b BGG) gilt. Die Beschwerde in diesen Fällen ist nur zulässig, falls es sich um einen besonders bedeutenden Fall handelt (Art. 84 Abs. 1 OG). Es ist vom Beschwerdeführer im Einzelnen darzutun, dass diese Voraussetzung erfüllt ist (s. Art. 42 BGG N 6). Gerade dieses Erfordernis wird regelmässig dazu führen, dass der Beschwerdeführer auf eine Ergänzungsmöglichkeit der Beschwerdebegründung angewiesen ist. 3

Es ist bedauerlich, dass die Möglichkeit zur Ergänzung der Beschwerdefrist nicht allgemein in komplexen Fällen bzw. Fällen mit grossem Aktenumfang eingeführt wurde (ebenfalls kritisch KARLEN, S. 41). 4

5. Abschnitt: Fristen

Art. 44

Beginn
¹ **Fristen, die durch eine Mitteilung oder den Eintritt eines Ereignisses ausgelöst werden, beginnen am folgenden Tag zu laufen.**

² **Eine Mitteilung, die nur gegen Unterschrift des Adressaten oder der Adressatin oder einer anderen berechtigten Person überbracht wird, gilt spätestens am siebenten Tag nach dem ersten erfolglosen Zustellungsversuch als erfolgt.**

Début
¹ Les délais dont le début dépend d'une communication ou de la survenance d'un événement courent dès le lendemain de celles-ci.

² Une communication qui n'est remise que contre la signature du destinataire ou d'un tiers habilité est réputée reçue au plus tard sept jours après la première tentative infructueuse de distribution.

Decorrenza
¹ I termini la cui decorrenza dipende da una notificazione o dal verificarsi di un evento decorrono a partire dal giorno successivo.

² Una notificazione recapitabile soltanto dietro firma del destinatario o di un terzo autorizzato a riceverla è reputata avvenuta al più tardi il settimo giorno dopo il primo tentativo di consegna infruttuoso.

Inhaltsübersicht   Note   Seite
I.   Bisheriges Recht und Entstehungsgeschichte   1   144
II. Kommentar 2   145
     1. Allgemeines 2   145
     2. Zustellungsfiktion 5   145
     3. Bei elektronischer Zustellung 8   146

I. Bisheriges Recht und Entstehungsgeschichte

1   Altes Recht: Art. 32 OG.

Entwurf der Expertenkommission: Art. 41.

Entwurf des Bundesrates: Art. 40 (BBl 2001 4297).

Ständerat: Anpassung und Zustimmung Antrag Pfisterer (Amtl. Bull. S vom 23.9.2003 S. 896).

Nationalrat: Zustimmung zum Beschluss des Ständerates (Amtl. Bull. N vom 5.10.2004 S. 1593).

II. Kommentar

1. Allgemeines

Fristen, die durch eine Mitteilung oder den Eintritt eines Ereignisses ausgelöst werden, beginnen am **folgenden Tag** zu laufen. Dies gilt auch dann, wenn der Folgetag ein Samstag oder ein Sonntag ist. 2

Während der **Gerichtsferien** stehen die Fristen still (Art. 46 BGG). Bei Beginn des Fristenlaufes während der Gerichtsferien zählt der erste Tag danach als erster Tag (s. Botschaft, BBl 2001 4297). Die vormalige anderslautende Rechtsprechung (s. BGE 122 V 60, 61 E. 1a) ist nicht mehr massgebend (anders bereits auch BGE 132 II 153, 155 E. 2 mit ausdrücklichem Bezug auf die Vorschriften des BGG). 3

Für die Fristauslösung ist entscheidend, dass die Mitteilung in den **Machtbereich** des Adressaten gelangt. Nicht erforderlich ist, dass sie der Adressat tatsächlich zur Kenntnis nimmt. In den Machtbereich gelangt eine als eingeschriebene Sendung zugehende Mitteilung grundsätzlich dann, wenn sie tatsächlich von der Partei entgegengenommen worden ist (was mit Unterschrift zu quittieren ist). Vorbehalten bleibt die Zustellungsfiktion gemäss Abs. 2 (s. dazu N 5). 4

2. Zustellungsfiktion

Abs. 2 überführt die bisherige Praxis (s. z.B. BGE 122 I 139, 143 und 116 Ia 90, 92 E. 2) ins Gesetzesrecht. Die eingeschriebene Briefsendung gilt am siebenten Tag nach dem ersten erfolglosen Zustellungsversuch als zugestellt, wenn sie bis dahin nicht in Empfang genommen worden ist (sog. Zustellungsfiktion). 5

Nach der bisherigen Rechtsprechung wird für die Zulässigkeit der Zustellungsfiktion vorausgesetzt, dass die betroffene Person in einem Prozessrechtsverhältnis steht, weshalb mit der Zustellung von Entscheidungen und verfahrensleitenden Verfügungen gerechnet werden muss (s. BGE 116 Ia 90, 92 E. 2a). Erst in diesem Stadium besteht eine Pflicht, dafür zu sorgen, dass Gerichtsurkunden und dgl. zugestellt werden können. Diese Voraussetzung wird im BGG nicht explizit genannt. Sie ist für Beschwerdeverfahren aber auch irrelevant, da bereits ein vorinstanzliches Verfahren stattgefunden hat und deshalb mit einer Beschwerdeführung gerechnet werden muss. Aufgrund des äusserst eingeschränkten Anwendungsbereiches der Klageverfahren (s. Art. 120 BGG) ist diese Praxis auch für solche Verfahren nicht von Bedeutung. 6

Eine anderweitige von der Post im Einzelfall festgelegte Abholungsfrist ändert an der gesetzlichen Fiktion nichts. Auch wenn also die Post eine längere Abholungsfrist als sieben Tage gewährt, gilt in Bezug auf den Fristenlauf in einem bundes- 7 gerichtlichen Verfahren einzig die Vorschrift von Art. 44 BGG (Botschaft, BBl 2001 4297).

3. Bei elektronischer Zustellung

8   Bei elektronischer Zustellung ist ebenfalls entscheidend, wann die Mitteilung in den Machtbereich des Empfängers gelangt. Einzelheiten über die Zustellung in solchen Fällen und über das Versenden von Abholungseinladungen sind dem Reglement des Bundesgerichts zu entnehmen.

Art. 45

Ende
¹ Ist der letzte Tag der Frist ein Samstag, ein Sonntag oder ein vom Bundesrecht oder vom kantonalen Recht anerkannter Feiertag, so endet sie am nächstfolgenden Werktag.

² Massgebend ist das Recht des Kantons, in dem die Partei oder ihr Vertreter beziehungsweise ihre Vertreterin den Wohnsitz oder den Sitz hat.

Fin
¹ Si le dernier jour du délai est un samedi, un dimanche ou un jour férié selon le droit fédéral ou cantonal, le délai expire le premier jour ouvrable qui suit.

² Le droit cantonal déterminant est celui du canton où la partie ou son mandataire a son domicile ou son siège.

Scadenza
¹ Se l'ultimo giorno del termine è un sabato, una domenica o un giorno riconosciuto festivo dal diritto federale o cantonale, il termine scade il primo giorno feriale seguente.

² È determinante il diritto del Cantone dove ha domicilio o sede la parte o il suo patrocinatore.

Inhaltsübersicht Note Seite
I. Bisheriges Recht und Entstehungsgeschichte 1 147
II. Kommentar 2 147

I. Bisheriges Recht und Entstehungsgeschichte

Altes Recht: Art. 32 OG. 1

Entwurf der Expertenkommission: Art. 41.

Entwurf des Bundesrates: Art. 41 (BBl 2001 4297).

Ständerat: Vorschlag des Bundesrates angenommen (Amtl. Bull. S vom 23.9.2003 S. 896).

Nationalrat: Zustimmung zum Beschluss des Ständerates (Amtl. Bull. N vom 5.10.2004 S. 1593).

II. Kommentar

Art. 45 BGG sieht eine gesetzliche Fristerstreckung vor, falls der letzte Tag 2
einer Frist auf einen Samstag, einen Sonntag oder einen vom Bundesrecht oder vom kantonalen Recht anerkannten Feiertag fällt. In solchen Fällen genügt es,

wenn die Frist am nächstfolgenden Werktag gewahrt wird. Die Regelung von Art. 32 Abs. 2 OG wird dahingehend erweitert, dass auch der 1. August als Bundesfeiertag den Sonntagen gleichgestellt ist.

3   Massgebend zur Bestimmung kantonal anerkannter Feiertage ist das Recht des Kantons, in dem die Partei oder ihr Vertreter Wohnsitz hat. Nach dem Wortlaut der Bestimmung ist davon auszugehen, dass Feiertage im Verhältnis zwischen Anwalt und Partei gewissermassen «kumuliert» werden können: Der in Luzern ansässige Anwalt einer Berner Partei kann sich auf Allerheiligen (1. November) als gesetzlichen Feiertag berufen, wie im umgekehrten Fall auch der Berner Anwalt die Eingabe im Namen seiner Luzerner Klientschaft erst am nächsten Werktag nach dem 1. November einreichen muss. Eine solche Rechtsauffassung trägt dem Umstand Rechung, dass aufgrund des Feiertages die Kommunikation und Instruktion zwischen Partei und Vertreter erschwert sein kann, weshalb sich die Erstreckung rechtfertigt.

Art. 46

Stillstand	[1] Gesetzlich oder richterlich nach Tagen bestimmte Fristen stehen still: a. vom siebenten Tag vor Ostern bis und mit dem siebenten Tag nach Ostern; b. vom 15. Juli bis und mit dem 15. August; c. vom 18. Dezember bis und mit dem 2. Januar. [2] Diese Vorschrift gilt nicht in Verfahren betreffend aufschiebende Wirkung und andere vorsorgliche Massnahmen sowie in der Wechselbetreibung und auf dem Gebiet der internationalen Rechtshilfe in Strafsachen.
Suspension	[1] Les délais fixés en jours par la loi ou par le juge ne courent pas: a. du septième jour avant Pâques au septième jour après Pâques inclus; b. du 15 juillet au 15 août inclus; c. du 18 décembre au 2 janvier inclus. [2] Cette règle ne s'applique pas dans les procédures concernant l'octroi de l'effet suspensif et d'autres mesures provisionnelles, la poursuite pour effets de change et l'entraide pénale internationale.
Sospensione	[1] I termini stabiliti in giorni dalla legge o dal giudice sono sospesi: a. dal settimo giorno precedente la Pasqua al settimo giorno successivo alla Pasqua incluso; b. dal 15 luglio al 15 agosto incluso; c. dal 18 dicembre al 2 gennaio incluso. [2] Questa disposizione non si applica nei procedimenti concernenti l'effetto sospensivo e altre misure provvisionali, né nell'esecuzione cambiaria e nel campo dell'assistenza giudiziaria internazionale in materia penale.

Inhaltsübersicht

		Note	Seite
I.	Bisheriges Recht und Entstehungsgeschichte	1	149
II.	Kommentar	2	150
	1. Allgemeines	2	150
	2. Beispiele	4	150

I. Bisheriges Recht und Entstehungsgeschichte

Altes Recht: Art. 34 OG.

Entwurf der Expertenkommission: Art. 42.

Entwurf des Bundesrates: Art. 42 (BBl 2001 4297).

Ständerat: Vorschlag des Bundesrates angenommen (Amtl. Bull. S vom 23.9.2003 S. 896).

Nationalrat: Zustimmung zum Beschluss des Ständerates (Amtl. Bull. N vom 5.10.2004 S. 1593).

Ständerat: Neuer Abs. 2 auf Antrag des Bundesrates, Zustimmung zum Antrag des Bundesrates (Amtl. Bull. S vom 8.3.2005 S. 128).

Nationalrat: Zustimmung zum Beschluss des Ständerates (Amtl. Bull. N vom 6.6.2005 S. 646).

II. Kommentar

1. Allgemeines

2   Während der Gerichtsferien laufen die **Fristen** nicht, sie **stehen still**. Im Gegensatz zu den Samstagen, Sonntagen und Feiertagen (Art. 45 BGG) findet nicht bloss eine Erstreckung auf den nächstfolgenden Werktag statt, sondern während der in Art. 46 BGG genannten Zeiten ruhen die Fristen und laufen erst nach Ende der Ferien weiter (falls sie bereits vorher zu laufen begonnen haben) bzw. beginnen erst nach Ende der Ferien zu laufen (falls das fristauslösende Ereignis in den Ferien stattgefunden hat). Die Vorschrift gilt nur für nach Tagen bestimmte Fristen, nicht aber bei

– nach Monaten bestimmte

– auf ein Datum terminierte Fristen.

3   Die in Abs. 2 genannten Fälle werden vom Gesetzgeber als dringliche Streitsachen qualifiziert und vom Fristenstillstand ausgenommen.

2. Beispiele

4   **Beispiel 1**: Der mittels Beschwerde ans Bundesgericht anzufechtende Entscheid wird am 3. August eröffnet. Bis zum 15. August laufen die Fristen nicht (Abs. 1 lit. b). Der erste Tag ist der 16. August. Die 30-tägige Beschwerdefrist läuft damit am 14. September ab. Handelt es sich bei diesem Tag um einen Samstag oder Sonntag, findet überdies eine Erstreckung auf den nächstfolgenden Werktag (Montag) statt (Art. 45 BGG). Die in BGE 122 V 60 publizierte Rechtsprechung ist durch die neue Regelung überholt (im Sinne der neuen Regelung bereits BGE 132 II 153).

5   **Beispiel 2**: Der mittels Beschwerde ans Bundesgericht anzufechtende Entscheid wird am 12. Dezember eröffnet. Bis zum 18. Dezember (Abs. 1 lit. c) sind von

der Frist bereits 5 Tage verstrichen. Bis zum 2. Januar ruht die Frist. Die verbleibenden 25 Tage werden ab dem 3. Januar fortgesetzt. Die Frist läuft demnach am 27. Januar ab (bzw. am nächstfolgenden Werktag, falls der 27. Januar ein Samstag oder ein Sonntag ist; s. Art. 45 BGG).

Art. 47

Erstreckung	¹ **Gesetzlich bestimmte Fristen können nicht erstreckt werden.** ² **Richterlich bestimmte Fristen können aus zureichenden Gründen erstreckt werden, wenn das Gesuch vor Ablauf der Frist gestellt worden ist.**
Prolongation	¹ Les délais fixés par la loi ne peuvent être prolongés. ² Les délais fixés par le juge peuvent être prolongés pour des motifs suffisants si la demande en est faite avant leur expiration.
Proroga	¹ I termini stabiliti dalla legge non possono essere prorogati. ² I termini stabiliti dal giudice possono essere prorogati per motivi sufficienti se ne è fatta domanda prima della scadenza.

Inhaltsübersicht   Note   Seite
I. Bisheriges Recht und Entstehungsgeschichte   1   152
II. Kommentar   2   152

I. Bisheriges Recht und Entstehungsgeschichte

1   Altes Recht: Art. 33 OG.

Entwurf der Expertenkommission: Art. 43.

Entwurf des Bundesrates: Art. 43 (BBl 2001 4297).

Ständerat: Anpassung von Abs. 1, Rest gemäss Vorschlag des Bundesrates angenommen (Amtl. Bull. S vom 23.9.2003 S. 896).

Nationalrat: Zustimmung zum Beschluss des Ständerates (Amtl. Bull. N vom 5.10.2004 S. 1593).

II. Kommentar

2   Auf begründetes Gesuch hin können richterlich bestimmte, nicht aber gesetzliche Fristen erstreckt werden. Dabei ist erforderlich, dass das Gesuch vor Ablauf der Frist gestellt (d.h. abgeschickt) worden ist. Unbeachtlich ist, ob über das Gesuch noch während laufender oder bereits abgelaufener Frist entschieden wird. Die vorsichtig prozedierende Partei wird aber das Fristerstreckungsgesuch so rechtzeitig stellen, dass sie vor Ablauf der Frist über den Entscheid in Kenntnis gesetzt werden kann, um im Falle der verweigerten Fristerstreckung noch reagieren zu können.

Gesetzliche Fristen sind solche, deren Länge vom Gesetz selbst festgelegt wird, dazu gehören namentlich die Rechtsmittelfristen (Art. 100 BGG). Keine gesetzliche, sondern eine **richterlich bestimmte Frist** stellt die Frist zur Einreichung einer Vernehmlassung dar (Art. 102 Abs. 1 BGG).

Das Gesetz regelt nicht, wie oft eine Frist erstreckt werden kann. Sind zureichende Gründe vorhanden, ist auch eine mehrmalige Verlängerung möglich. Zureichende Gründe i.S. von Abs. 2 sind bspw. Krankheit, Militärdienst, Auslandabwesenheit.

Ist eine Frist verpasst, hilft nur Wiederherstellung (Art. 50 BGG), um die betroffene Partei vor Rechtsnachteilen zu bewahren.

Art. 48

Einhaltung

¹ Eingaben müssen spätestens am letzten Tag der Frist beim Bundesgericht eingereicht oder zu dessen Handen der Schweizerischen Post oder einer schweizerischen diplomatischen oder konsularischen Vertretung übergeben werden.

² Im Falle der elektronischen Zustellung ist die Frist gewahrt, wenn der Empfang bei der Zustelladresse des Bundesgerichts vor Ablauf der Frist durch das betreffende Informatiksystem bestätigt worden ist.

³ Die Frist gilt auch als gewahrt, wenn die Eingabe rechtzeitig bei der Vorinstanz oder bei einer unzuständigen eidgenössischen oder kantonalen Behörde eingereicht worden ist. Die Eingabe ist unverzüglich dem Bundesgericht zu übermitteln.

⁴ Die Frist für die Zahlung eines Vorschusses oder für eine Sicherstellung ist gewahrt, wenn der Betrag rechtzeitig zu Gunsten des Bundesgerichts der Schweizerischen Post übergeben oder einem Post- oder Bankkonto in der Schweiz belastet worden ist.

Observation

¹ Les mémoires doivent être remis au plus tard le dernier jour du délai, soit au Tribunal fédéral soit, à l'attention de ce dernier, à La Poste Suisse ou à une représentation diplomatique ou consulaire suisse.

² En cas de transmission par voie électronique, le délai est observé si, avant son échéance, le système informatique correspondant à l'adresse électronique officielle du Tribunal fédéral confirme la réception du mémoire.

³ Le délai est également réputé observé si le mémoire est adressé en temps utile à l'autorité précédente ou à une autorité fédérale ou cantonale incompétente. Le mémoire doit alors être transmis sans délai au Tribunal fédéral.

⁴ Le délai pour le versement d'avances ou la fourniture de sûretés est observé si, avant son échéance, la somme due est versée à La Poste Suisse ou débitée en Suisse d'un compte postal ou bancaire en faveur du Tribunal fédéral.

Osservanza

¹ Gli atti scritti devono essere consegnati al Tribunale federale oppure, all'indirizzo di questo, alla posta svizzera o a una rappresentanza diplomatica o consolare svizzera al più tardi l'ultimo giorno del termine.

² In caso di trasmissione per via elettronica, il termine è osservato se, prima della sua scadenza, il sistema informatico corrispondente al recapito elettronico del Tribunale federale conferma la ricezione dell'atto scritto.

³ Il termine è reputato osservato anche se l'atto scritto perviene in tempo utile all'autorità inferiore o a un'autorità federale o cantonale

incompetente. In tal caso, l'atto deve essere trasmesso senza indugio al Tribunale federale.

[4] Il termine per il versamento di anticipi o la prestazione di garanzie è osservato se, prima della sua scadenza, l'importo dovuto è versato alla posta svizzera, o addebitato a un conto postale o bancario in Svizzera, in favore del Tribunale federale.

Inhaltsübersicht Note Seite

I. Bisheriges Recht und Entstehungsgeschichte 1 155
II. Kommentar 2 155
   1. Allgemeines 2 155
   2. Bei elektronischer Zustellung 3 156
   3. Leistung von Kostenvorschüssen und Sicherstellungen 4 156

I. Bisheriges Recht und Entstehungsgeschichte

Altes Recht: Art. 32 OG.

Entwurf der Expertenkommission: Art. 44.

Entwurf des Bundesrates: Art. 44 (BBl 2001 4297 ff.).

Ständerat: Abs. 3 angepasst, Rest gemäss Vorschlag des Bundesrates angenommen (Amtl. Bull. S vom 23.9.2003 S. 896).

Nationalrat: Zustimmung zum Beschluss des Ständerates (Amtl. Bull. N vom 5.10.2004 S. 1593).

II. Kommentar

1. Allgemeines

Zur Fristwahrung genügt es, dass die Eingabe bis zum Ablauf der Frist der Post oder einer schweizerischen diplomatischen oder konsularischen Vertretung übergeben wird. Die Übergabe ist am letzten Tag bis 24.00 Uhr möglich. Soweit infolge Schalterschlusses oder dgl. kein Poststempel erhältlich ist, kann der Beweis der rechtzeitigen Aufgabe (z.B. Einwerfen in den Briefkasten) auch auf andere Weise erbracht werden (z.B. Zeugenbeweis).

2. Bei elektronischer Zustellung

3 Bei elektronischer Zustellung gilt die Frist als gewahrt, wenn der Empfang bei der Zustelladresse des Bundesgerichts vor Ablauf der Frist durch das Informatiksystem bestätigt worden ist. Diese **Bestätigung** geschieht automatisch. Das Risiko, dass ein Übermittlungsfehler auftritt und daher keine Bestätigung erfolgt, liegt damit beim Absender. Die vorsichtig prozedierende Partei wird damit Eingaben elektronisch so früh übermitteln, dass noch vor Fristablauf notfalls reagiert werden kann: Unterbleibt nämlich die Bestätigung, so wird sie die Eingabe der Post übergeben müssen (vgl. Botschaft, BBl 2001 4298).

3. Leistung von Kostenvorschüssen und Sicherstellungen

4 Vereinfacht wird die Regelung über die Rechtzeitigkeit der Leistung von Kostenvorschüssen und Sicherstellungen. Diese sind neu auch rechtzeitig geleistet, wenn sie am letzten Tag der Frist einem Post- oder Bankkonto in der Schweiz belastet worden sind (s. zur früheren Ungleichbehandlung der Überweisungen ab Post- und Bankkonto, Botschaft, BBl 2001 4298). Nicht ausreichend ist, wenn der Schuldner am letzten Tag der Frist einen Zahlungsauftrag auf dem Postweg an die Post (Postfinance) oder an die Bank sendet. Weiterhin gilt, dass Kostenvorschüsse am letzten Tag der Frist direkt am Postschalter einbezahlt werden können.

5 Die Nichtleistung eines Kostenvorschusses oder einer Sicherstellung innert Frist führt im Allgemeinen noch nicht dazu, dass die betroffene Partei einen Rechtsnachteil erleidet. Gemäss Art. 62 Abs. 3 und 63 Abs. 2 BGG ist das Ansetzen einer **Nachfrist** vorgesehen. Erst wenn die Nachfrist unbenützt verstrichen ist, drohen ernsthafte Konsequenzen (insbesondere Nichteintreten auf die Eingabe).

Art. 49

Mangelhafte Eröffnung	Aus mangelhafter Eröffnung, insbesondere wegen unrichtiger oder unvollständiger Rechtsmittelbelehrung oder wegen Fehlens einer vorgeschriebenen Rechtsmittelbelehrung, dürfen den Parteien keine Nachteile erwachsen.
Notification irrégulière	Une notification irrégulière, notamment en raison de l'indication inexacte ou incomplète des voies de droit ou de l'absence de cette indication si elle est prescrite, ne doit entraîner aucun préjudice pour les parties.
Notificazione viziata	Una notificazione viziata, segnatamente l'indicazione inesatta o incompleta dei rimedi giuridici o la mancanza di tale indicazione, qualora sia prescritta, non può causare alcun pregiudizio alle parti.

Inhaltsübersicht Note Seite
I. Bisheriges Recht und Entstehungsgeschichte... 1 157
II. Kommentar 2 157

I. Bisheriges Recht und Entstehungsgeschichte

Altes Recht: Art. 107 Abs. 3 OG. 1

Entwurf der Expertenkommission: Art. 45.

Entwurf des Bundesrates: Art. 45 (BBl 2001 4299).

Ständerat: Vorschlag des Bundesrates angenommen (Amtl. Bull. S vom 23.9.2003 S. 896).

Nationalrat: Zustimmung zum Beschluss des Ständerates (Amtl. Bull. N vom 5.10.2004 S. 1593).

II. Kommentar

Aus mangelhafter Eröffnung soll keiner Partei ein Rechtsnachteil entstehen. 2
Eine Partei soll sich grundsätzlich auf eine fehlerhafte Rechtsmittelbelehrung verlassen dürfen.

Die frühere Rechtsprechung relativierte indessen diesen Grundsatz dahingehend, 3
dass sich eine Partei oder deren Anwalt auf eine unrichtige Rechtsmittelbelehrung dann nicht berufen kann, wenn die **Fehlerhaftigkeit allein durch Konsultierung** des massgebenden Gesetzestextes **zu erkennen** ist (vgl. z.B. BGE 124 I 255, 258, 117 Ia 421, 422). Nicht verlangt wurde hingegen, dass neben dem Gesetzestext

auch noch die einschlägige Rechtsprechung oder Literatur nachgeschlagen wird (BGE 117 Ia 421, 422). Nach der Botschaft (BBl 2001 4299) ist davon auszugehen, dass diese Praxis auch in Zukunft gelten wird.

4 Eine fehlerhafte Rechtsmittelbelehrung vermag nicht eine Rechtsmittelmöglichkeit zu schaffen, die richtigerweise nicht zur Verfügung steht (s. BGE 117 II 508, 511).

Art. 50

Wiederherstellung	[1] Ist eine Partei oder ihr Vertreter beziehungsweise ihre Vertreterin durch einen anderen Grund als die mangelhafte Eröffnung unverschuldeterweise abgehalten worden, fristgerecht zu handeln, so wird die Frist wiederhergestellt, sofern die Partei unter Angabe des Grundes innert 30 Tagen nach Wegfall des Hindernisses darum ersucht und die versäumte Rechtshandlung nachholt. [2] Wiederherstellung kann auch nach Eröffnung des Urteils bewilligt werden; wird sie bewilligt, so wird das Urteil aufgehoben.
Restitution	[1] Si, pour un autre motif qu'une notification irrégulière, la partie ou son mandataire a été empêché d'agir dans le délai fixé sans avoir commis de faute, le délai est restitué pour autant que la partie en fasse la demande, avec indication du motif, dans les 30 jours à compter de celui où l'empêchement a cessé; l'acte omis doit être exécuté dans ce délai. [2] La restitution peut aussi être accordée après la notification de l'arrêt, qui est alors annulé.
Restituzione per inosservanza	[1] Se, per un motivo diverso dalla notificazione viziata, una parte o il suo patrocinatore sono stati impediti senza loro colpa di agire nel termine stabilito, quest'ultimo è restituito in quanto, entro 30 giorni dalla cessazione dell'impedimento, la parte ne faccia domanda motivata e compia l'atto omesso. [2] La restituzione del termine può essere accordata anche dopo la notificazione della sentenza; in tal caso la sentenza è annullata.

Inhaltsübersicht	Note	Seite
I. Bisheriges Recht und Entstehungsgeschichte	1	159
II. Kommentar	2	160

I. Bisheriges Recht und Entstehungsgeschichte

Altes Recht: Art. 35 OG. 1

Entwurf der Expertenkommission: Art. 46.

Entwurf des Bundesrates: Art. 46 (BBl 2001 4299).

Ständerat: Vorschlag des Bundesrates angenommen (Amtl. Bull. S vom 23.9.2003 S. 896).

Nationalrat: Zustimmung zum Beschluss des Ständerates (Amtl. Bull. N vom 5.10.2004 S. 1593).

II. Kommentar

2 Wiederherstellung ist – im Gegensatz zur Erstreckung (Art. 47 BGG) – sowohl bei gesetzlichen wie auch bei richterlich bestimmten Fristen möglich.

3 Voraussetzung ist, dass die Nichtwahrung der Frist **ohne Verschulden** erfolgte. Nach der bisherigen Praxis, die auch inskünftig gelten dürfte, wird ein Verschulden rasch angenommen (s. dazu GEISER, Prozessieren vor Bundesgericht, Rz. 1.70). Namentlich besteht eine Verhinderung nicht schon dann, wenn die Partei oder der Vertreter nicht handeln konnte. Die Genannten müssen auch daran gehindert gewesen sein, eine andere Person an ihrer Stelle handeln zu lassen (BGE 119 II 86, 87; s. im Übrigen die Nachweise bei GEISER, Prozessieren vor Bundesgericht, Rz. 1.70).

4 Die Frist zur Einreichung des Gesuchs um Wiederherstellung beträgt neu 30 statt wie früher 10 Tage (s. vormals Art. 35 Abs. 1 OG). Die versäumte Handlung (bspw. die Einreichung einer Beschwerdevernehmlassung) ist innert der gleichen Frist nachzuholen. Es darf also nicht der Entscheid über das Wiederherstellungsgesuch abgewartet werden.

6. Abschnitt: Streitwert

Art. 51

Berechnung

¹ Der Streitwert bestimmt sich:
a. bei Beschwerden gegen Endentscheide nach den Begehren, die vor der Vorinstanz streitig gebliebenen waren;
b. bei Beschwerden gegen Teilentscheide nach den gesamten Begehren, die vor der Instanz streitig waren, welche den Teilentscheid getroffen hat;
c. bei Beschwerden gegen Vor- und Zwischenentscheide nach den Begehren, die vor der Instanz streitig sind, wo die Hauptsache hängig ist;
d. bei Klagen nach den Begehren des Klägers oder der Klägerin.

² Lautet ein Begehren nicht auf Bezahlung einer bestimmten Geldsumme, so setzt das Bundesgericht den Streitwert nach Ermessen fest.

³ Zinsen, Früchte, Gerichtskosten und Parteientschädigungen, die als Nebenrechte geltend gemacht werden, sowie Vorbehalte und die Kosten der Urteilsveröffentlichung fallen bei der Bestimmung des Streitwerts nicht in Betracht.

⁴ Als Wert wiederkehrender Nutzungen oder Leistungen gilt der Kapitalwert. Bei ungewisser oder unbeschränkter Dauer gilt als Kapitalwert der zwanzigfache Betrag der einjährigen Nutzung oder Leistung, bei Leibrenten jedoch der Barwert.

Calcul

¹ La valeur litigieuse est déterminée:
a. en cas de recours contre une décision finale, par les conclusions restées litigieuses devant l'autorité précédente;
b. en cas de recours contre une décision partielle, par l'ensemble des conclusions qui étaient litigieuses devant l'autorité qui a rendu cette décision;
c. en cas de recours contre une décision préjudicielle ou incidente, par les conclusions restées litigieuses devant l'autorité compétente sur le fond;
d. en cas d'action, par les conclusions de la demande.

² Si les conclusions ne tendent pas au paiement d'une somme d'argent déterminée, le Tribunal fédéral fixe la valeur litigieuse selon son appréciation.

³ Les intérêts, les fruits, les frais judiciaires et les dépens qui sont réclamés comme droits accessoires, les droits réservés et les frais de publication du jugement n'entrent pas en ligne de compte dans la détermination de la valeur litigieuse.

⁴ Les revenus et les prestations périodiques ont la valeur du capital qu'ils représentent. Si leur durée est indéterminée ou illimitée, le

Calcolo capital est formé par le montant annuel du revenu ou de la prestation, multiplié par vingt, ou, s'il s'agit de rentes viagères, par la valeur actuelle du capital correspondant à la rente.

^{1} Il valore litigioso à determinato:
a. in caso di ricorso contro una decisione finale, dalle conclusioni rimaste controverse dinanzi all'autorità inferiore;
b. in caso di ricorso contro una decisione parziale, dall'insieme delle conclusioni che erano controverse dinanzi all'autorità che ha pronunciato la decisione;
c. in caso di ricorso contro decisioni pregiudiziali e incidentali, dalle conclusioni che sono controverse dinanzi all'autorità competente nel merito;
d. in caso di azione, dalle conclusioni dell'attore.

^{2} Se nelle conclusioni non è chiesto il pagamento di una somma di denaro determinata, il Tribunale federale stabilisce il valore litigioso secondo il suo apprezzamento.

^{3} Gli interessi, i frutti, le spese giudiziarie e ripetibili fatti valere come pretese accessorie, i diritti riservati e le spese di pubblicazione della sentenza non entrano in linea di conto nella determinazione del valore litigioso.

^{4} Le rendite e prestazioni periodiche hanno il valore del capitale che rappresentano. Se la loro durata è incerta o illimitata, è considerato valore del capitale l'importo annuo della rendita o della prestazione moltiplicato per venti o, se si tratta di rendite vitalizie, il valore attuale del capitale corrispondente alla rendita.

Inhaltsübersicht

	Note	Seite
I. Bisheriges Recht und Entstehungsgeschichte	1	162
II. Kommentar	2	163
1. Vermögensrechtliche Streitigkeiten	2	163
2. Bedeutung des Streitwerts	15	164
3. Streitwertberechnung	16	164
3.1 Streitig gebliebene Begehren	16	164
3.2 Klagen auf bestimmte Geldleistung	19	165
3.3 Besondere Fälle	21	165

I. Bisheriges Recht und Entstehungsgeschichte

1 Altes Recht: Art. 36 OG.

Entwurf der Expertenkommission: Art. 48.

Entwurf des Bundesrates: Art. 47 (BBl 2001 4299 f.).

Ständerat: Abs. 1 lit. a angepasst, Rest gemäss Vorschlag des Bundesrates angenommen (Amtl. Bull. S vom 23.9.2003 S. 896 f.).
Nationalrat: Zustimmung zum Beschluss des Ständerates (Amtl. Bull. N vom 5.10.2004 S. 1593).

II. Kommentar

1. Vermögensrechtliche Streitigkeiten

Nur vermögensrechtliche Streitigkeiten haben einen Streitwert. Massgebend für die Qualifikation als vermögensrechtliche Streitigkeit ist, ob der Rechtsgrund des streitigen Anspruches letzten Endes im Vermögensrecht ruht, mit dem Anspruch letztlich und überwiegend ein wirtschaftlicher Zweck verfolgt wird (s. BGE 118 II 528, 531 E. 2c; 116 II 379, 380 E. 2a; s. auch VOGEL/SPÜHLER, 13 N 139). Es kommt nicht darauf an, aus welchem Rechtsgebiet ein Anspruch entspringt, sondern welche Rechtsfolge beantragt wird, was anhand der nachstehenden Beispiele deutlich wird. 2

Vermögensrechtlich sind bspw.: 3

– Klagen auf eine bestimmte Geldleistung. 4
– Klagen aus Aktienrecht (BGE 107 II 179, 181 E. 1) sowie das Gesuch um Einsetzung eines Sonderprüfers (BGE 120 II 393, 395 E. 2). 5
– Der Streit um ein Arbeitszeugnis (BGE 116 II 379, 380 E. 2b). 6
– Der Ausschluss aus einer Stockwerkeigentümergemeinschaft und die Anfechtung von Beschlüssen einer solchen (BGE 113 II 15, 17 E. 1; 108 II 77, 79 E. b). 7
– Die Klage auf Feststellung und Unterlassung unlauteren Wettbewerbs (BGE 104 II 124, 126 E. 1). 8
– Die Erstreckung einer Miete (BGE 113 II 406, 407 E. 1). 9

Nicht vermögensrechtlich sind bspw.: 10

– Unterlassungs-, Beseitigungs- und Feststellungsklagen aus Persönlichkeitsverletzung (Art. 28a ZGB; BGE 110 II 411, 413 E. 1; 106 II 92, 96 E. 1a). Wird aus einer Persönlichkeitsverletzung hingegen einzig auf Schadenersatz geklagt, liegt ein vermögensrechtlicher Anspruch vor (POUDRET, N 1.3.1 zu Art. 44 OG). 11
– Klagen aus der Mitgliedschaft eines Vereins mit ideeller Zwecksetzung (BGE 108 II 15, 17 f. E. 1a). 12
– Die Scheidungsklage. Wird aber das Scheidungsurteil einzig in Bezug auf die Kinderunterhaltsbeiträge angefochten, so liegt eine vermögensrechtliche Streitigkeit vor (BGE 116 II 493, 494 f. E. 2a). 13

14 Weist ein Rechtsstreit sowohl vermögensrechtliche als auch nicht vermögensrechtliche Aspekte auf, ist darauf abzustellen, ob das geldwerte oder das ideelle Interesse des Klägers überwiegt (s. BGE 108 II 77, 78 E. 1a).

2. Bedeutung des Streitwerts

15 Die Bestimmung des Streitwerts ist nach BGG vorab für die Beschwerde in Zivilsachen bedeutsam (Art. 72 ff. BGG). Diese Beschwerde ist grundsätzlich nur zulässig, wenn der Streitwert CHF 30 000.– erreicht (s. Art. 74 Abs. 1 lit. b BGG), in arbeits- und mietrechtlichen Streitsachen beträgt die Streitwertgrenze CHF 15 000.– (s. Art. 74 Abs. 1 lit. a BGG). Die Streitwerthöhe ist sodann für die Zulässigkeit der Beschwerde in Staatshaftungssachen (Streitwertgrenze von CHF 30 000.–; s. Art. 85 Abs. 1 lit. a BGG) sowie in Streitigkeiten auf dem Gebiet der öffentlich-rechtlichen Arbeitsverhältnisse (Streitwertgrenze CHF 15 000.–; s. Art. 85 Abs. 1 lit. b BGG) entscheidend. Der Streitwert ist sodann für die Bestimmung der Gerichtsgebühren massgebend (s. Art. 65 Abs. 2 BGG). Auch der Gebührentarif zur Festsetzung der Parteientschädigung (s. Art. 68 Abs. 2 BGG) ist streitwertabhängig ausgestaltet (vgl. Art. 68 BGG N 17).

3. Streitwertberechnung

3.1 Streitig gebliebene Begehren

16 Bei Beschwerden gegen Endentscheide bestimmt sich der Streitwert nach den Begehren, die **vor der Vorinstanz** streitig geblieben sind (Abs. 1 lit. a). Es spielt damit keine Rolle, welchen Betrag die Vorinstanz tatsächlich zugesprochen hat. Die Berechnungsweise wurde im Rahmen der parlamentarischen Debatte entgegen dem bundesrätlichen Entwurf festgelegt (s. Amtl. Bull. S vom 23.9.2006 S. 896).

17 Beispiel: Der Klageantrag lautete vor der Vorinstanz auf Fr. 40 000.–, zugesprochen wurden Fr. 30 000.–. Der Beklagte verlangte die vollumfängliche Abweisung der Klage. Der Kläger ist damit nur im Umfange von Fr. 10 000.– nicht mit seiner Klage durchgedrungen. Da die Regelung über die Streitwertberechnung nicht darauf abstellt, was die Vorinstanz zugesprochen hat, ist der massgebende Streitwert für das bundesgerichtliche Verfahren nach wie vor Fr. 40 000.–. Die Streitwertgrenze i.S. von Art. 74 Abs. 1 lit. b BGG wird also erreicht.

18 Richtet sich die Beschwerde gegen einen **Teilentscheid** (Abs. 1 lit. b; vgl. Art. 91 BGG), berechnet sich der Streitwert aufgrund der gesamten Begehren, die vor der Vorinstanz streitig waren. Damit wird vermieden, dass der Zugang zum Bundes-

gericht durch die Trennung eines Prozesses in mehrere Teilentscheide beeinflusst wird.

3.2 Klagen auf bestimmte Geldleistung

Lautet der Anspruch auf eine **bestimmte Geldleistung**, so entspricht der Streitwert bei Klagen dem Begehren des Klägers (s. Abs. 1 lit. d). Vertragliche Gegenleistungen des Beklagten sowie Gegenforderungen, die dieser zur Verrechnung stellt, bleiben für die Streitwertberechnung ausser Betracht (s. MÜNCH, Prozessieren vor Bundesgericht, Ziff. 4.16). 19

Geldleistungsansprüche in **ausländischer Währung** sind umzurechnen. Massgebend ist der Kurs zum Zeitpunkt der Begründung der Rechtshängigkeit (s. POUDRET, N 3.3 i.f. zu Art. 36 OG). 20

3.3 Besondere Fälle

Lautet das Begehren nicht auf Bezahlung einer bestimmten Geldsumme, handelt es sich aber gleichwohl um eine vermögensrechtliche Streitigkeit (s. dazu N 2 ff.), so bestimmt das Bundesgericht den Streitwert nach **Ermessen** (Abs. 2; vgl. die bisherige Vorschrift von Art. 36 Abs. 2 OG). Der Streitwert muss daher geschätzt werden. 21

Abzustellen ist auf den Zeitpunkt der Begründung der Rechtshängigkeit. Verändert sich im Verlaufe des Prozesses der Wert des Streitgegenstandes, so ist dies unbeachtlich (BGE 116 II 431, 433 E. 1; s. POUDRET, N 3.4 zu Art. 36 OG). Zu berücksichtigen sind indessen Änderungen des Klageumfanges (BGE 116 II 431, 433 E. 1). 22

Für die Streitwertberechnung unberücksichtigt bleiben Zinse, Früchte, Gerichtskosten und Parteientschädigungen, die lediglich als **Nebenrechte** geltend gemacht werden (Abs. 3), dies gilt ebenso für Nachklagevorbehalte wie auch für die Kosten einer Urteilsveröffentlichung. Dies gilt selbst dann, wenn bspw. die als Nebenforderung geltend gemachten Zinse den Wert der Hauptforderung übersteigen. 23

Bei periodischen Leistungen oder Nutzungen ist auf den **Kapitalwert** abzustellen (Abs. 4). Ist die Dauer der Leistungen oder Nutzungen ungewiss oder unbeschränkt, gilt der zwanzigfache Betrag der einjährigen Leistung oder Nutzung als Streitwert. Bei Leibrenten ist stets der Barwert massgebend. Die Vorschrift von Abs. 4 gilt grundsätzlich auch in mietrechtlichen Streitigkeiten. So gilt bei der Anfechtung einer Mietzinserhöhung (Art. 270 ff. OR) der zwanzigfache Jahresbetrag der streitigen Erhöhung als Streitwert (s. BGE 118 II 422, 424 E. 1), was 24 bereits bei geringen Mietzinserhöhungen zu beträchtlichen Streitwerten führt. Bei der Anfechtung einer Kündigung (Art. 271 OR) hingegen bestimmt sich der Streitwert aufgrund des Zeitraumes, während dem der Vertrag fortdauern würde, wenn die Kündigung nicht gültig wäre. Dieser Zeitraum erstreckt sich bis zu dem Zeitpunkt, auf den eine weitere Kündigung ausgesprochen werden könnte oder ausgesprochen worden ist (BGE 111 II 384, 386 E. 1 ff.).

25 Für die Bestimmung des Streitwerts bei **mehreren Ansprüchen** s. Art. 52 BGG.

26 Für die Bestimmung des Streitwerts bei **Widerklage** s. Art. 53 BGG.

Art. 52

Zusammenrechnung	Mehrere in einer vermögensrechtlichen Sache von der gleichen Partei oder von Streitgenossen und Streitgenossinnen geltend gemachte Begehren werden zusammengerechnet, sofern sie sich nicht gegenseitig ausschliessen.
Addition	Les divers chefs de conclusions formés dans une affaire pécuniaire par la même partie ou par des consorts sont additionnés, à moins qu'ils ne s'excluent.
Pluralità di pretese	Nelle cause di carattere pecuniario le conclusioni di una parte o di litisconsorti sono sommate, sempreché non si escludano a vicenda.

Inhaltsübersicht   Note   Seite

I. Bisheriges Recht und Entstehungsgeschichte 1   167
II. Kommentar 2   167

I. Bisheriges Recht und Entstehungsgeschichte

Altes Recht: Art. 47 Abs. 1 OG.   1

Entwurf der Expertenkommission: Art 49.

Entwurf des Bundesrates: Art. 48 (BBl 2001 4300).

Ständerat: Vorschlag des Bundesrates angenommen (Amtl. Bull. S vom 23.9.2003 S. 897).

Nationalrat: Zustimmung zum Beschluss des Ständerates (Amtl. Bull. N vom 5.10.2004 S. 1593).

II. Kommentar

Der gegenseitige Ausschluss der Begehren kann entweder im **materiellen**   2
Recht begründet sein oder aber sich aufgrund des **Willens des Klägers** ergeben.

Die Klageansprüche schliessen sich nach materiellem Recht aus, wenn der Zu-   3
spruch des einen notwendig die Abweisung des andern zur Folge hat
(s. POUDRET, N 1.5 zu Art. 47 OG). Nach dem Willen des Klägers erfolgt der
gegenseitige Ausschluss, wenn er die Anträge alternativ oder in Form von Haupt-
und Eventualbegehren stellt. Die beiden Fallgruppen können sich überlagern, z.B.
wenn der Kläger principaliter Wandelung und eventualiter Minderung (Art. 205
OR) verlangt.

S. im Übrigen die identische Regelung von Art. 47 Abs. 1 OG.   4

Art. 53

Widerklage	[1] Der Betrag einer Widerklage wird nicht mit demjenigen der Hauptklage zusammengerechnet. [2] Schliessen die in Hauptklage und Widerklage geltend gemachten Ansprüche einander aus und erreicht eine der beiden Klagen die Streitwertgrenze nicht, so gilt die Streitwertgrenze auch für diese Klage als erreicht, wenn sich die Beschwerde auf beide Klagen bezieht.
Demande reconventionnelle	[1] Le montant d'une demande reconventionnelle et celui de la demande principale ne sont pas additionnés. [2] Si les conclusions de la demande principale et de la demande reconventionnelle s'excluent et si l'une de ces demandes n'atteint pas à elle seule la valeur litigieuse minimale, cette demande est quand même réputée atteindre la valeur litigieuse minimale si le recours porte sur les deux demandes.
Domanda riconvenzionale	[1] L'importo della domanda riconvenzionale non è sommato con quello della domanda principale. [2] Qualora le pretese della domanda principale e quelle della domanda riconvenzionale si escludano a vicenda e una delle due domande non raggiunga il valore litigioso minimo, tale valore è reputato raggiunto anche per quest'ultima se il ricorso verte su entrambe le domande.

Inhaltsübersicht   Note   Seite
I.   Bisheriges Recht und Entstehungsgeschichte 1   168
II. Kommentar 2   169

I. Bisheriges Recht und Entstehungsgeschichte

[1] Altes Recht: Art. 47 Abs. 2 und 3 OG.

Entwurf der Expertenkommission: Art. 50.

Entwurf des Bundesrates: Art. 49 (BBl 2001 4300).

Ständerat: Vorschlag des Bundesrates angenommen (Amtl. Bull. S vom 23.9.2003 S. 897).

Nationalrat: Zustimmung zum Beschluss des Ständerates (Amtl. Bull. N vom 5.10.2004 S. 1593).

II. Kommentar

Haupt- und Widerklage werden für die Streitwertbestimmung nicht zusammengerechnet. Für das Erreichen des Streitwerterfordernisses (s. Art. 74 BGG) genügt es jedoch, wenn lediglich eine der beiden Klagen den erforderlichen Streitwert erreicht und sich Haupt- und Widerklage gegenseitig ausschliessen.

Beispiel: Der Verkäufer macht im kantonalen Verfahren klageweise die Bezahlung des Kaufpreises von Fr. 31 000.– geltend. Der Käufer beantragte die Abweisung und verlangte infolge Wandelung widerklageweise den Ersatz der Kosten für die Feststellung der Mängel von Fr. 1000.– (Art. 208 Abs. 2 OR). Hier erreicht nur die Vorklage die Beschwerdesumme gemäss Art. 74 Abs. 1 lit. b BGG. Bezieht sich die Beschwerde ans Bundesgericht aber auf beide Klagen, so gilt die Streitwertgrenze auch für die Widerklage als erreicht. Wenn also im kantonalen Verfahren die Vorklage gutgeheissen, die Widerklage hingegen abgewiesen wurde, so kann der Beklagte und Widerkläger in Bezug auf beide Klagen Beschwerde führen.

S. zur **Kompetenzattraktion** in den Fällen von Abs. 2 ausführlich POUDRET, N 3 zu Art. 47 OG.

S. Im Übrigen die bisherige gleichlautende Regelung in Art. 47 Abs. 2 und 3 OG.

7. Abschnitt: Verfahrenssprache

Art. 54

[1] Das Verfahren wird in einer der Amtssprachen (Deutsch, Französisch, Italienisch, Rumantsch Grischun) geführt, in der Regel in der Sprache des angefochtenen Entscheids. Verwenden die Parteien eine andere Amtssprache, so kann das Verfahren in dieser Sprache geführt werden.

[2] Bei Klageverfahren wird auf die Sprache der Parteien Rücksicht genommen, sofern es sich um eine Amtssprache handelt.

[3] Reicht eine Partei Urkunden ein, die nicht in einer Amtssprache verfasst sind, so kann das Bundesgericht mit dem Einverständnis der anderen Parteien darauf verzichten, eine Übersetzung zu verlangen.

[4] Im Übrigen ordnet das Bundesgericht eine Übersetzung an, wo dies nötig ist.

[1] La procédure est conduite dans l'une des langues officielles (allemand, français, italien, rumantsch grischun), en règle générale dans la langue de la décision attaquée. Si les parties utilisent une autre langue officielle, celle-ci peut être adoptée.

[2] Dans les procédures par voie d'action, il est tenu compte de la langue des parties s'il s'agit d'une langue officielle.

[3] Si une partie a produit des pièces qui ne sont pas rédigées dans une langue officielle, le Tribunal fédéral peut, avec l'accord des autres parties, renoncer à exiger une traduction.

[4] Si nécessaire, le Tribunal fédéral ordonne une traduction.

[1] Il procedimento si svolge in una delle lingue ufficiali (tedesco, francese, italiano, rumantsch grischun), di regola nella lingua della decisione impugnata. Se le parti utilizzano un'altra lingua ufficiale, il procedimento può svolgersi in tale lingua.

[2] Nei procedimenti promossi mediante azione è tenuto conto della lingua delle parti, sempreché si tratti di una lingua ufficiale.

[3] Se una parte produce documenti non redatti in una lingua ufficiale, il Tribunale federale può, previo assenso delle altre parti, rinunciare a esigerne la traduzione.

[4] Per il rimanente, il Tribunale federale ordina una traduzione se necessario.

Inhaltsübersicht   Note   Seite

	Note	Seite
I. Bisheriges Recht und Entstehungsgeschichte	1	171
II. Kommentar	2	171
1. Verfahrenssprache	2	171
2. Übersetzung	5	172

I. Bisheriges Recht und Entstehungsgeschichte

Altes Recht: Art. 30 Abs. 1 und 37 Abs. 3 OG.   1

Entwurf der Expertenkommission: Art. 51.

Entwurf des Bundesrates: Art. 50 (BBl 2001 4300 f.).

Ständerat: Vorschlag des Bundesrates angenommen (Amtl. Bull. S vom 23.9.2003 S. 897).

Nationalrat: Zustimmung zum Beschluss des Ständerates (Amtl. Bull. N vom 5.10.2004 S. 1593).

II. Kommentar

1. Verfahrenssprache

Das bisherige Recht des OG bestimmte lediglich die Sprache der Rechtsschriften (Art. 30 Abs. 1 OG) und des Urteils (Art. 37 Abs. 3 OG), nicht aber die Verfahrenssprache an sich. Neu ist insbesondere die gesetzliche Anerkennung des Rumantsch Grischun als Verfahrenssprache.   2

Gemäss verfassungsrechtlicher Grundlage ist im Verkehr mit rätoromanisch sprechenden Personen auch das Rätoromanische als Amtssprache anzuerkennen (Art. 70 Abs. 1 BV). Das Bundesgericht hat in seiner bisherigen Rechtsprechung daraus abgeleitet, dass das Urteil zumindest in jenen Fällen in rätoromanischer Sprache zu verfassen ist, in denen eine romanische Gemeinde oder Person gegen den Entscheid einer Instanz des Kantons Graubünden Beschwerde geführt hat (BGE 122 I 93, 95 f.). Die neue Vorschrift anerkennt nun Deutsch, Französisch, Italienisch und Rumantsch Grischun generell als mögliche Verfahrenssprachen.   3

Im Bereich des Rätoromanischen ist ausschliesslich Rumantsch Grischun Verfahrenssprache, den Parteien ist es aber unbenommen, die Rechtsschrift in einer Regionalsprache einzureichen (s. Art. 42 Abs. 1 BGG, welche Vorschrift im Gegensatz zu Art. 54 BGG keine Beschränkung auf Rumantsch Grischun vorsieht; vgl. dazu Art. 42 BGG N 2).   4

2. *Übersetzung*

5 Als Beweismittel vorgelegte Urkunden, die nicht in einer Amtssprache verfasst sind, müssen nicht zwingend übersetzt werden (Abs. 3). Das Gericht oder eine Gegenpartei kann jedoch die Übersetzung verlangen. Das Einverständnis zum Verzicht auf eine Übersetzung muss nicht ausdrücklich erfolgen. So erfolgt die Zustimmung konkludent, wenn jede Partei Urkunden in derselben Fremdsprache einreicht, ohne eine Übersetzung in eine Amtssprache beizulegen (Botschaft, BBl 2001 4301).

6 Falls eine Partei die zur Anwendung gelangende Verfahrenssprache nicht beherrscht bzw. die von der Gegenpartei verwendete Amtssprache nicht versteht, ordnet das Bundesgericht die Übersetzung aller Schriftstücke und der mündlichen Äusserungen an, auf deren Verständnis die Partei angewiesen ist, um dem Verfahren zu folgen (s. Botschaft, BBl 2001 4301). Oftmals kann aber von einer Übersetzung abgesehen werden, wenn der Rechtsvertreter der Partei die betroffene Verfahrenssprache versteht. In strafrechtlichen Verfahren ist Art. 6 Abs. 3 lit. e EMRK zu beachten, wonach eine angeschuldigte Person das Recht auf eine Übersetzung hat.

8. Abschnitt: Beweisverfahren

Art. 55

Grundsatz

[1] Das Beweisverfahren richtet sich nach den Artikeln 36, 37 und 39–65 des Bundesgesetzes vom 4. Dezember 1947 über den Bundeszivilprozess (BZP).

[2] **Der Instruktionsrichter oder die Instruktionsrichterin kann die notwendigen Beweismassnahmen selbst vornehmen oder der zuständigen eidgenössischen oder kantonalen Behörde übertragen.**

[3] Zu Zeugeneinvernahmen, Augenschein und Parteiverhör zieht er oder sie einen zweiten Richter oder eine zweite Richterin bei.

Principe

[1] La procédure probatoire est régie par les art. 36, 37 et 39 à 65 de la loi fédérale de procédure civile fédérale du 4 décembre 1947 (PCF).

[2] Le juge instructeur peut prendre lui-même les mesures probatoires qui s'imposent ou charger les autorités fédérales ou cantonales compétentes de le faire.

[3] Il s'adjoint un second juge pour l'audition des témoins, l'inspection locale et l'interrogatoire des parties.

Principio

[1] La procedura probatoria è retta dagli articoli 36, 37 e 39–65 della legge del 4 dicembre 1947 di procedura civile federale (PC).

[2] Il giudice dell'istruzione può prendere lui stesso le misure probatorie necessarie o demandarne l'adozione alle autorità federali o cantonali competenti.

[3] Procede all'audizione di testimoni, alle ispezioni oculari e all'interrogatorio delle parti insieme con un secondo giudice.

Inhaltsübersicht Note Seite

		Note	Seite
I.	Bisheriges Recht und Entstehungsgeschichte	1	174
II.	Kommentar	2	174
	1. Allgemeines	2	174
	2. Beweisthema	3	174
	3. Beweisführung	4	174
	4. Beweismittel	6	175
	4.1 Zeugen (Art. 42–49 BZP)	6	175
	4.2 Urkunden (Art. 50–54 BZP)	7	175
	4.3 Augenschein (Art. 55–56 BZP)	8	175
	4.4 Sachverständige (Art. 57–61 BZP)	10	176
	4.5 Parteiverhör (Art. 62–65 BZP)	11	176
	5. Weitere Bestimmungen (Abs. 2 und 3)	12	176

I. Bisheriges Recht und Entstehungsgeschichte

1 Altes Recht: Art. 95 Abs. 1 OG.
Entwurf der Expertenkommission: Art. 52.
Entwurf des Bundesrates: Art. 51 (BBl 2001 4302).
Ständerat: unverändert angenommen (Amtl. Bull. S vom 23.9.2003 S. 897).
Nationalrat: Zustimmung zum Beschluss des Ständerates (Amtl. Bull. N vom 5.10.2004 S. 1593).

II. Kommentar

1. Allgemeines

2 Der Gesetzgeber hat sich bezüglich des Beweisverfahrens vor Bundesgericht darauf beschränkt, auf die Bestimmungen im siebenten Titel des **Bundeszivilprozesses** zu verweisen. Diese Bestimmungen befassen sich vorwiegend mit den Fragen, was zu beweisen ist (sog. Beweisthema; nachfolgend Ziffer 2) und wie zu beweisen ist (sog. Beweisführung; nachfolgend Ziffer 3). Ferner enthalten sie zahlreiche Bestimmungen betreffend Beweismittel (nachfolgend Ziffer 4).

2. Beweisthema

3 Auch vor Bundesgericht gilt, dass lediglich über solche äusseren oder inneren Tatsachen Beweis zu führen ist, die feststehen müssen, um die geltend gemachte Rechtsfolge auszulösen. Soweit die Verhandlungsmaxime Anwendung findet, kann die Beweisführung weiter auf bestrittene Tatsachen beschränkt werden (Art. 36 Abs. 1 BZP). Ob eine Tatsache als bestritten anzusehen ist, hat das Gericht unter Berücksichtigung des gesamten Inhalts des Vorbringens und des Verhaltens einer Partei im Prozess zu beurteilen (Art. 36 Abs. 2 BZP). Keines Beweises bedürfen demgegenüber allgemeinkundige oder gerichtsnotorische Tatsachen; dazu zählen auch allgemein zugängliche Tatsachen, selbst wenn das Gericht sie ermitteln muss (BGE 128 III 4, 8 E. 4c/bb).

3. Beweisführung

4 Das Bundesgericht ist an die von den Parteien angebotenen Beweismittel nicht gebunden (Art. 37 BZP). Es kann ihm angebotene Beweismittel ablehnen, wenn es sie von vornherein nicht für geeignet hält, behauptete Tatsachen zu be-

weisen (sog. antizipierte Beweiswürdigung). Dasselbe gilt sinngemäss, wenn eine Partei ein Beweismittel für eine Tatsache anbietet, die nicht entscheidrelevant ist. Schliesslich kann das Gericht auch von den Parteien nicht angebotene Beweismittel beiziehen.

Das Bundesgericht **würdigt** die Beweise nach **freier Überzeugung** (Art. 40 BZP; BGE 130 II 482, 485 E. 3.2). Frei ist die Beweiswürdigung vor allem darin, dass sie nicht an bestimmte starre Beweisregeln gebunden ist, die dem Gericht genau vorschreiben, wie ein gültiger Beweis zustande kommt und welchen Beweiswert die einzelnen Beweismittel im Verhältnis zueinander haben.

5

4. Beweismittel

4.1 Zeugen (Art. 42–49 BZP)

Zeugen sind Personen, die zur Feststellung von Tatsachen über ihre eigenen Wahrnehmungen einvernommen werden. Das Zeugnis «vom Hörensagen» kann immerhin als Hilfstatsache für die Würdigung anderer Zeugenaussagen erheblich sein. Für die Einzelheiten, insbesondere betreffend Zeugnispflicht und Zeugnisverweigerungsrecht, kann auf die Bestimmungen des BZP verwiesen werden.

6

4.2 Urkunden (Art. 50–54 BZP)

Der Gesetzgeber hat insbesondere mit Blick auf die technische Entwicklung darauf verzichtet, im BZP eine Legaldefinition zum Urkundebegriff zu verankern. Mit Blick auf Art. 110 Abs. 4 und 5 StGB und die dazu vom Bundesgericht entwickelte Rechtsprechung lässt sich eine Urkunde als verkörperte menschliche Gedankenerklärung, die geeignet und dazu bestimmt ist, rechtserhebliche Tatsachen zu beweisen, verstehen. Öffentlichen Urkunden kommen kraft ausdrücklicher Regelung in Art. 9 ZGB besondere Beweiskräfte zu.

7

4.3 Augenschein (Art. 55–56 BZP)

Der Augenschein bezweckt die Erwahrung einer Tatsache durch sinnliche Wahrnehmung des Gerichts. In Frage kommt dabei jedes Sinnesorgan. In der bundesgerichtlichen Praxis findet nur sehr selten ein Augenschein statt.

8

Die Duldung des Augenscheins an Sachen ist eine öffentlich-rechtliche Pflicht; sie gilt nicht für die Durchführung eines solchen an einer Person.

9

4.4 Sachverständige (Art. 57–61 BZP)

10 Sind zur Aufklärung des Sachverhaltes Fachkenntnisse erforderlich, können bereits im Rahmen der Instruktion des Prozesses ein oder mehrere Sachverständige beigezogen werden (Art. 57 Abs. 1 BZP). Den Parteien ist indes vorher die Gelegenheit zu geben, allfällige Einwendungen gegen die Ernennung der Experten vorzutragen (Art. 58 Abs. 2 BZP). Für Sachverständige gelten die Ausstandsgründe nach Art. 31 BGG sinngemäss (Art. 58 Abs. 1 BZP in der Fassung gemäss BGG). Bei seiner Bestellung ist der Sachverständige auf die Pflicht aufmerksam zu machen, den Auftrag nach bestem Wissen und Gewissen auszuführen und sich strengster Unparteilichkeit zu befleissigen. Zudem erhalten die Parteien Gelegenheit, Erläuterungs- und Ergänzungsfragen zu beantragen (Art. 60 Abs. 1 BZP). Der Richter entscheidet über die ihm notwendig erscheinenden Erläuterungs- und Ergänzungsfragen und stellt dem Sachverständigen diese in mündlicher Verhandlung oder zu schriftlicher Beantwortung (Art. 60 Abs. 2 BZP).

4.5 Parteiverhör (Art. 62–65 BZP)

11 Das Parteiverhör ist Zeugnis in eigener Sache. Sofern es nicht zu einem Geständnis führt, ist sein Ergebnis mit besonderer Vorsicht zu würdigen. Bereits im Rahmen des einfachen Parteiverhörs (Art. 62 BZP) ist die Partei darauf aufmerksam zu machen, dass sie eventuell später auch noch zur Beweisaussage unter Straffolge (Art. 64 BZP) angehalten werden kann.

5. *Weitere Bestimmungen (Abs. 2 und 3)*

12 Der Instruktionsrichter bereitet den Rechtsstreit für die Hauptverhandlung vor. Er leitet den Schriftenwechsel und führt das Vorbereitungsverfahren durch (Art. 32 BGG). Abs. 2 bestimmt in Durchbrechung des strikten Unmittelbarkeitsprinzips, dass er die notwendigen Beweismassnahmen nicht nur selbst vornehmen kann, sondern diese auch an die zuständige eidgenössische oder kantonale Behörde **übertragen** kann. Nimmt er Zeugeneinvernahmen, einen Augenschein und das Parteiverhör selbst vor, ist jeweils ein **zweiter Richter** beizuziehen (Abs. 3).

Art. 56

Anwesenheit der Parteien und Urkundeneinsicht

[1] Die Parteien sind berechtigt, der Beweiserhebung beizuwohnen und in die vorgelegten Urkunden Einsicht zu nehmen.

[2] Wo es zur Wahrung überwiegender öffentlicher oder privater Interessen notwendig ist, nimmt das Gericht von einem Beweismittel unter Ausschluss der Parteien oder der Gegenparteien Kenntnis.

[3] Will das Gericht in diesem Fall auf das Beweismittel zum Nachteil einer Partei abstellen, so muss es ihr den für die Sache wesentlichen Inhalt desselben mitteilen und ihr ausserdem Gelegenheit geben, sich zu äussern und Gegenbeweismittel zu bezeichnen.

Présence des parties et consultation des pièces

[1] Les parties ont le droit d'assister à l'administration des preuves et de prendre connaissance des pièces produites.

[2] Si la sauvegarde d'intérêts publics ou privés prépondérants l'exige, le Tribunal fédéral prend connaissance d'un moyen de preuve hors de la présence des parties ou des parties adverses.

[3] Dans ce cas, si le Tribunal fédéral entend utiliser un moyen de preuve au désavantage d'une partie, il doit lui en communiquer le contenu essentiel se rapportant à l'affaire et lui donner la possibilité de s'exprimer et d'offrir des contre-preuves.

Presenza delle parti e consultazione dei documenti

[1] Le parti hanno diritto di assistere all'assunzione delle prove e di consultare i documenti prodotti.

[2] Se la tutela di interessi pubblici o privati preponderanti lo esige, il Tribunale federale prende conoscenza di un mezzo di prova in assenza delle parti o delle controparti.

[3] Se in tal caso intende utilizzare il mezzo di prova a pregiudizio di una parte, il Tribunale federale gliene comunica il contenuto essenziale per la causa e le dà la possibilità di esprimersi e di indicare controprove.

Inhaltsübersicht   Note   Seite

I. Bisheriges Recht und Entstehungsgeschichte   1   178
II. Kommentar   2   178
    1. Allgemeines   2   178
    2. Recht auf vorgängige Äusserung und Mitwirkung und Recht auf
       Akteneinsicht (Abs. 1)   4   178
    3. Ausnahmen (Abs. 2 und 3)   6   179

I. Bisheriges Recht und Entstehungsgeschichte

1 Altes Recht: ---
Entwurf der Expertenkommission: Art. 53.
Entwurf des Bundesrates: Art. 52 (BBl 2001 4302).
Ständerat: unverändert angenommen (Amtl. Bull. S vom 23.9.2003 S. 897).
Nationalrat: stimmt dem Beschluss des Ständerates zu (Amtl. Bull. N vom 5.10.2004 S. 1593).

II. Kommentar

1. Allgemeines

2 Die Absätze 1 und 2 stimmen weitgehend mit Art. 38 BZP überein, der im Verweis von Art. 55 BGG nicht enthalten ist. Danach sind die Parteien berechtigt, der Beweiserhebung beizuwohnen und in die vorgelegten Urkunden Einsicht zu nehmen. Wo es zur Wahrung von Geschäftsgeheimnissen einer Partei oder eines Dritten nötig ist, hat der Richter von einem Beweismittel unter Ausschluss der Gegenpartei oder der Parteien Kenntnis zu nehmen. Zusätzlich erwähnt Art. 55 BGG auch überwiegende öffentliche Interessen, die den Ausschluss einer Partei von der Beweiserhebung oder von der Urkundeneinsicht rechtfertigen können.

3 Absatz 3 lehnt sich an Art. 28 VwVG an.

2. Recht auf vorgängige Äusserung und Mitwirkung und Recht auf Akteneinsicht (Abs. 1)

4 Art. 56 BGG konkretisiert den in Art. 29 BV verankerten Anspruch auf **rechtliches Gehör** mit seinen Garantien der **Informations-, Einsichts-, Mitwirkungs- und Äusserungsrechte**.

5 Damit die Parteien im Verfahren überhaupt mitwirken und sich zum Beweisergebnis äussern können, sind sie über sämtliche für die Entscheidfällung relevanten Grundlagen und Vorgänge in Kenntnis zu setzen. Hierzu verankert Abs. 1 grundsätzlich ein Recht der Parteien, den Beweiserhebungen beizuwohnen, sowie ein Akteneinsichtsrecht.

3. Ausnahmen (Abs. 2 und 3)

Wo es zur Wahrung überwiegender **öffentlicher** oder **privater Interessen** notwendig ist, nimmt das Bundesgericht von einem Beweismittel unter Ausschluss der Parteien oder der Gegenparteien Kenntnis (Abs. 2). Zu denken ist dabei etwa an militärische Geheimnisse oder an Geschäftsgeheimnisse. Das Recht auf vorgängige Äusserung und Mitwirkung ist den Parteien diesfalls trotzdem zu gewähren.

Abs. 3 sieht solchenfalls vor, dass das Bundesgericht den Parteien in geeigneter Weise vom für die Sache wesentlichen Inhalt Kenntnis geben und die Gelegenheit einräumen muss, sich zu äussern und Gegenbeweismittel zu bezeichnen.

9. Abschnitt: Urteilsverfahren

Art. 57

Parteiverhandlung	Der Abteilungspräsident oder die Abteilungspräsidentin kann eine mündliche Parteiverhandlung anordnen.
Débats	Le président de la cour peut ordonner des débats.
Dibattimento	Il presidente della corte può ordinare un dibattimento.

Inhaltsübersicht   Note   Seite
I. Bisheriges Recht und Entstehungsgeschichte   1   180
II. Kommentar   2   180

I. Bisheriges Recht und Entstehungsgeschichte

1   Altes Recht: Art. 62 Abs. 1, 112, 143 Abs. 3 OG.

Entwurf der Expertenkommission: Art. 54.

Entwurf des Bundesrates: Art. 53 (BBl 2001 4302).

Ständerat: unverändert angenommen (Amtl. Bull. S vom 23.9.2003 S. 897).

Nationalrat: stimmt dem Beschluss des Ständerates zu (Amtl. Bull. N vom 5.10.2004 S. 1593).

II. Kommentar

2   Ob **Parteiverhandlungen** stattfinden, entscheidet ausschliesslich der Abteilungspräsident. In der bisherigen Bundesgerichtspraxis waren die Parteiverhandlungen die grosse Ausnahme. Mit dem BGG dürften Parteiverhandlungen die grosse Ausnahme bleiben, zumal das Bundesgericht von wenigen Ausnahmen abgesehen keine Sachverhaltskontrolle ausübt (Art. 105 BGG). Vorbehalten bleibt einzig Art. 6 Ziff. 1 EMRK, der indessen auf bundesgerichtlicher Stufe nur ausnahmsweise von Bedeutung ist (s. Art. 59 BGG N 9 ff.).

Art. 58

Beratung	[1] **Das Bundesgericht berät den Entscheid mündlich:** a. wenn der Abteilungspräsident beziehungsweise die Abteilungspräsidentin dies anordnet oder ein Richter beziehungsweise eine Richterin es verlangt; b. wenn sich keine Einstimmigkeit ergibt. [2] **In den übrigen Fällen entscheidet das Bundesgericht auf dem Weg der Aktenzirkulation.**
Délibération	[1] Le Tribunal fédéral délibère en audience: a. si le président de la cour l'ordonne ou si un juge le demande; b. s'il n'y a pas unanimité. [2] Dans les autres cas, le Tribunal fédéral statue par voie de circulation.
Deliberazione	[1] Il Tribunale federale delibera oralmente se: a. il presidente della corte lo ordina o un giudice lo chiede; b. non vi è unanimità. [2] Negli altri casi, il Tribunale federale giudica mediante circolazione degli atti.

Inhaltsübersicht   Note   Seite

I. Bisheriges Recht und Entstehungsgeschichte 1   181
II. Kommentar 2   182
    1. Allgemeines 2   182
    2. Mündliche Beratung 3   182
    3. Auf dem Wege der Aktenzirkulation (Abs. 2) 5   182

I. Bisheriges Recht und Entstehungsgeschichte

Altes Recht: Art. 36a und 36b OG.   1

Entwurf der Expertenkommission: Art. 55.

Entwurf des Bundesrates: Art. 54 (BBl 2001 4302).

Ständerat: hat den Abs. 2 des Bundesrätlichen Entwurfs zum Abs. 1 gemacht und damit die Bedeutung der mündlichen Verhandlung hervorgehoben; indessen sollte weiterhin bei fehlender Einstimmigkeit nur dann zwingend mündlich verhandelt werden, wenn in Fünferbesetzung zu tagen ist, nicht aber bei Dreierbesetzung. (Amtl. Bull. S vom 23.9.2003 S. 898).

Neuer Antrag des Bundesrates (Arbeitsgruppe Bundesgericht): hat die letztlich verabschiedete lit. b vorgeschlagen, wonach bei fehlender Einstimmigkeit im Zirkulationsverfahren generell mündlich zu verhandeln ist.

Nationalrat: Zustimmung zum neuen Antrag des Bundesrates (Amtl. Bull. N vom 5.10.2004 S. 1593).

Ständerat: Zustimmung zum Beschluss des Nationalrates (Amtl. Bull. S vom 8.3.2005 S. 128).

II. Kommentar

1. Allgemeines

2   Da in der Praxis des Bundesgerichts die meisten Urteile im Zirkulationsverfahren ergingen, sah Art. 54 E-BGG vor, die Urteilsfällung auf dem Zirkulationsweg zur Regel zu erklären. Diese Lösung vermochte sich indes nicht durchzusetzen.

2. Mündliche Beratung

3   Eine mündliche Beratung findet statt, wenn der Abteilungspräsident eine solche anordnet, ein zum Urteilskörper gehörender Richter eine solche verlangt (lit. a) oder die urteilenden Richter auf dem Weg der Aktenzirkulation zu keinem einstimmigen Urteil gelangen (lit. b).

4   Lit. b findet keine Anwendung im **vereinfachten Verfahren** für Entscheide nach Art. 109 Abs. 1 BGG (Nichteintreten auf Beschwerden, bei denen sich keine Rechtsfrage von grundsätzlicher Bedeutung stellt oder kein besonders bedeutender Fall vorliegt, wenn die Beschwerde nur unter dieser Bedingung zulässig ist; s. dort Abs. 1 2. Satz).

3. Auf dem Wege der Aktenzirkulation (Abs. 2)

5   Sofern der Abteilungspräsident keine mündliche Beratung anordnet bzw. auch kein anderer Richter eine solche verlangt (Abs. 1 lit. a), kann das Urteil auf dem **Zirkulationsweg** gefällt werden. Ein weiterer Vorbehalt ergibt sich aus Art. 6 Ziff. 1 EMRK, der allerdings für die Verfahren vor Bundesgericht nur von geringer Bedeutung ist (s. Art. 59 BGG N 9 ff.). Kommen die beteiligten Richter nicht zu einem einstimmigen Urteil, findet eine mündliche Beratung statt (Abs. 1 lit. b). Bei Einstimmigkeit können auch Entscheide im Sinne von Art. 109 Abs. 2 BGG im **vereinfachten Verfahren** gefällt werden. Liegt diese nicht vor, ist das vereinfachte Verfahren für solche Entscheide allerdings nicht zulässig (s. Art. 109 BGG N 7).

Art. 59

Öffentlichkeit

¹ Parteiverhandlungen wie auch die mündlichen Beratungen und die darauf folgenden Abstimmungen sind öffentlich.

² Wenn eine Gefährdung der Sicherheit, der öffentlichen Ordnung oder der Sittlichkeit zu befürchten ist oder das Interesse einer beteiligten Person es rechtfertigt, kann das Bundesgericht die Öffentlichkeit ganz oder teilweise ausschliessen.

³ Das Bundesgericht legt das Dispositiv von Entscheiden, die nicht öffentlich beraten worden sind, nach dessen Eröffnung während 30 Tagen öffentlich auf.

Publicité

¹ Les éventuels débats ainsi que les délibérations et votes en audience ont lieu en séance publique.

² Le Tribunal fédéral peut ordonner le huis clos total ou partiel si la sécurité, l'ordre public ou les bonnes moeurs sont menacés, ou si l'intérêt d'une personne en cause le justifie.

³ Le Tribunal fédéral met le dispositif des arrêts qui n'ont pas été prononcés lors d'une séance publique à la disposition du public pendant 30 jours à compter de la notification.

Pubblicità

¹ I dibattimenti come pure le deliberazioni orali e le successive votazioni sono pubblici.

² Se vi è motivo di temere che siano minacciati la sicurezza, l'ordine pubblico o i buoni costumi o se lo giustifica l'interesse di un partecipante al procedimento, il Tribunale federale può ordinare che si proceda in tutto o in parte a porte chiuse.

³ Il Tribunale federale mette a disposizione del pubblico il dispositivo delle sue sentenze non deliberate pubblicamente per 30 giorni dopo la loro notificazione.

Inhaltsübersicht

	Note	Seite
I. Bisheriges Recht und Entstehungsgeschichte..................	1	184
II. Kommentar	2	184
1. Allgemeines	2	184
2. Exkurs: zur Bedeutung von Art. 6 Ziff. 1 EMRK für Verfahren vor dem Bundesgericht..................	5	185
2.1 Allgemeines	5	185
2.2 Ausnahmen vom Öffentlichkeitserfordernis..................	7	185
2.3 Die Bedeutung von Art. 6 Ziff. 1 EMRK für das bundesgerichtliche Verfahren..................	9	186
3. Publikums- und Presseöffentlichkeit..................	10	186
4. Ausnahmen	11	186

I. Bisheriges Recht und Entstehungsgeschichte

1 Altes Recht: Art. 17 und 125 OG.

Entwurf der Expertenkommission: Art. 56.

Entwurf des Bundesrates: Art. 55 (BBl 2001 4303).

Ständerat: hat Abs. 1 neu strukturiert und wollte die Öffentlichkeit der mündlichen Beratungen und darauf folgenden Abstimmungen davon abhängig machen, dass der Abteilungspräsident dies anordnet oder ein Richter dies verlangt; zudem hat er Abs. 3 eingefügt (Amtl. Bull. S vom 23.9.2003 S. 898).

Neuer Antrag des Bundesrates (Arbeitsgruppe Bundesgericht): hat die Rückkehr zum bundesrätlichen Entwurf vorgeschlagen, wonach die Parteiverhandlungen, Beratungen und Abstimmungen grundsätzlich öffentlich sind.

Nationalrat: in Bezug auf Abs. 1 hält er am Vorschlag des Bundesrates fest; in Bezug auf die Abs. 2 und 3 stimmt er dem Beschluss des Ständerates zu (Amtl. Bull. N vom 5.10.2004 S. 1593).

Ständerat: Zustimmung zum Beschluss des Nationalrates (Amtl. Bull. S vom 8.3.2005 S. 128).

II. Kommentar

1. Allgemeines

2 Sofern nicht auf dem Zirkulationsweg entschieden wird (vgl. Art. 58 BGG), sieht Art. 59 BGG **Publikums- und Presseöffentlichkeit** der Beratungen, Abstimmungen und allfällig angeordneter Parteiverhandlungen vor. Ob auf dem Zirkulationsweg entschieden werden darf, bestimmt sich namentlich aus Art. 6 Ziff. 1 EMRK (s. dazu die Ausführungen in Ziffer 2 sogleich).

3 Wird nicht öffentlich beraten, legt das Bundesgericht das Urteilsdispositiv nach dessen Eröffnung während 30 Tagen öffentlich auf (Abs. 3). Diese Art der Veröffentlichung fällt nicht unter die Anonymisierungspflicht gemäss Art. 27 Abs. 2 BGG.

4 Das Öffentlichkeitserfordernis ist vor allem in **Strafsachen** neu. Im internationalen Vergleich ist die umfassende Sitzungsöffentlichkeit in Strafsachen einmalig. Unter dem bisherigen Recht waren auch die Beratungen und Abstimmungen der Schuldbetreibungs- und Konkurskammer des Bundesgerichts wie auch, wenn es um Disziplinarsachen ging, der öffentlich-rechtlichen Abteilungen von der Öffentlichkeit ausgenommen (Art. 17 Abs. 1 OG). In Steuersachen und in Leistungs- und Abgabestreitigkeiten vor dem Eidgenössischen Versicherungsgericht

durften nur die Parteien und ihre Vertreter den Verhandlungen, Beratungen und Abstimmungen beiwohnen (Art. 17 Abs. 2 OG sowie Art. 125 2. Satz OG).

2. *Exkurs: zur Bedeutung von Art. 6 Ziff. 1 EMRK für Verfahren vor dem Bundesgericht*

2.1 Allgemeines

Nach Art. 6 Ziff. 1 EMRK hat jede Person ein Recht darauf, dass soweit ein Gericht über zivilrechtliche Ansprüche und Verpflichtungen oder über die Stichhaltigkeit der erhobenen strafrechtlichen Anklage zu befinden hat, in einem öffentlichen Verfahren verhandelt wird. Die Öffentlichkeit bezieht sich auf die Parteiverhandlungen und die Urteilseröffnung. 5

Der Anspruch auf Öffentlichkeit des Verfahrens ist indessen nicht absolut. So kann die Öffentlichkeit ganz oder teilweise ausgeschlossen werden, «wenn dies im Interesse der Moral, der öffentlichen Ordnung oder der nationalen Sicherheit in einer demokratischen Gesellschaft liegt, wenn die Interessen von Jugendlichen oder der Schutz des Privatlebens der Prozessparteien es verlangen oder – soweit das Gericht es für unbedingt erforderlich hält – wenn unter besonderen Umständen eine öffentliche Verhandlung die Interessen der Rechtspflege beeinträchtigen würde» (Art. 6 Ziff. 1 2. Satz EMRK). 6

2.2 Ausnahmen vom Öffentlichkeitserfordernis

Zunächst liegt der Anspruch auf die Öffentlichkeit des Verfahrens in der Disposition der Parteien. Diese können ausdrücklich oder stillschweigend darauf verzichten. Daraus ist zu folgern, dass ein Verfahren – jedenfalls soweit an der EMRK – nur auf Antrag einer Partei öffentlich sein muss (s. auch Art. 40 VGG). 7

Sodann verlangt Art. 6 Ziff. 1 EMRK lediglich, dass in mehrinstanzlichen Verfahren mindestens **einmal** eine öffentliche Verhandlung durchgeführt wird, und zwar vor dem Gericht, das den Sachverhalt und die Rechtsfragen voll überprüfen kann. Für Rechtsmittelinstanzen mit voller Kognition (also auch hinsichtlich des Sachverhalts) hält der EGMR eine öffentliche Verhandlung dann als angezeigt, wenn die Klärung massgeblicher Fragen des Sachverhalts zu erwarten sei. Bleibt der Sachverhalt aber unstrittig, ist eine solche nicht notwendig. Bei gerichtlichen Instanzen mit eingeschränkten Kompetenzen (Kassations- oder Verfassungsgerichte) ist eine weitere öffentliche Verhandlung nicht erforderlich. 8

2.3 Die Bedeutung von Art. 6 Ziff. 1 EMRK für das bundesgerichtliche Verfahren

9   Soweit das Bundesgericht Beschwerden gegen Entscheide letzter **kantonaler Instanzen** zu beurteilen hat, stellt sich die Frage nach Art. 6 Ziff. 1 EMRK gar nicht, weil diese in der Regel als obere bzw. als Rechtsmittelinstanzen entscheiden müssen (Art. 75 Abs. 2 BGG, Art. 80 Abs. 2 BGG, Art. 86 Abs. 2 BGG), weshalb die Öffentlichkeitserfordernisse spätestens bei den kantonalen Vorinstanzen erfüllt sein müssen. Für die Verfahren vor dem **Bundesstrafgericht** ergibt sich der Grundsatz der Öffentlichkeit aus Art. 30 SGG i.V.m. Art. 14 BStP und für diejenigen vor dem **Bundesverwaltungsgericht** aus Art. 40 VGG. Ferner ist das Bundesgericht in der Regel an die Sachverhaltsfeststellungen der Vorinstanzen gebunden (Art. 105 Abs. 1 BGG), so dass in diesen Fällen Art. 6 Ziff. 1 EMRK ebenfalls keine besondere Bedeutung hat. Mithin spielt das Öffentlichkeitserfordernis auf der bundesgerichtlichen Stufe primär dort eine Rolle, wo das Bundesgericht als einzige Instanz entscheidet, wie das bei der Klage nach Art. 120 BGG der Fall ist, oder auch bei Beschwerden nach Art. 87 Abs. 1 und Art. 88 Abs. 2 BGG (gegen Akte des Parlaments oder der Regierung), sofern das kantonale Recht kein Rechtsmittel vorsieht.

3. Publikums- und Presseöffentlichkeit

10   Der Grundsatz der Publikums- und Presseöffentlichkeit entspricht einer langen Tradition des Bundesgerichts und bedeutet eine Absage an jede Form geheimer Kabinettsjustiz. Er bezweckt, mittels Herstellung der Öffentlichkeit den am Prozess Beteiligten eine korrekte und gesetzmässige Behandlung zu gewährleisten. Darüber hinaus soll der allgemeinen Öffentlichkeit ermöglicht werden, Kenntnis davon zu erhalten, wie das Recht verwaltet und die Rechtspflege ausgeführt wird. Dies soll **Transparenz** der Rechtsprechung schaffen und das **Vertrauen** in die Gerichtsbarkeit sichern (vgl. BGE 119 Ia 99, 104 E. 4a). Eine öffentliche Beratung bietet schliesslich auch den Richtern die Gelegenheit, ihre Minderheitsmeinung publik zu machen, was im schriftlichen Entscheid nicht oder nur sehr beschränkt möglich ist.

4. Ausnahmen

11   Der Grundsatz der Publikums- und Presseöffentlichkeit gilt nicht uneingeschränkt. Ein Ausschluss der Öffentlichkeit rechtfertigt sich allerdings nur dann, wenn **überwiegende Gründe** der staatlichen Sicherheit, öffentlichen Ordnung und Sittlichkeit oder schützenswerte Interessen Privater dies gebieten (Abs. 2). Zu den schützenswerten privaten Interessen zählen etwa Geschäftsge-

heimnisse der Parteien. Mit Ausnahme von Strafsachen dürften schützenswerte private Interessen wohl vielfach auch in den unter dem bisherigen Recht generell von der Öffentlichkeit ausgenommenen Verfahren (Disziplinar- und Steuersachen sowie sozialversicherungsrechtliche Angelegenheiten, s. oben N 4) vorliegen, weil diese Ausnahmebestimmungen gerade mit dem Schutz der Privatsphäre der Parteien begründet wurden (POUDRET, N 3 zu Art. 17 OG). Nachdem der Gesetzgeber keine generellen Ausnahmen mehr gelten lassen will, darf die Öffentlichkeit in solchen Fällen wohl nicht generell ausgeschlossen werden; vielmehr ist eine Prüfung von Fall zu Fall am Platz. In Strafsachen wurde der bisher geltende generelle Ausschluss der Öffentlichkeit demgegenüber u.a. wie folgt begründet: Bewahrung des Beschuldigten vor der Spannung, der Entscheidung des eigenen Falles untätig beiwohnen zu müssen; Vermeidung, dass der Beschuldigte wisse, dass seine Verurteilung bloss von einer Mehrheit der Richter getragen worden sei oder möglicherweise vom Zufall abgehangen habe; Notwendigkeit, dass der Richter die ganze innere Freiheit während der Beratung bewahre und im Laufe derselben seine Meinung noch ändern könne, was ihm in Anwesenheit der Parteien nur schwer möglich sei (BGE 117 Ia 508, 509 E. 1b). Diese Gründe dürften unter dem BGG nicht mehr für den Ausschluss der Öffentlichkeit genügen.

Art. 60

Eröffnung des Entscheids	[1] Die vollständige Ausfertigung des Entscheids wird, unter Angabe der mitwirkenden Gerichtspersonen, den Parteien, der Vorinstanz und allfälligen anderen Beteiligten eröffnet.

[2] Hat das Bundesgericht den Entscheid in einer mündlichen Beratung getroffen, so teilt es den Beteiligten ohne Verzug das Dispositiv mit.

[3] Mit dem Einverständnis der Partei kann die Eröffnung auf dem elektronischen Weg erfolgen. Das Bundesgericht regelt in einem Reglement die Anforderungen an die elektronische Eröffnung. |
| Notification de l'arrêt | [1] Une expédition complète de l'arrêt, mentionnant les juges et le greffier, est notifiée aux parties, à l'autorité précédente et aux éventuels autres participants à la procédure.

[2] Si l'arrêt a été rendu en audience de délibération, le Tribunal fédéral en notifie le dispositif sans retard aux participants.

[3] La notification peut être faite par voie électronique aux parties qui ont accepté cette forme de communication. Le Tribunal fédéral fixe dans un règlement les modalités de la notification par voie électronique. |
| Notificazione della sentenza | [1] Il testo integrale della sentenza, con l'indicazione del nome dei giudici e del cancelliere, è notificato alle parti, all'autorità inferiore e a eventuali altri partecipanti al procedimento.

[2] Se ha deliberato la sentenza oralmente, il Tribunale federale ne notifica senza indugio il dispositivo ai partecipanti.

[3] Previo assenso dei destinatari, la notificazione può essere loro fatta per via elettronica. Il Tribunale federale disciplina mediante regolamento le esigenze cui è subordinata la notificazione per via elettronica. |

Inhaltsübersicht

	Note	Seite
I. Bisheriges Recht und Entstehungsgeschichte	1	188
II. Kommentar	2	189
1. Eröffnung des Entscheids	2	189
2. Voraberöffnung des Urteilsdispositivs	3	189
3. Elektronische Eröffnung von Urteilen	6	189

I. Bisheriges Recht und Entstehungsgeschichte

1 Altes Recht: Art. 37 Absatz 2 OG.

Entwurf der Expertenkommission: Art. 57.

Entwurf des Bundesrates: Art. 56 (BBl 2001 4303).
Ständerat: unverändert angenommen (Amtl. Bull. S vom 23.9.2003 S. 898).
Nationalrat: Zustimmung zum Beschluss des Ständerates (Amtl. Bull. N vom 5.10.2004 S. 1593).

II. Kommentar

1. Eröffnung des Entscheids

Das schriftlich begründete Urteil ist unter Angabe der mitwirkenden Richter und des Gerichtsschreibers den **Parteien**, der **Vorinstanz** und allfälligen **anderen Beteiligten** zu eröffnen.

2

2. Voraberöffnung des Urteilsdispositivs

Hat das Bundesgericht im Rahmen einer mündlichen (öffentlichen) Urteilsberatung (vgl. Art. 59 BGG) entschieden, wird das **Dispositiv** den Parteien sofort mitgeteilt (Abs. 2).

3

Ob dies auch bei auf dem Zirkulationsweg gefällten Entscheiden möglich ist, beantwortet das BGG nicht. Bisher hat das Bundesgericht zuweilen auch Dispositive von Zirkularentscheiden vorab zugestellt, nicht aber das EVG.

4

In jedem Fall kann ab Zustellung des Dispositivs noch eine gewisse Zeit vergehen, bis auch die definitive schriftliche Begründung vorliegt.

5

3. Elektronische Eröffnung von Urteilen

Im elektronischen Verkehr mit dem Bundesgericht muss zwischen zwei Aspekten unterschieden werden: der Verkehr des Einzelnen mit dem Bundesgericht (etwa elektronisches Einreichen von Rechtsschriften; dazu Art. 42 Abs. 4 BGG) und der elektronische Verkehr des Bundesgerichts mit Einzelpersonen (z.B. Urteilseröffnung). Nur mit letzterem Aspekt befasst sich Abs. 3.

6

Damit das Bundesgericht einen Entscheid auf dem **elektronischem Weg** eröffnen kann, bedarf es eines Einverständnisses des Adressaten. Zusätzlich muss eine elektronische Zustelladresse und der öffentliche kryptografische Schlüssel des Empfängers angegeben werden (Art. 39 Abs. 2 BGG). Die Einverständniserklärung gilt grundsätzlich nur für ein einzelnes Verfahren. Die gesetzliche Regelung steht indes der elektronischen Eröffnungsart in weiter gehendem Ausmasse nicht entgegen (etwa für Anwälte oder Unternehmen).

7

8   Das Bundesgericht hat die Modalitäten des elektronischen Verkehrs (Einrichtung von elektronischen Briefkästen, eingeschriebene Sendungen auf elektronischem Weg, Bestimmung des Datenformats) in einem Reglement geregelt.

Art. 61

Rechtskraft	Entscheide des Bundesgerichts erwachsen am Tag ihrer Ausfällung in Rechtskraft.
Force de chose jugée	Les arrêts du Tribunal fédéral acquièrent force de chose jugée le jour où ils sont prononcés.
Giudicato	Le sentenze del Tribunale federale passano in giudicato il giorno in cui sono pronunciate.

Inhaltsübersicht   Note   Seite

	Note	Seite
I. Bisheriges Recht und Entstehungsgeschichte	1	191
II. Kommentar	2	191
1. Allgemeines	2	191
2. Wirkungen und Reichweite der Rechtskraft	3	192
2.1 Formelle Rechtskraft	3	192
2.2 Materielle Rechtskraft	4	192
2.3 Reichweite der materiellen Rechtskraft	6	192
2.4 Wirkung der materiellen Rechtskraft: Einrede der abgeurteilten Sache	11	194

I. Bisheriges Recht und Entstehungsgeschichte

Altes Recht: Art. 38 OG.   1

Entwurf der Expertenkommission: Art. 58.

Entwurf des Bundesrates: Art. 57 (BBl 2001 4304).

Ständerat: unverändert angenommen (Amtl. Bull. S vom 23.9.2003 S. 898).

Nationalrat: Zustimmung zum Beschluss des Ständerates (Amtl. Bull. N vom 5.10.2004 S. 1593).

II. Kommentar

1. Allgemeines

    Damit Rechtsfriede dauerhaft hergestellt werden kann, müssen Urteile unabänderlich und zwischen den gleichen Parteien in späteren Prozessen verbindlich sein. Entsprechend diesen beiden Aspekten ist zwischen formeller und materieller Rechtskraft zu unterscheiden.   2

2. *Wirkungen und Reichweite der Rechtskraft*

2.1 Formelle Rechtskraft

3 Kann ein Urteil mit keinem ordentlichen Rechtsmittel mehr angefochten werden, erwächst es in formelle Rechtskraft. Urteile des Bundesgerichts sind keinem ordentlichen Rechtsmittel mehr zugänglich, weshalb sie mit Ausfällung in **formelle Rechtskraft** erwachsen. Die Beschwerde an den EGMR ist ein ausserordentliches Rechtsmittel; sie hindert den Eintritt der Rechtskraft nicht. Bei öffentlichen Verhandlungen gilt das Urteil mit dessen Eröffnung als ausgefällt und bei Zirkulationsentscheiden, sobald der Abteilungspräsident als letzter der mitwirkenden Richter unterschriftlich seine Zustimmung zum Urteilsdispositiv erklärt hat. Allfällige Fristen für ausserordentliche Rechtsmittel, wie z.B. die Revision, beginnen indessen erst mit der Zustellung des Urteils (Art. 124 BGG).

2.2 Materielle Rechtskraft

4 Gleichzeitig treten mit Eintritt der formellen Rechtskraft die Bindungswirkungen der **materiellen Rechtskraft** ein. Die Streitsache ist zwischen den Parteien endgültig entschieden und einer erneuten Beurteilung verschlossen, gleichviel wie die Parteirollen verteilt sind («*res iudicata facit ius nisi inter partes*»). Neben den Prozessparteien erfasst die Rechtskraft auch allfällige Rechtsnachfolger. Zudem gilt das vom Prozessstandschafter erstrittene Urteil auch für die materiell berechtigte respektive verpflichtete Person (bspw. Art. 70 Abs. 1 OR, Art. 10 Abs. 2 UWG oder Art. 261 Abs. 1 ZGB). Mit Ausnahme von persönlichen Einreden gilt das zwischen dem Zedenten und Schuldner ergangene Urteil auch für den Zessionar. Gestaltungsurteile wirken gegenüber jedermann.

5 Nach der bundesgerichtlichen Rechtsprechung ist die materielle Rechtskraft eine Frage des Bundesrechts, sofern der zu beurteilende Anspruch darauf beruht (BGE 121 III 474, 476 f. E. 2; 119 II 89, 90 E. 2a m.H.).

2.3 Reichweite der materiellen Rechtskraft

6 Die Rechtskraftwirkung tritt nur so weit ein, als über den geltend gemachten Anspruch entschieden worden ist (BGE 121 III 474, 478 E. 4a). Inwieweit dies der Fall ist, ergibt die Auslegung des Urteils, zu welcher dessen ganzer Inhalt heranzuziehen ist. Zwar erwächst der Entscheid nur in jener Form in Rechtskraft, wie er im Urteilsdispositiv zum Ausdruck kommt, doch ergibt sich dessen Tragweite vielfach erst aus einem Beizug der Urteilserwägungen, namentlich im Falle einer Beschwerdeabweisung (idem.).

Nicht zur Urteilsformel gehören die tatsächlichen Feststellungen und die rechtlichen Erwägungen des Entscheids. Sie haben in einer anderen Streitsache keine bindende Wirkung. Gleiches gilt für Feststellungen zu präjudiziellen Rechtsverhältnissen oder sonstigen Vorfragen sowie für weitere Rechtsfolgen, die sich aus dem Inhalt des Urteils mit logischer Notwendigkeit ergeben. Sie sind bloss Glieder des Subsumtionsschlusses, die für sich allein nicht in materielle Rechtskraft erwachsen. Gleiches gilt für *obiter dicta* (BGE 112 Ib 280, 288 E. 6). 7

Bei **Rückweisungsentscheiden** ist für die Beurteilung der materiellen Rechtskraft auf die materielle Tragweite des bundesgerichtlichen Urteils abzustellen und folglich danach zu fragen, ob damit der kantonale Entscheid insgesamt oder nur teilweise aufgehoben wurde. Ergibt sich aus der Urteilsbegründung, dass es sich materiell um eine Teilaufhebung handelt, gilt das kantonale Urteil im Übrigen als bestätigt (BGE 122 I 250, 252 E. 2b). 8

Die in Rückweisungsentscheiden enthaltenen **Anweisungen** erwachsen ebenfalls in Rechtskraft. Eine Vorinstanz, an die eine Sache vom Bundesgericht zurückgewiesen wird, darf neue Vorbringen berücksichtigen, soweit es nach dem anwendbaren Verfahrensrecht noch zulässig ist (BGE 116 II 220 S. 222 E. 4a). Sie hat jedoch die rechtliche Beurteilung, mit der die Zurückweisung begründet worden ist, auch ihrer Entscheidung zugrunde zu legen. Wegen dieser Bindung der Gerichte – auch des Bundesgerichts – ist es, abgesehen von allenfalls zugelassenen Noven, ihnen wie den Parteien verwehrt, im Fall einer erneuten Anrufung des Bundesgerichts der Beurteilung des Rechtsstreits einen anderen als den bisherigen Sachverhalt zu unterstellen oder die Sache unter rechtlichen Gesichtspunkten zu prüfen, die im Rückweisungsentscheid ausdrücklich abgelehnt oder gar nicht in Erwägung gezogen worden sind (BGE 111 II 94, 95 E. 2 m.H.). Mit der Rückweisung wird der Prozess hinsichtlich des davon betroffenen Streitpunktes in die Lage zurückversetzt, in der er sich vor Fällung des vorinstanzlichen Urteils befunden hat. Der Rahmen wird demnach vom Rückweisungsentscheid des Bundesgerichts in rechtlicher Hinsicht abgesteckt. Demgegenüber bestimmt das Verfahrensrecht der Vorinstanz, welche Instanz die Neubeurteilung vorzunehmen hat, ob neue Tatsachen, die seit dem Erlass des angefochtenen Urteils eingetreten sind, nun noch berücksichtigt werden dürfen, ob nochmals ein Beweisverfahren durchzuführen ist, ob die Klage erweitert oder reduziert werden darf, ob auch noch eine Anschlussappellation zulässig wäre. Alle diese prozessualen Schritte haben sich aber innerhalb des rechtlichen Rahmens zu bewegen, den das Bundesgericht mit seinem Rückweisungsentscheid vorgegeben hat. Der von der Rückweisung erfasste Streitpunkt darf also nicht ausgeweitet oder auf eine neue Rechtsgrundlage gestellt werden (BGE 116 II 220 S. 222 E. 4a m.H. auf BGE 61 II 359). Daraus folgt schliesslich auch, dass der vor Bundesgericht obsiegende Kläger im neuen Verfahren keine Verschlechterung seiner Rechtsstellung erleiden darf; im für ihn ungünstigsten Fall müsste er sich mit dem bisherigen, von 9 der Gegenpartei nicht angefochtenen Ergebnis abfinden (BGE 116 II 220 S. 222 E. 4a).

10 Bei Urteilen über auf Dauerleistungen gerichtete Ansprüche erleidet der Grundsatz der materiellen Rechtskraft jedenfalls dann eine Einschränkung, wenn seit Erlass des Urteils eine Rechtsänderung eingetreten ist, die dieses als rechtswidrig erscheinen lässt (BGE 98 V 174, 178 E. 2). Dasselbe gilt sinngemäss für Sachverhaltsänderungen. In solchen Fällen gebricht es an der Identität des Rechts- bzw. Entstehungsgrundes. Insofern hängt die zeitliche Ausdehnung der Rechtskraft eines Urteils davon ab, ob und inwieweit die auf Dauerleistungen gerichteten Ansprüche des Beschwerdeführers von der Geltung des neuen Rechts erfasst werden (BGE 122 V 6, 9 E 4a).

2.4 Wirkung der materiellen Rechtskraft: Einrede der abgeurteilten Sache

11 Eine **abgeurteilte Sache** liegt vor, wenn der streitige Anspruch mit einem schon rechtskräftig beurteilten identisch ist. Dies trifft zu, falls der Anspruch dem Richter aus demselben Rechtsgrund und gestützt auf denselben Sachverhalt erneut zur Beurteilung unterbreitet wird (BGE 121 III 474, 477 E. 4a; BGE 119 II 89, 90 E. 2a). In anspruchsbezogene materielle Rechtskraft erwächst demzufolge allein das Sachurteil. Ein solches ist nur gegeben, wenn und soweit das Gericht die Sachverhaltsvorbringen der Parteien materiellrechtlich würdigt, d.h. den geltend gemachten Anspruch inhaltlich beurteilt (BGE 115 II 187, 189 E. 3b).

12 Die materielle Rechtskraft der Entscheidung wird objektiv begrenzt durch den **Streitgegenstand**. Der Subsumtionsschluss entfaltet die Ausschlusswirkung nur gegenüber dem mit dem bereits beurteilten identischen Anspruch. Der Begriff der Anspruchsidentität ist nicht grammatikalisch, sondern inhaltlich zu verstehen. Er wird durch die mit dem Begehren des abgeschlossenen Verfahrens insgesamt erfassten und beurteilten Rechtsbehauptungen bestimmt. Der neue Anspruch ist deshalb trotz abweichender Umschreibung vom beurteilten nicht verschieden, wenn er in diesem bereits enthalten war, wenn bloss das Gegenteil zur Beurteilung unterbreitet wird oder wenn die im ersten Prozess beurteilte Hauptfrage für Vorfragen des zweiten Prozesses von präjudizieller Bedeutung ist (BGE 121 III 474, 478 E. 4a). Anderseits sind Rechtsbehauptungen trotz gleichen Wortlauts dann nicht identisch, wenn sie nicht auf dem gleichen Entstehungsgrund, d.h. auf denselben Tatsachen und rechtlichen Umständen beruhen (BGE 97 II 390, 396 E. 4).

13 Die Einrede der abgeurteilten Sache betrifft nach der in der Schweiz nunmehr herrschenden formellen Rechtskrafttheorie eine **Prozessvoraussetzung**. Ihre Gutheissung hat daher zur Folge, dass auf die neue Klage nicht eingetreten wird (BGE 121 III 474, 477 E. 2 m.H.). Allerdings untersagt das Bundesrecht den

kantonalen Gerichten nicht, auch im Falle des Vorliegens einer abgeurteilten Sache auf eine neue Klage einzutreten, sofern sie darüber gleich wie das rechtskräftige Urteil entscheiden (idem.).

10. Abschnitt: Kosten

Art. 62

Sicherstellung der Gerichtskosten und der Parteientschädigung

[1] Die Partei, die das Bundesgericht anruft, hat einen Kostenvorschuss in der Höhe der mutmasslichen Gerichtskosten zu leisten. Wenn besondere Gründe vorliegen, kann auf die Erhebung des Kostenvorschusses ganz oder teilweise verzichtet werden.

[2] Wenn die Partei in der Schweiz keinen festen Wohnsitz hat oder nachweislich zahlungsunfähig ist, kann sie auf Begehren der Gegenpartei zur Sicherstellung einer allfälligen Parteientschädigung verpflichtet werden.

[3] Der Instruktionsrichter oder die Instruktionsrichterin setzt zur Leistung des Kostenvorschusses oder der Sicherstellung eine angemessene Frist. Läuft diese unbenutzt ab, so setzt der Instruktionsrichter oder die Instruktionsrichterin der Partei eine Nachfrist. Wird der Kostenvorschuss oder die Sicherheit auch innert der Nachfrist nicht geleistet, so tritt das Bundesgericht auf die Eingabe nicht ein.

Avance de frais et de sûretés

[1] La partie qui saisit le Tribunal fédéral doit fournir une avance de frais d'un montant correspondant aux frais judiciaires présumés. Si des motifs particuliers le justifient, le tribunal peut renoncer à exiger tout ou partie de l'avance de frais.

[2] Si cette partie n'a pas de domicile fixe en Suisse ou si son insolvabilité est établie, elle peut être tenue, à la demande de la partie adverse, de fournir des sûretés en garantie des dépens qui pourraient être alloués à celle-ci.

[3] Le juge instructeur fixe un délai approprié pour fournir l'avance de frais ou les sûretés. Si le versement n'est pas fait dans ce délai, il fixe un délai supplémentaire. Si l'avance ou les sûretés ne sont pas versées dans ce second délai, le recours est irrecevable.

Garanzie per spese giudiziarie e ripetibili

[1] La parte che adisce il Tribunale federale deve versare un anticipo equivalente alle spese giudiziarie presunte. Se motivi particolari lo giustificano, il Tribunale può rinunciare in tutto o in parte a esigere l'anticipo.

[2] Se non ha un domicilio fisso in Svizzera o la sua insolvibilità è accertata, la parte può essere obbligata, su domanda della controparte, a prestare garanzie per eventuali spese ripetibili.

[3] Il giudice dell'istruzione stabilisce un congruo termine per il versamento dell'anticipo o la prestazione delle garanzie. Se il termine scade infruttuoso, impartisce un termine suppletorio. Se l'anticipo non è versato o le garanzie non sono prestate nemmeno nel termine suppletorio, il Tribunale federale non entra nel merito dell'istanza.

Inhaltsübersicht   Note   Seite

		Note	Seite
I.	Bisheriges Recht und Entstehungsgeschichte	1	197
II.	Kommentar	2	197
	1. Gerichtskostenvorschuss (Abs. 1)	2	197
	1.1 Vorschusspflicht	2	197
	1.2 Befreiung von der Vorschusspflicht	5	198
	2. Sicherstellung der Parteikosten (Abs. 2)	8	198
	2.1 Sicherstellungspflicht	8	198
	2.2 Voraussetzungen	13	199
	2.3 Befreiung von der Sicherstellungspflicht	16	200
	3. Verfahren (Abs. 3)	19	200

I. Bisheriges Recht und Entstehungsgeschichte

Altes Recht: Art. 150 OG.   1

Entwurf der Expertenkommission: Art. 59.

Entwurf des Bundesrates: Art. 58 (BBl 2001 4304).

Im Ständerat wurde auf Antrag der Kommission in Abs. 3 neu die Ansetzung einer Nachfrist beschlossen (Amtl. Bull. S vom 23.9.2003 S. 898), was vom Nationalrat diskussionslos gutgeheissen (Amtl. Bull. N vom 5.10.2004 S. 1593) und anschliessend nur redaktionell noch geändert wurde.

II. Kommentar

1. Gerichtskostenvorschuss (Abs. 1)

1.1 Vorschusspflicht

Nur die Partei, welche das Bundesgericht anruft, kann zu einem **Kostenvorschuss** verpflichtet werden, also die beschwerdeführende, klagende oder gesuchstellende Partei, nicht die beschwerdegegnerische, beklagte oder gesuchsgegnerische (Urteil 5P.116/1999 E. 8a; POUDRET, N 1.1 zu Art. 150 OG). Die Parteirollenverteilung im vorinstanzlichen Verfahren ist unerheblich. Erheben mehrere Personen gemeinsam Beschwerde, so wird in der Regel ein gemeinsamer Vorschuss einverlangt.   2

Der Kostenvorschuss soll die Gerichtskosten decken, die mutmasslich zu bezahlen sein werden (Art. 65 und 66 BGG). Er dient einerseits der **Sicherstellung** der Kosten, anderseits aber auch der **Orientierung** der Partei über die voraussichtlich zu erwartenden Kosten. Die Höhe des verlangten Vorschusses präjudiziert   3 allerdings die Höhe der nachmaligen Gerichtsgebühr nicht, auch wenn in der Praxis die Gebühr meistens in der Höhe des Vorschusses festgesetzt wird.

4 Der Kostenvorschuss wird bei späterem Obsiegen **zurückerstattet**, beim Unterliegen an die zu leistende Gerichtsgebühr angerechnet. Ein allfälliger Überschuss wird zurückerstattet. Er wird nicht verzinst.

1.2 Befreiung von der Vorschusspflicht

5 Es ist **kein Vorschuss** zu erheben, wenn die Partei, welche das Bundesgericht anruft, keine Gerichtskosten zu tragen hat, weil sie grundsätzlich nicht kostenpflichtig ist (Art. 66 Abs. 4 BGG) oder unentgeltliche Rechtspflege geniesst (Art. 64 BGG).

6 Wird ein Gesuch um **unentgeltliche Rechtspflege** schon mit der Eingabe gestellt, muss entweder auf die Erhebung eines Vorschusses verzichtet oder über das Gesuch vorgängig entschieden werden (Art. 64 Abs. 3 Satz 3 BGG); wird das Gesuch abgewiesen, wird eine neue Frist zur Zahlung des Vorschusses angesetzt. Gleich wird verfahren, wenn das Gesuch erst nach Eingang der Aufforderung, einen Kostenvorschuss zu bezahlen, gestellt wird, wobei das Gesuch aber innert der angesetzten Frist zur Bezahlung des Vorschusses (Abs. 3 Satz 1 und 2) gestellt werden muss (Urteile C 1/00 E. 2; H 383/99). Wird vorläufig auf die Erhebung eines Vorschusses verzichtet, so befreit das die unterliegende Partei nicht von der Zahlung der Gerichtskosten, wenn später das Gesuch um unentgeltliche Rechtspflege abgewiesen wird.

7 Abgesehen von diesen Fällen ist jedoch die Erhebung von Kostenvorschüssen die **Regel**, von der nur aus besonderen Gründen abgewichen werden darf (Satz 2). Solche Gründe sind namentlich die offensichtliche Begründetheit einer Beschwerde (POUDRET, N 1.2 zu Art. 150 OG).

2. *Sicherstellung der Parteikosten (Abs. 2)*

2.1 Sicherstellungspflicht

8 Wie die Vorschusspflicht für die Gerichtskosten gilt auch die **Sicherstellungspflicht** für die Parteikosten nur für diejenige Partei, die an das Gericht gelangt, nicht für die Gegenpartei (POUDRET, N 2.1 zu Art. 150 OG). Dies ergibt sich vor allem aus dem französischen und italienischen Wortlaut des Gesetzes.

9 Die Sicherstellung setzt immer ein entsprechendes **Gesuch** voraus, erfolgt mithin nie von Amtes wegen.

Sicherzustellen sind die **Parteientschädigungen**, die gemäss Art. 68 BGG im Falle des Unterliegens mutmasslich zu bezahlen sein werden. Es kann daher keine Sicherstellung verlangt werden, wenn die Gegenpartei keinen Anspruch auf Parteientschädigung hat (Art. 68 Abs. 3 BGG).

Sicherzustellen sind nur **künftig anfallende Kosten**, nicht jedoch Kosten, die im Zeitpunkt der Gesuchstellung bereits angefallen sind. Wird das Gesuch erst zusammen mit der Eingabe eingereicht, für deren Ausarbeitung die Sicherstellung verlangt wird (in der Regel Beschwerdeantwort), wird darauf infolge Gegenstandsloswerden nicht eingetreten (BGE 118 II 87, 88 E. 2); um dies zu vermeiden, muss das Gesuch vorgängig separat eingereicht und für die Einreichung der Beschwerdeantwort eine Fristverlängerung bis zum Entscheid über das Gesuch und gegebenenfalls bis zur fristgerechten Bezahlung des Vorschusses beantragt werden (BGE 128 III 191, nicht publ. E. 1).

Wird in der Folge die Partei, welche die Sicherheit geleistet hat, zu einer Parteientschädigung an die Gegenpartei verurteilt, so wird die geleistete Sicherheit im Umfang der zugesprochenen Entschädigung an die Gegenpartei ausbezahlt. Andernfalls wird sie **zurückerstattet**.

2.2 Voraussetzungen

Voraussetzung für die Sicherstellung ist alternativ der fehlende feste Wohnsitz in der Schweiz oder die nachweisliche Zahlungsunfähigkeit. Im Falle der notwendigen **Streitgenossenschaft** müssen die Voraussetzungen für alle Streitgenossen erfüllt sein, denn infolge der solidarischen Haftung genügt es, wenn ein einziger in der Schweiz belangt werden kann (BGE 109 II 270, 272). Bei nicht notwendiger Streitgenossenschaft ist hingegen die Voraussetzung für jeden einzelnen zu prüfen (BGE 93 II 68, 69; POUDRET, N 2.2 zu Art. 150). Nach der Rechtsprechung zu Art. 150 OG besteht auch bei Erfüllen dieser Voraussetzungen **kein Rechtsanspruch** auf Sicherstellung, sondern ein grosser Ermessensspielraum des instruierenden Richters (BGE 90 II 144, 146; 93 II 68, 69; POUDRET, N 2.4 zu Art. 150).

Mit dem **«festen» Wohnsitz** ist der effektive Wohnsitz i.S. v. Art. 23 Abs. 1 ZGB gemeint, nicht aber der fiktive Wohnsitz gemäss Art. 24 ZGB (POUDRET, N 2.2 zu Art. 150 OG). Im Lichte der gesetzlichen Zielsetzung, die effektive Belangbarkeit sicherzustellen, kann auch der fiktive Wohnsitz i.S. v. Art. 25 ZGB nicht genügen, soweit nicht gegen die Eltern vollstreckt werden kann.

Die **Zahlungsunfähigkeit** ist nachgewiesen, wenn gegen die Gegenpartei Verlustscheine vorliegen, der Konkurs eröffnet oder die Nachlassstundung genehmigt worden ist; eine grosse Zahl von Betreibungen genügt nicht, wenn sie wegen

Rechtsvorschlags des Schuldners weder zu einer Pfändung noch zu einer Konkursandrohung geführt haben (BGE 111 II 206; POUDRET, N 2.3 zu Art. 150). Da bei diesen Voraussetzungen in der Regel auch die Bedürftigkeit im Sinne von Art. 64 BGG vorliegt, kommt dieser Sicherstellungsgrund praktisch nur zum Tragen, wenn das Begehren aussichtslos ist (POUDRET, N 2.3 zu Art. 150).

2.3 Befreiung von der Sicherstellungspflicht

16   Die Sicherstellungspflicht gilt nicht, wenn **völkerrechtliche Verträge** entgegenstehen. Dies betrifft insbesondere in ihrem Geltungsbereich die Haager Übereinkunft betreffend Zivilprozessrecht vom 17. Juli 1905 (SR 0.274.11; vgl. Art. 17 dieser Übereinkunft). Das Freizügigkeitsabkommen mit der EU schliesst demgegenüber eine Sicherheitsleistung nicht aus, soweit kein Vollstreckungsabkommen die Vollstreckung sicherstellt (Verfügung B 18/02 vom 24.10.2002, E. 4.1 m.H. auf die EU-Rechtsprechung).

17   Auf solche Verträge können sich in der Regel nur die Staatsangehörigen der jeweiligen Vertragsstaaten berufen. **Schweizer Bürger**, die in einem solchen Staat leben, sind von der Sicherstellungspflicht nicht befreit, doch kann das Gericht im Rahmen seiner Ermessensausübung von der Anordnung einer Sicherstellung absehen, weil es unbillig oder rechtsungleich wäre, eigene Staatsangehörige schlechter zu behandeln (BGE 90 II 144, 146 f.; Verfügung B 18/02 E. 4).

18   Die **unentgeltliche Rechtspflege** befreit nicht von der Bezahlung einer Parteientschädigung an die Gegenpartei (Art. 64 BGG N 27), trotzdem aber von der Pflicht, die Parteikosten sicherzustellen (Art. 64 Abs. 1 BGG). Das Risiko der Uneinbringlichkeit der Parteientschädigung trägt somit die nicht bedürftige Gegenpartei.

3.   Verfahren (Abs. 3)

19   **Zuständig** für den Entscheid ist nach dem Buchstaben des Gesetzes der Instruktionsrichter, d.h. der Abteilungspräsident oder der von ihm bezeichnete Instruktionsrichter (Art. 32 Abs. 1 BGG). Für Routinefälle kann diese Befugnis an die Kanzlei delegiert werden. Der Entscheid ist nicht anfechtbar (Art. 32 Abs. 3 BGG).

20   Nach Art. 150 Abs. 4 OG genügte eine einmalige Fristansetzung, was dazu führte, dass häufig auch wegen Fehlern der mit der Zahlung beauftragten Bank nicht auf eine Eingabe eingetreten werden konnte (POUDRET, N 4 zu Art. 150 OG). Um daraus resultierende Härten zu vermeiden, ist nun neu zwingend die Ansetzung einer **Nachfrist** vorgesehen.

Spätestens innert der Nachfrist muss entweder der Vorschuss bzw. die Sicherstellung einbezahlt (zu den Modalitäten der Zahlung und zur Wahrung der Zahlungsfrist s. Art. 48 Abs. 4 BGG, zur Fristwiederherstellung Art. 50 BGG) oder ein Gesuch um unentgeltliche Rechtspflege gestellt werden. Wird dieses Gesuch abgewiesen, wird eine neue Frist zur Bezahlung des Vorschusses angesetzt. 21

Wird der verlangte Vorschuss oder die Sicherstellung innert der Nachfrist **nicht bezahlt**, so wird auf die Eingabe nicht eingetreten, selbst dann nicht, wenn sie offensichtlich begründet wäre. Hingegen kann auch dann, wenn anfänglich ein Vorschuss verlangt wurde, das Gericht nachträglich entscheiden, dass das Verfahren kostenfrei ist (Art. 66 Abs. 1 BGG); damit entfällt die Rechtfertigung zur Einholung eines Vorschusses, weshalb trotz Nichtleistung desselben auf die Beschwerde einzutreten ist. Gleiches gilt, wenn nachträglich die unentgeltliche Rechtspflege bewilligt wird (BGE 111 V 99, nicht publ. E. 1 b). 22

Reichen mehrere Personen eine **gemeinsame Eingabe** ein, so wird ein gemeinsamer Kostenvorschuss einverlangt. Es ist rechtsgenüglich, wenn ein einzelner der Beschwerdeführenden den gesamten Vorschuss bezahlt. Haben unter mehreren gemeinsam Beschwerdeführenden nur einzelne die unentgeltliche Rechtspflege erhalten und die übrigen den Kostenvorschuss nicht einbezahlt, ist zu differenzieren: Bilden die Beschwerdeführenden eine notwendige Streitgenossenschaft, so ergeht ein Nichteintretensentscheid, weil nicht für alle Streitgenossen die Eintretensvoraussetzungen erfüllt sind. Könnten sie jedoch auch je einzeln Beschwerde erheben, so ist auf die Beschwerde derjenigen einzutreten, welche unentgeltliche Rechtspflege geniessen, nicht aber auf die Beschwerde der übrigen (Urteil 5P.160/2004 vom 8.7.2004, E. 2). 23

Der **Nichteintretensentscheid** infolge offensichtlichen Nichtbezahlens des Vorschusses bzw. der Sicherstellung ergeht in der Regel einzelrichterlich (Art. 108 Abs. 1 lit. a BGG; Art. 108 BGG N 12) und nach bisheriger Praxis des EVG in der Regel kostenfrei (Art. 66 Abs. 1 BGG; Urteil H 409/01 E. 3), ebenso wenn als Reaktion auf die Einverlangung eines Vorschusses die Beschwerde zurückgezogen wird (Urteil H 367/98). Ein allenfalls verspätet bezahlter Vorschuss wird zurückerstattet. Die bisherige Lausanner Praxis erhebt auch in diesen Fällen (reduzierte) Kosten, was auch künftig der Fall sein dürfte. Kosten werden jedenfalls erhoben, wenn nach einem zu spät eingegangenen Kostenvorschuss oder infolge eines (abgelehnten) Fristwiederherstellungsgesuchs ein ausführlicher Nichteintretensentscheid ergeht (vgl. z.B. ASA 72 580; Urteil 1P.603/2001 vom 1.3.2002; 1P.413/1998) oder bei vorwerfbarem Verhalten der Partei oder ihres Vertreters (Urteil H 282/02). 24

Art. 63

Vorschuss für Barauslagen	[1] Jede Partei hat die Barauslagen vorzuschiessen, die im Laufe des Verfahrens infolge ihrer Anträge entstehen, und anteilsmässig die Barauslagen, die durch gemeinschaftliche Anträge der Parteien oder durch das Bundesgericht von Amtes wegen veranlasst werden. [2] Der Instruktionsrichter oder die Instruktionsrichterin setzt zur Leistung des Vorschusses eine angemessene Frist. Läuft diese unbenutzt ab, so setzt der Instruktionsrichter oder die Instruktionsrichterin der Partei eine Nachfrist. Wird der Vorschuss auch innert der Nachfrist nicht geleistet, so unterbleibt die Handlung, deren Kosten zu decken sind.
Avance des débours	[1] Chaque partie doit avancer les débours causés pendant la procédure par ses réquisitions et, proportionnellement, les débours causés par des réquisitions communes ou par des actes accomplis d'office par le Tribunal fédéral. [2] Le juge instructeur fixe un délai approprié pour fournir l'avance. Si le versement n'est pas fait dans ce délai, il fixe un délai supplémentaire. Si l'avance n'est pas versée dans ce second délai, l'acte dont les frais doivent être couverts reste inexécuté.
Anticipazione dei disborsi	[1] Ciascuna parte deve anticipare i disborsi causati dalle proprie richieste durante il procedimento e, proporzionalmente, quelli causati da richieste congiunte o da atti ordinati d'ufficio dal Tribunale federale. [2] Il giudice dell'istruzione stabilisce un congruo termine per il versamento dell'anticipo. Se il termine scade infruttuoso, impartisce un termine suppletorio. Se l'anticipo non è versato neppure nel termine suppletorio, l'atto per cui è stato chiesto non è eseguito.

Inhaltsübersicht   Note   Seite

I.   Bisheriges Recht und Entstehungsgeschichte 1   202
II. Kommentar 2   203
     1. Vorschusspflicht (Abs. 1) 2   203
     2. Verfahren und Folgen der Nichtbezahlung (Abs. 2) 6   203

I. Bisheriges Recht und Entstehungsgeschichte

1 Altes Recht: Art. 151 OG.

Entwurf der Expertenkommission: Art. 60.

Entwurf des Bundesrates: Art. 59.

Der Ständerat fügte in Abs. 2 analog wie bei Art. 62 Abs. 3 eine Nachfrist bei (Amtl. Bull. S vom 23.9.2003 S. 898).

Nationalrat: Zustimmung (Amtl. Bull. N vom 5.10.2004 S. 1593).

II. Kommentar

1. Vorschusspflicht (Abs. 1)

Unter den **Barauslagen** sind diejenigen Gerichtskosten zu verstehen, die nicht in den Gerichtsgebühren inbegriffen sind (vgl. dazu Art. 65 BGG). Im Wesentlichen handelt es sich um die Kosten für Übersetzungen (Art. 54 Abs. 4 BGG), soweit diese überhaupt den Parteien auferlegt werden dürfen (s. dazu Art. 65 BGG N 8), sowie um die Entschädigungen für Zeugen und Sachverständige im Rahmen von Beweismassnahmen (Art. 55 f. BGG). Da das Bundesgericht im Beschwerdeverfahren selten eigene Beweismassnahmen durchführt, ist die Bestimmung nicht von grosser praktischer Bedeutung. Sie kommt am ehesten im Klageverfahren (Art. 120 BGG) zur Anwendung. 2

Für die dem Gericht selber entstehenden Barauslagen im Falle von **Augenscheinen** (Reise- und Verpflegungskosten) kann kein Vorschuss erhoben werden, weil solche in der Gerichtsgebühr inbegriffen sind (vgl. Art. 65 BGG N 7) und deshalb ohnehin über den Kostenvorschuss gemäss Art. 62 BGG sicherzustellen sind. 3

Anders als Art. 62 BGG gilt die **Vorschusspflicht** für Barauslagen nicht nur für die Partei, die an das Bundesgericht gelangt, sondern auch für die Gegenpartei(en), und zwar jeweils für die von ihr beantragten oder verursachten, aber auch für die vom Gericht von Amtes wegen angeordneten Massnahmen. Im letzteren Falle sowie wenn der Antrag gemeinsam mit der Gegenpartei erfolgt, sind die Kosten anteilsmässig zu verlegen, was nicht zwingend eine gleichmässige Verteilung bedeutet (POUDRET, N 1 zu Art. 151). 4

Da Barauslagen auch zu den Gerichtskosten gehören (Art. 65 Abs. 1 BGG), befreit die **unentgeltliche Prozessführung** auch von dieser Vorschusspflicht (Art. 64 Abs. 1 BGG). 5

2. Verfahren und Folgen der Nichtbezahlung (Abs. 2)

Zur **Zuständigkeit** und zum Verfahren s. Art. 62 BGG N 19 ff., zu den Zahlungsmodalitäten Art. 48 BGG N 4. 6

Hat eine Partei den Vorschuss für die von ihr beantragten Massnahmen **nicht geleistet**, so ergeht kein Nichteintretensentscheid, bloss unterbleibt die Massnahme, ebenso dann, wenn im Falle von auf mehrere Parteien verlegten Kosten keine 7 der Parteien bezahlt. Ist deshalb der Sachverhalt nicht zu klären, so führt dies zu einem Beweislasturteil.

Art. 64

Unentgeltliche Rechtspflege

¹ Das Bundesgericht befreit eine Partei, die nicht über die erforderlichen Mittel verfügt, auf Antrag von der Bezahlung der Gerichtskosten und von der Sicherstellung der Parteientschädigung, sofern ihr Rechtsbegehren nicht aussichtslos erscheint.

² Wenn es zur Wahrung ihrer Rechte notwendig ist, bestellt das Bundesgericht der Partei einen Anwalt oder eine Anwältin. Der Anwalt oder die Anwältin hat Anspruch auf eine angemessene Entschädigung aus der Gerichtskasse, soweit der Aufwand für die Vertretung nicht aus einer zugesprochenen Parteientschädigung gedeckt werden kann.

³ Über das Gesuch um unentgeltliche Rechtspflege entscheidet die Abteilung in der Besetzung mit drei Richtern oder Richterinnen. Vorbehalten bleiben Fälle, die im vereinfachten Verfahren nach Artikel 108 behandelt werden. Der Instruktionsrichter oder die Instruktionsrichterin kann die unentgeltliche Rechtspflege selbst gewähren, wenn keine Zweifel bestehen, dass die Voraussetzungen erfüllt sind.

⁴ Die Partei hat der Gerichtskasse Ersatz zu leisten, wenn sie später dazu in der Lage ist.

Assistance judiciaire

¹ Si une partie ne dispose pas de ressources suffisantes et si ses conclusions ne paraissent pas vouées à l'échec, le Tribunal fédéral la dispense, à sa demande, de payer les frais judiciaires et de fournir des sûretés en garantie des dépens.

² Il attribue un avocat à cette partie si la sauvegarde de ses droits le requiert. L'avocat a droit à une indemnité appropriée versée par la caisse du tribunal pour autant que les dépens alloués ne couvrent pas ses honoraires.

³ La cour statue à trois juges sur la demande d'assistance judiciaire. Les cas traités selon la procédure simplifiée prévue à l'art. 108 sont réservés. Le juge instructeur peut accorder lui-même l'assistance judiciaire si les conditions en sont indubitablement remplies.

⁴ Si la partie peut rembourser ultérieurement la caisse, elle est tenue de le faire.

Gratuito patrocinio

¹ Se una parte non dispone dei mezzi necessari e le sue conclusioni non sembrano prive di probabilità di successo, il Tribunale federale la dispensa, su domanda, dal pagamento delle spese giudiziarie e dalla prestazione di garanzie per le spese ripetibili.

² Se è necessario per tutelare i diritti di tale parte, il Tribunale federale le designa un avvocato. Questi ha diritto a un'indennità adeguata, versata dalla cassa del Tribunale, in quanto le spese di patrocinio non possano essere coperte dalle spese ripetibili.

³ La corte decide sulla domanda di gratuito patrocinio nella composizione di tre giudici. Rimangono salvi i casi trattati in procedura semplificata secondo l'articolo 108. Il gratuito patrocinio può essere concesso dal giudice dell'istruzione se è indubbio che le relative condizioni sono adempiute.

⁴ Se in seguito è in grado di farlo, la parte è tenuta a risarcire la cassa del Tribunale.

Inhaltsübersicht Note Seite

I. Bisheriges Recht und Entstehungsgeschichte 1 206
II. Kommentar 2 207
   1. Allgemeines 2 207
   2. Unentgeltliche Rechtspflege (Abs. 1) 5 208
      2.1 Anspruchsberechtigte 5 208
      2.2 Voraussetzungen 7 208
          2.2.1 Allgemeines 7 208
          2.2.2 Bedürftigkeit 10 209
          2.2.3 Fehlende Aussichtslosigkeit 21 210
      2.3 Umfang 25 211
   3. Unentgeltliche Verbeiständung (Abs. 2) 28 212
      3.1 Voraussetzung 28 212
      3.2 Bezeichnung eines Anwalts 31 213
      3.3 Entschädigung an den amtlichen Anwalt 36 214
   4. Entscheid (Abs. 3) 42 215
   5. Rückerstattung (Abs. 4) 47 216

I. Bisheriges Recht und Entstehungsgeschichte

1 Altes Recht: Art. 152 OG, etwa wie Art. 64 BGG, aber ohne besondere Regel über die Zuständigkeit (Abs. 3).

Entwurf der Expertenkommission: Art. 61 wie altes Recht.

Entwurf des Bundesrates: Art. 60 übernahm das geltende Recht, fügte jedoch den jetzigen Abs. 3 neu ein. Dabei war auch ein Vorbehalt zugunsten des vereinfachten Verfahrens (E Art. 102) enthalten, in welchem nach dem Vorschlag des Bundesrates in einer Zweierbesetzung hätte entschieden werden können (BBl 2001 4304).

Ständerat: Zustimmung (Amtl. Bull. S vom 23.9.2003 S. 898).

Der Nationalrat strich den Vorbehalt zugunsten des vereinfachten Verfahrens (Amtl. Bull. N vom 5.10.2004 S. 1593).

Der Ständerat fügte den Vorbehalt wieder ein, um auch der einzelrichterlichen Zuständigkeit (heute Art. 108 BGG) Rechnung zu tragen (Amtl. Bull. S vom 8.3.2005 S. 128).
Nationalrat: Zustimmung (Amtl. Bull. N vom 6.6.2005 S. 646).

II. Kommentar

1. Allgemeines

Art. 64 stimmt – ausser in Bezug auf die Zuständigkeit (Abs. 3) – weitgehend mit dem bisherigen Art. 152 OG überein. Er konkretisiert für das Verfahren vor Bundesgericht den **verfassungsrechtlichen Anspruch** auf unentgeltliche Rechtspflege und unentgeltlichen Rechtsbeistand (Art. 29 Abs. 3 BV). 2

Die Verfassung gewährt einen **Minimalanspruch**, der durch das einschlägige Prozessrecht zu konkretisieren ist und von diesem nicht unter-, wohl aber überschritten werden darf. Soweit kantonales Verfahrensrecht anwendbar ist, richtet sich der Anspruch auf unentgeltliche Rechtspflege grundsätzlich nach kantonalem Recht (ausser im Verwaltungsverfahren in Sozialversicherungssachen, wo gemäss Art. 55 ATSG Art. 65 VwVG anwendbar ist, BGE 131 V 153). Dieses muss jedoch den verfassungsrechtlichen Minimalanspruch einhalten. In der Praxis gilt die Regelung von Art. 64 BGG weitgehend zugleich als Konkretisierung des verfassungsrechtlichen Anspruchs (BBl 2001 4304). Insbesondere besteht in Bezug auf den Begriff der Aussichtslosigkeit kein Unterschied zwischen Art. 29 Abs. 3 BV und Art. 64 BGG. Die Bedürftigkeit wird im kantonalen Verfahren grundsätzlich nach kantonalen Richtlinien beurteilt, die aber unter dem Einfluss der bundesgerichtlichen Rechtsprechung weitgehend konvergieren, im Sozialversicherungsverfahren hingegen nach bundesrechtlichen Massstäben (Art. 61 lit. f ATSG), welche mit Art. 64 BGG übereinstimmen (Urteil C 62/00 vom 25.9.2000, E. 3a). Nicht verfassungsrechtlich vorgegeben sind innert den Schranken des Willkürverbots (minimaler Stundenansatz ca. Fr. 180.–, Urteil 2P.17/2004 vom 6.6.2006, E. 8.7 [zur Publikation vorgesehen]) die Entschädigungen an die amtlichen Anwälte im kantonalen Verfahren. 3

Sinn und Zweck der unentgeltlichen Rechtspflege besteht darin, die bedürftige Partei in den Stand zu versetzen, zur Durchsetzung ihrer Rechte einen Prozess zu führen, bzw. ihr zu erlauben, sich gegen einen als unzulässig erachteten Eingriff zu wehren. Sie fällt daher für jedes staatliche Verfahren in Betracht, in das der Gesuchsteller einbezogen wird oder das zur Wahrung seiner Rechte notwendig ist (BGE 130 I 180, 182 E. 2.2; 128 I 225, 227 E. 2.3 m.H.). Dies ist nur der Fall, wenn die Interessen einer Partei durch das in Frage stehende Verfahren unmittelbar betroffen sind (BGE 121 I 314, 317 f. E. 4a. m.H.). Es besteht daher in der 4

Regel kein Anspruch auf unentgeltliche Rechtspflege im Verfahren der abstrakten Normenkontrolle, weil im Falle eines in die Rechtsstellung eingreifenden Anwendungsaktes die konkrete Normenkontrolle möglich ist (BGE 121 I 314, 317 E. 3b; Urteil 2P.273/1999 vom 22.9.2000, E. 2).

2. Unentgeltliche Rechtspflege (Abs. 1)

2.1 Anspruchsberechtigte

5 Nicht nur die **Partei**, die an das Bundesgericht gelangt, kann unentgeltliche Prozessführung erhalten, sondern auch die **Gegenpartei**. Der Anspruch steht jedem einzelnen **Streitgenossen** unabhängig von den Verhältnissen der anderen Streitgenossen zu (BGE 115 Ia 193). Es kann also sein, dass unter mehreren Streitgenossen die einen unentgeltliche Prozessführung erhalten, die andern nicht.

6 Nach der Rechtsprechung können nur natürliche Personen Anspruch auf unentgeltliche Rechtspflege haben. **Juristische Personen** oder Konkursmassen haben nur ausnahmsweise Anspruch, wenn ihr einziges Aktivum im Streit liegt und neben ihr auch die wirtschaftlich Beteiligten (Gesellschafter, gegebenenfalls auch Organe oder sogar Gläubiger) mittellos sind (BGE 131 II 306, 327 E. 5.2.1).

2.2 Voraussetzungen

2.2.1 Allgemeines

7 Voraussetzung für die unentgeltliche Prozessführung ist in formeller Hinsicht ein **Antrag**. Die unentgeltliche Rechtspflege wird unter Vorbehalt von Art. 41 BGG nicht von Amtes wegen gewährt. Für das Verfahren vor Bundesgericht ist ein besonderes Gesuch zu stellen, auch wenn im vorinstanzlichen Verfahren bereits ein entsprechendes Gesuch bewilligt worden ist (GEISER, Prozessieren vor Bundesgericht, Rz. 1.43).

8 In materieller Hinsicht ist verlangt, dass die Partei nicht über die erforderlichen Mittel verfügt (sog. **Prozessbedürftigkeit**, unten Ziff. 2.2.2) und dass das Begehren **nicht aussichtslos** ist (unten Ziff. 2.2.3).

9 Dass **vorinstanzlich** die unentgeltliche Rechtspflege gewährt worden ist, bedeutet nicht automatisch, dass sie auch vor Bundesgericht gewährt wird. Zwar wird in der Praxis die Bedürftigkeit meistens bejaht, wenn sie auch vorinstanzlich bejaht worden ist, doch ist eine eigene Überprüfung durch das Bundesgericht vorbehalten. Sodann wird nicht selten vor Bundesgericht Aussichtslosigkeit angenommen, wenn die Sache zwar vor der Vorinstanz noch nicht aussichtslos war, durch den vorinstanzlichen Entscheid aber einwandfrei geklärt wurde.

2.2.2 Bedürftigkeit

Als bedürftig gilt, wer die Kosten eines Prozesses nicht aufzubringen vermag, ohne jene Mittel anzugreifen, deren er zur Deckung des notwendigen Lebensunterhalts für sich und seine Familie bedarf; dabei sind die Einkommens- wie die Vermögensverhältnisse in Betracht zu ziehen (BGE 124 I 1, 2 E. 2a; 124 I 97, 98 E. 3b, m.H., zu Art. 4 aBV). Die Prozessbedürftigkeit beurteilt sich aus einem **Vergleich** zwischen den der Partei **zur Verfügung stehenden Mitteln** und ihrem **Notbedarf**. Die finanziellen Verhältnisse sind von der gesuchstellenden Person darzulegen und zu belegen. Missachtung dieser Obliegenheit führt zur Abweisung des Gesuchs (BGE 125 IV 161, 165 E. 4a; Pra 2003 Nr. 1 Erw. 4.2).

10

Zur Verfügung stehende Mittel sind die **Einkommen** jeglicher Art. Dazu gehören das Netto-Erwerbseinkommen mit Einschluss von Anteilen an 13. Monatslohn, Sonderzulagen, Familien- und Kinderzulagen (Urteil U 219/99 vom 17.3.2000, E. 3b) sowie Kapital- und Renteneinkommen.

11

Allfälliges **Vermögen** ist angemessen zu berücksichtigen (BGE 118 Ia 369 E. 4a S. 370), unabhängig von seiner Herkunft, mithin auch Kapitalabfindungen aus beruflicher Vorsorge (Urteil B 10/98 vom 2.4.1998). Dabei kann allerdings nur Vermögen berücksichtigt werden, das innert nützlicher Frist frei verfügbar ist, nicht z.b. Lebensversicherungspolicen (Pra 2003 Nr. 1 E. 4.2).

12

Zudem wird ein **Notgroschen** zugebilligt, den anzugreifen der Partei nicht zugemutet wird. Dieser ist nach den individuellen Umständen zu bemessen und bewegt sich etwa zwischen Fr. 10 000.– und 20 000.– (Urteil I 362/05 vom 9.8.2005, Erw. 5.3; vgl. auch Pra 2003 Nr. 1 E. 4.2: frei verfügbares Vermögen von Fr. 25 000.– reicht zur Verweigerung).

13

Vermögensgegenstände, die keinen **Kompetenzcharakter** haben (z.B. Auto, das nicht zur Berufsausübung oder aus gesundheitlichen Gründen zur Lebensführung benötigt wird), sind anzurechnen, sofern der Verkauf einen Erlös brächte, der – zusammen mit dem sonstigen Vermögen – den Notgroschen übersteigt (BGE 124 I 1, 5 E. 2d).

14

Auf **Immobilienvermögen** muss ein Hypothekarkredit aufgenommen werden, soweit dies möglich ist; der Nachweis, dass dies nicht möglich sein soll, ist von der Person zu erbringen, welche unentgeltliche Rechtspflege beantragt (BGE 119 Ia 11, 12 f.; Urteil B 54/02 vom 21.3.2003, Anwaltsrevue 2003 8 S. 272, E. 4.3).

15

Familienrechtliche Unterstützungspflichten gehen der unentgeltlichen Rechtspflege vor. Bei einer volljährigen Person sind die finanziellen Verhältnisse der Eltern zu berücksichtigen, soweit diese aufgrund ihrer familienrechtlichen Unterhaltspflicht (Art. 276 ff. ZGB) für ihr Kind aufkommen müssen, denn die elterliche Unterstützungspflicht erstreckt sich auf die Übernahme (notwendiger) Prozesskosten (BGE 127 I 202, 204 E. 3). Auch eheliche Unterhaltspflichten

16

(Art. 159, 163 ZGB) gehen der unentgeltlichen Rechtspflege vor (FamPra.ch 2002 S. 581 E. 2b). Bei Ehepaaren wird daher das Einkommen und Vermögen beider Partner berücksichtigt (BGE 115 Ia 193, 195 E. 3a; Urteil C 62/00 vom 25.9.2000, E. 3a). Ist jedoch bei getrennt lebenden Ehegatten ein Unterhaltsbeitrag richterlich (auch eheschutzrichterlich) festgesetzt worden, so kann nicht mehr als dieser Beitrag verlangt werden, weshalb nur dieser zu berücksichtigen ist (Urteil I 491/02 vom 10.2.2003, E. 3.2).

17 Der **Notbedarf** berechnet sich nach den Richtlinien zur Bemessung des betreibungsrechtlichen Existenzminimums. Er besteht aus einem monatlichen **Grundbedarf** für eine alleinstehende Person (Fr. 1100.–) bzw. für ein Ehepaar (Fr. 1550.–) sowie für die im gleichen Haushalt lebenden Kinder (je nach Alter Fr. 250.– bis 500.–). Zum Grundbedarf wird ein **prozessualer Zuschlag** von 25% berechnet, welcher pauschal übrige notwendige Auslagen abdeckt.

18 Zum Grundbedarf hinzu kommen **Wohnkosten** (Wohnungsmiete oder Hypothekarzins sowie Nebenkosten), sofern sie nicht unverhältnismässig hoch sind, **Krankenkassenprämien** für die Grundversicherung nach Abzug allfälliger Prämienverbilligungen sowie laufende **Steuern**, wenn sie tatsächlich bezahlt werden (RKUV 2000 Nr. KV 119 E. 2, 1996 Nr. U 254 E. 2). Private Schulden werden hingegen nicht berücksichtigt (Urteil U 219/99 vom 17.3.2000, E. 3b; Urteil 5P.356/1996 vom 6.11.1996, E. 8a/aa). Angemessene Prämien für Lebensversicherungen oder private Vorsorge sind nach Urteil U 6/98 vom 14. April 1998, E. 3b an sich zu berücksichtigen, gelten in aller Regel aber als im prozessualen Zuschlag inbegriffen.

19 Ein **Überschuss** führt dann zur Verweigerung der unentgeltlichen Rechtspflege, wenn er erlaubt, innert absehbarer Zeit (in der Regel etwa ein Jahr) die zu erwartenden Prozesskosten (Gerichtskostenvorschüsse und Anwaltshonorar) zu bezahlen (BGE 109 Ia 5, 8 f. E. 3a). Erlaubt der Überschuss eine teilweise Bezahlung dieser Kosten, kann die unentgeltliche Rechtspflege teilweise gewährt werden.

20 Massgebend für den Vergleich ist an sich der **Zeitpunkt** des Entscheids über das Gesuch (BGE 108 V 265, 269 E. 4). In der Regel wird allerdings aus praktischen Gründen auf die Unterlagen abgestellt, die zusammen mit dem Gesuch eingereicht werden (vgl. BGE 120 Ia 179, 181 f.).

2.2.3 Fehlende Aussichtslosigkeit

21 Als aussichtslos sind Prozessbegehren anzusehen, bei denen die **Gewinnaussichten beträchtlich geringer** sind als die **Verlustgefahren** und die deshalb kaum als ernsthaft bezeichnet werden können. Dagegen gilt ein Begehren nicht als aussichtslos, wenn sich Gewinnaussichten und Verlustgefahren ungefähr die Waage halten oder jene nur wenig geringer sind als diese. Massgebend ist, ob

eine Partei, die über die nötigen finanziellen Mittel verfügt, sich bei vernünftiger Überlegung zu einem Prozess entschliessen würde; eine Partei soll einen Prozess, den sie auf eigene Rechnung und Gefahr nicht führen würde, nicht deshalb anstrengen können, weil er sie nichts kostet (BGE 129 I 129, 135 f. E. 2.3.1, m.H.).

Die Aussichtslosigkeit ist aufgrund einer **summarischen Prüfung** zu beurteilen, und zwar nach den Verhältnissen zur Zeit, zu der das Gesuch um unentgeltliche Rechtspflege gestellt wird (BGE 128 I 225, 236 E. 2.5.3; 124 I 304, 307 E. 2c). Dies gilt insbesondere auch dann, wenn erst zusammen mit dem Endentscheid in der Sache über das Gesuch entschieden wird. 22

Der Begriff der Aussichtslosigkeit ist nicht gleichbedeutend mit der **offensichtlichen Unbegründetheit** im Sinne von Art. 109 Abs. 2 lit. a BGG. Offensichtlich unbegründete Begehren sind zwar in aller Regel zugleich auch aussichtslos (POUDRET, N 5 zu Art. 152 OG). Aber auch Begehren, die nicht offensichtlich unbegründet sind, können aussichtslos sein, wenn die Prozessrisiken bedeutend höher sind als die Prozesschancen. 23

Hat die bedürftige Partei vorinstanzlich obsiegt und erhebt die unterlegene Gegenpartei Beschwerde, kann der immerhin von einer gerichtlichen Instanz geschützte Rechtsstandpunkt der bedürftigen Partei in der Regel nicht als aussichtslos beurteilt werden, ebenso wenig dann, wenn der von der Partei eingenommene Rechtsstandpunkt der bisherigen Praxis des Bundesgerichts entspricht (GEISER, Prozessieren vor Bundesgericht, N 1.42 S. 23). 24

2.3 Umfang

Wird die unentgeltliche Rechtspflege gewährt, so wird die Partei – unter Vorbehalt der Nachzahlung (Abs. 4) – befreit von der Zahlung der (im Falle des Unterliegens grundsätzlich geschuldeten) **Gerichtskosten** (Art. 65 f. BGG) und daher auch der **Gerichtskostenvorschüsse** (Art. 62 Abs. 1 BGG; Art. 62 BGG N 5 f.) und der **Vorschüsse für Barauslagen** (Art. 63 BGG N 5; POUDRET, N 6 zu Art. 152 OG) sowie von der **Sicherstellung der Parteientschädigung** (Art. 62 Abs. 2 BGG). 25

Die unentgeltliche Rechtspflege kommt hauptsächlich im Falle des **Unterliegens** zum Tragen. Obsiegt die Partei, trägt sie ohnehin keine Gerichtskosten (Art. 66 Abs. 1 BGG) und hat Anspruch auf Parteientschädigung (Art. 68 BGG). Obsiegt sie teilweise, so trägt sie im Umfang des Obsiegens keine Kosten; im Umfang des Unterliegens kommt die unentgeltliche Rechtspflege zum Tragen (BGE 124 V 301, 309 E. 6). 26

Die unentgeltliche Rechtspflege befreit nicht von der Verpflichtung, der obsiegenden Gegenpartei eine **Parteientschädigung** (Art. 68 BGG) zu bezahlen (BGE 27

122 I 322, 324 f. E. 2; Urteil 5P.170/2004 E. 2). Anders ist es, wenn sowohl die obsiegende als auch die unterliegende Partei die **unentgeltliche Rechtspflege** geniessen. Nach Art. 64 Abs. 2 Satz 2 BGG wird der amtliche Anwalt aus der Gerichtskasse entschädigt, soweit der Aufwand nicht aus einer zugesprochenen Parteientschädigung gedeckt werden kann. Dies trifft in der Regel zu, wenn auch die unterliegende Partei bedürftig ist: Sie wird zwar zu einer Parteientschädigung verurteilt, kann diese jedoch nicht bezahlen, so dass die obsiegende bedürftige Gegenpartei ihr Guthaben nicht realisieren kann. In diesem Falle wird daher auch die Entschädigung an den Anwalt der obsiegenden Partei aus der Gerichtskasse bezahlt (BGE 122 I 322, 326 E. 3c und d; Urteil 1P.466/2001 vom 1.10.2001, E. 3c). Denn andernfalls würde die bedürftige Partei bei Obsiegen schlechter gestellt als bei Unterliegen.

3. Unentgeltliche Verbeiständung (Abs. 2)

3.1 Voraussetzung

28 Die Gewährung der unentgeltlichen Rechtspflege führt nicht automatisch auch zur Gewährung der unentgeltlichen Verbeiständung. Dafür ist zusätzlich zu den Voraussetzungen nach Abs. 1 vorausgesetzt, dass die **anwaltliche Vertretung** zur Wahrung der Rechte der bedürftigen Partei notwendig ist (ebenso Art. 29 Abs. 3 Satz 2 BV).

29 Nach der Rechtsprechung hat die bedürftige Partei **Anspruch** auf unentgeltliche Verbeiständung, wenn ihre Interessen in schwerwiegender Weise betroffen sind und der Fall in tatsächlicher und rechtlicher Hinsicht Schwierigkeiten bietet, die den Beizug eines Rechtsvertreters erforderlich machen. Droht das in Frage stehende Verfahren besonders stark in die Rechtsposition der betroffenen Person einzugreifen, ist die Bestellung eines unentgeltlichen Rechtsvertreters grundsätzlich geboten, sonst nur dann, wenn zur relativen Schwere des Falles besondere tatsächliche oder rechtliche Schwierigkeiten hinzukommen, denen der Gesuchsteller auf sich alleine gestellt nicht gewachsen wäre (BGE 130 I 180, 182 E. 2.2; 128 I 225, 232 E. 2.5.2; 125 V 32, 35 f. E. 46, m.H.).

30 Die Formulierung von Art. 64 Abs. 2 BGG, wonach ein Anwalt bestellt wird, wenn dies **«zur Wahrung ihrer Rechte»** notwendig ist (was auch Art. 29 Abs. 3 BV entspricht), unterscheidet sich von Art. 152 Abs. 2 OG, wonach «nötigenfalls» ein Anwalt beigegeben werden konnte. Daraus lässt sich ableiten, dass kein Anspruch auf unentgeltliche Verbeiständung hat, wer bloss zur Wahrung faktischer Interessen Beschwerde erhebt (Art. 89 Abs. 1 BGG).

3.2 Bezeichnung eines Anwalts

Die unentgeltliche Verbeiständung ist nicht die staatliche Bezahlung eines privat mandatierten Vertreters, sondern eine **öffentlich-rechtliche Aufgabe**, zu welcher der Anwalt verpflichtet ist (Art. 12 lit. g BGFA; BGE 132 V 200, 205 f., E. 5.1.4; 122 I 322, 325 E. 3b; 113 Ia 69, 71 E. 6; GEISER,Prozessieren vor Bundesgericht, S. 19 Ziff. 1.40).

31

Nach dem klaren Wortlaut des Gesetzes kann nur ein **Anwalt** oder eine **Anwältin** als amtlicher Beistand bezeichnet werden. Im Gebiet des Zivil- und Strafrechts versteht sich dies von selbst, da nur Anwälte vor Bundesgericht die Rechtsvertretung wahrnehmen können (Art. 40 Abs. 1 BGG). Es gilt aber auch im öffentlichen Recht, in welchem andere gewillkürte Vertreter zulässig sind (BGE 132 V 200, 201 E. 4.2). Zugelassen sind damit diejenigen Anwälte, welche die Voraussetzungen erfüllen, um sich gemäss Art. 8 BGFA im Anwaltsregister eintragen zu lassen (BGE 132 V 200, 204 E. 5.1.3).

32

Anwälte, die bei einem **Verband** (Berufsverband, Gewerkschaft, u. dgl.) angestellt sind, können sich grundsätzlich mangels Unabhängigkeit nicht im Anwaltsregister eintragen lassen (Art. 8 Abs. 1 BGFA) und daher nicht als amtliche Anwälte bezeichnet werden. Eine Ausnahme gilt für Anwältinnen und Anwälte, die bei anerkannten gemeinnützigen Organisationen angestellt sind; diese können sich kraft ausdrücklicher gesetzlicher Vorschrift (Art. 8 Abs. 2 BGFA) trotz fehlender Unabhängigkeit ins Anwaltsregister eintragen lassen, wenn sie die übrigen Voraussetzungen erfüllen. Sie sind insoweit auch als amtliche Anwälte zugelassen. Als gemeinnützig im Sinne von Art. 8 Abs. 2 BGFA gelten z.B. Behindertenorganisationen, nicht jedoch Gewerkschaften, Mieterverbände, Hauseigentümerverbände (FELLMANN/ZINDEL, Art. 8 N 57) oder Berufsverbände (BGE 132 V 200, 207 E. 5.2.3).

33

Personen, die **kein Anwaltspatent** besitzen, können nicht amtliche Vertreter sein, auch wenn sie als Mitarbeiter von gemeinnützigen Institutionen i.S. v. Art. 8 Abs. 2 BGFA Rechtsvertretungen wahrnehmen (Urteil I 447/04 vom 2.3.2005, E. 4.2).

34

Nach der gesetzlichen Regelung kann das Bundesgericht aus dem Kreis der im Register eingetragenen Anwälte einen beliebigen Anwalt ernennen; dieser ist **verpflichtet**, das Mandat zu übernehmen (Art. 12 lit. g BGFA). In der Praxis wird in aller Regel der von der Partei privat angegangene Anwalt bezeichnet, der im Falle der Bedürftigkeit seines Klienten gehalten ist, ein entsprechendes Gesuch zu stellen (FELLMANN/ZINDEL, Art. 12 N 148).

35

3.3 Entschädigung an den amtlichen Anwalt

36 Die **Entschädigung** soll den Aufwand des Anwalts für die prozessualen Vorkehren abdecken. Die Gewährung der unentgeltlichen Rechtspflege wirkt nicht rückwirkend; wird das Gesuch zusammen mit der Eingabe gestellt, so wirkt es allerdings auch für die Ausarbeitung dieser Eingabe (BGE 122 I 322, 326 E. 3b). Auch wenn das Gesuch erst auf Aufforderung hin, einen Kostenvorschuss zu bezahlen, gestellt wird, gilt es ab Prozesseingabe. Bei späterer Gesuchseinreichung wird aber die unentgeltliche Rechtspflege nur für die nachfolgende Zeit gewährt (GEISER, Prozessieren vor Bundesgericht, Rz. 1.43).

37 In den meisten Kantonen ist die Entschädigung an amtliche Rechtsvertreter tiefer als die sonst üblichen Anwaltshonorare, was vom Bundesgericht in ständiger Rechtsprechung geschützt wird (BGE 132, Urteil 2P.17/2004 vom 6.6.2006 [zur Publikation vorgesehen] E. 7 und 8). Art. 152 OG sah demgegenüber ausdrücklich vor, dass das Honorar des amtlichen Anwalts nach dem gemäss Art. 160 OG erlassenen Tarif bemessen wird, welcher auch für die Parteientschädigung an die obsiegende Partei massgebend ist. Demgegenüber ist nach Art. 64 Abs. 2 BGG eine «**angemessene**» **Entschädigung** zu entrichten. Dies bedeutet, dass die Entschädigung des unentgeltlichen Rechtsanwalts tiefer sein kann als die ordentlichen Entschädigungen gemäss Art. 68 BGG. Art. 10 des Reglements über die Parteientschädigungen und die Entschädigung für die amtliche Vertretung sieht vor, dass das Honorar der amtlich bestellten Anwälte bis zu einem Drittel gekürzt werden kann, freilich nur bis zum verfassungsrechtlichen Minimum (vorne N 3).

38 Die Entschädigung wird im Dispositiv des Entscheids festgesetzt. Sie wird aus der Gerichtskasse bezahlt, d.h. zu Lasten des Budgets des Bundesgerichts (s. Art. 3 BGG N 7).

39 Die Entschädigung wird dem Anwalt **persönlich** zugesprochen, nicht der Partei. Der Anwalt darf von der bedürftigen Partei nicht mehr verlangen, als das Gericht zugesprochen hat (BGE 122 I 322, 325 E. 3b; FELLMANN/ZINDEL, N 149 zu Art. 12 BGFA; vgl. Art. 68 BGG N 7), es sei denn, die Partei sei wieder zu Vermögen gekommen (hinten N 49).

40 **Obsiegt** die Partei, welcher die unentgeltliche Verbeiständung gewährt worden ist, so hat sie Anspruch auf Parteientschädigung zu Lasten der unterliegenden Gegenpartei (Art. 68 BGG). Diese Parteientschädigung ist dazu bestimmt, die Anwaltskosten zu decken. Insoweit entfällt daher eine Entschädigung des Anwalts zu Lasten der Gerichtskasse. Dies gilt nach dem Wortlaut des Gesetzes jedoch nur, wenn der Aufwand des Anwalts tatsächlich aus einer zugesprochenen Parteientschädigung gedeckt werden kann. Ist dies (z.B. mangels Solvenz der Gegenpartei) nicht möglich, so bleibt die Entschädigung aus der Gerichtskasse geschuldet, was auch nachträglich noch verlangt werden kann (BGE 122 I 322,

326 f. E. 3c und d; Urteil 1P.411/1998 vom 7.8.1998; GEISER, Prozessieren vor Bundesgericht, Rz. 1.40).

Obsiegt die bedürftige Partei **teilweise**, so wird ihr anteilsmässig eine Parteientschädigung zu Lasten der Gegenpartei zugesprochen, für den Rest aber dem Anwalt eine Entschädigung aufgrund unentgeltlicher Verbeiständung (BGE 124 V 301, 309 E. 6). 41

4. *Entscheid (Abs. 3)*

Der Entscheid über das Gesuch um unentgeltliche Rechtspflege und Verbeiständung kann entweder **vorab** oder zusammen mit dem **Endentscheid** getroffen werden (vgl. Art. 62 BGG N 6). 42

In beiden Fällen entscheidet im Normalfall der **ordentliche Spruchkörper**, d.h. die Dreierabteilung (Art. 20 Abs. 1 BGG) über das Gesuch, in den Fällen von Art. 108 BGG der Einzelrichter. Wird vorab über das Gesuch entschieden, so kann der **Instruktionsrichter** in klaren Fällen das Gesuch gutheissen, nicht aber ablehnen. 43

Die **Dreierbesetzung** ist gemäss Art. 64 Abs. 3 BGG auch zuständig in denjenigen Fällen, in denen der Endentscheid in Fünferbesetzung ergeht (Art. 20 Abs. 2 und 3 BGG; BBl 2001 4304). Wird erst zusammen mit dem Endentscheid über das Gesuch um unentgeltliche Rechtspflege entschieden, so wäre es allerdings künstlich, diesen Entscheid losgelöst vom Entscheid in der Sache zu fällen; es ist somit ebenfalls die Fünferbesetzung als zuständig zu erachten, zumal entstehungsgeschichtlich bei der Formulierung von Abs. 3 vor allem die Abgrenzung gegenüber der Einer- oder Zweierbesetzung, nicht aber das Verhältnis zur Fünferbesetzung thematisiert wurde. 44

Wird vorab über das Gesuch entschieden und dieses wegen Aussichtslosigkeit abgewiesen, so sind die Richter, die bei diesem Entscheid mitgewirkt haben, deswegen **nicht befangen** im Hinblick auf den Endentscheid (BGE 131 I 113, 120 ff. E. 3.7, m.H. auf anderslautende Meinungen in der Lehre). 45

Wird vorab über das Gesuch entschieden, so ergeht dieser Entscheid kostenlos. Wird erst zusammen mit dem Endentscheid über das Gesuch entschieden, so wird es gegenstandslos, wenn der Gesuchsteller in der Sache obsiegt und daher ohnehin keine Gerichtskosten bezahlen muss. Unterliegt er und wird die unentgeltliche Rechtspflege verweigert, werden ihm die **Kosten** auferlegt, doch kann bei deren Bemessung schlechten finanziellen Verhältnissen der Partei Rechnung getragen werden (Art. 65 Abs. 2 BGG). 46

5. Rückerstattung (Abs. 4)

47 Die Gewährung der unentgeltlichen Rechtspflege und Verbeiständung befreit nur **vorläufig** von der Kostentragung. Gegebenenfalls sind die vorläufig vom Gericht getragenen Kosten zurückzubezahlen. Dies umfasst sowohl die Gerichtskosten als auch die Entschädigungen an den unentgeltlichen Rechtsvertreter.

48 Die Kosten sind **zurückzuerstatten**, wenn die Partei später dazu in der Lage ist. In Bezug auf die Entschädigung an den unentgeltlichen Rechtsvertreter ist dies regelmässig der Fall, wenn die bedürftige Partei obsiegt, eine Parteikostenentschädigung zu Lasten der Gegenpartei zugesprochen erhält und diese tatsächlich einbringlich ist (vorne N 40). Im Übrigen ist dies dann der Fall, wenn die Partei in finanzielle Verhältnisse gerät, welche eine Bezahlung der Kosten erlauben, d.h. wenn die Differenz zwischen den verfügbaren Mitteln und dem Notbedarf (dazu vorne N 19) grösser ist als der zurückzuerstattende Betrag.

49 Unter den gleichen Voraussetzungen kann auch der **Anwalt** eine allfällige Differenz zwischen der ihm zugesprochenen Entschädigung und demjenigen Honorar, welches ohne unentgeltliche Verbeiständung privatrechtlich geschuldet wäre, zurückfordern. Dies ist aber eine privatrechtliche Forderung (anders MERKLI/AESCHLIMANN/HERZOG, N 10 zu Art. 88 und N 7 zu Art. 113).

50 Die Rückerstattungsforderung **verjährt** innert 10 Jahren (POUDRET, N 9 zu Art. 152 OG). Diese Frist beginnt mit dem Endentscheid, weil erst dann feststeht, ob und in welchem Umfang überhaupt eine Kostenpflicht der bedürftigen Partei bestünde (MERKLI/AESCHLIMANN/HERZOG, N 8 zu Art. 113).

Art. 65

Gerichtskosten

¹ Die Gerichtskosten bestehen in der Gerichtsgebühr, der Gebühr für das Kopieren von Rechtsschriften, den Auslagen für Übersetzungen, ausgenommen solche zwischen Amtssprachen, und den Entschädigungen für Sachverständige sowie für Zeugen und Zeuginnen.

² Die Gerichtsgebühr richtet sich nach Streitwert, Umfang und Schwierigkeit der Sache, Art der Prozessführung und finanzieller Lage der Parteien.

³ Sie beträgt in der Regel:
a. in Streitigkeiten ohne Vermögensinteresse 200–5000 Franken;
b. in den übrigen Streitigkeiten 200–100 000 Franken.

⁴ Sie beträgt 200–1000 Franken und wird nicht nach dem Streitwert bemessen in Streitigkeiten:
a. über Sozialversicherungsleistungen;
b. über Diskriminierungen auf Grund des Geschlechts;
c. aus einem Arbeitsverhältnis mit einem Streitwert bis zu 30 000 Franken;
d. nach den Artikeln 7 und 8 des Behindertengleichstellungsgesetzes vom 13. Dezember 2002.

⁵ Wenn besondere Gründe es rechtfertigen, kann das Bundesgericht bei der Bestimmung der Gerichtsgebühr über die Höchstbeträge hinausgehen, jedoch höchstens bis zum doppelten Betrag in den Fällen von Absatz 3 und bis zu 10 000 Franken in den Fällen von Absatz 4.

Frais judiciaires

¹ Les frais judiciaires comprennent l'émolument judiciaire, l'émolument pour la copie de mémoires, les frais de traduction, sauf d'une langue officielle à une autre, et les indemnités versées aux experts et aux témoins.

² L'émolument judiciaire est calculé en fonction de la valeur litigieuse, de l'ampleur et de la difficulté de la cause, de la façon de procéder des parties et de leur situation financière.

³ Son montant est fixé en règle générale:
a. entre 200 et 5000 francs dans les contestations non pécuniaires;
b. entre 200 et 100 000 francs dans les autres contestations.

⁴ Il est fixé entre 200 et 1000 francs, indépendamment de la valeur litigieuse, dans les affaires qui concernent:
a. des prestations d'assurance sociale;
b. des discriminations à raison du sexe;
c. des litiges résultant de rapports de travail, pour autant que la valeur litigieuse ne dépasse pas 30 000 francs;
d. des litiges concernant les art. 7 et 8 de la loi du 13 décembre 2002 sur l'égalité pour les handicapés.

	⁵ Si des motifs particuliers le justifient, le Tribunal fédéral peut majorer ces montants jusqu'au double dans les cas visés à l'al. 3 et jusqu'à 10 000 francs dans les cas visés à l'al. 4.
Spese giudiziarie	¹ Le spese giudiziarie comprendono la tassa di giustizia, l'emolumento per la copia di atti scritti, le spese per le traduzioni in o da una lingua non ufficiale e le indennità versate a periti e testimoni.
	² La tassa di giustizia è stabilita in funzione del valore litigioso, dell'ampiezza e della difficoltà della causa, del modo di condotta processuale e della situazione finanziaria delle parti.
	³ Di regola, il suo importo è di: a. 200 a 5000 franchi nelle controversie senza interesse pecuniario; b. 200 a 100 000 franchi nelle altre controversie.
	⁴ È di 200 a 1000 franchi, a prescindere dal valore litigioso, nelle controversie: a. concernenti prestazioni di assicurazioni sociali; b. concernenti discriminazioni fondate sul sesso; c. risultanti da un rapporto di lavoro, sempreché il valore litigioso non superi 30 000 franchi; d. secondo gli articoli 7 e 8 della legge del 13 dicembre 2002 sui disabili.
	⁵ Se motivi particolari lo giustificano, il Tribunale federale può aumentare tali importi, ma al massimo fino al doppio nei casi di cui al capoverso 3 e fino a 10 000 franchi nei casi di cui al capoverso 4.

Inhaltsübersicht

	Note	Seite
I. Bisheriges Recht und Entstehungsgeschichte	1	218
II. Kommentar	2	219
1. Bedeutung	2	219
2. Gerichtskosten (Abs. 1)	6	220
3. Kriterien der Gebührenbemessung (Abs. 2)	11	221
4. Gebührenrahmen im Regelfall (Abs. 3)	16	221
5. Gebührenrahmen in besonderen Fällen (Abs. 4)	20	222
5.1 Allgemeines	20	222
5.2 Die einzelnen Bereiche	28	223
6. Verdopplung des Betrags (Abs. 5)	32	224

I. Bisheriges Recht und Entstehungsgeschichte

1 Altes Recht: Art. 147, 153 Abs. 1 und Art. 153a OG. Nach Art. 134 OG durften in Beschwerdeverfahren über Leistungsstreitigkeiten vor dem EVG in der Regel keine Verfahrenskosten auferlegt werden. Sodann enthielt Art. 155 OG eine Sonderregelung über die Kosten bei der Zwangsliquidation, das Nachlassverfahren

und das Gläubigergemeinschaftsverfahren bei Eisenbahn- und Schifffahrtsunternehmungen. Nach Art. 149 OG blieben in Strafsachen abweichende Bestimmungen im BStP vorbehalten, wobei allerdings der BStP in seinem Art. 245 wieder auf das OG verwies und nur einige Sondervorschriften in den Art. 246–246ter enthielt. Schliesslich sahen verschiedene Spezialgesetze ein kostenloses Verfahren vor, was auch für das Verfahren vor Bundesgericht galt. Dies betraf, unter Vorbehalt mutwilliger Prozessführung, die Beschwerdeverfahren in Schuldbetreibungs- und Konkurssachen (Art. 20a Abs. 1 SchKG in der Fassung vom 16.12.1994), die Beschwerden nach BPR (Art. 86 BPR) und die Verfahren nach Gleichstellungsgesetz (Art. 12 Abs. 2 GlG i.V.m. Art. 434 Abs. 3 OR sowie Art. 13 Abs. 5 GlG, in der ursprünglichen Fassung).

Entwurf der Expertenkommission: Art. 64, etwa wie der heutige Art. 65 Abs. 1–3 und 5.

Entwurf des Bundesrates: Art. 61, wie Expertenkommission, zusätzlich ein Abs. 4, der etwa dem heutigen Abs. 4 (ohne lit. d) entsprach (BBl 2001 4305).

Ständerat: Zustimmung (Amtl. Bull. S vom 23.9. 2003 S. 898).

Die Nationalratskommission schlug Zustimmung vor, in Abs. 4 ergänzt um eine neue lit. d betreffend das in der Zwischenzeit verabschiedete BehiG. Der Rat folgte dem und lehnte Anträge ab, in den Fällen von Abs. 4 ganz auf Gebühren zu verzichten und in Abs. 4 lit. c auch Mietverhältnisse einschliessen (Amtl. Bull. N vom 5.10.2004 S. 1593–1597).

Ständerat: Zustimmung (Amtl. Bull. S vom 8.3.2005 S. 128).

II. Kommentar

1. Bedeutung

Art. 65 regelt die **Höhe** der Gerichtskosten, während die Kostentragung in Art. 66 BGG geregelt ist. 2

Die bisherige Regelung wurde vereinfacht, die historisch bedingte Sonderregelung von Art. 155 OG ersatzlos aufgehoben. Art. 65 regelt die Kosten für **sämtliche Verfahren** vor Bundesgericht, also Beschwerde- und Klageverfahren sowie Revision, Erläuterung und Berichtigung. Er gilt auch für Verfahren der abstrakten Normenkontrolle (Art. 82 lit. b BGG) sowie in Stimmrechtsbeschwerdeverfahren (Art. 82 lit. c BGG; s. dazu Art. 66 BGG N 32). Die in Art. 245 BStP vorgesehene Gebühr von bis zu Fr. 250 000.– gilt nur für das Verfahren vor Bundesstrafgericht, nicht für dasjenige vor Bundesgericht. 3

Art. 65 regelt nur die Kosten für die **rechtsprechende Tätigkeit** des Bundesgerichts. Für Verwaltungstätigkeiten sieht das Gesetz nicht ausdrücklich Gebühren 4 vor. Nach der Rechtsprechung (BGE 126 I 180, 183 E. 2a/bb, m.H.) können aber relativ geringfügige Kanzleigebühren auch ohne formellgesetzliche Grundlage erhoben werden. Das Bundesgericht hat dementsprechend ein Reglement über die **Verwaltungsgebühren** des Bundesgerichts erlassen, worin Gebühren für Verwaltungshandlungen vorgesehen sind.

5 Die vom Bundesgericht erhobenen Gerichtsgebühren sind bei weitem nicht kostendeckend. Der **Kostendeckungsgrad** betrug im Jahre 2005 für das Bundesgericht 22,5%, für das EVG 3,5%. Das Defizit geht zu Lasten der Rechnung des Bundesgerichts.

2. Gerichtskosten (Abs. 1)

6 Die **Gerichtskosten** setzen sich aus einer **Gerichtsgebühr** und den übrigen, in Abs. 1 abschliessend genannten Kosten zusammen. Die Höhe der Gerichtsgebühr richtet sich nach den Abs. 2–5. Im Rahmen des Gesetzes kann das Bundesgericht ihre Höhe näher regeln (Art. 15 Abs. 1 lit. a BGG). Es hat dies getan mit dem Tarif vom 31. März 2006 über die Gerichtsgebühren.

7 **Andere Kosten** als die hier genannten dürfen nicht erhoben werden. Kosten für Augenscheine oder für die Urteilsausfertigung und übrige Kanzleiauslagen sind in der Gerichtsgebühr enthalten und werden nicht besonders berechnet (POUDRET, N 1.1 zu Art. 153 OG). Die ausdrückliche Erwähnung der Kosten für das **Kopieren von Rechtsschriften** ist gegenüber dem OG neu.

8 Da das Gericht in allen **Amtssprachen** befasst werden kann (Art. 42 Abs. 1 und Art. 54 BGG), kann es nicht den Parteien belastet werden, wenn Rechtsschriften gerichtsintern von einer Amtssprache in eine andere übersetzt werden. Dasselbe muss auch dort gelten, wo ein staatsvertraglicher Anspruch auf Beschwerdeführung in einer fremden Sprache besteht, so namentlich in Sozialversicherungssachen aufgrund von Art. 84 Abs. 4 VO EWG Nr. 1408/71 des Rates vom 14. Juni 1971 (SR 0.831.109.268.1) i.V.m. Anhang II Art. 1 FZA.

9 Im Übrigen sind fremdsprachige Rechtsschriften unzulässig (Art. 42 Abs. 1 BGG) und werden an die Partei zur Übersetzung zurückgewiesen (Art. 42 Abs. 6 BGG). **Übersetzungen** sind deshalb nur erforderlich in Bezug auf Beweisurkunden (Art. 54 Abs. 4 BGG), sofern auf eine Übersetzung nicht verzichtet wird (Art. 54 Abs. 3 BGG).

10 Entschädigungen für **Sachverständige** und **Zeugen**: Die bisherige Regelung von Art. 147 OG wurde nicht ausdrücklich übernommen. Die Entschädigung richtet sich nach den Grundsätzen von Art. 48 bzw. 61 BZP (Art. 71 BGG).

3. Kriterien der Gebührenbemessung (Abs. 2)

Die **Höhe der Gebühr** wird im Einzelfall zusammen mit dem Urteil in der Sache festgelegt und bewegt sich innerhalb des finanziellen Rahmens der Abs. 3–5. Innerhalb dieses Rahmens wird die Gebühr nach den in Abs. 2 festgelegten Kriterien bemessen, die freilich dem Gericht einen erheblichen Spielraum belassen. 11

Der **Streitwert** ist nur massgebend in Streitigkeiten mit Vermögensinteressen (Abs. 3 lit. b) und zudem nicht massgebend in den Fällen von Abs. 4. Zur Berechnung des Streitwerts s. Art. 51–53 BGG. 12

Umfang und Schwierigkeit der Sache: Kostenreduzierend kann namentlich eine Erledigung im vereinfachten Verfahren (Art. 108 und 109 BGG) wirken. Kleinere Gebühren werden in der Regel erhoben für Abschreibungen infolge Rückzugs. 13

Art der Prozessführung: Gebührenerhöhend wirken sich bspw. unnötig weitschweifende Rechtsschriften oder das nachträgliche Einreichen von Eingaben aus. 14

Finanzielle Lage der Parteien: Innerhalb des Gebührenrahmens (Abs. 3) kann damit auch einer Bedürftigkeit Rechnung getragen werden, wenn die unentgeltliche Prozessführung nicht gewährt werden kann (Art. 64 BGG N 46). 15

4. Gebührenrahmen im Regelfall (Abs. 3)

Anders als Art. 153a OG gilt der hier festgelegte Rahmen nur «in der Regel», was darauf schliessen lässt, dass vom **Gebührenrahmen** abgewichen werden kann. Da aber eine Überschreitung der Höchstbeträge nur unter den Voraussetzungen von Abs. 5 zulässig ist, kann, sofern diese Voraussetzungen nicht erfüllt sind, die in Abs. 3 implizit enthaltene Abweichung höchstens nach unten gehen. 16

Lit. a gilt für alle Streitigkeiten **ohne Vermögensinteresse**, soweit nicht Abs. 4 Anwendung findet. Innerhalb des gesetzlichen Rahmens finden die Kriterien nach Abs. 2 (ausser Streitwert) Anwendung. 17

Lit. b: Der Begriff des **Vermögensinteresses** ist aus Art. 153a Abs. 2 lit. b OG übernommen. Er umfasst diejenigen Angelegenheiten, bei denen sich ein Streitwert bestimmen lässt. Dies sind im Wesentlichen die vermögensrechtlichen Angelegenheiten im Sinne von Art. 74 Abs. 1 BGG und analoge öffentlichrechtliche Streitigkeiten, in denen es um eine Geldleistung geht (vgl. Art. 51 BGG N 2 ff.). Liegt in der Hauptsache kein Vermögensinteresse vor, so fehlt ein solches auch in Bezug auf die Gerichtskosten oder Parteientschädigungen (vgl. Art. 51 Abs. 3 BGG). Strafsachen sind nur vermögensrechtlich, wenn damit 18 zugleich über vermögensrechtliche Zivilansprüche entschieden wird (Art. 78 Abs. 2 lit. a BGG).

19 Die Gerichtsgebühr wird nach **Streitwert** gestaffelt, s. Ziff. 1 des Tarifs, welcher allerdings nur Richtliniencharakter hat und damit Abweichungen nach unten und oben erlaubt. Die übrigen Bemessungskriterien gemäss Abs. 2 finden normalerweise nur innerhalb der Staffelung gemäss Streitwerttarif Anwendung.

5. Gebührenrahmen in besonderen Fällen (Abs. 4)

5.1 Allgemeines

20 Die Sonderregeln von Abs. 4 betreffen Bereiche, in denen das Verfahren aus sozialpolitischen Gründen vor den unteren Instanzen grundsätzlich kostenlos ist und bisher auch vor Bundesgericht kostenlos war. Zwecks Entlastung des Bundesgerichts führt das BGG in diesen Bereichen eine Kostenpflicht ein, die aber der **sozialen Komponente** Rechnung trägt (BBl 2001 4305), indem einerseits der Gebührenrahmen tiefer ist als nach Abs. 3 und andererseits innerhalb dieses Rahmens die Gebühr nicht nach dem oft (z.B. Invalidenrente) hohen Streitwert bemessen wird. Massgebend sind somit nur die anderen in Abs. 2 genannten Kriterien. Es ist deshalb in diesen Bereichen auch unerheblich, ob es sich um eine Streitigkeit mit Vermögensinteresse handelt.

21 Von Gesetzes wegen **unentgeltliche Verfahren** vor Bundesgericht gibt es (unter Vorbehalt von Art. 66 Abs. 1 und 2 BGG) nicht mehr. Die entsprechenden Bestimmungen in den einschlägigen Spezialgesetzen wurden durch das BGG geändert und für das bundesgerichtliche Verfahren mit einem Verweis auf das BGG ergänzt (Art. 12 Abs. 2 und Art. 13 Abs. 5 GlG; Art. 19 SchKG; Art. 86 Abs. 2 BPR; je in der Fassung gemäss BGG).

22 Nach Art. 16 Abs. 1 **OHG** sehen die Kantone für Streitigkeiten betreffend Entschädigung und Genugtuung nach OHG ein kostenloses Verfahren vor. Dies gilt gemäss seinem Wortlaut nur für das kantonale Verfahren. Die Rechtsprechung hat die dort vorgesehene Kostenlosigkeit allerdings auch auf das Verfahren vor Bundesgericht ausgedehnt (BGE 122 II 211, 219 E. 4b). Der Entwurf für ein totalrevidiertes OHG sieht eine generelle Kostenfreiheit vor, ohne dies auf das kantonale Verfahren zu beschränken (Art. 30 des bundesrätlichen Entwurfs, BBl 2005 7259). Sollte dies so in Kraft treten, wäre damit wohl in Derogation vom BGG auch das bundesgerichtliche Verfahren kostenfrei.

23 Die Sonderregeln nach Abs. 4 gelten nur für die **Gerichtsgebühren**. Die **anderen Gerichtskosten** nach Abs. 1 werden auch in den Fällen von Abs. 4 nach den ordentlichen Tarifen erhoben, namentlich auch Kosten für Sachverständige und Zeugen. Deshalb sind z.B. Lohngleichheitsgutachten, die im kantonalen Verfah-

ren aufgrund von Art. 12 Abs. 2 und Art. 13 Abs. 5 GlG kostenlos wären, kostenpflichtig, wenn das Bundesgericht selber sie anordnet.

Die Sonderregeln gelten in ihrem sachlichen **Anwendungsbereich** für alle Arten von Verfahren, also auch für Verfahren der abstrakten Normenkontrolle (BGE 125 I 71, nicht publ. E. 5b), ebenso (abweichend von der bisherigen Praxis des EVG, s. BGE 121 V 178, 180 E. 4a; SVR 1999 UV Nr. 4 E. 3; SZS 1997 S. 408 E. 2) auch für Verfahren, welche **prozessuale Nebenpunkte** im Zusammenhang mit einem der in den lit. a–d genannten Bereiche betreffen (BGE 104 II 222, 223 f. E. 2.b und Urteil 4P.180/1993 E. 3a bzgl. Art. 343 OR; Urteil 2A.479/1997 vom 9.6.1998, E. 3 bzgl. Art. 13 GlG), namentlich auch bei Beschwerden gegen Nichteintretensentscheide (Urteil 1A.268/1996 E. 3b bzgl. Art. 16 Abs. 1 OHG). Ordentliche Kostenpflicht gilt allerdings dann, wenn es nicht um den Anspruch als solchen, sondern nur um seinen Rang in der Kollokation geht (BGE 131 III 451, 455 E. 3). 24

Diese Sonderregel gilt trotz ihrer sozialpolitischen Begründung auch dann, wenn nicht die Versicherten, Diskriminierten, Arbeitnehmer oder Behinderten, sondern die jeweiligen **Gegenparteien** kostenpflichtig werden (sofern diese nicht aufgrund von Art. 66 Abs. 4 BGG ohnehin von Gerichtskosten befreit sind). S. aber unten N 28. 25

Die Aufzählung von Abs. 4 ist **abschliessend**. Andere Bereiche fallen nicht unter Abs. 4, selbst wenn sie aufgrund kantonalen Rechts im kantonalen Verfahren kostenlos sind, wie das in der Regel für Verfahren im Bereich der Sozialhilfe der Fall ist. Doch kann bei der Bemessung der Gebühr der finanziellen Lage Rechnung getragen werden, soweit nicht ohnehin die unentgeltliche Rechtspflege gewährt wird (BGE 130 I 71 nicht publ. E. 8.2). 26

Anders als Abs. 3 sieht der Wortlaut von Abs. 4 keine **Abweichung** von den hier festgelegten Beträgen vor, unter Vorbehalt der Erhöhung nach Abs. 5. Da aber bei besonderen Umständen auf eine Gebühr sogar ganz verzichtet werden kann (Art. 66 Abs. 1 BGG), muss e maiore auch eine tiefere Gebühr zulässig sein. 27

5.2 Die einzelnen Bereiche

Sozialversicherungsleistungen (lit. a): Dies betrifft nicht alle Sozialversicherungsstreitigkeiten, sondern wie bisher Art. 134 OG nur Streitigkeiten betreffend Leistungen der Versicherungen an die Versicherten mit Einschluss der Rückerstattung zu Unrecht bezogener Leistungen (BGE 130 V 318, nicht publ. E. 8). Keine Leistungsstreitigkeiten sind Abgabestreitigkeiten, Streitigkeiten betreffend die Haftpflicht nach Art. 52 AHVG oder analogen Bestimmungen (BGE 131 V 4, nicht publ. E. 5; 130 V 1, nicht publ. E. 6; 122 V 65, nicht publ. E. 6), Streitigkeiten über den Erlass einer Rückerstattung (BGE 122 V 134, 136 28

E. 1, 221, 223 E. 2) oder über die Drittauszahlung von Renten (BGE 121 V 17, 18 f. E. 2), Streitigkeiten zwischen Leistungserbringern und Kantonen nach Art. 41 KVG (BGE 123 V 290, 309 E. 9), aber auch Leistungsstreitigkeiten zwischen verschiedenen Versicherungsträgern (BGE 126 V 183, 192 E. 6).

29 **Geschlechtsdiskriminierung** (lit. b): Die bisherige Kostenfreiheit betraf nur Streitigkeiten nach dem GlG, d.h. Diskriminierungen im Zusammenhang mit dem Erwerbsleben (Art. 3 GlG). Der Wortlaut von Art. 65 Abs. 4 lit. b BGG ist weiter und könnte auch andere, direkt auf Art. 8 Abs. 3 BV gestützte diskriminierungsrechtliche Streitigkeiten ausserhalb des Erwerbslebens erfassen. Nach der Botschaft (BBl 2001 4305) war eine solche Erweiterung nicht beabsichtigt. Sie wäre auch systemwidrig, weil dafür auch das kantonale Verfahren nicht kostenlos ist und nicht einzusehen ist, weshalb dann im bundesgerichtlichen Verfahren reduzierte Kostenpflicht gelten soll.

30 **Arbeitsverhältnisse** (lit. c): Die Sonderregelung gilt nur für Streitigkeiten bis zu einem Streitwert von Fr. 30 000.–. Nach der Botschaft (BBl 2001 4305) sollte damit der Geltungsbereich von Art. 343 OR erfasst werden, d.h. privatrechtliche Arbeitsverhältnisse. Der Wortlaut des Gesetzes ist allerdings weiter und erfasst auch öffentlich-rechtliche Arbeitsverhältnisse. Dies entspricht auch der Parallele von Art. 74 Abs. 1 lit. a und Art. 85 Abs. 1 lit. b BGG.

31 **Behindertengleichstellungsgesetz** (lit. d): Andere Streitigkeiten als die hier genannten fallen nicht darunter, namentlich nicht allgemeine Diskriminierungsstreitigkeiten aufgrund von Art. 8 Abs. 2 BV wegen Behinderungen.

6. Verdopplung des Betrags (Abs. 5)

32 Besondere Gründe sind bspw. ein besonders hoher Streitwert (POUDRET, N 3 zu Art. 153a OG), eine aussergewöhnliche Komplexität oder eine grosse Zahl von Verfahrensbeteiligten. Die hier festgelegten Höchstbeträge sind **absolute Maxima** und dürfen nicht überschritten werden.

Art. 66

Erhebung und Verteilung der Gerichtskosten

¹ Die Gerichtskosten werden in der Regel der unterliegenden Partei auferlegt. Wenn die Umstände es rechtfertigen, kann das Bundesgericht die Kosten anders verteilen oder darauf verzichten, Kosten zu erheben.

² Wird ein Fall durch Abstandserklärung oder Vergleich erledigt, so kann auf die Erhebung von Gerichtskosten ganz oder teilweise verzichtet werden.

³ Unnötige Kosten hat zu bezahlen, wer sie verursacht.

⁴ Dem Bund, den Kantonen und den Gemeinden sowie mit öffentlich-rechtlichen Aufgaben betrauten Organisationen dürfen in der Regel keine Gerichtskosten auferlegt werden, wenn sie in ihrem amtlichen Wirkungskreis und, ohne dass es sich um ihr Vermögensinteresse handelt, das Bundesgericht in Anspruch nehmen oder wenn gegen ihre Entscheide in solchen Angelegenheiten Beschwerde geführt worden ist.

⁵ Mehrere Personen haben die ihnen gemeinsam auferlegten Gerichtskosten, wenn nichts anderes bestimmt ist, zu gleichen Teilen und unter solidarischer Haftung zu tragen.

Recouvrement des frais judiciaires

¹ En règle générale, les frais judiciaires sont mis à la charge de la partie qui succombe. Si les circonstances le justifient, le Tribunal fédéral peut les répartir autrement ou renoncer à les mettre à la charge des parties.

² Si une affaire est liquidée par un désistement ou une transaction, les frais judiciaires peuvent être réduits ou remis.

³ Les frais causés inutilement sont supportés par celui qui les a engendrés.

⁴ En règle générale, la Confédération, les cantons, les communes et les organisations chargées de tâches de droit public ne peuvent se voir imposer de frais judiciaires s'ils s'adressent au Tribunal fédéral dans l'exercice de leurs attributions officielles sans que leur intérêt patrimonial soit en cause ou si leurs décisions font l'objet d'un recours.

⁵ Sauf disposition contraire, les frais judiciaires mis conjointement à la charge de plusieurs personnes sont supportés par elles à parts égales et solidairement.

Onere e ripartizione delle spese giudiziarie

¹ Di regola, le spese giudiziarie sono addossate alla parte soccombente. Se le circostanze lo giustificano, il Tribunale federale può ripartirle in modo diverso o rinunciare ad addossarle alle parti.

² In caso di desistenza o di transazione, il Tribunale federale può rinunciare in tutto o in parte a riscuotere le spese giudiziarie.

³ Le spese inutili sono pagate da chi le causa.

⁴ Alla Confederazione, ai Cantoni, ai Comuni e alle organizzazioni incaricate di compiti di diritto pubblico non possono di regola essere addossate spese giudiziarie se, senza avere alcun interesse pecuniario, si rivolgono al Tribunale federale nell'esercizio delle loro attribuzioni ufficiali o se le loro decisioni in siffatte controversie sono impugnate mediante ricorso.

⁵ Salvo diversa disposizione, le spese giudiziarie addossate congiuntamente a più persone sono da queste sostenute in parti eguali e con responsabilità solidale.

Inhaltsübersicht Note Seite

I. Bisheriges Recht und Entstehungsgeschichte 1   226
II. Kommentar 2   227
   1. Anwendungsbereich 2   227
   2. Kostenverteilung (Abs. 1) 6   227
      2.1 Regel (Satz 1) 6   227
         2.1.1 Partei 6   227
         2.1.2 Obsiegen und Unterliegen 17 228
      2.2 Ausnahmen (Satz 2) 28 230
   3. Abstand oder Vergleich (Abs. 2) 36 231
   4. Unnötige Kosten (Abs. 3) 40 232
   5. Kostenbefreiung (Abs. 4) 44 233
      5.1 Kostenbefreite Organisationen 44 233
      5.2 Voraussetzungen 48 233
   6. Mehrere Kostenpflichtige (Abs. 5) 59 235

I. Bisheriges Recht und Entstehungsgeschichte

1 Altes Recht: Art. 153 Abs. 2 und Art. 156 OG. Nach Art. 154 OG konnte zudem bei staatsrechtlichen Streitigkeiten aus besonderen Gründen ausnahmsweise von Gerichtsgebühren und Parteientschädigung abgesehen werden. Art. 116 EntG sah vor, dass in Enteignungsverfahren der Enteigner die Kosten des Verfahrens vor Bundesgericht trägt.

Entwurf der Expertenkommission: Art. 62.

Entwurf des Bundesrates: Art. 62 (BBl 2001 4305 f.).

Ständerat: Zustimmung (Amtl. Bull. S vom 23.9.2003 S. 898).

Nationalrat: Zustimmung (Amtl. Bull. N vom 5.10.2004 S. 1597).

II. Kommentar

1. Anwendungsbereich

Während Art. 65 BGG die Höhe der Gerichtskosten regelt, betrifft Art. 66 die Frage, wer die Kosten **zu tragen** hat.

Die in Art. 66 BGG geregelte Kostenverteilung übernimmt im Wesentlichen das bisherige Recht. Sie gilt für **sämtliche Verfahren** vor Bundesgericht (Beschwerden, Klagen, Revisions-, Erläuterungs- und Berichtigungsgesuche). Die früher bestehenden Sonderregelungen (Art. 154 OG) sind aufgehoben worden, auch diejenige für das Enteignungsrecht (Art. 116 Abs. 3 EntG in der Fassung gemäss VGG).

Der Kostenentscheid ergeht zusammen mit dem Urteil in der Sache und enthält die Höhe der Kosten sowie die Kostenpflicht. Er ergeht **von Amtes wegen**; ein Antrag ist nicht nötig (GEISER, Prozessieren vor Bundesgericht, Rz. 1.17).

Zu Kosten verurteilt werden kann auch, wer im Genuss der **unentgeltlichen Rechtspflege** ist; diese befreit nur vorläufig von der Kostentragung (Art. 64 BGG N 47 ff.).

2. Kostenverteilung (Abs. 1)

2.1 Regel (Satz 1)

2.1.1 Partei

Zu Kosten verurteilt werden kann nur, wer **Parteistellung** hat (Art. 39 ff. BGG). Das kann eine natürliche oder juristische Person des Privatrechts, aber – unter Vorbehalt von Abs. 4 – auch ein Gemeinwesen oder eine andere juristische Person des öffentlichen Rechts sein.

Partei ist, wer eine Beschwerde (Art. 76, 81, 89, 115 BGG), eine Klage (Art. 120 BGG) ein Revisionsgesuch (Art. 121 ff. BGG) oder ein Erläuterungs- oder Berichtigungsgesuch (Art. 129 BGG) einreicht oder wer Beschwerdegegner, Beklagter oder Gesuchsgegner ist.

Die Parteieigenschaft des Beschwerdeführers, Klägers oder Gesuchstellers ist in aller Regel klar. Fraglich kann sie sein in Bezug auf die **Gegenpartei**.

Im **Klageverfahren** ergibt sich die Eigenschaft als Gegenpartei (Beklagtschaft) aus der Klageschrift.

Im **Beschwerdeverfahren** sind Gegenpartei die Privaten, die sich im vorinstanzlichen Verfahren mit eigenen, den Anträgen des Beschwerdeführers entgegengesetzten Anträgen beteiligt haben, sei es als Kläger bzw. Beklagte in einem Zivilprozess, als Beschuldigter, Privatstrafkläger, Opfer oder Strafantragsteller in einem Strafverfahren (vgl. Art. 81 Abs. 1 lit. b Ziff. 3–5 BGG) oder als Gegenpartei in einem verwaltungsrechtlichen Mehrparteienverfahren (BGE 129 V 65 nicht publ. E. 1.2; vgl. KÖLZ/HÄNER, Rz. 526 f.).

11 Eine **öffentlich-rechtliche juristische Person** ist Gegenpartei, wenn sie wie ein Privater am Verfahren teilnimmt, wenn ihr Entscheid oder Erlass angefochten ist oder wenn sie aufgrund besonderer gesetzlicher Ermächtigung am Verfahren teilnimmt (Art. 76 Abs. 2, Art. 81 Abs. 1 lit. b Ziff. 3 sowie Abs. 2 und 3, Art. 89 Abs. 2 BGG). Die Kostenpflicht besteht jedoch nur im Rahmen von Abs. 4.

12 Die (in der Regel gerichtlichen) **Vorinstanzen** bzw. das Gemeinwesen, dem sie angehören, gelten grundsätzlich nicht schon dadurch als Beschwerdegegner, dass ihr Entscheid in der Sache angefochten wird, auch wenn sie prozessual wie eine Partei behandelt werden (KÖLZ/HÄNER, S. 190 Rz. 524 f.). Sie sind jedoch Partei, wenn ihr eigenes Verhalten mit Beschwerde angefochten wird (z.B. im Rahmen von Rechtsverweigerungs- und Rechtsverzögerungsbeschwerden).

13 Im **Revisionsverfahren** oder im **Erläuterungs- und Berichtigungsverfahren** ist Gegenpartei, wer im bundesgerichtlichen Urteil, das Objekt des Gesuchs ist, Gegenpartei des Gesuchstellers gewesen ist.

14 Wer sich als **übriger Beteiligter** im Sinne von Art. 102 Abs. 1 BGG am Verfahren beteiligt hat, ist grundsätzlich nicht kostenpflichtige Partei (BGE 114 Ib 204, 205 E. 1a; 131 II 253 nicht publ. E. 4; 130 III 707, nicht publ. E. 5, je m.H.), kann aber dennoch wie eine Partei mit Kosten belegt werden, wenn er sich vor Bundesgericht mit eigenen Anträgen beteiligt (BGE 127 V 107, 111 f. E. 6b, m.H. auf die uneinheitliche Lehre; ZBl 96/1995 S. 178 E. 1b und 7).

15 Nicht Partei ist ein **Nebenintervenient**, vorbehältlich besonderer Billigkeitsgründe (BGE 130 III 571, 578 E. 6, in Bezug auf Parteientschädigung; anders BGE 127 V 377, nicht publ. E. 8a, gestützt auf Art. 69 Abs. 2 BZP).

16 Die Kosten werden der **Partei** auferlegt, nicht etwa dem Rechtsvertreter (s. aber unten N 42).

2.1.2 Obsiegen und Unterliegen

17 Das Obsiegen und Unterliegen beurteilt sich nach Massgabe der vor Bundesgericht gestellten **Rechtsbegehren** der beschwerdeführenden, klagenden oder gesuchstellenden Partei (BGE 123 V 156, 158 E. 3c). Wird ein vorinstanzlicher Entscheid nur teilweise angefochten und insoweit aufgehoben, so gilt dies als vollumfängliches Obsiegen des Beschwerdeführers.

Wer im vorinstanzlichen Verfahren als **Gegenpartei** des Beschwerdeführers beteiligt gewesen ist, gilt als unterliegende Partei, wenn der vorinstanzliche Entscheid zu seinem Nachteil geändert wird, auch wenn er vor Bundesgericht auf einen Antrag verzichtet hat; er kann dem nur entgehen, wenn er selber den Entscheid anficht (BGE 123 V 156, 158; 128 II 90, 93 f. E. 2b [zur analogen Regelung im Rahmen des VwVG]; ASA 66 632 E. 3b). 18

Wer hingegen am vorinstanzlichen Verfahren nicht als Partei teilgenommen hat und im bundesgerichtlichen Verfahren als **anderer Beteiligter** zur Vernehmlassung eingeladen wird, erwirbt potenziell kostenpflichtige Parteistellung nur, wenn er sich mit eigenen Anträgen beteiligt (ZBl 96/1995 S. 178 E. 1b), nicht aber dann, wenn er auf eine Vernehmlassung verzichtet. 19

Als **Unterliegen** gilt auch, wenn das Gericht auf die Eingabe nicht eintritt oder wenn eine Beschwerde zurückgezogen und in der Folge das Verfahren abgeschrieben wird. 20

Teilweises Obsiegen bzw. Unterliegen hat eine anteilsmässige Kostenaufteilung zur Folge. Bei Streitigkeiten mit einem Streitwert beurteilt sich der Grad des Obsiegens in der Regel nach dem Verhältnis zwischen dem im Rechtsbegehren gestellten Antrag und dem schliesslich zugesprochenen Ergebnis. Bei nicht vermögensrechtlichen Streitigkeiten ist das Ausmass nach Ermessen festzulegen. 21

Wird der vorinstanzliche Entscheid aufgehoben und die Sache zur Neubeurteilung zurückgewiesen, so gilt dies nach der Rechtsprechung der Zivilabteilungen in der Regel als je hälftiges Obsiegen (Beschluss 5C.258/2004 vom 28.2.2005, E. 3), nach derjenigen des EVG grundsätzlich als Obsiegen des Beschwerdeführers (BGE 110 V 54, 57 E. 3a). Es ist zu differenzieren: Kann die infolge der **Rückweisung** vorzunehmende Neubeurteilung noch zu einer vollständigen Gutheissung des Antrags führen, so obsiegt der Antragsteller, jedenfalls wenn er zumindest eventuell die Rückweisung beantragt hat. Nur ein teilweises Obsiegen liegt hingegen vor, wenn die Beschwerde in einigen Punkten endgültig abgewiesen und die Sache nur bezüglich anderer Punkte zur Neubeurteilung zurückgewiesen wird (BGE 130 V 97 nicht publ. E. 5; 129 V 32 nicht publ. E. 7). 22

Ein Obsiegen des Beschwerdeführers liegt vor, wenn ein fehlerhafter **Nichteintretensentscheid** aufgehoben und die Sache zur materiellen Beurteilung an die Vorinstanz zurückgewiesen wird. Hat auch die andere Partei das Eintreten befürwortet, so obsiegen beide, so dass keine Kosten zu erheben sind (BGE 132 V 257, 264 f. E. 4). Enthält aber der vorinstanzliche Nichteintretensentscheid eine materielle Subsidiärbegründung und wird deswegen vom Bundesgericht die Sache materiell beurteilt, so beurteilt sich das Obsiegen nach dem Ausgang im materiellen Punkt. 23

Wird ein **Revisionsgesuch** abgewiesen, ist der Gesuchsteller unterlegen. Ein Gesuchsgegner, der sich der Revision widersetzt hat, ist obsiegend. Wird das 24

Gesuch gutgeheissen, so hat im Revisionsverfahren der Gesuchsteller obsiegt; hat sich ein Gesuchsgegner der Revision widersetzt, so ist er diesbezüglich unterlegen. Für die anschliessende erneute materielle Beurteilung richtet sich das Obsiegen und Unterliegen nach dem resultierenden materiellen Ergebnis.

25 Wird ein **Erläuterungsgesuch** abgewiesen oder darauf nicht eingetreten, so ist der Gesuchsteller unterliegend. Wird es gutgeheissen, so unterliegt eine allfällige Gegenpartei, die Abweisung beantragt hat.

26 Eine **Behörde**, die Beschwerde erhoben hat (Art. 89 Abs. 2 BGG) und damit unterliegt, gilt als unterliegend (vgl. aber Abs. 4), nicht aber eine Behörde, die nach Art. 102 Abs. 1 BGG eine Vernehmlassung eingereicht und darin einen Antrag gestellt hat, dem das Gericht nicht folgt (in Bezug auf die Eidg. Steuerverwaltung StE 2002 B 26.27 Nr. 5 E. 4.2, m.H.).

27 Hat im **Submissionsverfahren** ein unterlegener Anbieter Beschwerde erhoben, so ist das den Auftrag erteilende Gemeinwesen Gegenpartei. Der Zuschlagsempfänger ist nur Gegenpartei, wenn der Beschwerde aufschiebende Wirkung erteilt worden ist oder der Vertrag noch nicht abgeschlossen worden ist, weil der Ausgang des Verfahrens seine Rechtsstellung berühren kann; andernfalls nur, wenn er sich mit eigenen Anträgen am Verfahren beteiligt (BGE 125 II 86, 103 E. 8).

2.2 Ausnahmen (Satz 2)

28 Das Unterliegerprinzip gilt «in der Regel». **Ausnahmen** von der Regel sind namentlich die gesetzlich vorgesehenen Fälle von Abs. 3 und 4. In besonderen Fällen kann aber auch sonst davon abgewichen werden (POUDRET, N 2 zu Art. 156 OG). Dass der obsiegenden Partei Kosten auferlegt werden, ist allerdings ausserhalb des Falles von Abs. 3 höchstens in ganz ausserordentlichen Fällen denkbar (Anwendungsfall BGE 126 II 145, 168 E. 5b), so dass eine Abweichung vom Unterliegerprinzip praktisch auf einen Verzicht auf Kostenauflage hinausläuft.

29 Das Bundesgerichtsgesetz will eine **umfassende Kostenauflage** in grundsätzlich allen Verfahren (KARLEN, S. 30). Der Verzicht auf eine Kostenauflage muss die Ausnahme bleiben. Es ist daher unzulässig, in bestimmten Sachbereichen generell auf eine Kostenerhebung zu verzichten.

30 Die Botschaft nennt als möglichen Grund für einen **Verzicht auf Kostenerhebung**, dass das Bundesgericht die von einer nach Abs. 4 kostenbefreiten Organisation erhobene Beschwerde gutheisst, die sich gegen eine Verfügung richtet, die in einem von Bundesrechts wegen kostenlosen Verfahren ergangen ist (BBl 2001 4305 f.).

Nach Art. 156 Abs. 3 OG war ein Grund für eine abweichende Kostenverlegung, dass sich die unterliegende Partei **in guten Treuen** zur Prozessführung veranlasst sehen konnte. Das Bundesgerichtsgesetz hat diese Formulierung nicht ausdrücklich übernommen, doch kann dieser Tatbestand unter Abs. 1 Satz 2 subsumiert und die bisherige entsprechende Praxis weitergeführt werden. Dies gilt bspw. wenn die Beschwerde aufgrund der bisherigen Praxis erfolgreich gewesen wäre und erst der konkrete Fall Anlass zu einer Praxisänderung gegeben hat (BGE 119 Ib 412, 415 E. 3) oder wenn vorinstanzlich das rechtliche Gehör verweigert und dieser Mangel vor Bundesgericht geheilt worden ist (ZBl 95/1996 S. 42 E. 4 und 10).

31

Die bisherige Praxis des Bundesgerichts hat regelmässig bei **Stimmrechtsbeschwerden** keine Gerichtskosten erhoben (BGE 129 I 185, 206 E. 9). Für Beschwerden in eidgenössischen Stimmrechtssachen verweist neu Art. 86 Abs. 2 BPR (in der Fassung gemäss BGG) ausdrücklich auf die Kostenregelung nach BGG. Der Gesetzgeber wollte damit die Unentgeltlichkeit des bundesgerichtlichen Verfahrens in Stimmrechtssachen aufheben (BBl 2001 4305). Dies muss auch für Stimmrechtsbeschwerden in kantonalen Angelegenheiten gelten.

32

Bei offensichtlich **verspäteten** oder sonstwie **unzulässigen** Beschwerden wird in der Praxis dem Beschwerdeführer bisweilen mit einem informellen Schreiben Gelegenheit geboten, die Beschwerde ohne Kostenfolgen zurückzuziehen. Zur Kostenerhebung bei Nichteintreten wegen Nichtbezahlens des Kostenvorschusses s. Art. 62 BGG N 24.

33

Wird ein Gesuch der unterliegenden Partei um **unentgeltliche Rechtspflege** erst zusammen mit dem Endentscheid abgewiesen, so werden ihr in der Regel (allenfalls reduzierte) Kosten auferlegt (Art. 64 BGG N 46; POUDRET, N 2 zu Art. 156 OG), doch kann ausnahmsweise von einer Kostenauflage abgesehen werden (Urteil 5C.196/1996 vom 13.1.1997, E. 5).

34

Wird ein **Revisionsgesuch** gutgeheissen, so rechtfertigt es sich, keine Kosten zu erheben; wird bei der neu vorzunehmenden Beurteilung das ursprüngliche Begehren wiederum abgelehnt, so sind auch dafür keine Kosten zu erheben, wenn diese Beurteilung bereits im ursprünglichen, durch die Revision aufgehobenen Entscheid hätte erfolgen sollen und dafür Kosten erhoben worden sind (Pra 2003 Nr. 157 S. 866 E. 6).

35

3. Abstand oder Vergleich (Abs. 2)

Abstandserklärung oder Vergleich **beenden** den Rechtsstreit (Art. 71 BGG i.V.m. Art. 73 BZP).

36

37 Der **Abstand** gilt grundsätzlich als kostenpflichtiges Unterliegen. Die Aussicht auf Kostenlosigkeit kann jedoch den Abstand erleichtern und damit dem Gericht Arbeit ersparen.

38 Ein **Vergleich** setzt voraus, dass die Sache überhaupt vergleichsfähig ist, was im öffentlichen Recht nur beschränkt zutrifft. Der Verzicht auf Kostenerhebung ist nicht zwingend, sondern liegt im Ermessen des Gerichts. Die Aussicht auf Kostenfreiheit kann die Vergleichsbereitschaft der Parteien erleichtern.

39 Wird das Verfahren aus anderen Gründen **gegenstandslos** (z.B. Dahinfallen des Rechtsschutzinteresses), so werden die Kosten mit summarischer Begründung nach der Sachlage vor Eintritt des Erledigungsgrunds verteilt (Art. 72 BZP i.V.m. Art. 71 BGG).

4. Unnötige Kosten (Abs. 3)

40 Aus der Systematik des Gesetzes ergibt sich, dass auch die **unnötigen Kosten** im Sinne von Abs. 3 zu den Gerichtskosten gehören. Sie können daher bloss im Rahmen der Kostenbeträge gemäss Art. 65 BGG erhoben werden.

41 Unnötige Kosten können insbesondere auch der **obsiegenden Partei** auferlegt werden, so wenn sie durch die Art ihrer Prozessführung unnötigen Aufwand verursacht hat, bspw. durch fehlerhafte oder täuschende Angaben das ganze Verfahren verursacht hat (Urteil B 98/04 vom 17.3.2005, E. 3), durch unnötig weitschweifende und ausufernde Eingaben dem Gericht und der Gegenpartei unnötige Kosten verursacht hat (Urteil 1A.116/1999 E. 8) oder wesentliche Unterlagen, die einzureichen sie gehalten war, nicht, verspätet oder unvollständig eingereicht hat (ASA 57 S. 658 E. 5; Urteil H 276/99 vom 19.5.2000, E. 5).

42 Im Unterschied zur ordentlichen Kostenverteilung gemäss Abs. 1 können nach Abs. 3 nicht nur Parteien, sondern auch **andere Verfahrensbeteiligte** kostenpflichtig werden, so namentlich (unbeschadet von Ordnungsbussen nach Art. 33 BGG) ein **Rechtsvertreter** persönlich, der Fehler begangen hat, die mit einem Minimum an Vorsicht vermeidbar gewesen wären (BGE 129 IV 206, 207 f. E. 2; Pra 2000 Nr. 143 S. 840 E. 2).

43 Kosten können auch einer **Vorinstanz** (bzw. dem Gemeinwesen, dem sie angehört) auferlegt werden, welche durch eine falsche Rechtsmittelbelehrung ein Verfahren veranlasst hat (RKUV 2000 U Nr. 396 E. 4) oder eine Gehörsverletzung begangen oder sonst in qualifizierter Weise die Pflicht zur Justizgewährleistung verletzt und damit ein Verfahren verursacht hat (BGE 124 V 130, nicht publ. E. 5a; Urteil H 290/98 vom 13.6.2000, E. 6).

5. Kostenbefreiung (Abs. 4)

5.1 Kostenbefreite Organisationen

Es entspricht einem hergebrachten Grundsatz, dass sich Behörden, die gemeinsam amtliche Aufgaben wahrnehmen, nicht gegenseitig Kosten berechnen. Deshalb ist die amtliche Mitwirkung von Behörden am bundesgerichtlichen Verfahren grundsätzlich **kostenfrei**. Als Korrelat haben solche Behörden bei Obsiegen auch keinen Anspruch auf Parteientschädigung (Art. 68 Abs. 3 BGG). 44

Zu den in Abs. 4 genannten **Gemeinwesen** gehören auch deren unselbständige und selbständige öffentlich-rechtlichen Anstalten und Körperschaften, wie etwa die SBB (BGE 126 II 54, 62 E. 8), ebenso Spezialkommissionen wie die Kommunikationskommission (BGE 125 II 293, 314 E. 6d) oder die Bankenkommission (BGE 126 II 126, 143 E. 7). 45

Die **mit öffentlich-rechtlichen Aufgaben betrauten Organisationen** waren im bisherigen Recht (Art. 156 Abs. 2 OG) nicht ausdrücklich genannt. Die Rechtsprechung hat in Einzelfällen auch solche Organisationen von Kosten befreit, wenn sie in ihrer amtlichen Tätigkeit handelten, so Organisationen, die mit dem Vollzug des Landwirtschaftsrechts betraut sind (BGE 107 Ib 279, 283 E.5). Neu sieht nun Art. 66 Abs. 4 BGG ausdrücklich die Kostenbefreiung für mit öffentlich-rechtlichen Aufgaben betraute Organisationen vor. Dieser Begriff ist gleich zu verstehen wie in Art. 68 Abs. 3 BGG bzw. bisher Art. 159 Abs. 2 OG. Er umfasst namentlich die Verwertungsgesellschaften nach Urheberrechtsgesetz (Urteil 2A.19/1997 E. 2c), die Schweizerische Radio- und Fernsehgesellschaft (BGE 119 Ib 241, 247 E. 3c) sowie die Versicherungsträger in der Sozialversicherung (BBl 2001 4305 f.), auch wenn sie privatrechtlich organisiert sind (Krankenkassen, private Unfallversicherer, Vorsorgeeinrichtungen der beruflichen Vorsorge; BGE 128 V 124, 133 E. 5b; 120 V 352 nicht publ. E. 6; 118 V 158, 169 E. 7; SVR 2000 KV Nr. 39 E. 3), nicht aber patronale Wohlfahrtsfonds (SZS 2001 S. 190 E. 4). 46

Die bisherige Rechtsprechung der I. Öffentlichrechtlichen Abteilung hat zudem auch die zur Beschwerde legitimierten **Umwelt- und Naturschutzorganisationen** (vgl. Art. 89 Abs. 2 lit. d BGG) grundsätzlich von der Kostenpflicht befreit (BGE 123 II 337, 357 E. 10a). Ob diese Rechtsprechung unter dem neuen Recht weiterhin zulässig ist, scheint fraglich (vgl. KARLEN, S. 31). 47

5.2 Voraussetzungen

Die Kostenbefreiung gilt nur, wenn die genannten Organisationen **kumulativ** in ihrem amtlichen Wirkungskreis und nicht in ihrem Vermögensinteresse handeln. 48

49 Im **amtlichen Wirkungskreis** handeln Behörden grundsätzlich immer dann, wenn sie hoheitliche, öffentliche Aufgaben erfüllen, indem sie Entscheide treffen (sei es als ursprünglich verfügende Behörde, sei es als gerichtliche Vorinstanz) oder Rechtssätze erlassen, aber auch dann, wenn sie in Wahrung der ihnen obliegenden öffentlichen Aufgaben sich am bundesgerichtlichen Verfahren beteiligen, insbesondere wenn die Staatsanwaltschaft oder Bundesanwaltschaft (Art. 81 Abs. 1 lit. b Ziff. 3 sowie Abs. 2 BGG; vgl. altArt. 278 Abs. 2 BStP) oder eine nach Art. 76 Abs. 2 oder Art. 89 Abs. 2 lit. a BGG legitimierte Behörde Beschwerde erhebt.

50 Kein amtlicher Wirkungsbereich liegt vor, wenn das Gemeinwesen **wie Private** betroffen ist, namentlich in Bezug auf sein Finanzvermögen oder als Bauherr (Urteil 1P.207/2001 vom 21.6.2001, E. 4).

51 Auch im amtlichen Wirkungsbereich gilt die Kostenbefreiung nicht, wenn die Gemeinwesen in ihrem **Vermögensinteresse** handeln. Da viele amtliche Aufgaben einen Bezug zum staatlichen Finanzwesen haben, ist die Abgrenzung nicht immer klar. Grundkriterium ist, dass das Gemeinwesen dann nicht kostenpflichtig sein soll, wenn es sich primär für die (aus seiner Sicht) rechtmässige Erfüllung von Staatsaufgaben einsetzt, selbst wenn dies Kostenfolgen (auf der Einnahmen- oder Ausgabenseite) für das Gemeinwesen hat.

52 **Kostenbefreit** sind demnach trotz finanzieller Konsequenzen das Gemeinwesen im Streit um die unentgeltliche Rechtspflege (BGE 109 Ia 5, 11 E. 5; 121 I 60, nicht publ. E. 3; RDAT 2000 II N 97 E. 4), der Bund im Streit um Baukosten- oder Betriebsbeiträge der AHV/IV (SVR 2001 IV Nr. 17 E. 8; entgegen BGE 118 V 16 nicht publ. E. 8) oder die Arbeitslosenbehörden, die über den Erlass einer Rückerstattungsschuld entscheiden (Urteil C 49/04 vom 2.8.2004, E. 5.1; ARV 1998 Nr. 41 S. 234 E. 5).

53 In den Vermögensinteressen betroffen und **kostenpflichtig** ist demgegenüber das Gemeinwesen im Staatshaftungsprozess (BGE 126 I 144, 153 E. 4), als Auftraggeber im Submissionsverfahren (BGE 130 I 258, 268 E. 6; 125 II 86, 103 E. 8; Pra 2000 Nr. 150 S. 896 E. 6), als Arbeitgeber (BGE 124 I 223, 230), als Steuer- oder Gebührengläubiger (ZBl 104/2003 S. 548 E. 7), nicht aber, wenn es nur um eine Zuständigkeitsregelung in Gebührenfragen geht (BGE 118 Ia 320, 327 E. 6).

54 In Leistungsstreitigkeiten der **Sozialversicherung** sind Versicherungsträger, unabhängig ob privatrechtlich (privatrechtliche Ausgleichskassen, Krankenversicherer, private Unfallversicherer) oder staatlich (staatliche Ausgleichskassen, SUVA) organisiert, grundsätzlich in ihrem Vermögensinteresse betroffen (BGE 97 V 124; P 34/98 E. 5), ebenso die Gemeinde, die eine Rente bevorschusst hat und Direktauszahlung der Rente an sich verlangt (Urteil I 139/99 E. 4), nicht aber Aufsichtsbehörden, welche Beschwerde erheben (BGE 109 V 161, nicht publ.

E. 7; 97 V 32 E. 5) oder sonst eine amtliche Aufgabe erfüllen (z.B. Zuweisung nach Art. 6 KVG: BGE 128 V 263, 271 E. 7).

Die Kostenbefreiung gilt unabhängig von der **Parteirollenverteilung**, das heisst auch dann, wenn die Behörde weder selber Beschwerde beim Bundesgericht erhoben noch den angefochtenen Entscheid erlassen hat, sondern im vorinstanzlichen Verfahren erfolgreich Beschwerde erhoben hat und vor Bundesgericht (unterliegende) Gegenpartei der nunmehr Beschwerde führenden Partei ist (Urteil C 260/99 vom 8.8.2001, E. 6b). 55

Die Kostenbefreiung gilt «in der Regel». **Ausnahmen** von der Regel sind namentlich die Fälle, in denen eine Behörde unnötige Kosten im Sinne von Abs. 3 verursacht hat, z.B. wenn eine Vorinstanz die Begründungspflicht verletzt hat (Urteil 1P.462/2003 vom 10.9.2003, E. 5) oder wenn eine Behörde eine offensichtlich unbegründete Beschwerde erhebt, nicht aber schon dann, wenn eine Vorinstanz eine falsche oder auch als willkürlich qualifizierte Entscheidung getroffen hat. 56

Die Kosten trägt immer das Gemeinwesen bzw. die Organisation als solche, nicht die handelnden Angestellten oder Behördenmitglieder persönlich (ZBl 104/2003 S. 548 E. 7). Ob das Gemeinwesen auf die durch seine Behördemitglieder und Angestellten verursachten Kosten **Rückgriff** nehmen kann, richtet sich nach dem für das betreffende Gemeinwesen massgebenden Recht. 57

Obsiegen eine kostenbefreite und eine kostenpflichtige Partei je **teilweise**, so wird der kostenpflichtigen Partei nur eine anteilige Gebühr entsprechend ihrem Unterliegen auferlegt. Der Rest der Gebühr wird nicht erhoben. 58

6. Mehrere Kostenpflichtige (Abs. 5)

Abs. 5 bestimmt bloss, dass die Personen, denen die Gebühren gemeinsam auferlegt worden sind, **solidarisch** haften, nicht hingegen die Frage, wann Gebühren gemeinsam auferlegt werden dürfen. Dies richtet sich nach dem zugrunde liegenden Rechtsverhältnis. 59

Gemeinsame Gebührenauferlegung ist zulässig bei notwendiger Streitgenossenschaft oder wenn mehrere Personen gemeinsam eine Beschwerde einreichen (POUDRET, N 8 zu Art. 156 OG), aber auch wenn sie getrennte Beschwerden einreichen, aber eine gemeinsame Behandlung beantragen (Urteil 1P.647/2005 vom 29.11.2005, E. 8.4). 60

Die **Aufteilung** zu gleichen Teilen gilt dann, wenn im Urteil nichts anderes angeordnet ist. Das Gericht kann aber eine andere Aufteilung vorsehen. 61

Art. 67

Kosten der Vorinstanz	Wird der angefochtene Entscheid geändert, so kann das Bundesgericht die Kosten des vorangegangenen Verfahrens anders verteilen.
Frais de la procédure antérieure	Si le Tribunal fédéral modifie la décision attaquée, il peut répartir autrement les frais de la procédure antérieure.
Spese del procedimento anteriore	Se modifica la decisione impugnata, il Tribunale federale può ripartire diversamente le spese del procedimento anteriore.

Inhaltsübersicht   Note   Seite

I. Bisheriges Recht und Entstehungsgeschichte 1   236
II. Kommentar 2   236

I. Bisheriges Recht und Entstehungsgeschichte

1   Altes Recht: Art. 157 OG.

Entwurf der Expertenkommission: Art. 63.

Entwurf des Bundesrates: Art. 63.

Ständerat: Zustimmung (Amtl. Bull. S vom 23.9.2003 S. 898).

Nationalrat: Zustimmung (Amtl. Bull. N vom 5.10.2004 S. 1597).

II. Kommentar

2   Entscheidet das Bundesgericht in der Sache abweichend von der Vorinstanz, so entfällt in der Regel auch die Grundlage für den **vorinstanzlichen Kostenentscheid**. Mit den Kosten sind die Gerichtskosten des vorinstanzlichen Verfahrens gemeint (zu den Parteikosten s. Art. 68 Abs. 5 BGG).

3   Entsprechend der reformatorischen Natur der Beschwerde (Art. 107 BGG) kann mit einem reformatorischen Sachentscheid auch der vorinstanzliche Kostenentscheid **abgeändert** werden. Voraussetzung dafür ist, dass das Bundesgericht den angefochtenen Entscheid in der Sache ändert (BGE 114 II 144, 152 E. 4); dies ist nicht der Fall, wenn das Bundesgericht auf die Beschwerde nicht eintritt (BGE 99 Ib 211, 215 E. 5; Urteil 2A.610/2002 vom 23.4.2003, E. 3) oder das Verfahren gegenstandslos wird (Urteil I 231/05 vom 27.12.2005, E. 2).

4   Stammt der vorinstanzliche Entscheid von einer **Bundesbehörde** (Bundesstrafgericht, Bundesverwaltungsgericht), welche in Bezug auf die Kostenregelung Bun-

desrecht angewendet hat, ist dies unproblematisch. Ist hingegen ein **kantonaler Entscheid** angefochten, welcher die Kosten nach kantonalem Recht bestimmt hat, wendet das Bundesgericht bei einer reformatorischen Neuregelung der Kosten kantonales Recht an, was an sich systemwidrig ist (vgl. POUDRET, zu Art. 157 OG). Da indessen die Höhe der Gerichtskosten mit dem vorinstanzlichen Entscheid feststeht und es nur noch um deren Aufteilung auf die Parteien geht, rechtfertigt es sich, dass das Bundesgericht selber die Kosten des vorinstanzlichen Verfahrens selber neu regelt.

Das Bundesgericht ist berechtigt, aber nicht verpflichtet, die vorinstanzlichen Kosten selber zu regeln. Auch wenn es in der Sache materiell entscheidet, kann es die Sache zur Regelung der Kosten an die Vorinstanz **zurückweisen**. 5

Das Bundesgericht entscheidet auch hier **von Amtes wegen**. Ein entsprechender Antrag kann aber gestellt werden. 6

Art. 68

Parteientschädigung

¹ Das Bundesgericht bestimmt im Urteil, ob und in welchem Mass die Kosten der obsiegenden Partei von der unterliegenden zu ersetzen sind.

² Die unterliegende Partei wird in der Regel verpflichtet, der obsiegenden Partei nach Massgabe des Tarifs des Bundesgerichts alle durch den Rechtsstreit verursachten notwendigen Kosten zu ersetzen.

³ Bund, Kantonen und Gemeinden sowie mit öffentlich-rechtlichen Aufgaben betrauten Organisationen wird in der Regel keine Parteientschädigung zugesprochen, wenn sie in ihrem amtlichen Wirkungskreis obsiegen.

⁴ Artikel 66 Absätze 3 und 5 ist sinngemäss anwendbar.

⁵ Der Entscheid der Vorinstanz über die Parteientschädigung wird vom Bundesgericht je nach Ausgang des Verfahrens bestätigt, aufgehoben oder geändert. Dabei kann das Gericht die Entschädigung nach Massgabe des anwendbaren eidgenössischen oder kantonalen Tarifs selbst festsetzen oder die Festsetzung der Vorinstanz übertragen.

Dépens

¹ Le Tribunal fédéral décide, dans son arrêt, si et dans quelle mesure les frais de la partie qui obtient gain de cause sont supportés par celle qui succombe.

² En règle générale, la partie qui succombe est tenue de rembourser à la partie qui a obtenu gain de cause, selon le tarif du Tribunal fédéral, tous les frais nécessaires causés par le litige.

³ En règle générale, aucuns dépens ne sont alloués à la Confédération, aux cantons, aux communes ou aux organisations chargées de tâches de droit public lorsqu'ils obtiennent gain de cause dans l'exercice de leurs attributions officielles.

⁴ L'art. 66, al. 3 et 5, est applicable par analogie.

⁵ Le Tribunal fédéral confirme, annule ou modifie, selon le sort de la cause, la décision de l'autorité précédente sur les dépens. Il peut fixer lui-même les dépens d'après le tarif fédéral ou cantonal applicable ou laisser à l'autorité précédente le soin de les fixer.

Spese ripetibili

¹ Nella sentenza il Tribunale federale determina se e in che misura le spese della parte vincente debbano essere sostenute da quella soccombente.

² La parte soccombente è di regola tenuta a risarcire alla parte vincente, secondo la tariffa del Tribunale federale, tutte le spese necessarie causate dalla controversia.

³ Alla Confederazione, ai Cantoni, ai Comuni e alle organizzazioni incaricate di compiti di diritto pubblico non sono di regola accordate spese ripetibili se vincono una causa nell'esercizio delle loro attribuzioni ufficiali.

⁴ Si applica per analogia l'articolo 66 capoversi 3 e 5.

⁵ Il Tribunale federale conferma, annulla o modifica, a seconda dell'esito del procedimento, la decisione sulle spese ripetibili pronunciata dall'autorità inferiore. Può stabilire esso stesso l'importo di tali spese secondo la tariffa federale o cantonale applicabile o incaricarne l'autorità inferiore.

Inhaltsübersicht Note Seite

I. Bisheriges Recht und Entstehungsgeschichte 1 239
II. Kommentar 2 240
    1. Kostenentscheid (Abs. 1) 2 240
    2. Parteikostenverteilung (Abs. 2) 4 240
        2.1   Partei 5 240
        2.2   Kostenverteilung 9 241
        2.3   Bemessung der Parteientschädigung 12 242
    3. Gemeinwesen (Abs. 3) 22 243
    4. Sinngemässe Anwendung (Abs. 4) 30 245
        4.1   Unnötige Kosten (Art. 66 Abs. 3 BGG) 31 245
        4.2   Solidarität (Art. 66 Abs. 5 BGG) 36 246
    5. Parteientschädigung für das vorinstanzliche Verfahren (Abs. 5) 37 246

I. Bisheriges Recht und Entstehungsgeschichte

Altes Recht: Art. 159 OG. Für das Enteignungsrecht enthielt Art. 116 EntG eine Sonderregelung.   1

Tarif vom 9. November 1978 über die Entschädigungen an die Gegenpartei für das Verfahren vor dem Bundesgericht (AS 1975 1956); Tarif vom 16. November 1992 über die Entschädigungen an die Gegenpartei für das Verfahren vor dem Eidgenössischen Versicherungsgericht (AS 1992 2442).

Entwurf der Expertenkommission: Art. 65.

Entwurf des Bundesrates: Art. 64.

Ständerat: Zustimmung (Amtl. Bull. S vom 23.9.2003 S. 898).

Nationalrat: Zustimmung (Amtl. Bull. N vom 5.10.2004 S. 1597).

II. Kommentar

1. Kostenentscheid (Abs. 1)

2 Abs. 1 entspricht mit bloss redaktioneller Änderung Art. 159 Abs. 1 OG. Wie die Art. 65 und 66 für die Gerichtskosten gilt Art. 68 für die Parteientschädigung **in allen bundesgerichtlichen Verfahren**. Die frühere enteignungsrechtliche Sonderregel gilt heute nur noch im Verfahren vor Bundesverwaltungsgericht, nicht mehr vor Bundesgericht (Art. 116 EntG in der Fassung gemäss VGG). Auch in Verfahren, in denen nach Art. 65 Abs. 4 BGG nur reduzierte Gerichtskosten erhoben werden, sind die vollen, nicht etwa analog reduzierte Parteientschädigungen geschuldet.

3 Der Kostenentscheid ergeht **von Amtes wegen** zusammen mit dem Urteil, ein Antrag ist nicht nötig (POUDRET, N 1 zu Art. 159 OG).

2. Parteikostenverteilung (Abs. 2)

4 Abs. 2 lautet gleich wie Art. 159 Abs. 2 erster Halbsatz OG, mit der bisher in Art. 160 OG enthaltenen Ergänzung hinsichtlich des bundesgerichtlichen Tarifs.

2.1 Partei

5 Nur **Parteien** können Anspruch auf Parteientschädigung haben oder verpflichtet werden, solche zu bezahlen. Zum Parteibegriff s. Art. 66 BGG N 6 ff.

6 Die Parteientschädigung wird der **Partei** zugesprochen, nicht etwa dem Rechtsvertreter (anders bei der Entschädigung an den unentgeltlichen Rechtsvertreter, Art. 64 BGG N 39). Anspruch auf Parteientschädigung hat auch, wer seine Anwaltskosten durch eine Rechtsschutzversicherung ohnehin gedeckt hat (BGE 117 Ia 295).

7 Die durch das Bundesgericht festgelegte Parteientschädigung ist **nicht verbindlich** für die Entschädigung des Rechtsvertreters im Verhältnis zwischen diesem und der Partei. Die in Art. 161 OG enthaltene Bestimmung, wonach das Bundesgericht das streitige Honorar festsetzen konnte (zum Anwendungsbereich dieser Bestimmung: POUDRET, S. 172 f. zu Art. 161 OG), ist im BGG nicht mehr aufgenommen worden. Wird hingegen die unentgeltliche Verbeiständung gewährt (Art. 64 Abs. 2 BGG), so muss sich der Anwalt mit dem ihm zugesprochenen Honorar begnügen und darf von der Partei nicht ein zusätzliches Honorar verlangen (vgl. Art. 64 BGG N 39).

Die **unentgeltliche Prozessführung** befreit nur von der Pflicht, eine Sicherstellung für Parteientschädigung zu leisten (Art. 62 Abs. 2 BGG), nicht aber davon, im Falle des Unterliegens im Urteil zur Bezahlung von Parteientschädigungen an die obsiegende Gegenpartei verpflichtet zu werden (BGE 122 I 322, 324 f. E. 2c; Urteil 5P.170/2004 vom 1.7.2004, E. 2). Die Vollstreckung dürfte dann allerdings oft an der Bedürftigkeit des Schuldners scheitern (vgl. dazu Art. 64 BGG N 27). Die obsiegende Partei trägt damit das Kostenrisiko (GEISER, Prozessieren vor Bundesgericht, Rz. 1.41). 8

2.2 Kostenverteilung

Als Regel hat die unterliegende der obsiegenden Partei die Parteikosten zu erstatten. Zum Begriff des Obsiegens und Unterliegens s. Art. 66 BGG N 17 ff. **Bei teilweisem Obsiegen** bzw. Unterliegen sind die Kosten anteilsmässig zu verlegen. Diese bisher in Art. 159 Abs. 3 OG enthaltene Bestimmung ist im BGG nicht mehr ausdrücklich enthalten, ergibt sich aber aus dem Begriff des Obsiegens und Unterliegens automatisch. Haben beide Parteien ungefähr hälftig obsiegt, so werden die Kosten in der Regel wettgeschlagen. Ist hingegen eine der Parteien nach Abs. 3 nicht entschädigungsberechtigt, so muss sie in einem solchen Fall der teilweise obsiegenden gegnerischen Partei eine reduzierte Entschädigung bezahlen. 9

Wird ein **Revisionsgesuch** gutgeheissen und hat sich eine Gegenpartei der Revision widersetzt, so unterliegt diese und wird parteikostenpflichtig. Hat sich keine Gegenpartei widersetzt, so geht die Parteientschädigung an den obsiegenden Gesuchsteller zu Lasten der Bundesgerichtskasse. Wird ein Revisionsgrund bejaht, aber anschliessend in der Sache im gleichen Sinne entschieden wie im ersten Entscheid, hat der im Ergebnis unterliegende Gesuchsteller keinen Anspruch auf Parteientschädigung. Sind dem Gesuchsgegner durch das Revisionsverfahren unnötige Parteikosten entstanden, gehen diese zu Lasten der Bundesgerichtskasse (Pra 2003 Nr. 157 E. 6). 10

Ein Abweichen vom Unterliegerprinzip ist als **Ausnahme** von der Regel analog wie bei den Gerichtskosten möglich (vgl. Art. 66 BGG N 28 ff.). Doch kann diese Abweichung nach Abs. 2 grundsätzlich nur darin bestehen, dass die obsiegende Partei gar nicht oder nur in einem reduzierten Ausmass entschädigt wird. Dass die obsiegende Partei der unterliegenden eine Entschädigung bezahlen muss, kann sich nur im Falle von Art. 68 Abs. 4 i.V.m. Art. 66 Abs. 3 BGG ergeben, ist aber sonst nicht vorgesehen (abweichend BGE 126 II 145, 169 E. 5b/bb, wo mit Rücksicht auf besondere Umstände dem unterliegenden Kläger zu Lasten der obsiegenden Beklagten eine Parteientschädigung zugesprochen wurde). 11

2.3 Bemessung der Parteientschädigung

12 Ersetzbar sind die durch den Rechtsstreit verursachten, **notwendigen Kosten**. Das sind hauptsächlich die im Zusammenhang mit dem Abfassen der Beschwerde oder Klage bzw. der Beschwerde- oder Klageantwort und einem allfälligen zweiten Schriftenwechsel entstandenen Kosten, ferner die den Parteien entstehenden Kosten im Zusammenhang mit allfälligen Beweisverfahren.

13 Abs. 2 sieht vor, dass das Bundesgericht (d.h. das Gesamtgericht, s. Art. 15 Abs. 1 lit. a BGG) die Höhe der Parteientschädigung in einem «Tarif» regelt. Das Bundesgericht hat dazu das **Reglement** vom 31. März 2006 über die Parteientschädigung und die Entschädigung für die amtliche Vertretung im Verfahren vor dem Bundesgericht erlassen. Nach diesem Reglement umfasst die Parteientschädigung die Anwaltskosten sowie die allfälligen weiteren durch den Rechtsstreit verursachten notwendigen Kosten (Art. 1).

14 Aus der Bezeichnung «**Anwaltskosten**» folgt, dass grundsätzlich die Parteivertretung durch Personen, die nicht Anwalt sind (zur Zulässigkeit s. Art. 40 BGG), nicht entschädigt wird. Dabei sind grundsätzlich Anwälte gemeint, die ihren Beruf selbständig ausüben (Art. 8 Abs. 1 BGFA). Die Rechtsprechung hat schon unter dem früheren Recht davon Ausnahmen vorgesehen und Parteivertretungen entschädigt bei Rechtsvertretung durch Anwälte, die durch eine gemeinnützige Organisation angestellt sind (BGE 122 V 278 betr. Schweizerischer Invaliden-Verband); derartige Anwälte können sich heute aufgrund von Art. 8 Abs. 2 BGFA ebenfalls ins Anwaltsregister eintragen lassen und sind demzufolge als Anwälte entschädigungsberechtigt (vgl. Art. 64 BGG N 33).

15 Die bisherige Rechtsprechung des EVG hat zudem Parteientschädigungen zugesprochen bei nicht anwaltlichen Rechtsvertretungen durch qualifizierte gemeinnützige Organisationen (BGE 126 V 273, nicht publ. E. 3; Pra 2002 Nr. 181 E. 6), nicht aber bei Rechtsvertretungen durch Institutionen der öffentlichen Sozialhilfe (BGE 126 V 11, 13 E. 5). Art. 9 des Reglements sieht nun vor, dass für die Rechtsvertretung durch Treuhänder und **andere Personen**, die nicht als Anwälte zugelassen sind, eine angemessene Entschädigung zugesprochen werden kann, soweit die Qualität der geleisteten Arbeit und die übrigen Umstände dies rechtfertigen.

16 Grundsätzlich wird nicht für seine Arbeit entschädigt, wer seine Beschwerde selber verfasst; dies gilt auch für den Anwalt, der **in eigener Sache** auftritt (BGE 129 II 297, 304 E. 5; 125 II 518, 519 E. 5b), und für eine juristische Person, die den Prozess durch einen eigenen angestellten Anwalt führt (BGE 129 III 276, nicht publ. E. 4). Davon wird – bei Laien wie Anwälten – eine **Ausnahme** gemacht, wenn es sich um eine komplexe Sache mit hohem Streitwert handelt und die Interessenwahrung einen hohen Aufwand notwendig macht, der den Rahmen dessen überschreitet, was der Einzelne üblicher- und zumutbarerweise zur Besor-

gung der persönlichen Angelegenheiten auf sich zu nehmen hat (BGE 129 V 113, 116 E. 4.1; 125 II 518, 519 f. E. 5). Diese Voraussetzungen müssen nicht erfüllt sein bei einem Anwalt, der vor Bundesgericht um die Höhe seines **Honorars als amtlicher Rechtsbeistand** streitet, weil er dabei nicht bloss persönliche Interessen, sondern eine berufliche Aufgabe wahrnimmt (BGE 125 II 518, 520).

Das **Anwaltshonorar** wird in **Streitsachen mit Vermögensinteresse** in der Regel nach dem Streitwert bemessen, zudem nach der Wichtigkeit der Streitsache, ihrer Schwierigkeit sowie dem Umfang der Arbeitsleistung und dem Zeitaufwand des Anwalts (Art. 3–5 des Reglements). Die für das kantonale Beschwerdeverfahren geltende Sonderregelung von Art. 61 lit. g ATSG, wonach in Sozialversicherungssachen die Parteientschädigung ohne Rücksicht auf den Streitwert bemessen wird, galt bisher auch für Leistungsstreitigkeiten vor dem EVG (Art. 2 des Tarifs vom 16.11.1992 über die Entschädigungen an die Gegenpartei für das Verfahren vor dem EVG, AS 1992 2442), wurde aber im neuen Recht weder im Gesetz noch im Reglement aufgenommen und gilt somit vor Bundesgericht nicht. 17

In **Streitsachen ohne Vermögensinteresse** bemisst sich das Honorar nach Wichtigkeit und Schwierigkeit sowie nach Arbeitsaufwand (Art. 6 des Reglements). 18

Entschädigt werden zudem die notwendigen **Anwaltsauslagen** sowie, wenn besondere Verhältnisse es rechtfertigen, **weitere** notwendige, durch den Prozess verursachte **Umtriebe** (Art. 11 des Reglements). Privatgutachten können entschädigt werden, wenn sie entscheidend zur Klärung des Sachverhalts beigetragen haben und sich zur Interessenwahrung aufgedrängt haben (BGE 115 V 62; Urteil U 395/01 vom 6.5.2002, E. 5b/aa). 19

Die Parteientschädigung wird **reduziert**, wenn die Eingabe weitgehend am Prozessthema vorbeigeht (BGE 129 V 27, nicht publ. E. 3.2). Wird auf eine Vernehmlassung verzichtet, so kann eine geringe Parteientschädigung für das Aktenstudium zugesprochen werden (Urteil C 431/00 vom 9.7.2002, E. 4). 20

In der Regel wird die Anwaltsentschädigung samt Auslagen und Mehrwertsteuer mit einem **Pauschalbetrag** festgesetzt (vgl. Art. 12 Abs. 1 des Reglements). Es kann eine Kostennote eingereicht werden (Art. 12 Abs. 2 Reglements). 21

3. Gemeinwesen (Abs. 3)

Abs. 3 entspricht dem bisherigen Art. 159 Abs. 2 OG zweiter Halbsatz. Er befreit den Privaten, der erfolglos gegen den Staat prozediert, davon, diesem (nebst den Gerichtskosten) noch Parteikostenentschädigung bezahlen zu müssen. Im Unterschied zum bisherigen Recht, welches die Kostenbefreiung nur im Verfahren der Verwaltungsgerichtsbeschwerde und der verwaltungsrechtlichen Klage ausdrücklich vorsah, gilt Abs. 3 nun für **alle Verfahren** vor Bundesgericht. Er 22 gilt auch dann, wenn sich die genannten Gemeinwesen und Organisationen anwaltlich vertreten lassen (BGE 125 I 182, 202 E. 7).

23 Das Gemeinwesen ist bei Obsiegen nicht entschädigungsberechtigt, wohl aber bei Unterliegen nach den normalen Regeln **entschädigungsverpflichtet** (Abs. 1 und 2). Bei selbständigen staatlichen Organisationen sind diese verpflichtet, nicht der Staat (sic! 5/2004 S. 400 E. 6 bzgl. Eidg. Institut für geistiges Eigentum). Prozedieren Gemeinwesen und Organisationen im Sinne von Abs. 3 gegeneinander, so hat unabhängig vom Prozessausgang in der Regel keine Seite Anspruch auf Parteientschädigung (BGE 128 V 263, 271 E. 7).

24 Der personelle Anwendungsbereich von Art. 68 Abs. 3 stimmt neu überein mit demjenigen von 66 Abs. 4 (vgl. dazu Art. 66 N 45 ff.). Die hier genannten Gemeinwesen und Organisationen sind somit einerseits von der Gerichtskostenpflicht befreit, andererseits in der Regel **nicht entschädigungsberechtigt** für ihre Parteikosten, wenn sie in ihrem amtlichen Wirkungsbereich obsiegen.

25 Im Unterschied zu Art. 66 Abs. 4 fehlt in Art. 68 Abs. 3 die Einschränkung betreffend das Vermögensinteresse. Die genannten Gemeinwesen und Organisationen sind somit auch dann grundsätzlich nicht entschädigungsberechtigt, wenn es – im amtlichen Wirkungsbereich – um ihr **Vermögensinteresse** geht (dazu Art. 66 BGG N 51 ff.). Das betrifft namentlich auch die Sozialversicherungsträger im Streit um Versicherungsleistungen (BGE 128 V 124, 133 E. 5b; 126 V 143, 150 E. 4a).

26 Hingegen haben Gemeinwesen und Organisationen Anspruch auf Parteientschädigung, wenn sie nicht in ihrem amtlichen Wirkungsbereich auftreten, sondern **wie Private**, z.B. als Arbeitgeber im Streit um Arbeitgeberbeiträge in der AHV (Urteil H 381/99 vom 26.9.2001, E. 6, m.H.).

27 Werden **beschwerdeberechtigte Organisationen** (Umwelt- und Naturschutz usw.) von der Gerichtskostenpflicht befreit mit dem Argument, es handle sich insoweit um Organisationen mit öffentlich-rechtlichen Aufgaben (Art. 66 BGG N 47), dann muss auch für sie Abs. 3 gelten mit der Folge, dass sie entgegen bisheriger Praxis bei Obsiegen keinen Anspruch auf Parteientschädigung haben. Soweit sie unterliegen, schulden sie hingegen der obsiegenden Gegenpartei Parteientschädigung (BGE 123 II 337, 357 E. 10a; ZBl 101/2000 S. 427 E. 2b/aa, m.H.).

28 Die Kostenbefreiung gilt «in der Regel». **Ausnahmsweise** ist den Organisationen eine Parteientschädigung zuzusprechen, so wenn die Gegenpartei mutwillig, leichtsinnig oder querulatorisch Beschwerde geführt hat (BGE 126 V 143, 151 E. 4b; RKUV 1992 U Nr. 150).

29 Sodann hat die bisherige Rechtsprechung zu Art. 159 Abs. 2 OG in **einigen Konstellationen** den Gemeinwesen bzw. Organisationen bei Obsiegen grundsätzlich Parteientschädigungen zugesprochen, so den Krankenkassen bei Rückforde-

rungsprozessen wegen Überarztung (BGE 119 V 448, 456 E. 6b) oder den Vorsorgeeinrichtungen in Haftungsprozessen nach Art. 52 BVG (BGE 128 V 124, 134 E. 5) und generell kleineren und mittleren Gemeinwesen (in der Regel bis zu einer Einwohnerzahl von etwa 10000), die über keinen Rechtsdienst verfügen und daher auf einen Anwalt angewiesen sind (BGE 125 I 182, 202 E. 7, m.H.).

4. Sinngemässe Anwendung (Abs. 4)

Abs. 4 entspricht dem bisherigen Art. 159 Abs. 5 OG. 30

4.1 Unnötige Kosten (Art. 66 Abs. 3 BGG)

S. Art. 66 N 40 ff. 31

Wie die Gerichtskosten können auch die **unnötig verursachten Parteikosten** nicht nur der unterliegenden Gegenpartei, sondern auch einer obsiegenden Gegenpartei, einer Vorinstanz oder einem Rechtsvertreter persönlich auferlegt werden. 32

Die **Unnötigkeit** von Gerichtskosten impliziert nicht notwendigerweise diejenige von Parteikosten und umgekehrt. Es ist im Einzelfall zu prüfen, ob dem Gericht oder der Partei (oder beiden) unnötiger Aufwand verursacht worden ist. 33

Anwendungsbeispiele für den Ersatz unnötiger Parteikosten: 34

– An den unterliegenden Beschwerdeführer zu Lasten der Vorinstanz, wenn diese zum Nachteil des Beschwerdeführers eine Gehörsverletzung begangen hat, das Bundesgericht diese aber heilt und in der Sache die Beschwerde abweist (Urteil 1P.255/1999 E. 3);

– an den unterliegenden Beschwerdeführer zu Lasten des obsiegenden Versicherungsträgers, der sich in seiner ursprünglichen Verfügung und im vorinstanzlichen Verfahren unklar geäussert und dadurch das letztinstanzliche Verfahren verursacht hat (ARV 2005 S. 290 E. 3);

– an den obsiegenden Beschwerdeführer zu Lasten der Vorinstanz, die den angefochtenen Entscheid in falscher Besetzung gefällt und deshalb die Anfechtung verursacht hat (SVR 2006 KV Nr. 3 E. 7);

– die Kosten eines notwendigen Parteigutachtens an den unterliegenden Beschwerdeführer zu Lasten der Behörde, welche die mit dem Parteigutachten nachgewiesenen Sachverhalte von Amtes wegen hätte abklären sollen (RKUV 2004 Nr. U 503 E. 5.1).

35 Wird vor Bundesgericht ein **Revisionsgesuch** gutgeheissen und in der Folge die Sache neu beurteilt, so geht die Parteientschädigung an die obsiegende Partei zu Lasten der Bundesgerichtskasse (Pra 2003 Nr. 157 E. 6).

4.2 Solidarität (Art. 66 Abs. 5 BGG)

36 S. Art. 66 BGG N 59 ff.

5. *Parteientschädigung für das vorinstanzliche Verfahren (Abs. 5)*

37 Abs. 5 lautet gleich wie Art. 159 Abs. 6 OG. Es gilt Analoges wie zu Art. 67 BGG.

11. Abschnitt: Vollstreckung

Art. 69

Entscheide auf Geldleistung	Entscheide, die zur Zahlung einer Geldsumme oder zur Sicherheitsleistung in Geld verpflichten, werden nach dem Bundesgesetz vom 11. April 1889 über Schuldbetreibung und Konkurs (SchKG) vollstreckt.
Arrêts imposant une prestation pécuniaire	Les arrêts qui imposent le paiement d'une somme d'argent ou la fourniture d'une sûreté pécuniaire sont exécutés conformément à la loi fédérale du 11 avril 1889 sur la poursuite pour dettes et la faillite.
Sentenze che impongono una prestazione pecuniaria	Le sentenze che impongono il pagamento di una somma di denaro o la prestazione di garanzie pecuniarie sono eseguite conformemente alla legge federale dell'11 aprile 1889 sull'esecuzione e sul fallimento.

Inhaltsübersicht	Note	Seite
I. Bisheriges Recht und Entstehungsgeschichte	1	247
II. Kommentar	2	247

I. Bisheriges Recht und Entstehungsgeschichte

Altes Recht: Art. 39 OG. 1

Entwurf der Expertenkommission: Art. 66.

Entwurf des Bundesrates: Art. 65 (BBl 2001 4306).

Ständerat: Vorschlag des Bundesrates angenommen (Amtl. Bull. S vom 23.9.2003 S. 898).

Nationalrat: Zustimmung zum Beschluss des Ständerates (Amtl. Bull. N vom 5.10.2004 S. 1597).

II. Kommentar

Geldleistungsurteile des Bundesgerichts sind – unabhängig davon, in welchem Verfahren das Bundesgericht angegangen wurde (Beschwerdeverfahren, Klageverfahren) – nach den Vorschriften des **SchKG** zu vollstrecken (vgl. Art. 40 VwVG und Art. 75 BZP). Der Gläubiger, der sich auf einen rechtskräftigen Entscheid stützen kann, verfügt über einen definitiven Rechtsöffnungstitel (Art. 80 SchKG). 2

Art. 70

Andere Entscheide

¹ Entscheide des Bundesgerichts, die nicht zur Zahlung einer Geldsumme oder zur Sicherheitsleistung in Geld verpflichten, sind von den Kantonen in gleicher Weise zu vollstrecken wie die rechtskräftigen Urteile ihrer Gerichte.

² Sie werden nach den Artikeln 41–43 des Bundesgesetzes vom 20. Dezember 1968 über das Verwaltungsverfahren vollstreckt, wenn das Bundesgericht in einer Sache entschieden hat, die erstinstanzlich in die Zuständigkeit einer Bundesverwaltungsbehörde fällt.

³ Sie werden nach den Artikeln 74–78 BZP vollstreckt, wenn das Bundesgericht auf Klage hin entschieden hat.

⁴ Im Falle mangelhafter Vollstreckung kann beim Bundesrat Beschwerde geführt werden. Dieser trifft die erforderlichen Massnahmen.

Autres Arrêts

¹ Les arrêts du Tribunal fédéral qui n'imposent pas le paiement d'une somme d'argent ou la fourniture d'une sûreté pécuniaire sont exécutés par les cantons de la même manière que les jugements passés en force de leurs tribunaux.

² S'ils ont été rendus dans une cause relevant en première instance de la compétence d'une autorité administrative fédérale, ils sont exécutés conformément aux art. 41 à 43 de la loi fédérale du 20 décembre 1968 sur la procédure administrative.

³ S'ils ont été rendus à la suite d'une action, ils sont exécutés conformément aux art. 74 à 78 PCF.

⁴ En cas d'exécution défectueuse, un recours peut être déposé devant le Conseil fédéral. Celui-ci prend les mesures nécessaires.

Altre sentenze

¹ Le sentenze del Tribunale federale che non impongono il pagamento di una somma di denaro o la prestazione di garanzie pecuniarie sono eseguite dai Cantoni nello stesso modo di quelle passate in giudicato dei loro tribunali.

² Se il Tribunale federale le ha pronunciate in una causa che in prima istanza è di competenza di un'autorità amministrativa federale, le sentenze sono eseguite conformemente agli articoli 41–43 della legge federale del 20 dicembre 1968 sulla procedura amministrativa.

³ Se il Tribunale federale le ha pronunciate su azione, le sentenze sono eseguite conformemente agli articoli 74–78 PC.

⁴ In caso di esecuzione viziata può essere interposto ricorso al Consiglio federale. Quest'ultimo adotta le misure necessarie.

Inhaltsübersicht Note Seite

I. Bisheriges Recht und Entstehungsgeschichte 1 249
II. Kommentar 2 249
   1. Anwendbare Vorschriften 2 249
   2. Beschwerde an den Bundesrat 4 249

I. Bisheriges Recht und Entstehungsgeschichte

Altes Recht: Art. 39 OG.

Entwurf der Expertenkommission: Art. 67.

Entwurf des Bundesrates: Art. 66 (BBl 2001 4306).

Ständerat: Vorschlag des Bundesrates angenommen (Amtl. Bull. S vom 23.9.2003 S. 898).

Nationalrat: Zustimmung zum Beschluss des Ständerates (Amtl. Bull. N vom 5.10.2004 S. 1597).

II. Kommentar

1. Anwendbare Vorschriften

Lautet das zu vollstreckende Urteil des Bundesgerichts nicht auf Geldleistung, so ist zu unterscheiden, in welchem (Rechtsmittel-)Verfahren das Urteil zustande kam:

Wurde der erstinstanzliche Entscheid von einer kantonalen Behörde ausgefällt, so richtet sich die Vollstreckung nach kantonalem Recht. Dabei gilt, dass die Kantone Bundesgerichtsurteile wie rechtskräftige Urteile eigener kantonaler Gerichte zu vollstrecken haben (Abs. 1). Ging der erstinstanzliche Entscheid von einer Bundesverwaltungsbehörde aus, so folgt die Vollstreckung Art. 41 ff. VwVG. Hat das Bundesgericht das Urteil auf Klage hin gefällt, so richtet sich die Vollstreckung nach Art. 74 BZP (Abs. 3).

2. Beschwerde an den Bundesrat

Wegen mangelhafter Vollstreckung kann Beschwerde beim Bundesrat geführt werden (Abs. 4). Diese Möglichkeit besteht in sämtlichen Fällen von Urteilen gemäss Abs. 1–3. Hingegen steht die Beschwerde nur bei der Vollstreckung von Nichtgeldleistungsurteilen offen, wie aus dem Marginale hervorgeht. Die

Vollstreckung von Geldleistungsurteilen untersteht ausschliesslich den Vorschriften des SchKG (Art. 69 BGG; s. Botschaft, BBl 2001 4306).

5   Das BGG regelt – wie bereits bisher Art. 39 Abs. 2 OG – das Beschwerdeverfahren vor dem Bundesrat nicht. Bezüglich der Form und der Frist bestehen damit keine gesetzlichen Erfordernisse (s. BIRCHMEIER, Bundesrechtspflege, N 6 zu Art. 39 OG). Es kann daher – unter Vorbehalt des Rechtsmissbrauchsverbots – jederzeit Beschwerde geführt werden.

6   Für das Verfahren vor dem Bundesrat können im Übrigen die Art. 75–77 VwVG *per analogiam* angewendet werden (so POUDRET, N 2 zu Art. 39 OG).

12. Abschnitt: Ergänzendes Recht

Art. 71

Wo dieses Gesetz keine besonderen Bestimmungen über das Verfahren enthält, sind die Vorschriften des BZP sinngemäss anwendbar.

Lorsque la présente loi ne contient pas de dispositions de procédure, les dispositions de la PCF sont applicables par analogie.

Nei casi per i quali la presente legge non prevede disposizioni speciali sulla procedura si applicano per analogia le prescrizioni della PC.

Inhaltsübersicht Note Seite
I. Bisheriges Recht und Entstehungsgeschichte.. 1 251
II. Kommentar 2 251
    1. Verweis auf den BZP 2 251
    2. Beispiele 3 252

I. Bisheriges Recht und Entstehungsgeschichte

Altes Recht: Art. 40 OG. 1

Entwurf der Expertenkommission: Art. 69.

Entwurf des Bundesrates: Art. 67 (in der Botschaft nicht kommentiert).

Ständerat: Vorschlag des Bundesrates angenommen (Amtl. Bull. S vom 23.9.2003 S. 898).

Nationalrat: Zustimmung zum Beschluss des Ständerates (Amtl. Bull. N vom 5.10.2004 S. 1597).

II. Kommentar

1. Verweis auf den BZP

Das BGG regelt die Verfahren vor Bundesgericht nicht abschliessend. Für 2 Direktprozesse (Klageverfahren) enthält das BGG nur eine Zuständigkeitsnorm (Art. 120 BGG), im Übrigen gelten aber für das Verfahren die Vorschriften des BZP. Dieses Gesetz kommt sodann für die Beschwerdeverfahren nach BGG sinngemäss zur Anwendung, soweit sich dem BGG keine Vorschrift entnehmen lässt.

2. Beispiele

3 Im BGG fehlen Vorschriften über die **Beweisaufnahme**. Falls das Bundesgericht die Sachverhaltsfeststellung der Vorinstanz ergänzen muss (s. Art. 105 Abs. 2 BGG), so gelangen Art. 36 ff. BZP zur Anwendung (s. den ausdrücklichen Verweis in Art. 55 Abs. 1 BGG).

4 Keine oder keine abschliessende Vorschriften sind dem BGG ferner bspw. für folgende Fragestellungen zu entnehmen, weshalb eine analoge Anwendung der Vorschriften des BZP angezeigt ist:

5 – Aussetzung und Ruhen des Verfahrens (Art. 6 BZP).
6 – Protokollführung (Art. 7 BZP).
7 – Parteiwechsel (Art. 17 BZP).
8 – Beschränkung der Vernehmlassung auf die prozessuale Zulässigkeit (Art. 30 BZP).
9 – Trennung von verbundenen Klagen (Art. 24 Abs. 3 BZP).
10 – Urkundenbeilagen (Art. 33 BZP).

Vorbemerkungen zu Art. 72–89 BGG

Nach dem Konzept der Einheitsbeschwerde gibt es nur noch einen einzigen Beschwerdeweg ans Bundesgericht zur Anfechtung von Entscheiden einer Vorinstanz, unabhängig davon, welche Beschwerdegründe angeführt werden oder welche Vorinstanz entschieden hat. Idealerweise sollte dieses Konzept dazu führen, dass es für die verschiedenen Rechtsgebiete nur noch eine einzige, umfassende Beschwerde gibt. Eine solche Lösung war jedoch nicht sinnvoll. Obschon viele Prozessvorschriften für alle Beschwerden Anwendung finden können, sind doch einige Regeln auf bestimmte Rechtsgebiete beschränkt. Das gilt vor allem für die Bestimmungen über das **Beschwerderecht** und die Anforderungen an die **Vorinstanzen**. Anstatt eine einzige Einheitsbeschwerde mit zahlreichen Sonderbestimmungen für Spezialfälle zu schaffen, sieht das BGG je eine Beschwerde für jedes der drei Rechtsgebiete vor: eine **Beschwerde in Zivilsachen** (Art. 72–77 BGG), eine **Beschwerde in Strafsachen** (Art. 78–81 BGG) und eine **Beschwerde in öffentlich-rechtlichen Angelegenheiten** (Art. 82–89 BGG).

1

Die Abgrenzung zwischen den drei Einheitsbeschwerden ergibt sich grundsätzlich aus dem vom angefochtenen Entscheid betroffenen Rechtsgebiet, unabhängig davon, ob es sich um kantonales oder eidgenössisches Recht oder um Verfassungs- oder Gesetzesbestimmungen handelt. Je nachdem, ob der angefochtene Entscheid in einer Zivilsache, einer Strafsache oder einer öffentlich-rechtlichen Angelegenheit erging, ist die entsprechende Beschwerde zu ergreifen. Zur Verminderung von Abgrenzungsfragen unterstellt das BGG gewisse Entscheide, welche sich auf öffentliches Recht stützen, der Beschwerde in Zivil- oder in Strafsachen, soweit es sich um Gebiete handelt, welche dem Zivilrecht (z.B. Streitigkeiten über die Bewilligung zur Namensänderung) oder dem Strafrecht (z.B. Massnahmen des Strafvollzugs) nahe sind. So können auch die Entscheide in Schuldbetreibungs- und Konkurssachen mit der Beschwerde in Zivilsachen angefochten werden, weil sich fast immer zivilrechtliche Vorfragen stellen. Trotzdem kann es im Einzelfall Abgrenzungsschwierigkeiten geben. Indessen kann davon ausgegangen werden, dass in Anlehnung an die bisherige Rechtsprechung die **unrichtige Bezeichnung** des Rechtsmittels der beschwerdeführenden Partei nicht schadet, sofern die Eingabe die formellen Anforderungen des zutreffenden Rechtsmittels erfüllt (BGE 120 Ib 379, 381 E. 1a).

2

Die Regelung der Einheitsbeschwerden enthält zwei Typen von Bestimmungen. Zunächst werden die für jede Beschwerde eigenen Bestimmungen statuiert. Es handelt sich dabei um Bestimmungen zum **Anfechtungsobjekt**, zum **Anwendungsbereich**, zu den **Vorinstanzen** und zum **Beschwerderecht**. Anschliessend regelt das BGG jene prozessualen Fragen, welche für alle drei Beschwerden gelten. Ziel des Gesetzgebers war es, die Unterschiede zwischen den drei Einheitsbeschwerden auf das Notwendige zu beschränken. Dies hatte zur Folge, dass die

3

bisher für einzelne Beschwerden geltenden Bestimmungen mitunter verfeinert wurden, um zwingenden Anforderungen aus anderen Rechtsgebieten Rechnung zu tragen. Auf der andern Seite führte das Bestreben, so weit als möglich gemeinsame Bestimmungen zu schaffen, dazu, dass für bestimmte Punkte offenere Lösungen getroffen wurden, welche dem Bundesgericht genügend Spielraum lassen, die Eigenheiten der verschiedenen Rechtsgebiete zu berücksichtigen.

4   Der Gesetzgeber hat viele der bisherigen Grundzüge beibehalten und teilweise mit identischen Formulierungen aus dem OG und dem BStP übernommen. Mithin brach er nicht mit gewohnten Institutionen, sondern hat diese in ein neues Gewand gekleidet. Deshalb kann die bisherige Praxis des Bundesgerichts für Fragen, die sich auch unter dem BGG stellen, in weiten Teilen übernommen werden.

3. Kapitel: Das Bundesgericht als ordentliche Beschwerdeinstanz

1. Abschnitt: Beschwerde in Zivilsachen

Art. 72

Grundsatz

¹ Das Bundesgericht beurteilt Beschwerden gegen Entscheide in Zivilsachen.

² Der Beschwerde in Zivilsachen unterliegen auch:
a. Entscheide in Schuldbetreibungs- und Konkurssachen;
b. öffentlich-rechtliche Entscheide, die in unmittelbarem Zusammenhang mit Zivilrecht stehen, insbesondere Entscheide:
  1. über die Anerkennung und Vollstreckung von Entscheiden und über die Rechtshilfe in Zivilsachen,
  2. über die Führung des Grundbuchs, des Zivilstands- und des Handelsregisters sowie der Register für Marken, Muster und Modelle, Erfindungspatente, Pflanzensorten und Topografien,
  3. über die Bewilligung zur Namensänderung,
  4. auf dem Gebiet der Aufsicht über die Stiftungen mit Ausnahme der Vorsorge- und Freizügigkeitseinrichtungen,
  5. auf dem Gebiet der Aufsicht über die Vormundschaftsbehörden, die Willensvollstrecker und Willensvollstreckerinnen und andere erbrechtliche Vertreter und Vertreterinnen,
  6. über die Entmündigung, die Errichtung einer Beirat- oder Beistandschaft und die fürsorgerische Freiheitsentziehung,
  7. auf dem Gebiet des Kindesschutzes.

Principe

¹ Le Tribunal fédéral connaît des recours contre les décisions rendues en matière civile.

² Sont également sujettes au recours en matière civile:
a. les décisions en matière de poursuite pour dettes et de faillite;
b. les décisions prises en application de normes de droit public dans des matières connexes au droit civil, notamment les décisions:
  1. sur la reconnaissance et l'exécution de décisions ainsi que sur l'entraide en matière civile,
  2. sur la tenue des registres foncier, d'état civil et du commerce, ainsi que des registres en matière de protection des marques, des dessins et modèles, des brevets d'invention, des obtentions végétales et des topographies,
  3. sur le changement de nom,
  4. en matière de surveillance des fondations, à l'exclusion des institutions de prévoyance et de libre passage,
  5. en matière de surveillance des autorités de tutelle, des exécuteurs testamentaires et autres représentants successoraux,

	6. sur l'interdiction, l'institution d'une curatelle ou d'un conseil légal et sur la privation de liberté à des fins d'assistance, 7. en matière de protection de l'enfant.

Principio	¹ Il Tribunale federale giudica i ricorsi contro le decisioni pronunciate in materia civile.
	
	² Al ricorso in materia civile soggiacciono anche:
	a. le decisioni in materia di esecuzione e fallimento;
	b. le decisioni in rapporto diretto con il diritto civile pronunciate in applicazione di norme di diritto pubblico, segnatamente le decisioni:
	  1. sul riconoscimento e l'esecuzione di decisioni e sull'assistenza giudiziaria in materia civile,
	  2. sulla tenuta del registro fondiario, dei registri dello stato civile, del registro di commercio e dei registri in materia di marchi, disegni e modelli, brevetti d'invenzione, varietà vegetali e topografie,
	  3. sull'autorizzazione al cambiamento del nome,
	  4. in materia di vigilanza sulle fondazioni, eccettuati gli istituti di previdenza e di libero passaggio,
	  5. in materia di vigilanza sulle autorità tutorie, gli esecutori testamentari e altri rappresentanti previsti dal diritto successorio,
	  6. sull'interdizione, l'istituzione di un'assistenza o di una curatela e la privazione della libertà a scopo d'assistenza,
	  7. in materia di protezione del figlio.

Inhaltsübersicht	Note	Seite
I. Bisheriges Recht und Entstehungsgeschichte	1	256
II. Kommentar	2	257
1. Allgemeines	2	257
2. Zulässigkeit	3	257
3. Zivilsache	7	257
3.1 Abgrenzung zu den öffentlich-rechtlichen Angelegenheiten	7	257
3.2 Gleichgestellte Rechtssachen	17	259
3.2.1 Schuldbetreibungs- und Konkurssachen	17	259
3.2.2 Weitere öffentlich-rechtliche Angelegenheiten	21	260

I. Bisheriges Recht und Entstehungsgeschichte

1 Altes Recht: Art. 44 ff. OG.

Entwurf der Expertenkommission: Art. 70.

Entwurf des Bundesrates: Art. 68 (BBl 2001 4306 ff.).

Ständerat: Vorschlag des Bundesrates angenommen (Amtl. Bull. S vom 23.9.2003 S. 898).

Nationalrat: Neuer Titel für 3. Kapitel, Zustimmung zum Beschluss des Ständerates (Amtl. Bull. N vom 5.10.2004 S. 1597).

II. Kommentar

1. Allgemeines

Die Einheitsbeschwerde bringt auf dem Gebiet des Zivilrechts eine **wesentliche Vereinfachung** des Rechtsmittelverfahrens und für Fälle, in denen bislang nur die staatsrechtliche Beschwerde (Art. 84 ff. OG) zulässig war und neu die Einheitsbeschwerde offen steht, einen umfassenderen Rechtsschutz. Die Aufteilung in verschiedene Rechtsmittel im Bereich der Zivilsachen (Berufung, Art. 43 ff. OG; Nichtigkeitsbeschwerde, Art. 68 ff. OG; staatsrechtliche Beschwerde, Art. 84 ff. OG; Beschwerde in Schuldbetreibungs- und Konkurssachen, Art. 17 ff. SchKG und Art. 75 ff. OG) ist weitgehend überwunden, wenn auch im Verhältnis zwischen der Einheitsbeschwerde und der subsidiären Verfassungsbeschwerde (Art. 113 ff. BGG) Überreste des alten Rechtsmittelsystems und gewisse Abgrenzungsschwierigkeiten zwischen den Rechtsmitteln erhalten bleiben.

2

2. Zulässigkeit

Die besonderen Zulässigkeitsvoraussetzungen der Beschwerde in Zivilsachen sind folgende:

3

– Vorliegen einer **Zivilsache** (s. dazu N. 7 ff.).
– Erreichen des **Streitwerts** (s. dazu Art. 74 BGG).
– Entscheid einer **Vorinstanz** des Bundesgerichts (s. dazu Art. 75 BGG).
– **Legitimation** (s. dazu Art. 76 BGG).

4

Im Übrigen sind die allgemeinen Prozessvoraussetzungen wie Einhaltung der Frist, Wahrung der Formerfordernisse usw. einzuhalten.

5

Teilweise einer eigenen Rechtsmittelordnung folgt die Anfechtung von internationalen Schiedsentscheiden (s. dazu Art. 77 BGG).

6

3. Zivilsache

3.1 Abgrenzung zu den öffentlich-rechtlichen Angelegenheiten

Das Gesetz enthält keine nähere Umschreibung der «Zivilsachen». Der Begriff ist jedoch grundsätzlich gleich zu verstehen wie im bisherigen Rechtsmittel-

7

system, er umfasst demnach die Zivilrechtsstreitigkeiten (vermögensrechtlicher und nicht vermögensrechtlicher Natur), aber auch die nicht streitigen Zivilsachen (Akte der freiwilligen Gerichtsbarkeit, wie. z.B. die Kraftloserklärung eines Wertpapiers; s. Botschaft, BBl 2001 4306; s. zum Begriff der freiwilligen Gerichtsbarkeit ausführlich VON WERDT, GestG Kommentar, 2. Aufl., Bern 2005, N 4 ff. zu Art. 11 GestG). Die Beschwerde in Zivilsachen führt damit in Bezug auf die betroffenen Rechtsgebiete die bisherige Berufung (Art. 43 ff. OG) und die Nichtigkeitsbeschwerde (Art. 68 ff. OG) fort.

8   Eine Zivilsache liegt vor, wenn das Verfahren die **Regelung zivilrechtlicher Verhältnisse** bezweckt, sich der Streit also um Ansprüche des Privatrechts dreht. Ob dies der Fall ist, hängt einzig von der Rechtsnatur des durch das Klagebegehren und die klägerischen Sachvorbringen umrissenen Streitgegenstandes ab. Unerheblich ist, welches Verfahren die kantonale Behörde eingeschlagen hat und ob als Parteien Privatpersonen oder staatliche Behörden auftreten (vgl. BGE 123 III 346, 348 f. E. 1a, zuletzt bestätigt in Urteil 5C.109/2005 vom 19.8.2005).

9   Die **Grenze** zwischen den Zivilsachen und den öffentlich-rechtlichen Angelegenheiten ist mitunter **fliessend**. Die Rechtsprechung stützt sich dabei auf die nachfolgenden Theorien, wobei die einzelnen Merkmale der Theorien kombiniert werden können (BGE 101 II 366, 369 E. 2b) bzw. im Einzelfall zu prüfen ist, welches Abgrenzungskriterium den konkreten Gegebenheiten am besten gerecht wird (s. BGE 109 Ib 146, 149; s. zum Ganzen ausführlich POUDRET, N 2 zu Titre II, Administration de la justice civile):

10 – **Interessentheorie**: Nehmen die anwendbaren Rechtssätze private Interessen wahr oder werden öffentliche Interessen verfolgt?

11 – **Funktionstheorie**: Betreffen die Rechtssätze unmittelbar die Erfüllung öffentlicher Aufgaben? Nach GYGI, Verwaltungsrecht, S. 39 ff., ist eine **modifizierte Funktionstheorie** anzuwenden. Danach gilt Folgendes: Für die der öffentlichen Verwaltung gesetzlich übertragenen Aufgaben ist grundsätzlich öffentliches Recht massgebend, sofern der Gesetzgeber es nicht anders bestimmt.

12 – **Subordinationstheorie**: Besteht zwischen Staat und Bürger, welche als Prozessparteien auftreten, eine Unterordnung oder Gleichordnung?

13 Keine Zivilsachen sind öffentlich-rechtliche und vollstreckungsrechtliche Streitigkeiten. Aus der Kausistik:

14 – Rein **vollstreckungsrechtliche Streitigkeiten** wie Rechtsöffnungsentscheide, Konkurssachen, aber auch Begehren um Anerkennung und Vollstreckung ausländischer Urteile in der Schweiz sind keine Zivilsachen. Dies gilt auch dann, wenn der zugrunde liegende und zu vollstreckende Anspruch ein privatrechtlicher ist (s. VOGEL/SPÜHLER, 13 N 132; s. dazu aber auch N 17).

15 – Keine Zivilsachen sind die **Staatshaftungssachen** gemäss Art. 5 SchKG (so BGE 126 III 433).

– Das Gemeinwesen haftet im ausservertraglichen Bereich zwar grundsätzlich nach öffentlichem Recht, als Grund- oder Werkeigentümer aber nach den Vorschriften des Zivilrechts (s. dazu MÜNCH, Prozessieren vor Bundesgericht, Ziff. 4.8, m.H.).

16

3.2 Gleichgestellte Rechtssachen

3.2.1 Schuldbetreibungs- und Konkurssachen

Abs. 2 stellt diverse Rechtssachen den Zivilsachen gleich und weitet damit den Anwendungsbereich der Beschwerde in Zivilsachen erheblich aus. Umfassend werden die Entscheide in Schuldbetreibungs- und Konkurssachen als der Beschwerde unterliegend erklärt (lit. a). So ist bspw. das provisorische Rechtsöffnungsverfahren (Art. 82 SchKG) als vollstreckungsrechtliche Angelegenheit den öffentlich-rechtlichen Rechtssachen zuzurechen, gegen einen Rechtsöffnungsentscheid stand daher vormals die Berufung (Art. 43 ff. OG) nicht offen. Neu ist aber auch ein Rechtsöffnungsentscheid beschwerdefähig. Dies gilt auch für Konkurserkenntnisse (Art. 171 SchKG), Arrestbewilligungen (Art. 271 ff. SchKG) und Entscheide des Nachlassrichters (Art. 293 ff. SchKG).

17

Beschwerdefähig sind auch Entscheide über sog. **betreibungsrechtliche Streitigkeiten mit Reflexwirkung auf das materielle Recht**, die – da vollstreckungsrechtlich – ebenfalls als öffentlich-rechtliche Angelegenheit zu qualifizieren sind (s. zur Typologie KURT AMONN/FRIDOLIN WALTHER, Grundriss des Schuldbetreibungs- und Konkursrechts, 7. Aufl., Bern 2003, § 4 N 47 ff.). Auch diese Streitigkeiten fallen unter Art. 72 Abs. 2 lit. a BGG. Dazu gehören bspw. die Widerspruchsklage eines Drittansprechers gegen den Gläubiger (Art. 107, 108 SchKG; richtet sich die Klage gegen den Schuldner, so liegt jedoch eine zivilrechtliche Streitigkeit vor, die unter Abs. 1 fällt; vgl. dazu AMONN/WALTHER, a.a.O.), die Kollokationsklage im Konkurs (Art. 242 SchKG) oder die betreibungsrechtlichen Anfechtungsklagen (Art. 285 ff. SchKG).

18

Ebenfalls **Beschwerdesachen i.S. von Art. 17 SchKG** fallen unter Abs. 2 lit. a. Das Bundesgericht ist damit Rechtsmittelinstanz gegenüber den kantonalen Aufsichtsbehörden in SchKG-Sachen, obgleich das Bundesgericht nicht mehr Oberaufsichtsbehörde ist (s. den geänderten Art. 15 SchKG, der die Oberaufsicht dem Bundesrat überträgt).

19

Nicht unter Abs. 2 lit. a, sondern unter Abs. 1, fallen die materiellrechtlichen Streitigkeiten des SchKG (wie z.B. die Aberkennungsklage, Art. 83 Abs. 2 SchKG, oder die Arrestprosequierungsklage, Art. 279 SchKG), soweit der zugrunde liegende Anspruch ein zivilrechtlicher ist (z.B. Kaufpreisforderung). Obgleich diese Klagen im Rahmen eines Betreibungsverfahrens Bedeutung erhalten, wird damit endgültig über Zivilansprüche zwischen den Parteien befunden.

20

3.2.2 Weitere öffentlich-rechtliche Angelegenheiten

21 In den Ziff. 1–7 von Abs. 2 lit. b finden sich zahlreiche (weitere), an sich dem öffentlichen Recht zugehörige Fälle, die aber einen engen Bezug zum Zivilrecht haben und daher auch in Bezug auf den Rechtsschutz den Zivilsachen und nicht den öffentlich-rechtlichen Angelegenheiten folgen sollen. Die Aufzählung ist nicht abschliessend. Entscheide auf dem Gebiet der Aufsicht von beruflichen Vorsorge- und Freizügigkeitseinrichtungen unterliegen hingegen im Sinne einer Gegenausnahme der Beschwerde in öffentlich-rechtlichen Angelegenheiten (Abs. 2 lit. b Ziff. 4). Ausdrücklich ausgenommen sind – obwohl ein enger Bezug zum Zivilrecht offensichtlich ist – Entscheide, die im Rahmen des Widerspruchsverfahrens gegen eine Marke getroffen worden sind (Art. 31 ff. MSchG; s. dazu Art. 73 BGG). Ausdrücklich gleichgestellt werden:

22 – Ziff. 1: Entscheide über die Anerkennung und Vollstreckung von Entscheiden und über die Rechtshilfe in Zivilsachen. Soweit es sich dabei um ein Betreibungs- oder Konkursverfahren handelt, erfolgt die Gleichstellung bereits aus Abs. 2 lit. a. Ziff. 1 betrifft nicht nur die Anerkennung und Vollstreckung von Entscheiden im internationalen Verhältnis (s. Art. 25 ff. IPRG und Art. 31 ff. LugÜ), sondern auch die Vollstreckung in Binnenverhältnissen (s. dazu Art. 122 Abs. 3 BV und Art. 70 BGG) fällt darunter. Ebenso betrifft die Bestimmung sowohl die internationale (Art. 11 IPRG) wie auch die interkantonale Rechtshilfe (s. dazu das Konkordat über die Gewährung gegenseitiger Rechtshilfe in Zivilsachen vom 26.4.1974, 8./9.11.1974).

23 – Ziff. 2: Führung des Grundbuchs (s. Art. 942 ff. ZGB), des Zivilstands- (s. Art. 39 ff. ZGB; ZStV) und des Handelsregisters (s. Art. 927 ff. OR; HRegV) sowie der Register für Marken (s. Art. 37 ff. MSchG), Muster und Modelle (s. Art. 24 ff. DesG), Erfindungspatente (s. Art. 60 ff. PatG), Pflanzensorten (s. Art. 32 SortG) und Topografien (s. Art. 13 ff. ToG).

24 – Ziff. 3: Bewilligung zur Namensänderung (s. Art. 30 ZGB).

25 – Ziff. 4: Aufsicht über die Stiftungen mit Ausnahme der Vorsorge- und Freizügigkeitseinrichtungen (s. Art. 84 ZGB).

26 – Ziff. 5: Aufsicht über die Vormundschaftsbehörden (s. Art. 361, 422 ZGB, 265, 287f., 311, 363 f., 366, 375, 388 ff., 398, 404, 423, 426 ff., ZGB), die Willensvollstrecker und Willensvollstreckerinnen und andere erbrechtliche Vertreter und Vertreterinnen (s. Art. 595 ZGB).

27 – Ziff. 6: Entmündigung (s. 368 ff. ZGB), die Errichtung einer Beiratschaft (s. Art. 395 ZGB) oder Beistandschaft (s. 392 ff. ZGB) und die fürsorgerische Freiheitsentziehung (s. Art. 397a ff. ZGB).

28 – Ziff. 7: Kindesschutz (s. Art. 307 ff. ZGB).

Art. 73

Ausnahme	Die Beschwerde ist unzulässig gegen Entscheide, die im Rahmen des Widerspruchsverfahrens gegen eine Marke getroffen worden sind.
Exception	Le recours n'est pas recevable contre les décisions en matière d'opposition à l'enregistrement d'une marque.
Eccezione	Il ricorso è inammissibile contro le decisioni pronunciate nell'ambito della procedura di opposizione alla registrazione di un marchio.

Inhaltsübersicht	Note	Seite
I. Bisheriges Recht und Entstehungsgeschichte..	1	261
II. Kommentar	2	261

I. Bisheriges Recht und Entstehungsgeschichte

Altes Recht: Art. 100 Abs. 1 lit. w OG. 1

Im Entwurf der Expertenkommission nicht vorgesehen.

Entwurf des Bundesrates: Art. 69 (BBl 2001 4308).

Ständerat: Vorschlag des Bundesrates angenommen (Amtl. Bull. S vom 23.9.2003 S. 898).

Nationalrat: Zustimmung zum Beschluss des Ständerates (Amtl. Bull. N vom 5.10.2004 S. 1597).

II. Kommentar

Mit einem Widerspruch kann der Inhaber einer älteren Marke gestützt auf 2
Art. 3 Abs. 1 gegen die Eintragung der neuen Marke opponieren (s. Art. 31 ff. MSchG). Erstinstanzlich zuständig zum Entscheid über den Widerspruch ist das Institut für geistiges Eigentum. Im bisherigen Recht hat Art. 100 Abs. 1 lit. w OG die Verwaltungsgerichtsbeschwerde gegen Verfügungen im Rahmen des Widerspruchsverfahrens für unzulässig erklärt. Der Zugang zum Bundesgericht soll in solchen Verfahren auch unter dem neuen Recht ausgeschlossen bleiben. Der Weiterzug ans Bundesgericht ist aber nicht definitiv verunmöglicht: Bei (rechtskräftiger) Abweisung des Widerspruchs ist es der opponierenden Partei unbenommen, ihre Rechte vor dem Zivilrichter geltend zu machen und letztinstanzlich die Beschwerde in Zivilsachen ans Bundesgericht zu führen, wie auch der unter-

legene Widerspruchsgegner vor dem Zivilrichter auf Feststellung der Eintragungsfähigkeit der Marke klagen kann (Art. 72 Abs. 1 BGG; s. MARBACH, S. 157).

Art. 74

Streitwertgrenze

¹ In vermögensrechtlichen Angelegenheiten ist die Beschwerde nur zulässig, wenn der Streitwert mindestens beträgt:
a. 15 000 Franken in arbeits- und mietrechtlichen Fällen;
b. 30 000 Franken in allen übrigen Fällen.

² Erreicht der Streitwert den massgebenden Betrag nach Absatz 1 nicht, so ist die Beschwerde dennoch zulässig:
a. wenn sich eine Rechtsfrage von grundsätzlicher Bedeutung stellt;
b. wenn ein Bundesgesetz eine einzige kantonale Instanz vorschreibt;
c. gegen Entscheide der kantonalen Aufsichtsbehörden in Schuldbetreibungs- und Konkurssachen;
d. gegen Entscheide des Konkurs- und Nachlassrichters oder der Konkurs- und Nachlassrichterin.

Valeur litigieuse minimale

¹ Dans les affaires pécuniaires, le recours n'est recevable que si la valeur litigieuse s'élève au moins à:
a. 15 000 francs en matière de droit du travail et de droit du bail à loyer;
b. 30 000 francs dans les autres cas.

² Même lorsque la valeur litigieuse minimale n'est pas atteinte, le recours est recevable:
a. si la contestation soulève une question juridique de principe;
b. si une loi fédérale prescrit une instance cantonale unique;
c. s'il porte sur une décision prise par une autorité cantonale de surveillance en matière de poursuite pour dettes et de faillite;
d. s'il porte sur une décision prise par le juge de la faillite ou du concordat.

Valore litigioso minimo

¹ Nelle cause di carattere pecuniario il ricorso è ammissibile soltanto se il valore litigioso ammonta almeno a:
a. 15 000 franchi nelle controversie in materia di diritto del lavoro e di locazione;
b. 30 000 franchi in tutti gli altri casi.

² Quando il valore litigioso non raggiunge l'importo determinante secondo il capoverso 1, il ricorso è ammissibile:
a. se la controversia concerne una questione di diritto di importanza fondamentale;
b. se una legge federale prescrive un'istanza cantonale unica;
c. contro le decisioni delle autorità cantonali di vigilanza in materia di esecuzione e fallimento;
d. contro le decisioni del giudice del fallimento e del concordato.

Inhaltsübersicht Note Seite

I. Bisheriges Recht und Entstehungsgeschichte 1 264
II. Kommentar 2 264
   1. Streitwerterfordernis 2 264
   2. Vermögensrechtliche Streitigkeit 6 265
   3. Ausnahmen (Abs. 2) 8 265
      3.1 Rechtsfrage von grundsätzlicher Bedeutung 8 265
      3.2 Einzige kantonale Instanz 10 266
      3.3 Beschwerden in SchKG-Sachen 11 267
      3.4 Entscheide des Konkurs- oder des Nachlassrichters 12 267

I. Bisheriges Recht und Entstehungsgeschichte

1 Altes Recht: Art. 46 OG.

Entwurf der Expertenkommission: Art. 95 Abs. 2.

Entwurf des Bundesrates: Art. 70 (BBl 2001 4308 ff.).

Ständerat: Diskussion und Anpassung gemäss Antrag Dettling (Abs. 2 lit. a^{bis}), Rest gemäss Vorschlag des Bundesrates angenommen (Amtl. Bull. S vom 23.9.2003 S. 898 ff.).

Vorschläge der Arbeitsgruppe «Bundesgerichtsgesetz» vom 16. März 2004, S. 2 f. und 10 (Streitwertgrenze in Zivilsachen auf Fr. 30 000.– festsetzen, in Strafsachen sowie in Steuer- und Abgabesachen ganz auf Streitwertgrenzen zu verzichten).

Vorschläge des EJPD vom 18. März 2004, S. 4.

Nationalrat: Diskussion, neuer Vorschlag des Bundesrates teilweise angenommen und Anpassung gemäss Kommission des Nationalrates (Amtl. Bull. N vom 5.10.2004 S. 1597 f.).

Ständerat: Diskussion und Zustimmung zum Beschluss des Nationalrates (Amtl. Bull. S vom 8.3.2005 S. 129).

II. Kommentar

1. Streitwerterfordernis

2 Die **Zulässigkeit der Beschwerde** in Zivilsachen bestimmt sich vorab danach, ob der erforderliche Streitwert erreicht ist. Die Festlegung des Streitwertbetrags war politisch sehr umstritten, zumal eine OG-Revision im Jahre 1990 aufgrund der geplanten Erhöhung der Berufungssumme in der Volksabstimmung

gescheitert war. Die im bundesrätlichen Entwurf vorgesehenen Streitwertgrenzen wurden in der parlamentarischen Beratung gesenkt.

Das Erreichen der Streitwertbeträge von Abs. 1 ist grundsätzlich Voraussetzung für die Zulässigkeit der Beschwerde. Werden die Streitwertgrenzen nicht erreicht, so ist die Beschwerde nur zulässig, falls ein Tatbestand von Abs. 2 gegeben ist. Ist auch dies nicht der Fall, verbleibt der beschwerten Partei nur die subsidiäre Verfassungsbeschwerde (Art. 113 ff. BGG). 3

Erforderlich ist im Allgemeinen das Erreichen eines Streitwertes von Fr. 30 000.–. In den praktisch bedeutsamen Fällen arbeits- und mietrechtlicher Zivilsachen beträgt die Streitwertgrenze lediglich Fr. 15 000.–. 4

Zur **Streitwertberechnung** s. Art. 51 ff. BGG. 5

2. Vermögensrechtliche Streitigkeit

Nur vermögensrechtliche Streitigkeiten haben einen Streitwert. Dies sind solche Streitigkeiten, mit denen der Kläger letztlich einen **wirtschaftlichen Zweck** verfolgt (s. VOGEL/SPÜHLER, 13 N 139), z.B. Klage auf Bezahlung einer Geldleistung oder Klagen über die Anfechtung von Generalversammlungsbeschlüssen einer Aktiengesellschaft. Nicht vermögensrechtliche Streitigkeiten haben demgegenüber keinen Streitwert. Als nicht vermögensrechtlich sind Streitigkeiten zu betrachten, die ihrer Natur nach nicht in Geld geschätzt werden können. Es muss sich um Rechte handeln, die weder zum Vermögen einer Person noch mit einem vermögensrechtlichen Rechtsverhältnis eng verbunden sind (BGE 108 II 77, 78 E. 1a; z.B. Klage auf Feststellung einer Persönlichkeitsrechtsverletzung, Art. 28a ZGB; Verfahren betr. Ausgestaltung des Besuchsrechts, Art. 273 ff. ZGB). Nicht vermögensrechtliche Streitigkeiten unterliegen – soweit die übrigen Voraussetzungen gegeben sind – stets der Beschwerdemöglichkeit an das Bundesgericht. 6

S. zur Abgrenzung von vermögensrechtlichen und nicht vermögensrechtlichen Streitigkeiten Art. 51 N 2 ff. BGG mit Beispielen. 7

3. Ausnahmen (Abs. 2)

3.1 Rechtsfrage von grundsätzlicher Bedeutung

Auch wenn die Streitwertgrenze nicht erreicht ist, kann Beschwerde ans Bundesgericht geführt werden, falls eine Rechtsfrage von grundsätzlicher Bedeutung betroffen ist (Abs. 2 lit. a). Es handelt sich hierbei um einen **unbestimmten Rechtsbegriff**, der von der Praxis zu konkretisieren ist. Nach der Botschaft soll 8 eine Rechtsfrage von grundsätzlicher Bedeutung in folgenden Fällen vorliegen (BBl 2001 4309):

– zunächst muss die Auslegung einer Norm streitig sein, deren Verletzung **vor Bundesgericht** überhaupt **geprüft werden kann**.
– Sodann muss es sich um eine **Rechtsfrage** handeln, **die einer höchstrichterlichen Klärung bedarf**, wobei drei Hypothesen denkbar sind:
  – Eine Rechtsfrage wurde vom Bundesgericht noch nicht entschieden; sie bedarf aber insbesondere deshalb der höchstrichterlichen Klärung, weil die diesbezügliche Rechtsprechung der Vorinstanzen widersprüchlich ist. Eine Hauptaufgabe des Bundesgerichts besteht darin, für die einheitliche Anwendung des Bundesrechts und des internationalen Rechts zu sorgen. Eine neue Rechtsfrage sollte ferner auch dann vom Bundesgericht beurteilt werden, wenn dessen Entscheid für die Praxis wegleitend sein kann, namentlich wenn von unteren Instanzen viele gleichartige Fälle zu beurteilen sein werden.
  – Eine Rechtsfrage wurde vom Bundesgericht zwar bereits entschieden, und der angefochtene Entscheid stimmt mit der Rechtsprechung des Bundesgerichts überein. Es bestehen aber neue Gründe, die dem Bundesgericht Anlass geben, seine Rechtsprechung zu überprüfen.
  – Schliesslich sollte eine Rechtsfrage dem Bundesgericht unterbreitet werden können, wenn die Vorinstanz von der Bundesgerichtspraxis abgewichen ist.

9 Nicht massgebend sind nach den obenstehenden Kriterien subjektive Gesichtspunkte. Es kommt also nicht darauf an, welche Bedeutung die Streitsache für die betroffenen Parteien hat, sondern einzig entscheidend ist, ob ein Bedürfnis nach höchstrichterlicher Klärung der Rechtsfrage besteht.

3.2 Einzige kantonale Instanz

10 Eine einzige kantonale Instanz (Abs. 2 lit. b) schreibt das Bundesrecht in verschiedenen **Spezialgesetzen** auf dem Gebiet des gewerblichen Rechtsschutzes vor (s. Art. 64 Abs. 3 URG, Art. 58 Abs. 3 MSchG, Art. 37 DesG, Art. 76 Abs. 1 PatG, Art. 42 Abs. 1 SortG, Art. 14 Abs. 1 KG). Dazu kommt die Vorschrift von Art. 23 KHG über die Zuständigkeit für die Beurteilung von Klagen, die wegen eines Nuklearschadens erhoben werden. In allen diesen Fällen besteht also innerhalb eines Kantons keine Rechtsmittelmöglichkeit. Das Bundesgericht amtet diesfalls als einzige und letzte Rechtsmittelinstanz.

3.3 Beschwerden in SchKG-Sachen

Beschwerdeentscheide von kantonalen Aufsichtsbehörden in SchKG-Sachen (Art. 17 ff. SchKG) können unabhängig vom Streitwert ans Bundesgericht weitergezogen werden (Abs. 2 lit. c). Sie sind gemäss Art. 72 Abs. 2 lit. a BGG den Zivilsachen gleichgestellt und unterliegen daher ebenfalls der Beschwerde in Zivilsachen und nicht mehr der besonderen SchKG-Beschwerde (vormals Art. 75 ff. OG).

11

3.4 Entscheide des Konkurs- oder des Nachlassrichters

S. dazu Art. 171 ff. und Art. 293 ff. SchKG. Auch diese Entscheidungen fallen unter Art. 72 Abs. 2 lit. a BGG und sind daher beschwerdefähig.

12

Art. 75

Vorinstanzen

¹ Die Beschwerde ist zulässig gegen Entscheide letzter kantonaler Instanzen und des Bundesverwaltungsgerichts.

² Die Kantone setzen als letzte kantonale Instanzen obere Gerichte ein. Diese entscheiden als Rechtsmittelinstanzen; ausgenommen sind die Fälle, in denen:
a. ein Bundesgesetz eine einzige kantonale Instanz vorschreibt;
b. ein Fachgericht für handelsrechtliche Streitigkeiten als einzige kantonale Instanz entscheidet;
c. eine Klage mit einem Streitwert von mindestens 100 000 Franken nach dem kantonalen Recht mit Zustimmung aller Parteien direkt beim oberen Gericht eingereicht wurde.

Autorités précédentes

¹ Le recours est recevable contre les décisions prises par les autorités cantonales de dernière instance et par le Tribunal administratif fédéral.

² Les cantons instituent des tribunaux supérieurs comme autorités cantonales de dernière instance. Ces tribunaux statuent sur recours, sauf si:
a. une loi fédérale prescrit une instance cantonale unique;
b. un tribunal spécialisé dans les litiges de droit commercial statue en instance cantonale unique;
c. une action ayant une valeur litigieuse d'au moins 100 000 francs est, conformément au droit cantonal, déposée directement devant le tribunal supérieur avec l'accord de toutes les parties.

Autorità inferiori

¹ Il ricorso è ammissibile contro le decisioni pronunciate dalle autorità cantonali di ultima istanza e dal Tribunale amministrativo federale.

² I Cantoni istituiscono tribunali superiori quali autorità cantonali di ultima istanza. Tali tribunali giudicano su ricorso, salvo nei casi in cui:
a. una legge federale prescrive un'istanza cantonale unica;
b. un tribunale specializzato nelle controversie di diritto commerciale giudica in istanza cantonale unica;
c. è proposta loro direttamente, secondo il diritto cantonale e con il consenso di tutte le parti, un'azione con un valore litigioso di almeno 100 000 franchi.

Inhaltsübersicht

	Note	Seite
I. Bisheriges Recht und Entstehungsgeschichte	1	269
II. Kommentar	2	269
1. Vorinstanzen	2	269
2. Anforderungen an das kantonale Verfahren	5	270
2.1 Prinzip des doppelten Instanzenzugs	5	270
2.2 Kognition im kantonalen Verfahren	11	271
2.3 Übergangsrecht	12	271

I. Bisheriges Recht und Entstehungsgeschichte

Altes Recht: Art. 48 OG.
Entwurf des Bundesrates: Art. 71 (BBl 2001 4310 ff.).
Ständerat: Abs. 2 lit. c angepasst, Abs. 3 gestrichen, Rest gemäss Vorschlag des Bundesrates angenommen (Amtl. Bull. S vom 23.9.2003 S. 902).
Nationalrat: Zustimmung zum Beschluss des Ständerates (Amtl. Bull. N vom 5.10.2004 S. 1598).

1

II. Kommentar

1. Vorinstanzen

Die Beschwerde in Zivilsachen ist zulässig gegen letztinstanzliche kantonale Entscheide. Der kantonale **Rechtsmittelzug** muss also **ausgeschöpft** sein, bevor die Beschwerde ans Bundesgericht geführt werden kann. In bestimmten Fällen kann auch gegen einen Entscheid des Bundesverwaltungsgerichts Beschwerde geführt werden, nämlich wenn die Rechtssache erstinstanzlich von einer Bundesverwaltungsbehörde entschieden worden ist und es sich um eine den Zivilsachen gleichgestellte Angelegenheit handelt (Art. 72 Abs. 2 lit. b BGG). So kann insbesondere der Rechtsmittelweg bei Verfügungen des Instituts für Geistiges Eigentum (IGE) und des Eidg. Handelsregisteramts letztinstanzlich im Verfahren der Beschwerde in Zivilsachen ans Bundesgericht führen (s. Art. 72 Abs. 2 lit. b Ziff. 2 BGG).

2

Schiedsgerichte der nationalen Schiedsgerichtsbarkeit sind keine Vorinstanzen des Bundesgerichts. Hingegen ist das (staatliche) Gericht gemäss Art. 3 des Konkordats über die Schiedsgerichtsbarkeit vom 27. März bzw. 27. August 1969 (KSG) Vorinstanz des Bundesgerichts. Dieses kann angegangen werden, z.B. für die Benennung der Schiedsrichter (Art. 3 lit. a KSG) oder für die Mitwirkung bei der Durchführung von Beweismassnahmen (Art. 3 lit. d KSG). Ferner beurteilt dieses Gericht Nichtigkeitsbeschwerden (Art. 36 ff. KSG) und Revisionsgesuche (Art. 41 ff. KSG).

3

Im Bereich der **internationalen Schiedsgerichtsbarkeit** gilt die Sondervorschrift von Art. 77 BGG.

4

2. Anforderungen an das kantonale Verfahren

2.1 Prinzip des doppelten Instanzenzugs

5 Vorinstanzen des Bundesgerichts sollen grundsätzlich obere kantonale Gerichte sein, die als Rechtsmittelinstanzen entscheiden (Abs. 2). Das BGG legt mithin das Prinzip des doppelten Instanzenzugs fest. Nicht erforderlich ist, dass im Kanton die Sache erstinstanzlich von einem Gericht entschieden werden muss. Namentlich in den in Art. 72 Abs. 2 lit. b BGG aufgezählten Rechtssachen kann erstinstanzlich auch eine Verwaltungsbehörde entscheidbefugt sein. Der Rechtsmittelweg zum Bundesgericht muss aber über ein oberes kantonales Gericht führen. Gleich verhält es sich für die SchKG-Beschwerdesachen (Art. 17 ff. SchKG). Die Verfügung eines Betreibungs- oder Konkursamtes kann bei der kantonalen Aufsichtsbehörde angefochten werden, wobei die Kantone frei sind, sowohl eine untere wie eine obere kantonale Aufsichtsbehörde vorzusehen (Art. 13 SchKG). Der Entscheid einer unteren Aufsichtsbehörde kann an die obere Aufsichtsbehörde weitergezogen werden (Art. 18 Abs. 1 SchKG). Die obere Aufsichtsbehörde bzw. die vom kantonalen Recht vorgesehene einzige Aufsichtsbehörde hat den Voraussetzungen von Art. 75 BGG zu genügen.

6 Abs. 2 lit. a–c sieht Ausnahmen vom doppelten Instanzenzug im Kanton vor. Verschiedentlich schreibt das Bundesrecht eine **einzige kantonale Instanz** vor (s. Art. 64 Abs. 3 URG, Art. 58 Abs. 3 MSchG, Art. 37 DesG, Art. 76 Abs. 1 PatG, Art. 42 Abs. 1 SortG, Art. 14 Abs. 1 KG, Art. 23 KHG). Diese Instanzen sind Vorinstanzen des Bundesgerichts. Neu gilt aber, dass die Kantone in diesen Fällen ein oberes Gericht als zuständig bezeichnen müssen (vgl. bisher Art. 48 Abs. 2 lit. b OG).

7 Für handelsrechtliche Streitigkeiten können die Kantone Fachgerichte (**Handelsgerichte**) vorsehen (Abs. 2 lit. b). Diese entscheiden ebenfalls nicht als Rechtsmittelinstanzen und sind direkte Vorinstanzen des Bundesgerichts. Handelsgerichte sind bislang in den Gerichtsorganisationen der Kantone AG, BE, SG und ZH bekannt und können auch unter der Herrschaft des BGG beibehalten werden.

8 Das kantonale Recht kann schliesslich vorsehen, dass die Parteien bei einem Streitwert von mindestens Fr. 100 000.– die Zuständigkeit des oberen Gerichts **prorogieren** dürfen (Abs. 2 lit. c). Die Parteien verzichten auf diese Weise auf eine Instanz. Das Bundesrecht verpflichtet die Kantone aber nicht, eine solche Prorogationsmöglichkeit einzuräumen.

9 Das Gesagte hat in vielen Kantonen **Änderungen der Gerichtsorganisation** und der Rechtsmittelordnung zur Folge. Auch Kantone, die grundsätzlich über einen doppelten Instanzenzug verfügen, kennen im Allgemeinen Streitwerterfordernisse für die Zulässigkeit ordentlicher kantonaler Rechtsmittel (z.B. Berufung, Appellation). Wenn aber ein Fall von Art. 74 Abs. 2 BGG betroffen ist (z.B. eine Rechts-

frage von grundsätzlicher Bedeutung), so dürfen auch im kantonalen Verfahren keine Streitwerterfordernisse bestehen, und die Rechtsmittelordnung ist entsprechend anzupassen.

S. zum Übergangsrecht N 12 f. 10

2.2 Kognition im kantonalen Verfahren

Die Vorinstanzen des Bundesgerichts urteilen grundsätzlich als Rechtsmittelinstanzen (s. N 5). Das BGG schreibt den Kantonen aber nicht einen Instanzenzug mit voller Überprüfung im Rechtsmittelverfahren vor. Verlangt ist, dass die kantonale Rechtsmittelinstanz den angefochtenen Entscheid mindestens in dem Umfange überprüfen kann, wie das Bundesgericht (s. für die Kognition des Bundesgerichts Art. 95–98 BGG), da sich die Kognition im Verlauf des Instanzenzuges nicht erweitern soll (s. Art. 111 Abs. 3 BGG). Vorbehalten bleiben kantonale Rechtsmittel i.S. von Art. 100 Abs. 6 BGG. 11

2.3 Übergangsrecht

Die Anpassungen der kantonalen Gerichtsorganisation (s. N 11) müssen nicht bis zum Inkrafttreten des BGG erfolgen, sondern die kantonalen Gesetzgebungsarbeiten sollen auf die in Vorbereitung befindliche schweizerische Zivilprozessordnung abgestimmt werden können. 12

Gemäss Art. 130 Abs. 2 BGG erlassen die Kantone auf den Zeitpunkt des Inkrafttretens einer schweizerischen Zivilprozessordnung Ausführungsbestimmungen über die Zuständigkeit, die Organisation und das Verfahren der Vorinstanzen in Zivilsachen im Sinne von Art. 75 Abs. 2 BGG und Art. 111 Abs. 3 BGG, einschliesslich der Bestimmungen, die zur Gewährleistung der Rechtsweggarantie nach Art. 29a BV erforderlich sind. Ist sechs Jahre nach Inkrafttreten des BGG noch keine schweizerische Zivilprozessordnung in Kraft, so legt der Bundesrat die Frist zum Erlass der Ausführungsbestimmungen nach Anhörung der Kantone fest. 13

Art. 76

Beschwerderecht

¹ Zur Beschwerde in Zivilsachen ist berechtigt, wer:
a. vor der Vorinstanz am Verfahren teilgenommen hat oder keine Möglichkeit zur Teilnahme erhalten hat; und
b. ein rechtlich geschütztes Interesse an der Aufhebung oder Änderung des angefochtenen Entscheids hat.

² Gegen Entscheide nach Artikel 72 Absatz 2 Buchstabe b steht das Beschwerderecht auch der Bundeskanzlei, den Departementen des Bundes oder, soweit das Bundesrecht es vorsieht, den ihnen unterstellten Dienststellen zu, wenn der angefochtene Entscheid die Bundesgesetzgebung in ihrem Aufgabenbereich verletzen kann.

Qualité pour recourir

¹ A qualité pour former un recours en matière civile quiconque:
a. a pris part à la procédure devant l'autorité précédente ou a été privé de la possibilité de le faire, et
b. a un intérêt juridique à l'annulation ou à la modification de la décision attaquée.

² La qualité pour recourir contre les décisions visées à l'Art. 72, al. 2, let. b, appartient également à la Chancellerie fédérale, aux départements fédéraux ou, pour autant que le droit fédéral le prévoie, aux unités qui leur sont subordonnées, si l'acte attaqué est susceptible de violer la législation fédérale dans leur domaine d'attributions.

Diritto di ricorso

¹ Ha diritto di interporre ricorso in materia civile chi:
a. ha partecipato al procedimento dinanzi all'autorità inferiore o è stato privato della possibilità di farlo; e
b. ha un interesse giuridicamente protetto all'annullamento o alla modifica della decisione impugnata.

² Il diritto di ricorrere contro le decisioni di cui all'articolo 72 capoverso 2 lettera b spetta inoltre alla Cancelleria federale, ai dipartimenti federali o, in quanto lo preveda il diritto federale, ai servizi loro subordinati, se la decisione impugnata viola la legislazione federale nella sfera dei loro compiti.

Inhaltsübersicht	Note	Seite
I. Bisheriges Recht und Entstehungsgeschichte	1	273
II. Kommentar	2	273
1. Legitimation	2	273
2. Teilnahme am vorinstanzlichen Verfahren	8	274
3. Legitimation von Bundesbehörden	10	274

I. Bisheriges Recht und Entstehungsgeschichte

Altes Recht: Art. 53 OG.
Entwurf der Expertenkommission: Art. 72.
Entwurf des Bundesrates: Art. 72 (BBl 2001 4312).
Ständerat: Vorschlag des Bundesrates angenommen (Amtl. Bull. S vom 23.9.2003 S. 902).
Nationalrat: Abs. 2 angepasst, Rest Zustimmung zum Beschluss des Ständerates (Amtl. Bull. N vom 5.10.2004 S. 1598).
Ständerat: Zustimmung zum Beschluss des Nationalrates (Amtl. Bull. S vom 8.3.2005 S. 130).

1

II. Kommentar

1. Legitimation

Die Legitimation einer Partei oder einer Nebenpartei des vorinstanzlichen Verfahrens zur Beschwerdeführung in Zivilsachen bereitet kaum je Schwierigkeiten. Voraussetzung ist, dass die Partei durch das vorinstanzliche Verfahren formell **beschwert** ist, dass sie also mit ihren Anträgen nicht (vollständig) durchgedrungen ist. Darin besteht grundsätzlich das rechtlich geschützte Interesse am Weiterzug des Entscheids (Abs. 2 lit. b).

2

Für die Beurteilung der Beschwer ist einzig auf die Bestimmungen des **Dispositivs** abzustellen, nicht aber auf die Urteilserwägungen der Vorinstanz (BGE 106 II 92, 99). Es ist unzulässig, Beschwerde zu führen, weil die betroffene Partei mit den Urteilserwägungen nicht einverstanden ist (etwa weil sie der Ansicht ist, die Klage hätte aus anderen Gründen gutgeheissen werden müssen).

3

Anders verhält es sich, wenn die Beschwer nur unter Berücksichtigung der Motive überhaupt festgestellt werden kann. Dies gilt insbesondere für die Beurteilung einer **Verrechnungseinrede**. Hat sich ein Beklagter im vorinstanzlichen Verfahren in erster Linie verteidigt mit der Begründung, die Klageforderung bestehe nicht, und hat er bloss eventualiter die Verrechnung mit einer Gegenforderung erklärt, so ist er beschwert, wenn die Vorinstanz die Klage gestützt auf die als bestehend erachtete Verrechnungsforderung abgewiesen hat. In solchen Fällen ist einzig aus den Urteilserwägungen ersichtlich, weshalb die Abweisung erfolgte. In gleicher Weise ist der Kläger beschwert, wenn die Klage wegen Nichtbestehens der Forderung statt wegen einer unbestrittenen Gegenforderung abgewiesen wird (s. zum Ganzen LEUCH/MARBACH/KELLERHALS/

4

STERCHI, Die Zivilprozessordnung für den Kanton Bern, 5. Aufl., Bern 2000, N 3c zu Art. 333 ZPO BE).

5 Zusätzlich zur formellen Beschwer wird auch eine materielle verlangt. Das anzufechtende Urteil muss die Rechtsstellung des Beschwerdeführers beeinträchtigten, d.h. für ihn rechtlich nachteilige Wirkung zeitigen (s. BGE 120 II 5, 7 f.).

6 Im **Scheidungsverfahren** genügt mitunter die materielle Beschwer als Legitimation zur Beschwerdeführung. Der Scheidungskläger ist legitimiert, das Scheidungsurteil weiterzuziehen, um seine Klage vor Bundesgericht in eine Trennungsklage umzuwandeln, s. Art. 138 Abs. 2 ZGB.

7 Die besonderen Voraussetzungen gemäss Art. 76 BGG sollen vor allem die Rechtsmittelbefugnis klären, wenn **öffentlich-rechtliche Entscheide**, die in unmittelbarem Zusammenhang mit dem Zivilrecht stehen (s. die in Art. 72 Abs. 2 lit. b BGG aufgezählten Rechtssachen), angefochten werden und einen grösseren Personenkreis berühren (s. KARLEN, S. 44).

2. Teilnahme am vorinstanzlichen Verfahren

8 Der Beschwerdeführer muss sich bereits am vorinstanzlichen Verfahren beteiligt haben (Abs. 1 lit. a). Diese Regelung ist insbesondere für Nebenparteien (Litisdenunziaten, Intervenienten) von Bedeutung. Es ist nicht möglich, sich erst im Verfahren vor Bundesgericht als Nebenpartei zu konstituieren und zu diesem Zweck Beschwerde zu führen. Eine Ausnahme ist dann zugelassen, wenn die Nebenpartei keine Möglichkeit zur Teilnahme erhielt, namentlich weil die Vorinstanz ihre Zulassung als Nebenpartei zu Unrecht verneinte.

9 Teilweise erkennt das materielle Recht Dritten trotz fehlender Sachlegitimation ausdrücklich Ansprüche zu, so z.B. in den Fällen von Art. 78, 89, 106, 260a, 482 ZGB, Art. 7 GlG, Art. 56 MSchG, oder Art. 10 UWG. Diese Dritte sind daher auch legitimiert, Beschwerde ans Bundesgericht zu führen, wobei auch für diese die Voraussetzungen von Abs. 1 lit. a gelten.

3. Legitimation von Bundesbehörden

10 Gemäss Abs. 2 wird das Beschwerderecht von Behörden einerseits beschränkt auf öffentlich-rechtliche Angelegenheiten i.S. von Art. 72 Abs. 2 lit. b BGG und andererseits steht die Beschwerdeführung nur offen, falls der angefochtene Entscheid den Aufgabenbereich dieser Behörde betrifft. Die Behördenbeschwerde kommt damit bspw. im Registerrecht in Betracht.

Eine analoge Regelung gilt auch für Beschwerden in öffentlich-rechtlichen Angelegenheiten. S. dazu Art. 89 Abs. 2 lit. a BGG. 11

Art. 77

Internationale Schiedsgerichtsbarkeit

¹ Unter den Voraussetzungen der Artikel 190–192 des Bundesgesetzes vom 18. Dezember 1987 über das Internationale Privatrecht ist gegen Entscheide von Schiedsgerichten die Beschwerde in Zivilsachen zulässig.

² Die Artikel 48 Absatz 3, 93 Absatz 1 Buchstabe b, 95–98, 103 Absatz 2, 105 Absatz 2 und 106 Absatz 1 sowie 107 Absatz 2, soweit dieser dem Bundesgericht erlaubt, in der Sache selbst zu entscheiden, sind in diesen Fällen nicht anwendbar.

³ Das Bundesgericht prüft nur Rügen, die in der Beschwerde vorgebracht und begründet worden sind.

Arbitrage international

¹ Le recours en matière civile est recevable contre les décisions de tribunaux arbitraux aux conditions prévues par les Art. 190 à 192 de la loi fédérale du 18 décembre 1987 sur le droit international privé.

² Sont inapplicables dans ces cas les Art. 48, al. 3, 93, al. 1, let. b, 95 à 98, 103, al. 2, 105, al. 2, et 106, al. 1, ainsi que l'Art. 107, al. 2, dans la mesure où cette dernière disposition permet au Tribunal fédéral de statuer sur le fond de l'affaire.

³ Le Tribunal fédéral n'examine que les griefs qui ont été invoqués et motivés par le recourant.

Giurisdizione arbitrale internazionale

¹ Contro i lodi arbitrali è ammesso il ricorso in materia civile alle condizioni di cui agli articoli 190–192 della legge federale del 18 dicembre 1987 sul diritto internazionale privato.

² In questi casi non sono applicabili gli articoli 48 capoverso 3, 93 capoverso 1 lettera b, 95–98, 103 capoverso 2, 105 capoverso 2, 106 capoverso 1 e 107 capoverso 2, per quanto quest'ultimo permetta al Tribunale federale di giudicare esso stesso nel merito.

³ Il Tribunale federale esamina soltanto quelle censure che sono state sollevate e motivate nel ricorso.

Inhaltsübersicht Note Seite

I. Bisheriges Recht und Entstehungsgeschichte 1   277
II. Kommentar 2   277
    1. Allgemeines 2   277
    2. Sondervorschriften 3   277
    3. Verhältnis zu den allgemeinen Vorschriften des BGG 11 278
    4. Keine subsidiäre Verfassungsbeschwerde 13 279

I. Bisheriges Recht und Entstehungsgeschichte

Altes Recht: Art. 85 lit. c OG.
Entwurf der Expertenkommission: Art. 71 Abs. 3.
Entwurf des Bundesrates: Art. 71 Abs. 3 (BBl 2001 4310 ff.).
Ständerat: als Art. 72a BGG auf Antrag der Kommission «neu» eingeführt (Amtl.Bull. S vom 23.9.2003 S. 902).
Nationalrat: Zustimmung zum Beschluss des Ständerates (Amtl. Bull. N vom 5.10.2004 S. 1598).

II. Kommentar

1. Allgemeines

Die Anfechtung von Urteilen der internationalen Schiedsgerichtsbarkeit beim Bundesgericht untersteht einer besonderen Rechtsmittelordnung. Die Anfechtungsmöglichkeiten sind in erster Linie in den Art. 190 ff. IPRG umschrieben. Aufgrund von Art. 77 BGG wird die Anfechtung zwar ins Verfahren der Beschwerde in Zivilsachen verwiesen, es gelten aber zahlreiche Sondervorschriften (s. dazu N 3 ff.). Geprägt ist die Beschwerde im Bereich der internationalen Schiedsgerichtsbarkeit namentlich durch eine **strikte Limitierung der zulässigen Beschwerdegründe**, die in Art. 190 IPRG abschliessend aufgezählt sind. Eine Besonderheit stellt sodann Art. 192 IPRG dar, wonach die Parteien unter gewissen Voraussetzungen ganz oder teilweise auf Rechtsmittel im Voraus verzichten können. Tun sie das, so ist die Überprüfungsmöglichkeit des Bundesgerichts im Umfange des Rechtsmittelverzichts zusätzlich eingeschränkt.

2. Sondervorschriften

Nach bisherigem Recht fand die Anfechtung von Schiedsentscheiden im Verfahren der staatsrechtlichen Beschwerde statt (Art. 85 lit. c OG). Die Überführung der bisherigen Ordnung in die Beschwerde in Zivilsachen erfordert verschiedene Anpassungen an die Besonderheiten der Anfechtung internationaler Schiedssprüche. Art. 77 Abs. 2 BGG erklärt zahlreiche Vorschriften des BGG daher für nicht anwendbar:

– Einhaltung der **Frist** (Art. 48 Abs. 3 BGG): Die Beschwerde muss zwingend beim Bundesgericht eingereicht werden. Einreichung z.B. beim urteilenden Schiedsgericht genügt nicht. Es liegt diesfalls am Schiedsgericht, ob es die Beschwerde weiterleitet. Jedoch trägt der Beschwerdeführer das Risiko, dass die Beschwerde noch rechtzeitig eingereicht wird.

5 – **Anfechtung eines Vor- und Zwischenentscheids** (Art. 93 Abs. 1 lit. b BGG): Es gilt die Sondervorschrift von Art. 190 Abs. 3 IPRG (dazu BGE 130 III 76).

6 – **Beschwerdegründe** (Art. 95–98 BGG). Die zulässigen Rügen sind der abschliessenden Aufzählung von Art. 190 Abs. 2 IPRG zu entnehmen.

7 – **Aufschiebende Wirkung** (Art. 103 Abs. 2 BGG). Die Beschwerde gegen einen Schiedsentscheid hat grundsätzlich keine aufschiebende Wirkung, es sei denn, dass der Instruktionsrichter etwas anderes anordnet (Art. 103 Abs. 3 BGG).

8 – **Sachverhaltsfeststellung** (Art. 105 Abs. 2 BGG): Eine Berichtigung oder Ergänzung der Sachverhaltsfeststellungen des Schiedsgerichts durch das Bundesgericht ist nicht möglich.

9 – **Rechtsanwendung** (Art. 106 Abs. 1 BGG). Es gilt ein striktes Rügeprinzip, das Bundesgericht wendet das Recht nicht von Amtes wegen an, sondern prüft nur Rügen, die in der Beschwerdeschrift vorgebracht und begründet worden sind (s. Art. 77 Abs. 3 BGG und dazu Art. 42 BGG N 8).

10 – Entscheid des Bundesgerichts (Art. 107 Abs. 2 BGG). Das Bundesgericht urteilt **rein kassatorisch**.

3. Verhältnis zu den allgemeinen Vorschriften des BGG

11 Soweit Abs. 2 keine Ausnahmen vorsieht, kommen die allgemeinen Vorschriften des BGG zur Anwendung, so z.B. über die Beschwerdefrist (Art. 100 BGG) oder über das Vorbringen von Nova (Art. 99 BGG).

12 Nicht restlos klar ist indessen die Stellung von Art. 77 BGG im Verhältnis zu den übrigen Vorschriften über die Beschwerde in Zivilsachen (Art. 72–76 BGG). Schiedsgerichte sind jedenfalls keine Vorinstanzen i.S. von Art. 75 BGG. Hier muss Art. 77 BGG als *lex specialis* gelten; die Zulässigkeit der Beschwerde gegen einen Schiedsentscheid ergibt sich mithin direkt aus Art. 77 BGG, auch wenn Art. 75 BGG nicht in die Aufzählung der Ausnahmen gemäss Art. 77 Abs. 2 BGG aufgenommen wurde. Im Übrigen ist aber davon auszugehen, dass die Art. 72–76 BGG auch auf die Anfechtung von Schiedsentscheiden zur Anwendung kommen, so namentlich die Vorschriften über die Legitimation (Art. 76 BGG) oder über den Streitwert (Art. 74 BGG), auch wenn die bisher gegen Schiedsentscheide zulässige staatsrechtliche Beschwerde (s. N 3) nicht vom Erreichen einer Streitwertgrenze abhängig war und somit der Rechtsschutz gegenüber dem bisherigen Recht eingeengt wird. Die praktische Tragweite ist jedoch äusserst gering, da im Rahmen der internationalen Schiedsgerichtsbarkeit kaum je die Streitwertgrenze von Art. 74 BGG nicht erreicht wird.

4. Keine subsidiäre Verfassungsbeschwerde

Die subsidiäre Verfassungsbeschwerde (Art. 113 ff. BGG) steht im Rahmen der internationalen Schiedsgerichtsbarkeit nicht zur Verfügung. Dies ergibt sich bereits aus Art. 114 BGG, wonach die Vorschriften des Dritten Kapitels über die Vorinstanzen sinngemäss zur Anwendung kommen. Schiedsgerichte sind keine Vorinstanzen i.S. von Art. 75 BGG (s. N 12).

13

2. Abschnitt: Beschwerde in Strafsachen

Art. 78

Grundsatz	¹ Das Bundesgericht beurteilt Beschwerden gegen Entscheide in Strafsachen. ² Der Beschwerde in Strafsachen unterliegen auch Entscheide über: a. Zivilansprüche, wenn diese zusammen mit der Strafsache zu behandeln sind; b. den Vollzug von Strafen und Massnahmen.
Principe	¹ Le Tribunal fédéral connaît des recours contre les décisions rendues en matière pénale. ² Sont également sujettes au recours en matière pénale: a. les décisions sur les prétentions civiles qui doivent être jugées en même temps que la cause pénale; b. les décisions sur l'exécution de peines et de mesures.
Principio	¹ Il Tribunale federale giudica i ricorsi contro le decisioni pronunciate in materia penale. ² Al ricorso in materia penale soggiacciono anche le decisioni concernenti: a. le pretese civili trattate unitamente alla causa penale; b. l'esecuzione di pene e misure.

Inhaltsübersicht   Note   Seite

I.   Bisheriges Recht und Entstehungsgeschichte   1   281
II. Kommentar   2   281
   1. Entscheid in Strafsachen (Abs. 1)   2   281
   2. Weitere Entscheide (Abs. 2)   6   281
      2.1   Entscheide über Zivilansprüche (lit. a)   6   281
      2.2   Entscheide über den Vollzug von Strafen und Massnahmen (lit. b)   7   282
   3. Verfahrensfragen   8   282
      3.1   Beschwerdegründe   8   282
      3.2   Formelle Aspekte 11   283
   4. Die Bedeutung der subsidiären Verfassungsbeschwerde im Rahmen der Beschwerde in Strafsachen 13   283

I. Bisheriges Recht und Entstehungsgeschichte

Altes Recht: Art. 268 ff. BStP.
Entwurf der Expertenkommission: Art. 73.
Entwurf des Bundesrates: Art. 73 (BBl 2001 4313).
Ständerat: unverändert angenommen (Amtl. Bull. S vom 23.9.2003 S. 902).
Nationalrat: Zustimmung zum Beschluss des Ständerates (Amtl. Bull. N vom 5.10.2004 S. 1598).

1

II. Kommentar

1. Entscheid in Strafsachen (Abs. 1)

Anfechtungsobjekt der Beschwerde in Strafsachen ist ein **letztinstanzlicher Entscheid**. Die Beschwerde ist nicht nur gegen Endentscheide, sondern auch gegen Teil-, Vor- und Zwischenentscheide möglich, sofern die in Art. 90–93 BGG genannten Voraussetzungen erfüllt sind. Zulässig sind auch Rechtsverzögerungsbeschwerden im Sinne von Art. 94 BGG.

2

Der Begriff «Entscheid in Strafsachen» umfasst sämtliche Entscheide, denen materielles Bundesstrafrecht und zukünftig auch Bundesstrafprozessrecht zu Grunde liegen. Ebenso können Entscheide angefochten werden, die sich auf kantonales Straf- und Prozessrecht stützen. Mit anderen Worten kann grundsätzlich jeder Entscheid, der die Verfolgung oder die Beurteilung einer Straftat betrifft (Freispruch, Schuldspruch, Strafe, Widerruf des bedingten Strafvollzugs, Zivilpunkt, Absehen von Strafe, Anrechnung der Untersuchungshaft etc.), mit der Beschwerde in Strafsachen angefochten werden.

3

Die Beschwerde in Strafsachen ermöglicht, alle Rügen, die das Bundesgericht prüfen kann, in einem einzigen Rechtsmittel geltend zu machen (daher der Begriff «Einheitsbeschwerde»; s. dazu Art. 95 ff. BGG).

4

Nicht mit der Beschwerde in Strafsachen anfechtbar sind Entscheide der **Militärgerichte** (Art. 80 Abs. 1 BGG *e contrario*).

5

2. Weitere Entscheide (Abs. 2)

2.1 Entscheide über Zivilansprüche (lit. a)

Zusätzlich zu den Entscheiden in Strafsachen sind auch Entscheide über **Zivilansprüche** der Beschwerde zugänglich, sofern diese zusammen mit der Straf-

6

sache zu behandeln sind (Abs. 2 lit. a). In Anlehnung an die bisherige Praxis zu Art. 271 Abs. 1 und 2 BStP dürfte das Bundesgericht Zivilansprüche unabhängig vom Streitwert nur dann im Rahmen der Beschwerde in Strafsachen beurteilen, wenn gleichzeitig auch der Strafpunkt angefochten und dieser zu beurteilen ist. Dies entspricht auch der Auffassung des Bundesrates (Botschaft BBl. 2001 4313; s. auch KARLEN, S. 46). Diese Einschränkung gilt allerdings nicht, wenn Ansprüche nach Art. 9 OHG (s. Art. 8 Abs. 1 lit. c OHG) geltend gemacht werden (BGE 122 IV 37, 40 E. 1a, wonach das Opfer im Sinne von Art. 2 OHG ungeachtet der in Art. 271 BStP genannten Voraussetzungen im Zivilpunkt eidgenössische Nichtigkeitsbeschwerde führen konnte). Führt der Ansprecher ausserhalb des OHG dagegen alleine im Zivilpunkt Beschwerde, wird das Bundesgericht diese als solche in Zivilsachen entgegennehmen, was bedeutet, dass die unter den in Art. 74 BGG genannten Voraussetzungen (Streitwert) erfüllt sein müssen. Dies gilt erst recht, wenn bereits die Vorinstanz lediglich mit dem Zivilpunkt befasst war.

2.2 Entscheide über den Vollzug von Strafen und Massnahmen (lit. b)

7   Ebenfalls der Beschwerde in Strafsachen zugänglich sind Entscheide über den Vollzug von Strafen und Massnahmen (Abs. 2 lit. b). Dies gilt auch dann, wenn sie von einer Verwaltungsbehörde erlassen worden sind.

3. *Verfahrensfragen*

3.1 Beschwerdegründe

8   Soweit der Beschwerdeführer die Verletzung von Bundesrecht (Bundesverfassungsrecht, Bundesgesetzesrecht, Bundesverordnungsrecht, direkt anwendbares Völkerrecht) rügt, überprüft das Bundesgericht frei und von Amtes wegen (Art. 106 Abs. 1 BGG). Dabei ist es an die in der Beschwerde vorgetragene Begründung nicht gebunden. Die Überprüfung von **Bundesrecht** unterliegt insbesondere nicht dem Rügeprinzip. Dieses gilt nur für die Geltendmachung von **Grundrechten**, von kantonalem und interkantonalem Recht (Art. 106 Abs. 2 BGG). Die bundesgerichtliche Überprüfungsfreiheit bei Bundesrechtsverletzungen ist nur durch die Rechtsbegehren der Parteien eingeschränkt, zumal das Bundesgericht nicht über die Begehren der Parteien hinausgehen darf (Art. 107 Abs. 1 BGG). Sodann kann das Verbot neuer Vorbringen gewisse Einschränkungen bewirken (Art. 99 BGG).

9   Hinsichtlich der **Sachverhaltsfeststellungen** kann primär gerügt werden, diese beruhen auf einer Rechtsverletzung (Verletzung des rechtlichen Gehörs, willkür-

liche Beweiswürdigung, Verletzung der Unschuldsvermutung). Sodann steht die **Versehensrüge** zur Verfügung, wonach das angefochtene Urteil offenkundige Irrtümer enthalte (s. dazu Art. 97 Abs. 1 BGG).

Entscheide über **vorsorgliche Massnahmen** können nur wegen Verletzung von verfassungsmässigen Rechten gerügt werden (Art. 98 BGG). Dies entspricht der bisherigen Rechtslage.

10

3.2 Formelle Aspekte

Die Formvorschriften für die Beschwerde finden sich vor allem in den Art. 39 ff. BGG. Der Fristenlauf wurde vereinheitlicht (Art. 44 ff. BGG). Zu beachten ist, dass bei der Anfechtung von vorsorglichen Massnahmen die Fristen nicht stillstehen (Art. 46 Abs. 2 BGG). Rechtsschriften sind in einer Amtssprache zu verfassen und haben die Begehren, deren Begründung mit Angabe der Beweismittel und die Unterschrift zu enthalten. In der Begründung ist in gedrängter Form darzulegen, inwiefern der angefochtene Entscheid Recht verletzt (Art. 42 BGG). Diese Begründungsanforderungen sind zusammen mit den Rügepflichten von Art. 106 Abs. 2 BGG zu lesen. Es ginge allerdings nicht an, über strenge Begründungsanforderungen eine Rügepflicht auch für behauptete Bundesrechtsverletzungen einzuführen.

11

Neu haben auch die **Rechtsbegehren** eine besondere Bedeutung, zumal das Bundesgericht – anders als bisher – einen Entscheid nicht nur kassieren, sondern in der Sache selbst entscheiden kann (Art. 107 Abs. 2 BGG). Zudem sind folgende Aspekte zu beachten, für die es entsprechende Anträge benötigt: unentgeltliche Rechtspflege und Verbeiständung (Art. 64 BGG); neue Verteilung der Kosten des vorangegangenen Verfahrens im Falle der Gutheissung (Art. 67 BGG); aufschiebende Wirkung (Art. 103 BGG).

12

4. *Die Bedeutung der subsidiären Verfassungsbeschwerde im Rahmen der Beschwerde in Strafsachen*

Die subsidiäre Verfassungsbeschwerde ist nur zulässig gegen letztinstanzliche **kantonale** Entscheide (Art. 113 BGG). Wird gleichzeitig ordentliche Beschwerde geführt, so sind beide Rechtsmittel zwingend in der gleichen Rechtsschrift einzureichen (Art. 119 BGG). Ferner gelten besondere Legitimations- und Begründungserfordernisse (Art. 115 BGG).

13

Weil das Parlament auf die ursprünglich vorgesehenen Streitwertgrenzen verzichtet hat (s. Art. 79 BGG N 3), bestehen nicht dieselben Rechtsschutzlücken wie im Zivil- und öffentlichen Recht. Verfassungsverletzungen können und müssen in

14

der Beschwerde in Strafsachen geltend gemacht werden. Allein aus dem BGG heraus betrachtet, gibt es keine ersichtlichen Vorgänge, die einen Beschwerdeführer veranlassen könnten, eine subsidiäre Verfassungsbeschwerde zu führen (SCHMID, S. 204). Sollte die Praxis des Bundesgerichts indes die Beschwerdelegitimation gemäss Art. 81 BGG enger fassen als ein kantonales Strafprozessrecht, könnte eine nach dieser Bestimmung nicht zur Beschwerde in Strafsachen legitimierte Partei etwa die willkürliche Anwendung kantonalen Prozessrechts rügen (THOMMEN/WIPRÄCHTIGER, S. 658).

Art. 79

Ausnahme	Die Beschwerde ist unzulässig gegen Entscheide der Beschwerdekammer des Bundesstrafgerichts, soweit es sich nicht um Entscheide über Zwangsmassnahmen handelt.
Exception	Le recours est irrecevable contre les décisions de la cour des plaintes du Tribunal pénal fédéral, sauf si elles portent sur des mesures de contrainte.
Eccezione	Il ricorso è inammissibile contro le decisioni della Corte dei reclami penali del Tribunale penale federale, eccetto che si tratti di decisioni in materia di provvedimenti coattivi.

Inhaltsübersicht Note Seite

I. Bisheriges Recht und Entstehungsgeschichte 1 285
II. Kommentar 2 286
   1. Entscheide der Beschwerdekammer des Bundesstrafgerichts 2 286
   2. Keine Streitwertgrenzen 3 286

I. Bisheriges Recht und Entstehungsgeschichte

Altes Recht: Art. 268 ff. BStP.   1

Entwurf der Expertenkommission: ---

Entwurf des Bundesrates: Art. 74 (BBl 2001 4314).

Ständerat: modifizierte den – letztlich gestrichenen – Ausnahmekatalog nach Streitwertgrenzen (Amtl. Bull. S vom 23.9.2003 S. 903).

Neuer Antrag des Bundesrates (Arbeitsgruppe Bundesgericht): schlägt die letztlich angenommene Fassung vor.

Nationalrat: modifiziert den neuen Antrag des Bundesrates primär redaktionell, fügt aber einen Vorbehalt betreffend das IRSG hinzu (Amtl. Bull. N vom 5.10.2004 S. 1599).

Ständerat: stimmt dem neuen Antrag des Bundesrates zu (Amtl. Bull. S vom 8.3.2005 S. 130).

Nationalrat: Zustimmung zum Beschluss des Ständerates (Amtl. Bull. N vom 6.6.2005 S. 647).

II. Kommentar

1. Entscheide der Beschwerdekammer des Bundesstrafgerichts

2 Entscheide der **Beschwerdekammer** des Bundesstrafgerichts (Art. 28 SGG) unterliegen mit Ausnahme der Entscheide über Zwangsmassnahmen (namentlich nach Art. 28 lit. b und d SGG; Haftentlassungsgesuche, Beschlagnahmen) **nicht** der Beschwerde in Strafsachen. Hier gilt der Grundsatz der zwei Instanzen im vorinstanzlichen Verfahren also nicht (vgl. Art. 80 Abs. 2 BGG). Der Bundesrat – und mit ihm das Parlament – ist der Auffassung, dass eine einzige Instanz des Bundes ausreicht, um die Gesetzmässigkeit solcher Entscheide sicherzustellen. Im Lichte der Rechtsprechung sowohl des Europäischen Gerichtshofs für Menschenrechte als auch des UNO-Menschenrechtskomitees ist diese Regelung jedenfalls zulässig (Botschaft, BBl 2001 4316 f.).

2. Keine Streitwertgrenzen

3 Der Bundesrat hatte gewisse Streitwertgrenzen (Art. 74 E-BGG: 30 Tagessätze bei Geldstrafen, 120 Stunden gemeinnützige Arbeit, Fr. 5000.– Busse für natürliche Personen, Fr. 10 000.– Busse für Unternehmen; 30 Strafeinheiten beim Aussetzen der Strafe und 30 Tage Freiheitsstrafe infolge Umwandlung einer Geldstrafe, Busse oder gemeinnütziger Arbeit) als Zugangskriterien für die Beschwerde in Strafsachen vorgesehen. Zufolge des äusserst geringen Entlastungseffekts für das Bundesgericht sowie den mit ihrer Einführung verbundenen Inkohärenzen innerhalb des gesamten Rechtsmittelsystems wurden die Streitwertgrenzen im Rahmen der parlamentarischen Beratungen komplett fallen gelassen.

Art. 80

Vorinstanzen

¹ Die Beschwerde ist zulässig gegen Entscheide letzter kantonaler Instanzen und des Bundesstrafgerichts.

² Die Kantone setzen als letzte kantonale Instanzen obere Gerichte ein. Diese entscheiden als Rechtsmittelinstanzen.

Autorités précédentes

¹ Le recours est recevable contre les décisions prises par les autorités cantonales de dernière instance et par le Tribunal pénal fédéral.

² Les cantons instituent des tribunaux supérieurs comme autorités cantonales de dernière instance. Ces tribunaux statuent sur recours.

Autorità inferiori

¹ Il ricorso è ammissibile contro le decisioni delle autorità cantonali di ultima istanza e contro le decisioni del Tribunale penale federale.

² I Cantoni istituiscono tribunali superiori quali autorità cantonali di ultima istanza. Tali tribunali giudicano su ricorso.

Inhaltsübersicht	Note	Seite
I. Bisheriges Recht und Entstehungsgeschichte	1	287
II. Kommentar	2	287
1. Einleitung	2	287
2. Vorinstanzen der Beschwerde in Strafsachen (Abs. 1)	3	288
3. Grundsatz der zwei Instanzen im kantonalen Verfahren (Abs. 2)	5	288
4. Übergangsrecht	9	289

I. Bisheriges Recht und Entstehungsgeschichte

Altes Recht: Art. 268 ff. BStP. 1

Entwurf der Expertenkommission: Art. 74.

Entwurf des Bundesrates: Art. 75 (BBl 2001 4314).

Ständerat: unverändert angenommen (Amtl. Bull. S vom 23.9.2003 S. 903).

Nationalrat: Zustimmung zum Beschluss des Ständerates (Amtl. Bull. N vom 5.10.2004 S. 1599).

II. Kommentar

1. Einleitung

Mit dem BGG werden die gerichtlichen Vorinstanzen des Bundesgerichts 2 ausgebaut. Auf Stufe Bund wurden neu das **Bundesstrafgericht** (mit Sitz in

Bellinzona) und das **Bundesverwaltungsgericht** (mit Sitz in St. Gallen) geschaffen. Daneben müssen vor allem die Kantone in praktisch sämtlichen Fällen obere Gerichte als Vorinstanzen des Bundesgerichts einsetzen. Sie werden hauptsächlich die Lasten zu tragen haben, welche dem Bundesgericht mit dem BGG abgenommen wurden (dazu auch WALTER KÄLIN, Die Bedeutung der Rechtsweggarantie für die kantonale Verwaltungsjustiz, in: ZBl 1999, 49, 51.)

2. Vorinstanzen der Beschwerde in Strafsachen (Abs. 1)

3   Damit die Beschwerde in Strafsachen ans Bundesgericht ergriffen werden kann, muss der **kantonale Instanzenzug** erschöpft sein. Wie diese letzten kantonalen Instanzen von Bundesrechts wegen ausgestaltet sein müssen, bestimmt sich gemäss Abs. 2.

4   Auch Entscheide des **Bundesstrafgerichts** unterliegen der Beschwerde in Strafsachen. Dabei ist allerdings strikte zwischen den Entscheiden der Straf- und solchen der Beschwerdekammer zu unterscheiden. Nur die (erstinstanzlichen) Entscheide der Strafkammer (vgl. Art. 26 ff. SGG) sind nach Abs. 1 der Beschwerde in Strafsachen zugänglich. Gegen Entscheide der Beschwerdekammer (vgl. Art. 28 ff. SGG) steht die Beschwerde in Strafsachen nur für Entscheide über Zwangsmassnahmen zur Verfügung (Art. 79 BGG N 2).

3. Grundsatz der zwei Instanzen im kantonalen Verfahren (Abs. 2)

5   Abs. 2 verpflichtet die Kantone ohne Ausnahme dazu, obere Gerichte als Vorinstanzen des Bundesgerichts in Strafsachen einzusetzen.

6   Laut bundesrätlicher Botschaft liegt die Grundlage dieser Bestimmung in der in Art. 29a BV-Justizreform verankerten Rechtsweggarantie. Dieser Hinweis ist falsch, weil sowohl nach Art. 29a BV-Justizreform als auch nach Art. 2 des Protokolls Nr. 7 zur EMRK (SR 0.101.07) und Art. 14 Abs. 5 des Internationalen Pakts vom 16. Dezember 1966 über die bürgerlichen und politischen Rechte (SR 0.103.2) ein Instanzenzug von einer **einzigen** kantonalen Instanz zum Bundesgericht genügend wäre. Da der doppelte Instanzenzug auch für erstinstanzliche Entscheide der Strafkammer des Bundesstrafgerichts (Art. 26 ff. SGG) verwirklicht worden ist, kann die Schweiz den zu Art. 14 Abs. 5 des Internationalen Pakts vom 16. Dezember 1966 über die bürgerlichen und politischen Rechte gemachten Vorbehalt zurückziehen.

7   Ferner verpflichtet Abs. 2 die Kantone dazu, die oberen Gerichte als Rechtsmittelinstanz entscheiden zu lassen. Ob dabei ein Urteil eines unteren Gerichts oder der Entscheid einer Verwaltungsbehörde in Frage steht, ist unerheblich. Die Kan-

tone müssen also nicht einen doppelten **gerichtlichen** Instanzenzug vorsehen. Vor diesem Hintergrund ganz klar nicht mehr zulässig sind kantonale Regelungen, bestimmte Kapitalverbrechen in die ausschliessliche Beurteilungskompetenz ihrer oberen Gerichte zu stellen. Ebenfalls unzulässig sind kantonale Regelungen, welche Entscheide über Zwangsmassnahmen (Bsp. Haftentscheide) als endgültig erklären. Wie der Rechtsmittelweg unter der zukünftigen Schweizerischen Strafprozessordnung vom Zwangsmassnahmengericht (vgl. Art. 18 E-StPO, BBl 2006 1389, 1393) an das Bundesgericht aussehen wird, dürfte im Rahmen der Einführungsgesetzgebung des Bundes zur Schweizerischen StPO zu klären sein (vgl. auch CHRISTOPH AUER, Auswirkungen der Reorganisation der Bundesrechtspflege auf die Kantone, in: ZBl 2006, 121, 126).

Zu den Anforderungen des BGG an die Kognition der oberen kantonalen Instanz: s. Art. 111 Abs. 3 BGG; zur Zulässigkeit einer **dritten kantonalen Instanz**: s. Art. 111 Abs. 3 BGG und Art. 100 Abs. 6 BGG. 8

4. Übergangsrecht

Art. 130 Abs. 1 BGG verpflichtet die Kantone, die erforderlichen Ausführungsbestimmungen erst auf den Zeitpunkt des Inkrafttretens der **schweizerischen Strafprozessordnung** in Kraft zu setzen. Ist sechs Jahre nach Inkrafttreten des BGG noch keine schweizerische Strafprozessordnung in Kraft, legt der Bundesrat die Frist zum Erlass der Ausführungsbestimmungen nach Anhörung der Kantone fest (Art. 130 Abs. 1 2. Satz BGG). Die Anpassungsfrist gilt namentlich für die Erfüllung der Voraussetzungen nach Art. 80 Abs. 2 BGG (Pflicht der Kantone, als letzte kantonale Instanzen obere Gerichte einzusetzen, die als Rechtsmittelinstanzen entscheiden und mindestens die gleiche Kognition wie das Bundesgericht haben). Bis zum Ablauf der Anpassungsfrist gelten also Entscheide kantonaler Gerichte, die als einzige kantonale Instanzen entscheiden (wie z.B. Wirtschaftsstrafgerichte, Geschworenengerichte) als letztinstanzliche Entscheide und können mit der Beschwerde in Strafsachen angefochten werden. Dasselbe gilt für untere kantonale Gerichte, die auf dem Rechtsmittelweg über Urteile von einer Strafverfolgungs-, Polizei oder Verwaltungsbehörde entscheiden (wie das im Übertretungs- und Verwaltungsstrafrecht vorkommt). 9

Art. 81

Beschwerderecht

¹ Zur Beschwerde in Strafsachen ist berechtigt, wer:
a. vor der Vorinstanz am Verfahren teilgenommen hat oder keine Möglichkeit zur Teilnahme erhalten hat; und
b. ein rechtlich geschütztes Interesse an der Aufhebung oder Änderung des angefochtenen Entscheids hat, insbesondere:
  1. die beschuldigte Person,
  2. ihr gesetzlicher Vertreter oder ihre gesetzliche Vertreterin,
  3. die Staatsanwaltschaft,
  4. die Privatstrafklägerschaft, wenn sie nach dem kantonalen Recht die Anklage ohne Beteiligung der Staatsanwaltschaft vertreten hat,
  5. das Opfer, wenn der angefochtene Entscheid sich auf die Beurteilung seiner Zivilansprüche auswirken kann,
  6. die Person, die den Strafantrag stellt, soweit es um das Strafantragsrecht als solches geht.

² Die Bundesanwaltschaft ist auch zur Beschwerde berechtigt, wenn das Bundesrecht vorsieht, dass ihr der Entscheid mitzuteilen ist oder wenn die Strafsache den kantonalen Behörden zur Beurteilung überwiesen worden ist.

³ Gegen Entscheide nach Artikel 78 Absatz 2 Buchstabe b steht das Beschwerderecht auch der Bundeskanzlei, den Departementen des Bundes oder, soweit das Bundesrecht es vorsieht, den ihnen unterstellten Dienststellen zu, wenn der angefochtene Entscheid die Bundesgesetzgebung in ihrem Aufgabenbereich verletzen kann.

Qualité pour recourir

¹ A qualité pour former un recours en matière pénale quiconque:
a. a pris part à la procédure devant l'autorité précédente ou a été privé de la possibilité de le faire, et
b. a un intérêt juridique à l'annulation ou à la modification de la décision attaquée, soit en particulier:
  1. l'accusé,
  2. le représentant légal de l'accusé,
  3. l'accusateur public,
  4. l'accusateur privé, si, conformément au droit cantonal, il a soutenu l'accusation sans l'intervention de l'accusateur public,
  5. la victime, si la décision attaquée peut avoir des effets sur le jugement de ses prétentions civiles,
  6. le plaignant, pour autant que la contestation porte sur le droit de porter plainte.

² Le Ministère public de la Confédération a aussi qualité pour recourir si le droit fédéral prescrit que la décision doit lui être communiquée ou si la cause a été déférée pour jugement aux autorités cantonales.

	³ La qualité pour recourir contre les décisions visées à l'art. 78, al. 2, let. b, appartient également à la Chancellerie fédérale, aux départements fédéraux ou, pour autant que le droit fédéral le prévoie, aux unités qui leur sont subordonnées, si l'acte attaqué est susceptible de violer la législation fédérale dans leur domaine d'attributions.

Diritto di ricorso	¹ Ha diritto di interporre ricorso in materia penale chi:
	a. ha partecipato al procedimento dinanzi all'autorità inferiore o è stato privato della possibilità di farlo; e
	b. ha un interesse giuridicamente protetto all'annullamento o alla modifica della decisione impugnata, segnatamente:
	  1. l'imputato,
	  2. il rappresentante legale dell'accusato,
	  3. il pubblico ministero,
	  4. l'accusatore privato, se in virtù del diritto cantonale ha sostenuto l'accusa senza la partecipazione del pubblico ministero,
	  5. la vittima, se la decisione impugnata può influire sul giudizio delle sue pretese civili;
	  6. il querelante, per quanto trattasi del diritto di querela come tale.

² Anche il Ministero pubblico della Confederazione è legittimato a ricorrere se il diritto federale prevede che la decisione deve essergli notificata o se la causa penale è stata deferita per giudizio alle autorità cantonali.

³ Il diritto di ricorrere contro le decisioni di cui all'articolo 78 capoverso 2 lettera b spetta inoltre alla Cancelleria federale, ai dipartimenti federali o, in quanto lo preveda il diritto federale, ai servizi loro subordinati, se la decisione impugnata viola la legislazione federale nella sfera dei loro compiti.

Inhaltsübersicht   Note   Seite

I. Bisheriges Recht und Entstehungsgeschichte   1   291
II. Kommentar   2   292
    1. Beschwerdelegitimation (Abs. 1)   2   292
       1.1 Formelle Voraussetzungen (lit. a)   2   292
       1.2 Materielle Voraussetzungen (lit. b)   5   292
    2. Beschwerdelegitimation der Bundesanwaltschaft (Abs. 2)   9   293
    3. Beschwerdelegitimation im Straf- und Massnahmenvollzug (Abs. 3)   10   293

1. Bisheriges Recht und Entstehungsgeschichte

Altes Recht: Art. 88 OG, Art. 268 ff. BStP.

Entwurf der Expertenkommission: Art. 75.

Entwurf des Bundesrates: Art. 76 (BBl 2001 4317).

Ständerat: hat Abs. 1 lit. b Ziff. 4 und 6 redaktionell angepasst (Amtl. Bull. S vom 23.9.2003 S. 903).

Nationalrat: stimmt bezüglich Abs. 1 und 2 dem Beschluss des Ständerates zu und ergänzt Abs. 3 mit dem letzten Halbsatz (Amtl. Bull. N vom 5.10.2004 S. 1599).

Ständerat: stimmt dem Beschluss des Nationalrates zu (Amtl. Bull. S vom 8.3.2005 S. 130).

II. Kommentar

1. Beschwerdelegitimation (Abs. 1)

1.1 Formelle Voraussetzungen (lit. a)

2   Zur Beschwerde in Strafsachen ist zunächst legitimiert, wer am Verfahren vor der Vorinstanz **teilgenommen** hat. Dies ist bereits dann zu bejahen, wenn die betroffene Partei Anträge gestellt hat. Ebenfalls legitimiert ist diejenige Partei, die am Verfahren vor der Vorinstanz nicht teilgenommen hat, weil ihr diese Möglichkeit **verwehrt** wurde.

3   Wird das Urteil des oberen kantonalen Gerichts bei einer Instanz angefochten, die eine beschränktere Kognitionsbefugnis als das Bundesgericht hat (wie etwa das Zürcher Kassationsgericht), muss die beim Bundesgericht beschwerdeführende Person zumindest am Verfahren vor dem oberen kantonalen Gericht teilgenommen haben.

4   **Verzichtet** aber eine Person im vorinstanzlichen Verfahren auf eine Stellungnahme oder einen Antrag zu einer Beschwerde, so gibt sie ihre Gleichgültigkeit gegenüber dem Entscheid dieser Vorinstanz zu erkennen und verliert damit jedes Interesse, den Entscheid beim Bundesgericht anzufechten, wenn sie das Ergebnis nicht befriedigt.

1.2 Materielle Voraussetzungen (lit. b)

5   Zur Beschwerde in Strafsachen ist zudem nur legitimiert, wer ein **rechtlich geschütztes Interesse** an der Aufhebung oder Änderung des angefochtenen Entscheids hat. Nur wer durch den vorinstanzlichen Entscheid beschwert ist, kann Beschwerde in Strafsachen vor Bundesgericht führen. Massgebend ist dabei das Dispositiv, nicht die Begründung. Fehlt es an der Beschwer, fehlt es an einem Rechtsschutzinteresse, welches notwendige Prozessvoraussetzung ist.

Ziff. 1 bis 6 enthalten eine nicht abschliessende Aufzählung von Rechtssubjekten, welche in aller Regel über ein rechtlich geschütztes Interesse verfügen. Der beispielhafte Charakter der Liste hat zur Folge, dass es einer darin nicht genannten Person nicht von vornherein verwehrt wäre, ein rechtlich geschütztes Interesse an der Aufhebung des angefochtenen Urteils geltend zu machen. Das gilt namentlich für die Nachkommen des Beschuldigten, die nicht ausdrücklich erwähnt sind (anders als noch in Art. 270 BStP), aber auch für Personen, die durch eine Einziehung oder Urteilspublikation berührt sind.

Dank der Einheitsbeschwerde können der **kantonale Staatsanwalt**, die **Bundesanwaltschaft** und der **Strafantragsteller** vor dem Bundesgericht **willkürliche Anwendung** des kantonalen Prozessrechts, **willkürliche Beweiswürdigung** und überhaupt die fehlerhafte Anwendung anderer grundrechtlicher Prinzipien, wie Anspruch auf **rechtliches Gehör**, **Unschuldsvermutung** und *in dubio pro reo* geltend machen, was ihnen unter dem bisherigen Recht verwehrt war.

Anzufügen bleibt, dass das in Ziff. 5 genannte **Opfer** über das BGG hinaus auch dann ein rechtlich geschütztes Interesse hat, wenn es ein ihm vom OHG eingeräumtes Recht geltend macht und dessen Verletzung die Beurteilung der Zivilansprüche nicht beeinflusst, wie das bei den Vorschriften über die Zusammensetzung des urteilenden Gerichts (Art. 10 OHG) der Fall ist.

2. Beschwerdelegitimation der Bundesanwaltschaft (Abs. 2)

Ebenfalls zur Beschwerde legitimiert ist der **Bundesanwalt**, wenn er den Straffall den kantonalen Behörden zur Untersuchung und Beurteilung überwiesen hat oder wenn die Entscheidung ihm oder einer anderen Bundesbehörde mitzuteilen ist (vgl. Verordnung über die Mitteilung kantonaler Strafentscheide vom 10.11.2004; SR 312.3). Abs. 2 entspricht Art. 270 Abs. 1 lit. d BStP.

3. Beschwerdelegitimation im Straf- und Massnahmenvollzug (Abs. 3)

Soweit ein Entscheid auf dem Gebiet des Straf- und Massnahmenvollzugs den Aufgabenbereich der **Bundeskanzlei**, der **Departemente des Bundes** oder, soweit das Bundesrecht es vorsieht, der ihnen unterstellten **Dienststellen** verletzt, sind auch diese zur Beschwerde in Strafsachen legitimiert. Abs. 3 übernimmt die Regelung des bisherigen Art. 103 lit. b OG, die für Verwaltungsgerichtsbeschwerden auf dem Gebiet des Straf- und Massnahmenvollzugs galt (s. dazu die Ausführungen zu Art. 89 Abs. 2 lit. a BGG N 40 ff., der dieselbe Regelung für Beschwerden in öffentlich-rechtlichen Angelegenheiten enthält).

3. Abschnitt: Beschwerde in öffentlich-rechtlichen Angelegenheiten

Art. 82

Grundsatz	**Das Bundesgericht beurteilt Beschwerden:** a. gegen Entscheide in Angelegenheiten des öffentlichen Rechts; b. gegen kantonale Erlasse; c. betreffend die politische Stimmberechtigung der Bürger und Bürgerinnen sowie betreffend Volkswahlen und -abstimmungen.
Principe	Le Tribunal fédéral connaît des recours: a. contre les décisions rendues dans des causes de droit public; b. contre les actes normatifs cantonaux; c. qui concernent le droit de vote des citoyens ainsi que les élections et votations populaires.
Principio	Il Tribunale federale giudica i ricorsi: a. contro le decisioni pronunciate in cause di diritto pubblico; b. contro gli atti normativi cantonali; c. concernenti il diritto di voto dei cittadini nonché le elezioni e votazioni popolari.

Inhaltsübersicht Note Seite

				Note	Seite
I.	Bisheriges Recht und Entstehungsgeschichte			1	295
	1. Altes Recht			1	295
	2. Entstehungsgeschichte			2	296
II.	Kommentar			3	296
	1. Bedeutung			3	296
	2. Beschwerde gegen Entscheide in Angelegenheiten des öffentlichen Rechts (lit. a)			5	297
		2.1	Allgemeines	5	297
		2.2	Entscheide	8	297
			2.2.1 Hoheitsakte	8	297
			2.2.2 Entscheide/Verfügungen	15	299
			2.2.3 Verträge	18	299
			2.2.4 Pläne	22	300
			2.2.5 Realhandeln	24	300
			2.2.6 Vollstreckungsentscheide	31	302
		2.3	Des öffentlichen Rechts	33	303
	3. Kantonale Erlasse (lit. b)			38	303
		3.1	Allgemeines	38	303
		3.2	Kantonale	41	304
		3.3	Erlasse	46	305
	4. Stimmrechtsbeschwerde (lit. c)			53	306
		4.1	Allgemeines	53	306

4.2 In kantonalen Angelegenheiten	60	307
4.3 In eidgenössischen Angelegenheiten	68	308

I. Bisheriges Recht und Entstehungsgeschichte

1. Altes Recht

Das bisherige Recht kannte im Bereich des öffentlichen Rechts folgende Rechtsmittel: 1

Die Verwaltungsgerichtsbeschwerde an das Bundesgericht (Art. 97 ff. OG) gegen Verfügungen, die sich auf öffentliches Recht des Bundes stützten (Art. 97 OG i.V.m. Art. 5 VwVG), sofern keine der Ausnahmen (Art. 99–101 OG) vorlagen;

die Verwaltungsgerichtsbeschwerde an das EVG gegen Verfügungen in bundesrechtlichen Sozialversicherungsangelegenheiten (Art. 128 ff. OG);

subsidiär zur Verwaltungsgerichtsbeschwerde in manchen Bereichen des Bundesverwaltungsrechts die Verwaltungsbeschwerde an den Bundesrat (Art. 72 ff. VwVG in der ursprünglichen Fassung);

gegen kantonale Hoheitsakte subsidiär zur Verwaltungsgerichtsbeschwerde und zur Verwaltungsbeschwerde an den Bundesrat die staatsrechtliche Beschwerde (Art. 84 ff. OG); deren Anwendungsbereich war somit folgender:

- kantonale Entscheide in Bundesverwaltungssachen, in denen weder die Verwaltungsgerichtsbeschwerde noch die Verwaltungsbeschwerde an den Bundesrat zulässig war,
- kantonale Entscheide mit kantonalrechtlicher Grundlage,
- kantonale Erlasse (abstrakte Normenkontrolle; Art. 84 Abs. 1 OG),
- kantonale Stimmrechtsangelegenheiten (Art. 85 lit. a OG).

In eidgenössischen Stimmrechtsangelegenheiten war die Verwaltungsgerichtsbeschwerde nur zulässig gegen Beschwerdeentscheide betreffend Verletzung des Stimmrechts sowie gegen Verfügungen der Bundeskanzlei im Zusammenhang mit dem Zustandekommen und der formellen Gültigkeit von Volksinitiativen (Art. 80 BPR in der ursprünglichen Fassung). Wahlbeschwerden (betreffend Nationalratswahlen) und Abstimmungsbeschwerden waren letztinstanzlich vom Nationalrat bzw. vom Bundesrat zu beurteilen (Art. 81 und 82 BPR in der ursprünglichen Fassung).

2. Entstehungsgeschichte

2   Die Schwierigkeit bei der Abgrenzung von kantonal- und bundesrechtlichen Verfügungsgrundlagen war einer der hauptsächlichen Gründe für die Einführung der Einheitsbeschwerde, welche im Entwurf der Expertenkommission in Art. 76 vorgeschlagen wurde.

Entwurf des Bundesrates: Art. 77 (BBl 2001 4318–4320).

Ständerat: Zustimmung (Amtl. Bull. S vom 23.9.2003 S. 903).

Nationalrat: Zustimmung (Amtl. Bull. N vom 5.10.2004 S. 1599).

In der Differenzbereinigung wurde im Zusammenhang mit der Diskussion um die Zulässigkeit der Beschwerde im Bereich der Einbürgerung (dazu Art. 83 N 3 und 5) im Ständerat ein Antrag Schmid gestellt und wieder zurückgezogen, die Beschwerde nur betreffend Angelegenheiten des öffentlichen Rechts des Bundes zuzulassen (Amtl. Bull. S vom 8.3.2005 S. 136).

II. Kommentar

1. Bedeutung

3   Die **Beschwerde in Angelegenheiten des öffentlichen Rechts** vereinigt in ihrem Zulässigkeitsbereich die vorne N 1 genannten altrechtlichen Rechtsmittel an das Bundesgericht, in weitem Umfang auch die bisherige, heute nur noch sehr eingeschränkt zulässige Beschwerde an den Bundesrat (vgl. Art. 72 und 73 VwVG in der Fassung gemäss VGG). Die Beschwerde lehnt sich an die bisherige **Verwaltungsgerichtsbeschwerde** an. Die dazu ergangene Rechtsprechung kann daher weitgehend übernommen werden (AEMISEGGER, S. 111 f.).

4   Die Beschwerde ist gegen **Entscheide**, kantonale **Erlasse** und in **Stimmrechtssachen** zulässig. Trotz dem Charakter als Einheitsbeschwerde muss zwischen diesen drei Bereichen unterschieden werden, da es im Einzelnen **Unterschiede** gibt:

- Die Beschwerde ist in Bezug auf eidgenössische und kantonale Entscheide (lit. a) und Stimmrechtssachen (lit. c) zulässig, aber nur gegen kantonale (nicht eidgenössische) Erlasse (lit. b).
- Die Ausnahmen (Art. 83–85 BGG) gelten nur für die Beschwerde gegen Entscheide, nicht für die Beschwerde gegen Erlasse (Art. 83 BGG N 11).
- Die Regelung der Vorinstanzen ist für die drei Bereiche unterschiedlich (Art. 86–88 BGG).

- Die Legitimation ist in Stimmrechtssachen anders als in den beiden anderen Bereichen (Art. 89 BGG).
- In Stimmrechtssachen prüft das Bundesgericht auch kantonales Recht frei (Art. 95 lit. d BGG).
- Die Beschwerdefristen sind teilweise unterschiedlich (Art. 100 und 101 BGG).

2. Beschwerde gegen Entscheide in Angelegenheiten des öffentlichen Rechts (lit. a)

2.1 Allgemeines

Als zentraler Unterschied zur bisherigen Verwaltungsgerichtsbeschwerde stellt die Beschwerde nicht mehr darauf ab, ob die **Verfügungsgrundlage** im eidgenössischen oder im kantonalen Recht liegt. Voraussetzung ist einzig, dass es sich um eine Angelegenheit des öffentlichen Rechts handelt. Im Unterschied zum bisherigen Recht unterliegen damit (unter Vorbehalt der Ausnahmen gemäss Art. 83 und 85) namentlich folgende, in der Praxis wichtige Gebiete des **kantonalen Rechts**, in denen bisher nur die staatsrechtliche Beschwerde zulässig war, neu der ordentlichen Beschwerde: Staatsorganisationsrecht, Gemeinderecht, öffentliches Dienstrecht, Staatshaftungsrecht, Abgaben, Bau- und Planungsrecht, kantonalrechtliche Enteignung, Feuerpolizei, Benützung öffentlicher Sachen, Gewerbepolizei, Schulrecht, Sozialhilfe, Kirchenwesen.

Unerheblich für die Umschreibung des Anfechtungsobjekts ist auch, ob das betreffende Rechtsgebiet von kantonalen oder von eidgenössischen Behörden **vollzogen** wird. Nur der unterinstanzliche Rechtsweg ist unterschiedlich: Beim Vollzug durch kantonale Behörden geht der Instanzenzug in der Regel nach kantonalem Recht bis zur letzten kantonalen Instanz (Art. 86 lit. d BGG), beim Vollzug durch eidgenössische Behörden zum Bundesverwaltungsgericht (Art. 86 lit. a BGG).

Zur **Legitimation** s. Art. 89 BGG, zur **Beschwerdefrist** Art. 100 BGG.

2.2 Entscheide

2.2.1 Hoheitsakte

Im deutschen Wortlaut unterscheidet sich die Bezeichnung des Anfechtungsobjekts der Einheitsbeschwerde («Entscheid») vom Begriff «Verfügung», wie er im VwVG definiert ist und auch in Art. 97 OG enthalten war (anders im französischen und italienischen Text, wo überall gleichlautend von «décisions» bzw. «decisioni» die Rede ist). Der **«Entscheid»** umfasst sowohl das Anfechtungsobjekt der bisherigen Verwaltungsgerichtsbeschwerde als auch das weiter gefasste der bisherigen staatsrechtlichen Beschwerde (Art. 84 OG: «Verfügungen (Entscheide)»; BBl 2001 4319).

9 Beim Vollzug durch Bundesbehörden hat dies allerdings keine Auswirkungen, da beim Bundesverwaltungsgericht (und in der Folge auch beim Bundesgericht) nur Verfügungen im Sinne von Art. 5 VwVG anfechtbar sind (Art. 31 VGG). In Bezug auf kantonale Hoheitsakte kann der Anfechtungsgegenstand aber weiter sein.

10 Der Begriff des Entscheids umfasst **Hoheitsakte**, die nicht als Erlasse (lit. b) zu qualifizieren sind. Erforderlich ist in jedem Fall, dass es sich um einen Hoheitsakt handelt, der dem Staat oder einem anderen Träger öffentlicher Aufgaben zuzurechnen ist und autoritativ Rechtsbeziehungen festlegt oder Rechtsstellungen berührt (BGE 128 I 167, 170 E. 4; 126 I 250, 251 f., 255). Keine anfechtbaren Entscheide sind Akte, die der Staat nicht als Träger öffentlicher Aufgaben, sondern wie ein Privater ausübt; solches Handeln unterliegt dem Privatrecht (BGE 126 I 250, 256).

11 Unerheblich ist, von welchem **Organ** der ursprüngliche Beschluss ausgeht. Als Entscheide gelten Anordnungen von (kantonalen und eidgenössischen) Verwaltungsbehörden aller Art, aber auch Einzelfallbeschlüsse einer Regierung, eines Parlaments oder des Volks, also z.B. der Beschluss einer Kantonsregierung über die Inkraftsetzung eines Gesetzes (BGE 130 I 174, 176 E. 1.1), der Beschluss eines Kantonsparlaments über die Zwangsfusion von Gemeinden (BGE 131 I 91, 93) oder ein Volksbeschluss über eine Einbürgerung (BGE 129 I 217, 219). Entscheide sind auch Finanzbeschlüsse, unabhängig davon, von welchem Organ (Regierung, Parlament, Volk) sie getroffen werden.

12 Zulässig ist aber die Beschwerde nur gegen Entscheide der in Art. 86 Abs. 1 BGG genannten **Vorinstanzen**. Andere Entscheide sind der Beschwerde nicht zugänglich, so namentlich diejenigen Verfügungen von Bundesbehörden, in denen schon die Beschwerde an das Bundesverwaltungsgericht nicht zulässig ist (Art. 32 VGG), sowie grundsätzlich die Entscheide von Bundesversammlung und Bundesrat (Art. 189 Abs. 4 BV). Art. 86 Abs. 1 umschreibt damit zusammen mit Art. 82 lit. a die möglichen Anfechtungsobjekte.

13 Kein Entscheid, sondern Gegenstand der Beschwerde nach lit. b ist die **Genehmigung eines Erlasses** (vgl. Art. 99 Abs. 1 lit. a OG; BELLANGER, S. 47).

14 **Wahlentscheide** bilden Gegenstand der Stimmrechtsbeschwerde (lit. c).

2.2.2 Entscheide/Verfügungen

Entscheide sind zunächst individuell-konkrete Anordnungen, die den **Verfügungsbegriff** von Art. 5 VwVG oder analoger kantonaler Vorschriften erfüllen. Den Verfügungen gleichgestellt sind die **Allgemeinverfügungen**, die eine konkrete Situation betreffen, sich aber an unbestimmt viele Personen richten (BGE 126 II 300, 302 E. 1a; 125 I 313, 316). 15

Entscheide sind auch Nichteintretensentscheide. Zur Anfechtbarkeit von Teil-, Vor- und Zwischenentscheiden s. Art. 91–93 BGG, zur Rechtsverweigerung und Rechtsverzögerung Art. 94 BGG. 16

Verfügungen sind auch Entscheide, die ein **Einigungs- oder Vergleichsergebnis** festhalten (Art. 33b Abs. 4 VwVG in der Fassung gemäss VGG; Art. 50 Abs. 2 ATSG). 17

2.2.3 Verträge

Streitigkeiten aus **abgeschlossenen bundesrechtlichen öffentlich-rechtlichen Verträgen** werden vorbehältlich spezialgesetzlicher Regelungen, welche den Verfügungsweg vorsehen (vgl. Art. 36 VGG), durch Klage beim Bundesverwaltungsgericht entschieden (Art. 35 lit. a VGG). Dessen Urteil ist ein Entscheid im Sinne von Art. 82 lit. a BGG. 18

Streitigkeiten im Zusammenhang mit **abgeschlossenen kantonalrechtlichen öffentlich-rechtlichen Verträgen** sind nach kantonalem Recht entweder auf dem Verfügungsweg oder auf dem Weg der verwaltungsrechtlichen Klage auszutragen. In beiden Fällen mündet der Streit in einen letztinstanzlichen kantonalen Entscheid, der mit Beschwerde beim Bundesgericht anfechtbar ist (vgl. BGE 122 I 328, 333 E. 1c/aa). 19

Der Entscheid des Gemeinwesens, einen **öffentlich-rechtlichen Vertrag** mit einem Privaten nicht oder nur unter bestimmten Konditionen abschliessen zu wollen oder ihn mit dem einen Privaten und nicht mit einem anderen abschliessen zu wollen, galt nach bisheriger Rechtsprechung grundsätzlich nicht als anfechtbarer Entscheid, ausser wenn ein Rechtsanspruch auf den Vertragsschluss besteht (vgl. BGE 125 I 209, nicht publ. E. 5b, m.H. auf die uneinheitliche Rechtsprechung und Literatur) oder wenn die Verwaltung frei ist, zwischen Vertrag und Verfügung zu wählen (Urteil 2A.34/1991 E. 3 und 4). Gemäss Art. 2 Abs. 7 BGBM (in der Fassung vom 16.12.2005) muss zudem die **Übertragung der Nutzung** kantonaler und kommunaler **Monopole** auf dem Wege der Ausschreibung (also mit anfechtbarer Verfügung) erfolgen. Im Übrigen kann das behördliche Verhalten im Zusammenhang mit einem Vertragsschluss allenfalls als Realhandeln (unten Ziff. 2.2.5) anfechtbar sein. 20

21 Der Entscheid des Gemeinwesens, einen **privatrechtlichen Vertrag** nicht oder mit einem anderen Privaten schliessen zu wollen, untersteht grundsätzlich dem Privatrecht, allenfalls dem Wettbewerbsrecht. Als Spezialfall ist jedoch der Submissionsentscheid anfechtbar, vor Bundesgericht allerdings nur in den Schranken von Art. 83 lit. f BGG.

2.2.4 Pläne

22 Raumplanerische **Nutzungspläne** konnten nach Art. 99 Abs. 1 lit. c OG sowie Art. 34 Abs. 3 RPG nicht mit Verwaltungsgerichtsbeschwerde, sondern nur mit staatsrechtlicher Beschwerde angefochten werden. Die Rechtsprechung liess aber die Beschwerde zu bei Plänen mit Verfügungscharakter, die sich auf Bundesverwaltungsrecht stützten (BGE 132 II 209, 211; 129 I 337, 339 E. 1.1 m.H.), was bisweilen heikle Abgrenzungsprobleme aufwarf. Heute unterliegen die bürgerverbindlichen Nutzungspläne der öffentlich-rechtlichen Beschwerde, nachdem der Gesetzgeber eine Ausnahme abgelehnt hat (Art. 83 N 6; HÄFELIN/HALLER/KELLER, S. 22 Rz. 1950).

23 **Richtpläne** sind nicht bürger-, sondern nur behördenverbindlich und konnten deshalb bisher mit staatsrechtlicher Beschwerde nicht von Privaten, sondern nur von Gemeinwesen wegen Verletzung ihrer Autonomie angefochten werden (BGE 111 Ia 129, 130 f. E. 3c). Obwohl diese Einschränkung auf dem Weg über die Legitimation (Art. 88 OG) begründet wurde, muss sie auch unter dem neuen Recht mit seiner weiteren Legitimation (Art. 89 BGG) gelten: Denn für Private ist der Richtplan mangels verbindlicher Wirkung kein anfechtbarer Hoheitsakt (vorne N 10; BELLANGER, S. 47; HÄFELIN/HALLER/KELLER, S. 22 Rz. 1950; TOPHINKE, S. 100 f.). Dasselbe muss gelten für andere nicht bürgerverbindliche Pläne (**Sachpläne, Konzepte** u. dgl.). Spezialgesetzlich sind jedoch Spitalplanungen (Art. 39 Abs. 1 lit. d KVG) beim Bundesverwaltungsgericht anfechtbar (Art. 34 VGG), nicht jedoch beim Bundesgericht (Art. 83 lit. r BGG).

2.2.5 Realhandeln

24 Das **informale Verwaltungshandeln** (Realakt) war bisher grundsätzlich nicht Anfechtungsobjekt der Verwaltungsgerichtsbeschwerde oder der staatsrechtlichen Beschwerde (BGE 128 I 167, 170 ff.; 128 II 156, 163 E. 3b; 121 I 87, 91 f.), konnte aber gestützt auf Art. 13 EMRK mit einer Beschwerde sui generis oder gemäss Art. 25 VwVG mittels einer Feststellungsverfügung der gerichtlichen Überprüfung zugeführt werden (BGE 130 I 369, 379 E. 6.1; 128 II 156, 165 E. 4b). **Art. 25a Abs. 1 VwVG** (in der Fassung gemäss VGG) hat nun eine positivrechtliche Regelung der Anfechtung von Realhandlungen gebracht: Wer durch

widerrechtliche Realakte in seinen schutzwürdigen Interessen berührt wird, kann von der Behörde verlangen, dass sie diese Handlungen unterlässt, einstellt oder widerruft, die Folgen der widerrechtlichen Handlung beseitigt oder die Widerrechtlichkeit feststellt; die Behörde muss darüber mit Verfügung entscheiden (Abs. 2). Die Verweigerung dieser Verfügung kann als Rechtsverweigerung angefochten werden (Art. 94 BGG). Damit wird in Bezug auf Realhandeln ein ordentliches Anfechtungsobjekt geschaffen. Es besteht deshalb kein Bedürfnis mehr für eine in der Lehre teilweise postulierte Erweiterung des Anfechtungsobjekts auf das Realhandeln.

Diese Bestimmung wurde nach einer ersten Diskussion in der ständerätlichen Kommission für Rechtsfragen (Protokoll vom 23.5.2002, S. 6 f.) von der Verwaltung ausformuliert, die sich dabei auf einen Artikel von PIERRE TSCHANNEN (Amtliche Warnungen und Empfehlungen, ZSR 1999 II 355 ff., v.a. 449) stützte, der sich wiederum an das DSG (vgl. Art. 25 Abs. 1 DSG), das GlG (vgl. Art. 5 Abs. 1 GlG) und Art. 28a ZGB anlehnt. Dieser Vorschlag wurde von der ständrätlichen Kommission und diskussionslos auch vom Plenum übernommen (vgl. Protokoll Kommission für Rechtsfragen des Ständerates vom 23. Mai 2002, S. 6; vom 12./13.11.2002, S. 33 unten; Amtl. Bull. S 2003 870, 872).

Das Erfordernis, dass nur **hoheitliches Handeln** anfechtbar ist (s. N 10), gilt auch in Bezug auf Art. 25a VwVG: Er umfasst nur Realakte im hoheitlichen Bereich.

Art. 25a VwVG gilt im **Anwendungsbereich des VwVG**. Er findet also dort keine Anwendung, wo sich der Realakt auf kantonales Recht stützt (Protokoll Rechtskommission des Ständerates vom 12./13.11.2002, S. 33 unten), aber auch dort nicht, wo kantonale Behörden Bundesverwaltungsrecht anwenden (Art. 1 Abs. 3 VwVG). In diesen Fällen könnte aber direkt gestützt auf Art. 13 EMRK (wie bisher) oder (neu) auf Art. 29a BV oder aufgrund eines allgemeinen Rechtsgrundsatzes eine zu Art. 25a VwVG analoge Anfechtungsmöglichkeit verlangt werden (vgl. LUGON/POLTIER/TANQUEREL, S. 129; MOOR, S. 164).

Art. 25a VwVG braucht nicht herangezogen zu werden, wo das **Spezialgesetz** vorsieht, dass bestimmte Handlungen normalerweise formlos ergehen, aber auf Verlangen hin eine Verfügung zu erlassen ist (z.B. Art. 51 ATSG).

Nach Art. 25a Abs. 1 lit. b VwVG kann man auch verlangen, dass die Folgen widerrechtlichen Handelns beseitigt werden. Wenn diese Folgen in einer **Vermögensschädigung** bestehen, überschneiden sich die Ansprüche aus Art. 25a VwVG mit denjenigen aus Staatshaftung. Dies hat zur Folge, dass dann für die Zulässigkeit der Beschwerde an das Bundesgericht die Streitwertgrenzen gemäss Art. 85 Abs. 1 lit. a BGG gelten.

Nach dem Wortlaut von Art. 25a Abs. 1 lit. a VwVG kann man verlangen, dass widerrechtliche Handlungen unterlassen werden (frz. «s'abstienne d'actes illicites», ital. «ometta ... atti materiali illeciti»), nicht aber dass **widerrechtliche**

Unterlassungen behoben werden. Im Rahmen von Art. 28a ZGB, der (u.a.) der Bestimmung von Art. 25a VwVG als Vorbild diente (s. N 25), wird im Zusammenhang mit Arbeitsverhältnissen in der Rechtsprechung angenommen, dass es auch widerrechtlich ist, wenn der Arbeitgeber es unterlässt, gegen Persönlichkeitsverletzungen durch Dritte einzugreifen (BGE 125 III 70, 72 E. 2a; Pra 2002 Nr. 191 E. 3b; Urteile 2C.2/2000 E. 2.3; 4C.128/1999 E. 2). Dasselbe gilt in Bezug auf die Pflicht des Arbeitgebers, Vorkehren zur Verhinderung sexueller Belästigungen zu treffen (Art. 5 Abs. 3 GlG; vgl. BGE 126 III 395, 396 E. 7). Dies steht aber immer im Zusammenhang mit der spezifischen Fürsorgepflicht des Arbeitgebers (Art. 328 OR). Auch in anderen Fällen kann eine spezialgesetzliche Schutzpflicht des Staates bestehen (vgl. BGE 126 II 300, 314 E. 5). Hingegen kann eine rechtlich durchsetzbare Schutzpflicht nicht aus der allgemeinen Pflicht des Staates abgeleitet werden, die Bevölkerung zu schützen, weil sich daraus keine bestimmten Handlungspflichten ableiten lassen (TSCHANNEN, S. 129 ff.). Zudem bleibt bei Schädigung durch widerrechtliche Unterlassung immer noch ein Staatshaftungsanspruch möglich. Aus diesen Gründen besteht kein Anlass, aus Art. 25a VwVG über den Wortlaut hinaus einen generellen Anspruch auf Behebung von Unterlassungen abzuleiten.

2.2.6 Vollstreckungsentscheide

31 Ein **Vollstreckungsakt** ist nicht anfechtbar. Diese in Art. 101 lit. c OG enthaltene Regel ist im BGG nicht ausdrücklich aufgenommen, ergibt sich aber daraus, dass kein schutzwürdiges Interesse daran bestehen kann, ein Staatshandeln, welches bloss einen rechtskräftigen Entscheid vollstreckt, erneut anzufechten (BGE 119 Ib 492, 499 E. 3c/cc). Eine **Ausnahme** gilt aber dann, wenn gerügt wird, der Vollstreckungsakt stelle eine vom zu vollstreckenden Entscheid nicht abgedeckte neue Rechtsbeeinträchtigung oder Pflicht dar (vgl. BGE 129 I 410, 412 E. 1.1; 121 V 345 nicht publ. E. 1), ferner dann, wenn spezialgesetzlich eine Anfechtung des Vollstreckungsaktes vorgesehen ist (z.B. bei der Ausschaffungshaft, vgl. Art. 80 AuG bzw. Art. 13c ANAG).

32 Keine Entscheide sind Rechtssätze (Erlasse; lit. b). Wird ein eidgenössischer Hoheitsakt, der **inhaltlich Verfügungscharakter** aufweist, in der Form eines Rechtssatzes erlassen (so z.B. die gestützt auf Art. 2 EmbG erlassenen Embargoverordnungen, die oft konkrete Sanktionen gegen individuell bezeichnete Personen enthalten, vgl. die Verordnungen unter SR 946.231.1), so wird damit die Anfechtbarkeit unterlaufen. Damit den Anforderungen von Art. 29a BV und Art. 6 EMRK Genüge getan wird, muss dafür die Anfechtung des Vollstreckungsakts zulässig sein.

2.3 Des öffentlichen Rechts

Es muss sich um einen Entscheid in **öffentlich-rechtlichen** Angelegenheiten handeln. Damit wird die Beschwerde in öffentlich-rechtlichen Angelegenheiten von derjenigen in Zivil- und Strafsachen (Art. 72 ff. bzw. Art. 78 ff. BGG) abgegrenzt. Diese Abgrenzung ist erforderlich, weil sich die Beschwerde in öffentlichrechtlichen Angelegenheiten von den anderen beiden Einheitsbeschwerden namentlich in Bezug auf die Vorinstanzen (Art. 86 BGG) und die Legitimation (Art. 89 BGG) unterscheidet.

33

Zum Begriff der Zivil- und Strafsache s. Kommentar zu Art. 72 und 78 BGG. Strafrecht ist namentlich auch der **Straf- und Massnahmenvollzug**, der bisher Gegenstand der Verwaltungsgerichtsbeschwerde bildete. Öffentliches Recht ist demgegenüber die **Begnadigung** (vgl. Art. 86 BGG N 22).

34

Öffentliches Recht ist die **Sozialversicherung** (MEYER/ARNOLD, S. 497), auch die berufliche Vorsorge, obwohl sie teilweise (namentlich im Bereich der überobligatorischen Vorsorge) privatautonome Züge enthält (BBl 2001 4308; MEYER/ARNOLD, S. 498; vgl. Art. 72 Abs. 2 lit. b Ziff. 4 BGG).

35

Zivilrechtlich sind demgegenüber **privatversicherungsrechtliche Verhältnisse**. Im Sinne einer Verfahrenskoordination wäre es allerdings sinnvoll, zum Sozialversicherungsrecht konnexe Zivilverfahren (z.B. Zusatzversicherung zur obligatorischen Krankenversicherung) als Gegenstand der öffentlich-rechtlichen Beschwerde zu behandeln, was eine einheitliche Regelung der kantonalen Vorinstanzen ermöglichen würde (Versicherungsgericht als einzige kantonale Instanz [Art. 86 BGG N 15], was bei der zivilrechtlichen Beschwerde wegen Art. 80 BGG nicht zulässig wäre). Dies dürfte mit dem Gesetz vereinbar sein, da dieses die Beschwerden nach praktischen und pragmatischen Überlegungen abgrenzen will (BBl 2001 4306; KARLEN, S. 42).

36

Öffentlich-rechtlich sind auch die öffentlich-rechtlichen materiellrechtlichen Streitigkeiten, die im Rahmen einer **Betreibung** entstehen können (An- oder Aberkennungsklage; Verfügung im Rahmen von Art. 79 SchKG) (BBl 2001 4307).

37

3. Kantonale Erlasse (lit. b)

3.1 Allgemeines

Art. 82 lit. b BGG ermöglicht eine **abstrakte Normenkontrolle** gegenüber kantonalen Erlassen. Zur Bedeutung der Abgrenzung gegenüber den Entscheiden s. N 4.

38

39 Kantonale Erlasse unterliegen immer der Beschwerde in **öffentlich-rechtlichen Angelegenheiten**, auch wenn es sich um zivil- oder strafrechtliche Erlasse handelt (BBl 2001 4320). Dies ist einerseits damit begründet, dass sich bei der abstrakten Normenkontrolle kantonaler zivil- und strafrechtlicher Erlasse in erster Linie verfassungsrechtliche Fragen stellen. Andererseits ist auch die Legitimation bei der öffentlich-rechtlichen Beschwerde (Art. 89 BGG) besser auf die abstrakte Normenkontrolle zugeschnitten als diejenige der zivil- und strafrechtlichen Beschwerde.

40 Zur **Legitimation** s. Art. 89 BGG, zur **Beschwerdefrist** Art. 101 BGG.

3.2 Kantonale

41 Gegen **Erlasse des Bundes** ist eine abstrakte Normenkontrolle nicht möglich (BBl 2001 4320; vorbehältlich der Kompetenzkonfliktklage nach Art. 120 Abs. 1 lit. a BGG). Dies betrifft nicht nur Bundesgesetze, die nach Art. 190 BV ohnehin für das Bundesgericht verbindlich sind, sondern auch untergesetzliche Erlasse (Verordnungen der Bundesversammlung, des Bundesrates und der Departemente). Diese sind freilich im Rahmen der inzidenten Normenkontrolle überprüfbar.

42 «Kantonal» meint einerseits die Erlasse, die von den Kantonen selber erlassen worden sind, aber auch Erlasse, die von einer Organisation nach kantonalem Recht stammen. Dazu gehören Erlasse von Gemeinden, Gemeindeverbänden, öffentlich-rechtlichen Anstalten und Körperschaften des kantonalen oder kommunalen Rechts (BGE 113 Ia 437, 439 f.) sowie öffentlich-rechtlich organisierten Landeskirchen (BGE 108 Ia 264, 267).

43 Ebenfalls anfechtbar sind **interkantonale Erlasse** und interkantonale rechtssetzende Verträge (Urteil 1P.428/1988 E. 1a; WALTER KÄLIN, Das Verfahren der staatsrechtlichen Beschwerde, 2. Aufl., Bern 1994, S. 111) sowie Erlasse interkantonaler Organe (gemäss Art. 48 Abs. 4 BV).

44 Anfechtbar sind auch **kantonale Ausführungserlasse** zu Bundesrecht. Allerdings ist die Überprüfungsbefugnis des Bundesgerichts eingeschränkt, soweit sich der Inhalt der kantonalen Norm aus einer bundesgesetzlichen Vorgabe ergibt, die – auch wenn sie verfassungswidrig sein sollte – für das Bundesgericht verbindlich ist (Art. 190 BV; BGE 130 I 26, 32 E. 2.2; 126 I 1, 5 E. 2f).

45 Die vom Bund erteilte **Genehmigung eines kantonalen Erlasses** (Art. 61b RVOG) schliesst die Überprüfung durch das Bundesgericht nicht aus (BGE 128 II 13, 19, m.H.), ebenso wenig die vom Bund angeordnete Allgemeinverbindlicherklärung interkantonaler Verträge (Art. 48a BV).

3.3 Erlasse

Als **Erlasse** gelten Anordnungen generell-abstrakter Natur, die für eine unbestimmte Vielzahl von Personen gelten und eine unbestimmte Vielheit von Sachverhalten gelten (BGE 125 I 313, 316). S. zur Abgrenzung gegenüber den Entscheiden auch N 13 und 15. 46

Die **Erlassstufe** (Gesetz, Verordnung, Reglement usw.) ist unerheblich. Ausgeschlossen ist jedoch die abstrakte Anfechtbarkeit einer **kantonalen Verfassung**, da diese der Gewährleistung durch die Bundesversammlung unterliegt (Art. 51 Abs. 2 und 172 Abs. 2 BV; BGE 118 Ia 124, 127 f.; BBl 2001 4319 f.; AEMISEGGER, S. 127; KARLEN, S. 55). Dasselbe dürfte gelten für die von den Kantonen abgeschlossenen internationalen **Verträge** (Art. 56 BV), weil dabei ebenfalls die Prüfung der Bundesrechtskonformität auf politischem Weg erfolgt (Art. 172 Abs. 3 und Art. 186 Abs. 3 BV). 47

Wird ein Erlass **total revidiert**, sind alle seine Bestimmungen anfechtbar, auch wenn sie mit der bisherigen Fassung übereinstimmen (ZBl 104/2003 S. 327 E. 1.1). Wird ein Erlass **teilweise geändert**, können die geänderten Bestimmungen angefochten werden, die nicht geänderten nur, sofern ihnen im Rahmen des geänderten Erlasses eine gegenüber ihrem ursprünglichen Gehalt veränderte Bedeutung zukommt bzw. sie durch die Revision in einem neuen Licht erscheinen (BGE 122 I 222, 224 E. 1b/aa). 48

Die **Allgemeinverbindlicherklärung** eines Gesamtarbeitsvertrags oder Ausdehnung dieser Allgemeinverbindlichkeit ist ein Erlass (BGE 128 II 13, 18 E. 1d/cc). 49

Kantonale Entscheide über **Tarife** (z.B. Spitaltarife) gelten grundsätzlich ebenfalls als Erlasse (BGE 130 I 306, 308 f. E. 1). Tarifbeschlüsse gemäss Art. 46–49 und 55 KVG unterliegen jedoch der Beschwerde an das Bundesverwaltungsgericht (Art. 34 VGG) und gelten somit positivrechtlich nicht als Erlasse. 50

Auch für Erlasse ist verlangt, dass sie **Hoheitsakte** sind, d.h. Rechtsbeziehungen autoritativ festlegen (BGE 128 I 167, 170 E. 4, m.H.). Dazu gehören auch verbindliche Gebührentarife für die Inanspruchnahme staatlicher Dienstleistungen, selbst wenn diese Inanspruchnahme freiwillig ist (vgl. BGE 125 I 182). 51

Verwaltungsinterne Dienstanweisungen der vorgesetzten an die unterstellten Verwaltungsstellen (sog. **Verwaltungsverordnungen**) gelten grundsätzlich nicht als Erlasse. Sie sind aber wie solche anfechtbar, wenn sie Aussenwirkungen haben und (kumulativ) gestützt darauf keine Verfügungen bzw. Anordnungen getroffen werden, deren Anfechtung möglich und dem Betroffenen zumutbar ist (BGE 128 I 167, 172 f. E. 4.3 m.H.). 52

4. Stimmrechtsbeschwerde (lit. c)

4.1 Allgemeines

53 Die Beschwerde nach Art. 82 lit. c BGG ersetzt die frühere staatsrechtliche Beschwerde in kantonalen Stimmrechtsangelegenheiten (Art. 85 lit. a OG) und die bisher in sehr beschränktem Umfang zulässige Verwaltungsgerichtsbeschwerde in eidgenössischen Stimmrechtssachen.

54 Der **Zulässigkeitsbereich der Stimmrechtsbeschwerde** ist nicht nach der Rechtsnatur des Anfechtungsobjekts (Entscheid oder Erlass) umschrieben, sondern nach Thema: politische Stimmberechtigung sowie Volkswahlen und Volksabstimmungen. Anfechtungsobjekt können insoweit sowohl Entscheide als auch Erlasse sowie Realakte sein (BBl 2001 4320). Für Verwaltungsverordnungen gelten aber die gleichen Voraussetzungen wie im Rahmen der Beschwerde gegen Erlasse (vorne N 52; Urteil 1P.731/2003 vom 22.3.2004, E. 1.3). Eidgenössische Erlasse sind nicht anfechtbar (Art. 88 Abs. 1 lit. b BGG).

55 Die Stimmrechtsbeschwerde bezieht sich auf die **politische Stimmberechtigung** der Bürger bzw. auf Volkswahlen und -abstimmungen in staatlichen Angelegenheiten aller Ebenen (Bund, Kantone, Gemeinden) sowie anderen öffentlichrechtlichen Körperschaften des staatlichen Rechts (Korporationen, Landeskirchen und Kirchgemeinden; BGE 120 Ia 194, 196 E. 1a; 105 Ia 368, 369 f.), unabhängig davon, ob die Wahl oder Abstimmung an der Urne oder an einer Versammlung stattfindet. Ausgeschlossen sind aber Mitwirkungsrechte in Organisationen, bei denen nicht das politische Stimmrecht, sondern die Grundeigentümerschaft Ansatzpunkt bildet (ZBl 102/2001 S. 52 E. 2a), oder in nichtstaatlichen Organisationen, die mit öffentlich-rechtlichen Aufgaben betraut sind (z.B. private Unfall- oder Krankenversicherungen nach UVG oder KVG).

56 Politische Stimmberechtigung umfasst das Recht, an **Volksabstimmungen** teilzunehmen, Volksinitiativen und Referenden zu unterzeichnen, sowie das aktive und passive **Wahlrecht** (BGE 123 I 97, 100 E. 1b/aa), nicht aber das Petitionsrecht (Art. 33 BV) oder das Einreichen von Vernehmlassungen (Art. 147 BV).

57 Die Stimmrechtsbeschwerde ist zulässig, wenn beanstandet wird, dass einem Stimmberechtigten die aktive oder passive **Wahl- oder die Stimmberechtigung** verweigert oder sonstwie die Ausübung des Stimmrechts verunmöglicht worden sei, ebenso aber auch, dass ein Nichtstimmberechtigter zu einer Wahl oder Abstimmung zugelassen worden sei.

58 Mit Stimmrechtsbeschwerde kann auch verlangt werden, dass die durch das Volk gewählten Behörden nicht mit Personen besetzt werden, die mangels passiven **Wahlrechts** oder aufgrund einer **Unvereinbarkeitsregelung** nicht gewählt werden dürfen (BGE 128 I 34, 36 E. 1b). Dasselbe gilt für eine **Wohnsitzpflicht**, wo diese Voraussetzung für die Wählbarkeit ist (BGE 128 I 34, 37 E. 1d). Thema der

Stimmrechtsbeschwerde ist auch die Frage, ob eine **Wahlkreiseinteilung** rechtmässig ist (BGE 131 I 74, 85).

Mit Stimmrechtsbeschwerde kann auch beanstandet werden, die Formulierung der **Abstimmungsfrage** oder die von der Regierung unterbreiteten behördlichen **Abstimmungserläuterungen** seien falsch oder irreführend oder die Behörden intervenierten unzulässigerweise in den Abstimmungs- oder Wahlkampf (BGE 130 I 290, 293 E. 2; 121 I 1, 12 E. 5b, 252, 255 E. 1b). Zulässig ist auch die Beanstandung, eine Wahl oder Abstimmung sei durch **unerlaubte Einwirkungen** Dritter verfälscht worden (BGE 119 Ia 271, 274 E. 3c; 118 Ia 259, 263 f. E. 3) oder eine Wahl oder Abstimmung sei nicht korrekt **vorbereitet, durchgeführt und ausgezählt** worden (vgl. BGE 131 I 442). 59

4.2 In kantonalen Angelegenheiten

Mit der Stimmrechtsbeschwerde kann die Verletzung sämtlicher im Zusammenhang mit den politischen Rechten stehender **Vorschriften des kantonalen Rechts** gerügt werden (Art. 95 lit. d BGG; BGE 128 I 34, 36 E. 1b). Thema der Stimmrechtsbeschwerde kann namentlich sein die Stimmberechtigung, die aktive oder passive Wahlberechtigung, die Frage, welche Behörden durch das Volk gewählt bzw. welche Gegenstände der Volksabstimmung unterbreitet werden und unter welchen Modalitäten die Wahlen oder Abstimmungen durchgeführt werden. 60

Ständeratswahlen sind kantonale Wahlen (Art. 150 Abs. 3 BV) und können entsprechend Gegenstand einer Stimmrechtsbeschwerde in kantonalen Angelegenheiten bilden. 61

Nicht Gegenstand der Stimmrechtsbeschwerde sind demgegenüber die Stimmberechtigung und die Wahlen und Abstimmungen in **anderen Organen** (Parlamenten, Regierungen, Delegiertenversammlungen von Gemeindeverbänden usw.). Hingegen kann mit Stimmrechtsbeschwerde geltend gemacht werden, ein Organ, das richtigerweise vom Volk hätte gewählt werden müssen, sei zu Unrecht von einem anderen Wahlorgan gewählt worden (BGE 130 I 106, nicht publ. E. 1.1; 97 I 24, 31 E. 2c). 62

Sodann hat das Bundesgericht die Stimmrechtsbeschwerde zugelassen gegen Bestimmungen, welche den **Ausstand in Parlamenten** regeln, indem sie Parlamentarier generell von der Mitbestimmung bei gewissen Geschäften ausschliessen und zu einer partiellen Unvereinbarkeit führen, weil dadurch das aktive Wahlrecht der diese Parlamentarier wählenden Wähler tangiert werde (BGE 125 I 289 nicht publ. E. 1a; 123 I 97, 102 E. 1b/ee). 63

64 Mit Stimmrechtsbeschwerde kann gerügt werden, eine (kantonale) **Volksinitiative** sei zu Unrecht als unzulässig erklärt worden (BGE 128 I 190, 193 E. 1.1) oder ein bestimmter Akt sei zu Unrecht nicht dem **Referendum** unterstellt worden (BGE 118 Ia 184, 186 f. E. 1a; vgl. Art. 20 BGG N 13 f.) oder eine Volksinitiative in der Form der allgemeinen Anregung sei durch den Ausführungserlass nicht korrekt umgesetzt worden (BGE 121 I 357, 359 E. 1).

65 Die Rüge, eine (kantonale) Volksinitiative sei **zu Unrecht für gültig erklärt** worden, kann demgegenüber grundsätzlich nicht Thema der Stimmrechtsbeschwerde bilden; wird gerügt, die Initiative sei inhaltlich rechtswidrig, kann dies mit der Beschwerde nach lit. a oder b wegen Verletzung übergeordneten Rechts beanstandet werden (s. folgende N). Hingegen ist die Stimmrechtsbeschwerde gegen die Gültigerklärung einer angeblich rechtswidrigen Initiative zulässig, wenn das kantonale Recht einen Anspruch darauf gibt, dass keine dem höherrangigen Recht widersprechenden Initiativen der Abstimmung unterbreitet werden (BGE 128 I 190, 194 E. 1.3, m.H.). Thema der Stimmrechtsbeschwerde ist sodann, wenn geltend gemacht wird, durch die Art der Abstimmung würden die politischen Rechte verletzt, so namentlich, es würde der Anspruch auf eine freie und unverfälschte Willenskundgebung (Art. 34 BV) verletzt, indem z.B. eine Vorlage, welche die Einheit der Materie oder der Form verletzt, der Abstimmung unterbreitet wird (BGE 128 I 190, 193 E. 1.2).

66 Nicht Thema der Stimmrechtsbeschwerde, sondern der Beschwerde nach lit. a oder b (oder allenfalls der subsidiären Verfassungsbeschwerde) ist die Frage, ob ein Rechtsakt, über den abgestimmt worden ist, **inhaltlich rechtmässig** ist. Das gilt auch für die Frage, ob ein Erlass einem höherrangigen Erlass widerspricht (z.B. ob eine Regierungsverordnung dem Gesetz widerspricht), selbst wenn damit impliziert wird, er hätte in dem für den höherrangigen Erlass vorgesehenen demokratischen Verfahren ergehen müssen (BGE 131 I 291, 295 E. 1.1, 386, 389 f., E. 2.2, m.H.).

67 Mit Stimmrechtsbeschwerde kann hingegen beanstandet werden, der tieferrangige Erlass verletze höherrangig garantierte politische Rechte (BGE 130 I 140, nicht publ. E. 2.1; 123 I 41, 46 E. 6b) oder das Parlament habe ein referendumspflichtiges Gesetz unter Berufung auf eine Dringlichkeitsklausel ohne Referendum in Kraft gesetzt (BGE 130 I 226, 229 E. 1.3) oder es habe einen Erlass zu Unrecht nur dem fakultativen statt dem obligatorischen Referendum unterstellt (ZBl 104/2003 S. 587 E. 1.3).

4.3 In eidgenössischen Angelegenheiten

68 Die Beschwerde ist gegenüber dem bisherigen Recht erweitert zulässig in Bezug auf **eidgenössische Stimmrechtsangelegenheiten**. Dies entspricht

Art. 189 Abs. 1 lit. f BV, wonach das Bundesgericht auch die Verletzung von eidgenössischen Bestimmungen über die politischen Rechte beurteilt.

Die Anfechtbarkeit ist aber durch die Festlegung der zulässigen Vorinstanzen (Art. 88 Abs. 1 lit. b BGG) erheblich **eingeschränkt**: Nach wie vor nicht anfechtbar sind Entscheide der Bundesversammlung (über die Unterstellung unter das Referendum oder über die Gültigkeit einer Volksinitiative, Art. 173 Abs. 1 lit. f BV; BBl 2001 4328) oder des Bundesrates (z.B. über die Anordnung einer Abstimmung oder die Inkraftsetzung eines Gesetzes, Art. 189 Abs. 4 BV). 69

Im Ergebnis ist daher die Beschwerde **nur zulässig** wegen Verletzung des Stimmrechts (d.h. wenn Stimmberechtigte an der Abstimmung gehindert oder nicht Stimmberechtigte zugelassen werden), wegen Unregelmässigkeiten bei der Vorbereitung und Durchführung von eidgenössischen Abstimmungen und von Nationalratswahlen sowie gegen Verfügungen betreffend das (formelle) Zustandekommen einer Volksinitiative oder eines Referendums und die formelle Gültigkeit einer Unterschriftenliste und den Titel einer Initiative (Art. 77 und 80 BPR; s. auch Art. 88 BGG N 5 ff.). 70

P.m. vgl. auch Art. 189 Abs. 1bis BV, in der Fassung gemäss 4.10.2002 (noch nicht in Kraft). 71

Art. 83

Ausnahmen

Die Beschwerde ist unzulässig gegen:
a. Entscheide auf dem Gebiet der inneren oder äusseren Sicherheit des Landes, der Neutralität, des diplomatischen Schutzes und der übrigen auswärtigen Angelegenheiten, soweit das Völkerrecht nicht einen Anspruch auf gerichtliche Beurteilung einräumt;
b. Entscheide über die ordentliche Einbürgerung;
c. Entscheide auf dem Gebiet des Ausländerrechts betreffend:
   1. die Einreise;
   2. Bewilligungen, auf die weder das Bundesrecht noch das Völkerrecht einen Anspruch einräumt;
   3. die vorläufige Aufnahme;
   4. die Ausweisung gestützt auf Artikel 121 Absatz 2 der Bundesverfassung und die Wegweisung;
   5. Abweichungen von den Zulassungsvoraussetzungen,
   6. die Verlängerung der Grenzgängerbewilligung, den Kantonswechsel, den Stellenwechsel von Personen mit Grenzgängerbewilligung sowie die Erteilung von Reisepapieren an schriftenlose Ausländerinnen und Ausländer;
d. Entscheide auf dem Gebiet des Asyls, die:
   1. vom Bundesverwaltungsgericht getroffen worden sind;
   2. von einer kantonalen Vorinstanz getroffen worden sind und eine Bewilligung betreffen, auf die weder das Bundesrecht noch das Völkerrecht einen Anspruch einräumt;
e. Entscheide über die Verweigerung der Ermächtigung zur Strafverfolgung von Behördenmitgliedern oder von Bundespersonal;
f. Entscheide auf dem Gebiet der öffentlichen Beschaffungen:
   1. wenn der geschätzte Wert des zu vergebenden Auftrags den massgebenden Schwellenwert des Bundesgesetzes vom 16. Dezember 1994 über das öffentliche Beschaffungswesen oder des Abkommens vom 21. Juni 1999 zwischen der Schweizerischen Eidgenossenschaft und der Europäischen Gemeinschaft über bestimmte Aspekte des öffentlichen Beschaffungswesens nicht erreicht;
   2. wenn sich keine Rechtsfrage von grundsätzlicher Bedeutung stellt;
g. Entscheide auf dem Gebiet der öffentlich-rechtlichen Arbeitsverhältnisse, wenn sie eine nicht vermögensrechtliche Angelegenheit, nicht aber die Gleichstellung der Geschlechter betreffen;
h. Entscheide auf dem Gebiet der internationalen Amtshilfe;
i. Entscheide auf dem Gebiet des Militär-, Zivil- und Zivilschutzdienstes;

j. Entscheide auf dem Gebiet der wirtschaftlichen Landesversorgung, die bei zunehmender Bedrohung oder schweren Mangellagen getroffen worden sind;
k. Entscheide betreffend Subventionen, auf die kein Anspruch besteht;
l. Entscheide über die Zollveranlagung, wenn diese auf Grund der Tarifierung oder des Gewichts der Ware erfolgt;
m. Entscheide über die Stundung oder den Erlass von Abgaben;
n. Entscheide auf dem Gebiet der Kernenergie betreffend:
   1. das Erfordernis einer Freigabe oder der Änderung einer Bewilligung oder Verfügung,
   2. die Genehmigung eines Plans für Rückstellungen für die vor Ausserbetriebnahme einer Kernanlage anfallenden Entsorgungskosten,
   3. Freigaben;
o. Entscheide über die Typengenehmigung von Fahrzeugen auf dem Gebiet des Strassenverkehrs;
p. Entscheide des Bundesverwaltungsgerichts auf dem Gebiet des Fernmeldeverkehrs;
q. Entscheide auf dem Gebiet der Transplantationsmedizin betreffend:
   1. die Aufnahme in die Warteliste,
   2. die Zuteilung von Organen;
r. Entscheide auf dem Gebiet der Krankenversicherung, die das Bundesverwaltungsgericht gestützt auf Artikel 34 des Verwaltungsgerichtsgesetzes vom 17. Juni 2005 getroffen hat;
s. Entscheide auf dem Gebiet der Landwirtschaft betreffend:
   1. die Milchkontingentierung,
   2. die Abgrenzung der Zonen im Rahmen des Produktionskatasters;
t. Entscheide über das Ergebnis von Prüfungen und anderen Fähigkeitsbewertungen, namentlich auf den Gebieten der Schule, der Weiterbildung und der Berufsausübung.

Exceptions

Le recours est irrecevable contre:
a. les décisions concernant la sûreté intérieure ou extérieure du pays, la neutralité, la protection diplomatique et les autres affaires relevant des relations extérieures, à moins que le droit international ne prévoie que la cause peut être jugée par un tribunal;
b. les décisions relatives à la naturalisation ordinaire;
c. les décisions en matière de droit des étrangers qui concernent:
   1. l'entrée en Suisse,
   2. une autorisation à laquelle ni le droit fédéral ni le droit international ne donnent droit,
   3. l'admission provisoire,
   4. l'expulsion fondée sur l'art. 121, al. 2 de la Constitution ou le renvoi,
   5. les dérogations aux conditions d'admission,
   6. la prolongation d'une autorisation frontalière, le déplacement de

la résidence dans un autre canton, le changement d'emploi du titulaire d'une autorisation frontalière et la délivrance de documents de voyage aux étrangers sans pièces de légitimation ;
d. les décisions en matière d'asile qui ont été rendues:
   1. par le Tribunal administratif fédéral,
   2. par une autorité cantonale précédente et dont l'objet porte sur une autorisation à laquelle ni le droit fédéral ni le droit international ne donnent droit;
e. les décisions relatives au refus d'autoriser la poursuite pénale de membres d'autorités ou du personnel de la Confédération;
f. les décisions en matière de marchés publics:
   1. si la valeur estimée du mandat à attribuer est inférieure aux seuils déterminants de la loi fédérale du 16 décembre 1994 sur les marchés publics ou de l'accord du 21 juin 1999 entre la Confédération suisse et la Communauté européenne sur certains aspects relatifs aux marchés publics,
   2. si elles ne soulèvent pas une question juridique de principe;
g. les décisions en matière de rapports de travail de droit public qui concernent une contestation non pécuniaire, sauf si elles touchent à la question de l'égalité des sexes;
h. les décisions en matière d'entraide administrative internationale;
i. les décisions en matière de service militaire, de service civil ou de service de protection civile;
j. les décisions en matière d'approvisionnement économique du pays, en cas de menace aggravée ou de pénurie grave;
k. les décisions en matière de subventions auxquelles la législation ne donne pas droit;
l. les décisions en matière de perception de droits de douane fondée sur le classement tarifaire ou le poids des marchandises;
m. les décisions sur la remise de contributions ou l'octroi d'un sursis de paiement;
n. les décisions en matière d'énergie nucléaire qui concernent:
   1. l'exigence d'un permis d'exécution ou la modification d'une autorisation ou d'une décision,
   2. l'approbation d'un plan de provision pour les coûts d'évacuation encourus avant la désaffection d'une installation nucléaire,
   3. les permis d'exécution;
o. les décisions en matière de circulation routière qui concernent la réception par type de véhicules;
p. les décisions du Tribunal administratif fédéral en matière de télécommunications;
q. les décisions en matière de médecine de transplantation qui concernent:
   1. l'inscription sur la liste d'attente,
   2. l'attribution d'organes;
r. les décisions en matière d'assurance-maladie qui ont été rendues par le Tribunal administratif fédéral sur la base de l'Art. 34 de la loi du 17 juin 2005 sur le Tribunal administratif fédéral;

s. les décisions en matière d'agriculture qui concernent:
   1. le contingentement laitier,
   2. la délimitation de zones dans le cadre du cadastre de production;
t. les décisions sur le résultat d'examens ou d'autres évaluations des capacités, notamment en matière de scolarité obligatoire, de formation ultérieure ou d'exercice d'une profession.

Eccezioni

Il ricorso è inammissibile contro:
a. le decisioni in materia di sicurezza interna o esterna del Paese, neutralità, protezione diplomatica e altri affari esteri, in quanto il diritto internazionale non conferisca un diritto al giudizio da parte di un tribunale;
b. le decisioni in materia di naturalizzazione ordinaria;
c. le decisioni in materia di diritto degli stranieri concernenti:
   1. l'entrata in Svizzera,
   2. i permessi o autorizzazioni al cui ottenimento né il diritto federale né il diritto internazionale conferiscono un diritto,
   3. l'ammissione provvisoria,
   4. l'espulsione fondata sull'articolo 121 capoverso 2 della Costituzione federale e l'allontanamento,
   5. le deroghe alle condizioni d'ammissione,
   6. la proroga del permesso per frontalieri, il trasferimento del domicilio in un altro Cantone, il cambiamento d'impiego del titolare di un permesso per frontalieri nonché il rilascio di documenti di viaggio a stranieri privi di documenti;
d. le decisioni in materia d'asilo pronunciate:
   1. dal Tribunale amministrativo federale,
   2. da un'autorità cantonale inferiore e concernenti un permesso o un'autorizzazione al cui ottenimento né il diritto federale né il diritto internazionale conferiscono un diritto;
e. le decisioni concernenti il rifiuto dell'autorizzazione a procedere penalmente contro membri di autorità o contro agenti della Confederazione;
f. le decisioni in materia di acquisti pubblici se:
   1. il valore stimato della commessa non raggiunge la soglia determinante secondo la legge federale del 16 dicembre 1994 sugli acquisti pubblici o secondo l'Accordo del 21 giugno 1999 tra la Confederazione Svizzera e la Comunità europea su alcuni aspetti relativi agli appalti pubblici;
   2. non si pone alcuna questione di diritto d'importanza fondamentale;
g. le decisioni in materia di rapporti di lavoro di diritto pubblico, in quanto concernano una controversia non patrimoniale, ma non la parità dei sessi;
h. le decisioni concernenti l'assistenza amministrativa internazionale;
i. le decisioni in materia di servizio militare, civile o di protezione civile;

j. le decisioni in materia di approvvigionamento economico del Paese adottate in caso di aggravamento della minaccia o di situazioni di grave penuria;
k. le decisioni concernenti i sussidi al cui ottenimento la legislazione non conferisce un diritto;
l. le decisioni concernenti l'imposizione di dazi operata in base alla classificazione tariffaria o al peso delle merci;
m. le decisioni concernenti il condono o la dilazione del pagamento di tributi;
n. le decisioni in materia di energia nucleare concernenti:
   1. l'esigenza di un nulla osta o la modifica di un'autorizzazione o di una decisione,
   2. l'approvazione di un piano d'accantonamenti per le spese di smaltimento antecedenti lo spegnimento di un impianto nucleare,
   3. i nulla osta;
o. le decisioni in materia di circolazione stradale concernenti l'omologazione del tipo di veicoli;
p. le decisioni del Tribunale amministrativo federale in materia di traffico delle telecomunicazioni;
q. le decisioni in materia di medicina dei trapianti concernenti:
   1. l'iscrizione nella lista d'attesa,
   2. l'attribuzione di organi;
r. le decisioni in materia di assicurazione malattie pronunciate dal Tribunale amministrativo federale in virtù dell'articolo 34 della legge del 17 giugno 2005 sul Tribunale amministrativo federale;
s. le decisioni in materia di agricoltura concernenti:
   1. il contingentamento lattiero,
   2. la delimitazione delle zone nell'ambito del catasto della produzione;
t. le decisioni concernenti l'esito di esami e di altre valutazioni della capacità, segnatamente nei settori della scuola, del perfezionamento e dell'esercizio della professione.

Inhaltsübersicht

		Note	Seite
I.	Bisheriges Recht und Entstehungsgeschichte (zusammen mit Art. 84 und 85)	1	315
II.	Kommentar	8	317
	1. Bedeutung	8	317
	2. Die einzelnen Ausnahmen	16	319
	2.1 Sicherheit, Neutralität, auswärtige Angelegenheiten (lit. a)	16	319
	2.2 Einbürgerung (lit. b)	22	320
	2.3 Ausländerrecht (lit. c)	25	321
	2.3.1 Einreise (Ziff. 1)	25	321
	2.3.2 Bewilligungen ohne Anspruch (Ziff. 2)	26	321
	2.3.3 Vorläufige Aufnahme (Ziff. 3)	31	322
	2.3.4 Ausweisung und Wegweisung (Ziff. 4)	32	322

2.3.5 Abweichungen von den Zulassungsvoraussetzungen (Ziff. 5)	34	322
2.3.6 Übriges (Ziff. 6)	35	3224
2.4 Asylrecht (lit. d)	36	323
2.5 Ermächtigung zur Strafverfolgung (lit. e)	39	323
2.6 Submission (lit. f)	45	324
2.7 Öffentlich-rechtliche Arbeitsverhältnisse (lit. g)	55	326
2.8 Internationale Amtshilfe (lit. h)	66	328
2.9 Militär-, Zivil- und Zivilschutzdienst (lit. i)	69	328
2.10 Wirtschaftliche Landesversorgung (lit. j)	76	330
2.11 Subventionen (lit. k)	77	330
2.12 Zollveranlagung (lit. l)	82	331
2.13 Stundung und Erlass von Abgaben (lit. m)	83	331
2.14 Kernenergie (lit. n)	86	332
2.15 Typengenehmigung von Fahrzeugen des Strassenverkehrs (lit. o)	92	333
2.16 Fernmeldeverkehr (lit. p)	94	333
2.17 Transplantationsmedizin (lit. q)	97	334
2.18 Krankenversicherung (lit. r)	98	334
2.19 Landwirtschaft (lit. s)	100	334
2.20 Prüfungen (lit. t)	101	335

I. Bisheriges Recht und Entstehungsgeschichte (zusammen mit Art. 84 und 85)

Altes Recht: Art. 99–101 sowie Art. 129 OG.

Entwurf der Expertenkommission: Art. 77: Gegenüber dem bisherigen Recht deutlich gekürzter Ausnahmekatalog; zudem generelle Gegenausnahme bei Verletzung des Anspruchs auf Beurteilung von Streitigkeiten durch eine gerichtliche Behörde.

Entwurf des Bundesrates: Art. 78 BGG: Gegenüber dem Entwurf der Expertenkommission deutlich verlängerter Ausnahmekatalog, Beibehaltung der vorgeschlagenen Gegenausnahmen. Zudem sah Art. 79 BGG vor, im Bereich der Staatshaftung wegen der Ähnlichkeit zur zivilrechtlichen Haftung eine Streitwertgrenze von Fr. 40 000.– einzuführen, unterhalb derer die Beschwerde nur zulässig sein sollte, wenn sich eine Rechtsfrage von grundsätzlicher Bedeutung stellt (BBl 2001 4320–4325).

In der parlamentarischen Beratung war dieser Ausnahmekatalog einer der am heftigsten umstrittenen Punkte des ganzen Gesetzes.

Der Ständerat beschloss, zusätzlich zu den vom Bundesrat vorgeschlagenen Ausnahmen auch Entscheide über die ordentliche Einbürgerung von der Beschwerde auszunehmen, lehnte aber einen Antrag ab, der auch die Gegenausnahme im Bereich der ordentlichen Einbürgerung aufheben wollte. Weiter beschloss der Ständerat die Einführung einer Streitwertgrenze bei Steuern und Abgaben sowie bei vermögensrechtlichen Streitigkeiten aus dem öffentlichen Arbeitsrecht. Art. 79 BGG des Entwurfs (Streitwertgrenze in Staatshaftungsfällen) wurde in Art. 78 BGG integriert. Im Gegenzug wurde die Gegenausnahme in Abs. 2 auf alle Verletzungen von verfassungsmässigen Verfahrensgarantien (Art. 29, 29a und 30 BV) ausgedehnt. Zudem wurde ein zusätzlicher Abs. 3 angenommen, der eine Gegenausnahme vorsah in Fällen, die eine Rechtsfrage von grundsätzlicher Bedeutung aufwerfen oder wenn es offensichtlich Anhaltspunkte für die Verletzung eines weiteren verfassungsmässigen Rechts gab. Die bereits vom Bundesrat vorgeschlagenen Ausnahmen im Bereich der öffentlichen Beschaffungen wurden anders formuliert (Amtl. Bull. S vom 23.9.2003 S. 909).

4 Die Arbeitsgruppe Bundesgericht senkte in einem wieder neu aufgenommenen Art. 79 (heute Art. 85 BGG) die Streitwertgrenze für die Staatshaftung entsprechend dem Zivilrecht auf Fr. 30 000.– und unterstellte auch die vermögensrechtlichen Streitigkeiten aus dem öffentlich-rechtlichen Arbeitsverhältnis dieser Streitwertgrenze, verzichtete aber auf eine Streitwertgrenze bei Steuern und Abgaben. Im Hinblick auf die neu vorgeschlagene subsidiäre Verfassungsbeschwerde (heute Art. 113 ff. BGG) wurden die Gegenausnahmen in Abs. 2 und 3 gestrichen. Der Bundesrat übernahm diese neuen Anträge.

5 Der Nationalrat lehnte zunächst einen Minderheitsantrag ab, der die ordentliche Einbürgerung der Beschwerde unterstellen wollte (Amtl. Bull. N vom 5.10.2004 S. 1600–1603). In Bezug auf die internationale Rechtshilfe, wo nach Bundesrat und Ständerat die Beschwerde völlig ausgeschlossen sein sollte, beschloss der Rat eine Gegenausnahme, wenn es um Auslieferung oder eine Rechtsfrage von grundsätzlicher Bedeutung geht, lehnte aber einen Antrag ab, der die Ausnahme gänzlich streichen wollte. In Art. 79 folgte der Rat dem Vorschlag der Kommissionsmehrheit, bezüglich Staatshaftung den neuen Vorschlag des Bundesrates zu übernehmen, aber – entsprechend dem Zivilrecht – für öffentlich-rechtliche Arbeitsverhältnisse die Streitwertgrenze auf Fr. 15 000.– zu senken. Ein Minderheitsantrag, bei Staatshaftungsfällen überhaupt auf eine Streitwertgrenze zu verzichten, wurde abgelehnt. Zudem formulierte der Rat die Ausnahmen im öffentlichen Beschaffungswesen um und nahm neu (im Zusammenhang mit den inzwischen in der Bundesversammlung behandelten KEG und Transplantationsgesetz) zwei Lit. betreffend Kernenergie (heute lit. m) und Transplantationsmedizin (heute lit. q) auf. Schliesslich wurde in der heutigen lit. t das Wort «namentlich» eingefügt (Amtl. Bull. N vom 5.10.2004 S. 1599–1607).

6 In der Differenzbereinigung beschloss der Ständerat nach eingehender Diskussion, im Bereich des Raumplanungs- und Baurechts die Regelung des bisherigen Art. 34 RPG zu übernehmen (Zulässigkeit der Beschwerde nur im Falle von Entschädigungen wegen materieller Enteignung sowie betreffend Zonenkonformität und Ausnahmebewilligungen). In Bezug auf die Rechtshilfe folgte der Ständerat dem neuen Antrag des Bundesrates, der diese Frage in einem neuen eigenen

Art. 78a (heute Art. 84 BGG) regelte, entgegen einem Minderheitsantrag, der dem Nationalrat folgen wollte. In den übrigen Punkten folgte der Rat dem Nationalrat (Amtl. Bull. S vom 8.3.2005 S. 124–128, 130–136). Der Nationalrat stimmte in Bezug auf die Rechtshilfe dem Ständerat zu, lehnte aber die von diesem vorgenommene Ergänzung bezüglich Raumplanung ab (Amtl. Bull. N vom 6.6.2005 S. 647). In dieser letzten verbleibenden Differenz des ganzen Gesetzes schloss sich schliesslich der Ständerat dem Nationalrat an und verzichtete auf die Sonderregel im Bereich der Raumplanung (Amtl. Bull. S vom 9.6.2005 S. 552 f.).

Im Zusammenhang mit dem neuen AuG wurden nachträglich lit. c Ziff. 5 geändert und Ziff. 6 neu hinzugefügt (Vo der Bundesversammlung betreffend die Anpassungen von Erlassen an die Bestimmungen des Bundesgerichtsgesetzes und des Verwaltungsgerichtsgesetzes, Ziff. I).

II. Kommentar

1. Bedeutung

Der **Ausnahmekatalog** stützt sich auf Art. 191 Abs. 3 BV, wonach das Gesetz für bestimmte Sachgebiete den Zugang zum Bundesgericht ausschliessen kann. Er lehnt sich an denjenigen von Art. 99, 100 und 129 OG an, hat aber infolge der Neukonzeption der Bundesrechtspflege teilweise eine andere Bedeutung erhalten.

Im Bereich der Ausnahmen gemäss OG war eine gerichtliche Überprüfung von Verfügungen der Bundesverwaltung ausgeschlossen, soweit nicht spezialgesetzlich eine Beschwerde an eine Rekurskommission vorgesehen war. Heute sind demgegenüber grundsätzlich alle Verfügungen der Bundesverwaltung beim Bundesverwaltungsgericht anfechtbar (Art. 31 VGG), mit Ausnahme des kleinen Ausnahmebereichs von Art. 32 VGG. Der Ausnahmekatalog von Art. 83 BGG schliesst somit nicht eine gerichtliche, sondern nur eine **zweite gerichtliche Überprüfung** aus und ist deshalb auch im Lichte von Art. 29a BV verfassungsrechtlich unbedenklich.

Auch bei Entscheiden, die sich auf **kantonales Recht** stützen, richten sich die Ausnahmen ausschliesslich nach Art. 83 BGG. In den nicht ausgenommenen Bereichen ist somit die Beschwerde an das Bundesgericht zulässig (vgl. Art. 82 BGG Rz. 5), wobei allerdings die Kognition des Bundesgerichts nach Art. 95 BGG beschränkt ist (vgl. Art. 95 BGG Rz. 21 ff.).

Die Bedeutung der Ausnahmen ist unterschiedlich, je nachdem, ob vorinstanzlich eine kantonale oder eine eidgenössische Instanz (hauptsächlich Bundesverwaltungsgericht) entschieden hat. **Kantonale Entscheide**, die unter die Ausnahme von Art. 83 BGG fallen, sind mit subsidiärer Verfassungsbeschwerde anfechtbar

(Art. 113 ff. BGG), **Entscheide der eidgenössischen Vorinstanzen** sind demgegenüber endgültig.

12 Da in den einzelnen lit. von Art. 83 BGG nur «Entscheide» (Art. 82 lit. a BGG) ausgenommen sind, ist die abstrakte Normenkontrolle gegen **Erlasse** (Art. 82 lit. b BGG) auch im Bereich des Ausnahmekatalogs zulässig (HÄFELIN/ HALLER/KELLER, S. X, 23 Rz. 1953). Es bleibt somit kein Raum für die subsidiäre Verfassungsbeschwerde, die ohnehin nur gegen Entscheide, nicht gegen Erlasse zulässig ist (Art. 113 BGG).

13 Im Bereich der Ausnahmen sind (immer unter Vorbehalt der subsidiären Verfassungsbeschwerde) auch Beschwerden gegen **Teil-, Vor- und Zwischenverfügungen** (Art. 91–93 BGG), gegen **Rechtsverweigerung** und **Rechtsverzögerung** (Art. 94 BGG) sowie Beschwerden gegen **Kostenentscheide** oder betreffend die **unentgeltliche Rechtspflege** unzulässig. Diese bisher in Art. 101 OG enthaltene Regel ist zwar im Bundesgerichtsgesetz nicht mehr ausdrücklich enthalten, ergibt sich aber von selbst (vgl. Urteil 1A.157/2005 vom 6.10.2005, E. 2.2).

14 Die bisherige Ausnahmebestimmung von Art. 99 Abs. 1 lit. d OG (**Konzessionen**, auf die kein Anspruch besteht) ist nicht aufgenommen worden. Demzufolge sind sämtliche Entscheide über Konzessionen anfechtbar, d.h. namentlich auch Entscheide, mit denen die Erteilung einer solchen verweigert wird. Das gilt auch für kantonalrechtliche Bewilligungen oder Konzessionen für den gesteigerten Gemeingebrauch oder die Sondernutzung öffentlicher Sachen oder Bergregalkonzessionen. Anders als bisher im Rahmen der staatsrechtlichen Beschwerde hängt also das Eintreten nicht mehr davon ab, dass ein verfassungsmässiges Recht auf eine derartige Bewilligung besteht (z.B. bedingter Anspruch auf gesteigerten Gemeingebrauch).

15 Die Gegenausnahme von Art. 100 Abs. 2 lit. a OG (**Datenschutz**) ist nicht mehr enthalten. In der Botschaft wird dies damit begründet, dass der Datenschutz ein eigenständiger Bereich sei, weshalb Entscheide betreffend datenschutzrechtliche Ansprüche (soweit sie nicht mit allgemeinen verfahrensrechtlichen Ansprüchen deckungsgleich sind) selbst dann der Beschwerde zugänglich seien, wenn sie in einem nach Art. 83 ausgeschlossenen Bereich ergangen seien (BBl 2001 4323; vgl. in diesem Sinne BGE 128 II 259, 264 E. 1.3). Dies trifft aber nur dann zu, wenn datenschutzrechtliche Aspekte als selbständige Sachentscheide unabhängig von einem anderen Verfahren aufgeworfen werden und im spezifisch datenschutzrechtlichen Verfahren (Art. 25 DSG) beurteilt werden; stellen sich hingegen datenschutzrechtliche Fragen im Rahmen eines anderen Verfahrens, so richtet sich die Anfechtbarkeit nach den für dieses andere Verfahren geltenden Regeln (BGE 126 II 126, 135 f. E. 5c/bb; 123 II 534, 536 E. 1b). Insoweit gelten die Ausschlussbestimmungen auch für die datenschutzrechtlichen Aspekte. Auch in denjenigen Bereichen, in denen das Datenschutzgesetz überhaupt nicht anwendbar ist (Art. 2 Abs. 2 DSG), kann sich die Zulässigkeit der Beschwerde nicht aus

datenschutzrechtlichen Überlegungen ergeben, wenn die Beschwerde aufgrund des Ausnahmekatalogs unzulässig ist (vgl. Urteil 1A.212/2003 vom 30.8.2004, E. 13.4 bzgl. Rechtshilfe).

2. *Die einzelnen Ausnahmen*

2.1 Sicherheit, Neutralität, auswärtige Angelegenheiten (lit. a)

Lit. a entspricht Art. 100 Abs. 1 lit. a OG. Er betrifft die klassischen **«actes de gouvernement»** wie namentlich die vom Bundesrat gestützt auf Art. 184 Abs. 3 und Art. 185 BV erlassenen Massnahmen, Staatsschutzakte (BGE 118 Ib 277, 280 E. 2b), die zur Durchsetzung internationaler Sanktionen erlassenen Massnahmen (vgl. Art. 1 und 2 EmbG), in besonderen Fällen auch die in diesem Zusammenhang angeordneten Rechtshilfemassenahmen (Urteil 1A.157/2005 vom 6.10.2005, E. 3), Anordnungen im Zusammenhang mit ausländischen oder internationalen Diplomaten (Urteil 2A.432/1999 E. 2).

Hingegen sind nicht alle Beschwerden unzulässig, die eine **irgendwie** geartete Bedeutung für die Sicherheit des Landes haben. So fallen z.B. nach bisheriger Rechtsprechung nicht unter die Ausnahme von Art. 100 Abs. 1 lit. a OG: Personensicherheitsüberprüfungen nach Art. 19 ff. BWIS (BGE 130 II 473, nicht publ. E. 1.1; Urteil 2A.705/2004 E. 1.1); Entscheide über Waffenerwerbs- oder Waffentragbewilligungen oder die Einziehung von Waffen (Art. 8 ff., 27, 31 WG; Urteile 2A.546/2004 vom 4.2.2005, E. 1.1; 2A.203/2002 vom 29.9.2002, E. 1.1).

Auch der Residualbegriff der **übrigen auswärtigen Angelegenheiten** ist in diesem Lichte eng auszulegen und umfasst ebenfalls nur die Anordnungen mit vorwiegend politischem Charakter (BBl 2001 4322 f.), nicht sämtliche Angelegenheiten mit Auslandbezug. Die Praxis scheint dazu zu neigen, im Einzelfall zu beurteilen, ob ein politischer Charakter vorliegt. Deshalb dürften auch z.B. Ausfuhrbeschränkungen nach AWIG, GKG oder nach den Art. 7–9 KEG in der Regel anfechtbar sein, nicht aber dann, wenn qualifiziert politische Interessen auf dem Spiel stehen.

Im Unterschied zu Art. 100 Abs. 1 lit. a OG enthält das Bundesgerichtsgesetz den Ausschluss betreffend **Entwicklungszusammenarbeit und humanitärer Hilfe** nicht mehr. Nach den Materialien ist damit bewusst in diesen Bereichen die Beschwerde zugelassen worden (BBl 2001 4322 f.); in Bezug auf finanzielle Leistungen bleibt allerdings die Beschwerde wegen lit. k trotzdem weitgehend ausgeschlossen (vgl. Art. 9 des BG vom 19.3.1976 über die internationale Entwicklungszusammenarbeit und humanitäre Hilfe, SR 974.0).

Soweit Massnahmen nach lit. a vom Bundesrat angeordnet werden, sind sie schon aufgrund von Art. 189 Abs. 4 BV und Art. 86 BGG beim Bundesgericht nicht anfechtbar. Die Beschwerde ist aber auch ausgeschlossen, wenn die Massnahme von einer untergeordneten Bundesbehörde stammt. Hier ist, da auch die Beschwerde ans Bundesverwaltungsgericht unzulässig ist (Art. 32 Abs. 1 lit. a VGG), letztinstanzlich die **Verwaltungsbeschwerde an den Bundesrat** zulässig (Art. 72 und 73 VwVG in der Fassung gemäss VGG). Stammt der Entscheid von einer kantonalen Behörde, ist die subsidiäre Verfassungsbeschwerde zulässig, die der grundsätzlich auch zulässigen Verwaltungsbeschwerde an den Bundesrat (Art. 73 lit. c VwVG in der Fassung gemäss VGG) vorgeht (Art. 113 BGG N 16).

21 Aus dem Völkerrecht, namentlich Art. 6 Ziff. 1 EMRK, kann sich jedoch ein **Anspruch auf gerichtliche Überprüfung** solcher Massnahmen ergeben (BGE 125 II 417, 420 E. 4a). In diesen Fällen ist zunächst Beschwerde an das Bundesverwaltungsgericht zu erheben (vgl. Art. 32 Abs. 1 lit. a VGG), dessen Entscheid ans Bundesgericht weitergezogen werden kann. Das gilt auch dann, wenn die Massnahmen vom Bundesrat selber angeordnet worden sind, da dessen Entscheide gemäss Art. 86 BGG nicht direkt beim Bundesgericht anfechtbar sind.

2.2 Einbürgerung (lit. b)

22 Für die **ordentliche Einbürgerung** ist eine Einbürgerungsbewilligung des zuständigen Bundesamtes (Art. 12 Abs. 2 und Art. 13 und 14 BüG) und anschliessend der eigentliche Einbürgerungsentscheid der zuständigen kantonalen und kommunalen Behörde (Art. 12 Abs. 1 BüG) gemäss kantonalem Recht erforderlich. Nach Art. 100 Abs. 1 lit. c OG war die Verwaltungsgerichtsbeschwerde in Bezug auf die Einbürgerungsbewilligung unzulässig, während sie gegen den kantonalen Einbürgerungsentscheid mangels bundesrechtlicher Grundlage ohnehin unzulässig war.

23 Nach dem BGG ist die Beschwerde ausgeschlossen in Bezug auf den kantonalen und kommunalen **Einbürgerungsentscheid**. Hier ist nur die subsidiäre Verfassungsbeschwerde zulässig. Hingegen ist sie zulässig in Bezug auf die eidgenössische **Einbürgerungsbewilligung** (Art. 50 Abs. 3 BüG in der bisherigen Fassung, wonach das EJPD endgültig entscheidet, wurde mit dem VGG aufgehoben).

24 Ebenso sind Entscheide über die **Wiedereinbürgerung** (Art. 25 BüG) und die **erleichterte Einbürgerung** (Art. 32 BüG) mit ordentlicher Beschwerde anfechtbar, ebenso Entscheide über die **Nichtigerklärung der Einbürgerung** (Art. 41 BüG), die **Entlassung aus dem Bürgerrecht** (Art. 42 ff. BüG) oder den **Entzug des Bürgerrechts** (Art. 48 BüG).

2.3 Ausländerrecht (lit. c)

2.3.1 Einreise (Ziff. 1)

Ziff. 1 entspricht Art. 100 Abs. 1 lit. b Ziff. 1 OG. Vgl. Art. 5–9 und 67 AuG. Dazu gehören namentlich auch die **Visumerteilung** (Art. 6 AuG) sowie die **Grenzkontrolle**, namentlich die Einreiseverweigerung (Art. 8 AuG) und das Einreiseverbot (Art. 67 AuG).

25

2.3.2 Bewilligungen ohne Anspruch (Ziff. 2)

Ziff. 2 entspricht Art. 100 Abs. 1 lit. b Ziff. 3 OG. Auf die ausländerrechtlichen Bewilligungen (Aufenthalts- und Niederlassungsbewilligung) besteht grundsätzlich **kein Anspruch** (vgl. die Kann-Formulierungen in Art. 18, 19, 27–30, Art. 34 Abs. 2–4 AuG; Art. 4 ANAG). Die Beschwerde an das Bundesgericht ist insoweit unzulässig. Da die Bewilligungsentscheide durch die Kantone getroffen werden, bleibt die subsidiäre Verfassungsbeschwerde zulässig, die freilich oft an der Legitimation scheitern wird (Art. 115 BGG N 14).

26

Ein **Anspruch auf Bewilligung** kann sich jedoch aus dem Landesrecht (Staatenlose, Art. 31 AuG; Wechsel des Wohnorts, Art. 37 AuG; Familiennachzug, Art. 42, 43, 48 und 50 AuG bzw. Art. 7, 7a und 17 ANAG; anerkannte Flüchtlinge, Art. 60 AsylG) oder aus dem Völkerrecht (namentlich Art. 8 EMRK; Art. 4 sowie Anhang I FZA; weitere bilaterale Verträge) oder allenfalls weiteren verfassungsrechtlichen Ansprüchen ergeben.

27

Wird in der Beschwerde das Bestehen eines derartigen Anspruchs behauptet, so ist im Rahmen des **Eintretens** zu prüfen, ob ein solcher besteht (BGE 130 II 281, 283 E. 1). Dabei genügt es im Hinblick auf den Anspruch aus Familiennachzug (Art. 42, 43, 48, 50 AuG bzw. Art. 7, 7a und 17 ANAG), wenn die formellen Voraussetzungen (Ehe, Kindesverhältnis, Zusammenwohnen) gegeben sind, im Hinblick auf einen aus dem FZA abgeleiteten Anspruch, dass die Staatsangehörigkeit eines EU- oder EFTA-Staates vorliegt (BGE 131 II 339, 343 E. 1.2; 130 II 388, 390 E. 1.2). Frage der materiellen Beurteilung ist dann, ob der Anspruch aus bestimmten Gründen (z.B. Art. 51 AuG, Art. 5 Anhang I FZA) nicht mehr besteht (BGE 131 II 339, 343 E. 1.2; 130 II 388, 390 E. 1.2; 128 II 145, 149 f. E. 1.1.5). Wird die Zulässigkeit der Beschwerde aus Art. 8 EMRK hergeleitet, so muss bereits für das Eintreten das Bestehen eines gefestigten Anwesenheitsrechts geprüft werden (BGE 130 II 281, 285; 126 II 377, 381 E. 2).

28

Die **Behördenbeschwerde** (Art. 89 Abs. 2 lit. a BGG) gegen einen die Bewilligung erteilenden Entscheid ist auch zulässig, wenn die beschwerdeführende Behörde geltend macht, die Vorinstanz habe zu Unrecht einen Rechtsanspruch bejaht (BGE 130 II 137, 140 f E. 1.2).

29

30 Nach dem bisherigen Recht war nur der Entscheid über die Erteilung oder Verweigerung der Bewilligungen ausgeschlossen; gegen den **Widerruf einer Bewilligung** war hingegen die Verwaltungsgerichtsbeschwerde zulässig (Art. 101 lit. d OG). Der Wortlaut der neuen Bestimmung ist weiter und schliesst an sich sämtliche Entscheide betreffend solche Bewilligungen aus. Da aber auf die Beibehaltung einer einmal erteilten Bewilligung grundsätzlich ein Rechtsanspruch besteht, dürfte dies an der bisherigen Lage nichts ändern (vgl. auch Ziff. 4).

2.3.3 Vorläufige Aufnahme (Ziff. 3)

31 Ziff. 3 entspricht Art. 100 Abs. 1 lit. b Ziff. 5 OG. Vgl. Art. 83 ff. AuG bzw. Art. 14a–14c ANAG. **Unzulässig** ist die Beschwerde auch gegen die Aufhebung der vorläufigen Aufnahme, da es sich dabei um einen Vollzug der Wegweisung handelt (Urteile 2A.556/1997 E. 2; 2A.98/1995 E. 2). **Zulässig** ist die Beschwerde hingegen in Bezug auf Sozialhilfe und Krankenversicherung der vorläufig aufgenommenen Personen (Art. 86 AuG) sowie Verfügungen über Sicherheitsleistungen (Art. 88 AuG; vgl. zum bisherigen Recht Urteil 2A.242/2001 vom 26.10.2001 E. 1).

2.3.4 Ausweisung und Wegweisung (Ziff. 4)

32 Ziff. 4 entspricht Art. 100 Abs. 1 lit. b Ziff. 4 OG. **Ausweisung** meint nur die Ausweisung aus Gründen der Sicherheit nach Art. 121 Abs. 2 BV, der durch Art. 68 AuG konkretisiert wird, nicht die Ausweisung i.S. von Art. 10 ANAG, gegen welche die Verwaltungsgerichtsbeschwerde zulässig war und die im AuG durch den Widerruf der Bewilligung ersetzt wird (Art. 62 und 63 AuG; vgl. auch Revision des OG in der Fassung gemäss Anhang Ziff. 3 AuG).

33 **Wegweisung**: Vgl. Art. 64–66 AuG bzw. Art. 12 ANAG sowie Art. 44 ff. AsylG.

2.3.5 Abweichungen von den Zulassungsvoraussetzungen (Ziff. 5)

34 Vgl. Art. 30 AuG. Nach der Rechtsprechung des Bundesgerichts zum OG war die Verwaltungsgerichtsbeschwerde zulässig gegen den Entscheid, ob für die Erteilung der Aufenthaltsbewilligung die Höchstzahlen gemäss BVO anwendbar seien (BGE 119 Ib 33, 35 E. 1a). Dies ist nun ausgeschlossen.

2.3.6 Übriges (Ziff. 6)

S. zur Verlängerung der Grenzgängerbewilligung Art. 35 Abs. 4 AuG, zum Kantonswechsel Art. 37 AuG, zum Stellenwechsel von Personen mit Grenzgängerbewilligung Art. 39 Abs. 2 AuG, zur Erteilung von Reisepapieren an schriftenlose Ausländer Art. 59 AuG. 35

2.4 Asylrecht (lit. d)

Nach Art. 100 Abs. 1 lit. b Ziff. 2 OG war die Verwaltungsgerichtsbeschwerde unzulässig gegen Verfügungen über die Gewährung oder Verweigerung des Asyls. Solche Entscheide waren bei der früheren **Asylrekurskommission** anfechtbar, welche letztinstanzlich entschied. Dies galt auch für einige weitere Entscheide im Bereich des Asylrechts (Art. 105 Abs. 1 AsylG in der ursprünglichen Fassung). Gegen andere Entscheide im Bereich des Asylwesens war die **Verwaltungsgerichtsbeschwerde** hingegen zulässig. 36

Neu ist gegen alle asylrechtlichen **Entscheide des Bundesamtes** die Beschwerde an das Bundesverwaltungsgericht zulässig (Art. 105 Abs. 1 AsylG in der Fassung gemäss VGG) und demzufolge nach lit. d Ziff. 1 die Beschwerde an das Bundesgericht unzulässig. 37

Gegen **letztinstanzliche kantonale Entscheide** ist die Beschwerde gemäss Ziff. 2 nur – analog zu lit. c Ziff. 2 – unzulässig in Bezug auf Bewilligungen, auf die kein Anspruch besteht (vgl. Art. 14 Abs. 2 und Art. 43 Abs. 3 AsylG). Hingegen haben anerkannte Flüchtlinge Anspruch auf Aufenthalts- und gegebenenfalls Niederlassungsbewilligung (Art. 60 AsylG); diesbezüglich ist die Beschwerde zulässig. Auch in Bezug auf weitere kantonale Entscheide im Zusammenhang mit dem Asylrecht ist die Beschwerde zulässig (Art. 103 Abs. 2 AsylG), namentlich in Bezug auf asylrechtlich geregelte Fürsorgeleistungen (Art. 80 ff. AsylG; Urteil 2A.692/2004 vom 9.2.2005, E. 1; Urteil 2A.242/2001 vom 26.10.2001, E. 1) mit Einschluss der Rückerstattungspflicht und Sicherheitsleistungen (Art. 85 ff. AsylG; Urteil 2A.472/2002 vom 28.1.2003, E. 1; Urteil 2A.319/2000 vom 5.12.2000, E. 1). 38

2.5 Ermächtigung zur Strafverfolgung (lit. e)

Die **Strafverfolgung gegen Bundespersonal** wegen strafbarer Handlungen, die sich auf die amtliche Tätigkeit beziehen, bedarf einer Ermächtigung; diese wird in Bezug auf das Personal der Bundesversammlung durch deren Verwaltungsdelegation, in Bezug auf das Personal der eidgenössischen Gerichte durch deren Verwaltungskommissionen und im Übrigen durch das EJPD erteilt (Art. 15 39

Abs. 1 VG). Gegen die Verweigerung einer solchen Ermächtigung war bisher nach Art. 100 Abs. 1 lit. f OG die Verwaltungsgerichtsbeschwerde zulässig.

40 Neu ist die Beschwerde an das Bundesgericht **ausgeschlossen**. In Bezug auf das Bundespersonal ist gegen die Verweigerung der Ermächtigung durch die Verwaltungsdelegation der Bundesversammlung oder das EJPD die Beschwerde an das Bundesverwaltungsgericht zulässig (vgl. Art. 33 lit. a VGG), die Entscheide der Verwaltungskommissionen der Gerichte sind endgültig (Art. 15 Abs. 5 VG).

41 In Bezug auf die **Magistratspersonen des Bundes** hat lit. e keine selbständige Bedeutung. Die Ermächtigung zur Strafverfolgung wegen Verbrechen und Vergehen, die nicht im Zusammenhang mit der amtlichen Tätigkeit stehen, erfolgt durch den Bundesrat, das Bundesgericht, das Bundesstrafgericht und das Bundesverwaltungsgericht jeweils für ihre Mitglieder; gegen die Verweigerung ist die Beschwerde an die Bundesversammlung zulässig (Art. 61a RVOG; Art. 11 BGG; Art. 12 SGG; Art. 12 VGG). In Bezug auf strafbare Handlungen, die sich auf die amtliche Tätigkeit beziehen, bedarf es einer Ermächtigung der eidgenössischen Räte (Art. 14 Abs. 1 VG). In all diesen Fällen ist die Beschwerde an das Bundesgericht schon aufgrund von Art. 189 Abs. 4 BV und Art. 86 Abs. 1 BGG unzulässig.

42 Da der Wortlaut (klar jedenfalls auf Deutsch) von lit. e nicht auf Bundesbehörden beschränkt ist, gilt der Ausschluss der Beschwerde an das Bundesgericht auch, wenn ein **Kanton** gemäss Art. 347 Abs. 2 StGB für seine obersten Behörden die Strafverfolgung von der Zustimmung einer nicht richterlichen Behörde abhängig gemacht hat. Zulässig ist in diesen Fällen höchstens die subsidiäre Verfassungsbeschwerde, die oft an der Legitimation scheitern wird (vgl. BGE 125 I 253).

43 Lit. e spricht nur von der **Verweigerung** der Ermächtigung. Wird die Ermächtigung erteilt, liegt erst ein Zwischenentscheid vor, der ohnehin nicht selbständig anfechtbar ist (Art. 45 VwVG).

44 Nach Art. 100 Abs. 1 lit. f OG waren im Übrigen Verfügungen auf dem Gebiet der **Strafverfolgung** von der Verwaltungsgerichtsbeschwerde ausgeschlossen. In dieser Hinsicht ist jetzt die Beschwerde in Strafsachen zulässig (Art. 78 BGG N 3).

2.6 Submission (lit. f)

45 Das Vergaberecht richtet sich für **eidgenössische Vergaben** nach BoeB. Dieses ist gemäss seinem Art. 6 nur anwendbar, wenn die entsprechenden Schwellenwerte erreicht sind, welche sich aus dem Übereinkommen vom 15. April 1994 über das öffentliche Beschaffungswesen (GPA; SR 0.632.231.422) ergeben. Aufträge unterhalb dieser Schwellenwerte werden nicht

auf dem Wege der Verfügung vergeben und unterlagen bisher überhaupt keiner Beschwerdemöglichkeit (Art. 39 VoeB; VPB 64.61 E. 3a). Überschwellige Vergaben waren bisher bei der Rekurskommission für das öffentliche Beschaffungswesen anfechtbar, welche endgültig entschied (Art. 27 Abs. 1 BoeB in der ursprünglichen Fassung; Art. 100 Abs. 1 lit. x OG).

Das Vergaberecht für **kantonale (und kommunale) Vergaben** richtet sich nach kantonalem Recht bzw. der IVöB. Kantonale Vergabeentscheide waren bisher nach kantonalem Recht bei kantonalen Instanzen und anschliessend mit staatsrechtlicher Beschwerde beim Bundesgericht anfechtbar (BGE 125 II 86, 95 f.; 125 I 406, 408 E. 1). Vor dem Inkrafttreten von Art. 29a BV war es zulässig, dass das kantonale Recht freihändige Vergaben als nicht anfechtbar bezeichnete, so dass auch eine staatsrechtliche Beschwerde ausgeschlossen war (BGE 131 I 137; BVR 2005 350). 46

Neu ist nun gegen Vergabeentscheide eidgenössischer Behörde die Beschwerde an das **Bundesverwaltungsgericht** zulässig (Art. 27 Abs. 1 BoeB in der Fassung des VGG), nach wie vor freilich nur oberhalb des Schwellenwerts nach Art. 6 BoeB, weil das ganze Gesetz unterhalb gar nicht anwendbar ist. Denkbar ist freilich, auf dem Weg über Art. 25a VwVG (in der Fassung gemäss VGG) doch einen anfechtbaren Entscheid zu erwirken (vgl. Art. 82 BGG N 24 ff.). 47

Bei kantonalen Submissionsverfahren richtet sich der **kantonale Rechtsschutz** weiterhin nach kantonalem Recht. Ein völliger Ausschluss unterschwelliger Vergaben von jeglicher gerichtlicher Überprüfung dürfte unter der Herrschaft von Art. 29a BV nicht mehr zulässig sein, doch würde wohl ein zu Art. 25a VwVG analoges Vorgehen diesen Anforderungen genügen. 48

Entscheide des Bundesverwaltungsgerichts oder letzter kantonaler Instanzen sind grundsätzlich **endgültig** (in Bezug auf kantonale Entscheide unter Vorbehalt der subsidiären Verfassungsbeschwerde). Dies gilt nicht nur für den Zuschlag, sondern auch für andere submissionsrechtliche Entscheide wie die Ausschreibung, die Aufnahme eines Anbieters in ein Verzeichnis (Art. 10 BoeB) oder den Ausschluss eines Anbieters (Art. 11 BoeB). 49

Die Beschwerde an das Bundesgericht ist jedoch **zulässig**, wenn kumulativ (Protokoll der Kommission für Rechtsfragen des Nationalrates vom 1./2.7.2004, S. 47; AEMISEGGER, S 137 f.; KARLEN, S. 50) der massgebliche Schwellenwert erreicht ist und sich zusätzlich eine Rechtsfrage von grundsätzlicher Bedeutung stellt. 50

Die massgeblichen **Schwellenwerte** sind in Art. 3 Abs. (4) des Abkommens zwischen der Schweizerischen Eidgenossenschaft und der Europäischen Gemeinschaft vom 21. Juni 1999 über bestimmte Aspekte des öffentlichen Beschaffungswesens (SR 0.172.052.68) sowie Art. 6 Abs. 1 BoeB enthalten und werden periodisch an die Vorgaben des GPA angepasst (Art. 6 Abs. 2 BoeB). 51

52 Verschiedene Vergabeverfahren sind unabhängig vom Streitwert nicht dem GPA unterstellt, so namentlich Aufträge an Behinderteninstitutionen, Wohltätigkeitseinrichtungen und Strafanstalten sowie militärische Aufträge (vgl. Art. 3 Abs. 1 BoeB). Das BGG stellt jedoch nicht auf den Geltungsbereich dieser Übereinkommen, sondern einzig auf den **Auftragswert** ab, weshalb die Beschwerde im Bereich oberhalb dieser Werte unter den genannten Voraussetzungen auch bei solchen Aufträgen zulässig ist.

53 Zur **Rechtsfrage von grundsätzlicher Bedeutung** s. Art. 74 BGG N 5 f.

54 Die Submissionsbeschwerde hat in der Regel keine aufschiebende Wirkung (Art. 28 BoeB; Art. 17 Abs. 1 IVöB). Der Entscheid kann deshalb oft selbst bei Gutheissung einer Beschwerde den Abschluss des Vertrags mit dem Zuschlagsempfänger nicht mehr verhindern, sondern nur noch die Rechtswidrigkeit feststellen (Art. 32 Abs. 2 BoeB; Art. 9 Abs. 3 BGBM; Art. 18 Abs. 2 IVöB). Gestützt auf diesen Feststellungsentscheid kann der Bewerber vom vergebenden Gemeinwesen **Schadenersatz** für den im Zusammenhang mit dem Vergabe- und Rechtsmittelverfahren entstandenen Schaden verlangen (Art. 34 BoeB). Dieser Schadenersatzanspruch richtet sich im eidgenössischen Verfahren im Übrigen nach VG (Art. 34 Abs. 3 BoeB). Der Entscheid der Behörde ist wiederum beim Bundesverwaltungsgericht anfechtbar (Art. 35 Abs. 2 BoeB). Die Anfechtbarkeit dieses Entscheides beim Bundesgericht beurteilt sich nicht nach Art. 83 lit. f sondern nach 85 BGG, da es sich um einen Fall der Staatshaftung handelt. Analoges gilt für die kantonalen Entschädigungsentscheide.

2.7 Öffentlich-rechtliche Arbeitsverhältnisse (lit. g)

55 Nach Art. 100 Abs. 1 lit. e OG war gegen Verfügungen nach dem BPG die **Verwaltungsgerichtsbeschwerde** unzulässig, ausser gegen Verfügungen über die Auflösung des Arbeitsverhältnisses. In Bezug auf das kantonalrechtliche Arbeitsverhältnis war grundsätzlich nur die **staatsrechtliche Beschwerde** möglich; die Verwaltungsgerichtsbeschwerde war nur zulässig betreffend Ansprüche aus dem GlG (Art. 100 Abs. 2 lit. b OG; BGE 124 II 409, 417 E. 1d/ii). Neu richtet sich die Zulässigkeit der Beschwerde für das eidgenössische und kantonale öffentlich-rechtliche Arbeitsverhältnis unterschiedslos nach Art. 83 lit. g bzw. Art. 85 BGG.

56 **Öffentlich-rechtlich** ist jedes Arbeitsverhältnis, das nicht nach Bundesprivatrecht abgeschlossen ist. Rechtsgrundlage ist für das Bundespersonal das BPG oder das Magistratengesetz, für kantonales und kommunales Personal die einschlägige kantonale oder kommunale Gesetzgebung. Für privatrechtlich angestelltes Personal richtet sich der Rechtsweg nach Zivilrecht.

Nicht als Arbeitsverhältnis gilt eine Arbeitsleistung, die in Erfüllung einer **Dienstpflicht** erbracht wird. Hier richtet sich die Zulässigkeit der Beschwerde nach lit. i. 57

Lit. g bezieht sich auf alle Entscheide, die das **Arbeitsverhältnis** als solches betreffen, d.h. die aus dem Verhältnis fliessenden Rechte und Pflichten wie Lohn, Arbeitszeit, aber auch Nebenpflichten wie das Verbot von Nebenbeschäftigungen, personalrechtliche Sanktionen, ebenso der Regressanspruch des Staates für vom Arbeitnehmer verursachten Schaden (Art. 7 VG oder analoge kantonale Vorschriften). 58

Nicht als Entscheide auf dem Gebiet des Arbeitsverhältnisses gelten **sozialversicherungsrechtliche Fragen** mit Einschluss der beruflichen Vorsorge. Hier ist die Beschwerde uneingeschränkt zulässig. 59

Bei **kantonalrechtlichen Arbeitsverhältnissen** richtet sich der unterinstanzliche Rechtsschutz nach kantonalem Recht. Bei Arbeitsverhältnissen des **eidgenössischen öffentlichen Rechts** ist gegen Verfügungen der zuständigen Stelle zunächst eine Beschwerde an eine interne Beschwerdeinstanz zulässig (Art. 35 BPG), gegen deren Entscheid die Beschwerde an das Bundesverwaltungsgericht (Art. 36 Abs. 1 BPG); ist das Bundesverwaltungsgericht Arbeitgeber, richtet sich die Beschwerde an das Bundesstrafgericht (Art. 36 Abs. 4 BPG), ist das Bundesgericht Arbeitgeber, an eine besondere Rekurskommission, bestehend aus den Präsidenten der Verwaltungsgerichte der Kantone Luzern, Tessin und Waadt (Art. 36 Abs. 2 BPG). 60

Gegen Entscheide dieser besonderen Rekurskommission nach Art. 36 Abs. 2 BPG ist die Beschwerde an das Bundesgericht ausgeschlossen (Art. 86 Abs. 1 BGG). Im allen anderen Fällen ist zu unterscheiden zwischen vermögensrechtlichen und nicht vermögensrechtlichen Angelegenheiten. Zum Begriff der vermögensrechtlichen Angelegenheiten s. Art. 74 BGG N 6 f. sowie Art. 85 BGG N 9 ff. 61

In den **vermögensrechtlichen Angelegenheiten** richtet sich die Zulässigkeit der Beschwerde an das Bundesgericht abschliessend nach Art. 85 BGG. Art. 83 lit. f BGG betrifft nur die nicht vermögensrechtlichen Angelegenheiten (Protokoll der Kommission für Rechtsfragen des Nationalrats vom 1./2.7.2004, S. 48). 62

Die Beschwerde ist in diesen Bereichen nur zulässig, wenn die **Gleichstellung der Geschlechter** betroffen ist, d.h. in Bezug auf Ansprüche nach Art. 5 GlG. Als nicht vermögensrechtliche Ansprüche aus Gleichstellung kommen z.B. Streitigkeiten betreffend Aufgabenzuteilung, Gestaltung der Arbeitsbedingungen, Aus- und Weiterbildung oder sexuelle Belästigung in Frage (Art. 3 und 4 GlG). 63

Da die **Begründung des Arbeitsverhältnisses** durch öffentlich-rechtlichen Vertrag erfolgt (Art. 8 Abs. 1 BPG) und der Entscheid, einen Vertrag abzuschliessen oder nicht abzuschliessen, grundsätzlich nicht anfechtbar ist (Art. 82 BGG N 20), 64 kann die Anstellung (bzw. die Nichtanstellung) als solche nicht angefochten werden, unter Vorbehalt der Ansprüche aus dem GlG. Bei Anstellungsdiskriminierung ist aber in jedem Fall nur eine Entschädigung geschuldet (Art. 5 Abs. 2 GlG), welche vermögensrechtlich ist.

65 Zur Auflösung des Arbeitsverhältnisses s. Art. 85 BGG N 11.

2.8 Internationale Amtshilfe (lit. h)

66 Art. 100 Abs. 1 lit. f OG schloss für die internationale Rechtshilfe die Verwaltungsgerichtsbeschwerde aus, unter Vorbehalt abweichender gesetzlicher Regelungen. Die **Amtshilfe** war demgegenüber im bisherigen Recht nicht erwähnt, die Verwaltungsgerichtsbeschwerde somit zulässig (vgl. etwa zur gegenseitigen Anerkennung von Konformitätsverfahren BGE 131 II 44, 49 E. 3; zur Amtshilfe im Steuerrecht BGE 128 II 311, 315 f. E. 2; 124 II 58, 61 E. 1; RDAF 2004 II S. 10; ASA 71 S. 551 E. 1; im Börsenrecht: BGE 127 II 323, 325 E. 1).

67 Neu ist die Beschwerde im Bereich der internationalen Rechtshilfe in Strafsachen in Art. 84 BGG geregelt (bzgl. der innerstaatlichen Rechtshilfe s. Art. 84 N 2), in anderen als Strafsachen uneingeschränkt zulässig. In Bezug auf die **internationale Amtshilfe** ist hingegen die Beschwerde ans Bundesgericht ausgeschlossen (zur Abgrenzung von Amts- und Rechtshilfe s. BGE 126 II 126, 131 f. E. 5a/bb). E contrario ergibt sich, dass in Bezug auf die **innerstaatliche Amtshilfe** die Beschwerde uneingeschränkt zulässig ist (unter Vorbehalt anderer Ausnahmen, s. lit. p bzgl. Amtshilfe nach FMG). Dies ist im Hinblick auf das gesetzgeberische Ziel, das Bundesgericht zu entlasten und über die Hilfe rascher zu entscheiden (BBl 2001 4323 f.), ein seltsames Ergebnis, aber de lege lata hinzunehmen.

68 Allerdings wird diese Amtshilfe oft durch **formloses Realhandeln** gewährt (vgl. BGE 126 II 126, 131 E. 5a/aa). Die Pflicht zum Erlass von Verfügungen kann sich aus dem Spezialgesetz oder aus dem Datenschutzrecht ergeben; im Übrigen kann auf dem Wege von Art. 25a VwVG (in der Fassung gemäss VGG) der Erlass einer Verfügung verlangt werden, die letztinstanzlich beim Bundesgericht anfechtbar ist (Art. 82 BGG N 24 ff.).

2.9 Militär-, Zivil- und Zivilschutzdienst (lit. i)

69 Nach Art. 100 Abs. 1 lit. d war die **Verwaltungsgerichtsbeschwerde** unzulässig in nicht vermögensrechtlichen Angelegenheiten des Militärdienstes und des Zivilschutzdienstes, in Bezug auf Verfügungen der militärischen Schatzungsorgane über die Einschätzung gemieteter oder requirierter Objekte, Verfügungen über den Schutz militärischer Anlagen und Massnahmen in Ausübung der Auf-

sicht über Talsperren, Verfügungen in Angelegenheiten des Zivildienstes sowie Verfügungen über die unentgeltliche Ausrüstung der Armeeangehörigen.

Das Bundesgerichtsgesetz bringt verschiedene Änderungen: Grundsätzlich ist die Beschwerde auch in Angelegenheiten von Militär und Zivilschutz zulässig. Ausgeschlossen ist sie nur in Bezug auf den **Dienst**. Dies bezieht sich auf denjenigen Dienst, der als Miliz in Erfüllung der Dienstpflicht oder freiwillig (Art. 59 Abs. 1 und 2 und Art. 61 Abs. 3 BV) geleistet wird. Demgegenüber untersteht das militärische Personal i.S. von Art. 47 MG dem Bundespersonalgesetz und die Zulässigkeit von Beschwerden betreffend ihr Arbeitsverhältnis richtet sich nach lit. g bzw. Art. 85 Abs. 1 lit. b BGG. 70

E contrario folgt aus lit. i, dass in Bezug auf **andere Dienstpflichten** (z.B. Feuerwehrdienst) die Beschwerde uneingeschränkt zulässig ist. 71

Den **Dienst** betreffen etwa Entscheide über die Rekrutierung (Art. 9 MG, Art. 16 BZG; vgl. Art. 39 MG), die Verpflichtung zur Übernahme eines Grades oder einer Funktion (Art. 15 MG), den waffenlosen Dienst (Art. 16 MG; vgl. Art. 40 Abs. 2 MG in der Fassung gemäss VGG), die Zulassung zum Zivildienst (Art. 16 ff. ZDG), die Befreiung von der Dienstpflicht (Art. 18 MG), den Ausschluss aus der Armee, Zivilschutz oder Zivildienstleistung (Art. 21 ff. MG, Art. 21 BZG, Art. 12 ZDG), das Aufgebot und die Dispensation (vgl. Art. 38 MG), Beförderungen, die Anrechnung von Dienstleistungen an die Ausbildungsdienstpflicht sowie alle Dienstanordnungen wie Ein- und Umteilungen und Dienstbefehle. 72

Neu ist die Beschwerde auch in **vermögensrechtlichen Angelegenheiten** des Militär- und Zivilschutzdienstes nicht mehr zulässig. Dies betrifft namentlich die Entschädigung für Urheberrechte (Art. 40b Abs. 2 MG), die Entschädigung an Armeeangehörige für Verlust und Beschädigung ihres Eigentums (Art. 137 MG, Art. 64 BZG) oder die Haftung der Armee- und Zivilschutzangehörigen und der Formationen (Art. 139 und 140 MG, Art. 62 BZG). 73

Hingegen ist bezüglich der **sozialversicherungsrechtlichen Leistungen** im Zusammenhang mit dem Dienst (nach EOG oder MVG) die Beschwerde uneingeschränkt zulässig, ebenso bezüglich des **Wehrpflichtersatzes** (Art. 31 Abs. 3 WPEG in der Fassung gemäss VGG), selbst wenn dabei vorfrageweise über eine Frage im Zusammenhang mit der Dienstpflicht entschieden werden muss, die an sich der Beschwerde nicht zugänglich wäre (vgl. Urteil 2A.300/2003vom 24.2.2004). 74

Soweit nicht die Dienstleistenden in Bezug auf ihren Dienst betroffen sind, sondern die Beziehungen zwischen der Armee oder dem Zivilschutz und **Dritten**, ist die Beschwerde vorbehältlich anderer einschlägiger Ausschlussbestimmungen zulässig, so namentlich betreffend Requisition und Benützung von Privateigentum (Art. 80 und 134 MG, Art. 29–32 BZG), Schutzbaupflicht (Art. 45 ff. BZG), 75

Plangenehmigungen für militärische Anlagen (Art. 126 ff. MG; vgl. Art. 130 MG in der Fassung gemäss VGG), die Kostenverteilung betreffend Beseitigung von Altlasten aus Militär oder Zivilschutz (BGE 131 II 743 nicht publ. E. 1) oder wegen Anpassung von militärischen Anlagen an den Nationalstrassenbau (Urteil 2A.131/1995 E. 1), Streitigkeiten über die Befreiung von kantonalen und kommunalen Abgaben (Art. 123 MG). Zulässig ist die Beschwerde auch in Bezug auf die Haftung für Schäden gegenüber Dritten (Art. 135 und 136 MG, Art. 60 BZG), allerdings, da es sich dabei um eine Staatshaftung handelt, mit der Einschränkung gemäss Art. 85 BGG.

2.10 Wirtschaftliche Landesversorgung (lit. j)

76 Schon bisher war die Verwaltungsgerichtsbeschwerde in den Fällen von Art. 23–28 LVG ausgeschlossen (Art. 38 lit. c LVG). Das Bundesgerichtsgesetz übernimmt diese Regelung. Ausgeschlossen sind nur die Massnahmen, die bei **zunehmender Bedrohung** (Art. 23 ff. LVG) und **schweren Mangellagen** (Art. 26 ff. LVG) angeordnet werden. Gegen die übrigen Massnahmen im Bereich der wirtschaftlichen Landesversorgung ist die Beschwerde zulässig.

2.11 Subventionen (lit. k)

77 In Bezug auf **eidgenössische Subventionen** war bisher bereits die Verwaltungsgerichtsbeschwerde unzulässig, wenn kein Anspruch besteht (Art. 99 Abs. 1 lit. h OG). In Bezug auf **kantonalrechtliche Subventionen** war grundsätzlich die staatsrechtliche Beschwerde zulässig, wobei allerdings die Legitimation davon abhängig war, dass ein Rechtsanspruch auf die Subvention bestand (Urteile 2P.153/2003E. 1.7; 2P.373/1997 E. 1c; 2P.255/1996 E. 1b). Die Regelung von lit. k entspricht somit im Ergebnis der bisherigen Rechtslage.

78 Der Begriff der **Subvention** umfasst sowohl Finanzhilfen als auch Abgeltungen (vgl. Art. 3 SuG). Ob ein Anspruch besteht, ist nach dem einschlägigen Spezialgesetz, auf welches sich die Subvention stützt, zu beurteilen.

79 Ein **Anspruch auf einen Beitrag** ist nach der Rechtsprechung anzunehmen, wenn das einschlägige Recht die Bedingungen umschreibt, unter welchen ein Beitrag zu gewähren ist, ohne dass es im Ermessen der rechtsanwendenden Behörde läge, ob sie einen Beitrag gewähren will oder nicht; dabei spielt es keine Rolle, ob der anspruchsbegründende Erlass ein Gesetz oder eine Verordnung ist oder ob die Berechtigung sich aus mehreren Erlassen ergibt (BGE 117 Ib 225, 227 E. 2a; 116 Ib 309, 312 E. 1b; 110 Ib 148, 152 f. E. 1b). Der anspruchsbegründende Charakter einer Subvention wird nicht dadurch ausgeschlossen, dass das Gesetz die Höhe oder jedenfalls die Mindesthöhe der Beiträge nicht festlegt,

so dass der Verwaltung hinsichtlich einzelner Beitragsvoraussetzungen ein gewisser Beurteilungsspielraum verbleibt und sie innerhalb bestimmter Grenzen den Subventionssatz festsetzen kann (BGE 110 Ib 297, 300 E. 1). Das Bundesgericht hat einen bundesrechtlichen Anspruch auf Leistungen wiederholt auch dann bejaht, wenn die betreffende Rechtsnorm als Kann-Vorschrift formuliert ist (BGE 118 V 16, 19 E. 3a I 193/98, E. 3; vgl. auch Urteil 2A.453/1996, publ. in ZBl 100/1999 S. 166, E. 1b m.H.).

Ein Rechtsanspruch auf eine Finanzhilfe kann unter Umständen selbst dann bestehen, wenn diese gemäss der einschlägigen Gesetzgebung lediglich **im Rahmen der bewilligten Kredite** gewährt wird (vgl. Art. 13 SuG; Urteil 2A.393/1997 vom 18.8.1997, E. 1a), doch ist eine solche Formulierung ein gewichtiges Indiz gegen einen Rechtsanspruch (Urteil 2A.95/2004, E. 2.5), weil in diesem Fall die Subventionsgewährung unter dem Vorbehalt der Budgethoheit des Parlaments steht. Wird allerdings in einem solchen Bereich auf Verordnungsebene ein Rechtsanspruch statuiert, so ist die Beschwerde zulässig (ZBl 101/2000 S. 371 E. 1). 80

Kein Anspruch besteht im Allgemeinen auf Beiträge für die **Kultur- und Forschungsförderung** (vgl. namentlich Art. 8 ff. FG; Art. 13 ff. FiG; Art. 5 ff. JFG; Art. 2 der Beitragsverordnung Pro Helvetia, SR 447.12), so dass auch die bisherigen Ausnahmen von Art. 100 Abs. 1 lit. q und s OG in der Sache weiterhin gelten. 81

2.12 Zollveranlagung (lit. l)

Die Bestimmung entspricht dem bisherigen Art. 100 Abs. 1 lit. h OG. Vgl. dazu Art. 21 ff. ZG. 82

2.13 Stundung und Erlass von Abgaben (lit. m)

Die Bestimmung entspricht Art. 99 Abs. 1 lit. g OG, gilt neu aber auch für **kantonalrechtliche Abgaben**. In Bezug auf diese war bisher grundsätzlich die staatsrechtliche Beschwerde zulässig, doch fehlte dafür meistens mangels Rechtsanspruch die Legitimation (BGE 122 I 373; 112 Ia 93; RDAT 1998 II Nr. 11t S. 302 E. 1). Im Ergebnis entspricht also die neue Regelung dem bisherigen Recht. 83

Mit **Abgaben** sind Steuern, Kausalabgaben, Lenkungsabgaben sowie Mischformen gemeint, ebenso Sozialversicherungsbeiträge. Die bisherige Sonderregelung, wonach in Bezug auf Stundung oder Erlass von Sozialversicherungsbeiträgen die Verwaltungsgerichtsbeschwerde zulässig war (Art. 129 Abs. 1 lit. c OG), ist da- 84 mit aufgehoben. Die Herabsetzung von Beiträgen (z.B. Art. 11 Abs. 1 AHVG) ist in der Sache ein Teilererlass (vgl. Art. 167 Abs. 1 DBG und dazu ASA 68 77), weshalb auch hier die Beschwerde unzulässig ist.

85 Keine Abgaben sind **Schadenersatzforderungen** oder **Rückforderungen** unrechtmässig bezogener Leistungen. Entsprechende Stundungs- oder Erlassentscheide (z.B. Art. 4 ATSV) unterliegen somit der Beschwerde.

2.14 Kernenergie (lit. n)

86 Nach Art. 100 Abs. 1 lit. u OG war die Verwaltungsgerichtsbeschwerde unzulässig gegen Verfügungen über Bewilligungen von Kernanlagen und von vorbereitenden Handlungen. Die Neuregelung hat wesentliche Änderungen mit sich gebracht.

87 Gegen einige Verfügungen ist bereits die Beschwerde an das **Bundesverwaltungsgericht** (Art. 32 Abs. 1 lit. e VGG) und demzufolge auch die Beschwerde an das Bundesgericht (Art. 86 Abs. 1 BGG) unzulässig, nämlich gegen Entscheide betreffend:

– **Rahmenbewilligung** für Kernanlagen; diese wird vom Bundesrat erteilt und unterliegt der Genehmigung durch die Bundesversammlung und dem fakultativen Referendum (Art. 48 KEG), ist somit als politischer Entscheid konzipiert und deshalb einer gerichtlichen Beurteilung nicht zugänglich (Art. 189 Abs. 4 BV),

– Genehmigung des **Entsorgungsprogramms** (Art. 32 KEG),

– Verschluss von geologischen **Tiefenlagern** (Art. 39 KEG),

– **Entsorgungsnachweis** (Art. 106 Abs. 2 KEG).

88 In den übrigen Fällen ist demgegenüber die Beschwerde an das Bundesverwaltungsgericht zulässig und damit auch diejenige an das Bundesgericht, ausser in den in lit. n genannten Fällen. Zulässig ist demnach neu insbesondere die Beschwerde gegen Verfügungen über **Bau- und Betriebsbewilligungen** für Kernanlagen (Art. 15 ff. und 19 ff. KEG) sowie **erdwissenschaftliche Untersuchungen** (Art. 35 KEG).

89 Ziff. 1 bezieht sich nicht auf die Änderungsbewilligungen als solche, sondern nur auf die Frage, ob eine solche **Änderung erforderlich** ist, d.h. namentlich, ob eine bestimmte Handlung von einer bestehenden Bewilligung umfasst ist (vgl. dazu Art. 65 KEG). Die Ausnahme kommt praktisch nur zum Tragen, wenn entschieden wird, die Änderung einer Bewilligung sei nicht erforderlich; wird hingegen eine Änderung als erforderlich beurteilt, so ist dies eine Zwischenverfügung auf

dem Weg zum Entscheid über diese Änderung, der wiederum der Beschwerde unterliegt.

Bzgl. **Plan für die Rückstellung für die vor Ausserbetriebnahme anfallenden Entsorgungskosten** (Ziff. 2) vgl. Art. 82 Abs. 2 lit. a KEG. Für die Sicherstellung der nach der Ausserbetriebnahme anfallenden Entsorgungskosten haben die Inhaber von Kernanlagen demgegenüber einen Beitrag an den Stilllegungs- oder Entsorgungsfonds zu leisten (Art. 77 ff. KEG). Die diesbezüglichen Verfügungen unterliegen der Beschwerde. 90

Freigaben (Ziff. 3) sind aufsichtsrechtliche Zustimmungen zu einzelnen Bau- und Betriebsschritten (vgl. Art. 17 Abs. 1 lit. f, Art. 21 Abs. 1 lit. f, Art. 28, Art. 36 Abs. 1 lit. b, Art. 65 Abs. 3 KEG). Im Verfahren hat nur der Gesuchsteller (d.h. der Betriebsinhaber) Parteistellung (Art. 64 Abs. 3 KEG). 91

2.15 Typengenehmigung von Fahrzeugen des Strassenverkehrs (lit. o)

Bisher war nach Art. 99 Abs. 1 lit. e OG die **Verwaltungsgerichtsbeschwerde** unzulässig gegen die Erteilung oder Verweigerung von Bau- oder Betriebsbewilligungen für Fahrzeuge, ferner gemäss Art. 100 Abs. 1 lit. l OG gegen Verfügungen über die Klassifizierung von Fahrzeugen des Strassenverkehrs und Verfügungen über Bau und Ausrüstung von Motorfahrzeugen. 92

Neu sind nur noch **Typengenehmigungen von Strassenfahrzeugen** ausgenommen (vgl. Art. 12 SVG). E contrario unterliegen Einzelprüfungen (Art. 13 SVG) der Beschwerde, ebenso Typen- oder Einzelgenehmigungen für Fahrzeuge, die nicht dem Strassenverkehr dienen (z.B. Luftfahrtgeräte, Art. 58 LFG) sowie andere technische Geräte. 93

2.16 Fernmeldeverkehr (lit. p)

Diese Ausnahme ist **neu**. Sie wird mit den sich rasch ändernden technischen Möglichkeiten und wirtschaftlichen Bedingungen auf dem Gebiet der Telekommunikation begründet, welche einen nur einfachen Instanzenzug (an das Bundesverwaltungsgericht) nahelegen (BBl 2001 4324). 94

Die Ausnahme betrifft ungeachtet der Frage, ob der erstinstanzliche Entscheid von der Kommunikationskommission oder dem Bundesamt ergangen ist, alle **Konzessionen** und **Bewilligungen** nach FMG mit Einschluss der Interkonnektion (Art. 11 FMG), Entscheide über die **Amtshilfe** nach Art. 13b FMG, ebenso Entscheide über das **Enteignungs- und Mitbenützungsrecht** (Art. 36 FMG). Aufgrund des Sachzusammenhangs betrifft sie auch Streitigkeiten über die mit diesen Verfügungen verbundenen Gebühren und Entschädigungen. 95

96 Ausgenommen sind jedoch nur Entscheide des **Bundesverwaltungsgerichts**. E contrario unterliegen die Beschwerdeentscheide des **Bundesstrafgerichts** (vgl. Art. 86 Abs. 1 lit. b BGG) betreffend die Überwachung des Fernmeldeverkehrs (Art. 28 Abs. 1 lit. g^{bis} SGG und Art. 10 Abs. 5 lit. a BÜPF, je in der Fassung gemäss VGG) der Beschwerde, ebenso die von **kantonalen Behörden** erteilten Baubewilligungen für den Bau von Fernmeldeanlagen.

2.17 Transplantationsmedizin (lit. q)

97 Diese Ausnahme ist erst im Laufe der Gesetzgebungsarbeiten mit dem inzwischen neu erlassenen **Transplantationsgesetz** aufgenommen worden.

Ziff. 1: S. Art. 21 Transplantationsgesetz.

Ziff. 2: S. Art. 16 ff. Transplantationsgesetz.

2.18 Krankenversicherung (lit. r)

98 Bisher waren kantonale Entscheide im Zusammenhang mit der Spitalplanung und den Tarifen gemäss KVG beim **Bundesrat** anfechtbar (Art. 53 KVG, in der ursprünglichen Fassung). Eine gerichtliche Überprüfung gab es nicht (BGE 132 V 6).

99 Neu können diese Entscheide nun beim **Bundesverwaltungsgericht** angefochten werden (Art. 34 VGG), welches **letztinstanzlich** entscheidet. Es handelt sich um Entscheide der Kantone über die Zulassung von Spitälern und anderen Einrichtungen (Art. 39 KVG), die Sicherung der medizinischen Versorgung (Art. 45 KVG), die Genehmigung von Tarifverträgen oder Festlegung von Tarifen (Art. 46 Abs. 4, Art. 47, Art. 48 Abs. 1–3, Art. 49 Abs. 7 und Art. 55 KVG), die Globalbudgetierung (Art. 51 und 54 KVG). Neu gegenüber der früheren Aufzählung ist die **Einschränkung der Zulassung** (Art. 55a KVG).

2.19 Landwirtschaft (lit. s)

100 Ziff. 1: Entspricht Art. 100 Abs. 1 lit. m Ziff. 2 OG. S. Art. 30 ff LwG.

Ziff. 2: Vgl. Art. 4 Abs. 2 und 3 LwG.

2.20 Prüfungen (lit. t)

In Bezug auf bundesrechtliche Prüfungen war bisher gemäss Art. 99 Abs. 1 lit. f sowie Art. 100 Abs. 1 lit. v OG die **Verwaltungsgerichtsbeschwerde** unzulässig gegen Verfügungen über das Ergebnis von Prüfungen nach BBG sowie anderen Fähigkeitsprüfungen und Verfügungen über die Zulassung zu Prüfungen und Kursen der Berufsbildung und über das Ergebnis von Prüfungen. Gegen kantonalrechtliche Prüfungsentscheide war die **staatsrechtliche Beschwerde** zulässig. 101

Lit. t schliesst generell die Beschwerde gegen sämtliche bundes- und kantonalrechtlichen **Prüfungs- und Fähigkeitsbewertungsentscheide** aus. Ausgeschlossen sind nicht nur die eigentlichen Prüfungsentscheide, sondern auch **Berufszulassungsentscheide**, soweit diese primär auf eine Beurteilung persönlicher Fähigkeiten abstellen, wie z.B. die Anwaltsprüfung oder eine Habilitation (Urteil 2P.433/1995 E. 3c). Hingegen ist die Beschwerde zulässig, wenn ein Zulassungsentscheid nicht von Fähigkeiten, sondern von anderen Umständen abhängt, z.B. von körperlicher Eignung (Urteil 2A.458/1995 E. 1a). 102

Durch die Einfügung des Wortes «namentlich» in der parlamentarischen Beratung ist der Anwendungsbereich über den Bereich der Schule, Weiterbildung und Berufsausübung hinaus ausgedehnt worden auf **weitere Zulassungsentscheide**, die von persönlichen Fähigkeiten abhängen. Dies betrifft namentlich den **Führerausweis für Motorfahrzeuge** (Art. 14 SVG; Protokoll der Kommission für Rechtsfragen des Nationalrats vom 1./2.7.2001, S. 54; vgl. zum alten Recht BGE 98 Ib 222, 224 E. 1; Urteil 6A.121/2001 vom 14.3.2002, E. 1a). Unter dem alten Recht hat das Bundesgericht lückenfüllend auch eine Beschwerde gegen eine Leistungsprüfung bei Tieren als unzulässig erachtet (BGE 107 Ib 279). 103

Unzulässig ist die Beschwerde nur dann, wenn das Ergebnis der Prüfung angefochten ist; hingegen ist sie zulässig, wenn das **Erfordernis der Prüfung** oder die **Zulassung zu einer Prüfung** umstritten ist (BGE 105 Ib 399, 401 E. 1; Urteil 2A.557/2000 vom 4.5.2001, E. 1). 104

Art. 84

Internationale Rechtshilfe in Strafsachen

¹ Gegen einen Entscheid auf dem Gebiet der internationalen Rechtshilfe in Strafsachen ist die Beschwerde nur zulässig, wenn er eine Auslieferung, eine Beschlagnahme, eine Herausgabe von Gegenständen oder Vermögenswerten oder eine Übermittlung von Informationen aus dem Geheimbereich betrifft und es sich um einen besonders bedeutenden Fall handelt.

² Ein besonders bedeutender Fall liegt insbesondere vor, wenn Gründe für die Annahme bestehen, dass elementare Verfahrensgrundsätze verletzt worden sind oder das Verfahren im Ausland schwere Mängel aufweist.

Entraide pénale internationale

¹ Le recours n'est recevable contre une décision rendue en matière d'entraide pénale internationale que s'il a pour objet une extradition, une saisie, le transfert d'objets ou de valeurs ou la transmission de renseignements concernant le domaine secret et s'il concerne un cas particulièrement important.

² Un cas est particulièrement important notamment lorsqu'il y a des raisons de supposer que la procédure à l'étranger viole des principes fondamentaux ou comporte d'autres vices graves.

Assistenza internazionale in materia penale

¹ Contro le decisioni nel campo dell'assistenza giudiziaria internazionale in materia penale il ricorso è ammissibile soltanto se concerne un'estradizione, un sequestro, la consegna di oggetti o beni oppure la comunicazione di informazioni inerenti alla sfera segreta e si tratti di un caso particolarmente importante.

² Un caso è particolarmente importante segnatamente laddove vi sono motivi per ritenere che sono stati violati elementari principi procedurali o che il procedimento all'estero presenta gravi lacune.

Inhaltsübersicht

	Note	Seite
I. Bisheriges Recht und Entstehungsgeschichte	1	336
II. Kommentar	2	337
1. Allgemeines	2	337
2. Voraussetzungen (Abs. 1 und 2)	6	338

I. Bisheriges Recht und Entstehungsgeschichte

1   Altes Recht: Nach Art. 100 Abs. 1 lit. f OG waren Beschwerden auf dem Gebiet der internationalen Rechtshilfe in Strafsachen unzulässig, soweit die entsprechenden Bundesgesetze nichts anderes bestimmen. Art. 25, 80f und 80g IRSG sahen jedoch die Verwaltungsgerichtsbeschwerde auch im Bereich der Rechtshilfe vor.

Entwurf der Expertenkommission: ---

Der Entwurf des Bundesrates ging wie das bisherige Recht davon aus, dass die Rechtshilfe eine verwaltungsrechtliche Materie sei, schloss aber in Art. 78 Abs. 1 lit. g Entscheide auf dem Gebiet der internationalen Rechtshilfe in Strafsachen von der Beschwerde an das Bundesgericht aus; der Rechtsschutz sollte abschliessend durch das Bundesverwaltungsgericht gewährleistet werden (BBl 2001 4323 f.; Entwurf für Revision von Art. 25 IRSG gemäss E-VGG, BBl 2001 4421 f., 4568).

In der Bundesversammlung war der Rechtsschutz bei der Rechtshilfe einer der umstrittensten Bereiche, woraus als Kompromisslösung der jetzige Art. 84 resultierte (s. Art. 83 BGG N 5 f., s. zur Entstehung auch eingehend AEMISEGGER, S. 179 ff.).

II. Kommentar

1. Allgemeines

Art. 84 BGG ist in seinem Anwendungsbereich lex specialis gegenüber Art. 82 und 83 BGG. Er gilt nur für die **internationale Rechtshilfe in Strafsachen**, mit Einschluss der Zusammenarbeit mit den internationalen Strafgerichten (AEMISEGGER, S. 186), aber weder für die innerstaatliche Rechtshilfe in Strafsachen noch für die (innerstaatliche und internationale) Rechtshilfe in anderen als Strafsachen; hier bleibt mangels einer Ausnahmebestimmung die Beschwerde uneingeschränkt zulässig (in Zivilsachen die Beschwerde in Zivilsachen, vgl. Art. 72 Abs. 2 lit. b Ziff. 1 BGG), anders als in Bezug auf die internationale Amtshilfe (Art. 83 lit. h BGG).

Entgegen dem ursprünglichen bundesrätlichen Konzept obliegt der vorinstanzliche Rechtsschutz in der internationalen Rechtshilfe in Strafsachen nicht dem Bundesverwaltungsgericht, sondern der Beschwerdekammer des **Bundesstrafgerichts** (Art. 28 Abs. 1 lit. e SGG sowie Art. 25 und 80e IRSG, je in der Fassung gemäss VGG), was nahegelegt hätte, die Beschwerde an das Bundesgericht als einen Fall der Beschwerde in Strafsachen (Art. 78 BGG) zu betrachten (KARLEN, S. 54). Trotzdem behandelt das Gesetz die Rechtshilfe als einen Anwendungsfall der **Beschwerde in öffentlich-rechtlichen Angelegenheiten**, was sich in Bezug auf die Legitimation auswirken kann: Die Bundesanwaltschaft ist dazu – anders als bei der strafrechtlichen Beschwerde (Art. 81 Abs. 2 BGG) – nicht legitimiert (Art. 89 BGG; Urteil 2A.379/2004 vom 9.11.2004), dafür können u.U. Dritte legitimiert sein (Art. 89 BGG N 19 ff.).

Die im Gesetz getroffene Regelung will den gegensätzlichen Zielsetzungen dienen, in den oft heiklen und komplexen Fragen ein hohes Rechtsschutzniveau zu gewährleisten, aber trotzdem die Rechtshilfeverfahren zu beschleunigen und nicht durch lange Rechtsmittelverfahren zu blockieren (BBl 2001 4323 f.). Diesem Zweck dienen verschiedene **Sondervorschriften**: Die Beschwerde an das Bundesgericht ist nur unter gewissen Voraussetzungen zulässig (unten Ziff. 2). Es gelten Sonderregeln für die Anfechtung von Vor- und Zwischenverfügungen (Art. 93 Abs. 2 BGG) und die aufschiebende Wirkung (Art. 103 Abs. 2 lit. c BGG) sowie eine kurze Beschwerdefrist von 10 Tagen (Art. 100 Abs. 2 lit. b BGG). Die Gerichtsferien gelten nicht (Art. 46 Abs. 2 BGG). Das Vorliegen der Zulässigkeitsvoraussetzungen muss in der Beschwerdeschrift begründet werden (Art. 42 Abs. 2 BGG). Das Bundesgericht prüft in einem vereinfachten Verfahren, ob die Voraussetzung der besonderen Bedeutung vorliegt (Art. 109 Abs. 1 BGG). Ein allfälliger Nichteintretensentscheid ist innert 15 Tagen seit Abschluss des Schriftenwechsels zu fällen (Art. 107 Abs. 3 BGG). Tritt das Bundesgericht ein, kann es eine Frist zur Ergänzung der Beschwerdebegründung gewähren (Art. 43 BGG).

5   In denjenigen Fällen, in denen die Beschwerde an das Bundesgericht nicht zulässig ist, bleibt auch in Bezug auf ursprünglich **kantonale Entscheide** kein Raum für die subsidiäre Verfassungsbeschwerde, da diese Entscheide beim Bundesstrafgericht angefochten werden können, somit kein letztinstanzlicher kantonaler Entscheid vorliegt (Art. 113 BGG N 12).

2. *Voraussetzungen (Abs. 1 und 2)*

6   Die Beschwerde an das Bundesgericht ist nur **zulässig**, wenn kumulativ eine der vier genannten Materien betroffen ist und es sich um einen besonders bedeutenden Fall handelt.

7   Zur **Auslieferung** s. Art. 32–62 IRSG, der Begriff umfasst auch die Überstellung an internationale Strafgerichte (AEMISEGGER, S. 186); zur **Beschlagnahme** s. Art. 63 Abs. 2 lit. b IRSG, zur **Herausgabe** von Gegenständen und Vermögenswerten Art. 63 Abs. 2 lit. d, 74 und 74a IRSG und zu **Informationen** aus dem Geheimbereich Art. 9 IRSG.

8   Der Begriff des **besonders bedeutenden Falls** lehnt sich an Art. 79a lit. c IRSG an (Amtl. Bull. S vom 8.3.2005 s. 127 f.); er ist nicht gleichbedeutend mit dem Begriff der Rechtsfrage von grundsätzlicher Bedeutung (Art. 74 Abs. 2, Art. 83 lit. f Ziff. 2 und Art. 85 Abs. 2 BGG). Nebst den zwei in Abs. 2 nicht abschliessend genannten Fällen kann eine besondere Bedeutung namentlich in einer besonderen völkerrechtlichen oder politischen Brisanz oder in einer grossen Bedeutung für den Beschwerdeführer liegen (AEMISEGGER, S. 187). Das Bundesgericht hat einen erheblichen Beurteilungsspielraum bei der Prüfung, ob diese Voraussetzung gegeben ist.

Art. 85

Streitwertgrenzen

¹ In vermögensrechtlichen Angelegenheiten ist die Beschwerde unzulässig:
a. auf dem Gebiet der Staatshaftung, wenn der Streitwert weniger als 30 000 Franken beträgt;
b. auf dem Gebiet der öffentlich-rechtlichen Arbeitsverhältnisse, wenn der Streitwert weniger als 15 000 Franken beträgt.

² Erreicht der Streitwert den massgebenden Betrag nach Absatz 1 nicht, so ist die Beschwerde dennoch zulässig, wenn sich eine Rechtsfrage von grundsätzlicher Bedeutung stellt.

Valeur litigieuse minimale

¹ S'agissant de contestations pécuniaires, le recours est irrecevable:
a. en matière de responsabilité étatique si la valeur litigieuse est inférieure à 30 000 francs;
b. en matière de rapports de travail de droit public si la valeur litigieuse est inférieure à 15 000 francs.

² Même lorsque la valeur litigieuse n'atteint pas le montant déterminant, le recours est recevable si la contestation soulève une question juridique de principe.

Valore litigioso minimo

¹ In materia patrimoniale il ricorso è inammissibile:
a. nel campo della responsabilità dello Stato se il valore litigioso è inferiore a 30 000 franchi;
b. nel campo dei rapporti di lavoro di diritto pubblico, se il valore litigioso è inferiore a 15 000 franchi.

² Se il valore litigioso non raggiunge l'importo determinante secondo il capoverso 1, il ricorso è nondimeno ammissibile se si pone una questione di diritto di importanza fondamentale.

Inhaltsübersicht

	Note	Seite
I. Bisheriges Recht und Entstehungsgeschichte	1	339
II. Kommentar	2	340
1. Unzulässige Beschwerde (Abs. 1)	2	340
1.1 Allgemeines	2	340
1.2 Staatshaftung (lit. a)	5	340
1.3 Öffentlich-rechtliche Arbeitsverhältnisse (lit. b)	7	341
2. Ausnahmsweise Zulässigkeit (Abs. 2)	13	341

I. Bisheriges Recht und Entstehungsgeschichte

Altes Recht: Keine Entsprechung. In eidgenössischen Streitigkeiten über Staatshaftung war uneingeschränkt die Verwaltungsgerichtsbeschwerde zulässig. Auf dem Gebiet des Arbeitsverhältnisses des Bundespersonals war die Verwal-

1

tungsgerichtsbeschwerde unzulässig, ausser gegen Verfügungen über die Auflösung des Arbeitsverhältnisses und Verfügungen über die Gleichstellung der Geschlechter (Art. 100 Abs. 1 lit. e und Abs. 2 lit. b OG). In kantonalen Staatshaftungs- und dienstrechtlichen Angelegenheiten war die staatsrechtliche Beschwerde zulässig.

Entstehungsgeschichte: S. Art. 83 BGG N 2 ff.

II. Kommentar

1. Unzulässige Beschwerde (Abs. 1)

1.1 Allgemeines

2   Entsprechend den Streitwertgrenzen im Zivilrecht (Art. 74 Abs. 1 BGG) wird auch in den **zivilrechtsnahen Bereichen** der Staatshaftung und des öffentlichen Arbeitsrechts eine Streitwertgrenze eingeführt. Sie gilt sowohl für bundes- als auch kantonalrechtlich geregelte Angelegenheiten.

3   Wenn aufgrund von Art. 85 BGG die Beschwerde unzulässig ist, bleibt gegen letztinstanzliche kantonale Entscheide die **subsidiäre Verfassungsbeschwerde** zulässig.

4   Zum Begriff der **vermögensrechtlichen Angelegenheit** s. Art. 74 Abs. 1 BGG, zur Berechnung des **Streitwerts** s. Art. 51 ff. BGG.

1.2 Staatshaftung (lit. a)

5   Unter **Staatshaftung** sind die Haftungstatbestände des allgemeinen Staatshaftungsrechts zu verstehen (VG und analoge kantonale Gesetzgebungen), aber auch die spezialgesetzlichen Haftungen, welche – wie das privatrechtliche Haftpflichtrecht – die Entschädigungspflicht des Staates an die normalerweise widerrechtliche Verursachung eines Schadens binden, wie z.B. die Haftung nach Art. 46, 426 ff., 955 ZGB, Art. 928 OR, Art. 5 ff. SchKG, Art. 135 MG, Art. 60 BZG, Art. 78 ATSG, Art. 70 und 71a AHVG, Art. 85g und 89a AVIG, ebenso die Staatshaftungen für willkürliche Entscheide über die aufschiebende Wirkung (Art. 55 Abs. 4 VwVG und analoge kantonale Vorschriften) sowie die Haftung für den Schaden infolge widerrechtlicher Vergabeentscheide (Art. 83 BGG N 52).

6   **Nicht** unter die **Staatshaftung** fallen hingegen Entschädigungspflichten aus formeller oder materieller Enteignung, die Entschädigungen und Genugtuungen nach OHG, die Kostenbeteiligung des Staates als Verursacher von Umweltschä-

digungen (Art. 32d und 59 USG und analogen Bestimmungen) oder die Rückerstattung zu Unrecht erhobener Abgaben.

1.3 Öffentlich-rechtliche Arbeitsverhältnisse (lit. b)

Unter lit. b fallen alle vermögensrechtlichen Streitigkeiten aus dem öffentlich-rechtlichen Arbeitsverhältnis, auch wenn es um **Geschlechtsdiskriminierung** geht (Art. 83 BGG N 62). 7

Zum Begriff der öffentlich-rechtlichen Arbeitsverhältnisse s. Art. 83 BGG N 56 f. 8

Zu den **vermögensrechtlichen Angelegenheiten** gehören namentlich Streitigkeiten über die Lohnzahlung mit Einschluss von Nebenleistungen und Teuerungsausgleich. Kraft spezialgesetzlicher Vorschrift können jedoch im Bundesrecht Streitigkeiten über leistungsabhängige Lohnanteile ausser im Falle der Geschlechtsdiskriminierung nicht an die richterliche Instanz und damit auch nicht an das Bundesgericht weitergezogen werden (Art. 36a BPG; Art. 32 Abs. 1 lit. c VGG). 9

Vermögensrechtlich sind auch **Haftungsansprüche** des Arbeitnehmers gegen den Arbeitgeber oder umgekehrt. 10

Die **Auflösung des Arbeitsverhältnisses** ist wohl als vermögensrechtlich zu betrachten, da nicht anzunehmen ist, dass der Gesetzgeber diesbezüglich die Beschwerdemöglichkeit entgegen dem bisherigen Recht aufheben wollte. In jedem Fall vermögensrechtlich ist die im Zusammenhang mit der Auflösung unter Umständen zuzusprechende Entschädigung (Art. 19 BPG bzw. analoge kantonale Regelungen). 11

Soweit eine Streitigkeit **sozialversicherungsrechtlicher** Natur ist (d.h. namentlich auch in Bezug auf berufliche Vorsorge), ist die Beschwerde uneingeschränkt, d.h. auch ohne die Streitwertgrenze gemäss Art. 85 BGG, zulässig. 12

2. *Ausnahmsweise Zulässigkeit (Abs. 2)*

Wenn die Streitwertgrenze nicht erreicht ist, ist die Beschwerde nur zulässig, wenn sich eine Rechtsfrage von **grundsätzlicher Bedeutung** stellt. Zu diesem Begriff s. Art. 74 Abs. 2 lit. a BGG. 13

In der Beschwerdeschrift muss angegeben werden, warum die Rechtsfrage von grundsätzlicher Bedeutung ist (Art. 42 Abs. 2 BGG). Wird die grundsätzliche Bedeutung verneint, tritt das Bundesgericht auf die Beschwerde nicht ein (Art. 109 Abs. 1 BGG). 14

Art. 86

Vorinstanzen im Allgemeinen

¹ Die Beschwerde ist zulässig gegen Entscheide:
a. des Bundesverwaltungsgerichts;
b. des Bundesstrafgerichts;
c. der unabhängigen Beschwerdeinstanz für Radio und Fernsehen;
d. letzter kantonaler Instanzen, sofern nicht die Beschwerde an das Bundesverwaltungsgericht zulässig ist.

² Die Kantone setzen als unmittelbare Vorinstanzen des Bundesgerichts obere Gerichte ein, soweit nicht nach einem anderen Bundesgesetz Entscheide anderer richterlicher Behörden der Beschwerde an das Bundesgericht unterliegen.

³ Für Entscheide mit vorwiegend politischem Charakter können die Kantone anstelle eines Gerichts eine andere Behörde als unmittelbare Vorinstanz des Bundesgerichts einsetzen.

Autorités précédentes en général

¹ Le recours est recevable contre les décisions:
a. du Tribunal administratif fédéral;
b. du Tribunal pénal fédéral;
c. de l'Autorité indépendante d'examen des plaintes en matière de radiotélévision;
d. des autorités cantonales de dernière instance, pour autant que le recours devant le Tribunal administratif fédéral ne soit pas ouvert.

² Les cantons instituent des tribunaux supérieurs qui statuent comme autorités précédant immédiatement le Tribunal fédéral, sauf dans les cas où une autre loi fédérale prévoit qu'une décision d'une autre autorité judiciaire peut faire l'objet d'un recours devant le Tribunal fédéral.

³ Pour les décisions revêtant un caractère politique prépondérant, les cantons peuvent instituer une autorité autre qu'un tribunal.

Autorità inferiori in generale

¹ Il ricorso è ammissibile contro le decisioni:
a. del Tribunale amministrativo federale;
b. del Tribunale penale federale;
c. dell'autorità indipendente di ricorso in materia radiotelevisiva;
d. delle autorità cantonali di ultima istanza, sempreché non sia ammissibile il ricorso al Tribunale amministrativo federale.

² I Cantoni istituiscono tribunali superiori che giudicano quali autorità di grado immediatamente inferiore al Tribunale federale, in quanto un'altra legge federale non preveda che le decisioni di altre autorità giudiziarie sono impugnabili mediante ricorso al Tribunale federale.

³ Per le decisioni di carattere prevalentemente politico i Cantoni possono istituire quale autorità di grado immediatamente inferiore al Tribunale federale un'autorità diversa da un tribunale.

Inhaltsübersicht Note Seite

		Note	Seite
I.	Bisheriges Recht und Entstehungsgeschichte	1	343
II.	Kommentar	2	344
	1. Bedeutung	2	344
	2. Mögliche Vorinstanzen (Abs. 1)	3	344
	2.1 Bundesverwaltungsgericht (lit. a)	3	344
	2.2 Bundesstrafgericht (lit. b)	6	345
	2.3 Unabhängige Beschwerdeinstanz für Radio und Fernsehen (UBI) (lit. c)	7	345
	2.4 Letzte kantonale Instanzen (lit. d)	8	345
	3. Kantonale Gerichte (Abs. 2)	13	346
	4. Andere Vorinstanzen (Abs. 3)	20	348
	5. Übergangsrecht	25	349

I. Bisheriges Recht und Entstehungsgeschichte

Altes Recht: Die Vorinstanzen der Verwaltungsgerichtsbeschwerde waren in Art. 98 OG (und in Bezug auf das EVG in Art. 128 OG) geregelt, diejenigen der staatsrechtlichen Beschwerde in Art. 86 OG. Die Verpflichtung, als letzte kantonale Instanzen richterliche Behörden einzusetzen, ergab sich aus Art. 98a Abs. 1 OG (in der Fassung vom 4.10.1991) und in Bezug auf das Sozialversicherungsrecht aus Art. 57 ATSG. 1

Entwurf der Expertenkommission: Art. 78.

Entwurf des Bundesrates: Art. 80; in Abs. 1 lit. b war die Beschwerde gegen Entscheide des Bundesstrafgerichts nur auf dem Gebiet des Arbeitsverhältnisses des Personals des Bundesverwaltungsgerichts vorgesehen (BBl 2001 4325–4327).

Der Ständerat ergänzte dies um die Richter des Bundesverwaltungsgerichts und stimmte im Übrigen zu (Amtl. Bull. S vom 23.9.2003 S. 909).

Der Nationalrat fügte für den Fall des Inkrafttretens des BGÖ zusätzlich das Gebiet des Zugangs zu amtlichen Dokumenten bei (Amtl. Bull. N vom 5.10.2004 S. 1607).

In der Differenzbereinigung strich der Ständerat auf Antrag des Bundesrates (im Zusammenhang mit der Zulassung der Beschwerde in Rechtshilfesachen) die Einschränkung überhaupt, liess somit die Beschwerde gegen Entscheide des Bundesstrafgerichts generell zu (Amtl. Bull. S vom 8.3.2005 S. 136 f.).

Nationalrat: Zustimmung (Amtl. Bull. N vom 6.6.2005 S. 647).

II. Kommentar

1. Bedeutung

2 Art. 86 BGG definiert zusammen mit Art. 82 BGG die **möglichen Anfechtungsobjekte** der öffentlich-rechtlichen Beschwerde. Es können nur Akte der in Art. 86 BGG genannten Instanzen angefochten werden. Namentlich sind **Entscheide des Bundesrates und der Bundesversammlung** beim Bundesgericht nicht anfechtbar (vgl. Art. 189 Abs. 4 BV). Dies gilt selbst dann, wenn ausnahmsweise Akte des Bundesrates gerichtlich anfechtbar sind: Sie müssen vorgängig beim Bundesverwaltungsgericht angefochten werden (Art. 32 Abs. 1 lit. a und Art. 33 lit. a VGG), dessen Entscheid dann an das Bundesgericht weitergezogen werden kann. Auch alle anderen Entscheide, die nicht bei einer der in Art. 86 BGG genannten Instanzen angefochten werden können, sind beim Bundesgericht nicht anfechtbar, so diejenigen Entscheide der Bundesverwaltung, gegen welche die Beschwerde an das Bundesverwaltungsgericht aufgrund von Art. 32 VGG ausgeschlossen ist.

2. Mögliche Vorinstanzen (Abs. 1)

2.1 Bundesverwaltungsgericht (lit. a)

3 Das Bundesverwaltungsgericht kann als Vorinstanz des Bundesgerichts auf **Beschwerde** hin (Art. 31 ff. VGG) oder auf **Klage** hin (Art. 35 VGG) entscheiden.

4 Für Entscheide, die erstinstanzlich von Bundesverwaltungsbehörden getroffen werden, führt der **ordentliche Beschwerdeweg** zunächst an das **Bundesverwaltungsgericht** (Art. 31 VGG), dessen Entscheid sodann beim Bundesgericht anfechtbar ist, soweit keine der Ausnahmen von Art. 83–85 BGG greift. Dies gilt nicht nur für Entscheide der Zentralverwaltung (Departemente und Ämter), sondern auch für die Entscheide der Anstalten und Betriebe des Bundes (allenfalls nach einem anstaltsinternen Rechtsmittelweg, so z.B. im Bereich der ETH, vgl. Art. 37 und 37a ETHG), eidgenössischer Kommissionen, von Schiedsgerichten aufgrund öffentlich-rechtlicher Verträge sowie von Instanzen und Organisationen ausserhalb der Bundesverwaltung, die in Erfüllung ihnen übertragener öffentlich-rechtlicher Aufgaben des Bundes verfügen (Art. 33 VGG), auch wenn diese privatrechtlich organisiert sind (vgl. z.B. bzgl. der Billag BGE 130 III 524, 529).

5 Vorbehalten sind **spezialgesetzliche Regelungen**, kraft deren Entscheide eidgenössischer Anstalten und Organisationen bei **kantonalen Gerichten** anfechtbar sind, namentlich die Verfügungen der SUVA über Leistungen aus der Unfallversicherung oder Militärversicherung (Art. 56 ff. ATSG). Umgekehrt können aus-

nahmsweise kantonale Entscheide beim Bundesverwaltungsgericht angefochten werden (Art. 33 lit. i VGG; unten N 11).

2.2 Bundesstrafgericht (lit. b)

Ausnahmsweise entscheidet das Bundesstrafgericht in verwaltungsrechtlichen Streitigkeiten. In diesen Fällen sind seine Entscheide beim Bundesgericht nicht mit der strafrechtlichen, sondern unter Vorbehalt der Art. 83–85 BGG mit der öffentlich-rechtlichen Beschwerde anfechtbar. Es betrifft dies Entscheide im Bereich der **Rechtshilfe in Strafsachen** (Art. 28 Abs. 1 lit. e SGG und Art. 25 Abs. 1 IRSG, je in der Fassung gemäss VGG; vgl. Art. 84 N 3), Entscheide betreffend die **Überwachung des Fernmeldeverkehrs** (Art. 28 Abs. 1 lit. g^{bis} SGG und Art. 10 Abs. 5 lit. a BÜPF, je in der Fassung gemäss VGG; vgl. Art. 83 BGG N 96) sowie **personalrechtliche Entscheide des Bundesverwaltungsgerichts** betreffend sein eigenes Personal (Art. 36 Abs. 4 BPG, Art. 28 Abs. 1 lit. h SGG in der Fassung gemäss VGG; vgl. Art. 83 BGG N 60).

2.3 Unabhängige Beschwerdeinstanz für Radio und Fernsehen (UBI) (lit. c)

Im Unterschied zu den Rekurskommissionen wurde die UBI (vgl. dazu Art. 58 ff. RTVG [Art. 82 ff. rev RTVG]) nicht in das Bundesverwaltungsgericht integriert. Sie entscheidet über Beschwerden betreffend **Beanstandungen von Radio- und Fernsehsendungen** (Art. 62 ff. RTVG [Art. 94 ff. rev.RTVG]).

2.4 Letzte kantonale Instanzen (lit. d)

Soweit die Rechtsanwendung kantonalen Behörden obliegt, sind zunächst die **kantonalen Instanzenzüge** zu durchlaufen, welche sich unter Vorbehalt von Art. 86 Abs. 2 und 3 BGG oder allfälliger bundesrechtlicher Spezialgesetze nach kantonalem Recht richten. Erst gegen den Entscheid der letzten kantonalen Instanz ist die Beschwerde an das Bundesgericht zulässig.

Als kantonal gelten auch **Organisationen ausserhalb der Kantonsverwaltung**, welche öffentliche Aufgaben des kantonalen Rechts wahrnehmen, aber auch Private, die öffentlich-rechtliche Aufgaben des Bundesrechts wahrnehmen, aber durch die Rechtsordnung als den Kantonen zugehörig bezeichnet werden, wie die privaten Krankenkassen und Unfallversicherer.

Als kantonal gelten auch **interkantonale Instanzen** (Urteil 2P.113/2003 vom 15.9.2003, E. 1.1). Auch dabei müssen vor dem Bundesgericht die Instanzenzüge, die sich aus der interkantonalrechtlichen Grundlage ergeben (vgl. Art. 16 FiLaG), durchlaufen werden.

11 Vorbehalten sind gemäss dem Nebensatz Fälle, in denen gegen die Entscheide **kantonaler Instanzen** die **Beschwerde an das Bundesverwaltungsgericht** zulässig ist. Dieser Instanzenzug von einer letzten kantonalen Instanz an das Bundesverwaltungsgericht ist atypisch. Er kommt nur ausnahmsweise vor (Art. 33 lit. i VGG), namentlich im Bereich der Landwirtschaft (Art. 166 Abs. 2 LwG in der Fassung gemäss VGG) sowie im Bereich der Spitalplanung und des medizinischen Tarifwesens (Art. 34 VGG), wobei dann allerdings die Beschwerde an das Bundesgericht nicht zulässig ist (Art. 83 lit. r BGG).

12 Der **Vorbehalt** bezüglich der Beschwerde an das Bundesverwaltungsgericht bezog sich entstehungsgeschichtlich auch auf die Beschwerde in Rechtshilfesachen. In diesem Gebiet sollte nach dem Entwurf des Bundesrates die Beschwerde an das Bundesgericht unzulässig (Art. 83 N 5 f.) und trotzdem zwecks Gewährleistung der Rechtseinheit auch gegen kantonale Entscheide eine eidgenössische Beschwerdeinstanz in Form des Bundesverwaltungsgerichts bestehen (BBl 2001 4324, 4390). Im Laufe der Beratungen wurde die Zuständigkeit zur Behandlung solcher Beschwerden an das Bundesstrafgericht übertragen (Art. 28 Abs. 1 lt. e SGG und Art. 25 Abs. 1 sowie Art. 80e IRSG, je i.d.F. gemäss VGG), aber der Vorbehalt in Art. 86 Abs. 1 lit. d BGG nicht angepasst. Selbstverständlich ist aber die direkte Beschwerde an das Bundesgericht auch in diesen Fällen unzulässig.

3. Kantonale Gerichte (Abs. 2)

13 Schon nach Art. 98a OG waren die Kantone verpflichtet, als Vorinstanzen der Verwaltungsgerichtsbeschwerde **richterliche Behörden** einzusetzen. Art. 86 Abs. 2 BGG übernimmt diese Regelung. Ihr Anwendungsbereich wird aber wesentlich erweitert dadurch, dass die öffentlich-rechtliche Beschwerde an das Bundesgericht neu auch in kantonalrechtlichen Angelegenheiten zulässig ist, in denen bisher nur die staatsrechtliche Beschwerde möglich war. Auch in diesen Fällen ist somit nun ein gerichtlicher Rechtsschutz auf kantonaler (sowie auf allfälliger interkantonaler, vgl. Art. 16 FiLaG) Ebene vorgeschrieben (BBl 2001 4326, 4354). Das entspricht Art. 29a BV, welcher für alle Streitigkeiten eine gerichtliche Überprüfung vorschreibt, womit mindestens eine Instanz gemeint ist, welche die Rechtsanwendung und die Sachverhaltsfeststellung frei überprüft (KLEY, St. Galler Kommentar zur BV, Art. 29a N 6; TOPHINKE, S. 91). Da das Bundesgericht im Rahmen der öffentlich-rechtlichen Beschwerde das kantonale Recht und den Sachverhalt nur eingeschränkt überprüft (Art. 95 lit. c und Art. 97 BGG), kann es in kantonalrechtlichen Angelegenheiten nicht die Aufgabe der nach Art. 29a BV vorgeschriebenen Instanz wahrnehmen, weshalb dies durch ein kantonales Gericht erfolgen muss.

Die letzte kantonale Instanz muss eine Institution sein, welche die **Anforderungen an ein unabhängiges Gericht** (Art. 30 Abs. 1 und Art. 191c BV; Art. 6 Ziff. 1 EMRK) erfüllt. Als Gerichte gelten auch Schiedsgerichte, und zwar sowohl die aufgrund spezialgesetzlicher Regeln (z.B. Art. 89 KVG) eingesetzten als auch die vertraglich vereinbarten Schiedsgerichte (vgl. Art. 33 lit. g VGG). 14

Es muss sich um ein «**oberes**» Gericht handeln. Im Unterschied zu Art. 75 Abs. 2 und Art. 80 Abs. 2 BGG ist nicht vorgeschrieben, dass das obere kantonale Gericht als Rechtsmittelinstanz entscheiden muss. Es ist daher zulässig, wenn ein kantonales Verwaltungsgericht im Verfahren der **ursprünglichen Verwaltungsrechtspflege** als einzige kantonale Instanz entscheidet. Das ist teilweise sogar bundesrechtlich vorgeschrieben (Art. 89 KVG; Art. 73 BVG) und ist auch in anderen Bereichen zulässig, so z.B. – wie das in manchen Kantonen der Fall ist – für den Bereich der Staatshaftung oder für Streitigkeiten aus öffentlich-rechtlichen Verträgen oder öffentlich-rechtlichen Arbeitsverhältnissen (AEMISEGGER, S. 145; MOOR, S. 168 f.). 15

Auch in der **nachträglichen Verwaltungsrechtspflege** wird kein mehrstufiger gerichtlicher Instanzenzug auf kantonaler Ebene verlangt; kennt ein Kanton nur eine gerichtliche Instanz, gilt diese automatisch als oberes Gericht. Wenn aber ein Kanton mehrere aufeinanderfolgende gerichtliche Instanzen kennt, muss er (unter Vorbehalt des Nebensatzes, s. N 19) als letzte Instanz die höchste vorsehen (BBl 2001 4326). 16

Es ist nicht ein einheitliches oberes Gericht erforderlich, das für sämtliche verwaltungsrechtlichen Materien zuständig ist. Es ist ohne weiteres zulässig, **verschiedene** voneinander unabhängige Gerichte als jeweils in ihrem Bereich **oberste Instanzen** vorzusehen, z.B. Verwaltungsgericht, Sozialversicherungsgericht, Steuergericht, Spezialrekurskommissionen usw. (MOOR, S. 157, 166 ff.; LUGON/POLTIER/TANQUEREL, S. 113 ff.). 17

Die Pflicht zur Einsetzung gerichtlicher Vorinstanzen besteht nur dann, wenn **unmittelbar** gegen den kantonalen Entscheid die Beschwerde an das Bundesgericht zulässig ist. In denjenigen Fällen, in denen spezialgesetzlich ein kantonaler Entscheid beim Bundesverwaltungsgericht oder Bundesstrafgericht anfechtbar ist (N 11 f.), braucht vorgängig kein kantonales Gericht zu entscheiden. 18

Der Nebensatz enthält einen Vorbehalt für den Fall, dass ein Bundesgesetz die Beschwerde an das Bundesgericht direkt gegen Entscheide einer unteren kantonalen Instanz erlaubt. Das gilt namentlich für das **Steuerrecht**, wo nach Art. 146 DBG der Entscheid der kantonalen Bundessteuerrekurskommission direkt beim Bundesgericht anfechtbar ist, wenn das kantonale Recht nicht einen Weiterzug an das kantonale Verwaltungsgericht vorsieht (BBl 2001 4326 f.) 19

4. Andere Vorinstanzen (Abs. 3)

20 Art. 29a BV erlaubt **Ausnahmen** vom Erfordernis einer kantonalen gerichtlichen Überprüfung. Diese Ausnahmen werden in Bezug auf die kantonalen Vorinstanzen des Bundesgerichts durch Art. 86 Abs. 3, Art. 87 und Art. 88 Abs. 2 BGG konkretisiert. Da in allen anderen Fällen aufgrund des BGG eine kantonale gerichtliche Überprüfung bestehen muss, was auch dann gilt, wenn nur die subsidiäre Verfassungsbeschwerde zulässig ist (Art. 114 BGG N 5), regelt das BGG die Ausnahmen von der gerichtlichen Überprüfbarkeit i.S. von Art. 29a BV insoweit auch im kantonalen Bereich **abschliessend** (BBl 2006 3075 f.; AUER, S. 135 f.). In dem vom BGG offen gelassenen Spielraum bestimmt freilich bezüglich kantonalrechtlicher Hoheitsakte (BBl 1997 I 524) das kantonale Recht diese Ausnahmen.

21 Der Begriff des **vorwiegend politischen Charakters** ist allerdings hochgradig unbestimmt und wird durch die Gerichtspraxis zu konkretisieren sein. Kriterien sind namentlich die fehlende Justiziabilität sowie die spezifische Ausgestaltung der demokratischen Mitwirkungsrechte und die damit verbundenen Aspekte der Gewaltenteilung (BBl 1997 I 524). Ein Sachverhalt ist umso weniger **justiziabel**, je weniger das betreffende Gebiet rechtlich normiert ist (KLEY, St. Galler Kommentar zur BV, Art. 29a N 13; MADER, S. 14; TOPHINKE, S. 97 Anm. 48). Ein wesentliches Indiz für den politischen Charakter ist (mit Rücksicht auf **Gewaltenteilungsüberlegungen**) der Umstand, dass eine Frage in der Zuständigkeit einer politischen Behörde (Parlament, Regierung) liegt. Allerdings ist nicht jeder Regierungsentscheid automatisch politisch. Hingegen sind per definitionem Entscheide, die im **direktdemokratischen Verfahren** ergehen, politische Entscheide (KLEY, St. Galler Kommentar zur BV, Art. 29a N 18): Die Stimmberechtigten sind – im Unterschied zu Behörden – nicht verpflichtet, nach rechtlichen Kriterien zu entscheiden, sondern sie entscheiden verfassungsrechtlich garantiert (Art. 34 Abs. 2 BV) nach ihrer freien Willensbildung. Nach diesem Kriterium sind demnach z.B. direktdemokratisch gefällte Entscheide über **Nutzungspläne** als politische Entscheide zu qualifizieren, ebenso direktdemokratisch beschlossene **Verwaltungsakte** (z.B. über Konzessionen; KLEY, St. Galler Kommentar zur BV, Art. 29a N 20).

22 In Materialien und Literatur werden darüber hinaus folgende Entscheide als politische Entscheide genannt: Die klassischen **actes de gouvernement** (BBl 1997 I 524), jedenfalls soweit sie nicht in individuelle Rechtspositionen eingreifen (KLEY, St. Galler Kommentar zur BV, Art. 29a N 14 f.; MÜLLER, S. 161 ff., 170; TOPHINKE, S. 98 f.), namentlich Massnahmen auf dem Gebiet der inneren und äusseren Sicherheit (vgl. Art. 83 lit. a BGG; Art. 32 Abs. 1 lit. a VGG; TOPHINKE, S. 98 f.), **Richtpläne** (BBl 2001 4327; KLEY, St. Galler Kommentar zur BV, Art. 29a N 17; KOLLER, S. 81; TOPHINKE, S. 100 f.), soweit sie überhaupt als anfechtbare Entscheide betrachtet werden können (Art. 82 BGG N 23), oder die

Begnadigung (KLEY, St. Galler Kommentar zur BV, Art. 29a N 19; SCHWEIZER, S. 227; TOPHINKE, S. 102 f.). Der Schlussbericht der Expertenkommission, S. 93, nennt auch die **Einbürgerung**. Diese Frage wird in der laufenden Revision des BüG voraussichtlich spezialgesetzlich geregelt werden.

Ebenso dürften kantonale Entscheide als politisch qualifiziert werden, wenn sie analoge Fragen regeln wie diejenigen, welche auch auf Bundesebene mit Rücksicht auf ihren politischen Charakter von einer gerichtlichen Überprüfung ausgenommen sind (Art. 32 Abs. 1 VGG), also etwa Entscheide über die Errichtung oder Schliessung von **öffentlichen Einrichtungen** (Schulen, Spitäler u. dgl.) oder über die Erteilung von **Konzessionen** von erheblicher politischer Bedeutung (Wasserkraft-, Bergregal- oder Sondernutzungskonzessionen). 23

Die Kantone sind **frei**, von der Ausnahmekompetenz nach Art. 86 Abs. 3 Gebrauch zu machen; sie können auch die vorwiegend politischen Entscheide einer kantonalen gerichtlichen Überprüfung unterstellen. Jedoch darf dadurch nicht der politische Gestaltungsspielraum der demokratischen Behörden oder der Stimmberechtigten (Art. 34 Abs. 2 BV) beschränkt werden. 24

5. Übergangsrecht

Für die Anpassung der kantonalen Zuständigkeitsordnung gilt eine zweijährige **Übergangsfrist** (Art. 130 Abs. 3 BGG). 25

Art. 87

Vorinstanzen bei Beschwerden gegen Erlasse

¹ Gegen kantonale Erlasse ist unmittelbar die Beschwerde zulässig, sofern kein kantonales Rechtsmittel ergriffen werden kann.

² Soweit das kantonale Recht ein Rechtsmittel gegen Erlasse vorsieht, findet Artikel 86 Anwendung.

Autorités précédentes en cas de recours contre un acte normatif

¹ Le recours est directement recevable contre les actes normatifs cantonaux qui ne peuvent faire l'objet d'un recours cantonal.

² Lorsque le droit cantonal prévoit un recours contre les actes normatifs, l'art. 86 est applicable.

Autorità inferiori in caso di ricorsi contro atti normativi

¹ Gli atti normativi cantonali sono direttamente impugnabili mediante ricorso se non è possibile avvalersi di alcun rimedio giuridico cantonale.

² Se il diritto cantonale prevede un rimedio giuridico contro gli atti normativi, si applica l'articolo 86.

Inhaltsübersicht	Note	Seite
I. Bisheriges Recht und Entstehungsgeschichte	1	350
II. Kommentar	2	350
1. Unmittelbare Beschwerde (Abs. 1)	2	350
2. Anwendbarkeit von Art. 86 BGG (Abs. 2)	5	351

I. Bisheriges Recht und Entstehungsgeschichte

1 Altes Recht: Gegen (kantonale) Erlasse war bisher einzig die staatsrechtliche Beschwerde zulässig. Auch dafür galt die Erschöpfung eines allfälligen kantonalrechtlichen Instanzenzugs als Voraussetzung (Art. 86 Abs. 1 OG).

Entwurf der Expertenkommission: Art. 79.

Entwurf des Bundesrates: Art. 81 (BBl 2001 4327).

Ständerat: Zustimmung (Amtl. Bull. S vom 23.9.2003 S. 909).

Nationalrat: Zustimmung (Amtl. Bull. N vom 5.10.2004 S. 1607).

II. Kommentar

1. Unmittelbare Beschwerde (Abs. 1)

2 Das BGG schreibt den Kantonen keine kantonalrechtliche abstrakte Normenkontrolle vor, sondern erlaubt, Erlasse (dazu Art. 82 BGG N 46 ff.) unmittel-

bar beim Bundesgericht anzufechten, ohne ein kantonales Rechtsmittelverfahren durchlaufen zu müssen. Dies gilt auch für kommunale oder interkommunale Erlasse oder Erlasse anderer kantonaler Körperschaften. Dies steht im Einklang mit Art. 29a BV, da diese Bestimmung nur für konkrete Streitigkeiten gilt, nicht für die abstrakte Normenkontrolle (KLEY, St. Galler Kommentar zur BV, Art. 29a N 6).

Die Regelung in den Kantonen ist unterschiedlich: Einige sehen ein abstraktes Normenkontrollverfahren nur gegen kommunale Erlasse vor, andere auch gegen kantonale Erlasse, aber oft differenziert zwischen verschiedenen Erlassstufen (z.b. zwischen referendumspflichtigen und nicht referendumspflichtigen Erlassen; vgl. PFISTERER, S. 307).

In Bezug auf eidgenössische Erlasse stellt sich die Frage nicht, da solche ohnehin nicht abstrakt anfechtbar sind (Art. 82 lit. b BGG).

2. Anwendbarkeit von Art. 86 BGG (Abs. 2)

Der Verweis auf Art. 86 BGG bezieht sich vor allem auf dessen Abs. 1 lit. d, d.h. das Erfordernis der **Erschöpfung des kantonalen Instanzenzugs**: Soweit das kantonale Recht ein Rechtsmittelverfahren vorsieht, muss dieses vorgängig der Beschwerde an das Bundesgericht vollständig durchlaufen werden.

Die Verweisung erstreckt sich an sich auch auf Art. 86 Abs. 2 BGG, so dass – sofern das kantonale Recht eine abstrakte Normenkontrolle vorsieht – diese durch eine **gerichtliche Instanz** erfolgen müsste (TOPHINKE, S. 104; LUGON/POLTIER/TANQUEREL, S. 117; im Ergebnis ebenso MÜLLER, S. 161 ff., 175). Da sich aber der Verweis ebenso auf Abs. 3 von Art. 86 BGG erstreckt und der Erlass generell-abstrakter Rechtssätze regelmässig einen vorwiegend politischen Charakter i.S. dieser Bestimmung hat, können die Kantone auch eine **nichtgerichtliche Normenkontrollinstanz** vorsehen (z.B. Regierungsrat als Normenkontrollinstanz für kommunale Erlasse). Es wäre widersprüchlich, wenn das Bundesrecht den Kantonen freistellen würde, ob sie überhaupt ein abstraktes Normenkontrollverfahren vorsehen wollen, bejahendenfalls aber eine gerichtliche Überprüfung vorschreiben würde.

Die meisten Kantone sehen vor, dass (alle oder bestimmte) kommunale Erlasse durch eine kantonale politische Behörde (z.B. Kantonsregierung) genehmigt werden müssen. Ein solches **Genehmigungsverfahren** kann nur dann als Rechtsmittelverfahren betrachtet werden, wenn in seinem Rahmen auch Private den zu genehmigenden Erlass anfechten können, nicht aber, wenn es ein rein behördliches Verfahren ist.

Art. 88

Vorinstanzen in Stimmrechtssachen

¹ Beschwerden betreffend die politische Stimmberechtigung der Bürger und Bürgerinnen sowie betreffend Volkswahlen und -abstimmungen sind zulässig:
a. in kantonalen Angelegenheiten gegen Akte letzter kantonaler Instanzen;
b. in eidgenössischen Angelegenheiten gegen Verfügungen der Bundeskanzlei und Entscheide der Kantonsregierungen.

² Die Kantone sehen gegen behördliche Akte, welche die politischen Rechte der Stimmberechtigten in kantonalen Angelegenheiten verletzen können, ein Rechtsmittel vor. Diese Pflicht erstreckt sich nicht auf Akte des Parlaments und der Regierung.

Autorités précédentes en matière de droits politiques

¹ Le recours concernant le droit de vote des citoyens ainsi que les élections et votations populaires est recevable:
a. en matière cantonale, contre les actes d'autorités cantonales de dernière instance;
b. en matière fédérale, contre les décisions de la Chancellerie fédérale et des gouvernements cantonaux.

² Les cantons prévoient une voie de recours contre tout acte d'autorité qui est susceptible de violer les droits politiques cantonaux des citoyens. Cette obligation ne s'étend pas aux actes du parlement et du gouvernement.

Autorità inferiori in materia di diritti politici

¹ I ricorsi concernenti il diritto di voto dei cittadini nonché le elezioni e votazioni popolari sono ammissibili:
a. in materia cantonale, contro gli atti delle autorità cantonali di ultima istanza;
b. in materia federale, contro le decisioni della Cancelleria federale e dei Governi cantonali.

² I Cantoni prevedono un rimedio giuridico contro gli atti delle autorità che possono violare i diritti politici dei cittadini in materia cantonale. Quest'obbligo non si estende agli atti del Parlamento e del Governo.

Inhaltsübersicht

	Note	Seite
I. Bisheriges Recht und Entstehungsgeschichte	1	353
II. Kommentar	2	353
1. Zulässigkeit der Beschwerde (Abs. 1)	2	353
1.1 Kantonale Angelegenheiten (lit. a)	3	353
1.2 Eidgenössische Angelegenheiten (lit. b)	5	353
2. Anforderungen an die kantonalen Rechtsmittelwege (Abs. 2)	9	354

I. Bisheriges Recht und Entstehungsgeschichte

Altes Recht: In eidgenössischen Stimmrechtssachen war die Verwaltungsgerichtsbeschwerde nach Art. 98 lit. b OG zulässig gegen Verfügungen der Bundeskanzlei (in den Fällen von Art. 80 Abs. 2 und 3 BPR). In kantonalrechtlichen Stimmrechtsangelegenheiten war die staatsrechtliche Beschwerde (Art. 85 lit. a OG) zulässig gegen letztinstanzliche kantonale Entscheide (Art. 86 Abs. 1 OG).

Entwurf der Expertenkommission: Art. 80.

Entwurf des Bundesrates: Art. 82 (BBl 2001 4327 f.).

Ständerat: Zustimmung (Amtl. Bull. S vom 23.9.2003 S. 909).

Nationalrat: Zustimmung (Amtl. Bull. N vom 5.10.2004 S. 1607).

II. Kommentar

1. Zulässigkeit der Beschwerde (Abs. 1)

Art. 88 BGG ist in Bezug auf die Stimmrechtsbeschwerde **lex specialis** gegenüber Art. 86 BGG. Sein Anwendungsbereich stimmt mit demjenigen von Art. 82 lit. c BGG überein (s. dazu Art. 82 BGG N 53 ff.). Er differenziert zwischen eidgenössischen und kantonalen Angelegenheiten.

1.1 Kantonale Angelegenheiten (lit. a)

Kantonale Stimmrechtsangelegenheiten sind alle diejenigen, in denen Volkswahlen und -abstimmungen aufgrund kantonalen (mit Einschluss des kommunalen) Rechts durchgeführt werden. Darunter fällt auch die Wahl der Ständeräte (Art. 150 Abs. 3 BV).

Entsprechend Art. 86 BGG muss vor Anrufung des Bundesgerichts der kantonale **Instanzenzug** ausgeschöpft werden. Dieser richtet sich unter Vorbehalt von Abs. 2 nach kantonalem Recht.

1.2 Eidgenössische Angelegenheiten (lit. b)

Eidgenössische Stimmrechtsangelegenheiten sind die vom eidgenössischen Recht geregelten Volkswahlen und -abstimmungen, nämlich die eidgenössischen Volksinitiativen (Art. 138 ff. BV), die Referenden (Art. 140 ff. BV) sowie die Wahl des Nationalrates (Art. 149 BV).

6 Zulässig ist die Beschwerde nur gegen Verfügungen der **Bundeskanzlei** und Entscheide der **Kantonsregierungen**. Nicht anfechtbar sind Entscheide der Bundesversammlung und des Bundesrates (s. Art. 82 BGG N 69).

7 Bei den anfechtbaren **Verfügungen der Bundeskanzlei** handelt es sich um die Verfügungen über das (formelle) Zustandekommen einer Volksinitiative (Art. 72 BPR) oder eines (fakultativen) Volks- oder Kantonsreferendums (Art. 66 und Art. 67b BPR) sowie über die formelle Gültigkeit der Unterschriftenliste (Art. 69 Abs. 1 BPR) und betreffend den Titel einer Volksinitiative (Art. 69 Abs. 2 BPR; vgl. Art. 80 Abs. 2 und 3 BPR in der Fassung gemäss BGG). Es ist dies der einzige Fall, in dem eine Verfügung einer Bundesverwaltungsstelle direkt beim Bundesgericht (und nicht vorher beim Bundesverwaltungsgericht) anfechtbar ist (vgl. auch Art. 32 Abs. 1 lit. b VGG; BBl 2001 4328).

8 Bei den **Entscheiden der Kantonsregierungen** handelt es sich um die Beschwerdeentscheide über Stimmrechtsbeschwerden, Abstimmungsbeschwerden und (Nationalrats-)Wahlbeschwerden (Art. 77 und Art. 80 Abs. 1 BPR). Diese Rechtsmittelordnung ist für die eidgenössischen Stimmrechtssachen abschliessend bundesrechtlich geregelt. Eine vorgängige Überprüfung des Beschwerdeentscheids einer Kantonsregierung durch ein kantonales Gericht ist ausgeschlossen (BBl 2001 4328).

2. *Anforderungen an die kantonalen Rechtsmittelwege (Abs. 2)*

9 Abs. 2 bezieht sich einzig auf die **kantonalen Stimmrechtsangelegenheiten**. Die Zuständigkeiten der kantonalen Behörden als Rechtsmittelinstanzen in eidgenössischen Angelegenheiten sind abschliessend bundesrechtlich geregelt (N 8).

10 Als **Grundsatz** muss auch in kantonalen Stimmrechtssachen gegen alle Entscheide ein **Rechtsmittel** möglich sein. Entgegen den normalen Anforderungen (Art. 86 Abs. 2 BGG) muss die Rechtsmittelinstanz jedoch **keine gerichtliche Instanz** sein (BBl 2001 4327; LUGON/POLTIER/TANQUEREL, S. 117). In vielen Kantonen ist z.B. die Regierung zuständig für Beschwerden in Stimmrechtsangelegenheiten. Denkbar sind auch das Kantonsparlament oder die Staatskanzlei oder eine andere politische oder Verwaltungsbehörde. Soweit darin angesichts der freien Rechtsüberprüfung durch das Bundesgericht (Art. 95 lit. d BGG) überhaupt eine Ausnahme von der Rechtsweggarantie erblickt wird, ist diese durch Art. 29a Satz 2 BV abgedeckt (BBl 2001 4327).

11 Als **Ausnahme vom Grundsatz** muss gegen Akte des Parlaments und der Regierung überhaupt kein kantonales Rechtsmittel möglich sein. Dies entspricht der in den meisten Kantonen geltenden Regelung. Als **Akte des Parlaments** kommen namentlich in Frage der Entscheid über die Zulässigkeit von Volksinitiativen, die

Erwahrung der Ergebnisse der Parlamentswahl oder die Unterstellung eines Parlamentsakts unter das Referendum. Als **Akte der Regierung** kommen namentlich in Frage der Entscheid über die Ansetzung des Abstimmungstermins, die Erwahrung der Abstimmungsergebnisse oder das Inkrafttreten eines vom Volk genehmigten Akts, aber auch Realhandeln der Regierung (z.B. Interventionen in den Abstimmungskampf), also die wesentlichen Akte im Zusammenhang mit kantonalen Wahlen und Abstimmungen. Der Grundsatz, dass ein Rechtsmittel bestehen muss, kommt demnach hauptsächlich bei kommunalen Wahlen und Abstimmungen zum Tragen.

Der Dispens gemäss Abs. 2 ist **fakultativ**. Die Kantone sind frei, in kantonalen Stimmrechtssachen ein kantonales gerichtliches Rechtsmittel vorzusehen. Soweit eine solche Möglichkeit besteht, muss sie vor Anrufung des Bundesgerichts ausgeschöpft werden (Abs. 1 lit. a). 12

Art. 89

Beschwerderecht

¹ Zur Beschwerde in öffentlich-rechtlichen Angelegenheiten ist berechtigt, wer:
a. vor der Vorinstanz am Verfahren teilgenommen hat oder keine Möglichkeit zur Teilnahme erhalten hat;
b. durch den angefochtenen Entscheid oder Erlass besonders berührt ist; und
c. ein schutzwürdiges Interesse an dessen Aufhebung oder Änderung hat.

² Zur Beschwerde sind ferner berechtigt:
a. die Bundeskanzlei, die Departemente des Bundes oder, soweit das Bundesrecht es vorsieht, die ihnen unterstellten Dienststellen, wenn der angefochtene Akt die Bundesgesetzgebung in ihrem Aufgabenbereich verletzen kann;
b. das zuständige Organ der Bundesversammlung auf dem Gebiet des Arbeitsverhältnisses des Bundespersonals;
c. Gemeinden und andere öffentlich-rechtliche Körperschaften, wenn sie die Verletzung von Garantien rügen, die ihnen die Kantons- oder Bundesverfassung gewährt;
d. Personen, Organisationen und Behörden, denen ein anderes Bundesgesetz dieses Recht einräumt.

³ In Stimmrechtssachen (Art. 82 Bst. c) steht das Beschwerderecht ausserdem jeder Person zu, die in der betreffenden Angelegenheit stimmberechtigt ist.

Qualité pour recourir

¹ A qualité pour former un recours en matière de droit public quiconque:
a. a pris part à la procédure devant l'autorité précédente ou a été privé de la possibilité de le faire;
b. est particulièrement atteint par la décision ou l'acte normatif attaqué, et
c. a un intérêt digne de protection à son annulation ou à sa modification.

² Ont aussi qualité pour recourir:
a. la Chancellerie fédérale, les départements fédéraux ou, pour autant que le droit fédéral le prévoie, les unités qui leur sont subordonnées, si l'acte attaqué est susceptible de violer la législation fédérale dans leur domaine d'attributions;
b. l'organe compétent de l'Assemblée fédérale en matière de rapports de travail du personnel de la Confédération;
c. les communes et les autres collectivités de droit public qui invoquent la violation de garanties qui leur sont reconnues par la constitution cantonale ou la Constitution fédérale;
d. les personnes, organisations et autorités auxquelles une autre loi fédérale accorde un droit de recours.

	³ En matière de droits politiques (art. 82, let. c), quiconque a le droit de vote dans l'affaire en cause a qualité pour recourir.
Diritto di ricorso	¹ Ha diritto di interporre ricorso in materia di diritto pubblico chi: a. ha partecipato al procedimento dinanzi all'autorità inferiore o è stato privato della possibilità di farlo; b. è particolarmente toccato dalla decisione o dall'atto normativo impugnati; e c. ha un interesse degno di protezione all'annullamento o alla modifica degli stessi. ² Hanno inoltre diritto di ricorrere: a. la Cancelleria federale, i dipartimenti federali o, in quanto lo preveda il diritto federale, i servizi loro subordinati, se l'atto impugnato può violare la legislazione federale nella sfera dei loro compiti; b. in materia di rapporti di lavoro del personale federale, l'organo competente dell'Assemblea federale; c. i Comuni e gli altri enti di diritto pubblico, se fanno valere la violazione di garanzie loro conferite dalla costituzione cantonale o dalla Costituzione federale; d. le persone, le organizzazioni e le autorità legittimate al ricorso in virtù di un'altra legge federale. ³ In materia di diritti politici (art. 82 lett. c), il diritto di ricorrere spetta inoltre a chiunque abbia diritto di voto nell'affare in causa.

Inhaltsübersicht   Note   Seite

I.   Bisheriges Recht und Entstehungsgeschichte   1   358
II. Kommentar   2   358
    1. Bedeutung   2   358
    2. Allgemeine Beschwerdebefugnis (Abs. 1)   8   359
        2.1   Allgemeines   8   359
        2.2   Teilnahme am vorinstanzlichen Verfahren (lit. a) 12   360
        2.3   Besonders berührt (lit. b) 16   361
            2.3.1 Verfügungsadressat 16   361
            2.3.2 Drittbeschwerde contra Verfügungsadressat 19   361
            2.3.3 Dritte pro Verfügungsadressat 29   363
            2.3.4 Gegen Erlasse 32   364
        2.4   Schutzwürdiges Interesse (lit. c) 33   365
        2.5   Gemeinwesen 34   365
    3. Besondere Beschwerdebefugnis (Abs. 2) 39   367
        3.1   Bedeutung 39   367
        3.2   Allgemeine Behördenbeschwerde der Bundesbehörden (lit. a) 40   367
        3.3   Organ der Bundesversammlung (lit. b) 49   369
        3.4   Körperschaften zum Schutz von Verfassungsgarantien (lit. c) 51   369
        3.5   Besondere Behörden- und Verbandsbeschwerde (lit. d) 60   370
            3.5.1 Im Allgemeinen 60   370

3.5.2 Beschwerdebefugnisse im Einzelnen	66	371
4. Stimmrechtsbeschwerde (Abs. 3)	67	372

I. Bisheriges Recht und Entstehungsgeschichte

1 Altes Recht: Art. 88 OG (für die staatsrechtliche Beschwerde), Art. 103 OG (für die Verwaltungsgerichtsbeschwerde).

Entwurf der Expertenkommission: Art. 81 (allgemeines Beschwerderecht) und Art. 82 (besonderes Beschwerderecht).

Entwurf des Bundesrates: Art. 83 und 84. Neu gegenüber dem bisherigen Recht war ein Beschwerderecht der Kantonsregierungen vorgesehen gegen Entscheide einer letzten kantonalen Gerichtsinstanz, die für den Kanton bedeutende Mehrausgaben oder einen erheblichen Verlust an Einnahmen zur Folge haben (BBl 2001 4328–4331).

Der Ständerat übernahm diskussionslos die Bestimmung über das allgemeine Beschwerderecht. Im Artikel über die besonderen Beschwerderechte (heute Art. 89 Abs. 2 BGG) ersetzte er in lit. a die Worte «... Akt ihren Aufgabenbereich berührt» durch «...Akt die Bundesgesetzgebung in ihrem Aufgabenbereich verletzen kann». Zudem strich er das neu vorgesehene Beschwerderecht der Kantonsregierungen (Amtl. Bull. S vom 23.9.2003 S. 909).

Nationalrat: Zustimmung (Amtl. Bull. N vom 5.10.2004 S. 1607).

II. Kommentar

1. Bedeutung

2 Art. 89 BGG kombiniert im Wesentlichen die Bestimmungen des OG zur Legitimation im Rahmen der **Verwaltungsgerichtsbeschwerde** (Art. 103 OG; vgl. Art. 89 Abs. 1 sowie Abs. 2 lit. a, b und d BGG) sowie diejenige im Rahmen der **staatsrechtlichen Beschwerde** zur Autonomiebeschwerde (Art. 89 Abs. 2 lit. c BGG) und zur Stimmrechtsbeschwerde (Art. 89 Abs. 3 GG).

3 Art. 89 Abs. 1 und 2 gelten für **sämtliche drei Arten** der öffentlich-rechtlichen Beschwerde (Art. 82 lit. a–c BGG), Abs. 3 enthält eine Erweiterung der Legitimation, die einzig für die Beschwerde in Stimmrechtssachen (Art. 82 lit. c BGG) gilt.

4 Die Legitimation ist als Prozessvoraussetzung **von Amtes wegen** zu prüfen. Trotzdem müssen die Parteien aufgrund ihrer **Mitwirkungspflicht** die tatsächlichen Umstände, aus denen sie ihre Legitimation ableiten, substanziieren und gegebenenfalls belegen (BGE 120 Ib 431, 433 E. 1; Pra 2004 Nr. 157 E. 3).

Eine wichtige Bedeutung hat Art. 89 BGG dadurch, dass auch die **Kantone** aufgrund von Art. 111 Abs. 1 BGG mindestens die **gleiche Legitimation** anerkennen müssen. Dies entspricht an sich der bisherigen Bestimmung von Art. 98a Abs. 3 OG. Da aber die öffentlich-rechtliche Beschwerde neu auch für kantonalrechtliche Materien offen steht, erstreckt sich diese Pflicht nun auch auf solche Materien, wo bisher eine engere kantonale Legitimationsregelung zulässig war. Dies gilt auch für die besonderen Beschwerdebefugnisse gemäss Art. 89 Abs. 2 BGG sowie für die Stimmrechtsangelegenheiten gemäss Art. 89 Abs. 3 BGG.

In Bezug auf das **eidgenössische Verfahren** lautet die Umschreibung der allgemeinen Beschwerdebefugnis (Art. 89 Abs. 1 BGG) gleich wie diejenige in Art. 48 Abs. 1 VwVG (in der Fassung gemäss VGG), die sowohl für das erstinstanzliche Verwaltungsverfahren des Bundes (Art. 6 VwVG) als auch für das Verfahren vor dem Bundesverwaltungsgericht gilt. Insoweit stimmt die Legitimationsregel für das gesamte Bundesverfahren grundsätzlich von der ersten bis zur letzten Instanz überein. Die besonderen Beschwerdebefugnisse sind in Art. 48 Abs. 2 VwVG weniger detailliert umschrieben als in Art. 89 Abs. 2 BGG. Doch muss auch hier gelten, dass die Legitimation vor der Vorinstanz mindestens gleich weit ist wie vor Bundesgericht.

Die Legitimation für die öffentlich-rechtliche Beschwerde vor **Bundesgericht** richtet sich immer nach Art. 89 BGG, auch dort, wo vorinstanzlich eine weitere Legitimation gilt (z.B. im Verfahren vor der UBI, s. Art. 63 RTVG [rev. RTVG Art. 94]; BGE 130 II 514, 518 f.).

2. Allgemeine Beschwerdebefugnis (Abs. 1)

2.1 Allgemeines

Die **drei Voraussetzungen** gemäss lit. a–c müssen **kumulativ** erfüllt sein. Während lit. a mit den entsprechenden Bestimmungen bei der zivil- und strafrechtlichen Beschwerde (Art. 76 Abs. 1 lit. a und Art. 81 Abs. 1 lit. a BGG) übereinstimmt, weichen die übrigen Voraussetzungen davon ab. Im Unterschied zu diesen Beschwerden (Art. 76 Abs. 1 lit. b und Art. 81 Abs. 1 lit. b BGG) ist für die Legitimation zur öffentlich-rechtlichen Beschwerde kein rechtlich geschütztes Interesse erforderlich, sondern es genügt ein (faktisch) schutzwürdiges Interesse (lit. c). Das hat namentlich zur Folge, dass nicht nur der Verfügungsadressat, sondern auch Dritte beschwerdelegitimiert sein können. Um diesen potenziell weiten Kreis einzuschränken, dient lit. b.

Legitimiert sind unter diesen Voraussetzungen alle parteifähigen **Personen des Privatrechts**, sowohl natürliche wie juristische Personen. Unerheblich ist die Staatsangehörigkeit.

10 **Juristische Personen** können unter drei verschiedenen Titeln Beschwerde erheben: Erstens wenn sie selber **wie natürliche Personen** betroffen sind. Zweitens – gewissermassen stellvertretend für ihre Mitglieder (sog. **egoistische Verbandsbeschwerde**) – unter der kumulativen Voraussetzung, dass sie als juristische Person organisiert sind, nach ihren Statuten die Interessen ihrer Mitglieder zu vertreten haben und die Mehrzahl oder doch eine Grosszahl der Mitglieder selbst zur Beschwerde legitimiert wären (BGE 130 I 26, 30 E. 1.2.1; 124 II 293, 307 E. 3d). Diese letztere Voraussetzung muss, wenn sie nicht offensichtlich oder glaubhaft ist, durch Vorlegen von Mitgliederlisten nachgewiesen werden (Pra 2002 Nr. 85 E. 2; BGE 122 I 343 nicht publ. E. 1d). Drittens besteht gegebenenfalls aufgrund besonderer, spezialgesetzlicher Regelung eine Beschwerdelegitimation nach Abs. 2 lit. d (sog. **ideelle Verbandsbeschwerde**, s. hinten N 60 ff.).

11 Die allgemeine Beschwerdebefugnis ist ursprünglich – entsprechend der historischen Rechtfertigung der Verwaltungsrechtspflege als Schutz des Bürgers gegen den Staat – auf Private zugeschnitten. **Behörden und Gemeinwesen** können eine besondere Beschwerdelegitimation aufgrund von Abs. 2 haben. Unter bestimmten Umständen können sie aber auch aufgrund der allgemeinen Beschwerdebefugnis legitimiert sein (unten Ziff. 2.5). Auch juristische Personen des ausländischen öffentlichen Rechts können gegebenenfalls legitimiert sein (BGE 124 II 293, 305 f. E. 3c).

2.2 Teilnahme am vorinstanzlichen Verfahren (lit. a)

12 Wie bei der zivil- und der strafrechtlichen Beschwerde (Art. 76 Abs. 1 lit. a und Art. 81 Abs. 1 lit. a BGG) ist erste Legitimationsvoraussetzung die **formelle Beschwer**: Grundsätzlich ist vor Bundesgericht nur zur Beschwerde legitimiert, wer am vorinstanzlichen Verfahren als Partei teilgenommen hat (BGE 127 V 107, 109 E. 2a). Teilgenommen hat auch, wem die Vorinstanz mit einem ausdrücklichen Nichteintretensentscheid die Legitimation abgesprochen hat.

13 Die Alternative «**keine Möglichkeit zur Teilnahme** erhalten» kommt dann zum Tragen, wenn der Betroffene aufgrund eines Fehlers der Behörde gar nicht die Möglichkeit gehabt hat, sich als Partei zu konstituieren, obwohl er dazu befugt gewesen wäre. Dies ist namentlich der Fall, wenn ein Vorhaben, gegen welches Drittbeschwerden zulässig wären, nicht öffentlich ausgeschrieben wurde, so dass betroffene Dritte nicht die Möglichkeit hatten, sich zu beteiligen. Gegen ein solches Vorgehen müssen sich die Interessierten allerdings bereits im vorinstanzlichen Verfahren wehren, wozu sie von Bundesrechts wegen legitimiert sind (Art. 111 Abs. 1 BGG). Wer bei der gebotenen Aufmerksamkeit dort hätte intervenieren können, dies aber unterlassen hat, kann nicht vor Bundesgericht noch Beschwerde erheben.

Ebenso ist angesichts des klaren Wortlauts des Gesetzes nicht legitimiert, wer vor der Vorinstanz auf eine Teilnahme **verzichtet** hat, weil andere, welche die gleiche Stossrichtung verfolgen, sich dort in seinem Sinne (aber nicht in seinem Namen) beteiligt haben (anders noch BGE 127 V 107, 110 E. 2b). 14

Das Erfordernis, sich an einem vorinstanzlichen Verfahren beteiligt zu haben, entfällt selbstverständlich, soweit es ein solches Verfahren gar nicht gibt, nämlich dort, wo die Beschwerde **unmittelbar** gegen einen Erlass zulässig ist (Art. 87 Abs. 1 BGG). 15

2.3 Besonders berührt (lit. b)

2.3.1 Verfügungsadressat

Legitimiert ist zunächst der **Adressat** des ursprünglichen Entscheids, also diejenige Person, deren Rechtsstellung durch den Entscheid berührt wird. Das sind z.B. Personen, die ein Gesuch um eine Leistung oder Bewilligung gestellt haben, oder denen eine bestimmte Pflicht (z.B. Bezahlung, Handlung, Unterlassung) auferlegt wird. 16

Bei Nutzungsplänen oder anderen grundeigentümerverbindlichen **Plänen** sind Adressaten die Eigentümer oder dinglich Berechtigten der vom Plan betroffenen Grundstücke (HÄNER, S. 324 f.). 17

Bei **Allgemeinverfügungen** sind die Adressaten nicht namentlich bekannt. Die Legitimation richtet sich dabei nach analogen Kriterien wie bei der Drittbeschwerde (BGE 126 II 300, 302 E. 1c), auch wenn sie dogmatisch als unmittelbare Adressaten betrachtet werden könnten (HÄNER, S. 323 f.). So kann gegen eine Verkehrsregelung Beschwerde erheben, wer dadurch nicht mehr oder nur mehr erschwert zu seinem Grundstück gelangen kann (BGE 126 I 213, 216). 18

2.3.2 Drittbeschwerde contra Verfügungsadressat

Legitimiert sein können auch Dritte, die nicht Verfügungsadressaten sind (sog. Drittbeschwerde). Typischerweise handelt es sich um Dritte, die **entgegengesetzte Interessen** haben als der Verfügungsadressat und sich dagegen wehren, dass diesem etwas zugestanden wird, oder die bezwecken, dass diesem eine Belastung auferlegt wird (Drittbeschwerde contra Adressat). 19

Nach bisheriger Rechtsprechung muss der Beschwerdeführer durch die Verfügung **stärker als jedermann** betroffen sein und in einer besonderen, beachtenswerten Beziehung zur Streitsache stehen und selber unmittelbar einen (rechtlichen oder faktischen) Nachteil erleiden (BGE 127 II 264, 269 E. 2c). Die Popu- 20 larbeschwerde ist ausgeschlossen. Demgemäss besteht keine Legitimation, wenn durch das betreffende Vorhaben zwar eine gewisse Beeinträchtigung entsteht, die aber für Einzelne nicht höher ist als für die Allgemeinheit (BGE 123 II 376, 380 f. E. 4b/bb). Auch nicht ausreichend ist, dass sich jemand aus ideellen Gründen für eine bestimmte Frage besonders interessiert oder aus persönlicher Überzeugung für oder gegen etwas eintritt (BGE 130 II 514, 517 E. 2.2.1; 123 II 376, 379 E. 4a).

21 Die Rechtsprechung hat vor allem im **Bau- und Umweltrecht** eine relativ weitgehende Beschwerdelegitimation Dritter angenommen, die sich gegen Vorhaben wehren, welche sich zu ihrem Nachteil auswirken (eingehende Darstellung z.B. bei HÄNER, S. 327 ff.; WALDMANN/HÄNNI, Kommentar RPG, Bern 2006, N 33 ff. zu Art. 33). Die erforderliche Beziehungsnähe ist dann gegeben, wenn der Bau oder Betrieb einer projektierten Anlage mit Sicherheit oder grosser Wahrscheinlichkeit zu Immissionen führt und der Dritte durch diese betroffen wird (BGE 120 Ib 379, 387 E. 4c).

22 Gegen **Baubewilligungen** gilt als Faustregel die Legitimation der Anwohner (Eigentümer und Mieter) in einem Umkreis von etwa 100 Metern, doch ist nicht diese Distanz, sondern das dadurch verursachte besondere Berührtsein massgebend; je nach dem kann auch in einer geringeren Distanz die Legitimation fehlen oder in einer grösseren gegeben sein (URP 2005 S. 243 E. 2.4; Urteil 1P.164/2004 vom 17.6.2004, E. 2.5).

23 Der drohende Nachteil muss eine **minimale besondere Schwere** erreichen. Es reicht nicht aus, wenn nur eine sehr geringe Beeinträchtigung droht, z.B. eine Bestrahlung mit weniger als 10% des zulässigen Anlagengrenzwerts bei Anlagen, welche nichtionisierende Strahlen emittieren (BGE 128 II 168, 171 E. 2.3), oder eine geringfügige Beeinträchtigung der Aussicht (Urteil 1P.164/2004 vom 17.6.2004, E. 2.6). Dies schliesst allerdings nicht aus, dass es – z.B. bei grossflächigen erheblichen Immissionen – eine grosse Zahl besonders Betroffener geben kann (BGE 120 Ib 379, 386 f. E. 4b und c).

24 Ist eine Beeinträchtigung erst potenziell, so ist die Legitimation gegeben, wenn das **Risiko** sowohl in Bezug auf die Wahrscheinlichkeit des Schadeneintritts als auch in Bezug auf die mögliche Schwere der Beeinträchtigung nicht unwesentlich höher ist als das Risiko, dem die Allgemeinheit ausgesetzt ist (BGE 123 II 376, 379 f. E. 4b/aa).

25 In **anderen Bereichen** wurde die Beschwerdelegitimation deutlich zurückhaltender angenommen. So sind nach der Rechtsprechung nicht legitimiert: Konkurrenten (BGE 123 II 376, 381 ff. E. 5; Urteil 1A.253/2005 vom 17.2.2006, E. 2.1.1); Mieter gegen die Bewilligung des Verkaufs der von ihnen gemieteten Liegenschaften nach BewG (BGE 131 II 649, 653 f. E. 3.4); Unfallversicherer gegen den Entscheid der Invalidenversicherung über eine Invalidenrente, da dieser Ent-

scheid für den Unfallversicherer nicht rechtsverbindlich ist (BGE 131 V 362, 366 ff. E. 2; legitimiert ist hingegen der BVG-Versicherer, da die Festlegung des Invaliditätsgrads durch die IV auch für ihn grundsätzlich verbindlich ist, BGE 132 V 1, 5 E. 3.3.1); die in einem Strafverfahren beschuldigte Person gegen Rechtshilfemassnahmen im Rahmen dieses Strafverfahrens, solange sie nicht unmittelbar (z.b. als Inhaber der von der Rechtshilfemassnahme betroffenen Vermögensobjekte) betroffen ist (BGE 116 Ib 106, 109 ff. E. 2); der rechtshilfeweise einzuvernehmende Zeuge gegen die Bewilligung der Rechtshilfe, solange er dadurch nicht in eigenen Rechten betroffen ist (BGE 121 II 459, 461 f., E. 2c).

Ebenso wenig ist die Partei, der die unentgeltliche Verbeiständung gewährt worden ist, legitimiert zur Anfechtung des **Honorars des amtlichen Rechtsbeistandes** (Urteile B 65/05 vom 6.2.2006, E. 2; 2A.29/1997 E. 3a), obwohl sie gegebenenfalls dieses Honorar später dem Staat zurückerstatten muss. Nicht legitimiert ist auch der Anzeiger in einem anwaltsrechtlichen Disziplinarverfahren (BGE 132 II 250, 254 ff.). 26

Im **Submissionsverfahren** sind die Mitbewerber, die den Zuschlag nicht erhalten haben, legitimiert, nicht aber Dritte, z.B. Arbeitnehmer oder Lieferanten des übergangenen Mitbewerbers (ZBl 103/2002 S. 146 E. 2e/bb). 27

Nach dem Willen des Gesetzgebers ist mit der im Gesetz genannten Voraussetzung des besonderen Berührtseins eine gewisse **Verschärfung** gegenüber der bisherigen, als oft zu grosszügig erachteten Praxis des Bundesgerichts beabsichtigt (BBl 2001 4329; AUER, S. 131; KARLEN, S.51 f.; KIENER/KUHN, S. 153 f.; ZIEGLER, S. 440; contra: BELLANGER, S. 59 f.; MANFRINI, S. 34), was sich vor allem auf die Drittbeschwerde contra Verfügungsadressat beziehen dürfte. Die gesetzliche Umschreibung unterscheidet sich zwar nicht grundsätzlich von den Prinzipien, die das Bundesgericht bisher seiner Rechtsprechung zugrunde gelegt hat, doch ist aufgrund der gesetzgeberischen Absicht davon auszugehen, dass die Konkretisierung dieser Prinzipien in Zukunft tendenziell zurückhaltender sein wird als bisher (gemäss AEMISEGGER, S. 150 ff. hat das Bundesgericht diese beabsichtigte Verschärfung schon vorweggenommen). 28

2.3.3 Dritte pro Verfügungsadressat

Dritte können auch **gleichgeartete Interessen** verfolgen wie der Verfügungsadressat. Wenn dieser selber kein Rechtsmittel ergreift, ist aber die Drittbeschwerde pro Adressat nicht zulässig, soweit der Dritte damit etwas anstrebt, was nur der Verfügungsadressat selber realisieren könnte. Dies folgt aus der Dispositionsmaxime des Verfügungsadressaten (HÄNER, S. 355 Rz. 766). Verzichtet z.B. der Baugesuchsteller auf die Anfechtung eines Bauabschlags, so sind Dritte, die an der Realisierung der Baute ein Interesse haben könnten, nicht legitimiert; denn 29

30 Dritte können hingegen dann legitimiert sein, wenn sie mit der Beschwerde pro Adressat ein **eigenes schutzwürdiges Interesse** verfolgen (BGE 130 V 560, 564 E. 3.5). So sind z.B. legitimiert (vgl. auch eingehend HÄNER, S. 351 ff.): Der Ehegatte zur Beschwerde gegen eine den anderen Ehegatten betreffende Rentenverfügung (BGE 126 V 455, 456 E. 2a); der Arbeitgeber gegen die Verweigerung von Taggeldleistungen der Arbeitslosenversicherung, der obligatorischen Unfallversicherung oder der Krankentaggeldversicherung, weil diese Leistungen Einfluss auf seine Lohnfortzahlungspflicht haben (BGE 130 V 560, 566 f. E. 4.1); der Krankenversicherer gegen einen leistungsablehnenden Entscheid des Unfallversicherers, weil er dadurch leistungspflichtig wird (Art. 49 Abs. 4 ATSG); die Fürsorgebehörde, die den Versicherten regelmässig unterstützt, gegen die Verweigerung einer IV-Leistung (Urteil I 113/05 vom 8.6.2005, E. 2).

31 Auch hier wird allerdings ein **unmittelbares Interesse** verlangt. So gelten z.B. trotz einem zumindest mittelbaren Interesse nicht als legitimiert: der Anbieter von Eingliederungsmassnahmen gegen die Verfügung der Invalidenversicherung, welche die Finanzierung dieser Leistung verweigert, obwohl dies Konsequenzen für die Höhe der dem Leistungserbringer zustehenden Subventionen hat (Urteil I 224/05 Erw. 6); der Arbeitgeber gegen die Verweigerung von Renten der Unfall- oder Invalidenversicherung (BGE 131 V 298, 302 f. E. 5.3; 130 V 560, 567 E. 4.1); der Gläubiger, dessen Befriedigungssubstrat erhöht würde, oder der Privatversicherer, der seine Leistung kürzen könnte (BGE 130 V 560, 565 E. 3.5).

2.3.4 Gegen Erlasse

32 Bei der abstrakten Normenkontrolle (Art. 82 lit. b BGG) reicht es aus, dass der Beschwerdeführer durch den angefochtenen Erlass **virtuell**, d.h. mit einer minimalen Wahrscheinlichkeit früher oder später einmal, betroffen wird. Da bisher Erlasse nur im Rahmen der staatsrechtlichen Beschwerde anfechtbar waren, welche eine Verletzung in rechtlich geschützten Interessen verlangte (Art. 88 OG), musste sich auch die legitimationsbegründende virtuelle Betroffenheit auf die rechtlich geschützte Stellung beziehen (BGE 131 I 198, 200 E. 2.1; 130 I 82, 84 E. 1.3). Da für die öffentlich-rechtliche Einheitsbeschwerde ein faktisches Interesse genügt, muss neu auch für die abstrakte Normenkontrolle eine virtuelle Betroffenheit in **faktischen Interessen** genügen.

2.4 Schutzwürdiges Interesse (lit. c)

Ein schutzwürdiges Interesse liegt grundsätzlich nur vor, wenn es im Zeitpunkt des Urteils **aktuell** und **praktisch** ist; das Bundesgericht **verzichtet** ausnahmsweise auf dieses Erfordernis, wenn sich die aufgeworfenen grundsätzlichen Fragen jeweils unter gleichen oder ähnlichen Umständen wieder stellen könnten, ohne dass im Einzelfall rechtzeitig eine höchstrichterliche Prüfung stattfinden könnte (BGE 128 II 34, 36 E. 1b).   33

2.5 Gemeinwesen

Nebst den spezialgesetzlichen Beschwerdelegitimationen gemäss Abs. 2 können sich auch **Gemeinwesen** unter Umständen auf die allgemeine Legitimationsbestimmung berufen (BGE 131 II 753, 757 f.). Dies trifft einerseits zu, wenn sie **gleich oder ähnlich wie Private** betroffen sind (BGE 125 II 192, 194), z.B. als Eigentümer von Sachen im Finanzvermögen, als Steuern- oder Gebührenschuldner (BGE 132 I 140, 143 E. 1.3.1), als Verpflichtete zur Kostentragung für die Altlastenbeseitigung (URP 1998 S. 152 E. 1d; Urteil 1A.86/2002 vom 22.10.2002, E. 1.1) oder als Arbeitgeber (BGE 124 II 409, 419 E. 1e/dd).   34

Sie sind aber auch legitimiert, wenn sie in ihren **schutzwürdigen eigenen hoheitlichen Interessen** berührt sind. Nach bisheriger Rechtsprechung ist dies namentlich der Fall, wenn sie in eigenen vermögensrechtlichen Interessen betroffen sind, z.B. als Subventionsempfänger (BGE 122 II 382, 383 E. 2b; 110 Ib 297, 304 f. E. 3), als Gläubiger von Kausalabgaben (BGE 119 Ib 389, 391 E. 2e), als Sozialhilfeschuldner (Urteil 2A.253/2003 vom 23.9.2003, E. 1.1; ZBl 102/2001 S. 331 E. 1; ZBl 98/1997 S. 414, E. 1c), als rückleistungspflichtige Fürsorgebehörde (Urteil I 413/89 E. 3c), betr. örtliche Zuständigkeit für Ergänzungsleistungen (Urteil P 48/05) oder als Sozialversicherer, dessen Verfügung aufgehoben oder abgeändert worden ist (BGE 130 V 514, 516 f. E. 4.1). Ebenso wurde die Legitimation von Gemeinden bejaht als Projektantin eines öffentlichen Werkes (BGE 112 Ib 564 nicht publ. E. 2), als Planungsträgerin (ZBl 104/2003 S. 377 E. 2.3) oder Inhaberin der Baupolizeikompetenz (BGE 117 Ib 111, 113 E. 1b), bei Streitigkeiten über spezifisch öffentliche Anliegen wie den Grundwasserschutz oder den Schutz der Einwohner vor Fluglärm, wenn es um Eingriffe geht, deren Auswirkungen die Gesamtheit oder einen Grossteil der Einwohnerschaft unmittelbar treffen können (BGE 131 II 753, 758 f.; 124 II 293, 304 E. 3b).   35

Nicht legitimationsbegründend sind hingegen das allgemeine Anliegen an einer **richtigen Rechtsanwendung** (BGE 131 II 58, 62 E. 1.3; 130 V 514, 515 f.; 122 II 382, 383 f. E. 2c), das allgemeine Interesse, für den Kanton oder einzelne Branchen gute wirtschaftliche Rahmenbedingungen zu schaffen (BGE 131 II 753, 759), oder das Anliegen, Steuerausfälle zu vermeiden (BGE 131 II 753, 760) oder   36

37 weniger OHG-Entschädigungen bezahlen zu müssen (BGE 123 II 425, 432 E. 4d). Insbesondere ist die in einem Rechtsmittelverfahren unterlegene Vorinstanz nicht beschwerdebefugt (BGE 127 II 32, 38 E. 2d/e, m.H.).

37 Im bundesrätlichen Entwurf war in Abs. 2 eine zusätzliche Litera enthalten, wonach **Kantonsregierungen** zur Beschwerde legitimiert sind, wenn der Entscheid einer richterlichen letzten kantonalen Instanz oder die Beachtung desselben in gleichgearteten Fällen für den Kanton bedeutende Mehrausgaben oder einen erheblichen Verlust an Einnahmen zur Folge hat. Mit diesem Vorschlag, der auf Begehren der Kantone aufgenommen worden war, sollte ermöglicht werden, dass die Kantone Gerichtsentscheide mit erheblichen finanziellen Auswirkungen gerichtlich überprüfen lassen können, wobei etwa an Lohngleichheitsklagen oder finanzwirksame Grundsatzentscheide im Steuerrecht gedacht wurde. Der Ständerat strich auf Antrag seiner Kommission diese Bestimmung. Aus dem Kommissionsprotokoll (Protokoll der Sitzung vom 8./9.7.2001, S. 33 f.) geht hervor, dass dabei die Meinung vorherrschte, es sei Sache der kantonalen Organisationsautonomie, wie Konflikte zwischen der Kantonsregierung und den kantonalen Gerichten zu schlichten seien, ob z.B. der Entscheid einer Regierung der verwaltungsgerichtlichen Kontrolle untersteht oder ob das Kantonsparlament einen solchen Konflikt schlichten kann. Diese Auffassung war zwar unrichtig, geht es dabei doch um Angelegenheiten, die von Bundesrechts wegen kantonal letztinstanzlich durch Gerichte zu entscheiden sind (Art. 86 BGG). Zugleich wurde aber auch darauf hingewiesen, dass sich eine Beschwerdelegitimation der Kantonsregierung auch aus der allgemeinen Beschwerdebefugnis (heute Abs. 1) ergeben kann (so auch BBl 2001 4331). Zudem wurde in der ständerätlichen Kommission ein Antrag gestellt, aber zurückgezogen, wonach die allgemeine Beschwerdelegitimation nur Privaten zustehen sollte (Protokoll der Sitzung vom 8./9.7.2001 S. 35). Insgesamt ist aufgrund dieser Entstehungsgeschichte davon auszugehen, dass die Legitimationsbefugnis der Gemeinwesen gegenüber der bisherigen Rechtsprechung **weder eingeschränkt noch ausgeweitet** werden soll (vgl. auch Protokoll der Sitzung vom 8./9.7.2001, S. 33). Namentlich kann ein Kanton nicht ohne Vorliegen der genannten Voraussetzungen einen Entscheid seines eigenen Verwaltungsgerichts anfechten (BGE 129 II 225, 231 E. 1.4).

38 Trotzdem kann sich infolge der erweiterten Zulässigkeit der Einheitsbeschwerde gegenüber der Verwaltungsgerichtsbeschwerde eine **Erweiterung der Legitimation** geben: Bisher war nämlich der Kanton als Arbeitgeber in Angelegenheiten des kantonalen öffentlichen Arbeitsrechts nur legitimiert zur Verwaltungsgerichtsbeschwerde, nicht aber zur staatsrechtlichen Beschwerde. Er konnte sich daher dagegen wehren, wenn das kantonale Verwaltungsgericht gestützt auf das GlG vom Kanton als Arbeitgeber höhere Löhne verlangte (weil hier die Verwaltungsgerichtsbeschwerde zulässig war, BGE 124 II 409, 417 E. 1e), nicht aber wenn dies gestützt auf das allgemeine Gleichheitsgebot erfolgte (BGE 120 Ia 95).

Weil auch im kantonalen Beamtenrecht nun die Einheitsbeschwerde zulässig ist, wird in Zukunft der Kanton als Arbeitgeber (unter den Voraussetzungen von Art. 85 BGG) in solchen Lohnstreitigkeiten zur Beschwerde legitimiert sein.

3. Besondere Beschwerdebefugnis (Abs. 2)

3.1 Bedeutung

Die hier genannten Legitimationsgründe entsprechen ungefähr denjenigen von Art. 103 lit. b und c OG. Sie haben im Rahmen der öffentlich-rechtlichen Einheitsbeschwerde jedoch eine **erweiterte Bedeutung** als im Rahmen der bisherigen Verwaltungsgerichtsbeschwerde, weil die hier Genannten nun auch in kantonalrechtlichen Bereichen legitimiert sind und damit auch im kantonalen Verfahren legitimiert sein müssen (Art. 111 Abs. 1 BGG). 39

3.2 Allgemeine Behördenbeschwerde der Bundesbehörden (lit. a)

Die allgemeine Behördenbeschwerde der Bundesbehörden hat die Funktion eines **Aufsichtsmittels**. Historisch geht es vor allem um eine Aufsicht des Bundes über den kantonalen Vollzug von Bundesrecht. Die Bundesbehörden können aber nicht nur Entscheide letzter kantonaler Instanzen, sondern auch Entscheide des Bundesverwaltungsgerichts anfechten, namentlich auch dann, wenn dieses als Rechtsmittelinstanz eine Verfügung der betreffenden Bundesstelle aufgehoben oder abgeändert hat. Entgegen der allgemeinen Regel, wonach eine Behörde nicht legitimiert ist zur Wahrnehmung des allgemeinen Interesses an einer richtigen Rechtsanwendung (vorne N 36), können also Bundesbehörden generell die Rechtsanwendung durch die Rechtsmittelinstanzen durch das Bundesgericht überprüfen lassen. 40

Die Beschwerdebefugnis des **Departements** erlaubt diesem insbesondere auch, einen vom Bundesverwaltungsgericht bestätigten Entscheid eines ihm unterstellten Amtes überprüfen zu lassen, was nach der Justizreform bedeutsamer geworden ist, da die Departemente praktisch nie mehr Beschwerdeinstanzen gegen Entscheide ihrer Ämter sind. 41

Sodann sind die Bundesstellen neu auch legitimiert zur Beschwerde gegen kantonale **Erlasse** (Art. 82 lit. b BGG; BBl 2001 4330; skeptisch AEMISEGGER, S. 154); Erlasse konnten bisher im Rahmen der Verwaltungsgerichtsbeschwerde nicht angefochten werden und im Rahmen der staatsrechtlichen Beschwerde fehlte den Bundesbehörden die Legitimation. 42

43 Die allgemeine Behördenbeschwerde setzt **keine formelle Beschwer** voraus. Sie kann auch erhoben werden, wenn die Behörde vorinstanzlich nicht beteiligt war. Zu diesem Zweck sind ihr gegebenenfalls die entsprechenden Entscheide zuzustellen (Art. 112 Abs. 4 BGG).

44 Die allgemeine Behördenbeschwerde besteht grundsätzlich auch ohne dass ein spezifisches öffentliches Interesse an der Anfechtung nachgewiesen wird (BGE 131 II 121, 124 E. 1). Der angefochtene Akt muss jedoch die **Bundesgesetzgebung im Aufgabenbereich der betreffenden Behörde** verletzen können. Mit dieser vom Entwurf («wenn der abweichende Akt ihren Aufgabenbereich berührt») abweichenden Formulierung sollte die Beschwerdebefugnis bewusst eingeschränkt werden: Die allgemeine Behördenbeschwerde soll nicht zulässig sein zum Schutz von Grundrechten oder anderen Verfassungsverletzungen, namentlich nicht wegen der Verletzung des Willkürverbots (Protokoll der Kommission für Rechtsfragen des Ständerates vom 8./9.7.2001, S. 29). Hingegen können die Bundesbehörden eine Verletzung der derogatorischen Kraft des Bundesrechts (Art. 49 BV) rügen, weil dabei die Verletzung des Grundrechts zugleich die Bundesgesetzgebung verletzt.

45 Die Beschwerdebefugnis besteht insbesondere auch dann, wenn ausdrücklich keine der beteiligten privaten Parteien eine Beschwerde erhebt, auch dann, wenn die Parteien vorinstanzlich einen **Vergleich** geschlossen haben (vgl. Art. 33b VwVG, Art. 50 ATSG).

46 Die Rechtsprechung verlangt allerdings, dass das öffentliche Interesse in einem konkreten Fall gefährdet erscheint, weil die Behördenbeschwerde nicht dazu dienen kann, private Interessen zu schützen oder durchzusetzen. Erforderlich ist, dass es dem beschwerdeführenden Departement nicht um die Behandlung abstrakter Rechtsfragen des objektiven Rechts, sondern um **konkrete Rechtsfragen** eines tatsächlich bestehenden Einzelfalls geht (BGE 129 V 450, nicht publ. E. 1.1; 129 II 1, 4 Erw. 1.1 m.H.).

47 Bei der Anfechtung von **Vor- und Zwischenentscheiden** wird sodann wie bei sonstigen Beschwerden verlangt, dass ein nicht wieder gutzumachender Nachteil für die von der Behörde wahrzunehmenden öffentlichen Interessen droht (Art. 93 Abs. 1 lit. a BGG; Urteil 2A.426/2005 vom 30.8.2001, E. 1).

48 Legitimiert sind generell die **Bundeskanzlei** und die **Departemente**, je in ihrem Aufgabenbereich. Die unterstellten Dienststellen **(Bundesämter)** sind nur legitimiert, wenn das Bundesrecht dies vorsieht. Eine Verordnung genügt (BBl 2001 4330; BGE 130 II 137, 140 E. 1.1; 129 II 11, 13 E. 1.1; 125 V 165, 168 E. 1). Mangels einer solchen ausdrücklichen Ermächtigung können sie nicht Beschwerde erheben (BGE 131 III 495, 498 E. 2.1; 127 II 32, 37 E. 2c; 127 V 149, 152 f E. 1c; anders Urteil 2A.192/2001 vom 9.10.2001, E. 1b in Bezug auf die Eidg. Spielbankenkommission).

3.3 Organ der Bundesversammlung (lit. b)

Die Beschwerdebefugnis gilt nur in Bezug auf die **Parlamentsdienste**, für welche die Bundesversammlung Arbeitgeberin ist (Art. 3 Abs. 1 lit. b PBG; vgl. BBl 2001 4330).

49

Zuständiges Organ der Bundesversammlung ist je nach Art des Entscheides die Koordinationskonferenz, die Verwaltungsdelegation, deren Delegierter oder der Generalsekretär der Bundesversammlung (Art. 65 und 66 ParlG; Art. 26–28 ParlVV [SR 171.115]).

50

3.4 Körperschaften zum Schutz von Verfassungsgarantien (lit. c)

Diese Beschwerdebefugnis ergibt sich aus Art. 189 Abs. 1 lit. e BV, wonach das Bundesgericht Streitigkeiten wegen Verletzung der **Gemeindeautonomie** und anderer Garantien der Kantone zugunsten von öffentlich-rechtlichen Körperschaften entscheidet. Sie entspricht der bereits im Rahmen der staatsrechtlichen Beschwerde möglichen Beschwerdebefugnis der Gemeinden zum Schutz ihrer Autonomie.

51

Anfechtungsobjekt der Autonomiebeschwerde können sowohl Entscheide (Art. 82 lit. a BGG) als auch kantonale Erlasse (Art. 82 lit. b BGG) sein.

52

Anders als die bisherige Autonomiebeschwerde (als Form der staatsrechtlichen Beschwerde) ist die öffentlich-rechtliche Beschwerde wegen Verletzung von Körperschaftsrechten nicht nur gegen kantonale, sondern auch **gegen eidgenössische Entscheide** zulässig. Die Gemeinden können sich somit neu nicht nur gegen kantonale, sondern auch gegen eidgenössische Beeinträchtigungen ihrer Autonomie wehren. Soweit sich allerdings eine Autonomiebeschränkung aus dem Bundesrecht ergibt, geht dieses auch der kantonal garantierten (Art. 50 Abs. 1 BV) Gemeindeautonomie vor (Art. 49 BV), so dass diese im Ergebnis nach wie vor gegenüber dem Bundesrecht nicht geschützt ist.

53

Mit den Verfassungsgarantien zugunsten der Körperschaften ist hauptsächlich die **Gemeindeautonomie** mit Einschluss der **Bestandesgarantie** (BGE 131 I 91, 94 E. 2) gemeint (s. dazu Art. 95 BGG N 39 ff.). Es kommen auch **andere verfassungsrechtlich garantierte Rechte** in Frage. Es muss sich aber um spezifische Rechte handeln, die den Körperschaften als solchen garantiert werden, wie z.B. die Anerkennung als Landeskirche.

54

Andere verfassungsrechtlich garantierte Rechte kann die Körperschaft gestützt auf lit. c nur akzessorisch anrufen, soweit diese einen engen Zusammenhang mit der behaupteten Autonomieverletzung haben (BGE 129 I 313, 319 E. 4.1, m.H.). Im Übrigen ist die Körperschaft zur Anrufung **allgemeiner verfassungsrechtli-**

55

cher **Garantien** nicht gestützt auf lit. c legitimiert, sondern nur allenfalls auf die allgemeine Beschwerdebefugnis gemäss Abs. 1 (vorne N 34 ff.).

56 **Legitimiert** sind alle Körperschaften, welche im Genuss solcher Verfassungsgarantien stehen, in erster Linie die Gemeinden, aber auch andere Körperschaften, denen das kantonale Recht entsprechende Rechte gewährt, wie Gemeindeverbände (ZBl 103/2002 S. 481 E. 1c; ZBl 100/1999 S. 273 E. 1d) oder Landeskirchen (BGE 108 Ia 82, 85 E. 1b).

57 Keine körperschaftlichen Rechte in diesem Sinne sind die Zuständigkeiten **dezentraler Verwaltungseinheiten** und (auch rechtlich selbständiger) kantonaler **Anstalten**, selbst wenn diese in der Erfüllung ihrer Aufgaben eine gewisse Unabhängigkeit haben (Urteil 2P.250/2002 E. 1.2: IV-Stelle; BGE 103 Ia 58, 61 E. 2b: Pensionskasse; Urteil 1P.555/1999 E. 1b: öffentlich-rechtlich organisierter Flugplatzbetreiber), ebenso wenig Zweckverbände, Bodenverbesserungskorporationen u. dgl. (BGE 113 Ia 232, 235 f. E. 2b; 109 Ia 173, 176) oder universitäre Körperschaften (BGE 125 I 173, 175 E. 1b).

58 Für die **Zulässigkeit** der Beschwerde reicht es, dass die Körperschaft eine Verletzung der Autonomie geltend macht. Ob im fraglichen Bereich tatsächlich Autonomie besteht, ist nicht eine Frage des Eintretens, sondern der materiellrechtlichen Beurteilung (BGE 124 I 223, 226 E. 1b).

59 Nicht legitimiert zur Autonomiebeschwerde ist nach bisheriger Rechtsprechung der **Kanton** (BGE 129 II 225, 231 E. 1.5; 120 Ia 95, 97 E. 1b). Das war logisch im Rahmen der staatsrechtlichen Beschwerde, die sich nur gegen kantonale Hoheitsakte richten konnte. Da sich nun die Beschwerde aber auch gegen eidgenössische Hoheitsakte richten kann (N 53), spricht nichts dagegen, gemäss dem klaren Wortlaut des Gesetzes auch dem Kanton die Beschwerdebefugnis zuzuerkennen gegen einen eidgenössischen Hoheitsakt, mit welchem die in der Bundesverfassung garantierten Souveränitätsrechte der Kantone (Art. 3 BV) verletzt werden.

3.5 Besondere Behörden- und Verbandsbeschwerde (lit. d)

3.5.1 Im Allgemeinen

60 Lit. d übernimmt die Regelung von Art. 103 lit. c OG und entspricht auch der für das Bundesverwaltungsgericht geltenden Regelung von Art. 48 Abs. 2 VwVG. Zahlreiche spezialgesetzliche Bestimmungen geben bestimmten Personen, Organisationen und Behörden die Beschwerdelegitimation in bestimmten Gebieten. Es kann sich dabei um Gemeinwesen, bestimmte Behörden, aber auch Private handeln, wobei es sich in der Regel nicht um Einzelpersonen, sondern um Vereinigungen handelt, welche bestimmte Interessen wahrnehmen (sog. **ideelle**

Verbandsbeschwerde). In manchen Gesetzen werden bestimmte Bundesbehörden als beschwerdelegitimiert bezeichnet. Diese Legitimation überschneidet sich dann mit derjenigen nach Abs. 2 lit. a BGG.

Im Unterschied zum bisherigen Recht muss die Beschwerdelegitimation nicht durch «das Bundesrecht», sondern ausdrücklich durch ein **Bundesgesetz** eingeräumt sein; eine Verordnung reicht nicht aus (BBl 2001 4331; BELLANGER, S. 65). 61

Die **Legitimation** zur Beschwerde muss sich aus dem Gesetz ergeben; sie besteht noch nicht automatisch dadurch, dass eine Behörde oder Organisation zur Mitwirkung an einem unterinstanzlichen Verfahren befugt ist (BGE 131 II 753, 756 f.; Urteil 5A.15/1997: nur vor kantonaler Instanz bestehendes Beschwerderecht der kantonalen Aufsichtsbehörde gemäss Art. 83 Abs. 3 BBG). 62

Sofern das Gesetz eine bestimmte **Behörde** bezeichnet, tritt diese selber als Partei auf, nicht das Gemeinwesen, dem sie angehört. Allfällige Gerichts- und Parteikosten werden allerdings – unter Vorbehalt von Art. 66 Abs. 3 und Art. 68 Abs. 4 BGG – nicht den handelnden Behördenmitgliedern, sondern ihren Gemeinwesen auferlegt. 63

Grundsätzlich besteht die besondere Beschwerdelegitimation im Unterschied zur allgemeinen Beschwerdebefugnis (Abs. 1) auch ohne dass ein besonderes **schützenswertes Interesse** nachgewiesen werden müsste. Aus der spezialgesetzlichen Regelung kann sich indessen ergeben, dass die Legitimation nur in bestimmter Hinsicht oder unter bestimmten Voraussetzungen besteht. 64

Anders als bisher im Rahmen der Verwaltungsgerichtsbeschwerde können die i.S. von lit. d Legitimierten grundsätzlich auch kantonale **Erlasse** anfechten (Art. 82 lit. b BGG). Aus der spezialgesetzlichen Regelung kann sich freilich ergeben, dass die Legitimation nur in Bezug auf Entscheide besteht. 65

3.5.2 Beschwerdebefugnisse im Einzelnen

Spezialgesetzlich sind namentlich beschwerdelegitimiert: 66

a. Kantonsregierungen nach Art. 45 Abs. 2 lit. a **SchGG** (in der Fassung gemäss BGG);
b. Kantone, Gemeinden und gesamtschweizerische Organisationen, die sich dem Naturschutz, dem Heimatschutz, der Denkmalpflege oder verwandten, rein ideellen Zielen widmen und seit mindestens zehn Jahren bestehen, gegen Verfügungen nach Massgabe von Art. 12 und 12b **NHG** sowie Art. 46 **WaG**;
c. Gesamtschweizerische Umweltschutzorganisationen, die seit mindestens zehn Jahren bestehen, sowie Kantone und Gemeinden gegen gewisse umweltrecht-

liche Verfügungen (Art. 55–57 **USG**), die Organisationen und Kantone auch nach Art. 28 und 29 **GTG**;
d. Gemeinden und Fachorganisationen nach Art. 14 **FWG**;
e. Kantone und Gemeinden nach Art. 34 Abs. 2 **RPG** (in der Fassung gemäss VGG);
f. Gemeinden in Bezug auf Verkehrsregelungsmassnahmen auf Autobahnen auf ihrem Gebiet (Art. 2 Abs. 3bis **SVG**);
g. Verbände der Arbeitgeber und Arbeitnehmer bei Verfügungen gestützt auf das **ArG** (Art. 58 ArG);
h. Organisationen, die die Gleichstellung von Frau und Mann fördern oder die Interessen der Arbeitnehmenden wahren, für Feststellungsbegehren in Bezug auf Geschlechtsdiskriminierungen im Arbeitsverhältnis (Art. 7 Abs. 1 **GlG**);
i. Behindertenorganisationen für Ansprüche nach BehiG (Art. 9 **BehiG**);
j. Kantonale Anwaltsverbände gegen die Eintragung von Anwälten ins Anwaltsregister (Art. 6 Abs. 4 **BGFA**);
k. Berufs- und Wirtschaftsverbände sowie Konsumentenschutzorganisationen für wettbewerbsrechtliche Ansprüche (Art. 10 **UWG**; Art. 43 Abs. 1 lit. b und c **KG**);
l. Konsumentenschutzorganisationen gegen Verfügungen des Preisüberwachers gemäss **PüG** (Art. 21 PüG);
m. Kantonale Amtsstellen und Arbeitslosenkassen nach Art. 102 **AVIG**.

4. *Stimmrechtsbeschwerde (Abs. 3)*

67   Durch eine Missachtung von Vorschriften über die politischen Rechte wird deren Ausübung für alle Stimmberechtigten berührt, weshalb alle in der konkreten Angelegenheit **Stimmberechtigten** legitimiert sind, unabhängig davon, ob sie an der Wahl oder Abstimmung teilgenommen haben.

68   Die Legitimation der Stimmberechtigten gilt «ausserdem» (klar der deutsche und italienische Gesetzestext), d.h. **zusätzlich** zu derjenigen nach Abs. 1 oder 2. Legitimiert ist also auch der nicht Stimmberechtigte, der im Sinne von Abs. 1 besonders berührt ist (z.B. der ausserhalb einer Gemeinde wohnhafte und dort nicht stimmberechtigte Eigentümer eines in der Gemeinde gelegenen Grundstücks in Bezug auf Abstimmungen über einen Nutzungsplan, der sein Grundstück berührt).

69   Nach bisheriger Rechtsprechung sind auch politische **Parteien** zur Stimmrechtsbeschwerde legitimiert, soweit dieses Recht auch ihren Mitgliedern zusteht (BGE 123 I 41, 45 E. 5c/ff), ebenso **weitere juristische Personen**, die staatspolitische Interessen wahrnehmen (BGE 130 I 290, 293 E. 1.3), in Bezug auf Wahlen auch Personen, die für die betreffende Wahl zwar nicht das aktive, wohl aber das passive Wahlrecht haben und als **Kandidaten** an der Wahl teilgenommen haben

(BGE 128 I 34, 38 E. 1e; 119 Ia 167, 172 f. E. 1d). Es ist anzunehmen, dass diese Rechtsprechung weiterhin gilt (vgl. BBl 2001 4329 f.).

Als **Sonderregelung**, die Art. 89 BGG vorgeht, sind gegen Verfügungen der Bundeskanzlei über die formelle Gültigkeit einer Unterschriftenliste oder über den Titel einer eidgenössischen Volksinitiative (Art. 69 Abs. 1 und 2 BPR) nur die Mitglieder des Initiativkomitees legitimiert (Art. 80 Abs. 3 BPR in der Fassung gemäss BGG). 70

4. Kapitel: Beschwerdeverfahren

1. Abschnitt: Anfechtbare Entscheide

Art. 90

Endentscheide	Die Beschwerde ist zulässig gegen Entscheide, die das Verfahren abschliessen.
Décisions finales	Le recours est recevable contre les décisions qui mettent fin à la procédure.
Decisioni finali	Il ricorso è ammissibile contro le decisioni che pongono fine al procedimento.

Inhaltsübersicht	Note	Seite
I. Bisheriges Recht und Entstehungsgeschichte	1	375
II. Kommentar	2	375
1. Grundsatz	2	375
2. Wann liegt ein Endentscheid vor?	4	376
3. Frist	10	377

I. Bisheriges Recht und Entstehungsgeschichte

Altes Recht: Art. 48 und 87 OG.   1

Entwurf der Expertenkommission: Art. 83.

Entwurf des Bundesrates: Art. 85 (BBl 2001 4331).

Ständerat: unverändert angenommen (Amtl. Bull. S vom 23.9.2003 S. 909).

Nationalrat: Zustimmung zum Beschluss des Ständerates (Amtl. Bull. N vom 5.10.2004 S. 1607).

II. Kommentar

1. Grundsatz

Grundsätzlich sollen nur **Endentscheide** mit Beschwerde angefochten werden können; das Bundesgericht soll sich nicht ständig von neuem mit einer Sache befassen müssen.   2

3   Gegen Teilentscheide sowie gegen Vor- und Zwischenentscheide ist die Beschwerde nur unter den in Art. 91–94 BGG genannten Voraussetzungen zulässig.

2. Wann liegt ein Endentscheid vor?

4   Im Gegensatz zum bisherigen Recht umschreibt das BGG den Begriff des Endentscheids für sämtliche Beschwerden in einheitlicher Weise. **Endentscheide** sind Entscheide, mit welchen ein Verfahren vorbehältlich der Weiterziehung an eine höhere Instanz abgeschlossen wird, sei es durch einen Entscheid in der Sache selbst, sei es aus prozessualen Gründen (BGE 117 Ia 396, 398 E. 1).

5   Die Definition stimmt mit dem allgemein gültigen Begriff des Endentscheids in der Staats- und Verwaltungsrechtspflege überein. Die Zivilrechtspflege dagegen erlebt dadurch eine Neuerung. Bisher musste die Rechtsstreitigkeit durch einen Sachentscheid erledigt werden (Art. 48 OG). Neu genügt es, dass der Entscheid das Verfahren abschliesst. Das BGG geht von einer rein prozessualen Betrachtungsweise aus (Botschaft BBl. 2001 4331).

6   Unter dem BGG gelten neu auch letztinstanzliche Entscheide in **Eheschutzsachen** (Art. 172 ff. ZGB) und die provisorische Eintragung eines Bauhandwerkerpfandrechts (Art. 839 und 961 ZGB) als Endentscheide. Das Gleiche gilt auch für Entscheide, die **Schutzmassnahmen** betreffen, welche **losgelöst von einem Hauptverfahren** angeordnet werden (z.B. Besitzesschutzmassnahmen). Aus dem Schuldbetreibungs- und Konkursrecht gelten neu auch Entscheide über die **Rechtsöffnung**, die **Konkurseröffnung**, die **Arrestbewilligung**, das **Nachlassverfahren** wie auch über die **Klage auf Feststellung neuen Vermögens** nach Art. 265a Abs. 4 SchKG als Endentscheide. Hingegen gelten für Beschwerden gegen vorsorgliche Massnahmen, die während eines Hauptverfahrens erlassen werden, die engen Grenzen von Art. 93 BGG.

7   Die Kriterien, nach welchen ein Verfahren als abgeschlossen zu betrachten ist, sind nicht nur abhängig vom Verfahren vor der Vorinstanz des Bundesgerichts, sondern auch vom Verfahren vor der Behörde, deren Entscheid an die eben genannte Vorinstanz weitergezogen wurde. Damit der Entscheid der Vorinstanz als Endentscheid qualifiziert werden kann, muss er **das Verfahren vor der ersten Instanz abschliessen**. Normalerweise ist dies der Fall, wenn die Vorinstanz des Bundesgerichts über eine Beschwerde gegen einen Endentscheid befunden hat, der seinerseits das Verfahren vor der ersten Instanz abgeschlossen hat (z.B. indem eine Ehescheidung ausgesprochen oder eine Bewilligung erteilt wurde).

8   Selbst wenn ein Zwischenentscheid Beschwerdegegenstand des Verfahrens vor der Vorinstanz des Bundesgerichts bildet, kann diese einen Endentscheid fällen, falls dadurch das Verfahren vor der ersten Instanz abgeschlossen wird, bspw.

wenn die Beschwerdeinstanz den Entscheid der Vorinstanz wegen örtlicher Unzuständigkeit umstösst.

Der Entscheid einer Vorinstanz, mit welchem diese die Sache zur neuen Beurteilung an die erste Instanz zurückweist (**Rückweisungsentscheid**), gilt **nicht als Endentscheid**, weil damit das vorinstanzliche Verfahren nicht abgeschlossen wird (anders bisher das EVG bspw. in BGE 120 V 233, 237 E. 1a). Nicht als Rückweisungs-, sondern als Teilentscheid hat das Bundesgericht einen Rückweisungsentscheid behandelt, in welchem die oberinstanzliche kantonale Behörde abweichend von der erstinstanzlichen einem Gesuch «dem Grundsatze nach» entsprach und die erste Instanz beauftragte, die Einzelheiten zu regeln (BGE 117 Ib 235, 237 E. 1b). Ob das Bundesgericht Rückweisungsentscheide allenfalls als Teil- (Art. 91 BGG) oder Zwischenentscheide (Art. 93 BGG) unter den dort genannten Voraussetzungen als anfechtbare Entscheide anerkennt, wird die Praxis zeigen.

3. *Frist*

Endentscheide sind innerhalb der Fristen von Art. 100 BGG anfechtbar.

Art. 91

Teilentscheide	Die Beschwerde ist zulässig gegen einen Entscheid, der: a. nur einen Teil der gestellten Begehren behandelt, wenn diese Begehren unabhängig von den anderen beurteilt werden können; b. das Verfahren nur für einen Teil der Streitgenossen und Streitgenossinnen abschliesst.
Décisions partielles	Le recours est recevable contre toute décision: a. qui statue sur un objet dont le sort est indépendant de celui qui reste en cause; b. qui met fin à la procédure à l'égard d'une partie des consorts.
Decisioni parziali	Il ricorso è ammissibile contro una decisione che: a. concerne soltanto talune conclusioni, se queste possono essere giudicate indipendentemente dalle altre; b. pone fine al procedimento soltanto per una parte dei litisconsorti.

Inhaltsübersicht	Note	Seite
I. Bisheriges Recht und Entstehungsgeschichte	1	378
II. Kommentar	2	379
1. Einführung	2	379
2. Der Begriff des Teilentscheids	3	379
3. Selbständige Eröffnung des Teilentscheids als Prozessvoraussetzung	9	380
4. Sonderfall der Stufenklage	10	380

I. Bisheriges Recht und Entstehungsgeschichte

1   Altes Recht: Art. 48 Abs. 1 OG, Art. 50 Abs. 1 OG.

Entwurf der Expertenkommission: Art. 84.

Entwurf des Bundesrates: Art. 86 (BBl 2001 4332).

Ständerat: unverändert angenommen (Amtl. Bull. S vom 23.9.2003 S. 909).

Nationalrat: Zustimmung zum Beschluss des Ständerates (Amtl. Bull. N vom 5.10.2004 S. 1607).

II. Kommentar

1. Einführung

Der Teilentscheid stellt innerhalb der Systematik des BGG eine Variante des Endentscheids dar. Er schliesst das Verfahren vor der unteren Instanz nicht vollständig ab, sondern befindet einzig über ein oder mehrere Rechtsbegehren. Teilentscheide sind nach der bisherigen Praxis selbständig anfechtbar, wenn die davon erfassten Begehren zum Gegenstand eines gesonderten Prozesses hätten gemacht werden können (BGE 129 III 25, 27 E. 1.1).

2. Der Begriff des Teilentscheids

Literatur und Rechtsprechung unterscheiden zwischen echten und unechten Teilentscheiden. Ein **echter Teilentscheid** entscheidet endgültig über einen Teil der gestellten Rechtsbegehren, sei es, dass das Gericht einen Teil der Forderungsklage gutheisst, der verbleibende Teil der eingeklagten Forderung indessen noch näherer Abklärungen bedarf (BGE 116 II 80, 82 E. 2b), sei es, dass das Gericht ein oder mehrere von einer Mehrzahl von Rechtsbegehren entscheidet (Anwendungsfall einer **objektiven Klagenhäufung**; BGE 115 II 102).

Von **unechten Teilentscheiden** spricht das Bundesgericht in Fällen der subjektiven Klagenhäufung, wenn z.b. ein gegen mehrere Personen gerichtetes Begehren in Bezug auf einzelne Beklagte abgewiesen wird (subjektive passive Klagenhäufung; BGE 131 III 667 E. 1.2; 116 II 80, 82 E. 2b) oder wenn einem von mehreren Klägern die Aktivlegitimation abgesprochen wird (subjektive aktive Klagenhäufung).

Ebenfalls als Teilentscheid hat das Bundesgericht einen **Rückweisungsentscheid** behandelt, in welchem die oberinstanzliche kantonale Behörde abweichend von der erstinstanzlichen einem Gesuch «dem Grundsatze nach» entsprach und die erste Instanz beauftragte, die Einzelheiten zu regeln (BGE 117 Ib 235, 237 E. 1b).

Alle Teilentscheide im Sinne dieser Definition sind der **materiellen Rechtskraft** zugänglich (BGE 128 III 191, 194 E. 4a).

Es ist wichtig, die Teilentscheide abzugrenzen von den Entscheiden, die ein Rechtsbegehren nicht vollständig erledigen, sondern einen formellen oder materiellen Aspekt des Ganzen beantworten (z.B. die Frage der örtlichen Zuständigkeit; die Feststellung der Schuld oder die Feststellung, dass ein Schadenersatzanspruch noch nicht verjährt ist; die Frage, ob eine Umweltverträglichkeitsprüfung durchzuführen ist usw.). Solche Entscheide sind nicht als Teilentscheide, aber, sofern das Verfahren seinen Fortgang nimmt, möglicherweise als **Vor-** oder **Zwischenentscheide** unter den Voraussetzungen von Art. 92 BGG oder Art. 93 BGG anfechtbar; wird das vorinstanzliche Verfahren infolge eines Vor- oder Zwischenentscheids beendet (z.B. bei Verneinung der örtlichen Zuständigkeit), so liegt ein Endentscheid vor (s. Art. 90 BGG N 8).

8 Auch nicht als Teilentscheid, sondern als Endentscheid wird ein Entscheid über eine sog. Teilklage (Klage über einen Teilbetrag einer Schuld) angesehen.

3. Selbständige Eröffnung des Teilentscheids als Prozessvoraussetzung

9 Die Zulässigkeit der Beschwerde setzt für Teilentscheide voraus, dass sie **selbständig eröffnet** worden sind. Das Gericht muss die Teilfrage in einem formellen Entscheid fällen und diesen den Parteien eröffnen.

4. Sonderfall der Stufenklage

10 Bei der **Stufenklage** setzt der Hilfsanspruch auf Auskunftserteilung oder Rechnungslegung den Kläger überhaupt erst in die Lage, seine Forderung zu beziffern und das Verfahren fortzusetzen.

11 Versagt man dem Teilurteil über den Hilfsanspruch die selbständige Anfechtbarkeit, könnte sich der Beklagte gegen die Durchsetzung der Rechenschaftspflicht mit dem Argument wehren, das Teilurteil sei nicht in Rechtskraft erwachsen, und dadurch das Verfahren blockieren. Die aus prozessökonomischen Gründen zugelassene Verbindung von Hilfs- und Hauptanspruch würde sich für den Kläger damit zum Nachteil wenden. Zwar ist die Rechnungslegung auf dem Wege der Vollstreckung nicht unmittelbar zu erwirken, da es sich um eine Verpflichtung zu einem Tun handelt, die nur indirektem Zwang zugänglich ist. Das Verhalten des Schuldners wird indessen bei der Fortsetzung des Verfahrens, allenfalls im Sinne einer Umkehr der Beweislast, zu berücksichtigen sein und die ungefähre Streitwertschätzung nach den Angaben des Klägers dem Gericht als Grundlage für die Bemessung des Quantitativs dienen (BGE 123 III 140, 143 E. 2c).

12 Es sind demnach nicht nur die Interessen desjenigen, der durch das Teilurteil zur Rechnungslegung verpflichtet wird, sondern ebenso diejenigen seines Prozessgegners, welche die selbständige Anfechtbarkeit in Fällen wie diesen gebieten. Die gegenteilige Auffassung wäre deshalb kaum mit der dienenden Funktion des Prozessrechts, das dem materiellen Recht zum Durchbruch verhelfen soll, zu vereinbaren (BGE 116 II 215, 218 E. 3). Aus diesen Gründen liess das Bundesgericht unter dem bisherigen Recht die Beschwerde gegen ein (unechtes) Teilurteil im Rahmen einer Stufenklage unabhängig vom Erfordernis der Prozessersparnis oder anderen Voraussetzungen zu; diese Praxis dürfte fortgesetzt werden.

Art. 92

Vor- und Zwischenentscheide über die Zuständigkeit und den Ausstand

Décisions préjudicielles et incidentes concernant la compétence et les demandes de récusation

Decisioni pregiudiziali e incidentali sulla competenza e la ricusazione

¹ Gegen selbständig eröffnete Vor- und Zwischenentscheide über die Zuständigkeit und über Ausstandsbegehren ist die Beschwerde zulässig.

² **Diese Entscheide können später nicht mehr angefochten werden.**

¹ Les décisions préjudicielles et incidentes qui sont notifiées séparément et qui portent sur la compétence ou sur une demande de récusation peuvent faire l'objet d'un recours.

² Ces décisions ne peuvent plus être attaquées ultérieurement.

¹ Il ricorso è ammissibile contro le decisioni pregiudiziali e incidentali notificate separatamente e concernenti la competenza o domande di ricusazione.

² Tali decisioni non possono più essere impugnate ulteriormente.

Inhaltsübersicht   Note   Seite

I. Bisheriges Recht und Entstehungsgeschichte 1   381
II. Kommentar 2   382
    1. Einführung 2   382
    2. Sonderregelung für Vor- und Zwischenentscheide über
       gerichtsorganisatorische Fragen 6   382
       2.1 Beschwerde über Zuständigkeitsfragen 7   383
       2.2 Beschwerde über den Ausstand 14   384
    3. Frist 18   385
    4. Verwirkung (Abs. 2) 19   385

I. Bisheriges Recht und Entstehungsgeschichte

Altes Recht: Art. 49 OG (Berufung), Art. 84 Abs. 1 lit. a OG und Art. 87 Abs. 1 OG (staatsrechtliche Beschwerde).   1

Entwurf der Expertenkommission: Art. 85.

Entwurf des Bundesrates: Art. 87 (BBl 2001 4333).

Ständerat: unverändert angenommen (Amtl. Bull. S vom 23.9.2003 S. 909).

Nationalrat: Zustimmung zum Beschluss des Ständerates (Amtl. Bull. N vom 5.10.2004 S. 1607).

II. Kommentar

1. Einführung

2   Die Anfechtungsmöglichkeiten von Vor- und Zwischenentscheiden sind nach bisherigem Recht nicht für alle Beschwerdearten des OG in derselben Weise geregelt. Das BGG bietet die willkommene Gelegenheit zu einer Rechtsvereinheitlichung. Die vom Gesetzgeber übernommene Regelung stimmt im Grossen und Ganzen mit der bisherigen Regelung für die Berufung (Art. 49 OG) und die staatsrechtliche Beschwerde (Art. 87 Abs. 1 OG) überein.

3   Der Begriff des **Vor-** und **Zwischenentscheids** gemäss BGG umfasst alle Entscheide, die – weil sie das Verfahren nicht abschliessen – nicht Endentscheide im Sinne von Art. 90 BGG sind und nicht als Teilentscheide i.S. von Art. 91 BGG betrachtet werden können.

4   Das BGG teilt die Vor- und Zwischenentscheide in zwei Gruppen ein: Auf der einen Seite diejenigen, welche die Zuständigkeit der urteilenden Behörde oder Ausstandsbegehren betreffen (Art. 92 BGG) und auf der anderen Seite die «anderen» Vor- und Zwischenentscheide (Art. 93 BGG).

5   Die Zulässigkeit der Beschwerde setzt für beide Gruppen voraus, dass der Vor- oder Zwischenentscheid **selbständig eröffnet** worden ist. Es reicht bspw. nicht, dass die Vorinstanz stillschweigend ihre Zuständigkeit anerkannt hat, sondern sie muss über diese vorentscheidende Frage einen formellen Entscheid fällen und diesen den Parteien eröffnen.

2. Sonderregelung für Vor- und Zwischenentscheide über gerichtsorganisatorische Fragen

6   Mit Art. 92 BGG hat der Gesetzgeber die ursprünglich vom Bundesgericht entwickelte, später mit Art. 87 Abs. 1 OG erstmals kodifizierte Praxis übernommen, wonach Beschwerden gegen Vor- und Zwischenentscheide über gerichtsorganisatorische Fragen, die ihrer Natur nach endgültig zu entscheiden sind, bevor das Verfahren weitergeführt werden kann, zulässig sind, selbst wenn sie keinen nicht wieder gutzumachenden Nachteil bewirken. Zu diesen gerichtsorganisatorischen Fragen gehören Vor- oder Zwischenentscheide über die **Zuständigkeit** und den **Ausstand**. Die direkte Anfechtbarkeit wird zum einen mit der Prozessökonomie und Zweckmässigkeit und zum anderen wegen des wohlverstandenen Interesses der Gegenpartei, dass der Beschwerdeführer sofort handle und nicht den Endentscheid abwarte, begründet (BGE 115 Ia 311, 313 E. 2a).

2.1 Beschwerde über Zuständigkeitsfragen

Zu den anfechtbaren Vor- oder Zwischenentscheiden gehören selbständig eröffnete Entscheide über die **örtliche** und **sachliche** Zuständigkeit (117 Ia 396, 398 E. 2).

Ob das Bundesgericht Entscheide, bei denen es um die **funktionelle** Zuständigkeit geht, entgegen der bisherigen Praxis (BGE 115 Ia 311, 313 E. 2a) auch zu den selbständig anfechtbaren Vor- bzw. Zwischenentscheiden nach Art. 92 Abs. 1 BGG zählt, wird die Praxis zeigen.

Als Zuständigkeitsvorschriften gelten nicht nur die Rechtssätze des Bundes und der Kantone, die sich ausdrücklich mit der Abgrenzung der sachlichen oder örtlichen Zuständigkeit der Behörden befassen, sondern auch die Zuständigkeitsregeln, die sich sinngemäss aus einer einzelnen Norm oder aus der Gesamtheit einer bundesrechtlichen Ordnung ergeben (BGE 97 I 56). Zum Bundesrecht gehören auch Staatsvertrags- und Völkergewohnheitsrecht. Deshalb kann z.B. ein ausländischer Staat die Verletzung seiner gerichtlichen oder vollstreckungsrechtlichen Immunität mit Beschwerde geltend machen, da in der Anrufung der völkerrechtlichen Immunität zugleich die Bestreitung der Zuständigkeit der schweizerischen Behörden liegt (BGE 106 Ia 146).

Damit nicht fast jede kantonale Verwaltungsentscheidung mittels Zuständigkeitsbeschwerde angefochten werden kann, gilt als Zuständigkeitsvorschrift nur, wenn das Gesetz einen kompetenzbegründenden Teiltatbestand (z.B. Anfechtungsobjekt, Streitwert, Ort der gelegenen Sache) ausgeschieden hat, von dem die Zuständigkeit einer Behörde abhängig ist (BGE 97 I 56 f.). Damit kann im Einzelfall über die Kompetenz dieser Behörde entschieden werden, ohne dass vorfrageweise die materielle Streitfrage beurteilt werden muss.

Bundesrechtliche Bestimmungen über die **örtliche Zuständigkeit** sind u.a. enthalten im Gerichtsstandsgesetz (GestG), im Bundesgesetz über das internationale Privatrecht (IPRG), im Kindesschutz- (Art. 275 ZGB und Art. 307 ff. ZGB) und Vormundschaftsrecht (Art. 376 f. ZGB, Art. 396 ZGB, Art. 397b ZGB, Art. 405a Abs. 2 ZGB), im Schuldbetreibungs- und Konkursrecht (SchKG) sowie auf dem Gebiet der Binnen- und Seeschifffahrt (BG über das Schiffsregister, SR 747.11; BG über die Binnenschifffahrt, SR 747.201; BG über die Seeschifffahrt, SR 747.30) und der Luftfahrt (BG über die Luftfahrt; BG über das Luftfahrzeugbuch und das Lufttransportreglement).

Das Bundesgericht beurteilt mit **freier Kognition**, ob bundesrechtliche Zuständigkeitsvorschriften eingehalten worden sind (s. Art. 95 lit. a BGG; s. auch BGE 116 II 721, 723 E. 3).

13 Die Verletzung **kantonalrechtlicher Zuständigkeitsvorschriften** ist ebenfalls mit der Einheitsbeschwerde zu rügen, nur beschränkt sich die Kognition des Bundesgerichts auf Willkürprüfung (s. Art. 95 BGG N 21 ff.).

2.2 Beschwerde über den Ausstand

14 Will eine Partei den Ausstand einer an einem vorinstanzlichen Entscheid mitwirkenden Person (Richter, Gerichtsschreiber, Gutachter und Experten, aber auch Verwaltungsbehörden) verlangen, so hat sie grundsätzlich nach dem für die fragliche Vorinstanz anwendbaren Verfahren vorzugehen, sobald sie vom Ausstandsgrund Kenntnis erhalten hat.

15 Die **Ausstandsgründe** ergeben sich aus dem kantonalen Verfahrensrecht (einschliesslich das interkantonale Konkordat über die Schiedsgerichtsbarkeit; BGE 111 Ia 72) und aus dem Bundesrecht (u.a. Art. 58 Abs. 1 BZP mit Verweis auf Art. 34 BGG, Art. 10 SchKG, Art. 10 VwVG, Art. 99 BStP, Art. 28 SGG [wobei es interessanterweise keine Ausstandsregeln für die Gerichtspersonen des Bundesstrafgerichts gibt.] und Art. 38 VGG mit Verweis auf Art. 34 BGG). Sodann ist der Rechtsweg auszuschöpfen. Das Bundesgericht befasst sich nur mit letztinstanzlichen kantonalen Ausstandsentscheiden bzw. mit solchen des Bundesverwaltungsgerichts oder des Bundesstrafgerichts.

16 Bei Beschwerden über den Ausstand prüft das Bundesgericht zunächst die Auslegung und Anwendung des für die fragliche Instanz geltenden Ausstandsrechts. Geht es um kantonales Recht, beschränkt sich das Bundesgericht auf eine Willkürprüfung (BGE 129 V 335, 338 E. 1). Anschliessend prüft das Bundesgericht frei, ob die – als nicht willkürlich befundene – Auslegung und Anwendung kantonalen Rechts mit der in **Art. 30 Abs. 1 BV** gewährleisteten Garantie eines durch Gesetz geschaffenen, zuständigen, unabhängigen und unparteiischen Gerichts vereinbar ist (BGE 131 I 31, 35 E. 2.1.2.1; s. namentlich die Zusammenfassung der bundesgerichtlichen Rechtsprechung in BGE 131 I 24, 26 E. 1.2 und 1.3). In diesem Zusammenhang hat das Bundesgericht wiederholt betont, dass Art. 30 Abs. 1 BV dieselbe Tragweite hat wie Art. 6 Abs. 1 EMRK, d.h. aus letzterer Bestimmung keine Rechte abgeleitet werden können, die sich nicht bereits aus Art. 30 BV ergeben. Für **erstinstanzliche Verwaltungsbehörden** gelten die Minimalansprüche gemäss **Art. 29 Abs. 1 BV**, die im Allgemeinen weniger streng sind als diejenigen nach Art. 30 Abs. 1 BV (BGE 125 I 119, 125 E. 3.f; und 107 Ia 135, 137 E. 1b, wo das Bundesgericht die Ausstandspflicht eines Behördenmitglieds nur bei Vorliegen persönlicher Interessen bejaht hat; zu den unterschiedlichen Ausstandspflichten nach Art. 29 bzw. 30 BV s. namentlich BGE 125 I 209, 217 E. 8). Art. 29 Abs. 1 BV gilt auch für **Strafuntersuchungs-** und **Anklagebehörden**, solange diese nicht die Rolle eines eigentlichen Richters einnehmen (BGE 127 I 196, 198 E. 2b). Hinsichtlich der Unparteilichkeit im

Sinne von Unabhängigkeit und Unbefangenheit kommt in diesen Fällen Art. 29 Abs. 1 BV ein mit Art. 30 Abs. 1 BV weitgehend übereinstimmender Gehalt zu (BGE 127 I 196, 198 E. 2b). Für **internationale Schiedsgerichte**, auf welche die Bestimmungen von Art. 176 ff. IPRG Anwendung finden, liefert Art. 30 Abs. 1 BV den Massstab für die Minimalanforderungen an die Unabhängigkeit der Schiedsgerichte. Werden diese Massstäbe nicht eingehalten, kann die betroffene Partei wegen Verletzung des verfahrensrechtlichen Ordre public im Sinne von Art. 190 Abs. 2 lit. e IPRG Beschwerde führen (BGE 126 III 249, 254 E. 3c).

War bei der Vorinstanz hingegen bereits Art. 34 BGG anwendbar, was namentlich bei den Gerichtspersonen des **Bundesverwaltungsgerichts** (s. Art. 38 VGG) und – wegen Fehlens einer ausdrücklichen Regelung – sinngemäss auch für diejenigen des **Bundesstrafgerichts** der Fall ist, prüft das Bundesgericht die Auslegung und Anwendung dieser Bestimmung mit **freier Kognition**, zumal es um die Auslegung von Bundesrecht geht. Dasselbe gilt, wenn bei einer ersten Instanz andere bundesrechtliche Ausstandsregeln anwendbar waren.

3. Frist

Wenn der angefochtene Entscheid die Zuständigkeit oder ein Ausstandsbegehren betrifft, ist er innerhalb der Frist von Art. 100 BGG ohne weiteres anfechtbar (Abs. 1).

4. Verwirkung (Abs. 2)

Mit Abs. 2 wird klargestellt, dass selbständig eröffnete Zwischenentscheide über die (örtliche oder sachliche) **Zuständigkeit** und den **Ausstand** der entscheidenden Behörde unmittelbar angefochten werden müssen.

Das bedeutet umgekehrt auch, dass die Zuständigkeit und die Zusammensetzung der Behörde im Rahmen einer Beschwerde gegen den Endentscheid nur angefochten werden kann, wenn die fraglichen Zwischenentscheide nicht selbständig eröffnet wurden (BGE 126 I 207, 209 E. 1b; 117 Ia 396, 398 E. 2).

Art. 93

Andere Vor- und Zwischenentscheide

¹ Gegen andere selbständig eröffnete Vor- und Zwischenentscheide ist die Beschwerde zulässig:
a. wenn sie einen nicht wieder gutzumachenden Nachteil bewirken können; oder
b. wenn die Gutheissung der Beschwerde sofort einen Endentscheid herbeiführen und damit einen bedeutenden Aufwand an Zeit oder Kosten für ein weitläufiges Beweisverfahren ersparen würde.

² Auf dem Gebiet der internationalen Rechtshilfe in Strafsachen sind Vor- und Zwischenentscheide nicht anfechtbar. Vorbehalten bleiben Beschwerden gegen Entscheide über die Auslieferungshaft sowie über die Beschlagnahme von Vermögenswerten und Wertgegenständen, sofern die Voraussetzungen von Absatz 1 erfüllt sind.

³ Ist die Beschwerde nach den Absätzen 1 und 2 nicht zulässig oder wurde von ihr kein Gebrauch gemacht, so sind die betreffenden Vor- und Zwischenentscheide durch Beschwerde gegen den Endentscheid anfechtbar, soweit sie sich auf dessen Inhalt auswirken.

Autres décisions préjudicielles et incidentes

¹ Les autres décisions préjudicielles et incidentes notifiées séparément peuvent faire l'objet d'un recours:
a. si elles peuvent causer un préjudice irréparable, ou
b. si l'admission du recours peut conduire immédiatement à une décision finale qui permet d'éviter une procédure probatoire longue et coûteuse.

² En matière d'entraide pénale internationale, les décisions préjudicielles et incidentes ne peuvent pas faire l'objet d'un recours. Le recours contre les décisions relatives à la détention extraditionnelle ou à la saisie d'objets et de valeurs est réservé si les conditions de l'al. 1 sont remplies.

³ Si le recours n'est pas recevable en vertu des al. 1 et 2 ou qu'il n'a pas été utilisé, les décisions préjudicielles et incidentes peuvent être attaquées par un recours contre la décision finale dans la mesure où elles influent sur le contenu de celle-ci.

Altre decisioni pregiudiziali e incidentali

¹ Il ricorso è ammissibile contro altre decisioni pregiudiziali e incidentali notificate separatamente se:
a. esse possono causare un pregiudizio irreparabile; o
b. l'accoglimento del ricorso comporterebbe immediatamente una decisione finale consentendo di evitare una procedura probatoria defatigante o dispendiosa.

² Le decisioni pregiudiziali e incidentali nel campo dell'assistenza giudiziaria internazionale in materia penale non sono impugnabili.

Rimangono salvi i ricorsi contro le decisioni sulla carcerazione in vista d'estradizione come anche sul sequestro di beni e valori, sempreché siano adempiute le condizioni di cui al capoverso 1

[3] Se il ricorso in virtù dei capoversi 1 e 2 non è ammissibile o non è stato interposto, le decisioni pregiudiziali e incidentali possono essere impugnate mediante ricorso contro la decisione finale in quanto influiscano sul contenuto della stessa.

Inhaltsübersicht   Note   Seite

I.   Bisheriges Recht und Entstehungsgeschichte   1   387
II. Kommentar   2   388
     1. Einführung   2   388
     2. Voraussetzung der selbständigen Eröffnung   6   388
     3. Weitere Voraussetzungen   7   389
        3.1 Der nicht wieder gutzumachende Nachteil   7   389
        3.2 Wenn die Gutheissung der Beschwerde einen Endentscheid
             herbeiführt und damit einen bedeutenden Aufwand an Zeit
             oder Kosten für ein weitläufiges Beweisverfahren ersparen würde. 10   390
     4. Keine Verwirkung bei unterlassener Beschwerde (Abs. 3) 18   391
     5. Internationale Rechtshilfe in Strafsachen (Abs. 2) 19   391

I. Bisheriges Recht und Entstehungsgeschichte

Altes Recht: Art. 48 OG, Art. 50 OG, Art. 87 OG und 101 OG.   1

Entwurf der Expertenkommission: Art. 86.

Entwurf des Bundesrates: Art. 88 (BBl 2001 4333).

Ständerat: unverändert angenommen (Amtl. Bull. S vom 23.9.2003 S. 909).

Nationalrat: Zustimmung zum Beschluss des Ständerates (Amtl. Bull. NR vom 5.10.2004 S. 1607).

Neuer Antrag des Bundesrates: Einfügen eines Vorbehaltes in IRSG-Sachen.

Ständerat: stimmt dem neuen Antrag des Bundesrates zu (Amtl. Bull. S vom 8.3.2005 S. 137).

Nationalrat: Zustimmung zum Beschluss des Ständerates (Amtl. Bull. N vom 6.6.2005 S. 648).

II. Kommentar

1. Einführung

2 Im Gegensatz zu End- bzw. Teilentscheiden regeln **Vor- und Zwischenentscheide** einzelne prozessuale oder materiellrechtliche Aspekte eines Verfahrens (z.B. die Frage der Handlungsfähigkeit, der unentgeltlichen Prozessführung oder der Verjährung), ohne dasselbe zu einem Abschluss zu bringen (BGE 128 III 191, 194 E. 4a). Wohl sind sie der materiellen Rechtskraft nicht teilhaftig, binden aber die Behörde in dem Verfahren, in welchem sie diese erlassen hat (BGE 122 III 492, E. 1.b.bb). So kann ein Gericht, das in einem Zwischenentscheid den Grundsatz der Haftpflicht der Beklagten bejaht hat, im Rahmen der Ermittlung der Schadenshöhe nicht mehr darauf zurückkommen (BGE 128 III 191, 194 E. 4a).

3 Soweit sie im Rahmen eines hängigen Verfahrens angeordnet werden, gelten auch **vorsorgliche Massnahmen** als Vor- oder Zwischenentscheide. Demgegenüber stellen die in einem selbständigen Verfahren erlassenen vorsorglichen Massnahmen (wie z.B. die vorläufige Eintragung eines Bauhandwerkerpfandrechts) Endentscheide dar (s. Art. 90 BGG N 6).

4 **Überweisungsbeschlüsse** in Strafsachen sind Zwischenentscheide im Sinne von Art. 93 BGG (BGE 115 Ia 311, 314 E. 2b).

5 **Prozessleitende Verfügungen** sind **unselbständige** verfahrensrechtliche Anordnungen eines Gerichts (oder einer Behörde) während eines laufenden Verfahrens (bspw. der Beschluss über die Durchführung eines Augenscheins, aber auch die Feststellung, wonach die Prozessvoraussetzungen erfüllt sind und das Verfahren deshalb seinen Fortgang nimmt). Der Sache nach handelt es sich um Zwischenentscheide, mit dem entscheidenden Abgrenzungskriterium, dass sie nicht selbständig eröffnet werden und deshalb nicht anfechtbar sind (s. N 6).

2. Voraussetzung der selbständigen Eröffnung

6 Die Zulässigkeit der Beschwerde setzt auch für Vor- und Zwischenentscheide voraus, dass sie **selbständig eröffnet** worden sind. Die Behörde muss die Vor- bzw. Zwischenfrage in einem formellen Entscheid fällen und diesen den Parteien eröffnen.

3. Weitere Voraussetzungen

3.1 Der nicht wieder gutzumachende Nachteil

Die Beschwerde gegen einen Vor- oder Zwischenentscheid i.S. von Art. 93 BGG ist zulässig, wenn der angefochtene Entscheid für den Beschwerdeführer einen **nicht wieder gutzumachenden Nachteil** bewirken kann.

7

Der Bundesrat vertritt die Auffassung, dass die Frage des nicht wieder gutzumachenden Nachteils der bisherigen Regelung für die staatsrechtliche Beschwerde (Art. 97 OG) entspreche (Botschaft BBl. 2001 4333 f). Nach ständiger Rechtsprechung des Bundesgerichts zu Art. 87 OG bedurfte es eines Nachteils rechtlicher Natur. Der Nachteil war nur dann rechtlicher Art, wenn er auch durch einen für den Beschwerdeführer günstigen Entscheid nicht mehr behoben werden konnte (BGE 115 Ia 311, 314 E. 2c). Dabei war es nicht nötig, dass sich der Nachteil schon im vorinstanzlichen Verfahren durch einen günstigen Endentscheid beheben liess. Es genügte, wenn er in einem abschliessenden bundesgerichtlichen Verfahren beseitigt werden konnte (BGE 116 Ia 445 E. 1b). In diesem Sinne lag im Umstand, dass in einer Strafsache die Anklage zugelassen und die Sache an das zuständige Strafgericht überwiesen wurde, kein nicht wieder gutzumachender Nachteil (BGE 115 Ia 311, 315 E. 2c). Im Gegensatz dazu reichte im Rahmen der Verwaltungsgerichtsbeschwerde bereits ein schutzwürdiges Interesse an der sofortigen Aufhebung oder Abänderung der Zwischenverfügung aus; der nicht wieder gutzumachende Nachteil musste nicht «rechtlicher Natur» sein, vielmehr genügte ein bloss wirtschaftliches Interesse (z.B. hohe Kosten für das Folgeverfahren; Vermeidung der Folgen einer negativen Publizität [BGE 120 Ib 97, 99 E. 1c], hohe Kosten als Folge der Erteilung der aufschiebenden Wirkung einer Beschwerde [BGE 116 Ib 344, 348 E. 1c]). Indessen genügte auch in der Verwaltungsgerichtsbeschwerde nicht, wenn es dem Beschwerdeführer bei der Anfechtung einer Zwischenverfügung bloss darum ging, eine Verlängerung oder Verteuerung des Verfahrens zu verhindern (BGE 120 Ib 97, 100 E. 1c). Manchmal hat das Bundesgericht diese nicht in jedem Fall einfach zu lösenden Abgrenzungsschwierigkeiten umschifft, indem es Vor- oder Zwischenentscheiden den Status eines Teil- oder Endentscheids zusprach, die – wie im neuen Recht – ohne besondere Voraussetzungen angefochten werden konnten (BGE 117 Ib 327 E. 1b).

8

Im Grunde genommen hat das Bundesgericht für beide Verfahrensarten lediglich unterschiedliche Massstäbe angesetzt für die Beurteilung, ob der mögliche Nachteil wieder gutzumachen ist oder nicht. Namentlich beurteilte es die «rechtliche Natur» des Nachteils stets anhand Nichtwiedergutmachbarkeit. Freilich war die Praxis zur staatsrechtlichen Beschwerde strenger, weil die Nichtwiedergutmachbarkeit nur anhand des möglichen Ausgangs des Verfahrens gemessen, andere (wirtschaftliche) Interessen hingegen nicht berücksichtigt wurden. Ob das Bundesgericht unter der Geltung des BGG für alle Verfahren den strengeren Massstab

9

des bisherigen Art. 97 OG oder die Praxis zur Verwaltungsgerichtsbeschwerde anwenden wird, bleibt offen. Immerhin wird es zu berücksichtigen wissen, dass das Kriterium des nicht wieder gutzumachenden Nachteils bisher in zivilrechtlichen Angelegenheiten nicht galt (Art. 50 OG); vielmehr genügte die Erfüllung der heute in Art. 93 Abs. 1 lit. b BGG formulierten Bedingungen. Es bleibt deshalb zu hoffen, dass das Bundesgericht den weniger strengen Massstab anwenden wird.

3.2 Wenn die Gutheissung der Beschwerde einen Endentscheid herbeiführt und damit einen bedeutenden Aufwand an Zeit oder Kosten für ein weitläufiges Beweisverfahren ersparen würde

10 Die Beschwerde gegen einen Vor- oder Zwischenentscheid ist zulässig, wenn die Gutheissung der Beschwerde einen **Endentscheid** i.S. von Art. 91 BGG **herbeiführt** und so ein **bedeutender Aufwand** an Zeit oder Kosten für ein weitläufiges Beweisverfahren **erspart** werden kann.

11 Abs. 1 lit. b enthält eine Ausnahmebestimmung, die das Bundesgericht wie bisher restriktiv auslegen dürfte. Diese Grundhaltung ist nicht falsch, zumal die Prozessparteien keiner Rechte verlustig gehen, wenn sie einen Vor- oder Zwischenentscheid der oberen kantonalen Gerichte oder sonstigen Spruchbehörden nicht anfechten. Sie können alle nach Art. 95 ff. BGG zulässigen Beschwerdegründe gegen den letztinstanzlichen Endentscheid vorbringen. Diese Möglichkeit steht einem Beschwerdeführer selbstredend auch offen, wenn das Bundesgericht auf eine Beschwerde nach Art. 93 Abs. 1 lit. b BGG nicht eingetreten ist (Abs. 3).

12 Das Bundesgericht entscheidet über diese Voraussetzungen nach **freiem Ermessen** (BGE 118 II 91, 92 E. 1). Bei der Ermessensbetätigung würdigt das Bundesgericht die Gesamtumstände, was nach einer gewissen Flexibilität ruft.

13 Auf die Beschwerde tritt das Bundesgericht von vornherein nicht ein, wenn der Beschwerdeführer überhaupt nicht dartut, warum ein Ausnahmefall vorliegt, mithin die Eintretensfrage schlechthin übersieht.

14 Wo der Beschwerdeführer indessen ausdrücklich geltend macht, die Bedingungen des Art. 93 Abs. 1 lit. b BGG seien erfüllt, differenziert das Bundesgericht. Liegt es klar auf der Hand, dass ein bedeutender Aufwand an Zeit und Kosten für ein weitläufiges Beweisverfahren erforderlich sein wird, d.h. geht das bereits unzweifelhaft aus dem angefochtenen Urteil oder aus der Natur des Falles hervor, so darf auf lange Ausführungen verzichtet werden (BGE 118 II 91, 92 E. 1). Das Bundesgericht hat z.B. im Falle einer behaupteten Prospekthaftung eine derartige Offensichtlichkeit angenommen (BGE 113 II 283, 285 E. 1).

15 Andernfalls hat der Beschwerdeführer im Einzelnen darzutun, welche Tatfragen offen sind und welche weitläufigen Beweiserhebungen in welchem zeitlichen und

kostenmässigen Umfang erforderlich sind (BGE 116 II 738, 741 E. 1). Zudem hat er unter Angabe der Fundstelle nachzuweisen, dass er die betreffenden Beweise im vorinstanzlichen Verfahren bereits angerufen oder entsprechende Anträge gestellt hat.

Keine genügende Begründung liegt vor, wenn der Beschwerdeführer lediglich darauf hinweist, bei Gutheissung der Beschwerde erübrige sich ein Beweisverfahren. Vielmehr muss auch in solchen Fällen dargetan werden, inwieweit das Beweisverfahren weitläufig, zeitaufwändig oder kostspielig sein soll (BGE 118 II 91, 92 E. 1c). 16

Ebenfalls ungenügend ist die blosse Behauptung, es könne eine aufwändige Untersuchung der Schadenshöhe unterbleiben (BGE 116 II 480, 484 E. 1). 17

4. Keine Verwirkung bei unterlassener Beschwerde (Abs. 3)

Ist die Beschwerde nach Abs. 1 nicht zulässig oder wurde von ihr kein Gebrauch gemacht, so sind die betreffenden Vor- bzw. Zwischenentscheide durch Beschwerde gegen den Endentscheid anfechtbar (Abs. 3). Das setzt naturgemäss voraus, dass die Beschwerde im Falle der Begründetheit überhaupt geeignet ist, den Endentscheid zu beeinflussen. Diese Voraussetzung ist bspw. nicht erfüllt, wenn die Anordnung von vorsorglichen Massnahmen gerügt werden soll, die durch den Endentscheid hinfällig geworden sind. 18

5. Internationale Rechtshilfe in Strafsachen (Abs. 2)

Auf dem Gebiet der internationalen Rechtshilfe in Strafsachen sind Vor- und Zwischenentscheide grundsätzlich nicht anfechtbar. 19

Anfechtbar sind einzig Entscheide über die **Auslieferungshaft** (Art. 48 IRSG) sowie über die **Beschlagnahme** von Vermögenswerten und Wertgegenständen (Art. 80f IRSG), wenn die Voraussetzungen von Abs. 1 erfüllt sind. 20

Art. 94

Rechtsverweigerung und Rechtsverzögerung	Gegen das unrechtmässige Verweigern oder Verzögern eines anfechtbaren Entscheids kann Beschwerde geführt werden.
Déni de justice et retard injustifié	Le recours est recevable si, sans en avoir le droit, la juridiction saisie s'abstient de rendre une décision sujette à recours ou tarde à le faire.
Denegata e ritardata giustizia	Può essere interposto ricorso se la giurisdizione adita nega o ritarda indebitamente la pronuncia di una decisione impugnabile.

Inhaltsübersicht Note Seite

I. Bisheriges Recht und Entstehungsgeschichte 1 392
II. Kommentar 2 393
   1 Einführung 2 393
      1.1 Die formelle Rechtsverweigerung im Allgemeinen 2 393
      1.2 Die Rechtsverzögerung als besondere Form der
          Rechtsverweigerung 5 393
      1.3 Abgrenzungsfragen 9 394
      1.4 Anwendungsbereich 10 394
      1.5 Kein Beschwerdeobjekt 11 394
   2. Ausschöpfung des Instanzenzugs 13 395
   3. Keine Anfechtungsfrist 18 395
   4. Der Entscheid 19 396

I. Bisheriges Recht und Entstehungsgeschichte

1 Altes Recht: Art. 82 (Rechtspflege in Schuldbetreibungs- und Konkurssachen) sowie Art. 97 Abs. 2 und 101 OG (Verwaltungsrechtspflege).

Entwurf der Expertenkommission: Art. 87.

Entwurf des Bundesrates: Art. 89 (BBl 2001 4334).

Ständerat: unverändert angenommen (Amtl. Bull. S vom 23.9.2003 S. 909).

Nationalrat: Zustimmung zum Beschluss des Ständerates (Amtl. Bull. N vom 5.10.2004 S. 1607).

II. Kommentar

1. Einführung

1.1 Die formelle Rechtsverweigerung im Allgemeinen

Das Bundesgericht hat in einer umfangreichen staatsrechtlichen Rechtsprechung zu Art. 29 Abs. 1 BV (bzw. Art. 4 aBV), vom ersten publizierten Entscheid (BGE 1 S. 3) bis heute, die Rechtsfrage der **formellen** Rechtsverweigerung zu klären versucht. Es hat bereits in BGE 4 S. 194 ausgeführt:

«Eine Rechtsverweigerung, welche als eine Verfassungsverletzung involvierend das Bundesgericht zur Intervention berechtigt, liegt dann vor, wenn eine Behörde sich weigert, eine in ihren Geschäftskreis fallende Angelegenheit an Hand zu nehmen und zu behandeln, sei es, dass sie die Behandlung ausdrücklich ablehnt, sei es, dass sie dieselbe stillschweigend unterlässt.» (Vgl. auch: BGE 3 S. 429, 15 S. 28, 23 S. 979, 24 I 182, 30 I 7 und 36 I 345.)

In BGE 87 I 246 fasst es zusammen: «Das Bundesgericht hat von jeher angenommen, dass eine kantonale Behörde eine formelle Rechtsverweigerung begehe und Art. 4 BV verletze, wenn sie ein bei ihr gestelltes Gesuch nicht an die Hand nehme und behandle.»

1.2 Die Rechtsverzögerung als besondere Form der Rechtsverweigerung

Die Rechtsverzögerung ist eine besondere Form der formellen Rechtsverweigerung, die sowohl gegen Art. 29 Abs. 1 BV wie auch gegen den in dieser Hinsicht nicht weiter gehenden Art. 6 Ziff. 1 EMRK verstösst (BGE 119 Ia 237, 238 E. 2.a) und beim Bundesgericht mit Beschwerde gerügt werden kann.

Das Bundesgericht hatte in der Regel Fälle zu entscheiden, in welchen eine Behörde überhaupt nicht tätig werden wollte. Erstmals in BGE 94 I 101 hielt es zur Frage der **Rechtsverzögerung** durch eine Verwaltungsbehörde fest: «Avant qu'elle puisse être incriminée, dans les affaires de ce genre de déni de justice, il faut que l'autorité ait au moins le temps matériel d'intervenir de manière appropriée. Si un délai, dont l'étendue doit s'apprécier en rapport avec la nature de l'affaire et au vu des circonstances, s'est écoulé sans qu'elle ne fasse rien, alors, mais alors seulement, elle se rend coupable d'un déni de justice formel.»

Damit war aber die Frage nicht beantwortet, welche Voraussetzungen gegeben sein müssen, damit eine Verzögerung einer behördlichen Handlung zur formellen Rechtsverweigerung wird.

Für den Rechtsuchenden ist es unerheblich, auf welche Gründe – bspw. auf ein Fehlverhalten der Behörden oder auf andere Umstände – die Rechtsverweigerung oder die Rechtsverzögerung zurückzuführen ist; entscheidend für ihn ist ausschliesslich, dass die Behörde nicht oder nicht fristgerecht handelt. Bei der Feststellung einer unrechtmässigen Rechtsverzögerung geht es deshalb um die Würdigung **objektiver** Gegebenheiten. Danach liegt eine **unrechtmässige Rechtsverzögerung** dann vor, wenn die **Umstände**, welche zur unangemessenen Verlängerung des Verfahrens führten, **objektiv nicht gerechtfertigt** sind (BGE 103 V 190).

1.3 Abgrenzungsfragen

9 Lehre und Rechtsprechung unterscheiden zwischen formeller und materieller Rechtsverweigerung. Von **formeller Rechtsverweigerung** wird gesprochen, wenn Verfahrensfehler zur Diskussion stehen (z.B. Untätigsein oder Verweigerung des rechtlichen Gehörs). Die **materielle Rechtsverweigerung** betrifft die Auslegung und Anwendung des materiellen Rechts. Dabei bejaht das Bundesgericht eine solche nicht schon dann, wenn eine andere Lösung ebenfalls vertretbar oder gar zutreffender erschiene, sondern nur dann, wenn das Ergebnis schlechterdings mit vernünftigen Gründen nicht zu vertreten ist (BGE 124 IV 86, 88 E. 2a). Art. 94 BGG befasst sich allerdings nicht mit solchen Fällen, sondern mit der Untätigkeit von Behörden.

1.4 Anwendungsbereich

10 Das Bundesgericht hat aus Art. 29 Abs. 1 BV wie auch Art. 6 EMRK das Beschleunigungsgebot für **Strafuntersuchungen** bzw. für das nachfolgende **Strafverfahren** (BGE 113 Ia 419 f.), für **Zivilverfahren,** aber auch für **Verwaltungs- und Verwaltungsgerichtsverfahren** (BGE 129 V 411, 415 E. 2) ausdrücklich abgeleitet. Mit dem Inkrafttreten von Art. 94 BGG erhält das Beschleunigungsgebot nunmehr eine ausdrückliche gesetzliche Grundlage für alle Verfahrensarten.

1.5 Kein Beschwerdeobjekt

11 Diese Bestimmung hat die Untätigkeit einer Behörde zum Gegenstand, weshalb ein eigentliches **Beschwerdeobjekt** gar nicht vorliegt. Vielmehr bleibt die Behörde stillschweigend untätig oder lehnt es ausdrücklich ab, innerhalb einer angemessenen Frist einen Entscheid zu fällen.

12 Wenn sich Letzteres allerdings aus einem formellen Entscheid ergibt, liegt keine Rechtsverweigerung oder -verzögerung im Sinne dieser Bestimmung vor, son-

dern ein anfechtbarer Entscheid gemäss Art. 90 ff. BGG. Die Unterscheidung ist wichtig, weil davon die Einhaltung der Beschwerdefrist abhängen kann (vgl. Art. 100 BGG).

2. Ausschöpfung des Instanzenzugs

Die Beschwerde an das Bundesgericht ist grundsätzlich erst gegen Entscheide der in Art. 75, 80 und 86 bis 88 BGG genannten Vorinstanzen zulässig. Dieses Erfordernis ist ursprünglich durch die Praxis eingeführt worden aus der Überlegung, für die Anrufung des Bundesgerichts bestehe so lange kein Anlass, als staatlichen Eingriffen bereits auf tieferen Ebenen begegnet werden könne. Letztinstanzlich in diesem Sinne ist ein Entscheid erst, wenn die Rüge, die Inhalt der Beschwerde sein soll, bei keiner Vorinstanz mehr angebracht werden kann (BGE 119 Ia 237, 239 E. 2b).

Dieser Grundsatz gilt auch für die Rechtsverzögerungs- und Rechtsverweigerungsbeschwerde. Demnach muss vor der Anrufung des Bundesgerichts der **Instanzenzug ausgeschöpft** worden sein. Ist diese Voraussetzung nicht erfüllt, tritt das Bundesgericht nicht auf die Beschwerde ein (BGE 119 Ia 237, 239 E. 2b).

In aller Regel wird eine Rechtsverweigerungs- oder -verzögerungsbeschwerde gegen **untere kantonale Gerichte** oder Verwaltungsbehörden nicht möglich sein, weil die kantonalen Gerichtsorganisationen obere kantonale Gerichte als Aufsichtsbehörden einsetzen müssen (s. Art. 75, 80 und 86 BGG) und Aufsichtsbeschwerden vorsehen. Diese Lösung ist insofern sachgerecht, als dass die kantonalen Aufsichtsbehörden Kraft ihres Aufsichtsrechts zugleich in der Lage sind, konkrete Anordnungen zu treffen, Pflichtwidrigkeiten zu ahnden, Fristen zu setzen und den weiteren Gang des Verfahrens zu überwachen (BGE 117 Ia 452, 458 E. 4).

3. Keine Anfechtungsfrist

Die Rechtsverweigerungs- bzw. Rechtsverzögerungsbeschwerde gegenüber einer der in den Art. 75, 80 sowie 86 bis 88 BGG genannten Vorinstanzen ist an keine Frist gebunden (s. Art. 100 Abs. 7 BGG). Wird aber ein oberinstanzlicher Entscheid angefochten, der eine Rechtsverweigerung einer unteren Instanz verneint, gilt die ordentliche Anfechtungsfrist nach Art. 100 Abs. 1 BGG.

4. Der Entscheid

17   Weil der Anspruch des Beschwerdeführers auf fristgerechten staatlichen Rechtsschutz den in der gleichen Verfassungsbestimmung verankerten Grundsatz der Rechtsgleichheit anderer Rechtssuchenden nicht verletzen darf (BGE 103 V 190, 199 E. 6b), verzichtet das Bundesgericht in der Regel darauf, konkrete Fristen anzusetzen oder andere Massnahmen zu treffen. Vielmehr weist es die rechtsverweigernde oder rechtsverzögernde Behörde an, die Sache «*an die Hand zu nehmen und so rasch als möglich zum Entscheid zu führen*».

18   Wenn das Bundesgericht feststellt, dass der rechtsverweigernden bzw. rechtsverzögernden Behörde die tatsächlichen und rechtlichen Mittel fehlen, um die zu den erheblichen Verzögerungen führenden Ursachen mit geeigneten Massnahmen zu bekämpfen, hat es auch schon den Entscheid derjenigen Behörde zugestellt, die nach seinem Dafürhalten in der Lage ist (bzw. wäre), die erforderlichen Massnahmen zu treffen.

2. Abschnitt: Beschwerdegründe

Art. 95

Schweizerisches Recht	Mit der Beschwerde kann die Verletzung gerügt werden von: a. Bundesrecht; b. Völkerrecht; c. kantonalen verfassungsmässigen Rechten; d. kantonalen Bestimmungen über die politische Stimmberechtigung der Bürger und Bürgerinnen und über Volkswahlen und -abstimmungen; e. interkantonalem Recht.
Droit suisse	Le recours peut être formé pour violation: a. du droit fédéral; b. du droit international; c. de droits constitutionnels cantonaux; d. de dispositions cantonales sur le droit de vote des citoyens ainsi que sur les élections et votations populaires; e. du droit intercantonal.
Diritto svizzero	Il ricorrente può far valere la violazione: a. del diritto federale; b. del diritto internazionale; c. dei diritti costituzionali cantonali; d. delle disposizioni cantonali in materia di diritto di voto dei cittadini e di elezioni e votazioni popolari; e. del diritto intercantonale.

Inhaltsübersicht

	Note	Seite
I. Bisheriges Recht und Entstehungsgeschichte (zusammen mit Art. 96–98)	1	398
1. Altes Recht	1	398
2. Entstehungsgeschichte	2	399
II. Kommentar	7	400
1. Bedeutung	7	400
2. Bundesrecht (lit. a)	12	401
2.1 Bundesrecht	12	401
2.2 Kantonales Recht	21	402
2.3 Von Privaten erlassenes Recht	27	403
3. Völkerrecht (lit. b)	29	403
4. Kantonale verfassungsmässige Rechte (lit. c)	33	404
4.1 Im Allgemeinen	33	404
4.2 Gewaltenteilung	37	404
4.3 Autonomie	39	405
5. Bestimmungen über die politischen Rechte (lit. d)	43	406
6. Interkantonales Recht (lit. e)	46	406
7. Ermessen/Angemessenheit	49	407

I. Bisheriges Recht und Entstehungsgeschichte (zusammen mit Art. 96–98)

1. Altes Recht

1 Die Beschwerdegründe waren im bisherigen Recht je nach Rechtsmittel unterschiedlich:

Mit der Berufung und der Nichtigkeitsbeschwerde in Strafsachen konnte grundsätzlich nur die Verletzung von Bundesrecht, nicht aber die Verletzung verfassungsmässiger Rechte geltend gemacht werden (Art. 43 OG; Art. 269 BStP). Sachverhaltsrügen waren nur in engen Grenzen zulässig (Art. 43 Abs. 3 und Art. 64 OG) und mussten im Übrigen mit staatsrechtlicher Beschwerde geltend gemacht werden.

Mit der Beschwerde in Schuldbetreibungs- und Konkurssachen konnten die Verletzung von Bundesrecht oder von völkerrechtlichen Verträgen sowie Überschreitung oder Missbrauch des Ermessens gerügt werden (Art. 19 Abs. 1 SchKG).

Die Verwaltungsgerichtsbeschwerde war zulässig wegen Verletzung von Bundesrecht (wobei hier auch die Verletzung von Verfassungsrecht mit umfasst war) einschliesslich Überschreitung oder Missbrauchs des Ermessens (Art. 104 lit. a OG), in bestimmten Fällen auch wegen Unangemessenheit (Art. 104 lit. c), namentlich in Streitigkeiten um die Bewilligung oder Verweigerung von Versicherungsleistungen im Sozialversicherungsrecht (Art. 132 lit. a OG). Eine unrichtige oder unvollständige Feststellung des Sachverhalts konnte grundsätzlich überprüft werden (Art. 104 lit. b OG); hatte als Vorinstanz aber eine richterliche Behörde entschieden, war das Bundesgericht an den Sachverhalt gebunden, soweit dieser nicht offensichtlich unrichtig, unvollständig oder unter Verletzung wesentlicher Verfahrensbestimmungen festgestellt worden war (Art. 105 Abs. 2 OG). Diese Einschränkung galt nicht, soweit es sich um die Bewilligung oder Verweigerung von Versicherungsleistungen im Sozialversicherungsrecht handelte (Art. 132 lit. b OG).

Mit der staatsrechtlichen Beschwerde konnte subsidiär die Verletzung von (eidgenössischen und kantonalen) verfassungsmässigen Rechten, Konkordaten und Staatsverträgen sowie die Verletzung bundesrechtlicher Vorschriften über die Abgrenzung der sachlichen oder örtlichen Zuständigkeit der Behörden gerügt werden (Art. 84 OG), ferner die Verletzung des Stimmrechts aufgrund sämtlicher einschlägiger Bestimmungen des kantonalen Verfassungsrechts und des Bundesrechts (Art. 85 lit. a OG) sowie die Verweigerung des Armenrechts nach EHG (Art. 85 lit. b OG).

2. Entstehungsgeschichte

Das Bedürfnis nach Angleichung der Kognition war eine wesentliche Triebfeder für die Einführung der Einheitsbeschwerden.
Entwurf der Expertenkommission: Art. 88 BGG.
Entwurf des Bundesrates: Art. 90 BGG. In Abs. 2 wurde die Kognition bei Entscheiden über vorsorgliche Massnahmen auf die Verletzung des Willkürverbots und anderer Grundrechte eingeschränkt. Zudem sah der Entwurf einen Abs. 3 im Zusammenhang mit dem damaligen Art. 78 Abs. 2 (s. 83 BGG N 1–3) vor und behielt in Abs. 4 für Beschwerden gegen Entscheide von Schiedsgerichten das IPRG vor. Art. 91 übernahm in vereinfachter Form Art. 43a OG in Bezug auf das ausländische Recht. Die Sachverhaltsfeststellung sollte gemäss Art. 92 BGG nur überprüft werden können, wenn sie offensichtlich unrichtig ist oder auf einer Rechtsverletzung beruht und wenn die Behebung des Mangels für den Ausgang des Verfahrens entscheidend sein kann (BBl 2001 4334–4337).

Der Ständerat verwies die vorgeschlagenen Abs. 2 und 3 von Art. 90 in einen separaten neuen Art. 92a BGG (heute Art. 98 BGG). Abs. 4 wurde zum heutigen Art. 77 BGG verselbständigt (s. Art. 77 BGG N 1). Ein Antrag, in einem neuen Abs. 1bis die Kognition in Streitfällen bezüglich Sozialversicherungsleistungen auf die unvollständige oder unrichtige Feststellung des Sachverhalts auszudehnen, wurde deutlich abgelehnt (Amtl. Bull. S vom 23.9.2003 S. 909 f.).

Die Kognition im Bereich der Sozialversicherung war heftig umstritten (vgl. URSPRUNG/FLEISCHANDERL, S. 421 f.). Die nationalrätliche Kommission schlug im Sinne eines Kompromisses vor, bei Beschwerden über die Zusprechung oder Verweigerung von Geldleistungen der Invaliden-, Militär- oder Unfallversicherung jede unrichtige oder unvollständige Feststellung des rechtserheblichen Sachverhalts zu überprüfen (heute Art. 97 Abs. 2 BGG). Dieser Vorschlag wurde nach eingehender Diskussion angenommen. Der übrige Inhalt von Art. 90 und 91 BGG wurde diskussionslos angenommen. Als Konsequenz der Einführung der subsidiären Verfassungsbeschwerde und der dadurch erfolgten Streichung von Art. 78 Abs. 2 (s. Art. 83 BGG N 4) konnte auch Abs. 2 des neuen Art. 92a (heute Art. 98 BGG) gestrichen werden (Amtl. Bull. N vom 5.10.2004 S. 1607–1612).

Ständerat: Zustimmung (Amtl. Bull. S vom 8.3.2005 137).

Im Rahmen des Bundesgesetzes vom 16. Dezember 2005 über die Änderung des IVG (in Kraft ab 1.7.2006, AS 2006 2003) beschloss der Nationalrat auf Vorschlag seiner Kommission nach eingehender Diskussion, bei Leistungen der Invalidenversicherung die Kognition des EVG bei Sachverhaltsfragen der üblichen Kognition anzupassen (Amtl. Bull. N vom 4.10.2005 S. 1368, 1383–1386). Der Ständerat schloss sich dem an (Amtl. Bull. S vom 6.12.2005 S. 1017–1020). Entsprechend wurde der bereits verabschiedete Art. 97 Abs. 2 BGG vor dem Inkrafttreten des BGG noch geändert.

II. Kommentar

1. Bedeutung

7 Die **Kognition** des Bundesgerichts ergibt sich verfassungsrechtlich aus Art. 189 BV. Das Bundesgericht ist demnach nicht uneingeschränkte Appellationsinstanz. Seine Hauptaufgaben sind die Sorge für die einheitliche Anwendung des Bundesrechts und der Schutz verfassungsmässiger Rechte. Namentlich ist es grundsätzlich nicht zuständig für die Anwendung kantonalen Rechts.

8 Anders als nach bisherigem Recht (N 1) wird nun die rechtliche Überprüfungsbefugnis des Bundesgerichts für alle drei Beschwerdearten (Zivil-, Straf- und öffentliches Recht) **einheitlich** in Art. 95 BGG geregelt.

9 Eine Verletzung der in Art. 95 BGG genannten Rechte liegt darin, dass entsprechende Rechtsnormen entweder zu **Unrecht nicht angewendet** werden (z.B. kantonales oder ausländisches Recht statt Bundesrecht angewendet wird; vgl. BGE 127 II 227, 229 E. 1a) oder **zu Unrecht angewendet** werden (z.B. Bundesrecht statt kantonales oder ausländisches Recht angewendet wird; vgl. BGE 125 III 169, 171 E. 2) oder **falsch angewendet** werden (POUDRET, N 1.6.1–1.6.3 zu Art. 43 OG).

10 Die **Prüfung** dieser Rechtsfragen erfolgt – unter Vorbehalt von Art. 98 BGG – **frei**. Bei der Anwendung unbestimmter Rechtsbegriffe gesteht allerdings das Bundesgericht den fach- oder ortskundigen Vorinstanzen einen gewissen **Beurteilungsspielraum** zu (BGE 131 II 351, 364 E. 5.3.2; 126 II 300, 309 E. 4c/dd; zum Ermessen s. unten N 49 ff.).

11 Der deutsche Wortlaut von Art. 95 BGG, wonach die Rechtsverletzung gerügt werden kann, bedeutet **nicht**, dass ein eigentliches **Rügeprinzip** gelten würde in dem Sinne, dass nur die Verletzung von Rechtssätzen geprüft wird, die in der Beschwerde angerufen werden (klarer diesbezüglich der französische Wortlaut). Im Gegenteil muss zwar die Beschwerde eine Begründung enthalten (Art. 42 Abs. 1 und 2 BGG), aber das Bundesgericht wendet (vorbehalten die Art. 77 Abs. 3 und Art. 106 Abs. 2 BGG) das Recht **von Amtes wegen** an (Art. 106 Abs. 1 BGG; s. Art. 42 BGG N 5; Art. 106 BGG N 4 ff.).

2. Bundesrecht (lit. a)

2.1 Bundesrecht

Bundesrecht sind die von Bundesorganen erlassenen Rechtsnormen aller Erlassstufen. Dies umfasst die Bundesverfassung, Bundesgesetze, Verordnungen der Bundesversammlung (Art. 163 Abs. 1 BV), des Bundesrates (Art. 182 Abs. 1 BV), der Departemente, Gruppen und Ämter (vgl. Art. 48 RVOG) sowie der selbständigen Anstalten, soweit diese befugt sind, Recht zu setzen (z.b. die ETH). 12

Verwaltungsverordnungen gelten grundsätzlich nicht als Rechtssätze. Soweit sie aber der Konkretisierung von Bundesrecht dienen, ist ihre Handhabung im Rahmen der Anwendung von Bundesrecht überprüfbar. 13

Gewohnheitsrecht ist Bundesrecht, wenn es der Füllung von Lücken des Bundesrechts dient (Art. 1 Abs. 2 ZGB; HÄFELIN/HALLER/KELLER, S. 27 Rz. 1970; vgl. BGE 126 III 129, 138 E. 4; 119 Ia 59, 63 E. 4c). 14

Allgemeine Rechtsgrundsätze gelten als bundesrechtlich, wenn sie aus eidgenössischem Recht abgeleitet werden (ZIEGLER, S. 386). 15

Als frei überprüfbares Bundesrecht gilt auch das **Recht der beruflichen Vorsorge**, selbst wenn es von Kantonen und Gemeinden erlassen worden ist (BGE 116 V 333, 334 f. E. 2b). 16

Irrelevant für die Überprüfungsbefugnis des Bundesgerichts ist, ob es sich bei dem anzuwendenden Recht um **Zivil-, Straf- oder Verwaltungsrecht** handelt. Im Rahmen jeder der drei ordentlichen Beschwerden kann Bundesrecht aus allen Rechtsgebieten überprüft werden. Die in lit. d genannten kantonalen Bestimmungen im Zusammenhang mit den politischen Rechten kommen freilich praktisch nur im Rahmen der öffentlich-rechtlichen Beschwerde (Art. 82 lit. c BGG) zum Tragen. 17

Anders als bisher im Rahmen der Berufung oder der strafrechtlichen Nichtigkeitsbeschwerde kann somit neu auch mit der zivil- und der strafrechtlichen Beschwerde die Verletzung von **Verfassungsbestimmungen** gerügt werden (BBl 2001 4334 f.). 18

Da das ganze Verfassungsrecht überprüft werden kann, spielt die traditionelle Unterscheidung zwischen **verfassungsmässigen Rechten** (Art. 84 Abs. 1 lit. a OG) und anderen Verfassungsbestimmungen im Rahmen der ordentlichen Beschwerden keine Rolle mehr (BBl 2001 4335; anders im Rahmen der subsidiären Verfassungsbeschwerde, Art. 116 BGG), unter Vorbehalt von Art. 98 und Art. 106 Abs. 2 BGG. 19

Es kann daher auch unabhängig vom Vorliegen eines verfassungsmässigen Rechts die Verletzung von Verfassungsprinzipien wie dem **Legalitätsprinzip** 20

(Art. 5 Abs. 1 BV) oder dem **Verhältnismässigkeitsprinzip** (Art. 5 Abs. 2 BV) gerügt werden (DAUM/MARTI, S. 36; KARLEN, S. 39 f.; KIENER/KUHN, S. 156 f.)

2.2 Kantonales Recht

21 Kantonales Recht ist – unter Vorbehalt von lit. c und d – grundsätzlich nicht vom Bundesgericht zu überprüfen. Hingegen liegt eine Verletzung von Bundesrecht vor, wenn die Anwendung kantonalen Rechts zu einer **Bundesrechtswidrigkeit** führt. Dies ist namentlich dann der Fall, wenn bundesrechtswidriges kantonales Recht angewendet wird (Art. 49 BV) oder wenn die Anwendung kantonalen Rechts zu einer Verfassungsverletzung, namentlich zu einer Verletzung verfassungsmässiger Rechte führt. Auch die richtige Abgrenzung von Bundes- und kantonalem Recht ist eine Frage des Bundesrechts (BGE 127 II 227, 229 E. 1a).

22 Da das **Willkürverbot** bundesrechtlich ist (Art. 9 BV), ist eine willkürliche Anwendung von kantonalem Recht immer eine Bundesrechtsverletzung. Im Ergebnis kann damit die Anwendung des ganzen kantonalen Rechts auf Willkür hin überprüft werden. Eine willkürliche Anwendung kantonalen Rechts liegt nicht schon dann vor, wenn der angefochtene Entscheid unrichtig ist oder wenn eine andere Lösung ebenfalls als vertretbar oder gar zutreffender erscheint, sondern erst dann, wenn der Entscheid offensichtlich unhaltbar ist, mit der tatsächlichen Situation in klarem Widerspruch steht, eine Norm oder einen unumstrittenen Rechtsgrundsatz krass verletzt oder in stossender Weise dem Gerechtigkeitsgedanken zuwiderläuft, und wenn zudem nicht bloss die Begründung, sondern auch das Ergebnis unhaltbar ist (BGE 131 I 467, 473 f. E. 3.1, m.H.).

23 Wird durch den angefochtenen Entscheid in schwerer Weise in ein Grundrecht eingegriffen, so prüft das Bundesgericht auch die Auslegung und Anwendung des kantonalen Gesetzesrechts mit **freier Kognition**. In jedem Fall prüft es frei, ob die Auslegung und Anwendung des kantonalen Rechts mit den verfassungsmässigen Rechten vereinbar sei (BGE 124 I 310, 314 E. 3b; 123 I 313, 337 E. 2b; 121 I 326, 329 E. 2b; 106 Ia 100, 106 E. 6c).

24 Nach der bisherigen Praxis zu Art. 97 OG galt als Bundesrecht auch kantonales Recht, das blosses unselbständiges **Ausführungsrecht zu Bundesrecht** darstellt, ebenso kantonales Recht, das einen hinreichend engen Sachzusammenhang mit einer Frage des Bundesrechts aufweist (BGE 128 I 46, 49 E. 1b/bb). Diese Qualifikation diente aber nur dazu, die Zulässigkeit der Verwaltungsgerichtsbeschwerde zu eröffnen. Auch in diesem Rahmen wurde die Anwendung des kantonalen Rechts nur auf Willkür und Bundesrechtsverletzung hin überprüft (BGE 131 II 81, nicht publ. E. 2; 118 Ib 234, 237 E. 1b). Dies muss auch weiterhin gelten.

25 Erst recht gilt das, wenn das Bundesrecht blosse **Rahmen- oder Grundsatzbestimmungen** oder **Gesetzgebungsaufträge** enthält oder dem kantonalen Ausfüh-

rungsrecht eine erhebliche Gestaltungsfreiheit belässt, so dass dieses selbständiges kantonales Recht bildet (BGE 128 I 46, 49 E. 1b/bb; 124 II 409, 414 E. 1d.dd).

Zum kantonalen **Berufsvorsorgerecht** s. vorne N 16. 26

2.3 Von Privaten erlassenes Recht

Reglemente, welche **Private** aufgrund einer bundesrechtlichen öffentlich- 27
rechtlichen Ermächtigung erlassen, sind Bundesrecht (Urteil 2A.249/2002 E. 2.3), ebenso Normen, die aufgrund einer Akkreditierung erlassen worden sind (Urteil 2A.536/2004 E. 1.2). Ein blosser Leistungsauftrag an private Organisationen gibt diesen hingegen ohne gesetzliche Grundlage keine Befugnis zum Erlass hoheitlicher Regelungen; insoweit können Erlasse solcher Organisationen nicht Bundesrecht darstellen (Urteil 2P.53/2003 E. 1.2.3). Sie können wie andere private Regelwerke aber zur Konkretisierung von Bundesrecht herangezogen werden (vgl. BGE 130 II 270, 275 E. 3.1.1 betr. Standesregeln von Anwaltsverbänden).

Frei überprüfbares Bundesrecht sind auch die Reglemente der Vorsorgeeinrich- 28
tungen der **beruflichen Vorsorge** (BGE 132 V 149, nicht publ. E. 2; BGE 116 V 333, 334 f.) und die allgemeinverbindlich erklärten Gesamtarbeitsverträge, und zwar auch dann, wenn die Allgemeinverbindlichkeit durch eine Kantonsregierung angeordnet wurde (BGE 98 II 205, 207 ff.).

3. Völkerrecht (lit. b)

Der Begriff des **Völkerrechts** umfasst sämtliche völkerrechtlichen Rechts- 29
quellen, soweit sie für die Schweiz verbindlich sind. Dies umfasst das von der Schweiz ratifizierte (bi- oder multilaterale) Völkervertragsrecht, soweit es nicht ausser Kraft getreten oder suspendiert ist (BGE 132 II 65, 80 E. 4.2.7), Völkergewohnheitsrecht (vgl. BGE 129 II 114, 120 ff. E. 4), völkerrechtliches Sekundärrecht, ebenso völkerrechtliche Notenaustausche (BGE 132 II 65, 74 ff.) und Verwaltungsabkommen (BGE 120 Ib 360, 365 f.; Urteil 2A.139/1996 E. 3a).

Auch die von den **Kantonen** abgeschlossenen völkerrechtlichen Verträge (Art. 56 30
BV) gelten als frei überprüfbares Völkerrecht (HÄFELIN/HALLER/KELLER, S. 28 Rz. 1971).

Soweit **EU-Recht** durch bilaterale Abkommen zwischen der EU und der Schweiz 31
hier verbindlich ist, handelt es sich – anders als innerhalb der EU – um herkömmliches Völkerrecht (BGE 131 V 390, 398), nicht um supranationales Gemeinschaftsrecht mit dem spezifisch EU-rechtlichen Charakter.

32 Eine Verletzung von Völkerrecht kann nur geltend gemacht werden, soweit dieses direkt bzw. unmittelbar anwendbar (**self-executing**) ist (BBl 2001 4335; BGE 130 I 26, 30 E. 1.2.3, 113, 123 E. 3.3; 119 V 171, 174 ff. E. 3).

4. Kantonale verfassungsmässige Rechte (lit. c)

4.1 Im Allgemeinen

33 Die eidgenössischen verfassungsmässigen Rechte werden schon aufgrund von lit. a frei überprüft. Zusätzlich überprüft das Bundesgericht aufgrund von Art. 189 Abs. 1 lit. d BV aber auch die Anwendung **kantonaler** verfassungsmässiger Rechte, und zwar frei.

34 Als **verfassungsmässige Rechte** gelten Verfassungsbestimmungen, die dem Bürger einen Schutzbereich gegen staatliche Eingriffe sichern wollen oder, obwohl vorwiegend im öffentlichen Interesse erlassen, auch individuelle Interessen schützen wollen, wobei insbesondere auf das Rechtsschutzbedürfnis und die Justiziabilität abgestellt wird (BGE 131 I 366, 368). Keine verfassungsmässigen Rechte sind rein organisatorische (unter Vorbehalt der Gewaltenteilung, unten N 37 f., und der Bestimmungen über die politischen Rechte, lit. d) oder programmatische, wenig justiziable Bestimmungen (BGE 131 I 366, 369 ff. betr. Art. 60 KV/SO).

35 Zu den verfassungsmässigen Rechten gehören in erster Linie die verfassungsrechtlich garantierten **Grundrechte**. Die meisten Kantonsverfassungen garantieren die gleichen verfassungsmässigen Rechte wie die BV. Insoweit kommt den kantonalen Verfassungsgarantien keine selbständige Bedeutung zu (vgl. BGE 127 I 185, 188 f. E. 3).

36 Als verfassungsmässige Rechte mit **eigener Tragweite** hat das Bundesgericht etwa einen über Art. 19 BV hinausgehenden Anspruch der Kinder auf Schutz, Fürsorge und Betreuung und eine ihren Fähigkeiten entsprechende unentgeltliche Schulbildung (BGE 129 I 12, 17 f. E. 5 betr. Art. 29 Abs. 2 KV/BE) oder (vor Inkrafttreten von Art. 29a BV) einen Anspruch auf Rechtsschutz (BGE 123 I 25, 27 betr. Art. 18 KV/SO) anerkannt.

4.2 Gewaltenteilung

37 Der Grundsatz der **Gewaltenteilung** gilt als verfassungsmässiges Individualrecht (BGE 131 I 291, 287 E. 2.1; 130 I 1, 5 E. 3.1). Dies gilt auch dann, wenn die Kantonsverfassung nicht abstrakt den Grundsatz der Gewaltenteilung, aber Aufgaben verschiedener Behörden festlegt (BGE 102 Ia 387, 392).

Der **Inhalt** des Prinzips der Gewaltenteilung ergibt sich grundsätzlich nicht aus dem Bundesrecht, sondern aus der konkreten kantonalen Zuständigkeitsordnung (BGE 131 I 291, 297 E. 2.1; 130 I 1, 5 E. 3.1). Dabei prüft das Bundesgericht die Auslegung der einschlägigen Verfassungsbestimmungen frei, jene des Gesetzesrechts dagegen lediglich auf Willkür hin; grundsätzlich mit freier Kognition beurteilt es die Frage der bundesverfassungsrechtlichen Zulässigkeit der Delegation von Rechtsetzungsbefugnissen (BGE 128 I 113, 116 und 121 E. 2c und 3c; 127 I 60, 64 E. 2a; 126 I 180, 182 E. 2a/aa m.H.). Im Zusammenhang mit dem Grundsatz der Gewaltenteilung kann auch eine Verletzung des Legalitätsprinzips (Art. 5 Abs. 1 BV) geltend gemacht werden (BGE 130 I 1, 5 E. 3.1). 38

4.3 Autonomie

Zu den vom Bundesgericht überprüfbaren verfassungsmässigen Rechten gehören auch die aufgrund einer kantonalen Verfassung garantierten **Autonomieansprüche** von Gemeinden und anderen öffentlich-rechtlichen Körperschaften (vgl. Art. 189 Abs. 1 lit. e BV; Art. 89 Abs. 2 lit. c BGG; BBl 2001 4335). Insoweit ersetzt die öffentlich-rechtliche Beschwerde die bisherige staatsrechtliche Beschwerde wegen Verletzung der Gemeindeautonomie (s. auch Art. 89 BGG N 51 ff.). 39

Auf die Autonomie können sich nicht nur Gemeinden berufen, sondern auch andere **Körperschaften**, soweit ihnen das kantonale Recht eine vergleichbare Autonomie zubilligt, z.B. Gemeindeverbände (ZBl 103/2002 S. 481 E. 1c; ZBl 100/1999 S. 273 E. 1d) oder Genossamen (BGE 132 I 68, 69 E. 1.1). 40

Die Autonomie wird zwar durch den Bund garantiert, besteht aber nur nach Massgabe des kantonalen Rechts (Art. 50 Abs. 1 BV). Voraussetzung für den bundesgerichtlichen Schutz ist, dass die Autonomie in der (kantonalen) **Verfassung** festgehalten ist. Auf eine bloss einfachgesetzlich festgelegte Autonomie kann sich eine Körperschaft nicht berufen. 41

Da die Autonomie in der Verfassung meist nur im Grundsatz statuiert ist, sich die Befugnisse der Gemeinden oder anderer Körperschaften im Einzelnen jedoch erst aus der konkretisierenden Gesetzgebung ergeben, kann mit der Autonomiebeschwerde auch die Verletzung dieses **konkretisierenden Rechts** gerügt werden, sofern dieses mit der behaupteten Autonomieverletzung in engem Zusammenhang steht. Dabei überprüft das Bundesgericht die Anwendung von Bundesrecht und kantonalem Verfassungsrecht mit freier Kognition, die Handhabung von subkonstitutionellem kantonalem Recht lediglich unter dem Gesichtswinkel des Willkürverbots (BGE 132 I 68, 69 f.; 131 I 91, 93, m.H.). 42

5. Bestimmungen über die politischen Rechte (lit. d)

43 Die **eidgenössischen Bestimmungen** über die politischen Rechte werden schon aufgrund von lit. a vom Bundesgericht frei überprüft. Dazu gehören die auch für kantonale Wahlen und Abstimmungen geltenden verfassungsrechtlichen Grundsätze, wie namentlich das Recht auf freie Willensbildung und unverfälschte Stimmabgabe (Art. 34 Abs. 2 BV).

44 Aufgrund von Art. 189 Abs. 1 lit. f BV prüft das Bundesgericht aber auch die Verletzung **kantonaler Bestimmungen** über die politischen Rechte. Insoweit prüft das Bundesgericht nicht nur die Auslegung und Anwendung von Verfassungsrecht **frei**, sondern auch von kantonalen und kommunalen Vorschriften, welche den Inhalt der politischen Rechte umschreiben oder mit diesen in engem Zusammenhang stehen (BGE 131 I 126, 131 E. 4; 129 I 185, 190 E. 2; 123 I 175, 178 E. 2d/aa). Dies deckt sich praktisch mit dem Anwendungsbereich der Stimmrechtsbeschwerde (Art. 82 lit. c BGG und N 53 ff. dazu).

45 Nur auf **Willkür** hin prüft das Bundesgericht die Anwendung von Normen, die eine andere Materie regeln, selbst wenn dies für die Ausübung der politischen Rechte von Bedeutung sein kann; dazu gehört namentlich die Prüfung der Vereinbarkeit von kommunalem mit kantonalem Recht, auch wenn davon die Gültigkeit einer (kommunalen) Volksinitiative abhängt (BGE 123 I 175, 181 f.; ZBl 104/2003 S. 587 E. 2.3).

6. Interkantonales Recht (lit. e)

46 Die bundesgerichtliche **Überprüfung** interkantonalen Rechts ergibt sich aus Art. 189 Abs. 1 lit. c BV. Diese Überprüfung erfolgt **frei** (BGE 125 II 86, 98 E. 6; 116 Ia 56, 58 E. 3a).

47 Zum **interkantonalen Recht** gehören namentlich Verträge zwischen Kantonen (Art. 48 Abs. 1 BV; sog. Konkordate oder interkantonale Vereinbarungen), aber auch die von interkantonalen Organen erlassenen rechtsetzenden Bestimmungen (Art. 48 Abs. 4 BV in der Fassung vom 28.11.2004; vgl. Urteile 2P.53/2003 E. 1.2.2; 2P.176/2001 Erw. 1 bzgl. einer Verordnung der Sanitätsdirektorenkonferenz). Interkantonales Recht sind auch Gegenrechtserklärungen zwischen zwei Kantonen (BGE 109 Ia 335, 337 f. E. 1).

48 Nach bisherigem Recht konnten sich im Rahmen der staatsrechtlichen Beschwerde Private nur auf Konkordatsbestimmungen berufen, die ihnen unmittelbar Rechte einräumen und nicht bloss Rechte und Pflichten der Kantone begründen (BGE 99 Ia 216, 222 f. E. 3a; ZBl 83/1992 S. 138 E. 1d). Dies hing mit der Legitimationsregelung von Art. 88 OG zusammen. Unter dem neuen Recht steht grundsätzlich nichts entgegen, dass auch **rein objektivrechtliche interkantonale**

Bestimmungen überprüft werden können. Für Streitigkeiten zwischen Kantonen über die Auslegung von interkantonalen Verträgen ist allerdings in der Regel mangels eines mit Beschwerde anfechtbaren Anfechtungsobjekts nur die Klage möglich (Art. 120 Abs. 1 lit. b BGG; HÄFELIN/HALLER/KELLER, S. 31 Rz. 1983).

7. Ermessen/Angemessenheit

Nach **verwaltungsrechtlicher Terminologie** wird gemeinhin unterschieden zwischen Rechts-, Sachverhalts- und Ermessens- oder Angemessenheitsfragen (vgl. Art. 104 OG). Indem das BGG nur eine Rechtsprüfung und eine beschränkte Sachverhaltsprüfung (Art. 97 BGG) vorsieht, ist damit eine **Ermessensprüfung ausgeschlossen** (BBl 2001 4335; KARLEN, S. 39). Dies gilt auch in Sozialversicherungssachen, wo bisher bei Leistungsstreitigkeiten eine Angemessenheitsprüfung durch das Bundesgericht möglich war (Art. 132 lit. a OG). 49

Rechtsfehler bei der Ermessensausübung (Ermessensmissbrauch, Ermessensüberschreitung, Ermessensunterschreitung) gelten demgegenüber als Rechtsfragen (vgl. Art. 104 lit. a OG). 50

Rechtsfrage ist grundsätzlich die richtige Anwendung des **Verhältnismässigkeitsprinzips** (BGE 124 II 114, 116 E. 1b). Dazu gehört auch die Frage, ob – in Relation zur Schwere des Eingriffs – die Interessenabwägung vollständig und umfassend erfolgt ist und das geltend gemachte öffentliche Interesse die privaten Interessen überwiegt (BGE 130 I 16, 25 E. 5.4; 124 II 114, 116 E. 1b). Die Gewichtung unterschiedlicher Interessen enthält jedoch einen Ermessensspielraum, in den das Bundesgericht nicht eingreift (BGE 126 II 366, 374 f.). Sodann kann das Bundesgericht nicht sein eigenes Ermessen im Sinne einer Überprüfung der Angemessenheit oder Zweckmässigkeit (Opportunität) an die Stelle desjenigen der zuständigen Behörde setzen (BGE 124 II 114, 116 E. 1b; 116 Ib 353, 356 f. E. 2b; 112 Ib 473, 478 f.). 51

In **Zivil- und strafrechtlicher Terminologie** wird traditionell nur zwischen Rechts- und Sachverhaltsüberprüfung unterschieden. Tatbestandsermessen ist eine Sachverhaltsfrage. Ob die Vorinstanz das Rechtsfolgeermessen richtig handhabt, galt bisher als eine im Rahmen der Berufung und der strafrechtlichen Nichtigkeitsbeschwerde überprüfbare Rechtsfrage; dabei beliess das Bundesgericht jedoch dem Sachrichter praxisgemäss einen eigenen und breiten Ermessensspielraum und griff nur ein, wenn dieser missbraucht oder überschritten wurde (Zivilrecht: BGE 130 III 213, 220 E. 3.1, 504, 508 E. 4.1; 116 II 295, 299 E. 5a; Strafrecht, insbesondere Frage der Strafzumessung: BGE 127 IV 101, 104 E. 2c; 123 IV 150, 152 f. E. 2a). Dies ist im Ergebnis praktisch deckungsgleich mit der verwaltungsrechtlichen Betrachtungsweise. 52

Art. 96

Ausländisches Recht	Mit der Beschwerde kann gerügt werden: a. ausländisches Recht sei nicht angewendet worden, wie es das schweizerische internationale Privatrecht vorschreibt; b. das nach dem schweizerischen internationalen Privatrecht massgebende ausländische Recht sei nicht richtig angewendet worden, sofern der Entscheid keine vermögensrechtliche Sache betrifft.
Droit étranger	Le recours peut être formé pour: a. inapplication du droit étranger désigné par le droit international privé suisse; b. application erronée du droit étranger désigné par le droit international privé suisse, pour autant qu'il s'agisse d'une affaire non pécuniaire.
Diritto estero	Il ricorrente può far valere che: a. non è stato applicato il diritto estero richiamato dal diritto internazionale privato svizzero; b. il diritto estero richiamato dal diritto internazionale privato svizzero non è stato applicato correttamente, sempreché la decisione non concerna una causa di natura pecuniaria.

Inhaltsübersicht   Note   Seite
I. Bisheriges Recht und Entstehungsgeschichte   1   408
II. Kommentar 2   408
   1. Grundsatz 2   408
   2. Anwendbares Recht (lit. a) 5   409
   3. Anwendung ausländischen Rechts (lit. b) 10   410

I. Bisheriges Recht und Entstehungsgeschichte

1   Altes Recht: Art. 43a und Art. 68 Abs. 1 lit. c und d OG. Entstehungsgeschichte s. zu Art. 95 BGG.

II. Kommentar

1. Grundsatz

2   Entsprechend dem **Territorialitätsprinzip** wenden schweizerische Behörden grundsätzlich ausschliesslich schweizerisches Recht sowie das für die Schweiz verbindliche Völkerrecht (Art. 95 BGG N 29 ff.; BGE 124 II 293, 310

E. 4c) an, nicht aber ausländisches Recht. Wird staatsvertraglich ausländisches Recht in der Schweiz für anwendbar erklärt (namentlich EU-Recht im Rahmen der bilateralen Abkommen mit der EU), so handelt es sich dabei nicht um ausländisches Recht, das in der Schweiz angewendet wird, sondern um Völkerrecht (Art. 95 lit. b OG).

Als **Ausnahme** von diesem Grundsatz kann aufgrund von Art. 96 BGG in bestimmten Fällen auch die Anwendung ausländischen Rechts überprüft werden. Diese Zuständigkeit lässt sich verfassungsrechtlich auf Art. 189 Abs. 3 BV stützen. Diese Ausnahme gilt im **Privatrecht**, wo aufgrund internationalprivatrechtlicher Regeln unter Umständen ausländisches Recht anzuwenden ist. Dies soll vom Bundesgericht überprüft werden können, weil die Auslegung ausländischen Rechts eine anspruchsvolle Aufgabe ist, die der Gesetzgeber nicht den kantonalen Gerichten allein überlassen wollte (BBl 2001 4337). 3

Im **Strafrecht** und im **öffentlichen Recht** wird grundsätzlich nur schweizerisches Recht angewendet, doch kann vorfrageweise ausländisches Recht von Bedeutung sein (z.B. Erfordernis der beidseitigen Strafbarkeit; hinreichende Schutzgarantien des ausländischen Rechts in Rechtshilfe- oder Ausweisungssachen). Eine solche bloss vorfrageweise Anwendung wird von Art. 96 BGG nicht erfasst. 4

2. *Anwendbares Recht (lit. a)*

Wird ausländisches Recht **nicht angewendet**, obwohl das schweizerische (mit Einschluss des für die Schweiz verbindlichen völkerrechtlichen) IPR dies vorschreibt, liegt eine Verletzung des schweizerischen Rechts (nämlich der einschlägigen IPR-Bestimmung) vor, die bereits aufgrund von Art. 95 lit. a BGG überprüft werden könnte; Art. 96 lit. a BGG ist daher im Grunde überflüssig (vgl. POUDRET, N 2.1 und 3 zu Art. 43a, S. 187, 190). 5

Bundesrecht ist selbstverständlich auch verletzt, wenn zu Unrecht ausländisches statt schweizerisches Recht angewendet wird (Art. 95 BGG N 9). 6

Unter lit. a fällt auch die Prüfung, ob nach schweizerischem IPR ein **bestimmtes ausländisches Recht** anstelle eines anderen ausländischen Rechts anwendbar ist (POUDRET, N 3 zu Art. 43a S. 190), ebenso die Frage, welches Recht aufgrund einer zwischen den Parteien getroffenen **Rechtswahl** anzuwenden ist, soweit das schweizerische IPR eine Rechtswahl erlaubt (BGE 126 III 492, 493 E. 3a). 7

Schweizerisches IPR (Art. 16 Abs. 1 IPRG) ist auch verletzt, wenn das anzuwendende ausländische Recht **unvollständig festgestellt** oder nur **teilweise angewendet** worden ist (BGE 126 III 492, 494 f. E. 3c/bb und dd), oder wenn ein kantonales Gericht zu Unrecht unter Berufung auf schweizerischen **ordre public** anstatt des anzuwendenden ausländischen Rechts das schweizerische Recht an- 8 gewendet hat (BGE 128 III 201, 204 E. 1a), nicht aber, wenn der Anspruch sowohl nach schweizerischem als auch nach dem anwendbaren ausländischen Recht geprüft worden ist und beide Rechte übereinstimmen (Pra 2002 Nr. 125 E. 2a).

9 Die zu Unrecht ergangene Feststellung, die **Ermittlung des ausländischen Rechts** sei nicht möglich (vgl. Art. 43a Abs. 1 lit. b OG), ist zugleich eine Verletzung von Art. 16 Abs. 2 IPRG und deshalb eine frei überprüfbare Bundesrechtsverletzung (BBl 2001 4338).

3. Anwendung ausländischen Rechts (lit. b)

10 Eine vom Bundesgericht frei zu überprüfende Anwendung ausländischen Rechts liegt in den Fällen von lit. b vor. Dazu müssen folgende **Voraussetzungen** erfüllt sein:

11 Das ausländische Recht muss **nach dem schweizerischen IPR** massgebend sein, wozu sowohl das landesrechtliche (IPRG) als auch das für die Schweiz verbindliche völkerrechtliche IPR gehört. Verweist hingegen das nach schweizerischem Recht anwendbare ausländische Recht seinerseits auf ein anderes ausländisches Recht weiter, ist dessen Anwendung nicht überprüfbar.

12 Die Überprüfung gemäss Art. 96 lit. b BGG setzt zudem voraus, dass das betreffende ausländische Recht überhaupt – wenn auch falsch – **angewendet** worden ist. Ist es fälschlicherweise gar nicht angewendet worden, so kann das Bundesgericht nicht reformatorisch entscheiden, sondern nur die Sache zur Neubeurteilung zurückweisen (BGE 121 III 246, 248 E. 3d).

13 Es muss sich sodann um eine **nicht vermögensrechtliche Sache** handeln. Dieser Begriff ist gleich auszulegen wie in Art. 74 und 85 BGG (s. dazu Art. 74 BGG N 6 f.; BGE 119 II 281, 288 E. 5b; Urteil 4C.489/1994 E. 2a; POUDRET, N 5 zu Art. 43a).

14 In **vermögensrechtlichen Angelegenheiten** prüft somit das Bundesgericht zwar, ob richtigerweise das ausländische Recht angewendet wurde (lit. a), doch kann es im Rahmen der ordentlichen Beschwerde nicht prüfen, ob dieses Recht richtig angewendet wurde (vgl. POUDRET, N 1.1 und N 5 S. 194 zu Art. 43a). Zulässig dürfte hingegen die **subsidiäre Verfassungsbeschwerde** sein (Art. 113 ff. BGG), nachdem bisher in solchen Fällen die staatsrechtliche Beschwerde zulässig war (BGE 124 III 134; Pra 2002 Nr. 125 E. 2b; ebenso SCHWEIZER, S. 225 f.).

15 Wie das schweizerische Recht ist auch das anwendbare ausländische Recht grundsätzlich **von Amtes wegen** anzuwenden (Art. 106 BGG), doch kann die **Mitwirkung** der Parteien verlangt werden (Art. 16 Abs. 1 IPRG; BGE 126 III 492, 494 E. 3c/bb). Bei der Anwendung des ausländischen Rechts muss das schweizerische Gericht so vorgehen, wie dies ein Gericht im ursprünglichen Gel-

tungsbereich dieses Rechts tun würde, mithin auch die dort geltenden Auslegungsregeln anwenden (BGE 126 III 492, 494 E. 3c/aa).

Art. 97

Unrichtige Feststellung des Sachverhalts

¹ Die Feststellung des Sachverhalts kann nur gerügt werden, wenn sie offensichtlich unrichtig ist oder auf einer Rechtsverletzung im Sinne von Artikel 95 beruht und wenn die Behebung des Mangels für den Ausgang des Verfahrens entscheidend sein kann.

² Richtet sich die Beschwerde gegen einen Entscheid über die Zusprechung oder Verweigerung von Geldleistungen der Militär- oder Unfallversicherung, so kann jede unrichtige oder unvollständige Feststellung des rechtserheblichen Sachverhalts gerügt werden.

Etablissement inexact des faits

¹ Le recours ne peut critiquer les constatations de fait que si les faits ont été établis de façon manifestement inexacte ou en violation du droit au sens de l'art. 95, et si la correction du vice est susceptible d'influer sur le sort de la cause.

² Si la décision attaquée concerne l'octroi ou le refus de prestations en espèces de l'assurance-accident ou de l'assurance militaire, le recours peut porter sur la constatation incomplète ou erronée des faits.

Accertamento inesatto dei fatti

¹ Il ricorrente può censurare l'accertamento dei fatti soltanto se è stato svolto in modo manifestamente inesatto o in violazione del diritto ai sensi dell'articolo 95 e l'eliminazione del vizio può essere determinante per l'esito del procedimento.

² Se il ricorso è diretto contro una decisione d'assegnazione o rifiuto di prestazioni pecuniarie dell'assicurazione militare o dell'assicurazione contro gli infortuni, può essere censurato qualsiasi accertamento inesatto o incompleto dei fatti giuridicamente rilevanti.

Inhaltsübersicht	Note	Seite
I. Bisheriges Recht und Entstehungsgeschichte	1	412
II. Kommentar	2	413
1. Beschränkte Sachverhaltsprüfung (Abs. 1)	2	413
1.1 Allgemeines	2	413
1.2 Rechts- und Sachfragen	10	414
1.3 Offensichtlich unrichtige Sachverhaltsfeststellung	14	415
1.4 Rechtsverletzung	22	416
1.5 Entscheidrelevanz	25	417
2. Ausnahmen (Abs. 2)	27	417

I. Bisheriges Recht und Entstehungsgeschichte

1   S. dazu Art. 95.

II. Kommentar

1. Beschränkte Sachverhaltsprüfung (Abs. 1)

1.1 Allgemeines

Hauptaufgabe des Bundesgerichts ist die Rechtskontrolle (BBl 2001 4338). Es überprüft daher die **Sachverhaltsfeststellung** nicht wie eine Appellationsinstanz in freier Weise, sondern grundsätzlich nur **eingeschränkt**. Art. 97 BGG lehnt sich damit an Art. 105 Abs. 2 OG an. Dies entspricht im Wesentlichen auch der bisherigen Lage im Zivilrecht und Strafrecht, wo die Sachverhaltsfeststellung grundsätzlich nur mit staatsrechtlicher Beschwerde überprüfbar war (vgl. Art. 95 BGG N 1).

Diese Kognitionseinschränkung bezüglich des Sachverhalts erlaubt eine **Entlastung** des Bundesgerichts. Es kann sich normalerweise auf die von der Vorinstanz getroffene Sachverhaltsfeststellung abstützen und sich auf seine Hauptaufgabe, die Rechtskontrolle, beschränken (BGE 123 II 49, 54 E. 6a).

Im Regelfall gibt es im **Zivil- und Strafrecht** vor dem Bundesgericht zwei gerichtliche Instanzen (vgl. Art. 75 Abs. 2 und Art. 80 Abs. 2 BGG). Die Kognitionseinschränkung des Bundesgerichts entspricht damit der bewährten prozessrechtlichen Regel, wonach zwei Instanzen mit voller Kognition und eine dritte Instanz mit Rechtsprüfung entscheiden. Sie gilt aber auch dort, wo nur eine einzige Vorinstanz besteht, d.h. in den Fällen von Art. 75 Abs. 2 lit. a–c BGG sowie gegen Entscheide des Bundesstrafgerichts (BBl 2001 4339). Dies ist mit den völkerrechtlichen Garantien (Art. 2 Abs. 1 Prot. Nr. 7 EMRK; Art. 14 Abs. 5 UNO-Pakt II) vereinbar, da diese Bestimmungen nicht eine volle Sachverhaltsüberprüfung durch eine Rekursinstanz verlangen (BBl 2001 4339; BGE 124 I 92, 94 ff.).

Im **Verwaltungsrecht** entscheidet im Modellfall in erster Instanz eine Verwaltungsbehörde, deren Entscheid einer gerichtlichen Überprüfung durch das Bundesverwaltungsgericht oder ein kantonales Gericht unterliegt (Art. 86 Abs. 1 lit. a und d BGG), so dass auch hier das Bundesgericht in der Regel als dritte Instanz entscheidet. Auch hier gilt die Kognitionsbeschränkung auch dann, wenn das Bundesgericht ausnahmsweise zweite Instanz ist (vgl. Art. 86 BGG N 15).

Im Unterschied zum bisherigen Art. 105 Abs. 2 OG ist die Sachverhaltsprüfung auch dann eingeschränkt, wenn (ausnahmsweise) die Vorinstanz **keine gerichtliche Instanz** ist (BBl 2001 4339), was in den Fällen von Art. 86 Abs. 3 und Art. 88 BGG sowie während der Übergangsfristen von Art. 130 BGG der Fall sein kann. Dies ist eine der in Art. 29a Satz 2 BV vorbehaltenen Ausnahmen von einer vollumfänglichen Rechtsweggarantie (BBl 2001 4327; KARLEN, S. 39 Fn. 150, S. 53 Fn. 203).

7   Die Kognitionsbeschränkung gilt in **sämtlichen Verfahren** vor Bundesgericht, auch dort, wo bisher Ausnahmen galten, wie etwa im Enteignungsrecht (Art. 87 EntG in der Fassung gemäss VGG; vgl. zum früheren Recht BGE 119 Ib 447 E. 1b) sowie – vorbehältlich Abs. 2 – im Sozialversicherungsrecht (vgl. bisher Art. 132 OG).

8   Der eingeschränkten Kognition entspricht das **beschränkte Novenrecht** (Art. 99 BGG) sowie die grundsätzliche Bindung des Bundesgerichts an den vorinstanzlich festgestellten Sachverhalt (Art. 105 BGG).

9   Der Wortlaut von Art. 97 Abs. 1 BGG bedeutet nicht, dass für die Sachverhaltsprüfung eine Rügepflicht im Sinne einer strengen **Verhandlungsmaxime** gilt. Im Gegenteil kann das Bundesgericht den Sachverhalt in den Grenzen seiner Überprüfungsbefugnis von Amtes wegen berichtigen oder ergänzen (Art. 105 Abs. 2 BGG).

1.2 Rechts- und Sachfragen

10   Die unterschiedliche Kognition für Rechts- und Sachfragen bedingt, dass diese beiden Aspekte **auseinandergehalten** werden. Dementsprechend müssen auch die Vorinstanzen in ihren Entscheiden diese Unterscheidung treffen (Art. 112 Abs. 1 lit. b BGG; Art. 112 BGG N 9 f.; BGE 123 II 49, 55 E. 6b).

11   Als **Grundsatz** ist Tatfrage, ob sich die (rechtserheblichen) Tatsachen verwirklicht haben; Rechtsfrage ist die rechtliche Würdigung der Tatsachen, d.h. die Rechtsanwendung gestützt auf die festgestellten Tatsachen (VOGEL/SPÜHLER, S. 392), d.h. die Frage, ob der festgestellte Sachverhalt die Tatbestandselemente der einschlägigen Rechtsnormen erfüllt und ob die richtigen Rechtsfolgen gezogen wurden.

12   Als **Tatfragen** gelten Feststellungen aufgrund eines Beweisverfahrens (POUDRET, N 4.2.1 zu Art. 63), inklusive die Beweiswürdigung, auch wenn sie auf Indizien (POUDRET, N 4.2.1.6 zu Art. 63) oder auf fallbezogenen, auf die Beweiswürdigung gestützten Wahrscheinlichkeitsüberlegungen beruht (BGE 122 III 219 E. 3b; HOHL, vol. II S. 296 Rz. 3224), insbesondere auch die Beweiswürdigung aufgrund von Expertisen, namentlich auch die Beurteilung, welche von zwei widerstreitenden Begutachtungen überzeugender ist (POUDRET, N 4.2.1.5 zu Art. 63), auch die antizipierte Beweiswürdigung (BGE 122 III 219 E. 3c; HOHL, vol. II S. 294 Rz. 3216; POUDRET, N 4.2.1.7 zu Art. 63). Tatfrage ist auch die Beurteilung hypothetischer Geschehensabläufe, insoweit als sie auf Beweiswürdigung beruht, selbst wenn darin Schlussfolgerungen aus der allgemeinen Lebenserfahrung mitberücksichtigt werden (BGE 123 III 241, 244 E. 3b; 115 II 448; Urteil 4C.213/1990 E. 3b), ebenso Feststellungen über innere oder psychische

Tatsachen, wie z.B. was jemand wollte oder nicht wollte oder was jemand wusste oder nicht wusste (BGE 124 III 182, 184 E. 3; HOHL, vol. II S. 295 Rz. 3219).

Rechtsfragen sind demgegenüber das richtige Verständnis, d.h. die Auslegung von Rechtsbegriffen, und die Subsumtion des Sachverhalts unter die Rechtsnormen (HOHL, vol. II S. 293 f.). Rechtsfragen sind auch Folgerungen, die ausschliesslich – losgelöst vom konkreten Sachverhalt – auf die allgemeine Lebenserfahrung gestützt werden (Urteil 4C.213/1990 Erw. 3b; MÜNCH, Prozessieren vor Bundesgericht, S. 121 f.; HOHL, vol. II S. 297 Rz. 3227), ebenso die Frage, ob aus festgestellten Indizien mit Recht auf bestimmte Rechtsfolgen geschlossen worden ist (z.b. auf Rechtsmissbrauch, Urteil 2A.545/1999 Erw. 2b), z.B. Folgerungen aus dem Vertrauensprinzip (HOHL, vol. II S. 295 f., Rz. 3220–3222). Rechtsfragen sind auch Fragen der Beweislast und des erforderlichen Beweisgrads, d.h. die Frage, welcher Grad an Wahrscheinlichkeit gegeben sein muss, damit ein Sachverhalt als erwiesen zu betrachten ist (BGE 122 III 219 E. 3b; 124 III 72 nicht publ. Erw. 3b; HOHL, vol. II, S. 293 Rz. 3210, S. 296 Rz. 3223). 13

1.3 Offensichtlich unrichtige Sachverhaltsfeststellung

Das Bundesgericht weicht von der vorinstanzlichen Sachverhaltsermittlung nicht schon ab, wenn diese als zweifelhaft oder fraglich erscheint, sondern erst, wenn sie sich als **offensichtlich unrichtig**, d.h. als qualifiziert unkorrekt erweist, was ungefähr mit der Willkürkognition verglichen werden kann (BBl 2001 4338, BGE 126 III 431, nicht publ. E. 4; BGE 100 V 202, 203; KARLEN, S. 38; KARLEN, Prozessieren vor Bundesgericht, S. 111 Rz. 3.61). Offensichtlich unrichtig ist eine Sachverhaltsfeststellung in der Regel dann, wenn sie aktenwidrig ist. 14

Offensichtlich unrichtig ist eine Sachverhaltsfeststellung, wenn eine nicht fachkundige Vorinstanz eine Frage, die nur aufgrund von **Fachwissen** beurteilt werden kann, selber beantwortet hat (URP 1999 S. 264 E. 2a) oder ohne Gründe von einem Gutachten abweicht, aber nicht bereits dann, wenn die Vorinstanz mit triftiger Begründung von einem Gutachten abweicht oder aus haltbaren Gründen von zwei sich widersprechenden Gutachten sich für das eine entscheidet (BGE 125 V 351, 352 f. E. 3b/aa; 118 V 286, 290 E. 1b). 15

In **technischen Angelegenheiten** ist ein Fehler nicht schon dann offensichtlich, wenn er für fachkundige Personen ins Auge springt, sondern erst dann, wenn er auch für technische Laien, einschliesslich das Gericht, offensichtlich ist. Dies ist zu bejahen, wenn sich der Fehler schon aus den allgemeinverständlichen Unterlagen oder Plänen ergibt, nicht aber dann, wenn er erst aufgrund weiterer Recherchen erkennbar ist (Urteil 1A.118/2005 E. 3.2). Zurückhaltung in der Sachverhaltsüberprüfung übt das Bundesgericht namentlich dann, wenn die Vorinstanz eine besondere Fachkunde hat (Urteil 2A.278/2005 vom 29.11.2005, E. 4.2). 16

17   Es ist grundsätzlich offensichtlich unrichtig, wenn ein Sachverhalt nicht ermittelt, sondern bloss **geschätzt** wird. Ein solches Vorgehen ist jedoch zulässig, wenn eine Ermittlung praktisch nicht möglich war, namentlich auch wenn eine Partei die ihr obliegende Mitwirkungspflicht verletzt hat (BGE 118 V 65, 70 ff.).

18   **Ermessenseinschätzungen** im Steuerrecht überprüft das Bundesgericht nur mit Zurückhaltung auf offensichtliche Fehler und Irrtümer hin, wobei es dem Steuerpflichtigen obliegt, die Unrichtigkeit der Einschätzung nachzuweisen (ASA 61 815 E. 3a S. 819, m.H.).

19   **Gegenstück** zur Beschränkung der Prüfungsbefugnis ist, dass die rechtserheblichen Tatsachen im vorinstanzlichen Entscheid erkennbar ausgeführt sein müssen, so dass sich das Bundesgericht im Wesentlichen darauf beschränken kann, zu prüfen, ob die im Entscheid enthaltenen Sachverhaltsfeststellungen die rechtlichen Schlussfolgerungen rechtfertigen (BGE 119 Ib 193, 200 E. 4a; vgl. Art. 112 Abs. 1 lit. b BGG).

20   Aus der beschränkten Sachverhaltskognition ergibt sich eine Bindung auch **in zeitlicher Hinsicht**: Das Bundesgericht überprüft den Entscheid grundsätzlich aufgrund der Sachlage, wie sie sich der richterlichen Vorinstanz präsentierte. Nachträgliche Änderungen können in der Regel nicht berücksichtigt werden, denn einer Behörde kann nicht vorgeworfen werden, sie habe den Sachverhalt fehlerhaft festgestellt, wenn sich dieser nach ihrem Entscheid verändert hat (BGE 125 II 217, 221 E. 3a). Davon gibt es Ausnahmen, wenn seither Gründe eingetreten sind, die eine Revision rechtfertigen würden, oder ausnahmsweise auch in anderen Konstellationen, namentlich wenn eine neue Überprüfung ohnehin aus anderen Gründen erforderlich wäre (BGE 125 II 217, 224 f. E. 3c).

21   Ist der Sachverhalt unrichtig festgestellt, kann das Bundesgericht entweder selber die notwendigen Feststellungen treffen (Art. 105 Abs. 2 BGG) und zu diesem Zweck die erforderlichen Beweismassnahmen durchführen (Art. 55 f. BGG) oder aber die Sache zur neuen Beurteilung zurückweisen (Art. 107 Abs. 2 BGG). In diesem Fall sind der neuen Beurteilung die im Zeitablauf geänderten Verhältnisse zugrunde zu legen.

1.4   Rechtsverletzung

22   Eine Rechtsverletzung bei der Feststellung des Sachverhalts liegt vor, wenn **Verfahrensvorschriften** verletzt worden sind. Im Unterschied zu Art. 105 Abs. 2 OG ist nicht mehr vorausgesetzt, dass wesentliche Verfahrensbestimmungen verletzt worden sind (vgl. aber unten N 25 f.). Hingegen sind nur Rechtsverletzungen i.S. von Art. 95 BGG gemeint, d.h. in Bezug auf kantonalrechtliche Verfahrensbestimmungen nur mit den dort genannten Einschränkungen hinsichtlich der Überprüfungsbefugnis des Bundesgerichts (vgl. Art. 95 BGG N 21 ff.).

Zu den Rechtsverletzungen in diesem Sinne gehört namentlich die **Verletzung des rechtlichen Gehörs** (BBl 2001 4338), aber auch von Regeln über die Beweisführung oder die Beweisführungslast sowie von Prozessmaximen.

23

Art. 105 Abs. 2 OG nannte neben der offensichtlichen Unrichtigkeit auch die **Unvollständigkeit** der Sachverhaltsfeststellung als Grund für eine Überprüfung. Das BGG hat dies bewusst weggelassen (BBl 2001 4338): Die Vorinstanz verletzt materielles Recht, wenn sie nicht alle relevanten Tatsachen ermittelt, die zu seiner Anwendung nötig sind. Soweit es um die Anwendung von Bundesrecht geht, ist die unvollständige Sachverhaltsfeststellung somit eine Verletzung von Bundesrecht i.S. von Art. 95 lit. a BGG. Im Rahmen der Anwendung von kantonalem Recht kann hingegen eine unvollständige Sachverhaltsfeststellung nur gerügt werden, soweit kantonales Recht überhaupt überprüft werden kann.

24

1.5 Entscheidrelevanz

Auch eine offensichtlich falsche oder auf einer Rechtsverletzung beruhende Sachverhaltsfeststellung kann nur gerügt werden, wenn die Behebung des Mangels für den **Ausgang** des Verfahrens **entscheidend** sein kann. Diese Voraussetzung ist neu gegenüber Art. 105 Abs. 2 OG; sie bezweckt, unnötige Verzögerungen des Verfahrens zu verhindern (BBl 2001 4338).

25

Da darunter auch die Verletzung des rechtlichen Gehörs fällt (oben N 23), kann die in Lehre und Rechtsprechung bisher vertretene (statt vieler: BGE 127 V 431, 437 E. 3d/aa), in der Praxis allerdings stark relativierte (statt vieler: BGE 129 I 129, 135 E. 2.2.3) Auffassung, wonach eine **Gehörsverletzung** ungeachtet der Erfolgsaussichten in der Sache selbst zur Aufhebung des angefochtenen Entscheids führe, nicht aufrechterhalten werden: Eine Gehörsverletzung, selbst eine schwere, darf nicht zur Aufhebung des angefochtenen Entscheids führen, wenn der Mangel für den Ausgang des Verfahrens nicht entscheidend sein kann. Dem Beschwerdeführer obliegt eine gewisse **Rügepflicht**: Er muss glaubhaft machen, dass das Verfahren bei rechtskonformer Ermittlung anders ausgegangen wäre (BBl 2001 4338; BELLANGER, S. 68).

26

2. Ausnahmen (Abs. 2)

Die Kognitionsbeschränkung gilt im Unterschied zum bisherigen Recht (Art. 132 lit. b OG) grundsätzlich auch im **Sozialversicherungsrecht**, was eine gewichtige Massnahme zur Entlastung des Bundesgerichts darstellt (BBl 2001 4238 f., 4339). Eine (systemwidrige) Ausnahme gilt noch für Streitigkeiten über die Zusprechung oder Verweigerung von Geldleistungen der **Unfall- und Militärversicherung**, nachdem die in Art. 97 BGG ursprünglich noch vorgesehene

27

Ausnahme für die Invalidenversicherung im Rahmen der IVG-Revision vom 16. Dezember 2005 aufgehoben wurde (Art. 95 BGG N 6).

28 **Geldleistungen** sind die Taggelder, Renten, Hilflosenentschädigungen sowie Integritätsentschädigungen bzw. Integritätsschadenrenten (Art. 15 ATSG; vgl. Art. 16 f., Art. 18 ff., 24 f., 26 f., 28 ff. UVG; Art. 28 ff., 40 ff., 48 ff., 51 ff. MVG; URSPRUNG/FLEISCHANDERL, S. 423), nicht aber die Pflege- und Sachleistungen, Hilfsmittel, Vorsorge- und Eingliederungsmassnahmen (Art. 14 ATSG; Art. 10 ff. UVG; Art. 16 ff. MVG; URSPRUNG/FLEISCHANDERL, S. 426 ff.), ebenso wenig Geldersatz für eine Sachleistung (Art. 15 ATSG; URSPRUNG/FLEISCHANDERL, S. 425 f.) und die Tarifstreitigkeiten (Art. 57 UVG; Art. 27 MVG).

29 Als **Zusprechung oder Verweigerung** der Leistungen gelten auch die Kürzung der entsprechenden Leistungen (Art. 36 ff. UVG; Art. 64 ff. MVG) sowie die Rückerstattung zu Unrecht ausbezahlter Leistungen (Art. 25 ATSG; BGE 121 V 362, 366 f. E. 1c; 98 V 274, 276 E. 3), nicht aber der Erlass einer Rückerstattungsforderung (Art. 25 Abs. 1 Satz 2 ATSG; Art. 4 f. ATSV; BGE 122 V 221, 223 E. 2; 98 V 274, 276 f.).

30 In den genannten Ausnahmefällen ist die Sachverhaltsprüfung des Bundesgerichts **frei**. Das Novenverbot (Art. 99 BGG) gilt aber auch hier. Die freie Prüfung schliesst sodann nicht aus, dass das Bundesgericht die Sache zur erneuten Sachverhaltsfeststellung zurückweist (Art. 107 Abs. 2 BGG).

Art. 98

Beschränkte Beschwerdegründe	Mit der Beschwerde gegen Entscheide über vorsorgliche Massnahmen kann nur die Verletzung verfassungsmässiger Rechte gerügt werden.
Motifs de recours limités	Dans le cas des recours formés contre des décisions portant sur des mesures provisionnelles, seule peut être invoquée la violation des droits constitutionnels.
Limitazione dei motivi di ricorso	Contro le decisioni in materia di misure cautelari il ricorrente può far valere soltanto la violazione di diritti costituzionali.

Inhaltsübersicht Note Seite

I. Bisheriges Recht und Entstehungsgeschichte 1 419
II. Kommentar 2 419
   1. Bedeutung 2 419
   2. Vorsorgliche Massnahme.. 6 420
   3. Verletzung verfassungsmässiger Rechte 14 422

I. Bisheriges Recht und Entstehungsgeschichte

Altes Recht: Eine ausdrückliche Entsprechung zu Art. 98 war im alten Recht nicht enthalten. Materiell galt aber eine ähnliche Regelung, weil im Zivil- und Strafrecht vorsorgliche Massnahmen nicht berufungs- bzw. beschwerdefähig, sondern nur mit staatsrechtlicher Beschwerde anfechtbar (BBl 2001 4336; BGE 126 III 445, 447; 129 IV 179, 181 f. E. 1.1), somit nur auf Verletzung verfassungsmässiger Rechte hin überprüfbar waren. Die Verwaltungsgerichtsbeschwerde war an sich zwar auch betreffend vorsorgliche Massnahmen zulässig, doch pflegte das Bundesgericht eine gewisse Zurückhaltung in der Überprüfung (BGE 129 II 286, 289 E. 3), was praktisch ebenfalls auf eine Willkürprüfung hinauslief. Entstehungsgeschichte: S. zu Art. 95 BGG. 1

II. Kommentar

1. Bedeutung

Art. 98 BGG ist eine **Sonderregel** zu den Art. 95–97 BGG und derogiert in seinem Geltungsbereich all diesen Bestimmungen. Er gilt für alle drei ordentlichen Beschwerden. 2

3   Der Grund für diese Einschränkung ist einerseits das Bestreben nach **Entlastung** des Bundesgerichts; dieses soll sich nicht mehrmals mit normaler Kognition mit der gleichen Frage befassen müssen; immerhin soll ein minimaler Schutz gewährleistet sein. Andererseits ist die Einschränkung damit gerechtfertigt, dass auch die Vorinstanzen bei vorsorglichen Massnahmen in der Regel aufgrund einer summarischen Prüfung der Tat- und Rechtsfragen entscheiden, so dass eine freie Prüfung durch das Bundesgericht inkohärent wäre (BBl 2001 4336 f.).

4   In Bezug auf die Verletzung verfassungsmässiger Rechte und damit auch im Anwendungsbereich von Art. 98 BGG gilt für das Bundesgericht nicht der Grundsatz der Rechtsanwendung von Amtes wegen, sondern das **Rügeprinzip** (Art. 106 Abs. 2 BGG).

5   Nebst Art. 98 BGG gelten für vorsorgliche Massnahmen weitere **Sonderbestimmungen**: Es gelten keine Gerichtsferien (Art. 46 Abs. 2 BGG).

2. Vorsorgliche Massnahme

6   Vorsorgliche Massnahmen sind **einstweilige Verfügungen**, die eine rechtliche Frage so lange regeln, bis über sie in einem späteren Hauptentscheid definitiv entschieden wird (BBl 2001 4336). Diese Umschreibung lehnt sich an die bisherige Praxis des Bundesgerichts zur Berufungsfähigkeit von Zivilentscheiden an (Art. 48 OG). Die Auslegung von Art. 98 BGG kann deshalb an diese bisherige Rechtsprechung anschliessen und diese auch auf die straf- und die öffentlichrechtliche Beschwerde anwenden, für welche Art. 98 BGG ebenfalls gilt.

7   Vorsorgliche Entscheide können entweder als **prozessuale Vor- oder Zwischenentscheide** im Rahmen eines anderen Verfahrens ergehen und sind dann nur unter den Voraussetzungen von Art. 92 und 93 BGG anfechtbar; darunter fallen namentlich Entscheide über Gewährung oder Entzug der aufschiebenden Wirkung oder über andere vorsorgliche Massnahmen während eines Prozesses (Art. 55 VwVG), auch strafprozessuale Zwangsmassnahmen (BÄNZIGER, S. 85) wie die Untersuchungshaft (BBl 2001 4337) oder die vorläufige Beschlagnahmung von Vermögenswerten (BGE 128 I 129, 131; Urteil 6S.14/2005 E. 1; anders wenn damit endgültig über das Schicksal des fraglichen Gegenstands entschieden wird).

8   Sie können aber auch prozessrechtlich als **Endentscheide** im Sinne von Art. 90 BGG ergehen und sich auf materielles Recht stützen, aber doch ein Rechtsverhältnis nur vorläufig regeln (BBl 2001 4336). Massgebend für die Qualifizierung als vorsorgliche Massnahme ist nicht, in was für einem Verfahren der Entscheid gemäss dem anwendbaren Prozessrecht ergangen ist, sondern ob er eine Rechtsfrage endgültig, aufgrund einer vollständigen tatsächlichen und rechtlichen Beurteilung mit materieller Rechtskraftwirkung regelt, ohne den Entscheid in einem

Hauptverfahren vorzubehalten (BGE 127 III 433, 435 E. 1b/aa, 474, 475 f. E. 1a; 126 III 445, 447).

Im **Zivilrecht** gelten als vorsorgliche Massnahmen namentlich: Vorsorgliche Massnahmen des Persönlichkeitsschutzes (Art. 28c–e ZGB; Urteil 4P.189/1991, publ. in SJ 1992 S. 578, E. 5a; vgl. BGE 108 II 69, 72 E. 2a), nicht hingegen Entscheide über die Gegendarstellung (Art. 28g ff. ZGB; BGE 112 II 193, 195 f. E. 1b); Eheschutzmassnahmen (Art. 171 ff. ZGB; BGE 127 III 474, 476 ff. [mit Vorbehalten]; kritisch POUDRET, N 1.1.6.6 zu Art. 48); Kindesschutzmassnahmen der vormundschaftlichen Behörden gestützt auf ihre Dringlichkeits- oder Notzuständigkeit gemäss Art. 315a Abs. 3 Ziff. 2 ZGB (Urteil 5C.110/2003 E. 1.3; 5C.120/2003, E. 2.3, zusammengefasst in ZVW 58/2003 S. 447); vorläufige vormundschaftliche Anordnungen gemäss Art. 386 ZGB (Urteil 5P.41/2005 E. 1.3; 5P.16/2004 E. 2); vorläufige Eintragungen im Grundbuch (Art. 961 ZGB), namentlich auch die vorläufige Eintragung eines Bauhandwerkerpfandrechts (Art. 839 ZGB; BGE 119 II 429, nicht publ. E. 1); Besitzesschutzmassnahmen (Art. 926 ff. ZGB) und analoge vorsorgliche Massnahmen zur Zuweisung bestimmter Gegenstände, z.b. im Rahmen einer Erbteilung (Urteil 5C.219/1989 E. 2); Sicherstellungen im Arbeitsrecht gemäss Art. 337a oder Art. 340b Abs. 3 OR (BGE 131 III 473, nicht publ. E. 1.2); vorsorgliche Massnahmen des gewerblichen Rechtsschutzes (z.B. Art. 77 PatG; BGE 132 III 83 nicht publ. E. 1.1) oder des Wettbewerbsrechts (Art. 14 UWG, Art. 17 KG; BGE 130 II 149, 156 E. 2.4; SJ 2005 I S. 492 E. 1.2).

9

Keine vorsorgliche Massnahme sind Anordnungen, die zwar nur für eine beschränkte Zeit gelten, für diese Zeit aber die Rechtslage **endgültig** regeln, wie z.B. die Erstreckung von Miete oder Pacht (POUDRET, N 1.1.6 zu Art. 48).

10

Ob die **Rechtsöffnung** vom Bundesgericht als vorsorgliche Massnahme i. S. von Art. 98 BGG betrachtet wird, bleibt abzuwarten.

11

Im **Verwaltungsrecht** gelten als vorsorgliche Massnahmen z.B. vorbereitende Handlungen im Enteignungsrecht (Art. 15 EntG; vgl. BGE 115 Ib 415, 419) oder vorsorgliche Massnahmen im Rahmen kartellrechtlicher Untersuchungen (BGE 130 II 149, 153 ff.) oder Vorabklärungen (BGE 130 II 521, 523 ff.), ferner auch weitere vorsorgliche Massnahmen, die vor Anordnung einer Verfügung ergehen und, auch wenn nicht positivrechtlich geregelt, generell zulässig sind, soweit sie darauf abzielen, deren Wirksamkeit sicherzustellen, namentlich mit sichernden Vorkehren zu gewährleisten, dass der bestehende tatsächliche oder rechtliche Zustand einstweilen unverändert erhalten bleibt oder mit gestaltenden Massnahmen ein Rechtsverhältnis provisorisch zu schaffen oder einstweilig neu zu regeln (BGE 127 II 132, 137 E. 3, m.H.).

12

Die **Abgrenzung** gegenüber (befristeten) endgültigen Regelungen ist nicht immer eindeutig (vgl. ISABELLE HÄNER, Die vorsorglichen Massnahmen im Zivil-, Ver-

13

waltungs- und Strafverfahren, ZSR 1997 II 253 ff., 275 ff.). Positivrechtlich geregelte eigenständige Massnahmen wie etwa die Vorbereitungs- oder Ausschaffungshaft (Art. 75 ff. AuG bzw. Art. 13a ff. ANAG) sind keine vorsorglichen Massnahmen.

3. Verletzung verfassungsmässiger Rechte

14 Anders als im Rahmen von Art. 95 lit. a BGG kann nicht jede Verfassungsverletzung, sondern nur die **Verletzung verfassungsmässiger Rechte** überprüft werden. Die im Rahmen der staatsrechtlichen Beschwerde entwickelte einschlägige Rechtsprechung bleibt insofern noch von Bedeutung.

15 Die Kognitionseinschränkung gilt nach dem klaren Gesetzeswortlaut unabhängig davon, ob die vorsorgliche Massnahme prozessual als **End- oder als Zwischenentscheid** ergangen ist.

16 Als verfassungsmässige Rechte gelten zunächst die **Grundrechte** (Art. 7–33 BV) mit Einschluss des Diskriminierungsverbots (Art. 8 Abs. 2 sowie Abs. 3 Satz 1 und 3 BV; BGE 129 I 217, 220 f.) und der verfahrensrechtlichen Garantien (Art. 29 und 30 BV), namentlich der Anspruch auf rechtliches Gehör (Art. 29 Abs. 2 BV), ferner die **politischen und Bürgerrechte** (Art. 34 und 37 BV), nicht aber verfassungsmässige Zielbestimmungen (z.B. Art. 8 Abs. 3 Satz 2 sowie Abs. 4, Art. 41 BV).

17 Verfassungsmässige Rechte sind sodann **organisatorische Bestimmungen**, die zugleich die Rechtsstellung des Einzelnen regeln, wie der Grundsatz der derogatorischen Kraft des Bundesrechts (Art. 49 BV; BGE 130 I 306, 309 E. 1), das Recht auf gebührenfreie Benützung der öffentlichen Strassen (Art. 82 Abs. 3 BV; vgl. zu Art. 37 Abs. 2 aBV BGE 122 I 279, 283 E. 2a), der Grundsatz der Gewaltenteilung (BGE 130 I 1, 5 E. 3.1; vgl. Art. 95 BGG N 37 f.), die Gemeindeautonomie (Art. 50 BV), die verfassungsrechtlichen Grundsätze der Steuererhebung (Art. 127 Abs. 2 BV; vgl. BGE 128 I 155, 159 f. E. 2.1), das Doppelbesteuerungsverbot (Art. 127 Abs. 3 BV) und das Verbot gleichgearteter Steuern (Art. 134 BV; vgl. zu Art. 41ter Abs. 2 aBV BGE 125 I 449, 451 E. 2b).

18 Das **Legalitätsprinzip** (Art. 5 Abs. 1 BV) ist im Bereich des Abgaberechts und des Strafrechts ein selbständiges verfassungsmässiges Recht (Art. 127 Abs. 1 BV; BGE 128 I 317, 320 f. E. 2.2.1), im Übrigen aber kein verfassungsmässiges Recht, sondern ein Verfassungsprinzip, dessen Verletzung nur zusammen mit einem spezifischen Grundrecht oder dem Grundsatz der Gewaltenteilung angerufen werden kann (BGE 130 I 1 388, 392 E. 4). Dasselbe gilt auch für das **Verhältnismässigkeitsprinzip** (Art. 5 Abs. 2 BV; BGE 125 I 161, 163 E. 2b).

Art. 98 beschränkt sich nicht auf verfassungsmässige Rechte des Bundes. Es kann also auch die Verletzung verfassungsmässiger Rechte des **kantonalen Rechts** gerügt werden (vgl. dazu Art. 95 BGG N 33 ff.). 19

Rechte aus **internationalen Menschenrechtskonventionen** sind den verfassungsmässigen Rechten gleichgestellt (BGE 120 Ia 247, 255 E. 5a; 101 Ia 67, 69 E. 2c). 20

In der Praxis ist im Zusammenhang mit vorsorglichen Massnahmen hauptsächlich das **Willkürverbot** (Art. 9 BV) von Bedeutung. Dieses ist ebenfalls ein selbständiges verfassungsmässiges Recht (BGE 126 I 81, 90 f. E. 5a). Im Rahmen der früheren staatsrechtlichen Beschwerde verschaffte das allgemeine Willkürverbot für sich allein keine geschützte Rechtsstellung; eine Willkürrüge setzte voraus, dass der Beschwerdeführer eine willkürliche Anwendung gesetzlicher Bestimmungen rügte, die ihm einen Rechtsanspruch einräumten (BGE 126 I 81, 87 ff.). Dies wurde damit begründet, dass die Legitimation zur staatsrechtlichen Beschwerde an eine Rechtsverletzung geknüpft war (Art. 88 OG). Das gilt weiterhin im Rahmen der zivil- und der strafrechtlichen Einheitsbeschwerde, wo die Legitimation ebenfalls an eine Rechtsverletzung anknüpft (Art. 76 und 81 BGG). Im Rahmen der öffentlich-rechtlichen Beschwerde, wo sich jetzt die Legitimation auch in Bezug auf vorsorgliche Massnahmen nach Art. 89 BGG richtet, entfällt jedoch diese Einschränkung: Wer in der Hauptsache zur Beschwerde legitimiert wäre, ist auch legitimiert zur Rüge, eine vorsorgliche Massnahme sei willkürlich angeordnet oder verweigert worden. 21

Hingegen sind die **Behörden** aufgrund von Art. 89 Abs. 2 lit. a BGG nicht zur Rüge von Verfassungsverletzungen (mit Einschluss des Willkürverbots) legitimiert (Art. 89 BGG N 44), so dass sie im Ergebnis vorsorgliche Massnahmen kaum anfechten können. 22

3. Abschnitt: Neue Vorbringen

Art. 99

¹ Neue Tatsachen und Beweismittel dürfen nur so weit vorgebracht werden, als erst der Entscheid der Vorinstanz dazu Anlass gibt.

² Neue Begehren sind unzulässig.

¹ Aucun fait nouveau ni preuve nouvelle ne peut être présenté à moins de résulter de la décision de l'autorité précédente.

² Toute conclusion nouvelle est irrecevable.

¹ Possono essere addotti nuovi fatti e nuovi mezzi di prova soltanto se ne dà motivo la decisione dell'autorità inferiore.

² Non sono ammissibili nuove conclusioni.

Inhaltsübersicht	Note	Seite
I. Bisheriges Recht und Entstehungsgeschichte	1	424
II. Kommentar	2	425
1. Einleitung	2	425
2. Neue Tatsachen und Beweismittel (Abs. 1)	3	425
2.1 Grundsatz	3	425
2.2 Ausnahmen	6	425
2.3 Neue rechtliche Vorbringen, neue Einreden und Änderung der Rechtslage	7	426
3. Neue Begehren (Abs. 2)	10	426
3.1 Im Allgemeinen	10	426
3.2 Im Besonderen	11	427

I. Bisheriges Recht und Entstehungsgeschichte

1 Altes Recht: Art. 55, 66, 67, 79 105 und 137 OG.

Entwurf der Expertenkommission: Art. 87.

Entwurf des Bundesrates: Art. 93 (BBl 2001 4339).

Ständerat: unverändert angenommen (Amtl. Bull. S vom 23.9.2003 S. 910).

Nationalrat: Zustimmung zum Beschluss des Ständerates (Amtl. Bull. N vom 5.10.2004 S. 1612).

II. Kommentar

1. Einleitung

Unter dem Oberbegriff neue Vorbringen (auch **Nova** oder **Noven** genannt) versteht man neu in ein Verfahren eingebrachte **Tatsachen, Beweismittel** und **Begehren** respektive die Änderung von Begehren. Gemäss Art. 99 BGG sind neue Vorbringen vor Bundesgericht grundsätzlich **unzulässig**. Die Parteien sind damit insbesondere gehalten, alle rechtsrelevanten Tatsachen und Beweismittel bereits vor den Vorinstanzen vorzubringen.

2. Neue Tatsachen und Beweismittel (Abs. 1)

2.1 Grundsatz

Das Bundesgericht beschränkt sich von wenigen Ausnahmen abgesehen auf die Rechtskontrolle (Art. 97 BGG). Die Feststellung des Sachverhalts und dessen Überprüfung obliegt den Vorinstanzen (Art. 105 BGG). Vor diesem Hintergrund bestimmen Art. 105 Abs. 1 und Art. 118 Abs. 1 BGG ausdrücklich, dass das Bundesgericht seinem Entscheid jenen Sachverhalt zugrunde legt, den die Vorinstanz festgestellt hat. Folgerichtig dürfen Tatsachen und Beweismittel, welche bereits anlässlich des **vorinstanzlichen Entscheids Bestand hatten und nicht vorgebracht wurden**, vor Bundesgericht nicht mehr vorgebracht werden. Nur solche Tatsachen und Beweismittel sind (unzulässige) neue Vorbringen i.S. von Art. 99 Abs. 1 BGG.

Die sich aus Art. 99 BGG ergebenden Einschränkungen gelten auch dann, wenn das Bundesgericht den Sachverhalt frei überprüfen kann (s. Art. 97 Abs. 2 und Art. 105 Abs. 2 BGG).

Nach dem Entscheid der Vorinstanz eingetretene Tatsachen fallen nicht in den Anwendungsbereich von Abs. 1. Sie können allenfalls Gegenstand eines unterinstanzlich geregelten Revisionsverfahrens bilden.

2.2 Ausnahmen

Neue Tatsachen und Beweismittel sind nicht in jedem Fall unzulässig. Werden Tatsachen etwa erst durch den vorinstanzlichen Entscheid **rechtswesentlich**, ist ihr Vorbringen vor Bundesgericht zulässig. Zu denken ist etwa an Tatsachen, welche die Rüge der Verletzung von Verfahrensrecht durch die Vorinstanz untermauern (Bsp. Verletzung des rechtlichen Gehörs im Beweisverfahren). Gleiches gilt, falls der Entscheid der Vorinstanz auf einem neuen rechtlichen Argument beruht, zu dem die Parteien nicht haben Stellung nehmen können. Ferner sind auch neue Tatsachen zulässig, von denen die Zulässigkeit einer Beschwerde ans Bundesgericht abhängt, wie das Datum der Eröffnung des angefochtenen Entscheids. Schliesslich gilt das Novenverbot von Art. 99 Abs. 1 BGG dann nicht, wenn kantonale Erlasse (Art. 87 Abs. 1 BGG) oder Akte kantonaler Parlamente bzw. Regierungen, die politische Rechte betreffen (Art. 88 Abs. 2 Satz 2 BGG), direkt beim Bundesgericht angefochten werden können.

2.3 Neue rechtliche Vorbringen, neue Einreden und Änderung der Rechtslage

7 Eine neue rechtliche Argumentation, verstanden als Änderung der Auffassung einer Partei über das massgebende Recht und seine Anwendung auf den Sachverhalt (BGE 113 Ib 221 f.), ist nicht mit den neuen Tatsachen und Beweismitteln i.S. von Art. 99 Abs. 1 BGG zu verwechseln. Die Änderung des Rechtsstandpunkts ist vor Bundesgericht ohne Einschränkung zulässig, vorausgesetzt, der von der Vorinstanz festgestellte Sachverhalt vermag die tatbeständlichen Grundlagen für die neue rechtliche Argumentation zu liefern. Indes ist zu betonen, dass das Bundesgericht nicht an die Auffassungen der Parteien über die Anwendbarkeit bestimmter Rechtsnormen gebunden ist.

8 Neue Einreden im zivilrechtlichen Sinne (d.h. Rechtsbehelfe, welche nicht von Amtes wegen berücksichtigt werden, sondern vielmehr in der Disposition der Parteien stehen wie bspw. die **Verjährung** oder die **Verrechnung**) können vor Bundesgericht nicht mehr geltend gemacht werden. Dies gebietet bereits der Vertrauensgrundsatz. Da der Begriff der Einrede ausserhalb der Zivilrechtspflege oft auch für Einwendungen verwendet wird, die ihrerseits von Amtes wegen zu beachten sind, beschränkt sich das Verbot neuer Einreden auf die Zivilrechtspflege. Ausserhalb der Zivilrechtspflege sind «Einreden» im weiteren Sinne demgegenüber grundsätzlich zulässig.

9 Ändert sich im Verlaufe eines Verfahrens die Rechtslage, ist die Frage nach der Anwendbarkeit neuen Rechts nicht nach den Bestimmungen betreffend neue Vorbringen zu beurteilen, sondern nach dem anwendbaren Übergangsrecht. Entsprechend sind die **übergangsrechtlichen Vorschriften** des interessierenden Spezialgesetzes zu konsultieren.

3. Neue Begehren (Abs. 2)

3.1 Im Allgemeinen

10 Welcher Teil eines Rechtsverhältnisses zum Thema eines Gerichtsverfahrens und damit zum Streitgegenstand wird, bestimmt sich gemäss Dispositions-

maxime nach den Begehren der beschwerdeführenden Partei (vgl. BGE 125 V 413, 414 E. 1b). Damit wird zunächst der **Umfang des festzustellenden Sachverhalts** definiert. Ferner bestimmt der Streitgegenstand den **Umfang der Rechtsanwendung** von Amtes wegen. Schliesslich legt er auch die **Entscheidungszuständigkeit** fest. Wird bspw. eine Verfügung oder ein Entscheid nur teilweise angefochten, ist es der Beschwerdebehörde in aller Regel nicht möglich, darüber hinaus auch unbestritten gebliebene Aspekte des Streitgegenstandes zu überprüfen, da der Streitgegenstand das Thema des Gerichtsverfahrens fixiert und begrenzt.

3.2 Im Besonderen

Auch im Rahmen des Beschwerdeverfahrens vor Bundesgericht wird der Streitgegenstand in der Regel vor den verschiedenen Vorinstanzen (vgl. Art. 75, 80 und 86 BGG) festgelegt. Ausnahmen dazu gibt es in den Anwendungsfällen von Art. 87 Abs. 1 BGG und Art. 88 Abs. 2 BGG, sofern das kantonale Recht kein Rechtsmittel vorsieht. Ein **neues Begehren** i.S. von Art. 99 Abs. 2 BGG liegt dann vor, wenn es nicht bereits vor der Vorinstanz vorgebracht worden ist und zu einer **Ausweitung des Streitgegenstandes** führen würde. Solche und nur solche neuen Begehren sind **unzulässig**. Demgegenüber kann die beschwerdeführende Partei kraft Dispositionsmaxime innerhalb des Streitgegenstandes verfügen. Es ist ihr bspw. unbenommen, andere als bei der Vorinstanz vorgebrachte Anträge zu stellen, vorausgesetzt sie bleibt innerhalb des Streitgegenstandes (Bsp. statt Änderung eines Aktes neu dessen Aufhebung und die Rückweisung der Sache verlangen). Ebenfalls unproblematisch ist die Einschränkung des Streitgegenstandes (Bsp. geforderte Schadenersatzsumme reduzieren). Entscheidend für die Beurteilung der Frage, ob ein unzulässiges neues Begehren im Sinne von Abs. 2 vorliegt, ist mithin, ob es innerhalb des Streitgegenstands liegt.

11

4. Abschnitt: Beschwerdefrist

Art. 100

Beschwerde gegen Entscheide

¹ Die Beschwerde gegen einen Entscheid ist innert 30 Tagen nach der Eröffnung der vollständigen Ausfertigung beim Bundesgericht einzureichen.

² Die Beschwerdefrist beträgt zehn Tage:
a. bei Entscheiden der kantonalen Aufsichtsbehörden in Schuldbetreibungs- und Konkurssachen;
b. bei Entscheiden auf dem Gebiet der internationalen Rechtshilfe in Strafsachen;
c. bei Entscheiden über die Rückgabe eines Kindes nach dem Übereinkommen vom 25. Oktober 1980 über die zivilrechtlichen Aspekte internationaler Kindesentführung.

³ Die Beschwerdefrist beträgt fünf Tage:
a. bei Entscheiden der kantonalen Aufsichtsbehörden in Schuldbetreibungs- und Konkurssachen im Rahmen der Wechselbetreibung;
b. bei Entscheiden der Kantonsregierungen über Beschwerden gegen eidgenössische Abstimmungen.

⁴ Bei Entscheiden der Kantonsregierungen über Beschwerden gegen die Nationalratswahlen beträgt die Beschwerdefrist drei Tage.

⁵ Bei Beschwerden wegen interkantonaler Kompetenzkonflikte beginnt die Beschwerdefrist spätestens dann zu laufen, wenn in beiden Kantonen Entscheide getroffen worden sind, gegen welche beim Bundesgericht Beschwerde geführt werden kann.

⁶ Wenn der Entscheid eines oberen kantonalen Gerichts mit einem Rechtsmittel, das nicht alle Rügen nach den Artikeln 95–98 zulässt, bei einer zusätzlichen kantonalen Gerichtsinstanz angefochten worden ist, so beginnt die Beschwerdefrist erst mit der Eröffnung des Entscheids dieser Instanz.

⁷ Gegen das unrechtmässige Verweigern oder Verzögern eines Entscheids kann jederzeit Beschwerde geführt werden.

Recours contre une décision

¹ Le recours contre une décision doit être déposé devant le Tribunal fédéral dans les 30 jours qui suivent la notification de l'expédition complète.

² Le délai de recours est de dix jours contre:
a. les décisions d'une autorité cantonale de surveillance en matière de poursuite pour dettes et de faillite;
b. les décisions en matière d'entraide pénale internationale;

c. les décisions portant sur le retour d'un enfant fondées sur la Convention du 25 octobre 1980 sur les aspects civils de l'enlèvement international d'enfants.

³ Le délai de recours est de cinq jours contre:
a. les décisions d'une autorité cantonale de surveillance en matière de poursuite pour effets de change;
b. les décisions d'un gouvernement cantonal sur recours concernant des votations fédérales.

⁴ Le délai de recours est de trois jours contre les décisions d'un gouvernement cantonal sur recours touchant aux élections au Conseil national.

⁵ En matière de recours pour conflit de compétence entre deux cantons, le délai de recours commence à courir au plus tard le jour où chaque canton a pris une décision pouvant faire l'objet d'un recours devant le Tribunal fédéral.

⁶ Si la décision d'un tribunal cantonal supérieur peut être déférée à une autre autorité judiciaire cantonale pour une partie seulement des griefs visés aux art. 95 à 98, le délai de recours commence à courir à compter de la notification de la décision de cette autorité.

⁷ Le recours pour déni de justice ou retard injustifié peut être formé en tout temps.

Ricorso contro decisioni

¹ Il ricorso contro una decisione deve essere depositato presso il Tribunale federale entro 30 giorni dalla notificazione del testo integrale della decisione.

² Il termine è di dieci giorni per i ricorsi contro le decisioni:
a. delle autorità cantonali di vigilanza in materia di esecuzione e fallimento;
b. nel campo dell'assistenza giudiziaria internazionale in materia penale;
c. in materia di ritorno di un minore secondo la Convenzione del 25 ottobre 1980 sugli aspetti civili del rapimento internazionale di minori.

³ Il termine è di cinque giorni per i ricorsi contro le decisioni:
a. delle autorità cantonali di vigilanza in materia di esecuzione e fallimento pronunciate nell'ambito dell'esecuzione cambiaria;
b. dei Governi cantonali su ricorsi concernenti votazioni federali.

⁴ Il termine è di tre giorni per i ricorsi contro le decisioni dei Governi cantonali su ricorsi concernenti le elezioni al Consiglio nazionale.

⁵ Per i ricorsi concernenti conflitti di competenza tra due Cantoni, il termine decorre al più tardi dal giorno in cui in ciascun Cantone sono state pronunciate decisioni impugnabili mediante ricorso al Tribunale federale.

⁶ Se la decisione di un tribunale superiore cantonale è impugnata dinanzi a un'ulteriore autorità giudiziaria cantonale mediante un rimedio giuridico che consente di sollevare soltanto parte delle censure di cui agli articoli 95–98, il termine di ricorso decorre dalla notificazione della decisione di tale autorità.

⁷ Il ricorso per denegata o ritardata giustizia può essere interposto in ogni tempo.

Inhaltsübersicht Note Seite

I. Bisheriges Recht und Entstehungsgeschichte 1 430
II. Kommentar 2 431
    1. Allgemeines 2 431
        1.1 Ort der Einreichung der Beschwerde 2 431
        1.2 Fristwahrung 3 431
    2. Anfechtungsfristen 4 431
        2.1 Grundsatz: dreissigtägige Frist (Abs. 1) 4 431
        2.2 Zehntägige Frist (Abs. 2) 6 432
        2.3 Fünftägige Frist (Abs. 3) 9 432
        2.4 Dreitägige Frist (Abs. 4) 11 432
        2.5 Keine Frist bei Rechtsverweigerung und Rechtsverzögerung 12 433
    3. Beginn des Fristenlaufs 13 433
        3.1 Grundsatz 13 433
        3.2 Bei Beschwerden wegen interkantonaler Kompetenzkonflikte 14 433
        3.3 Wenn eine Beschwerde vor einem oberen kantonalen Gericht mit unvollständiger Kognition hängig ist 15 433

I. Bisheriges Recht und Entstehungsgeschichte

1   Altes Recht: Art. 54 OG (Berufung), Art. 69 OG (Nichtigkeitsbeschwerde in Zivilsachen), Art. 89 OG (staatsrechtliche Beschwerde), Art. 106 OG (Verwaltungsgerichtsbeschwerde).

Entwurf der Expertenkommission: Art. 92.

Entwurf des Bundesrates: Art. 94 (BBl 2001 4340).

Ständerat: redaktionelle Anpassung in Abs. 6 (Amtl. Bull. S vom 23.9.2003 S. 911).

Neuer Antrag des Bundesrates (Arbeitsgruppe Bundesgericht): schlägt den letztlich verabschiedeten Abs. 6 vor.

Nationalrat: Zustimmung zum Beschluss des Ständerates für die Abs. 1 bis 5 und Zustimmung zum neuen Antrag des Bundesrates für Abs. 6 (Amtl. Bull. N vom 5.10.2004 S. 1612).

Neuer Antrag des Bundesrates: Einfügen von Abs. 2 betreffend IRSG.

Ständerat: stimmt dem neuen Antrag des Bundesrates zu (Amtl. Bull. S vom 8.3.2005 S. 138).

Nationalrat: Zustimmung zum Beschluss des Ständerates (Amtl. Bull. N vom 6.6.2005 S. 648).

II. Kommentar

1. Allgemeines

1.1 Ort der Einreichung der Beschwerde

Eine Beschwerde ans Bundesgericht ist bei diesem einzureichen (*iudex ad quem*). Die Einreichung bei einer andern Behörde schadet nicht, sofern sie rechtzeitig angegangen wurde (Art. 48 BGG). 2

1.2 Fristwahrung

Für die Fristwahrung gilt Art. 48 BGG. Die Beschwerde muss spätestens am letzten Tag der Frist beim Bundesgericht eingereicht oder zu dessen Handen der Schweizerischen Post oder einer schweizerischen diplomatischen oder konsularischen Vertretung übergeben werden (Art. 48 Abs. 1 BGG). Im Falle der elektronischen Zustellung ist die Frist gewahrt, wenn der Empfang bei der Zustelladresse des Bundesgerichts vor Ablauf der Frist durch das betreffende Informatiksystem bestätigt worden ist (Art. 48 Abs. 2 BGG). Innert derselben Frist sind auch allfällige Beweismittel einzureichen (Art. 42 Abs. 3 BGG). 3

2. Anfechtungsfristen

2.1 Grundsatz: dreissigtägige Frist (Abs. 1)

Die Beschwerdefrist beträgt **grundsätzlich 30 Tage** (Abs. 1). Hiervon gibt es jedoch mehrere, in den Abs. 2–7 aufgeführte Ausnahmen. Diese entsprechen mehrheitlich dem bisherigen Recht. 4

Die besondere Frist von zehn Tagen für Zwischenverfügungen im Rahmen des verwaltungsgerichtlichen Beschwerdeverfahrens (Art. 106 Abs. 1 OG) wurde aufgehoben. Weil die Abgrenzung zwischen End- oder Zwischenverfügung sowohl in der Lehre wie auch in der Rechtsprechung derart umstritten ist, erschien es dem Gesetzgeber wenig sinnvoll, an unterschiedlichen Fristen festzuhalten. Damit fällt für den Beschwerdeführer das Risiko weg, dass auf seine Beschwerde wegen Ver- 5 spätung nicht eingetreten wird, nur weil es sich bei der angefochtenen Verfügung um eine Zwischenverfügung und nicht – wie irrtümlich angenommen – um eine Endverfügung handelt.

2.2 Zehntägige Frist (Abs. 2)

6   Die zehntägige Frist gilt wie bisher für Beschwerden gegen Entscheide der **kantonalen Aufsichtsbehörden in Schuldbetreibungs- und Konkurssachen** (Art. 19 SchKG).

7   Dasselbe gilt für Beschwerden gegen Entscheide auf dem Gebiet der **internationalen Rechtshilfe in Strafsachen**.

8   Neu eingeführt wird eine Frist von zehn Tagen bei Entscheiden über die Rückgabe nach dem **Übereinkommen über die zivilrechtlichen Aspekte internationaler Kindesentführung** (SR 0.211.230.02). Die ordentliche Frist von 30 Tagen würde es praktisch verunmöglichen, die Verfahrenshöchstdauer von sechs Wochen je Instanz einzuhalten, welche im Übereinkommen vorgeschrieben wird, um die rasche Vollstreckung einer Entscheidung über die Rückgabe von entführten Kindern sicherzustellen (Art. 11 des Übereinkommens).

2.3 Fünftägige Frist (Abs. 3)

9   Eine fünftägige Beschwerdefrist findet Anwendung auf Beschwerden gegen Entscheide der kantonalen Aufsichtsbehörden in Schuldbetreibungs- und Konkurssachen im Rahmen der **Wechselbetreibung** (Art. 20 SchKG).

10 Ebenfalls fünf Tage beträgt die Frist bei Entscheiden über **Beschwerden gegen eidgenössische Abstimmungen**, die **Kantonsregierungen** in Anwendung von Art. 77 Abs. 1 lit. a und b BPR gefällt haben. Bisher galt die ordentliche 30–tägige Frist (Art. 80 BPR in seiner alten Fassung). Auf kantonaler Ebene gilt allerdings eine dreitägige Frist (Art. 77 Abs. 2 BPR).

2.4 Dreitägige Frist (Abs. 4)

11 Neu findet eine dreitägige Beschwerdefrist Anwendung für Beschwerden gegen Entscheide von **Kantonsregierungen** über **Beschwerden gegen die Nationalratswahlen** (Art. 77 Abs. 1 lit. c BPR). Diese Verkürzung erweist sich als notwendig, damit das Bundesgericht über die Beschwerden befinden kann, ohne die Eröffnung der Legislatur oder die Verabschiedung des Voranschlags für das folgende Jahr in Frage stellen zu müssen.

2.5 Keine Frist bei Rechtsverweigerung und Rechtsverzögerung

Gegen das unrechtmässige Verweigern oder Verzögern eines Entscheids einer der in den Art. 75, 80 sowie 86 bis 88 BGG genannten Vorinstanzen kann jederzeit Beschwerde geführt werden (s. Art. 94 BGG). Wird aber ein oberinstanzlicher Entscheid angefochten, der eine Rechtsverweigerung einer unteren Instanz verneint, gilt die ordentliche Anfechtungsfrist nach Art. 100 Abs. 1 BGG.

3. Beginn des Fristenlaufs

3.1 Grundsatz

Nach Abs. 1 ist die Beschwerde innert 30 Tagen nach Eröffnung der **vollständigen Ausfertigung** einzureichen, wobei die 30 Tage erst ab dem der Eröffnung bzw. Zustellung folgenden Tag zu berechnen sind (Art. 44 BGG). Der Wortlaut von Abs. 1 ist insofern irreführend, als auch im Sinne von Art. 112 Abs. 1 BGG unvollständig eröffnete Entscheide innert Frist angefochten werden müssen, zumal das Bundesgericht solche Entscheide zur Verbesserung zurückweisen oder gar gänzlich aufheben kann (Art. 112 Abs. 3 BGG), was naturgemäss deren Kenntnis voraussetzt. Wird die Begründung erst nach der Eröffnung nachgereicht, beginnt die Frist erst mit der Zustellung der Motive (Art. 112 Abs. 2 BGG). Der Fristenlauf beginnt nur dann nicht zu laufen, wenn der Entscheid gar nicht eröffnet wurde (und damit nichtig ist: BGE 129 I 362, 364 E. 2.1) oder wenn er in Verletzung staatsvertraglicher Regelungen direkt ins Ausland zugestellt wurde (BGE 131 III 448).

3.2 Bei Beschwerden wegen interkantonaler Kompetenzkonflikte

Bei Beschwerden wegen interkantonaler Kompetenzkonflikte, worunter auch Doppelbesteuerungsfragen fallen, beginnt die Beschwerdefrist spätestens dann zu laufen, wenn in beiden Kantonen Entscheide getroffen worden sind, gegen welche beim Bundesgericht Beschwerde geführt werden kann.

3.3 Wenn eine Beschwerde vor einem oberen kantonalen Gericht mit unvollständiger Kognition hängig ist

Wenn der Entscheid eines oberen kantonalen Gerichts mit einem Rechtsmittel, das nicht alle Rügen nach den Art. 95–98 BGG zulässt, bei einer zusätzlichen kantonalen Gerichtsinstanz angefochten worden ist, so beginnt die Beschwerdefrist erst mit der Eröffnung des Entscheids dieser Instanz.

Art. 101

Beschwerde gegen Erlasse	Die Beschwerde gegen einen Erlass ist innert 30 Tagen nach der nach dem kantonalen Recht massgebenden Veröffentlichung des Erlasses beim Bundesgericht einzureichen.
Recours contre un acte normatif	Le recours contre un acte normatif doit être déposé devant le Tribunal fédéral dans les 30 jours qui suivent sa publication selon le droit cantonal.
Ricorso contro atti normativi	Il ricorso contro un atto normativo deve essere depositato presso il Tribunale federale entro 30 giorni dalla pubblicazione di tale atto secondo il diritto cantonale.

Inhaltsübersicht   Note   Seite
I. Bisheriges Recht und Entstehungsgeschichte   1   434
II. Kommentar   2   434
    1. Anfechtungsobjekt   2   434
    2. Anfechtungsfrist   3   434
    3. Beginn des Fristenlaufs   4   435

I. Bisheriges Recht und Entstehungsgeschichte

1 Altes Recht: Art. 89 Abs. 1 OG.

Entwurf der Expertenkommission: Art. 93.

Entwurf des Bundesrates: Art. 95 (BBl 2001 4341).

Ständerat: unverändert angenommen (Amtl. Bull. S vom 23.9.2003 S. 911).

Nationalrat: Zustimmung zum Beschluss des Ständerates (Amtl. Bull. N vom 5.10.2004 S. 1612).

II. Kommentar

1. Anfechtungsobjekt

2 Anfechtungsobjekt ist ein **kantonaler Erlass**. Für die Definition der anfechtbaren Erlasse s. Art. 82 BGG N 38 ff.

2. Anfechtungsfrist

3 Die Anfechtungsfrist beträgt **30 Tage**.

3. Beginn des Fristenlaufs

Wenn der Erlass unmittelbar anfechtbar ist (Art. 87 Abs. 1 BGG und Art. 88 Abs. 2 BGG), beginnt die Beschwerdefrist wie nach bisherigem Recht mit der **Veröffentlichung** desselben zu laufen. Das kantonale Recht bestimmt die Art der Publikation. Sofern es ein kantonales Normenkontrollverfahren gibt, gilt Art. 112 BGG, und der Fristenlauf für die Anfechtung des Entscheids beginnt mit dessen Eröffnung (Art. 100 BGG N 13).

5. Abschnitt: Weitere Verfahrensbestimmungen

Art. 102

Schriftenwechsel

¹ Soweit erforderlich stellt das Bundesgericht die Beschwerde der Vorinstanz sowie den allfälligen anderen Parteien, Beteiligten oder zur Beschwerde berechtigten Behörden zu und setzt ihnen Frist zur Einreichung einer Vernehmlassung an.

² Die Vorinstanz hat innert dieser Frist die Vorakten einzusenden.

³ Ein weiterer Schriftenwechsel findet in der Regel nicht statt.

Echange d'écritures

¹ Si nécessaire, le Tribunal fédéral communique le recours à l'autorité précédente ainsi qu'aux éventuelles autres parties ou participants à la procédure ou aux autorités qui ont qualité pour recourir; ce faisant, il leur impartit un délai pour se déterminer.

² L'autorité précédente transmet le dossier de la cause dans le même délai.

³ En règle générale, il n'y a pas d'échange ultérieur d'écritures.

Scambio di scritti

¹ Se necessario, il Tribunale federale notifica il ricorso all'autorità inferiore e a eventuali altre parti, altri partecipanti al procedimento o autorità legittimate a ricorrere impartendo loro un termine per esprimersi in merito.

² L'autorità inferiore gli trasmette gli atti entro tale termine.

³ Di regola non si procede a un ulteriore scambio di scritti.

Inhaltsübersicht	Note	Seite
I. Bisheriges Recht und Entstehungsgeschichte	1	437
II. Kommentar	2	437
1. Allgemeines	2	437
2. Grundsatz des einfachen Schriftenwechsels	4	437
3. Ausnahmen	8	439
3.1 Verzicht auf Schriftenwechsel	8	439
3.2 Zweiter Schriftenwechsel	9	439
4. Die Verfahrensbeteiligten	10	439
5. Fristen	12	439
6. Keine «Anschlussbeschwerde»	13	440

I. Bisheriges Recht und Entstehungsgeschichte

Altes Recht: Art. 59 (Berufung), Art. 81 (Beschwerde in Schuldbetreibungs- und Konkurssachen), Art. 93 (staatsrechtliche Beschwerde) sowie Art. 110 OG (Verwaltungsgerichtsbeschwerde).

Entwurf der Expertenkommission: Art. 97.

Entwurf des Bundesrates: Art. 96 (BBl 2001 4341).

Ständerat: unverändert angenommen (Amtl. Bull. S vom 23.9.2003 S. 911).

Neuer Antrag des Bundesrates (Arbeitsgruppe Bundesgericht): schlägt den letztlich verabschiedeten Abs. 1 vor.

Nationalrat: stimmt in Bezug auf Abs. 1 dem neuen Antrag des Bundesrates und in Bezug auf die Abs. 2 und 3 dem Beschluss des Ständerates zu (Amtl. Bull. N vom 5.10.2004 S. 1612).

Ständerat: stimmt dem Beschluss des Nationalrates zu (Amtl. Bull. S vom 8.3.2005 S. 138).

II. Kommentar

1. Allgemeines

Nach Eingang der Beschwerde hat der Instruktionsrichter (Art. 32 BGG) dafür zu sorgen, dass das Verfahren zur Entscheidreife gelangt. Weil das Verfahren vor Bundesgericht in aller Regel schriftlich abläuft, haben die Parteien ihre Rechtsbegehren und Argumente schriftlich vorzubringen. Dieses Einholen und Austauschen der Rechtsschriften bezeichnet man als Schriftenwechsel.

Für das Revisionsverfahren gilt Art. 127 BGG, der indessen keine materiell abweichende Vorschrift enthält.

2. Grundsatz des einfachen Schriftenwechsels

Das BGG sieht aus Gründen der Verfahrensökonomie grundsätzlich nur einen einfachen Schriftenwechsel vor. Repliken und Dupliken, aber auch mündliche Parteiverhandlungen, sollen die Ausnahme bleiben (Abs. 3). Unter Vorbehalt des Vernehmlassungsrechts (s. N 5 ff.) und allenfalls prozessökonomischer Überlegungen sind unverlangte Eingaben aus den Akten zu weisen. Obschon unverlangt, erkennt das Bundesgericht zuweilen sog. **Schutzschriften** zu den Akten, wiewohl solche – im Gegensatz zum bundesrätlichen Entwurf für eine Schweizerische Zivilprozessordnung (Art. 266 E-ZPO) – weder im bisherigen Recht noch im BGG ausdrücklich erwähnt sind (Urteil 1A.39/2003 vom 12.3.2003).

5   In seiner Rechtsprechung zu dem aus Art. 6 Ziff. 1 EMRK fliessenden Grundsatz des **fairen Verfahrens** und der Waffengleichheit hat der EGMR ein formelles Recht des Beschwerdeführers abgeleitet, sich zu den von anderen Verfahrensbeteiligten eingereichten Stellungnahmen äussern zu können (vgl. FRANK SCHÜRMANN, Das Urteil des Europäischen Gerichtshofs für Menschenrechte i.S. F.R. gegen die Schweiz vom 8.6.2001, in: KARL SPÜHLER (Hrsg.), Internationales Zivilprozess- und Verfahrensrecht II, Zürich 2003, S. 73 ff., 80 f.). Dazu gehört, dass das Gericht die Parteien überhaupt über den Eingang einer Vernehmlassung informieren muss (Urteile Göç c. Türkei vom 11.7.2002, Recueil CourEDH 2002–V S. 221, Ziff. 57; Milatova c. Tschechien vom 21.6.2005, Ziff. 61), und die Möglichkeit, sich dazu zu äussern, nicht gänzlich abschneiden darf (vgl. Urteile i.S. Contardi c. Schweiz vom 12.7.2005, Ziff. 36, 45; Spang c. Schweiz vom 11.10.2005, Ziff. 14, 33).

6   Das Bundesgericht hat diese Praxis **pragmatisch** umgesetzt: Es hält es nämlich als zulässig, gerade auch wenn – wie in Art. 102 BGG – das Verfahrensrecht einen einfachen Schriftenwechsel als Regelfall vorsieht, sich bei der Zustellung der Vernehmlassungen in einem ersten Schritt auf die entsprechende Information, ohne förmliche Aufforderung zur Stellungnahme, zu beschränken. Dadurch werde der Beschwerdeführer hinreichend in die Lage versetzt, die Notwendigkeit einer Stellungnahme von seiner Seite zu prüfen und ein derartiges Anliegen wahrzunehmen; andernfalls sei davon auszugehen, dass er darauf verzichte (Urteil 1A.92/2005 vom 22.11.2005 E. 3.3.3). Das Bundesgericht hat seine eigene Praxis, mit Blick auf das Beschleunigungsgebot, wie folgt präzisiert: Hält der Beschwerdeführer eine Stellungnahme von seiner Seite zu einer zur Kenntnisnahme zugestellten Vernehmlassung für erforderlich, so hat er diese unverzüglich zu beantragen bzw. einzureichen (Urteil 1A.276/2004 vom 12.7.2005, E. 2). Es genüge nicht, ein Replikrecht beim Bundesgericht vorsorglich zu beantragen; vielmehr müsse der Beschwerdeführer nach Zustellung der Vernehmlassung entsprechend reagieren (Urteil 1A.92/2005 vom 22.11.2005, E. 3.3.4 m.H. auf 4P.207/2002 vom 10.12.2002, E. 1.1 und 1A.276/2004, E. 2).

7   Art. 102 BGG ändert nichts an dieser Praxis. Das Bundesgericht ist mithin gehalten, allen Parteien sämtliche Eingaben der Verfahrensbeteiligten zur Kenntnis zu bringen. Ob eine Partei vom Recht auf Vernehmlassung Gebrauch macht, bleibt ihrer Initiative überlassen. Wird eine Vernehmlassung eingereicht, muss das Bundesgericht diese bei der Urteilsfällung berücksichtigen. Indessen hat sich die Vernehmlassung auf die eingereichten Rechtsschriften zu beschränken. Anträge, die bereits im Zeitpunkt der Beschwerde hätten erhoben werden können, sind ausgeschlossen (BGE 131 I 291, 311 E. 3.5; 125 I 71, 77 E. 1.d/aa, je m.H.).

3. Ausnahmen

3.1 Verzicht auf Schriftenwechsel

Art. 102 Abs. 1 BGG bestimmt, dass ein Schriftenwechsel nur «[s]oweit erforderlich» durchzuführen ist. Damit sind die offensichtlich unzulässigen oder unbegründeten Beschwerden angesprochen. Während der bundesrätliche Entwurf (Art. 96 Abs. 2 E-BGG) diese Möglichkeit noch explizit vorsah, bringt sie Art. 102 BGG nicht mehr so klar zum Ausdruck. Trotzdem gilt, dass in Fällen offensichtlich unzulässiger oder unbegründeter Beschwerden auf die Durchführung eines Schriftenwechsels verzichtet werden kann.

8

3.2 Zweiter Schriftenwechsel

Ob ein zweiter Schriftenwechsel durchzuführen ist, entscheidet der Instruktionsrichter nach pflichtgemässem Ermessen. Er wird einen solchen anordnen, wenn die Ausführungen in der Beschwerdeantwort dazu Anlass geben. Er kann die zweite Stellungnahme auch auf bestimmte Punkte beschränken. Zu denken ist etwa an Fälle, in denen sich Verfahrensbeteiligte noch nicht zu wichtigen Vorbringen geäussert haben.

9

4. Die Verfahrensbeteiligten

In den Schriftenwechsel sind die Vorinstanz, die Parteien und andere Beteiligte sowie die zur Beschwerde berechtigten Behörden einzubeziehen. Wer zu diesen «anderen Beteiligten» gehört, bestimmt das Bundesgericht von Amtes wegen. Als solche anerkennt es Personen und Körperschaften, die nicht Gegenpartei sind, aber durch die Gutheissung der Beschwerde in ihren Rechten berührt würden (BGE 100 Ia 447 E. 1).

10

Nicht als andere Beteiligte gilt die **Zivilpartei** im Strafverfahren, sofern das Strafurteil nur im Strafpunkt angefochten ist (BGE 90 I 33 E. 1). Diese Ausnahme gilt allerdings dann nicht, wenn eine abweichende Beurteilung im Strafpunkt einen Einfluss auf den Zivilpunkt haben könnte.

11

5. Fristen

Das Gesetz sieht weder für die Vernehmlassung zur Beschwerde (Abs. 1) noch für die Einsendung der Vorakten durch die Vorinstanz (Abs. 2) eine feste

12

Frist vor. In Anbetracht der bundesgerichtlichen Praxis unter dem alten Recht dürfte die Frist im Allgemeinen auf 30 Tage angesetzt werden.

6. Keine «Anschlussbeschwerde»

13 Unter dem alten Recht konnte der Berufungsbeklagte in seiner Berufungsantwort Anschlussberufung erheben (Art. 59 OG). Die Expertenkommission wollte diese Möglichkeit auf sämtliche Beschwerdeverfahren ausdehnen. Indes wurde diese beabsichtigte Ausweitung im Vernehmlassungsverfahren heftig kritisiert. Nicht nur würde sie die Gefahr eines beträchtlichen Anstiegs der Beschwerdeanzahl mit sich bringen, sondern auch gerade in all jenen Fällen das Verfahren unnötig verlängern, in denen die Beschwerdefrist verkürzt worden ist, um schneller eine endgültige Entscheidung zu erhalten (vgl. Art. 100 Abs. 2 bis 4 BGG).

14 Das Parlament ist der Auffassung des Bundesrates gefolgt und hat die Möglichkeit der **Anschlussbeschwerde** ersatzlos gestrichen. Jede am Verfahren vor einer Vorinstanz beteiligte Partei hat folglich innerhalb der ordentlichen Beschwerdefrist zu entscheiden, ob sie das Bundesgericht anrufen will. Verzichtet eine Partei darauf oder ist sie daran gehindert, weil die Beschwerde unzulässig ist, hat sie sich damit zu begnügen, gegebenenfalls zur Beschwerde der Gegenpartei Stellung zu nehmen.

Art. 103

Aufschiebende Wirkung

¹ Die Beschwerde hat in der Regel keine aufschiebende Wirkung.

² Die Beschwerde hat im Umfang der Begehren aufschiebende Wirkung:
a. in Zivilsachen, wenn sie sich gegen ein Gestaltungsurteil richtet;
b. in Strafsachen, wenn sie sich gegen einen Entscheid richtet, der eine unbedingte Freiheitsstrafe oder eine freiheitsentziehende Massnahme ausspricht; die aufschiebende Wirkung erstreckt sich nicht auf den Entscheid über Zivilansprüche;
c. in Verfahren auf dem Gebiet der internationalen Rechtshilfe in Strafsachen, wenn sie sich gegen eine Schlussverfügung oder gegen jede andere Verfügung richtet, welche die Übermittlung von Auskünften aus dem Geheimbereich oder die Herausgabe von Gegenständen oder Vermögenswerten bewilligt.

³ Der Instruktionsrichter oder die Instruktionsrichterin kann über die aufschiebende Wirkung von Amtes wegen oder auf Antrag einer Partei eine andere Anordnung treffen.

Effet suspensif

¹ En règle générale, le recours n'a pas d'effet suspensif.

² Le recours a effet suspensif dans la mesure des conclusions formulées:
a. en matière civile, s'il est dirigé contre un jugement constitutif;
b. en matière pénale, s'il est dirigé contre une décision qui prononce une peine ferme ou une mesure privative de liberté; l'effet suspensif ne s'étend pas à la décision sur les prétentions civiles;
c. en matière d'entraide pénale internationale, s'il a pour objet une décision de clôture ou toute autre décision qui autorise la transmission de renseignements concernant le domaine secret ou le transfert d'objets ou de valeurs.

³ Le juge instructeur peut, d'office ou sur requête d'une partie, statuer différemment sur l'effet suspensif.

Effetto sospensivo

¹ Di regola il ricorso non ha effetto sospensivo.

² Nei limiti delle conclusioni presentate, il ricorso ha effetto sospensivo:
a. in materia civile, se è diretto contro una sentenza costitutiva;
b. in materia penale, se è diretto contro una decisione che infligge una pena detentiva senza sospensione condizionale o una misura privativa della libertà; l'effetto sospensivo non si estende alla decisione sulle pretese civili;
c. nei procedimenti nel campo dell'assistenza giudiziaria internazionale in materia penale, se è diretto contro una decisione di chiusura o contro qualsiasi altra decisione che autorizza la comunicazione di informazioni inerenti alla sfera segreta o la consegna di oggetti o beni.

³ Il giudice dell'istruzione può, d'ufficio o ad istanza di parte, decidere altrimenti circa l'effetto sospensivo.

Inhaltsübersicht	Note	Seite
I. Bisheriges Recht und Entstehungsgeschichte	1	442
II. Kommentar	2	442
1. Begriff und Wirkungen	2	442
2. Kein Suspensiveffekt als Grundsatz (Abs. 1)	4	443
3. Suspensiveffekt als Ausnahme (Abs. 2)	7	443
3.1 In Zivilsachen (lit. a)	7	443
3.2 In Strafsachen (lit. b)	8	444
3.3 Auf dem Gebiet der internationalen Rechtshilfe (lit. c)	9	444
4. Anordnung von Amtes wegen oder auf Gesuch	10	444

I. Bisheriges Recht und Entstehungsgeschichte

1 Altes Recht: Art. 54, 70, 80, 94 und 111 OG, Art. 36 SchKG sowie Art. 272 BStP.

Entwurf der Expertenkommission: Art. 98.

Entwurf des Bundesrates: Art. 97 (BBl 2001 4342).

Ständerat: unverändert angenommen (Amtl. Bull. S vom 23.9.2003 S. 911).

Nationalrat: Zustimmung zum Beschluss des Ständerates (Amtl. Bull. N vom 5.10.2004 S. 1612).

Neuer Antrag des Bundesrates: schlägt die letzlich angenommene Abs. 2 lit. c vor.

Ständerat: stimmt den neuen Antrag des Bundesrates zu (Amtl. Bull. S vom 8.3.2005 S. 138).

Nationalrat: Zustimmung zum Beschluss des Ständerates (Amtl. Bull. N vom 6.6.2005 S. 648).

II. Kommentar

1. Begriff und Wirkungen

2 Kommt einer Beschwerde aufschiebende Wirkung zu, wird ab Rechtshängigkeit die Vollziehbarkeit der von der Vorinstanz angeordneten Rechtsfolgen bis zum Entscheid über die Beschwerde gehemmt. Das streitige Rechtsverhältnis bleibt in einem **Schwebezustand**. Von begünstigenden Anordnungen kann (noch) nicht Gebrauch gemacht werden, belastenden Anordnungen ist (vorläufig) nicht

Folge zu leisten. Bei Nichteintretens- und Abweisungsentscheiden kommt die aufschiebende Wirkung von vornherein nicht zum Tragen.

Zeitigt die aufschiebende Wirkung aus einer ungerechtfertigen Beschwerde Schäden, haftet die beschwerdeführende Partei in der Regel nicht. Nur wenn das Ergreifen der Beschwerde als mutwillig oder trölerisch bezeichnet werden muss respektive die beschwerdeführende Partei absichtlich oder grobfahrlässig Beschwerde erhoben hat, kann eine auf Art. 41 OR fussende Schadenersatzpflicht resultieren (BGE 112 II 32, 35 E. 2a, 93 II 176, 183 E. 9, 88 II 276, 280 E. 4).

3

2. *Kein Suspensiveffekt als Grundsatz (Abs. 1)*

Die Beschwerde hat in der Regel keine aufschiebende Wirkung. Dies hängt damit zusammen, dass das Bundesgericht nicht eine letzte Appellationsinstanz ist, welche von den Parteien mit vollkommenen Rechtsmitteln angerufen werden kann. Die Hauptaufgabe des Bundesgerichts besteht vielmehr darin, für die einheitliche Rechtsanwendung, die Rechtsfortbildung und die Wahrung der verfassungsmässigen Ordnung zu sorgen.

4

Im Interesse der Transparenz und Einfachheit des Verfahrens bringt das BGG auch diesbezüglich eine einheitliche Regelung für sämtliche Beschwerden. Die Beschwerde hat nur unter besonderen Voraussetzungen aufschiebende Wirkung (Abs. 2 und 3); grundsätzlich besteht somit kein Suspensiveffekt (Abs. 1). Mit dieser Vereinheitlichung beschreitet das Gesetz in der Zivilrechtspflege, aber auch im Bereich der Verwaltungsgerichtsbeschwerde teilweise Neuland.

5

Der Gesetzgeber wollte mit dem grundsätzlichen Fehlen des Suspensiveffekts auch die Attraktivität der Beschwerde senken und damit das Bundesgericht entlasten.

6

3. *Suspensiveffekt als Ausnahme (Abs. 2)*

3.1 In Zivilsachen (lit. a)

In Zivilsachen hat eine Beschwerde dann aufschiebende Wirkung, wenn sie sich gegen ein Urteil auf Begründung, Abänderung oder Aufhebung eines Rechtsverhältnisses (sog. **Gestaltungsurteil**) richtet. Dafür sprechen bereits praktische Gründe. Kaum vorstellbar wäre es nämlich, wenn Ehegatten zunächst geschieden wären, um später zufolge erfolgreicher Beschwerde vor Bundesgericht wieder verheiratet zu sein. Ähnlich absurde Ergebnisse erhielte man bei Vaterschaftsklagen. Hinzu kommt, dass die materielle Rechtskraft eines Gestaltungsurteils nicht nur *inter partes*, sondern gegenüber jedermann wirkt. Dies spricht

7

zusätzlich für den Suspensiveffekt. Gegebenenfalls hat der Instruktionsrichter zufolge des schwebenden Zustands vorsorgliche Massnahmen zu treffen (Art. 104 BGG).

3.2 In Strafsachen (lit. b)

8 In Strafsachen hat eine Beschwerde dann aufschiebende Wirkung, wenn sie sich gegen eine unbedingte Freiheitsstrafe oder eine freiheitsentziehende Massnahme richtet. Mithin fällt auch der Widerruf einer bedingten Strafe in den Anwendungsbereich von lit. b, ebenso der Widerruf einer (vorzeitigen) Entlassung. In anderen Fällen kann der Instruktionsrichter vorsorgliche Massnahmen treffen (Art. 104 BGG). Zu beachten ist ferner, dass allenfalls zusätzlich adhäsionsweise erhobene Zivilansprüche (Art. 78 Abs. 2 lit. a BGG) in jedem Falle den Schranken von lit. a unterliegen.

3.3 Auf dem Gebiet der internationalen Rechtshilfe (lit. c)

9 In Verfahren auf dem Gebiet der internationalen Rechtshilfe in Strafsachen hat eine Beschwerde schliesslich ebenfalls aufschiebende Wirkung, wenn sie sich gegen eine Schlussverfügung oder gegen jede andere Verfügung richtet, welche die Übermittlung von Auskünften aus dem Geheimbereich oder die Herausgabe von Gegenständen oder Vermögenswerten bewilligt (vgl. auch Art. 84 BGG und Art. 80l IRSG). Auch hier kann der Instruktionsrichter gegebenenfalls weitere vorsorgliche Massnahmen treffen (Art. 104 BGG).

4. Anordnung von Amtes wegen oder auf Gesuch

10 Der Instruktionsrichter kann von den allgemeinen gesetzlichen Regeln abweichen. Es ist ihm daher möglich, in den Fällen von Abs. 2 die aufschiebende Wirkung zu entziehen respektive sie in den übrigen Fällen auf Antrag einer Partei oder von Amtes wegen anzuordnen. Ziel dieser Bestimmung ist es, die Einzelfallgerechtigkeit zu erhöhen und dafür zu sorgen, dass Zustände verhindert werden, welche die Beschwerde als Rechtsmittel illusorisch werden lassen.

Art. 104

Andere vorsorgliche Massnahmen	**Der Instruktionsrichter oder die Instruktionsrichterin kann von Amtes wegen oder auf Antrag einer Partei vorsorgliche Massnahmen treffen, um den bestehenden Zustand zu erhalten oder bedrohte Interessen einstweilen sicherzustellen.**
Autres mesures provisionnelles	Le juge instructeur peut, d'office ou sur requête d'une partie, ordonner les mesures provisionnelles nécessaires au maintien de l'état de fait ou à la sauvegarde d'intérêts menacés.
Altre misure cautelari	Il giudice dell'istruzione può, d'ufficio o ad istanza di parte, ordinare misure cautelari al fine di conservare lo stato di fatto o tutelare provvisoriamente interessi minacciati.

Inhaltsübersicht   Note   Seite

I. Bisheriges Recht und Entstehungsgeschichte 1   445
II. Kommentar 2   445
    1. Begriff und Zweck vorsorglicher Massnahmen 2   445
    2. Kreis möglicher vorsorglicher Massnahmen 4   446
    3. Anordnende Instanz 6   446

I. Bisheriges Recht und Entstehungsgeschichte

Altes Recht: Art. 58 und 94 OG.   1

Entwurf der Expertenkommission: Art. 99.

Entwurf des Bundesrates: Art. 98 (BBl 2001 4343).

Ständerat: unverändert angenommen (Amtl. Bull. S vom 23.9.2003 S. 911).

Nationalrat: Zustimmung zum Beschluss des Ständerates (Amtl. Bull. N vom 5.10.2004 S. 1612).

II. Kommentar

1. Begriff und Zweck vorsorglicher Massnahmen

Als einstweilige oder vorsorgliche Massnahme wird diejenige Anordnung   2
bezeichnet, die von Amtes wegen oder nach Anhörung der Gegenpartei auf ein entsprechendes Gesuch hin erlassen wird. Möglich ist sogar, sofort nach Eingang des Begehrens mit einer superprovisorischen Verfügung Anordnungen zu treffen, welche bis zum Entscheid über die vorsorgliche Anordnung gelten (vgl. BGE 115 Ia 321, 323).

3   Sämtliche vorsorglichen Massnahmen dienen einem effektiven und umfassenden Rechtsschutz. Sie sollen die **Veränderung** der Sach- und Rechtslage sowie die Schaffung von vollendeten Tatsachen **verhindern**, damit der Entscheid in der Hauptsache nicht vorweggenommen und die Beschwerde nicht illusorisch wird.

2. Kreis möglicher vorsorglicher Massnahmen

4   Der Kreis möglicher vorsorglicher Massnahmen ist unbeschränkt. Indessen ist deren konkrete Ausgestaltung durch ihren **Zweck**, nämlich die einstweilige Sicherstellung des bestehenden Zustands oder von bedrohten Interessen, beschränkt. Zudem ist das **Verhältnismässigkeitsprinzip** zu beachten. So kann bspw. ein Veräusserungsverbot auferlegt oder die Fortführung eines Gewerbes nur unter Auflagen bewilligt werden.

5   Auch der Entzug respektive die Erteilung der aufschiebenden Wirkung bildet eine vorsorgliche Massnahme. Der Gesetzgeber hat diese Frage indes separat in Art. 103 BGG geregelt.

3. Anordnende Instanz

6   In teilweiser Abweichung vom alten Recht ist unter dem BGG der Instruktionsrichter (Art. 32 BGG) für die Anordnung vorsorglicher Massnahmen zuständig.

Art. 105

Massgebender Sachverhalt

¹ Das Bundesgericht legt seinem Urteil den Sachverhalt zugrunde, den die Vorinstanz festgestellt hat.

² Es kann die Sachverhaltsfeststellung der Vorinstanz von Amtes wegen berichtigen oder ergänzen, wenn sie offensichtlich unrichtig ist oder auf einer Rechtsverletzung im Sinne von Artikel 95 beruht.

³ Richtet sich die Beschwerde gegen einen Entscheid über die Zusprechung oder Verweigerung von Geldleistungen der Militär- oder Unfallversicherung, so ist das Bundesgericht nicht an die Sachverhaltsfeststellung der Vorinstanz gebunden.

Faits déterminants

¹ Le Tribunal fédéral statue sur la base des faits établis par l'autorité précédente.

² Il peut rectifier ou compléter d'office les constatations de l'autorité précédente si les faits ont été établis de façon manifestement inexacte ou en violation du droit au sens de l'art. 95.

³ Lorsque la décision attaquée concerne l'octroi ou le refus de prestations en espèces de l'assurance-accidents ou de l'assurance militaire, le Tribunal fédéral n'est pas lié par les faits établis par l'autorité précédente.

Fatti determinanti

¹ Il Tribunale federale fonda la sua sentenza sui fatti accertati dall'autorità inferiore.

² Può rettificare o completare d'ufficio l'accertamento dei fatti dell'autorità inferiore se è stato svolto in modo manifestamente inesatto o in violazione del diritto ai sensi dell'articolo 95.

³ Se il ricorso è diretto contro una decisione d'assegnazione o rifiuto di prestazioni pecuniarie dell'assicurazione militare o dell'assicurazione contro gli infortuni, il Tribunale federale non è vincolato dall'accertamento dei fatti operato dall'autorità inferiore.

Inhaltsübersicht   Note   Seite

		Note	Seite
I.	Bisheriges Recht und Entstehungsgeschichte..................................	1	448
II.	Kommentar	2	448
	1. Bindung an Sachverhaltsfeststellungen der Vorinstanz als Grundsatz (Abs. 1)...	2	448
	2. Ausnahmen (Abs. 2)	3	448
	3. Spezialregelung für sozialversicherungsrechtliche Streitigkeiten (Abs. 3) .	6	449

I. Bisheriges Recht und Entstehungsgeschichte

1 Altes Recht: Art. 67, 105 und 132 OG.

Entwurf der Expertenkommission: Art. 100.

Entwurf des Bundesrates: Art. 99 (BBl 2001 4343).

Ständerat: unverändert angenommen (Amtl. Bull. S vom 23.9.2003 S. 911).

Nationalrat: stimmt für Abs. 1 und 2 dem Beschluss des Ständerates zu und ändert den Abs. 3 (Amtl. Bull. N vom 5.10.2004 S. 1612).

Ständerat: stimmt dem Antrag des Nationalrates zu (Amtl. Bull. S vom 8.3.2005 S. 138).

Mit der Revision des BG über die Invalidenversicherung vom 16. Dezember 2005 (BBl. 2005 7285) hat das Parlament Abs. 3 neu formuliert und die Entscheide über die Zusprechung oder Verweigerung von Geldleistungen der Invalidenversicherung aus dem Ausnahmenkatalog entfernt.

II. Kommentar

1. Bindung an Sachverhaltsfeststellungen der Vorinstanz als Grundsatz (Abs. 1)

2 Das Bundesgericht soll sich als oberste Recht sprechende Behörde auf die **Rechtskontrolle** beschränken. Die Feststellung des Sachverhalts und dessen Überprüfung obliegt daher grundsätzlich den Vorinstanzen. Unter Vorbehalt gewisser Ausnahmen ist das Bundesgericht somit an den Sachverhalt, wie ihn die Vorinstanz ermittelt hat, gebunden.

2. Ausnahmen (Abs. 2)

3 Die Bindung an die Sachverhaltsfeststellung der Vorinstanz gilt nicht absolut. Gemäss Abs. 2 kann das Bundesgericht die Sachverhaltsfeststellung der Vorinstanz von Amtes wegen **berichtigen** oder **ergänzen**, wenn sie offensichtlich unrichtig ist oder auf einer Rechtsverletzung im Sinne von Art. 97 BGG beruht. Hat die Vorinstanz bspw. bei der Sachverhaltsermittlung willkürlich gehandelt oder gegen das rechtliche Gehör verstossen, kann das Bundesgericht unmittelbar gestützt auf die Vorakten oder die im Rahmen des Schriftenwechsels zulässigerweise vorgebrachten Beweismittel (s. Art. 99 BGG) oder aufgrund eigener Beweismassnahmen (Art. 55 f. BGG) den Sachverhalt von Amtes wegen oder auf entsprechendes Begehren ergänzen oder berichtigen (s. Art. 97 BGG N 21). Diese

Möglichkeit drängt sich nur schon deshalb auf, weil eine systematische Rückweisung der Sache an die Vorinstanz auch in Fällen, in denen der Sachverhalt ohne weiteres korrigiert werden könnte, als unverhältnismässig erscheint. Das Interesse der Parteien an rascher und endgültiger Erledigung der Streitsache geht hier der Souveränität der Vorinstanz bezüglich des Sachverhaltes vor.

In aller Regel führt eine rechtsfehlerhafte Sachverhaltsfeststellung indes zur Rückweisung der Sache an die Vorinstanz (vgl. Art. 107 BGG N 10). 4

In Abweichung zum alten Recht gilt die Restriktion von Abs. 2 auch dann, wenn ausnahmsweise keine richterliche Vorinstanz entschieden hat. Zu denken ist etwa an Entscheide mit vorwiegend politischem Charakter (Art. 86 Abs. 3 BGG) oder an Entscheide in Stimmsachen (Art. 88 Abs. 1 lit. a BGG). Schliesslich enthält Art. 132 Abs. 2 BGG eine weitere, allerdings übergangsrechtliche Ausnahme für Beschwerden gegen Plangenehmigungsentscheide des Eidgenössischen Departements für Umwelt, Verkehr, Energie und Kommunikation betreffend die zweite Phase der NEAT (Art. 10bis Abs. 1 lit. b des Alpentransit-Beschlusses vom 4.10.1991) (s. Art. 132 BGG N 15); in solchen Fällen kann das Bundesgericht den Sachverhalt frei prüfen. 5

3. Spezialregelung für sozialversicherungsrechtliche Streitigkeiten (Abs. 3)

Richtet sich die Beschwerde gegen einen Entscheid über die Zusprechung oder Verweigerung von Geldleistungen der **Militär- oder Unfallversicherung**, so kann vor Bundesgericht jede unrichtige oder unvollständige Feststellung des rechtserheblichen Sachverhalts gerügt werden (Art. 97 Abs. 2 BGG; s. dort N 27 ff.). 6

Wie lange diese systemwidrig erweiterte Kognition im BGG verbleiben wird, ist derzeit unklar. Gemäss dem ursprünglich vom Parlament verabschiedeten Wortlaut waren auch Geldleistungen der Invalidenversicherung in Abs. 3 aufgeführt (BBl 2001 4343). Im Rahmen der Revision des Bundesgesetzes über die Invalidenversicherung (IVG) vom 16. Dezember 2005 wurde die Invalidenversicherung aus Abs. 3 gestrichen (BBl 2005 7285). Es kann daher angenommen werden, dass bei künftigen Revisionen des BG über die Militärversicherung (MVG) und des BG über die Unfallversicherung (UVG) Abs. 3 letztlich ganz wegfallen wird. 7

Art. 106

Rechtsanwendung	¹ Das Bundesgericht wendet das Recht von Amtes wegen an.
	² Es prüft die Verletzung von Grundrechten und von kantonalem und interkantonalem Recht nur insofern, als eine solche Rüge in der Beschwerde vorgebracht und begründet worden ist.
Application du droit	¹ Le Tribunal fédéral applique le droit d'office.
	² Il n'examine la violation de droits fondamentaux ainsi que celle de dispositions de droit cantonal et intercantonal que si ce grief a été invoqué et motivé par le recourant.
Applicazione del diritto	¹ Il Tribunale federale applica d'ufficio il diritto.
	² Esamina la violazione di diritti fondamentali e di disposizioni di diritto cantonale e intercantonale soltanto se il ricorrente ha sollevato e motivato tale censura.

Inhaltsübersicht Note Seite

I. Bisheriges Recht und Entstehungsgeschichte 1   450
II. Kommentar 2   451
   1. Iura novit curia (Abs. 1) 2   451
      1.1 Rechtsermittlung 2   451
      1.2 Rechtsanwendung 4   451
      1.3 Keine Pflicht zur Anwendung ausländischen Rechts in
           vermögensrechtlichen Angelegenheiten 7   452
   2. Einschränkungen (Abs. 2) 8   452
      2.1 Bei Geltendmachung der Verletzung von Grundrechten 9   452
      2.2 Bei Geltendmachung der Verletzung kantonalen oder
           interkantonalen Rechts 13   453

I. Bisheriges Recht und Entstehungsgeschichte

1 Altes Recht: Art. 63 Abs. 1 und 114 Abs. 1 OG.

Entwurf der Expertenkommission: Art. 101.

Entwurf des Bundesrates: Art. 100 (BBl 2001 4344).

Ständerat: unverändert angenommen (Amtl. Bull. S vom 23.9.2003 S. 911).

Nationalrat: Zustimmung zum Beschluss des Ständerates (Amtl. Bull. N vom 5.10.2004 S. 1613).

II. Kommentar

1. Iura novit curia (Abs. 1)

1.1 Rechtsermittlung

Das in Abs. 1 verankerte Prinzip *iura novit curia* besagt zunächst, dass das Bundesgericht in den Schranken der zulässigen Beschwerdegründe (Art. 95 ff. BGG) von Amtes wegen die massgebenden Rechtsnormen zu ermitteln hat. Das Bundesgericht kann gestützt darauf alle Rechtsnormen heranziehen, die es als massgebend erachtet.

Diese Ermittlungspflicht bezüglich des anzuwendenden Rechts ist nicht nur auf das schweizerische Recht beschränkt. Sie gilt mit Einschränkungen kraft ausdrücklicher Verankerung in Art. 16 IPRG auch hinsichtlich **ausländischen Rechts** (s. auch Art. 96 BGG). Allerdings kann das Bundesgericht, wie im Übrigen die Vorinstanzen, die Parteien zur Mitwirkung anhalten (Art. 16 Abs. 1 IPRG). Aus dem Umstand, dass in rein vermögensrechtlichen Sachen die Rüge des unrichtig angewendeten ausländischen Rechts nicht zulässig ist (Art. 96 lit. b BGG), kann gefolgert werden, dass das Bundesgericht in solchen Fällen das ausländische Recht weder selber ermittelt noch von den Parteien ermitteln lässt.

1.2 Rechtsanwendung

Von grösserer Tragweite als die Ermittlungspflicht ist indes der ebenfalls auf dem Grundsatz *iura novit curia* fussende Aspekt, das ermittelte Recht von Amtes wegen anzuwenden. Das Bundesgericht kann dabei die als massgebend ermittelten Rechtsnormen so **auslegen**, wie es dies für richtig hält. Die Rechtsauffassungen der Parteien sind für das Bundesgericht nicht bindend, wie auch die Parteien ihrerseits frei sind, ihre rechtliche Argumentation vor Bundesgericht zu ändern.

Das Bundesgericht findet das Recht in dem ihm obliegenden Entscheidungsprozess unabhängig davon, ob die Parteien daran mitwirken oder nicht. Vor diesem Hintergrund scheidet eine Verletzung des rechtlichen Gehörs schlechthin aus, wenn das Bundesgericht den Sachverhalt rechtlich anders subsumiert, als die Vorinstanz oder die Parteien dies getan haben.

Die Rechtsanwendung und Rechtsermittlung durch das Bundesgericht wird durch die Rechtsbegehren der beschwerdeführenden Partei begrenzt. Ausserhalb des durch die Beschwerde bestimmten Streitgegenstandes kann das Bundesgericht nach dem Grundsatz *ne eat iudex ultra petita* keine Gesichtspunkte aufgreifen und regeln.

1.3 Keine Pflicht zur Anwendung ausländischen Rechts in vermögensrechtlichen Angelegenheiten

7 Die Pflicht zur Anwendung ausländischen Rechts gilt nicht für rein **vermögensrechtliche Angelegenheiten** (Art. 96 lit. b BGG *a fortiori*).

2. *Einschränkungen (Abs. 2)*

8 Das in Abs. 2 verankerte **Rügeprinzip** schränkt den Grundsatz der Rechtsermittlung und Rechtsanwendung von Amtes wegen ein. Demnach prüft das Bundesgericht gewisse Rechtsverletzungen nur dann, wenn sie von der beschwerdeführenden Partei gerügt und substantiiert wurden. Mangelt es an der hinreichenden Darlegung der behaupteten Verletzung, tritt das Bundesgericht nicht auf die Beschwerde ein (BGE 131 I 1, 5 E. 3.3).

2.1 bei Geltendmachung der Verletzung von Grundrechten

9 Das Rügeprinzip gilt für die Geltendmachung einer Verletzung von **Grundrechten**, und zwar unabhängig davon, ob diese in der Bundesverfassung (Art. 7 ff. BV), einem völkerrechtlichen Vertrag (z.B. EMRK, UNO Pakt II [SR 0.103.2]) oder einer Kantonsverfassung gewährleistet seien. Die Grundrechte der Bundesverfassung ergeben sich aus Art. 7–33 BV, mit Einschluss des Diskriminierungsverbots (Art. 8 Abs. 2 sowie Abs. 3 Satz 1 und 3 BV; BGE 129 I 217, 220 f.) und der verfahrensrechtlichen Garantien (Art. 29 und 30 BV), namentlich der Anspruch auf rechtliches Gehör (Art. 29 Abs. 2 BV), aber mit Ausschluss von verfassungsmässigen Zielbestimmungen (z.B. Art. 8 Abs. 3 Satz 2 sowie Abs. 4 BV). Es ist indessen fraglich, ob der Gesetzgeber wirklich beabsichtigte, das Rügeprinzip nur für die Verletzung von Grundrechten (als Teilmenge der verfassungsmässigen Rechte), nicht aber für die Geltendmachung der Verletzung von anderen verfassungsmässigen Rechten einführen wollte. Das Bundesgericht wird sich zweifellos zu dieser Frage äussern. Keine Frage des Rügeprinzips ist die Beschränkung der Beschwerdegründe auf die Verletzung verfassungsmässiger Rechte (Art. 98 BGG [Beschwerde gegen Entscheide über vorsorgliche Massnahmen] und Art. 116 BGG [subsidiäre Verfassungsbeschwerde]).

10 In Anlehnung an die bisherige Praxis zur staatsrechtlichen Beschwerde, die Art. 106 Abs. 2 BGG zugrunde liegt, muss die Beschwerde die wesentlichen Tatsachen und eine **kurz gefasste Darlegung** darüber enthalten, welche verfassungsmässigen Rechte bzw. welche Rechtssätze und inwiefern sie durch den angefochtenen Entscheid verletzt worden sind. Das Bundesgericht prüft nur klar und **detailliert erhobene Rügen** (BGE 127 I 38, 43 E. 3c m.H.). Die Begründung

der Beschwerde muss sodann in der Beschwerdeschrift selbst enthalten sein; die Verweisung auf Rechtsschriften in anderen Verfahren ist unbeachtlich (BGE 115 Ia 27, 30 E. 4a; 129 I 113, 120 E. 2.1). Der Beschwerdeführer muss darlegen, welche verfassungsmässigen Rechte inwiefern durch den angefochtenen Entscheid verletzt worden seien. Auf ungenügend begründete Rügen und rein appellatorische Kritik am angefochtenen Entscheid tritt das Bundesgericht nicht ein (BGE 125 I 492, 495 E. 1b m.H.). Es genügt namentlich nicht, wenn der Beschwerdeführer mit pauschalen Vorbringen behauptet, der Entscheid der Vorinstanz sei willkürlich. Er hat vielmehr im Einzelnen zu zeigen, inwiefern das Urteil offensichtlich unhaltbar sei, mit der tatsächlichen Situation in krassem und offensichtlichem Widerspruch stehe, eine Norm oder einen unumstrittenen Rechtsgrundsatz krass verletze oder in stossender Weise dem Gerechtigkeitsgedanken zuwiderlaufe. Selbst wenn das Bundesgericht nicht an die Beschwerdebegründung gebunden ist, darf es nicht von Amtes wegen einschreiten, wenn sich ein angefochtener Hoheitsakt aus einer anderen Grundrechtsverletzung als verfassungswidrig erweist als derjenigen, die der Beschwerdeführer gerügt hat (BGE 131 I 377, 385 E. 4.3).

Die durch das Rügeprinzip bedingte Einschränkung des Grundsatzes *iura novit curia* wird hinsichtlich der Grundrechtsverletzungen damit begründet, dass Grundrechte subjektive Rechte vermittelten, weshalb es Sache der betroffenen Partei sei, die Verletzung geltend zu machen oder darauf zu verzichten (Botschaft BBl. 2001 4344). 11

Das Rügeprinzip schliesst indessen nicht aus, dass das Bundesgericht die festgestellte Verfassungsverletzung im Rahmen der Urteilsbegründung zum Ausdruck bringt. So wird dem betroffenen Kanton die Möglichkeit gegeben, den rechtswidrigen Zustand zu beheben, bevor dieser erneut Gegenstand einer – dannzumal allenfalls einschlägig begründeten – Beschwerde bildet (BGE 131 I 377, 385 E. 4.3). 12

2.2 Bei Geltendmachung der Verletzung kantonalen oder interkantonalen Rechts

Das Rügeprinzip gilt im Rahmen der zulässigen Beschwerdegründe (Art. 95 lit. c–e BGG) auch für die Geltendmachung der Verletzung kantonalen oder interkantonalen Rechts. Schon unter dem alten Recht erachtete es der Gesetzgeber nicht als Aufgabe des Bundesgerichts, nach Bestimmungen des kantonalen oder interkantonalen Rechts zu suchen, die durch den angefochtenen Hoheitsakt allenfalls verletzt sein könnten. 13

Art. 107

Entscheid

¹ Das Bundesgericht darf nicht über die Begehren der Parteien hinausgehen.

² Heisst das Bundesgericht die Beschwerde gut, so entscheidet es in der Sache selbst oder weist diese zu neuer Beurteilung an die Vorinstanz zurück. Es kann die Sache auch an die Behörde zurückweisen, die als erste Instanz entschieden hat.

³ Erachtet das Bundesgericht eine Beschwerde auf dem Gebiet der internationalen Rechtshilfe in Strafsachen als unzulässig, so fällt es den Nichteintretensentscheid innert 15 Tagen seit Abschluss eines allfälligen Schriftenwechsels.

Arrêt

¹ Le Tribunal fédéral ne peut aller au-delà des conclusions des parties.

² Si le Tribunal fédéral admet le recours, il statue lui-même sur le fond ou renvoie l'affaire à l'autorité précédente pour qu'elle prenne une nouvelle décision. Il peut également renvoyer l'affaire à l'autorité qui a statué en première instance.

³ Si le Tribunal fédéral considère qu'un recours en matière d'entraide pénale internationale est irrecevable, il rend une décision de non entrée en matière dans les 15 jours qui suivent la fin d'un éventuel échange d'écritures.

Sentenza

¹ Il Tribunale federale non può andare oltre le conclusioni delle parti.

² Se accoglie il ricorso, giudica esso stesso nel merito o rinvia la causa all'autorità inferiore affinché pronunci una nuova decisione. Può anche rinviare la causa all'autorità che ha deciso in prima istanza.

³ Se ritiene inammissibile un ricorso interposto nel campo dell'assistenza giudiziaria internazionale in materia penale, il Tribunale federale prende la decisione di non di entrare nel merito entro 15 giorni dalla chiusura di un eventuale scambio di scritti.

Inhaltsübersicht   Note   Seite

I. Bisheriges Recht und Entstehungsgeschichte 1   454
II. Kommentar 2   455
   1. Ne eat iudex ultra petita 2   455
   2. Reformatorische und kassatorische Entscheide (Abs. 2) 8   456
   3. Spezialfall internationale Rechtshilfe in Strafsachen 15   457

I. Bisheriges Recht und Entstehungsgeschichte

1 Altes Recht: Art. 63, 114 und 132 OG.

Entwurf der Expertenkommission: Art. 102.

Entwurf des Bundesrates: Art. 101 (BBl 2001 4345).
Ständerat: unverändert angenommen (Amtl. Bull. S vom 23.9.2003 S. 911).
Nationalrat: Zustimmung zum Beschluss des Ständerates (Amtl. Bull. N vom 5.10.2004 S. 1613).
Neuer Antrag des Bundesrates: schlägt den letztlich angenommenen Abs. 3 vor.
Ständerat: stimmt dem neuen Antrag des Bundesrates zu (Amtl. Bull. S vom 8.3.2005 S. 138).
Nationalrat: Zustimmung zum Beschluss des Ständerates (Amtl. Bull. N vom 6.6.2005 S. 648).

II. Kommentar

1. Ne eat iudex ultra petita

Die Rechtsanwendung und Rechtsermittlung durch das Bundesgericht wird durch die Rechtsbegehren der beschwerdeführenden Parteien begrenzt. Ausserhalb des durch die Beschwerde bestimmten Streitgegenstandes kann das Bundesgericht nach dem Grundsatz *ne eat iudex ultra petita* keine Gesichtspunkte aufgreifen und regeln. Innerhalb dieses Spielraums ist es demgegenüber frei, das Recht zu ermitteln und anzuwenden (*iura novit curia*; s. Art. 106 BGG N 1 ff.). 2

Im Gegensatz zum bisherigen Recht (in abgaberechtlichen Angelegenheiten [Art. 114 OG] und im Sozialversicherungsrecht [Art. 132 lit. c OG]) kennt das BGG keine Ausnahmen mehr, die das Bundesgericht ermächtigen, zu Ungunsten des Beschwerdeführers zu entscheiden. Eine solche Regel ist heute nicht mehr zeitgemäss. Immerhin kann ein Bundesgesetz das Bundesgericht zu freiem Entscheid ermächtigen – unabhängig von den Parteibegehren. 3

Verletzt das Bundesgericht den Grundsatz *ne ultra petita*, kann das Rechtsmittel der Revision ergriffen werden (Art. 121 Abs. 1 lit. b BGG). 4

Keine Verletzung des Grundsatzes *ne ultra petita* liegt vor, wenn das Bundesgericht einer obsiegenden Partei eine Parteientschädigung zuspricht, obwohl diese keinen diesbezüglichen formellen Antrag gestellt hat (BGE 111 Ia 154, 158 E. 5), weil das Bundesgericht von Amtes wegen über die Kostenauflage und Parteientschädigungen zu entscheiden hat (Art. 65 ff. BGG). 5

Ebenso wenig verletzt das Bundesgericht Art. 107 BGG, wenn es in Anwendung des Grundsatzes *iura novit curia* ein Rechtsbegehren auf einer anderen Rechtsgrundlage zuspricht, als dies die begehrende Partei oder die Vorinstanz getan haben (BGE 120 II 172, 175 E. 3a). 6

7 Demgegenüber wäre eine Verletzung des Grundsatzes *ne ultra petita* anzunehmen, wenn das Bundesgericht etwa nicht nur eine negative Feststellungsklage abweist, sondern den Kläger auch noch verurteilt, seine Schulden zu bezahlen, obwohl der Beklagte kein diesbezügliches Begehren gestellt hat (so geschehen in einem Schiedsurteil; s. BGE 120 II 172, 175 E. 3a m.H. auf eine nicht publizierte E. 2b von BGE 118 II 193). Zulässig wäre lediglich die Feststellung des Bestandes der Schuld (BGE 120 II 172, 175 E. 3a).

2. Reformatorische und kassatorische Entscheide (Abs. 2)

8 Sind sämtliche Prozessvoraussetzungen erfüllt, fällt das Bundesgericht ein Sachurteil. Abs. 2 beschränkt die möglichen Typen von Entscheiden nicht. Das Bundesgericht kann also nicht nur einen reformatorischen oder kassatorischen Entscheid treffen, sondern sein Dispositiv auch mit gewissen Anweisungen oder Feststellungen versehen. Es obliegt dem Bundesgericht, im Rahmen der Rechtsbegehren jenen Entscheidtyp zu wählen, welcher der verletzten Rechtsnorm am besten zum Durchbruch verhilft.

9 Heisst das Bundesgericht eine Beschwerde ganz oder teilweise gut, hebt es den vorinstanzlichen Entscheid insoweit auf und entscheidet entweder in der Sache selbst neu (**reformatorisches Urteil**) oder aber weist die Angelegenheit zur Neubeurteilung an die Vorinstanz zurück (**kassatorisches Urteil**). Ein reformatorisches oder bestätigendes Urteil ersetzt im Umfang des Streitgegenstandes den Entscheid der Vorinstanz. Obwohl das Gesetz die Regeln von Art. 66 OG und Art. 277ter Abs. 2 BStP nicht ausdrücklich übernimmt, steht fest, dass die Vorinstanz bei ihrem neuen Entscheid an die rechtliche Beurteilung des Bundesgerichts, die der Rückweisung zugrunde liegt, gebunden ist.

10 In der Regel wird das Bundesgericht kassatorisch entscheiden, wenn dies von der beschwerdeführenden Partei beantragt worden ist; immerhin kann ein reformatorisches Urteil ein zulässiges Minus gegenüber einer vollständigen Aufhebung sein. Als Regel dürfte das Bundesgericht auch dann kassatorisch entscheiden, wenn eine abschliessende Beurteilung der Sache wegen unvollständiger Feststellung des Sachverhalts ausgeschlossen ist. Kassatorisch zu entscheiden sind fälschlicherweise ergangene Nichteintretensentscheide, wenn die Vorinstanz noch gar keine materiellen Erwägungen angestellt hat. Ist die Vorinstanz zwar zu Unrecht nicht eingetreten, hat sie aber eine materielle Eventualbegründung vorgenommen, kann das Bundesgericht auch einen Sachentscheid fällen. Ferner wird ein Entscheid kassiert, wenn die Vorinstanz ausländisches Recht fälschlicherweise gar nicht angewendet hat (BGE 121 III 246, 248 E. 3d; s. auch Art. 96 BGG).

11 Sodann erweitert Absatz 2 keinesfalls die Entscheidkompetenz des Bundesgerichts im Verfahren der **abstrakten Normenkontrolle** kantonaler Erlasse: Soweit

das Bundesgericht dem kantonalen Gesetzgeber einen verfassungsmässig garantierten Gestaltungsspielraum zuzubilligen hat, darf es sein eigenes Ermessen nicht darüber stellen und dem Kanton eine neue Regelung diktieren, sonst würde das Prinzip der Gewaltenteilung verletzt (vgl. BGE 118 Ia 64, 69).

Bei der **Strafrechtspflege** bringt Abs. 2 eine Neuerung, denn nach dem bisherigen Recht (Art. 277ter BStP) führte eine gutgeheissene Nichtigkeitsbeschwerde immer zur Aufhebung des angefochtenen Entscheids und zu Rückweisung an die Vorinstanz. Nach Abs. 2 kann das Bundesgericht bei Spruchreife selber einen reformatorischen Entscheid treffen und die Angelegenheit derart zum endgültigen Abschluss bringen. 12

In der Praxis zur staatsrechtlichen Beschwerde hat das Bundesgericht mit Blick auf die Durchsetzung der verletzten Rechtsnorm die Urteilsdispositive zuweilen mit **Anweisungen** oder Feststellungen versehen (z.b. die Anweisung, dem Beschwerdeführer vor den kantonalen Instanzen die unentgeltliche Rechtspflege zu gewähren [BGE 115 Ia 103]). Derartige Anweisungen sind auch unter dem BGG zulässig. 13

Abs. 2 sieht schliesslich die Möglichkeit vor, die Sache sogar an die Behörde zurückzuweisen, die als **erste Instanz** entschieden hat. Von dieser Möglichkeit wurde bisher namentlich in Sozialversicherungssachen Gebrauch gemacht, wenn die Sachnähe für die Fortsetzung des Verfahrens von besonderer Bedeutung ist. 14

3. Spezialfall internationale Rechtshilfe in Strafsachen

Erachtet das Bundesgericht eine Beschwerde auf dem Gebiet der internationalen Rechtshilfe in Strafsachen als unzulässig, hat es gemäss Abs. 3 den Nichteintretensentscheid innert 15 Tagen seit Abschluss eines allfälligen Schriftenwechsels zu fällen. Es handelt sich um eine **Ordnungsfrist**, so dass die Nichteinhaltung keine Konsequenzen zeitigt. 15

6. Abschnitt: Vereinfachtes Verfahren

Art. 108

Einzelrichter oder Einzelrichterin	**¹ Der Präsident oder die Präsidentin der Abteilung entscheidet im vereinfachten Verfahren über:** a. **Nichteintreten auf offensichtlich unzulässige Beschwerden;** b. **Nichteintreten auf Beschwerden, die offensichtlich keine hinreichende Begründung (Art. 42 Abs. 2) enthalten;** c. **Nichteintreten auf querulatorische oder rechtmissbräuchliche Beschwerden.** **² Er oder sie kann einen anderen Richter oder eine andere Richterin damit betrauen.** **³ Die Begründung des Entscheids beschränkt sich auf eine kurze Angabe des Unzulässigkeitsgrundes.**
Juge unique	¹ Le président de la cour décide en procédure simplifiée de ne pas entrer en matière: a. sur les recours manifestement irrecevables; b. sur les recours dont la motivation est manifestement insuffisante (art. 42, al. 2); c. sur les recours procéduriers ou abusifs. ² Le président de la cour peut confier cette tâche à un autre juge. ³ L'arrêt est motivé par une brève indication de la cause de l'irrecevabilité.
Giudice unico	¹ Il presidente della corte decide in procedura semplificata circa: a. la non entrata nel merito su ricorsi manifestamente inammissibili; b. la non entrata nel merito su ricorsi manifestamente non motivati in modo sufficiente (art. 42 cpv. 2); c. la non entrata nel merito su ricorsi querulomani o abusivi. ² Può delegare questo compito a un altro giudice. ³ La motivazione della decisione si limita a una breve indicazione del motivo d'inammissibilità.

Inhaltsübersicht   Note   Seite

I.	Bisheriges Recht und Entstehungsgeschichte (zusammen mit Art. 109)	1	459
II.	Kommentar	8	460
	1. Anwendungsbereich	8	460
	2. Anwendungsfälle	11	460
	3. Zuständigkeit	16	461
	4. Inhalt des vereinfachten Verfahrens	17	461

I. Bisheriges Recht und Entstehungsgeschichte (zusammen mit Art. 109)

Altes Recht: Ein einzelrichterliches Verfahren war im bisherigen Recht unbekannt. Art. 36a OG sah bei offensichtlich unzulässigen, begründeten oder unbegründeten Eingaben ein vereinfachtes Verfahren in der Besetzung mit drei Richtern vor, welches darin bestand, dass der Entscheid summarisch begründet wurde und auf die Ausführungen im angefochtenen Entscheid oder in der Vernehmlassung einer beteiligten Partei oder Behörde verwiesen werden konnte. Zudem waren nach Art. 36a Abs. 2 OG querulatorische oder rechtsmissbräuchliche Eingaben unzulässig. 1

Die Expertenkommission schlug als Entlastungsmassnahme für das Bundesgericht ein Vorprüfungsverfahren vor. 2

Der Entwurf des Bundesrates erachtete dieses Vorprüfungsverfahren als verfassungswidrig und schlug in Art. 102 E-BGG in Anlehnung an Art. 36a OG ein vereinfachtes Verfahren vor für das Nichteintreten auf offensichtlich unzulässige Beschwerden oder auf Beschwerden ohne hinreichende Begründung oder auf Beschwerden, bei denen sich keine Rechtsfrage von grundsätzlicher Bedeutung stellt, obwohl die Beschwerde nur unter dieser Bedingung zulässig ist, ferner für die Abweisung offensichtlich unbegründeter oder die Gutheissung offensichtlich begründeter Beschwerden. Dabei sollte das Bundesgericht auf einen Schriftenwechsel verzichten können (Abs. 2) und zwecks Entlastung in Zweierbesetzung entscheiden können (Abs. 3); der Entscheid sollte summarisch begründet werden (Abs. 4) (BBl 2001 4231–4233, 4346–4348). 3

Der Ständerat erweiterte den Anwendungsbereich des vereinfachten Verfahrens, beschloss jedoch mit Stichentscheid des Präsidenten anstatt der Zweier- eine Dreierbesetzung (Amtl. Bull. S vom 23.9.2003 S. 911). 4

Die Arbeitsgruppe Bundesgericht übernahm grundsätzlich das Verfahren in Dreierbesetzung (heutiger Art. 109 BGG), ergänzte es aber durch ein einzelrichterliches Verfahren für bestimmte offenkundige Fälle (heutiger Art. 108 BGG). 5

Der Nationalrat schloss sich diskussionslos diesen Vorschlägen an (Amtl. Bull. N vom 5.10.2004 S. 1613). 6

In der Differenzbereinigung erweiterte der Ständerat den Anwendungsbereich des vereinfachten Dreierverfahrens (Amtl. Bull. S vom 8.3.2005 S. 138). Der Nationalrat schloss sich dem an (Amtl. Bull. N vom 6.6.2005 S. 648). 7

II. Kommentar

1. Anwendungsbereich

8 Art. 108 BGG enthält neu eine **einzelrichterliche Kompetenz** für instanzabschliessende Endentscheide, nachdem bisher bloss verfahrensleitende Verfügungen einzelrichterlich ergehen konnten. Diese einzelrichterliche Kompetenz gilt gleich wie das vereinfachte Verfahren nach Art. 109 BGG unabhängig davon, ob normalerweise eine Dreier- oder eine Fünferbesetzung erforderlich wäre (Art. 20 BGG N 9).

9 Nach Systematik und Wortlaut gilt Art. 108 nur für **Beschwerden**, mit Einschluss der subsidiären Verfassungsbeschwerde (vgl. Art. 117 BGG), nicht aber für Klagen (Art. 120; anders diesbezüglich Art. 36a Abs. 1 lit. a OG) sowie Revisions-, Erläuterungs- und Berichtigungsgesuche (Art. 121 ff. und Art. 129 BGG).

10 Für **weitere Einzelrichterentscheide** s. Art. 32 Abs. 2 und Art. 64 Abs. 3 Satz 3 BGG.

2. Anwendungsfälle

11 Das einzelrichterliche Verfahren gilt nur für **Nichteintretensentscheide**. Auch die dazu konnexe Überweisung an eine andere Behörde (Art. 30 Abs. 2 BGG) kann darunter mit erfasst werden.

12 Die Beschwerde ist **offensichtlich unzulässig** (lit. a), wenn klarerweise das Bundesgericht nicht zuständig (Art. 30 BGG) oder die Beschwerde verspätet (Art. 100 und 101 BGG) ist, wenn der Kostenvorschuss offensichtlich auch innert Nachfrist nicht bezahlt wird (Art. 62 Abs. 3 BGG) oder wenn trotz Nachfrist die fehlende Unterschrift nicht angebracht oder eine unleserliche, ungebührliche, unverständliche, übermässig weitschweifige oder nicht in einer Amtssprache abgefasste Beschwerde nicht korrigiert wird (Art. 42 Abs. 5 und 6 BGG). Auch Unzulässigkeit infolge fehlender Anfechtbarkeit (Art. 90–93 BGG) oder Legitimation führt zu einem Nichteintreten, wobei hier allerdings oft die Unzulässigkeit nicht offensichtlich ist.

13 Ist die ordentliche Beschwerde unzulässig (Art. 73, 74, 79, 83–85 BGG), so ist, sofern die **subsidiäre Verfassungsbeschwerde** zulässig ist, die Eingabe als solche an die Hand zu nehmen. Ist auch die subsidiäre Verfassungsbeschwerde unzulässig, so kann ein einzelrichterlicher Nichteintretensentscheid ergehen, wenn die Unzulässigkeit offensichtlich ist.

14 Zur **offensichtlich fehlenden Begründung** (lit. b) s. Art. 42 BGG N 4 f.. Ist die Begründung zwar vorhanden, aber offensichtlich falsch, so erfolgt kein Nichtein-

tretensentscheid, aber allenfalls eine Abweisung im vereinfachten Verfahren nach Art. 109 Abs. 2 lit. a BGG.

Zur querulatorischen oder rechtsmissbräuchlichen Beschwerde (lit. c) s. Art. 42 Abs. 7 BGG.

15

3. Zuständigkeit

Zuständig für den einzelrichterlichen Nichteintretensentscheid ist gemäss Abs. 1 der Abteilungspräsident bzw. sein Stellvertreter (Art. 19 BGG) oder gemäss Abs. 2 der von ihm bezeichnete Instruktionsrichter (Art. 32 BGG) oder ein anderes Gerichtsmitglied.

16

4. Inhalt des vereinfachten Verfahrens

Das vereinfachte Verfahren besteht einerseits darin, dass sich die **Begründung** auf eine kurze Angabe des Unzulässigkeitsgrunds beschränkt (Abs. 3). Sodann kann auch auf einen Schriftenwechsel verzichtet werden, was zwar in Art. 108 BGG im Gegensatz zum Entwurf (vorne N 3) nicht ausdrücklich steht, sich aber aus Art. 102 BGG ergibt, indem ein **Schriftenwechsel** nur «soweit erforderlich» durchgeführt wird. Ist die Unzulässigkeit offensichtlich, ist es überflüssig, Gegenparteien oder weitere Beteiligte zur Vernehmlassung einzuladen (vgl. Art. 102 BGG N 8).

17

Art. 109

Dreierbesetzung

¹ Die Abteilungen entscheiden in Dreierbesetzung über Nichteintreten auf Beschwerden, bei denen sich keine Rechtsfrage von grundsätzlicher Bedeutung stellt oder kein besonders bedeutender Fall vorliegt, wenn die Beschwerde nur unter einer dieser Bedingungen zulässig ist (Art. 74 und 83–85). Artikel 58 Absatz 1 Buchstabe b findet keine Anwendung.

² Sie entscheiden ebenfalls in Dreierbesetzung bei Einstimmigkeit über:
a. Abweisung offensichtlich unbegründeter Beschwerden;
b. Gutheissung offensichtlich begründeter Beschwerden, insbesondere wenn der angefochtene Akt von der Rechtsprechung des Bundesgerichts abweicht und kein Anlass besteht, diese zu überprüfen.

³ Der Entscheid wird summarisch begründet. Es kann ganz oder teilweise auf den angefochtenen Entscheid verwiesen werden.

Cours statuant à trois juges

¹ Le refus d'entrer en matière sur les recours qui ne soulèvent pas de question juridique de principe ni ne portent sur un cas particulièrement important alors qu'ils ne sont recevables qu'à cette condition (art. 74 et 83 à 85) est prononcé par la cour statuant à trois juges. L'art. 58, al. 1, let. b, n'est pas applicable.

² La cour décide dans la même composition et à l'unanimité:
a. de rejeter un recours manifestement infondé;
b. d'admettre un recours manifestement fondé, en particulier si l'acte attaqué s'écarte de la jurisprudence du Tribunal fédéral et qu'il n'y a pas de raison de la réexaminer.

³ L'arrêt est motivé sommairement. Il peut renvoyer partiellement ou entièrement à la décision attaquée.

Corti trimembri

¹ Le corti giudicano nella composizione di tre giudici circa la non entrata nel merito su ricorsi che non sollevano una questione di diritto di importanza fondamentale o non riguardano un caso particolarmente importante, se il ricorso è ammissibile soltanto a una condizione siffatta (art. 74 e 83–85). L'articolo 58 capoverso 1 lettera b non è applicabile.

² Le corti decidono nella stessa composizione, con voto unanime, su:
a. la reiezione di ricorsi manifestamente infondati;
b. l'accoglimento di ricorsi manifestamente fondati, segnatamente se l'atto impugnato diverge dalla giurisprudenza del Tribunale federale e non vi è motivo di riesaminare tale giurisprudenza.

³ La decisione è motivata sommariamente. Può rimandare in tutto od in parte alla decisione impugnata.

Inhaltsübersicht

	Note	Seite
I. Bisheriges Recht und Entstehungsgeschichte	1	463
II. Kommentar	2	463
1. Anwendungsbereich	2	463
2. Anwendungsfälle	3	463
2.1 Nichteintreten (Abs. 1)	3	463
2.2 Materielle Beurteilung in offensichtlichen Fällen (Abs. 2)	7	464
3. Inhalt des vereinfachten Verfahrens (Abs. 3)	14	465

I. Bisheriges Recht und Entstehungsgeschichte

S. zu Art. 108 BGG.

II. Kommentar

1. Anwendungsbereich

Art. 109 BGG regelt die zweite Variante des vereinfachten Verfahrens. Sein Anwendungsbereich stimmt mit demjenigen von Art. 108 BGG überein, s. Art. 108 BGG N 8 f. Es ist also auch zulässig für **Beschwerdeentscheide**, die ordentlicherweise in einer Fünferbesetzung ergehen (Art. 20 BGG N 9), nicht jedoch für Klagen, Revisions-, Erläuterungs- und Berichtigungsgesuche.

2. Anwendungsfälle

2.1 Nichteintreten (Abs. 1)

In gewissen Fällen ist die Beschwerde nur zulässig, wenn sich eine **Rechtsfrage von grundsätzlicher Bedeutung** stellt (Art. 74 Abs. 2 lit. a; Art. 83 lit. f Ziff. 2; Art. 85 Abs. 2 BGG) oder wenn ein **besonders bedeutender Fall** vorliegt (Art. 84 BGG). In solchen Fällen sind diese Erfordernisse, die in der Beschwerde dargelegt werden müssen (Art. 42 Abs. 2 BGG), Zulässigkeitsvoraussetzungen für die Beschwerde, ihr Fehlen führt demnach zu einem Nichteintretensentscheid. Es handelt sich dabei um eine Art Vorprüfungsverfahren (KARLEN, S. 61).

Der Nichteintretensentscheid aus diesem Grund ergeht **immer im vereinfachten Verfahren**, nicht bloss dann, wenn das Fehlen der grundsätzlichen oder besonderen Bedeutung offensichtlich ist. Ist es offensichtlich, kann der Nichteintretensentscheid einzelrichterlich ergehen (Art. 108 Abs. 1 lit. a BGG). Aus dem letzten Satz von Abs. 1 geht hervor, dass der Nichteintretensentscheid im vereinfachten

Verfahren (anders als die materiellen Beurteilungen nach Abs. 2) nicht nur bei Einstimmigkeit zulässig ist.

5 Das vereinfachte Verfahren nach Art. 109 BGG gilt hingegen nicht für **Nichteintretensentscheide aus anderen Gründen**. Entweder ergeht der Nichteintretensentscheid wegen offensichtlicher Unzulässigkeit im einzelrichterlichen Verfahren (Art. 108 Abs. 1 lit. a BGG) oder dann im ordentlichen Verfahren.

6 Stammt in den Fällen von Abs. 1 der angefochtene Entscheid von einer kantonalen Vorinstanz, so ist grundsätzlich die **subsidiäre Verfassungsbeschwerde** zulässig. Ist diese auch materiell offensichtlich begründet oder unbegründet, so ergeht auch dieser Entscheid im vereinfachten Verfahren (Abs. 2), andernfalls kann zwar wohl der Nichteintretensentscheid für die Einheitsbeschwerde im vereinfachten Verfahren ergehen (d.h. namentlich mit summarischer Begründung, Abs. 3), nicht aber der materielle Entscheid über die Verfassungsbeschwerde.

2.2 Materielle Beurteilung in offensichtlichen Fällen (Abs. 2)

7 Anders als bei den Nichteintretensentscheiden gemäss Abs. 1 ist bei der materiellen Beurteilung für die Anwendung des vereinfachten Verfahrens **Einstimmigkeit** erforderlich.

8 **Offensichtlich unbegründet** (lit. a) ist eine Beschwerde, wenn ihr schon aufgrund einer summarischen, aber genauen Prüfung keinerlei Erfolgschancen eingeräumt werden können (POUDRET, N 3 S. 302 zu Art. 36a). Dies setzt eine klare Sach- und Rechtslage voraus; bestehen Zweifel, so ist die Beschwerde nicht offensichtlich unbegründet (Urteil I 622/01 vom 30.10.2002, E. 2.3).

9 Offensichtlich unbegründet ist eine Beschwerde nicht erst dann, wenn sie einem klaren Gesetzessinn widerspricht, sondern auch dann, wenn sie allein aufgrund des Gesetzestexts allenfalls vertretbar wäre, aber einer ständigen **Gerichtspraxis** widerspricht, oder wenn der gleiche Beschwerdeführer, nachdem eine frühere Beschwerde abgewiesen worden ist, in einem vergleichbaren Sachverhalt wieder eine gleiche Beschwerde einreicht.

10 In Bezug auf die **Sachlage** ist die Kognitionseinschränkung des Bundesgerichts (Art. 97 BGG) zu beachten. Eine Beschwerde, die bei einer freien appellatorischen Überprüfung allenfalls Erfolgschancen haben könnte, kann trotzdem beim Bundesgericht offensichtlich unbegründet sein, weil die vorinstanzliche Sachverhaltsfeststellung klarerweise nicht offensichtlich unrichtig ist.

11 Ist eine Beschwerde offensichtlich unbegründet, so ist sie damit in aller Regel zugleich auch **aussichtslos** im Sinne von Art. 64 Abs. 1 BGG.

Nach bisheriger Rechtsprechung wurden auch **missbräuchliche Beschwerden** im Verfahren nach Art. 36a OG erledigt (Art. 36a Abs. 2 OG). Neu führt solches Vorgehen zu einzelrichterlichem Nichteintreten (Art. 108 Abs. 1 lit. c BGG). 12

Offensichtlich begründete Beschwerden kommen insbesondere vor, wenn die Vorinstanz ohne triftige Begründung von einer feststehenden Praxis des Bundesgerichts abgewichen ist. 13

3. Inhalt des vereinfachten Verfahrens (Abs. 3)

Anders als bei der einzelrichterlichen Zuständigkeit nach Art. 108 BGG stimmt im Falle von Art. 109 BGG die Zusammensetzung des Spruchkörpers in der Regel mit der ordentlichen Besetzung überein, nachdem die ursprünglich vorgesehene Zweierbesetzung für das vereinfachte Verfahren von der Bundesversammlung nicht übernommen wurde. Der Unterschied zum ordentlichen Verfahren liegt also nur in der **Art der Erledigung**. 14

Vereinfacht ist das Verfahren insbesondere, indem die **Begründung** summarisch ist. Die ausdrücklich erwähnte Verweisung auf den angefochtenen Entscheid kommt nur in Frage bei der Abweisung offensichtlich unbegründeter Beschwerden (Abs. 2 lit. a). Bei den Nichteintretensentscheiden (Abs. 1) ist summarisch zu begründen, weshalb keine grundsätzliche oder grosse Bedeutung vorliegt. Bei der Gutheissung offensichtlich begründeter Beschwerden (Abs. 2 lit. b) ist eine vom vorinstanzlichen Entscheid abweichende Begründung erforderlich; diese kann aber im blossen Verweis auf die Rechtsprechung des Bundesgerichts bestehen. 15

Die in Art. 36a Abs. 3 OG vorgesehene Möglichkeit, auf die **Vernehmlassung** einer beteiligten Partei zu verweisen, ist im BGG nicht mehr ausdrücklich enthalten, aber weiterhin zulässig (KOLLER, S. 79).

Eine Vereinfachung besteht auch darin, dass auf einen **Schriftenwechsel** verzichtet werden kann (Art. 102 Abs. 1 BGG; vgl. Art. 108 BGG N 17). Im Lichte des Anspruchs auf rechtliches Gehör ist dies allerdings kaum denkbar bei der Gutheissung von Beschwerden (Abs. 2 lit. b). 16

Schliesslich erfolgt im vereinfachten Verfahren in der Regel **keine mündliche Beratung**. Bei der materiellen Erledigung ergibt sich dies automatisch, weil hier Einstimmigkeit vorausgesetzt ist, was in der Regel eine mündliche Beratung ausschliesst. Es gilt in den Fällen von Abs. 1 aufgrund von dessen Satz 2 i.V.m. Art. 58 Abs. 1 lit. b BGG aber auch bei fehlender Einstimmigkeit. Möglich ist in allen Fällen eine mündliche Beratung gemäss Art. 58 Abs. 1 lit. a BGG, wozu aber kaum Anlass bestehen wird. 17

Vorbemerkung zu den Art. 110–112 BGG

1 Die Art. 110 – 112 BGG gelten für alle drei Beschwerdearten mit Einschluss der abstrakten Normenkontrolle (Art. 82 lit. b BGG) und der Stimmrechtsbeschwerde (Art. 82 lit. c BGG) und sinngemäss der subsidiären Verfassungsbeschwerde (Art. 117 BGG N 14 – 17) und bringen damit eine **Vereinheitlichung** gegenüber dem bisherigen Rechtszustand.

2 Sie gelten nur für **kantonale Vorinstanzen**, nicht für eidgenössische. Für diese richten sich die Zuständigkeiten und Verfahrensvorschriften nach dem einschlägigen eidgenössischen Recht, also für die strafrechtlichen Vorinstanzen nach BStP und SGG, für verwaltungsrechtliche nach VGG und VwVG.

3 Die Art. 110–112 haben eine praktische Bedeutung nur für das kantonale Verfahrensrecht und enthalten für dieses **Mindestvorschriften**. Sobald das Zivil- und Strafprozessrecht eidgenössisch geregelt sein werden, werden die in den Art. 110–112 BGG geregelten Fragen in den bundesrechtlichen Prozessordnungen geregelt sein und diese Bestimmungen im Wesentlichen nur noch für das Verwaltungs- und Verwaltungsgerichtsverfahren Bedeutung haben.

7. Abschnitt: Kantonales Verfahren

Art. 110

Beurteilung durch richterliche Behörde	Soweit die Kantone nach diesem Gesetz als letzte kantonale Instanz ein Gericht einzusetzen haben, gewährleisten sie, dass dieses selbst oder eine vorgängig zuständige andere richterliche Behörde den Sachverhalt frei prüft und das massgebende Recht von Amtes wegen anwendet.
Jugement par une autorité judiciaire	Si, en vertu de la présente loi, les cantons sont tenus d'instituer un tribunal comme autorité cantonale de dernière instance, ils font en sorte que ce tribunal ou une autre autorité judiciaire, statuant en instance précédente, examine librement les faits et applique d'office le droit déterminant.
Giudizio da parte di un'autorità giudiziaria	Laddove la presente legge prescriva di istituire un tribunale quale autorità cantonale di ultima istanza, i Cantoni provvedono affinché quest'ultimo o un'autorità giudiziaria di istanza inferiore esamini liberamente i fatti e applichi d'ufficio il diritto determinante.

Inhaltsübersicht Note Seite

I. Bisheriges Recht und Entstehungsgeschichte 1 467
II. Kommentar 2 468
   1. Anwendungsbereich 2 468
   2. Freie Sachverhaltsprüfung 5 468
   3. Rechtsanwendung von Amtes wegen 8 469
   4. Durchsetzung 12 469

I. Bisheriges Recht und Entstehungsgeschichte

Altes Recht: Die Verpflichtung, das Recht von Amtes wegen anzuwenden, war nicht ausdrücklich festgelegt, ergab sich aber im Zulässigkeitsbereich der Verwaltungsgerichtsbeschwerde aus Art. 98a Abs. 2 i.V.m. Art. 114 OG. Die Verpflichtung, den Sachverhalt frei zu prüfen, ergab sich aus einzelnen materiellrechtlichen Sonderbestimmungen des Zivilrechts, im Strafrecht aus Art. 249 BStP, im Sozialversicherungsrecht aus Art. 61 lit. c ATSG. 1

Entwurf der Expertenkommission: Art. 103.

Entwurf des Bundesrates: Art. 103 (BBl 2001 4348).

Ständerat: Zustimmung (Amtl. Bull. S vom 13.9.2003 S. 911).

Nationalrat: Zustimmung (Amtl. Bull. N vom 5.10.2004 S. 1613).

II. Kommentar

1. Anwendungsbereich

2   Die in Art. 110 BGG statuierten Verpflichtungen gelten nur, soweit die Kantone letztinstanzlich ein **Gericht** einzusetzen haben, was allerdings in den meisten Bereichen zutrifft (Art. 75 Abs. 2, Art. 80 Abs. 2, Art. 86 Abs. 2 und Art. 114 BGG). Soweit eine solche Verpflichtung nicht besteht (Art. 86 Abs. 3, Art. 87 Abs. 1 und Art. 88 Abs. 2 BGG), kommt Art. 110 BGG nicht zum Tragen, und zwar auch dann nicht, wenn die Kantone freiwillig eine gerichtliche Überprüfung vorsehen (BBl 2001 4349).

3   Die Vorschriften beziehen sich auf richterliche Instanzen. **Nichtrichterliche kantonale** Instanzen werden von Art. 110 BGG nicht direkt erfasst. Soweit sie als Vorinstanzen kantonaler gerichtlicher Instanzen entscheiden (also im verwaltungsrechtlichen Normalfall), ergibt sich aber aus dem prozessualen Grundsatz, wonach die Kognition der unteren Instanz nicht enger sein soll als diejenige der oberen, dass im Anwendungsbereich von Art. 110 BGG (N 2) auch die Verwaltungsbehörden den Sachverhalt frei prüfen und das Recht von Amtes wegen anwenden.

4   Die in Art. 110 BGG enthaltene **Kognitionsvorschrift** gilt mindestens für die letzte kantonale oder eine vorgängig zuständige gerichtliche Instanz. Soweit mehr als eine gerichtliche Instanz besteht (was im Strafrecht und normalerweise im Zivilrecht der Fall ist, Art. 75 Abs. 2 und Art. 80 Abs. 2 BGG), kann die hier vorgeschriebene Kognition auch durch eine untere Instanz gewährleistet sein. Es ist also zulässig, dass eine obere kantonale Gerichtsinstanz den Sachverhalt nur eingeschränkt überprüft (KARLEN, S. 69 f.). Mindestens eine Überprüfung auf offensichtlich unrichtige Sachverhaltsfeststellung muss jedoch in letzter Instanz gewährleistet sein (Art. 97 Abs. 1 BGG i.V.m. Art. 111 Abs. 3 BGG; vorbehalten Art. 100 Abs. 6 BGG).

2. Freie Sachverhaltsprüfung

5   Weil das Bundesgericht den Sachverhalt nur eingeschränkt überprüft (Art. 97 BGG), muss mindestens eine Vorinstanz diese Prüfung **umfassend** vornehmen. Diese Bestimmung unterstreicht, dass die Rechtspflege substanziell in den kantonalen Verfahren stattfinden soll (BBl 2001 4348).

6   Eine freie Sachverhaltsüberprüfung durch die **unmittelbare Vorinstanz** des Bundesgerichts ist dann zwingend, wenn diese als einzige kantonale Gerichtsinstanz entscheidet (im Zivilrecht in den Fällen von Art. 75 Abs. 2 BGG sowie häufig im Verwaltungsrecht, vgl. Art. 86 BGG N 15 f.).

Freie Sachverhaltsüberprüfung schliesst sowohl eine Beschränkung auf eine Willkürprüfung als auch eine Bindung an prozessuale Beweisregeln aus. Sie ist jedoch nicht mit dem **Untersuchungsgrundsatz** gleichzusetzen (BBl 2001 4349). Die Verpflichtung, vor der kantonalen Justiz den Untersuchungsgrundsatz anzuwenden, kann sich freilich aus anderen Gesetzen ergeben (z.B. Art. 139 Abs. 2 ZGB, Art. 343 Abs. 4 OR, Art. 61 Abs. c ATSG).

3. Rechtsanwendung von Amtes wegen

Die Verpflichtung, das **Recht von Amtes wegen anzuwenden**, gilt nach dem klaren Wortlaut nicht nur in denjenigen Fällen, in denen auch das Bundesgericht das Recht von Amtes wegen anwendet (Art. 106 Abs. 1 BGG), sondern auch soweit vor Bundesgericht ein Rügeprinzip gilt (Art. 106 Abs. 2 BGG).

Der Grundsatz der Rechtsanwendung von Amtes wegen schliesst allerdings nicht aus, dass die Parteien ihre Begehren **begründen** müssen (BBl 2001 4349) und sich das Gericht im Wesentlichen mit den vorgebrachten Begründungen auseinandersetzt, wie dies das Bundesgericht selber auch tut.

Er schliesst ferner nicht aus, dass bei der Anordnung von **vorsorglichen Massnahmen** die rechtliche Lage nur summarisch geprüft wird (BBl 2001 4349).

Art. 110 BGG schreibt keine gerichtliche **Ermessensbetätigung** vor. Eine solche ergibt sich aber zwangsläufig dort, wo im Zivilrecht und Strafrecht das materielle Recht das Gericht auf sein Ermessen verweist (vgl. Art. 4 ZGB). Im Verwaltungsrecht ist es aber grundsätzlich zulässig, dass sich die gerichtliche Prüfung auf Rechts- und Sachverhaltsfragen beschränkt. Aus Spezialgesetzen kann sich freilich eine Verpflichtung zur Ermessensüberprüfung ergeben (z.B. Art. 17 OHG; Art. 33 Abs. 3 lit. b RPG, sofern ein Gericht die einzige Beschwerdeinstanz ist).

4. Durchsetzung

Die Kantone gewährleisten diese Verpflichtung in erster Linie, indem sie in ihren Verfahrensgesetzen die entsprechenden **Kognitionsvorschriften** aufnehmen, aber auch indem sie die Gerichte mit den erforderlichen **Ressourcen** ausstatten, um diese Aufgaben wahrzunehmen. Hat die kantonale Justiz die ihr nach Art. 110 BGG obliegenden Aufgaben nicht erfüllt, wird ihr Entscheid aufgehoben und die Sache zurückgewiesen.

Für die Verpflichtungen nach Art. 110 BGG gilt **keine Übergangsfrist** (Art. 130 BGG e contrario). Sie müssen bei allen kantonalen Entscheiden beachtet werden, die ab 1. Januar 2007 ergehen (Art. 132 Abs. 1 BGG).

Art. 111

Einheit des Verfahrens

¹ Wer zur Beschwerde an das Bundesgericht berechtigt ist, muss sich am Verfahren vor allen kantonalen Vorinstanzen als Partei beteiligen können.

² **Bundesbehörden, die zur Beschwerde an das Bundesgericht berechtigt sind, können die Rechtsmittel des kantonalen Rechts ergreifen und sich vor jeder kantonalen Instanz am Verfahren beteiligen, wenn sie dies beantragen.**

³ **Die unmittelbare Vorinstanz des Bundesgerichts muss mindestens die Rügen nach den Artikeln 95–98 prüfen können. Vorbehalten bleiben kantonale Rechtsmittel im Sinne von Artikel 100 Absatz 6.**

Unité de la procédure

¹ La qualité de partie à la procédure devant toute autorité cantonale précédente doit être reconnue à quiconque a qualité pour recourir devant le Tribunal fédéral.

² Si une autorité fédérale a qualité pour recourir devant le Tribunal fédéral, elle peut recourir devant les autorités cantonales précédentes ou, pour autant qu'elle le demande, participer à la procédure devant celles-ci.

³ L'autorité qui précède immédiatement le Tribunal fédéral doit pouvoir examiner au moins les griefs visés aux art. 95 à 98. Les voies de droit cantonales visées à l'art. 100, al. 6, sont réservées.

Unità procedurale

¹ Chi ha diritto di ricorrere al Tribunale federale deve poter essere parte nei procedimenti dinanzi a tutte le autorità cantonali inferiori.

² Le autorità federali che hanno diritto di ricorrere al Tribunale federale possono avvalersi dei rimedi giuridici previsti dal diritto cantonale e, in quanto ne facciano richiesta, partecipare ai procedimenti dinanzi alle autorità cantonali inferiori.

³ L'autorità di grado immediatamente inferiore al Tribunale federale deve poter esaminare almeno le censure di cui agli articoli 95–98. Rimangono salvi i rimedi giuridici cantonali ai sensi dell'articolo 100 capoverso 6.

Inhaltsübersicht

	Note	Seite
I. Bisheriges Recht und Entstehungsgeschichte	1	471
II. Kommentar	2	471
1. Anwendungsbereich	2	471
2. Legitimation (Abs. 1)	4	471
3. Bundesbehörden (Abs. 2)	10	472
4. Kognition (Abs. 3)	15	473

I. Bisheriges Recht und Entstehungsgeschichte

Altes Recht: Art. 266 BStP für die Beschwerdelegitimation des Bundesanwalts in Strafsachen. Art. 98a OG (für den Zulässigkeitsbereich der Verwaltungsgerichtsbeschwerde).

Entwurf der Expertenkommission: Art. 104.

Entwurf des Bundesrates: Art. 104 (BBl 2001 4349–4351).

Der Ständerat passte die Bestimmung an die Neufassung der Rügegründe (s. Art. 95 N 3) an (Amtl. Bull. S vom 23.9.2003 S. 912).

Die Arbeitsgruppe Bundesgericht modifizierte Abs. 3 dahingehend, dass die kantonale Kassationsinstanz mit unvollkommener Kognition auch eine zweite (nicht zwingend eine dritte) Instanz sein kann.

Dem schlossen sich Nationalrat (Amtl. Bull. N vom 5.10.2004 S. 1613 f.) und Ständerat (Amtl. Bull. S vom 8.3.2005 S. 138 f.) diskussionslos an.

II. Kommentar

1. Anwendungsbereich

Art. 111 BGG gilt – anders als Art. 110 BGG – nicht nur für gerichtliche Vorinstanzen, sondern auch dann, wenn – ausnahmsweise (Art. 86 Abs. 3, Art. 87 Abs. 2 und Art. 88 Abs. 2 BGG) – **nichtgerichtliche Vorinstanzen** entscheiden.

Er gilt aber nur dort, wo überhaupt eine **Vorinstanz** besteht, also nicht im Verfahren der abstrakten Normenkontrolle, soweit das kantonale Recht kein Rechtsmittel vorsieht (Art. 87 Abs. 1 BGG), oder im Verfahren der Stimmrechtsbeschwerde, soweit Akte des Parlaments oder der Regierung direkt anfechtbar sind (Art. 88 Abs. 2 Satz 2 BGG).

2. Legitimation (Abs. 1)

Nach dem Grundsatz der Einheit des Verfahrens soll die **Legitimation** in oberer Instanz höchstens enger, aber nicht weiter werden können als vor unterer Instanz. Wer zur Beschwerde ans Bundesgericht legitimiert ist (Art. 76, 81 und 89 BGG), muss sich daher auch vor allen kantonalen Vorinstanzen beteiligen können. Dies gilt auch für den Bundesanwalt (Art. 81 Abs. 2 BGG) und die Bundesbehörden (Art. 76 Abs. 2, Art. 81 Abs. 3 und Art. 89 Abs. 2 lit. a BGG), wobei für diese zusätzlich Abs. 2 zu beachten ist.

5 Die Beteiligungsbefugnis gilt im streitigen Zivilprozess und in Strafsachen bereits für das **erstinstanzliche Gericht**, im nichtstreitigen Zivilverfahren, im Verwaltungsrecht und im Verwaltungsstrafrecht für das Verfahren vor den **Verwaltungsbehörden**. Besteht ein **Einspracheverfahren**, genügt es, wenn die Drittlegitimierten im Einspracheverfahren beteiligt werden, weil Art. 111 Abs. 1 BGG nur eine Beteiligung vor allen Instanzen verlangt und das Einspracheverfahren vor der gleichen Instanz stattfindet wie das anfängliche Verfügungsverfahren.

6 Art. 111 Abs. 1 BGG ist eine **Mindestvorschrift**. Er schliesst nicht aus, dass die Kantone die Legitimation weiter fassen als das Bundesrecht.

7 Wo eine grosse Zahl von nicht namentlich bekannten Dritten Parteistellung beanspruchen kann, ergibt sich aus Art. 111 Abs. 1 BGG, dass die Verfügungs- oder Einspracheverfahren **öffentlich bekannt gemacht** werden müssen, damit diejenigen, die ihre Parteistellung wahrnehmen wollen, sich beteiligen können.

8 Die Beteiligungsbefugnis ist zugleich eine **Obliegenheit**: Wer im kantonalen Verfahren nicht als Partei teilgenommen hat, ist mangels Beschwer auch nicht zur Beschwerde ans Bundesgericht legitimiert, ausser wenn ihm im kantonalen Verfahren keine Möglichkeit zur Teilnahme gegeben worden ist (Art. 76 Abs. 1 lit. a, Art. 81 Abs. 1 lit. a und Art. 89 Abs. 1 lit. a BGG).

9 Da in Bezug auf Art. 111 Abs. 1 **keine Übergangsfrist** besteht (Art. 130 BGG N 10), muss die Legitimation bei allen kantonalen Verfahren gelten, bei denen der letzte kantonale Entscheid nach dem 31. Dezember 2006 ergeht (Art. 132 Abs. 1 BGG; Art. 132 BGG N 6 ff.).

3. Bundesbehörden (Abs. 2)

10 Die strikte Anwendung von Abs. 1 würde dazu führen, dass den beschwerdelegitimierten **Bundesbehörden** bereits in allen erstinstanzlichen Verfahren die Gelegenheit zur Teilnahme gewährt werden müsste, was sowohl für die an diesem Verfahren Beteiligten als auch für die Bundesbehörden einen übermässigen Aufwand zur Folge hätte. Umgekehrt wäre es auch nicht sinnvoll, dass die Bundesbehörden in jedem Fall erst gegen den letztinstanzlichen kantonalen Entscheid Beschwerde erheben können, weil dadurch die Aufsichtsfunktion beeinträchtigt werden könnte und den kantonalen Gerichten die Möglichkeit genommen würde, eventuelle Verletzungen von Bundesrecht zu korrigieren. Das Gesetz gibt deshalb den Bundesbehörden das Recht, aber – anders als den übrigen Parteien (N 8) – nicht die Pflicht, sich bereits am kantonalen Verfahren zu beteiligen (BBl 2001 4349 f.).

Dies gilt sowohl für die nach Art. 76 Abs. 2, Art. 81 Abs. 3 und Art. 89 Abs. 2 lit. a BGG legitimierten Bundesstellen als auch für den nach Art. 81 Abs. 2 BGG legitimierten Bundesanwalt. 11

Die Bundesbehörden können verlangen, bereits am erstinstanzlichen Verfahren teilzunehmen. Sie können aber auch erst im kantonalen Beschwerdeverfahren teilnehmen oder aber auf eine Beteiligung im kantonalen Verfahren überhaupt **verzichten** und erst den kantonal letztinstanzlichen Entscheid beim Bundesgericht anfechten. Sie können auch verlangen, dass eine kantonale Behörde ein Verfahren eröffnet, um einen bundesrechtswidrigen Zustand zu beheben (BBl 2001 4350). 12

Die Bundesbehörden erhalten systematisch **Kenntnis** von kantonalen Entscheiden, soweit diese aufgrund der gemäss Art. 112 Abs. 4 BGG erlassenen Verordnung mitgeteilt werden müssen. Im Übrigen können sie im Einzelfall verlangen, dass ihnen Entscheide mitgeteilt werden. 13

Übergangsrechtlich gilt dasselbe wie zu Abs. 1 (N 9). 14

4. Kognition (Abs. 3)

Entsprechend einem anerkannten prozessualen Grundsatz soll die **Kognition** in oberer Instanz nur eingeschränkt, aber nicht ausgedehnt werden können, weil sonst die obere Instanz über Fragen befindet, welche die Vorinstanz nicht geprüft hat. Dementsprechend müssen die unmittelbaren Vorinstanzen, d.h. die letzten kantonalen Instanzen (Art. 75, Art. 80 und Art. 86–88 BGG), mindestens die gleiche Kognition haben wie das Bundesgericht. 15

Es ist mithin insbesondere zulässig, dass die letzte kantonale Instanz **vorsorgliche Massnahmen** nur auf eine Verletzung verfassungsmässiger Rechte hin überprüft (Art. 98 BGG). Ebenso ist es zulässig, dass die obere Instanz den **Sachverhalt** nur eingeschränkt überprüft (Art. 97 BGG), ausser wenn sie einzige kantonale richterliche Instanz ist (Art. 110 BGG). Eine Pflicht zur Ermessenskontrolle besteht gestützt auf das BGG nicht, allenfalls aber aufgrund anderer Gesetze (vgl. Art. 110 BGG N 11). 16

Als Ausnahme sieht Satz 2 vor, dass ein (fakultatives) kantonales **Kassationsgericht** (Art. 100 Abs. 6 BGG) eine eingeschränktere Kognition hat als das Bundesgericht (BBl 2001 4350 f.). 17

Zum **Übergangsrecht** s. Art. 130 BGG. 18

Art. 112

Eröffnung der Entscheide

¹ Entscheide, die der Beschwerde an das Bundesgericht unterliegen, sind den Parteien schriftlich zu eröffnen. Sie müssen enthalten:
a. die Begehren, die Begründung, die Beweisvorbringen und Prozesserklärungen der Parteien, soweit sie nicht aus den Akten hervorgehen;
b. die massgebenden Gründe tatsächlicher und rechtlicher Art, insbesondere die Angabe der angewendeten Gesetzesbestimmungen;
c. das Dispositiv;
d. eine Rechtsmittelbelehrung einschliesslich Angabe des Streitwerts, soweit dieses Gesetz eine Streitwertgrenze vorsieht.

² Wenn es das kantonale Recht vorsieht, kann die Behörde ihren Entscheid ohne Begründung eröffnen. Die Parteien können in diesem Fall innert 30 Tagen eine vollständige Ausfertigung verlangen. Der Entscheid ist nicht vollstreckbar, solange nicht entweder diese Frist unbenützt abgelaufen oder die vollständige Ausfertigung eröffnet worden ist.

³ Das Bundesgericht kann einen Entscheid, der den Anforderungen von Absatz 1 nicht genügt, an die kantonale Behörde zur Verbesserung zurückweisen oder aufheben.

⁴ Für die Gebiete, in denen Bundesbehörden zur Beschwerde berechtigt sind, bestimmt der Bundesrat, welche Entscheide ihnen die kantonalen Behörden zu eröffnen haben.

Notification des décisions

¹ Les décisions qui peuvent faire l'objet d'un recours devant le Tribunal fédéral sont notifiées aux parties par écrit. Elles doivent contenir:
a. les conclusions, les allégués, les moyens de preuves offerts et les déterminations des parties lorsqu'elles ne résultent pas des pièces du dossier;
b. les motifs déterminants de fait et de droit, notamment les dispositions légales appliquées;
c. le dispositif;
d. l'indication des voies de droit, y compris la mention de la valeur litigieuse dans les cas où la présente loi requiert une valeur litigieuse minimale.

² Si le droit cantonal le prévoit, l'autorité peut notifier sa décision sans la motiver. Les parties peuvent alors en demander, dans les 30 jours, une expédition complète. La décision ne peut pas être exécutée avant que ce délai soit échu sans avoir été utilisé ou que l'expédition complète soit notifiée.

³ Si une décision attaquée ne satisfait pas aux exigences fixées à l'al. 1, le Tribunal fédéral peut soit la renvoyer à l'autorité cantonale en invitant celle-ci à la parfaire, soit l'annuler.

	⁴ Dans les domaines où les autorités fédérales ont qualité pour recourir devant le Tribunal fédéral, le Conseil fédéral détermine quelles décisions les autorités cantonales doivent leur notifier.
Notificazione delle decisioni	¹ Le decisioni impugnabili mediante ricorso al Tribunale federale sono notificate per scritto alle parti. Contengono: a. le conclusioni, i motivi, le allegazioni probatorie e le dichiarazioni processuali delle parti, in quanto non risultino dagli atti; b. i motivi determinanti di fatto e di diritto, segnatamente l'indicazione delle disposizioni legali applicate; c. il dispositivo; d. l'indicazione dei rimedi giuridici, con menzione del valore litigioso nei casi in cui la presente legge prevede un valore litigioso minimo. ² Se il diritto cantonale lo prevede, l'autorità può notificare la sua decisione senza motivarla. In tal caso le parti possono chiedere, entro 30 giorni, il testo integrale della decisione. La decisione non può essere eseguita finché tale termine non scade infruttuoso o il testo integrale della stessa non è notificato. ³ Se una decisione non soddisfa le esigenze di cui al capoverso 1, il Tribunale federale può rinviarla all'autorità cantonale affinché la completi o annullarla. ⁴ Nei campi in cui autorità federali hanno diritto di ricorrere al Tribunale federale, il Consiglio federale determina quali decisioni devono essere loro notificate dalle autorità cantonali.

Inhaltsübersicht

		Note	Seite
I.	Bisheriges Recht und Entstehungsgeschichte	1	475
II.	Kommentar	2	476
	1. Eröffnung (Abs. 1)	2	476
	1.1 Vorschriften für die Eröffnung	2	476
	1.2 Vorbringen der Parteien (lit. a)	8	477
	1.3 Begründung des Entscheids (lit. b)	9	477
	1.4 Dispositiv (lit. c)	12	477
	1.5 Rechtsmittelbelehrung (lit. d)	13	477
	2. Verzicht auf Begründung (Abs. 2)	16	478
	3. Folgen mangelhafter Eröffnung (Abs. 3)	24	479
	4. Eröffnung an Bundesbehörden (Abs. 4)	36	481
	5. Übergangsrecht	38	482

I. Bisheriges Recht und Entstehungsgeschichte

Altes Recht: Art. 51 und 52 OG; Art. 20a Abs. 2 Ziff. 4 SchKG; Art. 251 und Art. 274 Abs. 3 BStP; Art. 1 Abs. 3 i.V.m. Art. 34–38 und Art. 61 Abs. 2 und 3 VwVG; Art. 61 lit. h ATSG. 1

Entwurf der Expertenkommission: Art. 105.
Entwurf des Bundesrates: Art. 105 (Bl 2001 4351).
Ständerat: Zustimmung (Amtl. Bull. S vom 23.9.2003 S. 912).
Nationalrat: Zustimmung (Amtl. Bull. N vom 5.10.2004 S. 1614).

II. Kommentar

1. Eröffnung (Abs. 1)

1.1 Vorschriften für die Eröffnung

2   Die in Art. 112 BGG enthaltenen Eröffnungsvorschriften gelten nicht für das kantonale Verfahren schlechthin, sondern nur für die beim Bundesgericht anfechtbaren, mithin die kantonal **letztinstanzlichen Entscheide**. Sie gelten auch für diejenigen Entscheide, bei denen nach Art. 86 Abs. 3 oder 88 BGG keine gerichtliche Vorinstanz entscheidet, nicht jedoch für Erlasse, soweit diese direkt anfechtbar sind (Art. 87 Abs. 1 BGG); dort richtet sich die Veröffentlichung nach kantonalem Recht (vgl. Art. 101 BGG).

3   Zusätzlich zu Art. 112 BGG gelten für bundesverwaltungsrechtliche Angelegenheiten die Art. 34–38 sowie Art. 61 Abs. 2 und 3 VwVG (vgl. Art. 1 Abs. 3 VwVG), für das Sozialversicherungsrecht zudem Art. 61 lit. h ATSG.

4   Erst eine Mitteilung, die den Anforderungen von Art. 112 BGG genügt, gilt als **rechtsgenügliche** Eröffnung. Erst damit beginnt grundsätzlich die Beschwerdefrist (s. aber Art. 100 BGG N 13 zu möglichen Ausnahmen).

5   Die Entscheide müssen den **Parteien** eröffnet werden, mindestens also den zur Beschwerde ans Bundesgericht Legitimierten, soweit sie sich am kantonalen Verfahren beteiligt haben (Art. 111 BGG N 8), zudem den bisher nicht beteiligten **Bundesbehörden**, soweit eine Mitteilungspflicht besteht (Abs. 4). Darüber hinaus ist der Entscheid selbstverständlich auch allfälligen weiteren Personen zu eröffnen, die nach kantonalem Recht Parteistellung haben; dies ergibt sich zwar nicht aus Art. 112 BGG, aber aus Art. 29 Abs. 2 BV.

6   Die Eröffnung muss **schriftlich** sein. Eine zusätzliche mündliche Eröffnung (anlässlich einer Gerichtsverhandlung) ist nicht ausgeschlossen, genügt aber für sich alleine nicht. Eine eingeschriebene Zustellung ist nicht verlangt, doch trägt bei uneingeschriebener Sendung die Behörde die Beweislast für die Zustellung. Schriftlich ist auch eine Veröffentlichung in einem amtlichen Blatt (vgl. Art. 36 VwVG). Die Sprache der Eröffnung richtet sich nach kantonalem Recht (vgl. Art. 37 VwVG).

Als ungeschriebene Gültigkeitsvoraussetzung für eine Eröffnung gilt zudem, dass der Entscheid **unterzeichnet** sein muss. Die Frage, wer zu unterzeichnen hat, richtet sich nach kantonalem Recht (Urteil I 252/06 vom 14.7.2006, E. 1, in Präzisierung von BGE 131 V 483).

7

1.2 Vorbringen der Parteien (lit. a)

Die Nennung von **Begehren, Begründungen, Beweisvorbringen** und **Prozesserklärungen** (lit. a) ist namentlich im Hinblick auf das vor Bundesgericht geltende grundsätzliche Novenverbot (Art. 99 BGG) wichtig. Im Unterschied zum bisherigen Art. 51 Abs. 1 lit. b OG gilt diese Vorschrift nicht nur dann, wenn das Verfahren mündlich ist, doch genügt es, wenn die genannten Elemente aus den Akten hervorgehen.

8

1.3 Begründung des Entscheids (lit. b)

Die Begründung muss die tatsächlichen und rechtlichen Gründe enthalten. Dies bedeutet insbesondere, dass im Entscheid klar zwischen **Tat- und Rechtsfragen** unterschieden werden muss, was im Hinblick auf die Überprüfungsbefugnis des Bundesgerichts von Bedeutung ist (vgl. Art. 97 und 105 BGG).

9

Die Pflicht zur Unterscheidung von Tat- und Rechtsfragen bedeutet nicht zwingend, dass der Entscheid dafür separate Abschnitte enthält, doch muss klar hervorgehen, von welchem festgestellten **Sachverhalt** der Entscheid ausgeht und welches die **rechtlichen Überlegungen** sind. Im Hinblick auf Art. 95 und 96 BGG muss namentlich auch angegeben werden, wenn **kantonales** oder **ausländisches Recht** angewendet worden ist.

10

Zum **Verzicht** auf Begründung s. Abs. 2.

11

1.4 Dispositiv (lit. c)

Das **Dispositiv** ist derjenige Teil des Entscheids, der rechtsverbindlich wird. Verweist es auf die **Erwägungen**, nehmen diese an der Rechtsverbindlichkeit teil.

12

1.5 Rechtsmittelbelehrung (lit. d)

Die **Rechtsmittelbelehrung** muss das zulässige Rechtsmittel und die Rechtsmittelfrist enthalten, gegebenenfalls auch einen Hinweis auf das Streitwerterfordernis samt Angabe des massgeblichen (Art. 51 BGG) Streitwerts, wo

13

das Eintreten davon abhängt (Art. 74 Abs. 1 und Art. 85 Abs. 1 BGG), ferner das Erfordernis der grundsätzlichen oder grossen Bedeutung, wenn die Zulässigkeit davon abhängt (Art. 74 Abs. 2, Art. 83 lit. f, Art. 84 und Art. 85 Abs. 2 BGG), weil diesfalls in der Beschwerde ausgeführt werden muss, inwiefern diese Voraussetzung erfüllt ist (Art. 42 Abs. 2 BGG).

14 Anders als nach bisherigem Recht, wo die Rechtsmittelbelehrung nicht auf die staatsrechtliche Beschwerde hinzuweisen brauchte, muss neu auch auf die **subsidiäre Verfassungsbeschwerde** hingewiesen werden, wo diese zulässig ist (Art. 117 BGG; AEMISEGGER, S. 117).

15 Wird der Entscheid **ohne Begründung** eröffnet (Abs. 2), muss darauf hingewiesen werden, dass eine solche verlangt werden kann.

2. Verzicht auf Begründung (Abs. 2)

16 Der aus dem Anspruch auf rechtliches Gehör fliessende Anspruch auf Begründung eines Entscheids ist **verzichtbar**. Das kantonale Recht kann daher vorsehen, dass eine (schriftliche) Begründung nur auf Verlangen geliefert wird. Besteht keine solche kantonale Regelung, so ist eine Eröffnung ohne Begründung nicht zulässig.

17 Das kantonale Recht kann eine **Eröffnung ohne Begründung** namentlich dort vorsehen, wo der Entscheid anlässlich einer Gerichtsverhandlung den anwesenden Parteien mündlich begründet wird. Es kann aber auch eine schriftliche Eröffnung ohne Begründung vorsehen, was der Verfahrensbeschleunigung dient.

18 Für die **Überprüfung durch das Bundesgericht** ist aber eine Kenntnis der Begründung unerlässlich, namentlich im Hinblick auf die beschränkte Sachverhaltskognition (Art. 97 BGG). Das Gesetz sieht daher zwei Möglichkeiten vor: Entweder wird innert der Frist von 30 Tagen eine Begründung verlangt; in diesem Fall beginnt erst mit der Zustellung der Begründung die Frist für die Beschwerde ans Bundesgericht (Art. 100 Abs. 1 BGG). Oder es wird innert dieser Frist keine Begründung verlangt; in diesem Fall bedeutet der Verzicht auf Begründung zugleich den Verzicht auf die Beschwerde (BBl 2001 4351). Auf diese Weise ist sichergestellt, dass die beim Bundesgericht angefochtenen Entscheide immer eine Begründung enthalten.

19 Die dreissigtägige **Frist** beginnt mit der Eröffnung des nicht begründeten Entscheids und richtet sich im Übrigen nach den Art. 44 ff. BGG. Die Frist beträgt auch dann 30 Tage, wenn die Beschwerdefrist kürzer ist (Art. 100 Abs. 2–4 BGG), was wohl ein gesetzgeberisches Versehen ist.

20 Da der Anspruch auf Begründung **jeder Partei** einzeln zusteht, muss eine solche geliefert werden, wenn auch nur eine von mehreren beteiligten Parteien eine

Begründung verlangt. Dies kann auch eine Behörde sein, die sich am kantonalen Verfahren beteiligt hat. In Bezug auf Bundesbehörden, die sich am kantonalen Verfahren nicht beteiligt haben, s. Abs. 4.

Das Gesetz spricht sich nicht darüber aus, ob es zulässig ist, dass der Verzicht auf eine Begründung zu tieferen **Gerichtsgebühren** führt. Dies ist grundsätzlich zu bejahen: Auch die Wahrnehmung verfassungsmässiger Rechte kann einer Verwaltungsgebühr unterworfen werden. So ist die Möglichkeit, überhaupt an ein Gericht oder eine andere Behörde zu gelangen, ein verfassungsmässiges Recht; trotzdem kann denjenigen, die dieses Recht in Anspruch nehmen, eine Spruchgebühr auferlegt werden. Da es zulässig ist, die Gerichtsgebühr nach dem Aufwand des Gerichts zu bemessen, kann bei der Höhe berücksichtigt werden, ob eine Begründung verlangt wird. 21

Die **Gebührenpflicht** gilt grundsätzlich nur für die unterliegende Partei. Verlangt die obsiegende Partei eine Begründung, während die unterliegende darauf verzichtet, so wäre es aber nicht billig, der unterliegenden höhere Kosten aufzuerlegen. Man wird deshalb der obsiegenden Partei Kosten für eine von ihr verlangte Begründung auferlegen können, wenn sie mangels Beschwer daran kein schutzwürdiges Interesse haben kann (vgl. Art. 66 Abs. 3 BGG und analoge kantonale Gebührenregelungen). 22

Wird eine Begründung verlangt, wird der Entscheid nicht rechtskräftig, solange die Begründung nicht vorliegt, da die Frist für die Beschwerde erst mit der Eröffnung des begründeten Entscheids beginnt. Er ist gemäss Satz 3 auch **nicht vollstreckbar**, selbst soweit die Beschwerde an das Bundesgericht an sich keine aufschiebende Wirkung hat (Art. 103 BGG). Damit soll vermieden werden, dass das Bundesgericht gestützt auf das blosse Dispositiv des angefochtenen Entscheids über allfällig beantragte vorsorgliche Massnahmen entscheiden muss (BBl 2001 4351). 23

3. *Folgen mangelhafter Eröffnung (Abs. 3)*

Die **Folgen** einer mangelhaften Eröffnung sind differenziert, was in Abs. 3 nur unvollständig zum Ausdruck kommt. 24

Ein Entscheid, der gar **nicht eröffnet** wurde, ist nichtig (BGE 129 I 361, 364 E. 2.1; 122 I 97, 99 E. 3a/bb), ebenso ein Entscheid, der in Verletzung staatsvertraglicher Regelungen direkt ins Ausland zugestellt wurde (BGE 131 III 448). 25

Im Übrigen führen **Eröffnungsfehler** aber nicht zur Nichtigkeit (BGE 122 I 97, 99 E. 3a/aa). Als Grundsatz muss gelten, dass den Parteien aus einer mangelhaften Eröffnung kein Nachteil entstehen darf (Art. 49 BGG; vgl. Art. 38 VwVG; BGE 122 I 97, 99 E. 3a/aa). Um dies zu erreichen, sind je nach dem Gehalt der verletzten Eröffnungsvorschriften unterschiedliche Rechtsfolgen angemessen. 26

27 Fehlt eine **Rechtsmittelbelehrung** oder ist sie unkorrekt (Abs. 1 lit. d), so besteht kein Grund für eine Zurückweisung oder Aufhebung. Bloss darf den Parteien daraus kein Nachteil entstehen. Es ist daher auf ein an sich verspätetes, aber gemäss der Belehrung erfolgtes Rechtsmittel einzutreten, wenn eine Partei sich in guten Treuen darauf verlassen konnte. Dies gilt allerdings nicht, wenn die Partei rechtskundig oder rechtskundig vertreten ist und aus der blossen Konsultation des Gesetzes die Fehlerhaftigkeit hätte ersehen können (BGE 124 I 255, 258 E. 1a/aa; 118 Ib 326, 330 E. 1c; Pra 2003 Nr. 187 E. 3.5). Fehlt die Rechtsmittelbelehrung überhaupt, wird verlangt, dass der Adressat des Entscheids diesen innert einer üblichen Frist anficht oder sich innert nützlicher Frist nach den in Frage kommenden Rechtsmitteln erkundigt (BGE 122 V 189, 194 E. 2; 119 IV 330, 334 E. 1c). Wie lange eine solche Frist sein kann, hängt von den konkreten Umständen ab; es liegt jedoch nahe, sich für die Beantwortung dieser Frage an der gewöhnlichen Dauer der Rechtsmittelfrist zu orientieren (BGE 119 IV 330, 334 E. 1c).

28 Bei **anderen Eröffnungsfehlern** gilt Abs. 3: Das Bundesgericht kann den Entscheid zurückweisen oder aufheben. Es handelt sich somit um eine Kann-Vorschrift. Ist der Entscheid trotz Eröffnungsfehler überprüfbar, ohne dass dadurch den Parteien ein Nachteil entsteht, steht einer materiellen Beurteilung nichts entgegen (POUDRET, N 1 zu Art. 52).

29 Bei der Zurückweisung oder Aufhebung nach Art. 112 Abs. 3 BGG handelt es sich **nicht** wie bei derjenigen nach Art. 107 Abs. 2 BGG um einen **Sachentscheid**. Vielmehr muss die Sache durch die Vorinstanz korrigiert werden, weil das Bundesgericht infolge der Eröffnungsfehler (noch) nicht in der Lage ist, einen Sachentscheid zu fällen (analog Art. 52 OG; vgl. dazu und zur Abgrenzung gegenüber der Aufhebung als Sachentscheid BGE 127 III 506, nicht publ. E. 2; Urteil 4C.368/1996 E. 2; MÜNCH, Prozessieren vor Bundesgericht, Rz. 4.67; BIRCHMEIER, Bundesrechtspflege, N 3 zu Art. 52).

30 Das Bundesgericht kann den Entscheid zur Verbesserung zurückweisen oder aufheben. Diese beiden Möglichkeiten sind somit – wie im Rahmen von Art. 52 OG – alternativ. Die Rückweisung setzt also nicht unbedingt die Aufhebung voraus. Das Bundesgericht kann, ohne den angefochtenen Entscheid aufzuheben, die Sache **zur Verbesserung** an die Vorinstanz **zurückweisen** (analog Art. 52 Satz 1 OG; BIRCHMEIER, Bundesrechtspflege, N 1 zu Art. 52; POUDRET, N 2 zu Art. 52). Die Sache bleibt damit beim Bundesgericht hängig und wird von der Vorinstanz nur in Bezug auf die fehlerhafte Eröffnung korrigiert. Die Vorinstanz darf in diesem Fall die Zurückweisung nicht zum Anlass nehmen, ihren Entscheid zu ändern.

31 Ein solches Vorgehen drängt sich namentlich dann auf, wenn es um **kanzleimässige Versehen** (z.B. irrtümliches Fehlen einzelner Seiten oder Aktenstücke, unleserliche Ausdrucke) oder um Fehler geht, die der **Berichtigung** unterliegen (Re-

daktions- und Rechnungsfehler; vgl. BGE 99 V 62, 64 E. 2b). Auch das **Fehlen der Unterschrift** ist ein Eröffnungsfehler, der ohne weiteres auf diese Weise korrigiert werden kann (POUDRET, N 3.4 zu Art. 145). Je nachdem kann auch das Fehlen einzelner Elemente gemäss Abs. 1 lit. a so behoben werden.

Weil es sich bei dieser Zurückweisung zur Verbesserung nicht um einen Entscheid des Bundesgerichts, sondern um eine Instruktionsmassnahme handelt, ist dafür der **Instruktionsrichter** zuständig (Art. 32 Abs. 1 BGG; BIRCHMEIER, Bundesrechtspflege, N 1 zu Art. 52; POUDRET, N 2.3 zu Art. 60). Es sind dafür auch keine Kosten zu erheben. 32

Können jedoch die Mängel mit einer derartigen Verbesserung nicht behoben werden, so ist der Entscheid **aufzuheben** und zu neuem Entscheid zurückzuweisen (analog Art. 52 Satz 2 OG; BIRCHMEIER, Bundesrechtspflege, N 1 zu Art. 52; POUDRET, N 3 zu Art. 52). Das ist namentlich angebracht, wenn im angefochtenen Entscheid entgegen Abs. 1 lit. b Tat- und Rechtsfragen so vermischt sind, dass nicht ersichtlich ist, von welchem Sachverhalt die Vorinstanz ausgegangen ist (BGE 123 II 49, 55 E. 6b). In diesem Fall hat die Vorinstanz einen **neuen Entscheid** zu fällen, der erneut beim Bundesgericht anfechtbar ist. 33

Diese Aufhebung ähnelt in der Sache einem **Nichteintretensentscheid**, da mangels genügender Eröffnung ein Sachentscheid des Bundesgerichts nicht möglich ist. Es rechtfertigt sich daher, analog die Verfahrensvorschriften über das Nichteintreten anzuwenden, d.h. gegebenenfalls das vereinfachte Verfahren nach Art. 108 BGG (vgl. POUDRET, N 4 zu Art. 52 in Bezug auf Art. 36a Abs. 1 lit. a OG). Die Kosten werden oft der Vorinstanz aufzuerlegen sein (Art. 66 Abs. 3 und Art. 68 Abs. 4 BGG). 34

Art. 112 Abs. 3 BGG gilt – wie der ganze 7. Abschnitt – an sich nur für kantonale Vorinstanzen. In der Sache rechtfertigt sich seine analoge Anwendung aber auch in Bezug auf die **eidgenössischen Vorinstanzen** (Bundesstraf- und Bundesverwaltungsgericht). 35

4. Eröffnung an Bundesbehörden (Abs. 4)

In denjenigen Fällen, in denen beschwerdeberechtigte Bundesbehörden am kantonalen Verfahren nicht teilgenommen haben (Art. 111 Abs. 2 BGG; vgl. Art. 111 BGG N 10), sind sie in diesem Verfahren nicht Partei und erhalten daher den Entscheid nicht automatisch zugestellt. Damit sie ihr Beschwerderecht ausüben können, muss ihnen daher der Entscheid zugestellt werden. Umgekehrt könnten die Bundesbehörden überflutet werden, wenn ihnen sämtliche Entscheide zugestellt werden. Das Gesetz gibt daher dem **Bundesrat** die Kompetenz, diejenigen Fälle zu bezeichnen, in denen die kantonalen Entscheide den beschwerdeberechtigten Bundesbehörden zuzustellen sind. Vorbehalten sind zudem spezial- 36 gesetzliche Regelungen, in denen eine solche Mitteilungspflicht enthalten ist. Ohne eine solche Bestimmung muss der kantonale Entscheid nicht der Bundesbehörde eröffnet werden (BBl 2001 4350).

37 Der Bundesrat kann in seiner Verordnung auch regeln, ob in den Fällen, in denen die Entscheide ohne Begründung eröffnet werden (Abs. 2), den Bundesbehörden bereits das **unbegründete Dispositiv** zuzustellen ist.

5. Übergangsrecht

38 Für die Anforderungen gemäss Art. 112 BGG gilt **keine Übergangsfrist** (Art. 130 BGG). Sie müssen daher in allen kantonalen Entscheiden erfüllt sein, die nach dem 31. Dezember 2006 ergehen (Art. 132 Abs. 1 BGG).

5. Kapitel: Subsidiäre Verfassungsbeschwerde

Art. 113

Grundsatz	Das Bundesgericht beurteilt Verfassungsbeschwerden gegen Entscheide letzter kantonaler Instanzen, soweit keine Beschwerde nach den Artikeln 72–89 zulässig ist.
Principe	Le Tribunal fédéral connaît des recours constitutionnels contre les décisions des autorités cantonales de dernière instance qui ne peuvent faire l'objet d'aucun recours selon les art. 72 à 89.
Principio	Il Tribunale federale giudica i ricorsi in materia costituzionale interposti contro le decisioni cantonali di ultima istanza laddove non sia ammissibile il ricorso ordinario secondo gli articoli 72–89.

Inhaltsübersicht

	Note	Seite
I. Bisheriges Recht und Entstehungsgeschichte (zugleich zu Art. 114–119)	1	483
II. Kommentar	5	484
1. Charakterisierung	5	484
2. Anfechtungsobjekte	7	484
3. Subsidiarität	14	485

I. Bisheriges Recht und Entstehungsgeschichte (zugleich zu Art. 114–119)

Altes Recht: Das OG kannte in den Art. 84 ff. die gegenüber allen anderen bundesrechtlichen Rechtsmitteln subsidiäre (Art. 84 Abs. 2 OG) staatsrechtliche Beschwerde, mit welcher letztinstanzliche (Art. 86 OG) kantonale Entscheide und Erlasse angefochten werden konnten, namentlich wegen Verletzung verfassungsmässiger Rechte. Diese Beschwerde hatte ihre Bedeutung im Zivil- und Strafrecht hauptsächlich in Bezug auf die Sachverhaltsfeststellung und Beweiswürdigung; im öffentlichen Recht war sie das einzige Rechtsmittel gegen Entscheide, die sich auf kantonales Recht stützten; in Bundesverwaltungssachen war sie subsidiär zulässig, soweit die Verwaltungsgerichtsbeschwerde nicht zulässig war (Art. 99–101 OG). 1

In dem von der Expertenkommission und dem Bundesrat vorgeschlagenen System der Einheitsbeschwerde entfiel grundsätzlich die Notwendigkeit der staatsrechtlichen Beschwerde, weil nun auch mit der Einheitsbeschwerde in Zivil- und Strafrecht die Verletzung verfassungsmässiger Rechte gerügt werden kann und die öffentlich-rechtliche Einheitsbeschwerde auch gegen auf kantonales Recht gestützte Entscheide sowie gegen Erlasse möglich ist. Soweit allerdings die drei 2

Einheitsbeschwerden nicht zulässig sind (Art. 73, 74, 79, 83–85 BGG), hätte dieses System zur Folge, dass überhaupt kein Rechtsmittel ans Bundesgericht mehr zulässig wäre. Dies wurde zunächst vom Ständerat grundsätzlich akzeptiert, wobei er allerdings im Rahmen der Einheitsbeschwerden die Ausnahmen durch Gegenausnahmen bei Verletzung verfassungsmässiger Rechte ergänzte (Art. 83 BGG N 3). In der Folge erwies sich diese Frage aber als sehr umstritten.

3   Die Arbeitsgruppe Bundesgericht schlug deshalb vor, die drei Einheitsbeschwerden um eine an die bisherige staatsrechtliche Beschwerde angelehnte subsidiäre Verfassungsbeschwerde zu ergänzen, welche dort, wo die Einheitsbeschwerde nicht zulässig ist, ergriffen werden kann, wie die staatsrechtliche Beschwerde allerdings nur gegen Entscheide letzter kantonaler Instanzen.

4   Dieser Vorschlag wurde im Nationalrat (Amtl. Bull. N vom 5.10.2004 S. 1614 f.) wie auch im Ständerat (Amtl. Bull. S vom 8.3.2005 S. 139) ohne Änderungen akzeptiert.

II. Kommentar

1. Charakterisierung

5   Die subsidiäre Verfassungsbeschwerde ist der **staatsrechtlichen Beschwerde** nachgebildet; sie hat allerdings – im Unterschied zu dieser – Devolutiveffekt und ist nicht grundsätzlich rein kassatorisch (Art. 117 i.V.m. Art. 107 BGG; KARLEN, S. 56). Soweit das Gesetz nicht von der Regelung des OG über die staatsrechtliche Beschwerde abweicht, rechtfertigt sich aber eine Anlehnung an die zu dieser ergangene Rechtsprechung.

6   Die subsidiäre Verfassungsbeschwerde hat auch zur Folge, dass gegen kantonale Entscheide nie direkt eine Beschwerde an den **Europäischen Gerichtshof für Menschenrechte** zulässig ist, da für die Verletzung von Rechten der EMRK die Verfassungsbeschwerde an das Bundesgericht offen steht (Art. 116 BGG N 3).

2. Anfechtungsobjekte

7   Die Beschwerde ist im Unterschied zur staatsrechtlichen Beschwerde nur zulässig gegen **Entscheide**, nicht gegen Erlasse. Dafür besteht auch keine Notwendigkeit, da kantonale Erlasse in jedem Falle mit der öffentlich-rechtlichen Beschwerde angefochten werden können (Art. 82 lit. b BGG), weil die Ausnahmen von Art. 83–85 BGG für Erlasse nicht gelten (Art. 83 BGG N 12).

8   Zum Begriff des Entscheids s. Art. 82 BGG N 8 ff..

Die Beschwerde ist nur zulässig gegen Entscheide **kantonaler** Instanzen. Zum Begriff «kantonal» s. Art. 86 BGG N 9 f. Entscheide von Bundesbehörden (Bundesverwaltungsgericht, Bundesstrafgericht, UBI) unterliegen demgegenüber in keinem Fall der subsidiären Verfassungsbeschwerde. Ist die ordentliche Beschwerde unzulässig, ist der Entscheid dieser unteren Bundesinstanzen endgültig. 9

Im Unterschied zu Art. 85 lit. c OG ist auch die Beschwerde gegen Entscheide **internationaler Schiedsgerichte** nicht mehr zulässig, soweit die zivilrechtliche Einheitsbeschwerde nicht offen steht (vgl. Art. 77 BGG N 13). 10

Die Beschwerde ist nur zulässig gegen Entscheide **letzter** kantonaler Instanzen. Es muss somit vorgängig der Beschwerde an das Bundesgericht ein kantonaler Instanzenzug durchlaufen werden. Zu den möglichen Vorinstanzen s. Art. 114 BGG. 11

Die Verfassungsbeschwerde ist daher unzulässig, soweit kantonal letztinstanzliche Entscheide ausnahmsweise beim **Bundesverwaltungsgericht** (vgl. Art. 33 lit. i und Art. 34 VGG; Art. 86 BGG N 11) oder beim **Bundesstrafgericht** (vgl. Art. 28 Abs. 1 SGG; Art. 84 BGG N 5) angefochten werden können. 12

Gegen **Teil-, Vor- und Zwischenentscheide** (Art. 91–93 BGG) ist die Verfassungsbeschwerde unter den gleichen Voraussetzungen zulässig wie die ordentlichen Beschwerden (Art. 117 BGG). Ist die ordentliche Beschwerde deshalb unzulässig, weil es sich um einen nicht anfechtbaren Vor- oder Zwischenentscheid handelt, ist somit auch die subsidiäre Verfassungsbeschwerde nicht zulässig. 13

3. Subsidiarität

Die Verfassungsbeschwerde ist **subsidiär** zu allen drei ordentlichen Beschwerden. Ihr Anwendungsbereich beschränkt sich daher auf die Fälle von Art. 73 BGG, die vermögensrechtlichen Zivilsachen, bei denen weder der Streitwert gemäss Art. 74 Abs. 1 BGG erreicht ist, noch eine der Voraussetzungen von Art. 74 Abs. 2 BGG erfüllt ist, sowie auf die Fälle, in denen gemäss Art. 83–85 BGG die öffentlich-rechtliche Beschwerde nicht zulässig ist. Im Strafrecht sind alle kantonalen Entscheide mit der ordentlichen Beschwerde anfechtbar, so dass kein Raum für die subsidiäre Verfassungsbeschwerde besteht. (vgl. Art. 78 BGG N 13 f.; die Ausnahme gemäss Art. 79 BGG bezieht sich nur auf Entscheide des Bundesstrafgerichts, gegen welche die subsidiäre Verfassungsbeschwerde ohnehin nicht offen steht.) 14

Ist die ordentliche Beschwerde nur zulässig, wenn sich eine **Rechtsfrage von grundsätzlicher Bedeutung** stellt (Art. 74 Abs. 2 lit. a, Art. 83 lit. f, Art. 85 Abs. 2 BGG), so hängt die Zulässigkeit der ordentlichen Beschwerde von einer Würdigung durch das Bundesgericht ab, die nicht ohne weiteres vorhersehbar ist. 15

Auch in gewissen anderen Fällen mag die Zulässigkeit der ordentlichen Beschwerde fraglich sein. In all diesen Fällen empfiehlt es sich, sowohl die ordentliche Beschwerde als auch die subsidiäre Verfassungsbeschwerde zu erheben (s. dazu Art. 119 BGG).

16 Die **Verwaltungsbeschwerde an den Bundesrat** gegen Verfügungen letzter kantonaler Instanzen (Art. 73 lit. c VwVG) ist subsidiär gegenüber der Verfassungsbeschwerde (Art. 74 VwVG), anders als bisher gegenüber der staatsrechtlichen Beschwerde (Art. 84 Abs. 2 OG).

Art. 114

Vorinstanzen	Die Vorschriften des dritten Kapitels über die kantonalen Vorinstanzen (Art. 75 bzw. 86) gelten sinngemäss.
Autorités précédentes	Les art. 75 et 86 relatifs aux autorités cantonales précédentes sont applicables par analogie.
Autorità inferiori	Le disposizioni del capitolo 3 concernenti le autorità cantonali inferiori (art. 75 e 86) si applicano per analogia.

Inhaltsübersicht Note Seite

I. Bisheriges Recht und Entstehungsgeschichte 1 487
II. Kommentar 2 487

I. Bisheriges Recht und Entstehungsgeschichte

Altes Recht: Keine Entsprechung. 1

Entstehungsgeschichte: S. zu Art. 113 BGG.

II. Kommentar

Art. 114 verweist auf die Regelung über die Vorinstanzen im Rahmen der 2
Beschwerde in **Zivilsachen** und in **öffentlich-rechtlichen Angelegenheiten**,
nicht hingegen auf diejenige im Rahmen der Beschwerde in Strafsachen (Art. 80
BGG), da dort kein Anwendungsbereich der subsidiären Verfassungsbeschwerde
besteht (Art. 113 BGG N 14). Die Verweisung umfasst sodann nicht die Art. 87
und 88 BGG, da in diesen Fällen keine Ausnahmen von der ordentlichen Beschwerde bestehen.

Art. 114 BGG ist eine **wesentliche Neuerung** gegenüber der bisherigen staats- 3
rechtlichen Beschwerde: Es wird nun auch in denjenigen Fällen, in denen nur die
subsidiäre Verfassungsbeschwerde zulässig ist, grundsätzlich eine **gerichtliche
Vorinstanz** verlangt (AUER, S. 123, 135; THOMAS GÄCHTER, Rechtsweg-
Garantie: Ein Grundrecht auf Raten, Plädoyer 3/06 S. 31 ff., 32; HOTTELIER, S.
76 f.; KARLEN, S. 69; LUGON/POLTIER/TANQUEREL, S. 111 f.; eher a.M. PFISTERER, S. 297, SCHWEIZER, S. 227; Ausnahmen s. unten N 5). Dies folgt aus
Art. 191b Abs. 1 BV sowie aus der Rechtsweggarantie von Art. 29a BV: Diese
verlangt eine gerichtliche Überprüfung, welche alle Rechts- und Sachfragen frei
überprüft (KLEY, St. Galler Kommentar zur BV, Art. 29a N 6), was das Bundes-

gericht im Rahmen der subsidiären Verfassungsbeschwerde nicht erfüllt (Art. 116 und Art. 118 Abs. 2 BGG).

4 In **Zivilsachen** müssen die Kantone somit auch in denjenigen Fällen, in denen die ordentliche Beschwerde nicht zulässig ist, zwei Instanzen vorsehen (mit Ausnahme der Fälle von Art. 75 Abs. 2 lit. a–c BGG), wobei die zweite ein oberes kantonales Gericht sein muss, das als Rechtsmittelinstanz entscheidet (Art. 75 Abs. 2 BGG). Sofern als erste Instanz ein Gericht entschieden hat, ist es jedoch zulässig, dass die zweite Instanz eine auf die Verletzung verfassungsmässiger Rechte beschränkte Kognition hat (s. Art. 117 BGG N 16).

5 Eine erhebliche Änderung für die Kantone ergibt sich daraus, dass sie auch in grundsätzlich allen **öffentlich-rechtlichen Angelegenheiten** eine gerichtliche Überprüfung vorsehen müssen, was bisher in denjenigen Fällen, in denen nur die staatsrechtliche Beschwerde zulässig war, nicht vorgeschrieben war. Die in Art. 114 BGG enthaltene Verweisung auf Art. 86 BGG umfasst freilich auch dessen Abs. 3: Für **Entscheide mit vorwiegend politischem Charakter** können die Kantone im Rahmen des vom Bundesgericht zu konkretisierenden Gehalts dieser Bestimmung (s. Art. 86 BGG N 21 ff.) und unter Vorbehalt bundesrechtlicher Spezialgesetzgebungen (z.B. Bürgerrecht) von einer gerichtlichen Überprüfung absehen. Dies dürfte z.B. für den Entscheid über die Ermächtigung zur Strafverfolgung (vgl. Art. 83 BGG N 42) oder Subventionen mit politischem Charakter in Frage kommen.

6 Zum **Übergangsrecht** s. Art. 130 BGG.

Art. 115

Beschwerderecht

Zur Verfassungsbeschwerde ist berechtigt, wer:
a. vor der Vorinstanz am Verfahren teilgenommen hat oder keine Möglichkeit zur Teilnahme erhalten hat; und
b. ein rechtlich geschütztes Interesse an der Aufhebung oder Änderung des angefochtenen Entscheids hat.

Qualité pour recourir

A qualité pour former un recours constitutionnel quiconque:
a. a pris part à la procédure devant l'autorité précédente ou a été privé de la possibilité de le faire et
b. a un intérêt juridique à l'annulation ou à la modification de la décision attaquée.

Diritto di ricorso

È legittimato al ricorso in materia costituzionale chiunque:
a. ha partecipato alla procedura dinanzi all'autorità inferiore o non gliene è stata data la possibilità; e
b. ha un interesse legittimo all'annullamento o alla modifica della decisione impugnata.

Inhaltsübersicht

	Note	Seite
I. Bisheriges Recht und Entstehungsgeschichte	1	489
II. Kommentar	2	489
1. Im Allgemeinen	2	489
2. Willkürbeschwerde	10	491

I. Bisheriges Recht und Entstehungsgeschichte

Altes Recht: Art. 88 OG. 1

Entstehungsgeschichte: S. zu Art. 113 BGG.

II. Kommentar

1. Im Allgemeinen

Lit. a entspricht den Voraussetzungen, die auch bei der **ordentlichen Beschwerde** gelten (Art. 76 Abs. 1 lit. a, Art. 81 Abs. 1 lit. a und Art. 89 Abs. 1 lit. a BGG). 2

Lit. b lautet gleich wie Art. 76 Abs. 1 lit. b BGG. Anders als bei der Einheitsbeschwerde in öffentlich-rechtlichen Angelegenheiten (Art. 89 Abs. 1 lit. b und c BGG) reicht somit ein rein faktisches Berührtsein nicht zur Legitimation, sondern es ist ein **rechtlich geschütztes Interesse** erforderlich. Es gelten damit die glei- 3 chen Anforderungen wie bei der bisherigen staatsrechtlichen Beschwerde (Bericht BJ zu den Normvorschlägen der Arbeitsgruppe Bundesgerichtsgesetz vom 16.3.2004, Ziff. 3.1; Amtl. Bull. S vom 8.3.2005 S. 139, Votum Wicki; KARLEN, S. 57 f.; HÄFELIN/HALLER/KELLER, S. 42 Rz. 2031; HOTTELIER, S. 90).

4 Das zur Legitimation erforderliche rechtlich geschützte Interesse ist in Bezug zu setzen zu den einzig möglichen Rügegründen der Verletzung verfassungsmässiger Rechte (Art. 116 BGG). Legitimiert ist deshalb nur, wer in seinen **verfassungsmässigen Rechten** verletzt ist (zu diesem Begriff s. Art. 98 BGG N 16 ff.), nicht schon, wer in einer einfachgesetzlich geschützten Rechtsstellung beeinträchtigt ist, unter Vorbehalt der Willkürbeschwerde (unten Ziff. 2).

5 Nicht legitimiert ist daher eine **juristische Person des öffentlichen Rechts**, wenn sie nicht wie ein Privater, sondern in Wahrnehmung ihrer öffentlichen Aufgaben auftritt, da sie (Vorbehalt unten N 8) insoweit keine verfassungsmässigen Rechte hat (BGE 129 II 225, 231 E. 1.5, m.H.). Dies gilt auch dann, wenn sie in ihrem Vermögen betroffen ist, z.B. als Schuldnerin aus Staatshaftung (BGE 109 Ia 173, 175 E. 2) oder als öffentlich-rechtliche Arbeitgeberin (BGE 120 Ia 95, 97 ff.).

6 Das Gleiche gilt für **Private**, soweit sie aufgrund einer gesetzlichen Regelung **hoheitliche, öffentliche Aufgaben** wahrnehmen, wie z.B. private Träger öffentlicher Aufgaben oder Krankenkassen (BGE 121 I 218, 220 E. 2b; Urteil 2P.153/2003 vom 19.9.2003, E. 1.5; Urteil 2P.193/1995 vom 11.1.1996, E. 2b). Hingegen können sie sich dagegen wehren, dass ihnen der Staat neue Aufgaben überbürdet (BGE 121 I 218, 220 f., E. 2b).

7 Wie im Rahmen der staatsrechtlichen Beschwerde ist daher auch die **Behörden- und Verbandsbeschwerde** nach Art. 76 Abs. 2, Art. 81 Abs. 2 und 3 und Art. 89 Abs. 2 BGG nicht zulässig (HÄFELIN/HALLER/KELLER, S. 43 Rz. 2035; HOTTELIER, S. 94). Diese Beschwerdebefugnisse dienen nicht der Durchsetzung eigener rechtlich geschützter Interessen der betreffenden Behörden und Organisationen, sondern der Durchsetzung des objektiven Rechts. Zulässig ist hingegen die **egoistische Verbandsbeschwerde** unter analogen Voraussetzungen wie die ordentliche Beschwerde (s. Art. 89 BGG N 10; für die staatsrechtliche Beschwerde BGE 125 I 71, 75 E. 1b/aa).

8 Legitimiert ist sodann eine **Gemeinde oder gleichgestellte Körperschaft**, soweit sie eine Verletzung ihrer Autonomie beanstandet (vgl. Art. 89 BGG N 51 ff.). Eine Gemeinde kann sich somit bspw. dagegen wehren, dass eine kantonale Rechtsmittelinstanz einen negativen Einbürgerungsentscheid (AJP 2004 S. 993 E. 1.2) oder einen Submissionsentscheid (BGE 129 I 313, 319 E. 4.2) der Gemeinde aufhebt.

9 Hingegen kann sich die Gemeinde nicht gegen die Verweigerung einer **kantonalen Subvention** wehren, auf die kein Rechtsanspruch besteht (weshalb die ordentliche Beschwerde in öffentlich-rechtlichen Angelegenheiten ausgeschlossen

ist, Art. 83 lit. k BGG), da sich die Autonomie der Gemeinden naturgemäss nicht auf die Entscheidungsbefugnisse hinsichtlich der Zusprechung kantonaler Beiträge erstreckt (BGE 119 Ia 214, 219 E. 3b; ZBl 100/1999 S. 273 E. 2).

2. Willkürbeschwerde

Das **Willkürverbot** ist ein verfassungsmässiges Recht (Art. 9 BV). Eine willkürliche Anwendung einfachgesetzlicher Bestimmungen ist daher zugleich eine Verfassungsverletzung und kann grundsätzlich auch im Rahmen der subsidiären Verfassungsbeschwerde beanstandet werden (vgl. Art. 95 BGG N 22). 10

Im Rahmen der **staatsrechtlichen Beschwerde** trat das Bundesgericht in ständiger Rechtsprechung auf Beschwerden, in denen eine Verletzung des Willkürverbots gerügt wurde, nur ein, wenn die gesetzlichen Bestimmungen, deren willkürliche Anwendung geltend gemacht wurde, dem Beschwerdeführer einen Rechtsanspruch einräumen oder dem Schutz seiner angeblich verletzten Interessen dienen, da das allgemeine Willkürverbot, das bei jeder staatlichen Verwaltungstätigkeit zu beachten ist, für sich allein keine geschützte Rechtsstellung im Sinne von Art. 88 OG verschafft. Diese Rechtsprechung wurde von der mehrheitlichen Lehre kritisiert, aber vom Bundesgericht im Jahre 2000 nach einem Plenumsbeschluss in einem ausführlich begründeten Grundsatzentscheid bekräftigt (BGE 126 I 81). 11

Dabei betonte das Bundesgericht namentlich, dass es Sache des Gesetzgebers sei, Art. 88 OG zu ändern, falls eine Änderung dieser ständigen Praxis erwünscht sei (S. 90 ff. E. 5), wobei namentlich auf die damals in Vorbereitung befindlichen Arbeiten zur Totalrevision der Bundesrechtspflege hingewiesen wurde (S. 93 f. E. 6). Nachdem sich der Gesetzgeber bei der Legitimation zur subsidiären Verfassungsbeschwerde bewusst an die staatsrechtliche Beschwerde anlehnen wollte (vorne N 3) und trotz der sattsam bekannten Kontroverse zwischen Bundesgericht und mehrheitlicher Doktrin darauf verzichtet hat, diese Frage abweichend von der **bisherigen Rechtsprechung** zu regeln, gilt diese damit weiterhin (ebenso SCHWEIZER, S. 242; contra HOTTELIER, S. 92 f.). 12

Der **Geltungsbereich dieser Rechtsprechung** ist allerdings infolge des weiteren Anwendungsbereichs der Einheitsbeschwerde in öffentlich-rechtlichen Angelegenheiten gegenüber der bisherigen Rechtslage eingeschränkt: Im öffentlichen Baurecht, wo bisher der Drittbeschwerdeführer geltend machen musste, die willkürlich angewendeten Vorschriften würden auch dem Schutz der Nachbarn dienen und er würde sich im Schutzbereich dieser Vorschriften befinden (BGE 125 II 440, 442 f.; 118 Ia 232, 234 E. 1a), ist heute uneingeschränkt die ordentliche Beschwerde in öffentlich-rechtlichen Angelegenheiten (Art. 82 BGG) zulässig, so dass sich die Frage nicht mehr stellt. 13

14 Ihren **Hauptanwendungsbereich** hat diese Legitimationseinschränkung in Bezug auf Bewilligungen oder Leistungen, auf die kein Rechtsanspruch besteht, namentlich die ordentliche Einbürgerung (Art. 83 lit. b BGG; BGE 129 I 217, 221 f. E. 1.3), ausländer- und asylrechtliche Bewilligungen, auf die kein Rechtsanspruch besteht (Art. 83 lit. c Ziff. 2 und lit. d Ziff. 2 BGG; BGE 126 I 81), Subventionen, auf die kein Anspruch besteht (Art. 83 lit. k BGG; vgl. Urteil 2P.153/2003 vom 19.9.2003, E. 1.7), sowie Stundung und Erlass von Abgaben (Art. 83 lit. m BGG).

15 Da in diesen Bereichen regelmässig ein sehr grosser, nicht rechtssatzgeleiteter **Ermessensspielraum** der Behörden besteht, sind kaum Fälle denkbar, in denen eine Verweigerung der entsprechenden Bewilligung oder Leistung als willkürliche Rechtsanwendung qualifiziert werden könnte. Der von der mehrheitlichen Lehre postulierte Rechtsschutz würde im praktischen Ergebnis weitestgehend leerlaufen.

16 Legitimiert zur Willkürbeschwerde ist hingegen der übergangene Mitbewerber in einem **Submissionsverfahren** (BGE 125 II 86, 95 f. E. 4). Hier besteht ein Anspruch auf die Erteilung des Auftrags an denjenigen, der die günstigste Offerte eingereicht hat.

Art. 116

Beschwerdegründe	Mit der Verfassungsbeschwerde kann die Verletzung von verfassungsmässigen Rechten gerügt werden.
Motifs de recours	Le recours constitutionnel peut être formé pour violation des droits constitutionnels.
Motivi di ricorso	Con il ricorso in materia costituzionale può essere censurata la violazione di diritti costituzionali.

Inhaltsübersicht   Note   Seite

I. Bisheriges Recht und Entstehungsgeschichte 1   493
II. Kommentar 2   493

I. Bisheriges Recht und Entstehungsgeschichte

Altes Recht: Art. 84 Abs. 1 lit. a OG.   1

Entstehungsgeschichte: S. zu Art. 113.

II. Kommentar

Mit der subsidiären Verfassungsbeschwerde kann einzig die Verletzung **verfassungsmässiger Rechte** gerügt werden. Dieser Begriff deckt sich mit demjenigen des bisherigen Art. 84 lit. a OG (KARLEN, S. 58), so dass die entsprechende Rechtsprechung weitergeführt werden kann. Zum Begriff der verfassungsmässigen Rechte s. Art. 95 lit. c und Art. 98 BGG (Art. 95 BGG N 33 ff.; Art. 98 BGG N 16 ff.). Dazu gehören auch die kantonalen verfassungsmässigen Rechte (vgl. Art. 95 BGG N 33 ff.) mit Einschluss der Gemeindeautonomie (vgl. Art. 95 BGG N 39 ff.).   2

Die anderen bei der staatsrechtlichen Beschwerde zulässigen Beschwerdegründe (Art. 84 Abs. 1 lit. b–d und Art. 85 OG) sind bei der subsidiären Verfassungsbeschwerde nicht mehr vorgesehen. Namentlich kann also mit der subsidiären Verfassungsbeschwerde die Verletzung von **Konkordaten** oder von **Völkerrecht** (Art. 84 lit. b und c OG) nur geltend gemacht werden, soweit diese den Einzelnen Rechte gewähren, welche den verfassungsmässigen Rechten gleichgestellt werden (vgl. Art. 98 BGG N 16 ff.; HOTTELIER, S. 87), namentlich Rechte gemäss internationalen Menschenrechtskonventionen (Art. 98 BGG N 20; AEMISEGGER, S. 160 f.).   3

4   Zum **Willkürverbot** als verfassungsmässiges Recht s. Art. 115 BGG N 10.

5   Der **Anspruch auf rechtliches Gehör** (Art. 29 Abs. 2 BV) ist ein selbständiges verfassungsmässiges Recht. Auch wer – namentlich infolge der Praxis zu Willkürbeschwerden (Art. 115 BGG N 11 ff.) – in der Sache selber nicht legitimiert ist, kann die Verletzung von ihm im kantonalen Verfahren zustehenden Parteirechten rügen, deren Missachtung eine formelle Rechtsverweigerung darstellt (grundlegend BGE 114 Ia 307, 312 f. E. 3c.; vgl. auch BGE 128 I 218, 220 E. 1.1; 127 II 161, 167 E. 3b; 126 I 81, 86 E. 3b sowie E. 7b S. 94). Unzulässig sind aber Rügen, die im Ergebnis auf eine materielle Überprüfung des angefochtenen Entscheids abzielen, wie die Behauptung, dass die Begründung des angefochtenen Entscheids unvollständig oder zu wenig differenziert ausgefallen sei oder sich nicht mit sämtlichen von der Partei vorgetragenen Argumenten auseinandersetze oder dass die Parteivorbringen willkürlich gewürdigt worden seien. Ebenso wenig ist der Vorwurf zu hören, der Sachverhalt sei unvollständig oder sonstwie willkürlich ermittelt worden (vgl. BGE 114 Ia 307, 313 E. 3c; 126 I 81, 94 E. 7b; 118 Ia 232, 236 E. 1c; 117 Ia 90, 95 E. 4a). Zulässig ist die Rüge der vollständig fehlenden Begründung (BGE 129 I 217, 222 E. 1.4).

6   **Gemeinden** können auch Verletzungen des Willkürverbots (Art. 9 BV) und des Anspruchs auf rechtliches Gehör (Art. 29 Abs. 2 BV) rügen, soweit ein enger Zusammenhang zur behaupteten Missachtung ihrer Autonomie besteht (BGE 129 I 410, 414 E. 2.3).

7   Das **Verhältnismässigkeitsprinzip** ist ein Verfassungsprinzip (Art. 5 Abs. 2 BV), aber kein verfassungsmässiges Recht. Seine Verletzung kann im Rahmen der subsidiären Verfassungsbeschwerde daher nur im Zusammenhang mit einem besonderen Grundrecht gerügt werden (BGE 123 I 1, 11 E. 10; 122 I 279, 287 f. E. 2e/ee).

8   Wie im Verfahren der staatsrechtlichen Beschwerde (Art. 90 Abs. 1 lit. b OG) gilt für die im Rahmen der subsidiären Verfassungsbeschwerde einzig zu prüfende Verletzung verfassungsmässiger Rechte das **Rügeprinzip** (Art. 106 Abs. 2 BGG i.V.m. Art. 117 BGG). Das Bundesgericht wendet das Recht somit nicht von Amtes wegen an.

Art. 117

Beschwerdeverfahren	Für das Verfahren der Verfassungsbeschwerde gelten die Artikel 90–94, 99, 100, 102, 103 Absätze 1 und 3, 104, 106 Absatz 2 sowie 107–112 sinngemäss.
Procédure de recours	Les art. 90 à 94, 99, 100, 102, 103, al. 1 et 3, 104, 106, al. 2, et 107 à 112 s'appliquent par analogie à la procédure du recours constitutionnel.
Procedura di ricorso	Alla procedura di ricorso in materia costituzionale si applicano per analogia gli articoli 90–94, 99, 100, 102, 103 capoversi 1 e 3, 104, 106 capoverso 2 e 107–112.

Inhaltsübersicht Note Seite

I. Bisheriges Recht und Entstehungsgeschichte 1 495
II. Kommentar 2 495

I. Bisheriges Recht und Entstehungsgeschichte

Altes Recht: Art. 89 OG (Beschwerdefrist), Art. 90 OG (Anforderungen an die Beschwerdeschrift), Art. 91–94 (Instruktionsverfahren mit Schriftenwechsel und vorsorglichen Verfügungen). 1

Entstehungsgeschichte: S. zu Art. 113 BGG.

II. Kommentar

Abgesehen von den wenigen ausdrücklichen Regelungen (Art. 114–116, 118, 119 BGG) enthält das Gesetz keine besonderen Verfahrensbestimmungen für die subsidiäre Verfassungsbeschwerde, sondern verweist weitgehend, aber nicht vollumfänglich, auf die Bestimmungen für die **ordentliche Beschwerde**. 2

Nebst den in Art. 117 BGG genannten Bestimmungen des 4. Kapitels sind aufgrund der Systematik des Gesetzes auch die **Allgemeinen Verfahrensbestimmungen** (2. Kapitel, Art. 29–71) anwendbar, namentlich auch die Bestimmungen über die Kosten (Art. 62–68 BGG), gegebenenfalls auch die reduzierten Gerichtskosten (Art. 65 Abs. 4 BGG). Soweit dort zwischen zivil- und öffentlich-rechtlichen Angelegenheiten unterschiedliche Regelungen bestehen (Art. 40 Abs. 1 BGG: Parteivertretung), ist im Rahmen der subsidiären Verfassungsbeschwerde gleich wie bei der ordentlichen Beschwerde auf die übliche Unterscheidung zwischen zivil- und öffentlich-rechtlicher Angelegenheit abzustellen. 3

4   Die Anfechtung von **Teil-, Vor- und Zwischenentscheiden** sowie der **Rechtsverzögerung** (im Zusammenhang mit Angelegenheiten, in denen die ordentliche Beschwerde unzulässig ist) richtet sich nach den Art. 90–94 BGG.

5   Nicht anwendbar auf die subsidiäre Verfassungsbeschwerde sind die Bestimmungen über die **Beschwerdegründe** der ordentlichen Beschwerde (Art. 95–98 BGG). An deren Stelle tritt Art. 116 BGG.

6   Anwendbar sind die Regeln über die **Noven** (Art. 99 BGG), was dem bisherigen Novenrecht im Rahmen der staatsrechtlichen Beschwerde entspricht.

7   Die **Beschwerdefrist** beträgt in der Regel 30 Tage (Art. 100 Abs. 1 BGG). In Frage kommt auch die zehntägige Frist nach Art. 100 Abs. 2 lit. a oder b BGG oder die fünftägige Frist nach Art. 100 Abs. 3 lit. a BGG. Die übrigen verkürzten Fristen gemäss Art. 100 BGG kommen im Rahmen der subsidiären Verfassungsbeschwerde nicht zum Tragen, da in diesen Fällen immer die ordentliche Beschwerde zulässig ist. Art. 101 BGG ist im Rahmen der subsidiären Verfassungsbeschwerde gegenstandslos.

8   Der **Schriftenwechsel** findet nach Art. 102 BGG statt. Da aber die Behörden nicht zur Beschwerde berechtigt sind (Art. 115 BGG N 7), sind sie nicht zur Vernehmlassung einzuladen.

9   **Aufschiebende Wirkung** kommt der subsidiären Verfassungsbeschwerde nie von Gesetzes wegen zu (Art. 103 Abs. 2 BGG i.V.m. Art. 117 BGG e contrario), kann ihr aber erteilt werden (Art. 103 Abs. 1 und 3 BGG), so wie auch andere vorsorgliche Massnahmen möglich sind (Art. 104 BGG).

10 Nicht anwendbar ist Art. 105 BGG, der jedoch seine Entsprechung in Art. 118 BGG findet.

11 Im Rahmen der subsidiären Verfassungsbeschwerde wendet das Bundesgericht das Recht nicht von Amtes wegen an (Art. 106 Abs. 1 i.V.m. Art. 117 BGG e contrario), was folgerichtig ist, da nur die Verletzung verfassungsmässiger Rechte gerügt werden kann, was auch im Rahmen der ordentlichen Beschwerde nur auf Rüge hin geprüft wird (Art. 106 Abs. 2 BGG; HOTTELIER, S. 98). Es gilt also die gleiche **Rügepflicht** wie bisher im Rahmen von Art. 90 Abs. 1 lit. b OG.

12 Im Unterschied zur staatsrechtlichen Beschwerde ist die subsidiäre Verfassungsbeschwerde **nicht grundsätzlich kassatorisch** (KARLEN, S. 56, 60 f.). Das Bundesgericht kann reformatorisch entscheiden, aber auch die Sache zurückweisen, und zwar – wiederum im Unterschied zur staatsrechtlichen Beschwerde – auch direkt an die erste Instanz (Art. 107 BGG).

13 Die Vorschriften über das **vereinfachte Verfahren** (Art. 108 und 109 BGG) gelten auch für die subsidiäre Verfassungsbeschwerde, wobei freilich Art. 109 Abs. 1 BGG keinen Anwendungsbereich findet.

Die Anforderungen an die Beurteilung durch eine **kantonale richterliche Behörde** (Art. 110 BGG) gelten auch in denjenigen Fällen, in denen nur die subsidiäre Verfassungsbeschwerde zulässig ist. Dies ergibt sich auch aus Art. 29a BV. Vorbehalten sind jedoch die Entscheide mit vorwiegend politischem Charakter, bei denen die Kantone eine gerichtliche Überprüfung ausschliessen dürfen (Art. 86 Abs. 3 BGG; vgl. Art. 114 BGG N 5). 14

Die Bestimmungen über die **Einheit des Verfahrens** (Art. 111 BGG) gelten auch für die subsidiäre Verfassungsbeschwerde, haben dort aber teilweise eine andere Tragweite: Die **Parteistellung** im kantonalen Verfahren (Art. 111 Abs. 1 BGG) richtet sich nach der Beschwerdebefugnis gemäss Art. 115 BGG. Anders als in denjenigen Fällen, in denen die ordentliche Beschwerde in öffentlich-rechtlichen Angelegenheiten zulässig ist, müssen somit im kantonalen Verfahren die rein faktisch berührten Dritten (vgl. Art. 115 BGG N 3) sowie die Behörden und Verbände (Art. 76 Abs. 2 und Art. 89 Abs. 2 BGG) nicht von Bundesrechts wegen Parteistellung haben. Auch Art. 111 Abs. 2 BGG kommt daher nicht zum Tragen. 15

Art. 111 Abs. 3 BGG will sicherstellen, dass die letzte kantonale Instanz mindestens die gleiche **Überprüfungsbefugnis** hat wie das Bundesgericht (BBl 2001 4350; vgl. Art. 111 BGG N 15). Im Rahmen der subsidiären Verfassungsbeschwerde ist diesem Anliegen Genüge getan, wenn die letzte kantonale Instanz eine auf Verletzung verfassungsmässiger Rechte beschränkte Kognition hat. Der Ausdruck «sinngemäss» in Art. 117 BGG lässt in teleologischer Auslegung darauf schliessen, dass der Verweis auf Art. 111 BGG in diesem Sinne zu verstehen ist. Dies erlaubt namentlich, für Zivilangelegenheiten mit kleinem Streitwert nur eine beschränkte Rechtsmittelmöglichkeit vorzusehen, wie das in den meisten Kantonen üblich und im Sinne einer Optimierung des Rechtsschutzes sinnvoll ist (a.M. AUER, S. 130, m.H. auf Art. 110 BGG). 16

Die **Rechtsmittelbelehrung** in den kantonalen Entscheiden muss neu auch auf das Rechtsmittel der subsidiären Verfassungsbeschwerde hinweisen (Art. 112 Abs. 1 lit. d BGG), wenn die ordentliche Beschwerde nicht zulässig oder ihre Zulässigkeit fraglich ist. Art. 112 Abs. 4 BGG ist im Rahmen der subsidiären Verfassungsbeschwerde gegenstandslos. 17

Art. 118

Massgebender Sachverhalt	¹ Das Bundesgericht legt seinem Urteil den Sachverhalt zugrunde, den die Vorinstanz festgestellt hat. ² Es kann die Sachverhaltsfeststellung der Vorinstanz von Amtes wegen berichtigen oder ergänzen, wenn sie auf einer Rechtsverletzung im Sinne von Artikel 116 beruht.
Faits déterminants	¹ Le Tribunal fédéral statue sur la base des faits établis par l'autorité précédente. ² Il peut rectifier ou compléter les constatations de l'autorité précédente si les faits ont été établis en violation du droit au sens de l'art. 116.
Fatti determinanti	¹ Il Tribunale federale fonda la sua sentenza sui fatti accertati dall'autorità inferiore. ² Può rettificare o completare d'ufficio l'accertamento dei fatti operato dall'autorità inferiore se è stato svolto in violazione del diritto ai sensi dell'articolo 116.

Inhaltsübersicht   Note   Seite

I. Bisheriges Recht und Entstehungsgeschichte 1   498
II. Kommentar 2   498

I. Bisheriges Recht und Entstehungsgeschichte

1   Altes Recht: Art. 95 OG.

Entstehungsgeschichte: S. zu Art. 113 BGG.

II. Kommentar

2   Abs. 1 entspricht Art. 105 Abs. 1 BGG. Grundsätzlich ist somit der vorinstanzlich festgestellte Sachverhalt für das Bundesgericht **verbindlich**.

3   Die Umschreibung der zulässigen **Sachverhaltskorrektur** entspricht dem einzigen zulässigen Beschwerdegrund (Art. 116 BGG). Sie unterscheidet sich in der Umschreibung, aber kaum im Ergebnis von der Regelung bei der ordentlichen Beschwerde (KARLEN, S. 58): Denn eine offensichtlich unrichtige Sachverhaltsfeststellung (Art. 97 Abs. 1 und Art. 105 Abs. 2 BGG) ist etwa dasselbe wie eine willkürliche (und damit in Verletzung verfassungsmässiger Rechte erfolgte) Sachverhaltsfeststellung.

Immerhin ist denkbar, dass eine Sachverhaltsfeststellung auf einer Verletzung bundesrechtlicher **einfachgesetzlicher Verfahrensvorschriften** beruht. Dies ist im Rahmen der ordentlichen Beschwerde korrigierbar (Art. 95 lit. a i.V.m. Art. 97 Abs. 1 und Art. 105 Abs. 2 BGG), nicht aber im Rahmen der subsidiären Verfassungsbeschwerde, ausser wenn die Nichtanwendung solcher Verfahrensvorschriften zugleich eine Verletzung verfassungsmässiger Rechte darstellt (z.B. Gehörsverletzung oder Verletzung der derogatorischen Kraft des Bundesrechts). 4

Soweit das Bundesgericht vom vorinstanzlich festgestellten Sachverhalt **abweicht**, kann es die Sache zur erneuten Prüfung zurückweisen (Art. 107 Abs. 2 i.V.m. Art. 117 BGG). Es kann aber auch selber den Sachverhalt ergänzen und zu diesem Zweck ein Beweisverfahren durchführen (Art. 55 f. BGG). 5

Art. 119

| Gleichzeitige ordentliche Beschwerde | ¹ Führt eine Partei gegen einen Entscheid sowohl ordentliche Beschwerde als auch Verfassungsbeschwerde, so hat sie beide Rechtsmittel in der gleichen Rechtsschrift einzureichen. |

² Das Bundesgericht behandelt beide Beschwerden im gleichen Verfahren.

³ Es prüft die vorgebrachten Rügen nach den Vorschriften über die entsprechende Beschwerdeart.

| Recours ordinaire simultané | ¹ Si une partie forme contre une décision un recours ordinaire et un recours constitutionnel, elle doit déposer les deux recours dans un seul mémoire. |

² Le Tribunal fédéral statue sur les deux recours dans la même procédure.

³ Il examine les griefs invoqués selon les dispositions applicables au type de recours concerné.

| Ricorso ordinario simultaneo | ¹ La parte che intende impugnare una decisione sia con un ricorso ordinario sia con un ricorso in materia costituzionale deve presentare entrambi i ricorsi con una sola e medesima istanza. |

² Il Tribunale federale tratta i due ricorsi nella stessa procedura.

³ Esamina le diverse censure secondo le disposizioni applicabili ai due diversi tipi di ricorso.

Inhaltsübersicht Note Seite
I. Bisheriges Recht und Entstehungsgeschichte 1 500
II. Kommentar 2 500

I. Bisheriges Recht und Entstehungsgeschichte

1 Altes Recht: Keine ausdrückliche Entsprechung.
Entstehungsgeschichte: S. zu Art. 113 BGG.

II. Kommentar

2   Infolge der **Subsidiarität der Verfassungsbeschwerde** (Art. 113 BGG) und weil die Kognition und die Legitimation bei der Verfassungsbeschwerde in jedem Fall enger oder höchstens gleich weit ist wie bei der ordentlichen Beschwerde, gibt es keine Fälle, in denen in Bezug auf das nämliche Anfechtungs-

objekt gleichzeitig ordentliche Beschwerde und Verfassungsbeschwerde erhoben werden müsste. Entweder ist die ordentliche Beschwerde zulässig oder die Verfassungsbeschwerde. Insbesondere entfällt – anders als bisher im Rahmen der Berufung und der strafrechtlichen Nichtigkeitsbeschwerde – die Notwendigkeit, für die Sachverhaltskritik eine besondere Verfassungsbeschwerde einzureichen, da auch im Rahmen der ordentlichen Beschwerde in Zivil- und Strafsachen neu der Sachverhalt überprüft werden kann (im Rahmen von Art. 97 und 105 BGG).

Das **gleichzeitige Ergreifen** der ordentlichen und der Verfassungsbeschwerde ist einerseits dann erforderlich, wenn der angefochtene Entscheid **mehrere Streitgegenstände** vereinigt und die ordentliche Beschwerde nur bezüglich einzelner davon zulässig ist. Das ist bspw. der Fall, wenn vorinstanzlich zwei Verfahren vereinigt worden sind (ohne dass notwendige Streitgenossenschaft oder Klagenhäufung vorliegt) und nur bezüglich des einen der Streitwert (Art. 74 Abs. 1 oder Art. 85 Abs. 1 BGG) erreicht ist, oder wenn im gleichen Entscheid über zwei Subventionen entschieden worden ist und nur auf eine davon ein Anspruch besteht (Art. 83 lit. k BGG).

Andererseits empfiehlt sich eine doppelte Beschwerdeführung, wenn **unklar** ist, ob die ordentliche Beschwerde zulässig ist. Dies ist vor allem dort der Fall, wo die Zulässigkeit der ordentlichen Beschwerde davon abhängt, dass eine Rechtsfrage von grundsätzlicher Bedeutung (Art. 74 Abs. 2 lit. a, Art. 83 lit. f Ziff. 2, Art. 85 Abs. 2 BGG) vorliegt. Denn ob diese Voraussetzung gegeben ist, hängt von einem bundesgerichtlichen Vorprüfungsverfahren ab, bei dem dem Bundesgericht ein erhebliches Ermessen zusteht (vgl. Art. 109 Abs. 1 BGG). Es kann aber auch sonst ungewisse Fälle geben, so wenn die Höhe des Streitwerts oder das Bestehen eines Rechtsanspruchs (Art. 83 lit. c Ziff. 2, lit. d Ziff. 2, lit. k BGG) unklar ist.

Entsprechend dem Bedürfnis, den Rechtsmittelweg für die Rechtssuchenden möglichst zu vereinfachen, muss in jedem Fall nur **eine Rechtsschrift** eingereicht werden. Dies war bisher schon möglich und wird jetzt zur Pflicht. Getrennt eingereichte Rechtsschriften sind zur Verbesserung zurückzuweisen (Art. 42 Abs. 6 BGG).

Die beiden Beschwerden werden im **gleichen Verfahren** behandelt (Abs. 2) und mit einem einzigen Entscheid abgeschlossen. Dementsprechend gibt es nur eine Gerichtsgebühr (KARLEN, S. 58). Zuständig ist diejenige Abteilung des Bundesgerichts, welche im betreffenden Sachgebiet für die ordentliche Beschwerde zuständig wäre.

Die gemeinsame Einreichung wird dadurch vereinfacht, dass die Vorschriften über Fristen und Modalitäten für die ordentliche und die Verfassungsbeschwerde weitgehend übereinstimmen. Indessen handelt es sich trotzdem um zwei **verschiedene Beschwerden**, die sich in Bezug auf die Beschwerdebefugnis und die

Beschwerdegründe unterscheiden, so dass trotzdem differenziert werden muss, ob die ordentliche Beschwerde oder die subsidiäre Verfassungsbeschwerde an die Hand zu nehmen ist (Abs. 3; WURZBURGER, S. 491). Es ist also denkbar, dass jemand zur ordentlichen Beschwerde, nicht aber zur Verfassungsbeschwerde legitimiert ist. Erweist sich in einem solchen Fall die ordentliche Beschwerde als unzulässig, ist auch auf die Verfassungsbeschwerde nicht einzutreten.

8 Wer neben der ordentlichen Beschwerde auch Verfassungsbeschwerde erheben will, muss die entsprechenden **Formvorschriften** erfüllen, namentlich die Verfassungsrügen vorbringen und begründen (Art. 106 Abs. 2 i.V.m. Art. 117 BGG). Andernfalls wird auf die Beschwerde nicht eingetreten.

9 Nach bisheriger Rechtsprechung wurde eine Verwaltungsgerichtsbeschwerde, die sich als unzulässig erwies, als staatsrechtliche Beschwerde behandelt, wenn sie deren Formvorschriften erfüllte. Das dürfte auch im Verhältnis zwischen ordentlicher Einheitsbeschwerde und subsidiärer Verfassungsbeschwerde gelten.

6. Kapitel: Klage

Art. 120

¹ Das Bundesgericht beurteilt auf Klage als einzige Instanz:
a. Kompetenzkonflikte zwischen Bundesbehörden und kantonalen Behörden;
b. zivilrechtliche und öffentlich-rechtliche Streitigkeiten zwischen Bund und Kantonen oder zwischen Kantonen;
c. Ansprüche auf Schadenersatz und Genugtuung aus der Amtstätigkeit von Personen im Sinne von Artikel 1 Absatz 1 Buchstaben a–c des Verantwortlichkeitsgesetzes vom 14. März 1958.

² Die Klage ist unzulässig, wenn ein anderes Bundesgesetz eine Behörde zum Erlass einer Verfügung über solche Streitigkeiten ermächtigt. Gegen die Verfügung ist letztinstanzlich die Beschwerde an das Bundesgericht zulässig.

³ Das Klageverfahren richtet sich nach dem BZP.

¹ Le Tribunal fédéral connaît par voie d'action en instance unique:
a. des conflits de compétence entre autorités fédérales et autorités cantonales;
b. des contestations de droit civil ou de droit public entre Confédération et cantons ou entre cantons;
c. des prétentions portant sur des dommages-intérêts ou sur une indemnité à titre de réparation morale résultant de l'activité officielle de personnes visées à l'art. 1, al. 1, let. a à c, de la loi du 14 mars 1958 sur la responsabilité.

² L'action est irrecevable si une autre loi fédérale habilite une autorité à rendre une décision sur de telles contestations. Contre cette décision, le recours est recevable en dernière instance devant le Tribunal fédéral.

³ La procédure d'action est régie par la PCF.

¹ Il Tribunale federale giudica su azione come giurisdizione unica:
a. i conflitti di competenza tra autorità federali, da una parte, e autorità cantonali, dall'altra;
b. le controversie di diritto civile e di diritto pubblico tra la Confederazione e i Cantoni o tra Cantoni;
c. le pretese di risarcimento del danno o di indennità a titolo di riparazione morale risultanti dall'attività ufficiale delle persone di cui all'articolo 1 capoverso 1 lettere a–c della legge del 14 marzo 1958 sulla responsabilità.

² L'azione è inammissibile se un'altra legge federale abilita un'altra autorità a pronunciare su tali controversie. La decisione di questa autorità è impugnabile in ultima istanza con ricorso al Tribunale federale.

³ La procedura in sede di azione è retta dalla PC.

Inhaltsübersicht Note Seite

I. Bisheriges Recht und Entstehungsgeschichte 1 504
II. Kommentar 2 505
   1. Allgemeines 2 505
   2. Kompetenzkonflikte zwischen Bundesbehörden und kantonalen
      Behörden (Abs. 1 lit. a) 3 505
      2.1 Arten von Kompetenzkonflikten 4 505
      2.2 Streitgegenstand 7 506
      2.3 Parteien und Frist 8 506
      2.4 Kognition des Bundesgerichts 10 506
   3. Zivilrechtliche und öffentlich-rechtliche Streitigkeiten zwischen
      Bund und Kantonen oder zwischen Kantonen (Abs. 1 lit. b) 11 507
      3.1 Vorbemerkung 11 507
      3.2 Streitgegenstand 12 507
      3.3 Parteien 14 507
   4. Ansprüche auf Schadenersatz und Genugtuung aus der Amtstätigkeit
      bestimmter Personen (Abs. 1 lit. c) 15 508
      4.1 Vorbemerkung 15 508
      4.2 Streitgegenstand 16 508
      4.3 Fristen 17 508
   5. Subsidiarität der Klage (Abs. 2) 18 508
   6. Klageverfahren nach BZP (Abs. 3) 19 509
      6.1 Grundzüge 20 509
      6.2 Verfahren 23 509
      6.3 Kosten und Entschädigung 27 510
   7. Übergangsrecht 28 510

I. Bisheriges Recht und Entstehungsgeschichte

1 Altes Recht: Art. 41 OG, Art. 82 Bst. a und b OG, Art. 83 OG, Art. 116 OG und 130 OG.

Entwurf der Expertenkommission: Art. 106.

Entwurf des Bundesrates: Art. 106 (BBl 2001 4351).

Ständerat: hat Abs. 2 und 3 eingefügt (Amtl. Bull. S vom 23.9.2003 S. 913).

Nationalrat: stimmt dem Beschluss des Ständerates zu (Amtl. Bull. N vom 5.10.2004 S. 1615).

II. Kommentar

1. Allgemeines

Art. 120 BGG enthält eine **abschliessende** Aufzählung derjenigen Fälle, «für deren Beurteilung wegen ihrer Rechtsnatur und Bedeutung sachgerechterweise allein das Bundesgericht in Frage kommt» (Botschaft, BBl. 2001 4351) und stellt für sie einen einzigen Rechtsweg zur Verfügung (**«Einheitsklage»**). Die neue Bestimmung entspricht dabei weitgehend den alten Regelungen des OG zum zivilrechtlichen Direktprozess (Art. 41 OG), zur verwaltungsrechtlichen Klage (Art. 116 ff. OG) und zur staatsrechtlichen Klage (Art. 83 OG). Deshalb dürfte die vom Bundesgericht unter dem alten Recht entwickelte Rechtsprechung grösstenteils einschlägig bleiben.

2. Kompetenzkonflikte zwischen Bundesbehörden und kantonalen Behörden (Abs. 1 lit. a)

Gemäss Art. 189 Abs. 2 BV-Justizreform beurteilt das Bundesgericht Streitigkeiten zwischen dem Bund und Kantonen oder zwischen Kantonen. Dazu gehören namentlich die **Kompetenzkonflikte** gemäss Art. 120 Abs. 1 lit. a BGG. Streitigkeiten über die Zuständigkeit von **Strafverfolgungsbehörden** fallen indessen in den Zuständigkeitsbereich des **Bundesstrafgerichts** (Art. 31 SGG).

2.1 Arten von Kompetenzkonflikten

Ein Kompetenzkonflikt i.S. von Abs. 1 lit. a BGG liegt immer dann vor, wenn zwischen Bundesbehörden einerseits und kantonalen Behörden andererseits streitig ist, in wessen Kompetenzbereich eine bestimmte Materie gehört. Auf Konflikte innerhalb eines Gemeinwesens ist die Kompetenzkonfliktklage somit nicht anwendbar.

Denkbar ist zunächst, dass eine bestimmte Kompetenz gleichzeitig vom Bund und von einem oder mehreren Kantonen beansprucht wird (sog. **positiver Kompetenzkonflikt**; dazu BGE 130 I 156, 160 E. 2, BGE 117 Ia 221, 226 E. 1b, BGE 117 Ia 202, 208 E. 2). Möglich ist aber auch, dass eine bestimmte Kompetenz gleichzeitig vom Bund und von einem oder mehreren Kantonen abgelehnt wird (sog. **negativer Kompetenzkonflikt**; dazu BGE 106 Ia 38, 40 E. 2).

Kompetenzkonflikte treten sowohl im Bereich der **Rechtsetzung** (BGE 125 II 152, 158 E. 1) als auch im Bereich der **Rechtsanwendung** (BGE 103 Ia 329, 333 E. 2; BGE 81 I 35, 39 E. 1) auf. Ein konkreter Rechtsetzungs- oder Rechtsanwendungsakt muss noch nicht ergangen sein. Vielmehr lässt es die Rechtsprechung bereits genügen, wenn das entsprechende Verfahren auf Erlass des umstrittenen Hoheitsaktes eingeleitet wurde (BGE 118 Ia 195, 201 E. 3; BGE 103 Ia 329, 333 E. 2a.).

2.2 Streitgegenstand

7 Klagen von Bundesbehörden können sich gegen alle Rechtsetzungs-, Gerichts- und Verwaltungsakte der Kantone richten. Demgegenüber schränkt das in Art. 190 BV-Justizreform verankerte Anwendungsgebot den Gegenstand der Klage für die Kantone ein. Demnach können Bundesgesetze und vom Bund abgeschlossene Staatsverträge nicht angefochten werden, selbst wenn sie kompetenzwidrig sein sollten. Anfechtbar sind mithin ausschliesslich Bundesbeschlüsse, Verordnungen der Bundesversammlung, des Bundesrates und anderer Exekutivbehörden des Bundes.

2.3 Parteien und Frist

8 Als Parteien können ausschliesslich der Bund und die Kantone auftreten. Eine Beteiligung von Privaten am Verfahren ist nicht ausgeschlossen (BGE 117 Ia 202, 208 E. 1d.). Indessen kann die Klage nur durch den Bundesrat, eine Kantonsregierung oder durch diejenige Behörde, welche die streitige Zuständigkeit für sich in Anspruch nimmt, eingereicht werden.

9 Die Kompetenzkonfliktsklage ist an keine Frist gebunden, da das öffentliche Interesse an der Einhaltung der Kompetenzordnung unabhängig von Fristen besteht. Dieses öffentliche Interesse steht einer Befristung des Rechtsmittels schlechthin entgegen (BGE 117 Ia 202, 206 E. 1b; 74 I 29 E. 1).

2.4 Kognition des Bundesgerichts

10 Das Bundesgericht verfügt im Rahmen der Anträge und von Art. 190 BV-Justizreform über eine **umfassende, freie Prüfungsbefugnis** in tatsächlicher und rechtlicher Hinsicht (BGE 120 Ib 512, 515 E. 1; BGE 117 Ia 202, 206 E. 1b). Das Urteil kann feststellender oder kassatorischer Natur sein oder auch Anordnungen enthalten (BGE 117 Ia 202, 206 E. 1b).

3. Zivilrechtliche und öffentlich-rechtliche Streitigkeiten zwischen Bund und Kantonen oder zwischen Kantonen (Abs. 1 lit. b)

3.1 Vorbemerkung

Gemäss Art. 189 Abs. 2 BV-Justizreform beurteilt das Bundesgericht Streitigkeiten zwischen dem Bund und den Kantonen oder zwischen den Kantonen. Dazu gehören auch die zivilrechtlichen und öffentlich-rechtlichen Streitigkeiten gemäss Abs. 1 lit. b. Unter dem alten Recht musste zwischen zivilrechtlichen oder staatsrechtlichen Streitigkeiten zwischen Bund und Kantonen bzw. zwischen den Kantonen unterschieden werden, weil erstere mit Zivilklage nach Art. 41 OG und letztere mit staatsrechtlicher Klage nach Art. 83 lit. b OG anfechtbar waren. Diese schwierigen Abgrenzungen entfallen unter dem BGG. Neu sind sowohl die zivilrechtlichen als auch die öffentlich-rechtlichen Streitigkeiten mit Klage nach Art. 120 Abs. 1 lit. b BGG anfechtbar.

11

3.2 Streitgegenstand

Die Zuständigkeit des Bundesgerichts, zivilrechtliche Streitigkeiten zu entscheiden, besteht unabhängig vom anzuwendenden Recht. Es spielt mithin keine Rolle, ob eidgenössische, kantonale oder interkantonale Rechtsnormen anzuwenden sind (vgl. BGE 97 II 25, 28 E. 1c betreffend eine Fischenz an einem öffentlichen Gewässer).

12

Mit den öffentlich-rechtlichen Streitigkeiten zwischen Bund und Kantonen respektive zwischen Kantonen sind alle Arten von öffentlich-rechtlichen Streitigkeiten gemeint (BGE 118 Ia 195, 204 E. 5a betreffend die Pflicht zur Bundestreue und Gebietsgarantie), namentlich auch Konkordatsstreitigkeiten.

13

3.3 Parteien

Als Parteien können nur der Bund und Kantone auftreten. Eine Beteiligung von Privaten am Verfahren ist indessen nicht ausgeschlossen. Bei Streitigkeiten zwischen Gemeinden aus unterschiedlichen Kantonen übt die kantonale Exekutive die Vertretung aus (vgl. BGE 109 Ib 76, 77 E. 1).

14

4. Ansprüche auf Schadenersatz und Genugtuung aus der Amtstätigkeit bestimmter Personen (Abs. 1 lit. c)

4.1 Vorbemerkung

15   Die Geltendmachung von Ansprüchen gegen den Bund auf Schadenersatz für die Amtstätigkeit der Parlamentarier, der Bundesräte, des Bundeskanzlers sowie der Mitglieder der obersten Eidgenössischen Gerichte (Art. 1 Abs. 1 lit. a–c VG) eignet sich nicht für das Verfügungsverfahren (BGE 123 II 56, 59 E. 3a). Letzteres gilt aber weiterhin für Ansprüche aus der Tätigkeit anderer Bundesangestellten.

4.2 Streitgegenstand

16   Nach Art. 3 Abs. 1 VG haftet der Bund unabhängig von einem Verschulden für den Schaden, den ein Beamter in Ausübung seiner amtlichen Tätigkeit Dritten widerrechtlich zufügt. Ist das Verhalten schuldhaft, hat, wer widerrechtlich in seiner Persönlichkeit verletzt wird, überdies Anspruch auf eine Geldsumme als Genugtuung, sofern die Schwere der Verletzung es rechtfertigt und diese nicht anders wieder gutgemacht worden ist (Art. 6 Abs. 2 VG).

4.3 Fristen

17   Die Haftung des Bundes erlischt, wenn der Geschädigte sein Begehren nicht innert eines Jahres seit Kenntnis des Schadens stellt, auf alle Fälle jedoch nach zehn Jahren seit dem Tag der schädigenden Handlung (Art. 20 Abs. 1 VG). Werden die entsprechenden Fristen nicht eingehalten, geht der Entschädigungsanspruch durch Verwirkung unter (BGE 126 II 145, 150 E. 2 f.).

5. Subsidiarität der Klage (Abs. 2)

18   Bereits unter dem OG galt der Grundsatz, dass immer dann, wenn nach einem Bundesgesetz über eine streitige Frage zu verfügen war, der Klageweg verschlossen blieb. Neu ist dieser Grundsatz ausdrücklich im BGG verankert. Verfügungen können letztinstanzlich beim Bundesgericht angefochten werden.

6. Klageverfahren nach BZP (Abs. 3)

Das Verfahren richtet sich nach dem Bundesgesetz über den Bundeszivilprozess vom 4. Dezember 1947 (BZP). Soweit der BZP keine abweichenden Vorschriften enthält, finden die Vorschriften des ersten, zweiten und sechsten Kapitels des BGG (Stellung und Organisation [Art. 1 bis 28 BGG], Allgemeine Verfahrensbestimmungen [Art. 29 bis 71 BGG], Klage [Art. 120 BGG]) ergänzend Anwendung. Nicht anwendbar sind z.b. die Bestimmungen über das vereinfachte Verfahren (Art. 108 BGG N 9, Art. 109 BGG N 2).

6.1 Grundzüge

Im BZP gilt grundsätzlich die Verhandlungsmaxime (vgl. Art. 3 Abs. 2 BZP). Immerhin kann das Gericht «die Parteien auf unzulängliche Rechtsbegehren aufmerksam machen» (Art. 3 Abs. 2 BZP) und von den Parteien nicht angebotene Beweismittel beiziehen (Art. 37 BZP).

Die Eventualmaxime gilt in abgeschwächter Form, dürfen doch die Parteien ihre Eingaben bis vor Beginn der Beweisführung ergänzen (Art. 19 Abs. 1 BZP). Nach Eröffnung des Beweisverfahrens können neue Tatsachen und Beweismittel nur dann vorgebracht werden, wenn die Verspätung entschuldbar ist (BGE 115 Ib 178 E. 1) oder dies dem Gericht im Interesse der materiellen Wahrheit als geboten erscheint (Art. 19 Abs. 2 i.V.m. Art. 3 Abs. 2 BZP).

Tatsachenfeststellung und Beweisabnahme erfolgen mit gewissen Einschränkungen mittelbar (Art. 5 Abs. 3 und Art. 35 Abs. 3 BZP). Die Klageänderung richtet sich nach den Art. 26 und Art. 19 Abs. 2 und 3 BZP, objektive und subjektive Klagenhäufung nach den Art. 24 Abs. 1 respektive Art. 24 Abs. 2 lit. a und b BZP. Vorsorgliche Massnahmen können in den Fällen von Art. 79 BZP nach Massgabe von Art. 81 BZP auf Gesuch hin erwirkt werden.

6.2 Verfahren

Die Klage wird durch Einreichung der Klageschrift angehoben (Art. 21 BZP). Sie muss den Anforderungen von Art. 23 BZP genügen. Das Rechtsbegehren kann auf Leistung, Gestaltung oder Feststellung lauten. Es ist so abzufassen, dass es unverändert zum Urteil erhoben werden könnte. Forderungen auf Geldleistung sind zu beziffern, wobei es immer dann, wenn sich ein Schaden nicht oder nur schwer nachweisen lässt, genügen dürfte, wenn der Geschädigte Anhaltspunkte für den Schaden liefert. Unter Vorbehalt von Art. 41 BGG kann die Partei ihren Prozess selbst oder durch einen Vertreter führen (Art. 40 BGG).

24 Nach Klageeinreichung wird ein erster Schriftenwechsel angeordnet (Art. 32 Abs. 1 BZP). Ob nach Eingang der Klageantwort, welche den Anforderungen von Art. 28 Abs. 1 BZP zu genügen hat, ein zweiter Schriftenwechsel angeordnet wird, bestimmt das instruierende Gerichtsmitglied (Art. 32 Abs. 2 BZP).

25 Nach Abschluss des Schriftenwechsels werden die Parteien für die Instruktionsverhandlung vor Bundesgericht geladen. Gemäss Art. 35 Abs. 4 BZP kann indessen im Einverständnis mit den Parteien auf die mündliche Vorbereitungsverhandlung verzichtet werden. Anschliessend folgt das Beweisverfahren (sofern dieses nicht gemäss Art. 35 Abs. 3 BZP auf die Hauptverhandlung verschoben wird).

26 Im Rahmen der darauf folgenden Hauptverhandlung erhalten die Parteien das Wort zur Begründung ihrer Anträge, allenfalls zur Replik und Duplik (Art. 68 Abs. 1 BZP). Zugunsten von Plädoyernotizen kann auf die Parteivorträge verzichtet werden.

6.3 Kosten und Entschädigung

27 Die Kostenverlegung erfolgt gemäss Art. 65 ff. BGG. Dem Bund und den Kantonen werden in der Regel keine **Gerichtskosten** auferlegt, wenn sie in ihrem amtlichen Wirkungskreis und, ohne dass es sich um ihr Vermögensinteresse handelt, das Bundesgericht in Anspruch nehmen (Art. 66 Abs. 4 BGG). Ebenso werden keine **Parteientschädigungen** gesprochen, wenn auf beiden Seiten des Verfahrens Gemeinwesen beteiligt waren. Dies ergibt sich aus Art. 68 Abs. 3 BGG, wonach dem Bund, den Kantonen und den Gemeinden sowie mit öffentlich-rechtlichen Aufgaben betrauten Organisationen keine Parteientschädigung zugesprochen wird, wenn sie in ihrem amtlichen Wirkungskreis obsiegen (s. Art. 68 BGG N 22 ff.).

7. Übergangsrecht

28 Die Bestimmungen des BGG gelten für nach dem 1. Januar 2007 eingereichte Klagen (Art. 132 Abs. 1 BGG).

7. Kapitel: Revision, Erläuterung und Berichtigung

1. Abschnitt: Revision

Art. 121

Verletzung von Verfahrensvorschriften

Die Revision eines Entscheids des Bundesgerichts kann verlangt werden, wenn:
a. die Vorschriften über die Besetzung des Gerichts oder über den Ausstand verletzt worden sind;
b. das Gericht einer Partei mehr oder, ohne dass das Gesetz es erlaubt, anderes zugesprochen hat, als sie selbst verlangt hat, oder weniger als die Gegenpartei anerkannt hat;
c. einzelne Anträge unbeurteilt geblieben sind;
d. das Gericht in den Akten liegende erhebliche Tatsachen aus Versehen nicht berücksichtigt hat.

Violation de règles de procédure

La révision d'un arrêt du Tribunal fédéral peut être demandée:
a. si les dispositions concernant la composition du tribunal ou la récusation n'ont pas été observées;
b. si le tribunal a accordé à une partie soit plus ou, sans que la loi ne le permette, autre chose que ce qu'elle a demandé, soit moins que ce que la partie adverse a reconnu devoir;
c. si le tribunal n'a pas statué sur certaines conclusions;
d. si, par inadvertance, le tribunal n'a pas pris en considération des faits pertinents qui ressortent du dossier.

Violazione di norme procedurali

La revisione di una sentenza del Tribunale federale può essere domandata se:
a. sono state violate le norme concernenti la composizione del Tribunale o la ricusazione;
b. il Tribunale ha accordato a una parte sia più di quanto essa abbia domandato, o altra cosa senza che la legge lo consenta, sia meno di quanto riconosciuto dalla controparte;
c. il Tribunale non ha giudicato su singole conclusioni;
d. il Tribunale, per svista, non ha tenuto conto di fatti rilevanti che risultano dagli atti.

Inhaltsübersicht

	Note	Seite
I. Bisheriges Recht und Entstehungsgeschichte	1	512
II. Kommentar	2	512
1. Allgemeines	2	512
1.1 Anwendungsbereich	4	513
1.2 Legitimation	8	513
1.3 Rechtsschutzinteresse	9	514
2. Die Revisionsgründe	11	514

2.1.	Wenn die Vorschriften über die Besetzung des Gerichts oder über den Ausstand verletzt worden sind (lit. a)	11	514
2.2.	Wenn das Gericht einer Partei mehr oder, ohne dass das Gesetz es erlaubt, anderes zugesprochen hat, als sie selbst verlangt hat, oder weniger als die Gegenpartei anerkannt hat (lit. b)	17	516
2.3.	Wenn einzelne Anträge unbeurteilt geblieben sind (lit. c)	22	516
2.4.	Wenn das Gericht in den Akten liegende erhebliche Tatsachen aus Versehen nicht berücksichtigt hat (lit. d)	26	517

I. Bisheriges Recht und Entstehungsgeschichte

1 Altes Recht: Art. 136 OG.

Entwurf der Expertenkommission: Art. 114.

Entwurf des Bundesrates: Art. 107 (BBl 2001 4352).

Ständerat: unverändert angenommen (Amtl. Bull. S vom 23.9.2003 S. 913).

Nationalrat: stimmt dem Beschluss des Ständerates zu (Amtl. Bull. N vom 5.10.2004 S. 1615).

II. Kommentar

1. Allgemeines

2 Das BGG übernimmt die bewährten Regeln des bisherigen Rechts über die Revision (Art. 136 ff. OG) ohne grosse Änderungen. Abgesehen von Art. 122 BGG handelt es sich dabei vorab um redaktionelle und systematische Modifikationen.

3 Das bundesgerichtliche Verfahren bildet den Abschluss des (innerstaatlichen) Instanzenzuges. Die Entscheide des Bundesgerichts erwachsen am Tag ihrer Ausfällung in Rechtskraft (Art. 61 BGG). Dabei bedeutet primär die formelle Rechtskraft, dass die Urteile des Bundesgerichtes keinem ordentlichen Rechtsmittel mehr zugänglich sind (Art. 61 BGG N 3). In materieller Hinsicht bedeutet die Rechtskraft, dass eine letztinstanzlich definitiv beurteilte Sache nicht wieder aufgenommen und zum Gegenstand eines neuen Verfahrens gemacht werden kann, und zwar insbesondere nicht durch das höchste Gericht selber (BGE 120 V 150, 154 E. 2).

1.1 Anwendungsbereich

Der gesetzlich vorgesehene prozessuale Weg zur Überwindung dieser negativen Wirkung eines formell und materiell rechtskräftigen Urteils (*ne bis in idem*) ist das ausserordentliche Rechtsmittel der Revision (BGE 120 V 150, 154 E. 2). Sie führt zur **Aufhebung** eines rechtskräftigen Entscheids **des Bundesgerichts** und zur **nochmaligen Beurteilung** der Angelegenheit.

Unter die Arten der anfechtbaren Entscheide fallen primär **Sachurteile**. Zulässig ist die Revision auch gegen das Urteil des Bundesgerichts, mit welchem dieses auf eine Beschwerde **nicht eingetreten** ist; sie kann aber nur in Bezug auf den Nichteintretensentscheid und nicht gegen das von der Vorinstanz gefällte Sachurteil verlangt werden (BGE 118 II 477, 478 E.1). Dasselbe gilt sinngemäss für Rückweisungsentscheide. In Frage kommen Vor- oder Zwischenentscheide (namentlich über vorsorgliche Massnahmen [z.B. UP-Entscheid]) und schliesslich auch Revisionsentscheide selbst.

Prozessleitende Verfügungen (i.S. von nicht selbständig eröffneten Verfahrensanordnungen; s. zur Definition Art. 93 BGG N 5) unterliegen der Revision nicht. Eine allfällige Verletzung von Vorschriften über die Besetzung des Gerichts oder über den Ausstand ist bereits während des laufenden Verfahrens geltend zu machen (Art. 36 Abs. 1 BGG). Allfällige andere Revisionsgründe können erst in einem Revisionsverfahren gegen das Endurteil des Bundesgerichts angeführt werden. Ebenso liegt kein Anfechtungsobjekt vor bei einem Beschluss des Bundesgerichts, der einen Vergleichsabschluss feststellt und die gegenstandslos gewordene Beschwerde abschreibt und von der Geschäftskontrolle streicht (BGE 114 Ib 74, 77 E.1). Manchmal behandelt das Bundesgericht diesen Fall auch unter dem Gesichtspunkt des fehlenden Rechtsschutzinteresses (s. N 10 unten).

Als ausserordentliches Rechtsmittel dient die Revision nicht dazu, einen Entscheid, den eine Partei für unrichtig hält, umfassend neu beurteilen zu lassen. Sie soll die Möglichkeit bieten, Mängel zu beheben, die so schwer wiegen, dass sie unter rechtsstaatlichen Gesichtspunkten nicht hinzunehmen sind. Folgerichtig umschreibt das Gesetz die Revisionsgründe eng, und die Rechtsprechung handhabt sie restriktiv.

1.2 Legitimation

Grundsätzlich sind die am bundesgerichtlichen Verfahren beteiligten Parteien zur Gesuchstellung **legitimiert** (BGE 121 IV 317, 320 E. 1a). Voraussetzung ist allerdings, dass die gesuchstellende Partei im bundesgerichtlichen Verfahren ihrerseits legitimiert war und nicht etwa die Revision eines mangels Beschwerdelegitimation gefällten Nichteintretensentscheids anbegehrt wird.

1.3 Rechtsschutzinteresse

9 Im Prozess vorgebrachte Begehren sind nur zu beurteilen, wenn sie auf einem **hinreichenden Rechtsschutzinteresse** gründen. Das gilt auch für die Beurteilung von ausserordentlichen Rechtsmitteln wie dasjenige der Revision. Dabei erschöpft sich das rechtlich geschützte Interesse daran nicht einfach in der sog. Beschwer, d.h. darin, dass einzelnen Begehren des Rechtsmittelklägers nicht oder nicht voll entsprochen worden ist (BGE 102 II 158 ff.). Erforderlich ist vielmehr, dass der Entscheid über das Rechtsmittel geeignet ist, dem Gesuchsteller den angestrebten materiellrechtlichen Erfolg zu verschaffen. Damit soll Prozessen und Verfahren vorgebeugt werden, die von vornherein oder mit Rechtsmitteln Unerreichbares anstreben, die selbst dann, wenn die vorgebrachte Rechtsauffassung begründet ist, dem Richter nicht erlauben, die Rechtslage entsprechend zu gestalten (BGE 114 II 189, 190 E. 2).

10 Das schutzwürdige Interesse an einem Revisionsgesuch fehlt, wenn der Prozess nach einem Rückweisungsentscheid des Bundesgerichts durch einen Vergleich, der keiner gerichtlichen Genehmigung bedarf, erledigt wird (BGE 114 II 189, 190 E. 2).

2. *Die Revisionsgründe*

2.1. Wenn die Vorschriften über die Besetzung des Gerichts oder über den Ausstand verletzt worden sind (lit. a)

11 Ein bundesgerichtliches Urteil ist zu revidieren, wenn die Vorschriften über die Besetzung des Gerichts oder über den Ausstand verletzt worden sind.

12 Das Gericht ist unrichtig besetzt, wenn Richter am Verfahren teilgenommen haben, die **unvereinbar** sind (Art. 6 und 8 BGG). In der Praxis ist ein solcher Fall noch nie vorgekommen, aber möglich. Kein selbständiger Revisionsgrund stellt eine allfällige Verletzung von Art. 7 BGG dar, wenn ein Bundesrichter ohne Bewilligung des Bundesgerichts eine Nebenbeschäftigung ausübt; hier greifen allenfalls die Ausstandsvorschriften. Die Rüge der unrichtigen Besetzung gilt indessen für Art. 20 Abs. 2 und 3 BGG, wonach für bestimmte Geschäfte anstelle der Dreierbesetzung in Fünferbesetzung zu tagen ist, so wenn sich Rechtsfragen von grundsätzlicher Bedeutung stellen oder ein Richter einen entsprechenden Antrag stellt (Abs. 2) sowie bei Beschwerden gegen referendumspflichtige kantonale Erlasse und gegen kantonale Entscheide über die Zulässigkeit einer Initiative

oder das Erfordernis eines Referendums (Abs. 3). Kein Anwendungsfall der unrichtigen Besetzung stellt demgegenüber eine Missachtung von Art. 23 Abs. 1 BGG dar, wenn also eine Abteilung eine Rechtsfrage abweichend von einem früheren Urteil entscheidet, ohne die Zustimmung der betroffenen Abteilungen eingeholt zu haben.

Mit den **Ausstandsvorschriften** ist Art. 34 BGG gemeint (s. die Ausführungen dort). Ein Verletzungstatbestand liegt auch dann vor, wenn eine Gerichtsperson trotz erfolgreicher Ablehnung in der Folge an der Entscheidfindung mitgewirkt hat (unveröffentlichtes Urteil 1P.208/1990 vom 25.4.1991). 13

Art. 121 BGG findet Anwendung, wenn die gesuchstellende Partei den Ausstandsgrund erst **nach Abschluss des Verfahrens** entdeckt hat (Art. 38 Abs. 3 BGG). Ein Revisionsverfahren ist auch dann zuzulassen, wenn der Ausstandsgrund zwar vor Abschluss des Verfahrens entdeckt wird, das Verfahren aber vor Ablauf der sich aus Art. 36 BGG ergebenden Frist für die Stellung eines Ausstandsbegehrens abgeschlossen wird. 14

Ausgeschlossen ist eine Partei mit Ablehnungsgründen, die sie nicht unverzüglich nach Entdeckung dem Gericht mitteilt (s. auch Art. 36 BGG N 2 f.). 15

Die blosse Geltendmachung eines Ausstandsgrundes genügt indessen nicht. Eine gewisse Besorgnis der Voreingenommenheit und damit Misstrauen in das Gericht kann bei den Parteien immer dann entstehen, wenn einzelne Gerichtspersonen in einem früheren Verfahren mit der konkreten Streitsache befasst waren. In einem solchen Fall sogenannter **Vorbefassung** stellt sich die Frage, ob sich ein Richter durch seine Mitwirkung an früheren Entscheidungen in einzelnen Punkten bereits in einem Mass festgelegt hat, das ihn nicht mehr als unvoreingenommen erscheinen lässt. Ob dies der Fall ist, kann nicht generell gesagt werden; es ist nach der Rechtsprechung vielmehr in jedem Einzelfall zu untersuchen, ob die konkret zu entscheidende Rechtsfrage trotz Vorbefassung als offen erscheint (Urteil 4P.242/2004 vom 27.4.2005, E. 1.2 m.H. auf BGE 126 I 68, 73 E. 3c; 120 Ia 82, 85 E. 6d). Der Umstand allein, dass ein Richter in einem anderen Verfahren zu Ungunsten eines Verfahrensbeteiligten entschied, stellt noch keinen Anlass für die Annahme von Befangenheit dar (BGE 117 Ia 372, 374 E. 2c). Keine Voreingenommenheit liegt schliesslich vor, wenn das Bundesgericht sich in einem ersten Verfahren lediglich mit Zuständigkeitsfragen befasst hat (Urteil 4P.242/2004 vom 27.4.2005, E. 1.2). 16

2.2. Wenn das Gericht einer Partei mehr oder, ohne dass das Gesetz es erlaubt, anderes zugesprochen hat, als sie selbst verlangt hat, oder weniger als die Gegenpartei anerkannt hat (lit. b)

17 Gemäss Art. 107 Abs. 1 BGG darf das Bundesgericht nicht über die Begehren der Parteien hinausgehen. Dort wird der Grundsatz *ne eat judex ultra petita partium* ausdrücklich festgehalten. Mit der Geltendmachung des Revisionsgrundes nach Art. 121 lit. b BGG wird nichts anderes als die Verletzung von Art. 107 Abs. 1 BGG gerügt.

18 Im Gegensatz zum bisherigen Recht (in abgaberechtlichen Angelegenheiten [Art. 114 OG] und im Sozialversicherungsrecht [Art. 132 lit. c OG]) kennt das BGG keine Ausnahmen mehr, die das Bundesgericht ermächtigen, zu Ungunsten des Beschwerdeführers zu entscheiden. Eine solche Regel ist heute nicht mehr zeitgemäss. Immerhin kann ein Bundesgesetz den Richter und damit auch das Bundesgericht zu freiem Entscheid ermächtigen – unabhängig von den Parteibegehren (vgl. Art. 107 BGG N 3).

19 Keine Verletzung des Grundsatzes *ne ultra petita* liegt vor, wenn das Bundesgericht einer obsiegenden Partei eine Parteientschädigung zuspricht, obwohl diese keinen diesbezüglichen formellen Antrag gestellt hat (BGE 111 Ia 154, 158 E. 5), weil das Bundesgericht von Amtes wegen über die Kostenauflage und Parteientschädigungen zu entscheiden hat (Art. 65 ff. BGG).

20 Ebenso wenig verletzt das Bundesgericht Art. 107 BGG, wenn es in Anwendung des Grundsatzes *iura novit curia* (Art. 106 Abs. 1 BGG) ein Rechtsbegehren auf einer anderen Rechtsgrundlage zuspricht, als dies die begehrende Partei oder die Vorinstanz getan haben (BGE 120 II 172, 175 E. 3a).

21 Demgegenüber wird eine Verletzung des Grundsatzes *ne ultra petita* angenommen, wenn das Bundesgericht nicht nur eine negative Feststellungsklage abweist, sondern den Kläger auch noch verurteilt, seine Schulden zu bezahlen, obwohl der Beklagte kein diesbezügliches Begehren gestellt hat (so geschehen in einem Schiedsurteil; s. BGE 120 II 172, 175 E. 3a m.H. auf eine nicht publizierte E.2b von BGE 118 II 193). Zulässig gewesen wäre lediglich die Feststellung des Bestandes der Schuld (BGE 120 II 172, 175 E. 3a).

2.3. wenn einzelne Anträge unbeurteilt geblieben sind (lit. c)

22 Ein Verfahrensmangel, der mit Revision geltend gemacht werden kann, liegt nach Art. 121 lit. c BGG vor, wenn einzelne Anträge unbeurteilt geblieben sind. Der Beschwerdegrund der Nichtbeurteilung von Rechtsbegehren deckt sich mit der Rüge der **formellen Rechtsverweigerung** i.S. von Art. 29 BV (BGE 115 II 288, 293 E. 5).

Die Bestimmung zielt hauptsächlich auf **Anträge in der Sache selbst** (Rechtsbegehren). Sie kann aber auch bei Verfahrensanträgen, z.b. **Beweisanträgen** zum Zuge kommen (unveröffentlichtes Urteil 1P.430/1992 vom 30.7.1992). 23

Für die Verwirklichung des Revisionsgrundes genügt nicht, wenn das Urteil, dessen Revision verlangt wird, auf einen Antrag nicht eingeht. Vielmehr prüft das Bundesgericht vorerst, ob ein Antrag allenfalls stillschweigend beurteilt wurde. Das ist bspw. hinsichtlich eines Antrags auf Parteientschädigung der Fall, wenn eine Beschwerde abgewiesen wird, weil sich von selbst versteht, dass der unterlegene Beschwerdeführer seine Kosten selber zu tragen hat (BGE 114 Ia 332, 333 E. 2b). Wenn allerdings «mit triftigen Gründen angenommen werden kann, das Gericht habe es tatsächlich unterlassen, über das Begehren zu entscheiden, sei es, weil es diesen Punkt bei der Urteilsfällung überhaupt ausser acht gelassen hat, sei es, weil es irrtümlich davon ausging, der fragliche Antrag sei nicht gestellt worden», gilt ein Antrag als unbeurteilt geblieben (BGE 114 Ia 332, 333 E. 2a). 24

Kein Revisionsgrund ergibt sich hingegen aus dem Übergehen von prozesskonform vorgetragenen Rügen, und zwar selbst dann nicht, wenn darin eine Gehörsverweigerung zu erblicken wäre (unveröffentlichtes Urteil des EVG vom 17.8.1994, B/26/94). 25

2.4. Wenn das Gericht in den Akten liegende erhebliche Tatsachen aus Versehen nicht berücksichtigt hat (lit. d)

Ein Bundesgerichtsentscheid muss revidiert werden, wenn das Gericht in den Akten liegende erhebliche Tatsachen aus Versehen nicht berücksichtigt hat. 26

Zunächst muss ein **Versehen** vorliegen. Auf Versehen beruht eine Feststellung nur dann, wenn sie darauf zurückzuführen ist, dass das Bundesgericht eine bestimmte Aktenstelle übersehen oder unrichtig (nicht in ihrer wahren Gestalt, insbesondere nicht mit ihrem wirklichen Wortlaut) wahrgenommen hat (BGE 115 II 399, 400 E. 2a; 96 I 193, 197 E. 2). Dieser Schluss drängt sich erst auf, wenn klar ist, dass die Vorinstanz das Aktenstück bei der Bildung ihrer Überzeugung auch nicht sinngemäss einbezogen hat, dass es also in den Akten unentdeckt geblieben oder vergessen worden ist. Davon kann aber nur die Rede sein, wenn die Berücksichtigung des übergangenen Aktenstücks zeigt, dass das Gericht einem blanken Irrtum verfallen ist, d.h. eine in Wirklichkeit, nämlich ohne das Versehen nicht gewollte Feststellung getroffen hat. 27

Das Versehen ist von der falschen Würdigung einer Tatsache und der fehlerhaften Einschätzung ihrer rechtlichen Bedeutung, beides Rechtsfragen, abzugrenzen (BGE 122 II 17, 19 E. 3). Folglich kommt dieser Revisionsgrund nicht zum Tragen, wenn das Bundesgericht eine Tatsache bewusst nicht berücksichtigt hat, weil es diese als unerheblich betrachtet hat (BGE 96 I 279, 280 E. 3). 28

29 In der Praxis hat das Bundesgericht bisher verlangt, dass das Versehen **offensichtlich** ist. Bei der Annahme eines offensichtlichen Versehens übt es grösste Zurückhaltung und lässt sich vom Gedanken leiten, dass auch die Versehensrüge nicht zu blosser Kritik an der Beweiswürdigung missbraucht werden darf (BGE 117 II 256, 257 E. 2a). Um eine offensichtlich versehentliche Feststellung zu belegen, genügt es daher nicht, die Schlüsse, die das Bundesgericht aus den erhobenen Beweisen gezogen hat, als unrichtig auszugeben. Aufzuzeigen ist vielmehr, dass es eine bestimmte Aktenstelle übersehen oder nicht in ihrer wahren Gestalt, insbesondere nicht mit ihrem wirklichen Wortlaut wahrgenommen hat (BGE 104 II 68, 74 E. 3b).

30 Schliesslich führt eine versehentlich nicht berücksichtigte Tatsache nur dann zur Aufhebung des Urteils, wenn sie **erheblich** ist. Dies setzt voraus, dass der Entscheid anders hätte ausfallen müssen, wenn die Tatsche, deren Ausserachtlassung gerügt wird, berücksichtigt worden wäre (BGE 122 II 17, 19 E. 3; 101 Ib 220, 222 E. 1). Dieser andere Prozessausgang muss sich zudem zugunsten des Gesuchstellers auswirken, ansonsten ihm das Rechtsschutzinteresse an der Geltendmachung dieses Revisionsgrundes mangelt (BGE 115 II 399, 400 E. 2a).

31 Die Revision wegen versehentlichen Übergehens einer Tatsache kann nicht dazu dienen, frühere Prozessfehler wieder gutzumachen. Wer es im Beschwerdeverfahren unterlassen hat, eine – hinreichend substantiierte – Versehensrüge zu erheben, kann deshalb das Versäumnis nicht mit einem Revisionsgesuch nachholen (BGE 115 II 399, 400 E. 2a).

Art. 122

Verletzung der Europäischen Menschenrechtskonvention	Die Revision wegen Verletzung der Europäischen Menschenrechtskonvention vom 4. November 1950 (EMRK) kann verlangt werden, wenn: a. der Europäische Gerichtshof für Menschenrechte in einem endgültigen Urteil festgestellt hat, dass die EMRK oder die Protokolle dazu verletzt worden sind; b. eine Entschädigung nicht geeignet ist, die Folgen der Verletzung auszugleichen; und c. die Revision notwendig ist, um die Verletzung zu beseitigen.
Violation de la Convention européenne des droits de l'homme	La révision d'un arrêt du Tribunal fédéral pour violation de la Convention de sauvegarde des droits de l'homme et des libertés fondamentales du 4 novembre 1950 (CEDH) peut être demandée aux conditions suivantes: a. la Cour européenne des droits de l'homme a constaté, dans un arrêt définitif, une violation de la CEDH ou de ses protocoles; b. une indemnité n'est pas de nature à remédier aux effets de la violation; c. la révision est nécessaire pour remédier aux effets de la violation.
Violazione della Convenzione europea dei diritti dell'uomo	La revisione di una sentenza del Tribunale federale per violazione della Convenzione del 4 novembre 1950 per la salvaguardia dei diritti dell'uomo e delle libertà fondamentali (CEDU) può essere domandata se: a. la Corte europea dei diritti dell'uomo ha constatato in una sentenza definitiva che la CEDU o i suoi protocolli sono stati violati; b. un'indennità non è atta a compensare le conseguenze della violazione; e c. la revisione è necessaria per rimediare alla violazione.

Inhaltsübersicht Note Seite

I. Bisheriges Recht und Entstehungsgeschichte 1 520
II. Kommentar 2 520
    1. Zuständigkeit 2 520
    2. Revisionsgründe 3 520
        2.1 Endgültiges Urteil des Europäischen Gerichtshofes für
            Menschenrechte (lit. a) 4 520
        2.2 Entschädigung gleicht die Folgen der Verletzung nicht aus (lit. b) . 6 521
        2.3 Beseitigung ist nur auf dem Weg der Revision möglich (lit. c) 10 522

I. Bisheriges Recht und Entstehungsgeschichte

1 Altes Recht: Art. 139a OG.
Entwurf der Expertenkommission: Art. 115.
Entwurf des Bundesrates: Art. 108 (BBl 2001 4352).
Ständerat: unverändert angenommen (Amtl. Bull. S vom 23.9.2003 S. 913).
Nationalrat: stimmt dem Beschluss des Ständerates zu (Amtl. Bull. N vom 5.10.2004 S. 1615).

II. Kommentar

1. Zuständigkeit

2 Das Verfahren vor dem Bundesgericht wird nur dann neu eröffnet, wenn der **Europäische Gerichtshof für Menschenrechte** eine Verletzung der Konvention zum Schutze der Menschenrechte und Grundfreiheiten vom 4. November 1950 (EMRK) in einer Angelegenheit feststellt, **in der das Bundesgericht entschieden hat**. Wenn dagegen die Sache nicht vom Bundesgericht behandelt worden ist, weil eine Beschwerde dagegen vor Bundesgericht nicht zulässig war, so liegt die Zuständigkeit zur Revision in der alleinigen Zuständigkeit der vorangehenden Behörde.

2. Revisionsgründe

3 Das Revisionsverfahren ist nur zulässig, wenn die nachfolgenden Voraussetzungen **kumulativ** erfüllt sind.

2.1 Endgültiges Urteil des Europäischen Gerichtshofes für Menschenrechte (lit. a)

4 Zur Prüfung der Rechtssachen, die beim ihm anhängig gemacht werden, tagt der Europäische Gerichtshof in Ausschüssen mit 3 Richtern, in Kammern mit 7 Richtern und in einer Grossen Kammer mit 17 Richtern (Art. 27 EMRK). Die Ausschüsse haben allein die Kompetenz, eine erhobene Individualbeschwerde für unzulässig zu erklären (Art. 28 EMRK). Erklärt ein Ausschuss eine Beschwerde für zulässig, wird sie durch eine Kammer entschieden (Art. 29 EMRK). Indessen können die Parteien den Entscheid einer Kammer auch an die Grosse Kammer weiterziehen, wenn die Rechtssache eine schwerwiegende Frage der Auslegung

oder Anwendung der Europäischen Menschenrechtskonvention oder der Protokolle dazu oder eine schwerwiegende Frage von allgemeiner Bedeutung aufwirft (Art. 43 EMRK).

Das Urteil der Grossen Kammer des Gerichtshofs wird mit seiner Ausfällung **endgültig** (Art. 44 Abs. 1 EMRK). Das Urteil einer Kammer des Gerichtshofs wird endgültig, wenn die Parteien erklären, dass sie den Weiterzug an die Grosse Kammer nicht beantragen werden, drei Monate nach dem Datum des Urteils, wenn niemand den Weiterzug an die Grosse Kammer beantragt hat, oder wenn der Ausschuss der Grossen Kammer den Antrag auf Behandlung abgelehnt hat (Art. 44 Abs. 2 EMRK).

2.2 Entschädigung gleicht die Folgen der Verletzung nicht aus (lit. b)

Im Gegensatz zum bisherigen Recht ist es nicht mehr möglich, über ein Revisionsverfahren wegen Verletzung der EMRK eine Entschädigung zu verlangen bzw. zu gewähren. Begehren um eine finanzielle Entschädigung müssen im Rahmen des Verfahrens vor dem EGMR geltend gemacht werden. Damit wird das Verhältnis zwischen dem Revisionsverfahren einerseits und der Gewährung einer «gerechten Wiedergutmachung» durch den EGMR andererseits geklärt. Nach Art. 139a OG war die Revision nur zulässig, wenn «eine Wiedergutmachung nur durch eine Revision möglich ist». Die Gewährung einer gerechten Entschädigung durch den EGMR ist andererseits nur möglich, «wenn das innerstaatliche Recht [...] nur eine unvollkommene Wiedergutmachung für die Folgen dieser Verletzung» gestattet (Art. 41 EMRK). Diese gegenseitigen Subsidiaritäten haben sich in der Praxis nicht selten als problematisch erwiesen und führten manchmal zu einem befremdlichen Hin und Her zwischen Bern und Strassburg.

Ein Revisionsverfahren ist ausgeschlossen, wenn der EGMR eine gerechte Wiedergutmachung zugesprochen hat. Das ist z.B. der Fall, wenn der Gerichtshof die EMRK wegen übermässiger Dauer der Untersuchungshaft und übermässiger Dauer des Strafverfahrens als verletzt ansieht, die Veröffentlichung des Berichts der Menschenrechtskommission gestattet und dem Gesuchsteller zu Lasten der Eidgenossenschaft einen Gesamtbetrag («somme globale») als «gerechte Entschädigung» im Sinne der Regel Nr. 9 und der Ziffer 2bis des Anhangs der «Regeln des Ministerkomitees» für die Anwendung von Art. 32 EMRK zuspricht.

Dasselbe gilt in den Fällen, in denen der Gerichtshof ein Begehren auf gerechte Entschädigung abgewiesen hat (weil er jeglichen Schaden verneinte oder die Feststellung der Menschenrechtsverletzung als hinreichend betrachtete), in denen er den Entscheid über die Wiedergutmachung aufgeschoben hat oder in denen er sich nicht über eine Wiedergutmachung ausgesprochen hat, weil kein Begehren darum gestellt worden ist (Botschaft BBl 2001 4352).

9   Das Verfahren zur Revision eines Bundesgerichtsentscheids soll in der Tat nicht den Weg dazu öffnen, eine vom EGMR beurteilte Sache neu zu beurteilen oder Fehler zu korrigieren, die von einer Partei im Verfahren vor diesem Gerichtshof begangen worden sind. Das Verfahren vor dem EGMR zur Gewährung einer gerechten Wiedergutmachung hat sich bewährt. Es erlaubt, den finanziellen Schaden und die Unbill, die aus einer Verletzung der EMRK resultieren, vollständig wieder gutzumachen (Botschaft BBl 2001 4352).

2.3 Beseitigung ist nur auf dem Weg der Revision möglich (lit. c)

10   Das Revisionsverfahren ist nur insoweit zulässig, als einzelne Folgen der Verletzung der EMRK nicht durch eine Entschädigung geheilt werden können, so dass eine Änderung des Bundesgerichtsentscheids notwendig ist. Dies ist beispielsweise möglich, wenn der Entscheid, der die EMRK verletzt, eine strafrechtliche Verurteilung beinhaltet. Je nach der Art der Menschenrechtsverletzung wird es manchmal nötig sein, dass der Strafentscheid revidiert wird, um die Strafe zu ändern oder die zu Unrecht verurteilte Person zu rehabilitieren. Ohne Revision des Bundesgerichtsentscheids bliebe die ursprünglich ausgesprochene Strafe vollziehbar.

11   Diese Lösung entlastet sowohl das Bundesgericht als auch den EGMR. Sie verhindert, dass das Bundesgericht in all denjenigen Fällen ein Revisionsverfahren eröffnen muss, in denen der EGMR selbst die Folgen einer Verletzung der EMRK mit einer gerechten Wiedergutmachung ausgleichen könnte. Die Lösung verhindert übrigens auch, dass sich der EGMR mehrmals mit der gleichen Angelegenheit befassen muss. Dies könnte eintreten, wenn eine von einer Menschenrechtsverletzung betroffene Person zuerst vor dem Bundesgericht auf dem Weg des Revisionsverfahrens eine Entschädigung verlangt und danach dem Gerichtshof ein Begehren um eine gerechte Wiedergutmachung stellt, um so eine grössere Entschädigung zu erlangen.

12   In BGE 124 II 480, 485 E. 2 schützte das Bundesgericht ein Revisionsgesuch von Gesuchstellern, die als Erben eines Steuerhinterziehers zu Nach- und Strafsteuern verurteilt worden waren, was gegen die EMRK verstiess. Der Schuldvorwurf, der den Gesuchstellern nach dem Urteil des EGMR zu Unrecht gemacht worden ist, konnte auf dem Weg der Entschädigung nicht oder nur unvollkommen wieder gutgemacht werden, zumal der Gerichtshof in seinem Entscheid den Gesuchstellern lediglich eine Entschädigung für das Verfahren vor den Strassburger Instanzen zugesprochen, nicht jedoch für das Unrecht, das ihnen durch die Konventionsverletzung erwachsen ist. Weil der Schuldvorwurf beseitigt werden musste, war eine vollkommene Gutmachung nur durch Verfahrenswiederaufnahme nach innerstaatlichem Recht möglich.

In BGE 125 III 185, 192 E. 4c hielt das Bundesgericht die monetäre Entschädigung durch den EGMR für ungenügend, welche letzterer wegen eines EMRK-widrigen, den Charakter einer Zensur aufweisenden und damit die Meinungsäusserungsfreiheit beeinträchtigenden Verbots zugesprochen hatte. Auf das Revisionsbegehren des Betroffenen hin schränkte das Bundesgericht den Umfang des gerichtlichen Verbots insofern auf ein EMRK-konformes Mass ein, als es nicht mehr um eine Zensur der Arbeiten des Gesuchstellers ging, sondern darum, unrichtige, irreführende oder unnötig verletzende und damit unlautere Äusserungen zu verhindern, die geeignet sind, den Wettbewerb zu beeinflussen und die Wettbewerbsstellung der Mitglieder des Gesuchsgegners zu beeinträchtigen (Art. 2 und Art. 3 lit. a UWG).

13

Art. 123

Andere Gründe

¹ Die Revision kann verlangt werden, wenn ein Strafverfahren ergeben hat, dass durch ein Verbrechen oder Vergehen zum Nachteil der Partei auf den Entscheid eingewirkt wurde; die Verurteilung durch das Strafgericht ist nicht erforderlich. Ist das Strafverfahren nicht durchführbar, so kann der Beweis auf andere Weise erbracht werden.

² Die Revision kann zudem verlangt werden:
a. in Zivilsachen und öffentlich-rechtlichen Angelegenheiten, wenn die ersuchende Partei nachträglich erhebliche Tatsachen erfährt oder entscheidende Beweismittel auffindet, die sie im früheren Verfahren nicht beibringen konnte, unter Ausschluss der Tatsachen und Beweismittel, die erst nach dem Entscheid entstanden sind;
b. in Strafsachen, wenn die Voraussetzungen von Artikel 229 Ziffer 1 oder 2 des Bundesgesetzes vom 15. Juni 1934 über die Bundesstrafrechtspflege erfüllt sind.

Autres motifs

¹ La révision peut être demandée lorsqu'une procédure pénale établit que l'arrêt a été influencé au préjudice du requérant par un crime ou un délit, même si aucune condamnation n'est intervenue. Si l'action pénale n'est pas possible, la preuve peut être administrée d'une autre manière.

² La révision peut en outre être demandée:
a. dans les affaires civiles et les affaires de droit public, si le requérant découvre après coup des faits pertinents ou des moyens de preuve concluants qu'il n'avait pas pu invoquer dans la procédure précédente, à l'exclusion des faits ou moyens de preuve postérieurs à l'arrêt;
b. dans les affaires pénales, si les conditions fixées à l'art. 229, ch. 1 et 2, de la loi fédérale du 15 juin 1934 sur la procédure pénale sont remplies.

Altri motivi

¹ La revisione può essere domandata se nell'ambito di un procedimento penale è dimostrato che un crimine o un delitto ha influito sulla sentenza a pregiudizio dell'instante, anche se non è stata pronunciata una condanna. Se il procedimento penale non è possibile, la prova può essere addotta in altro modo.

² La revisione può inoltre essere domandata:
a. in materia civile e di diritto pubblico, se l'instante, dopo la pronuncia della sentenza, viene a conoscenza di fatti rilevanti o ritrova mezzi di prova decisivi che non ha potuto addurre nel procedimento precedente, esclusi i fatti e i mezzi di prova posteriori alla sentenza;
b. in materia penale, se sono adempiute le condizioni di cui all'articolo 229 numeri 1 o 2 della legge federale del 15 giugno 1934 sulla procedura penale.

Inhaltsübersicht   Note   Seite

		Note	Seite
I.	Bisheriges Recht und Entstehungsgeschichte	1	525
II.	Kommentar	2	525
	1. Allgemeines	2	525
	2. Revisionsgründe	3	525
	2.1 Einwirkung durch ein Verbrechen oder Vergehen (Abs. 1)	3	525
	2.2 Nachträgliches Beibringen erheblicher Tatsachen oder Beweismittel in Zivilsachen und öffentlich-rechtlichen Angelegenheiten (Abs. 2 lit. a)	6	526
	2.3 Revisionsgründe nach Art. 229 Ziff. 1 oder 2 BStP (Abs. 2 lit. b)	14	527

I. Bisheriges Recht und Entstehungsgeschichte

Altes Recht: Art. 137 OG.   1

Entwurf der Expertenkommission: Art. 116.

Entwurf des Bundesrates: Art. 109 (BBl 2001 4352).

Ständerat: unverändert angenommen (Amtl. Bull. S vom 23.9.2003 S. 913).

Nationalrat: stimmt dem Beschluss des Ständerates zu (Amtl. Bull. N vom 5.10.2004 S. 1615).

II. Kommentar

1. Allgemeines

Hinsichtlich Anfechtungsobjekt, Legitimation und Rechtsschutzinteresse gilt das unter Art. 121 BGG N 4 ff. Gesagte.   2

2. Revisionsgründe

2.1 Einwirkung durch ein Verbrechen oder Vergehen (Abs. 1)

Die Revision kann in Zivil- und Strafsachen wie auch in öffentlich-rechtlichen Angelegenheiten verlangt werden, wenn sich nachträglich herausstellt, dass das angefochtene bundesgerichtliche Urteil durch ein Verbrechen oder ein Vergehen beeinflusst worden ist.   3

Primär geht es um Justizdelikte, wie falsche Parteiaussage (Art. 306 StGB) oder falsches Zeugnis, falsches Gutachten, falsche Übersetzung (Art. 307 StGB). Als Straftaten fallen auch andere Verbrechen und Vergehen im Sinne von Art. 9 StGB in Betracht (Urkundenfälschung, Bestechung, Verletzung des Berufsge-   4 heimnisses usw.), ebenso wie die Missachtung kantonaler Prozessvorschriften, deren strafrechtliche Sanktionierung Art. 335 Ziff. 1 Abs. 2 StGB dem kantonalen Recht vorbehält.

5   Die Beeinflussung des bundesgerichtlichen Entscheids durch eine Straftat muss in einem Strafverfahren festgestellt werden. Dabei ist allerdings nicht erforderlich, dass der Angeklagte verurteilt worden ist. Kann ein Strafverfahren nicht stattfinden, so ist es zulässig, den Beweis auf andere Weise zu erbringen. Die beiden Ausnahmen können z.b. eintreffen, wenn der Täter nicht zurechnungsfähig war, verstorben oder die Verfolgungsverjährung eingetreten ist. An der Feststellung der Straftat im Strafverfahren fehlt es hingegen, wenn der Angeklagte freigesprochen wird.

2.2 Nachträgliches Beibringen erheblicher Tatsachen oder Beweismittel in Zivilsachen und öffentlich-rechtlichen Angelegenheiten (Abs. 2 lit. a)

6   Die Revision ist zulässig, wenn der Gesuchsteller nachträglich neue erhebliche Tatsachen erfährt oder entscheidende Beweismittel auffindet, die er im früheren Verfahren nicht beibringen konnte. Das Bundesgericht hat diesen Revisionsgrund in Urteil C 234/00 vom 6.11.2000 umfassend umschrieben.

7   Als **neu** gelten **Tatsachen**, welche sich bis zum Zeitpunkt, da im Hauptverfahren noch tatsächliche Vorbringen prozessual zulässig waren, verwirklicht haben, jedoch der um Revision ersuchenden Person trotz hinreichender Sorgfalt **nicht bekannt** waren. Es handelt sich also um unechte Noven. Die Geltendmachung echter Noven, d.h. von Tatsachen, die sich erst nach Abschluss des zu revidierenden Urteils zugetragen haben, ist ausgeschlossen.

8   An der genügenden Sorgfalt mangelt es, wenn die Entdeckung neuer Tatsachen oder Beweismittel auf Nachforschungen zurückzuführen ist, die bereits im früheren Verfahren hätten angestellt werden können und müssen. So verwirkt ein Gesuchsteller diesen Revisionsgrund, wenn er ein Gutachten oder einen Augenschein als neues Beweismittel beantragt, obwohl schon vor dem ersten Urteil Anlass bestanden hätte, diesen Beweisantrag zu stellen.

9   Keine verspätete Geltendmachung liegt vor, wenn eine Tatsache zwar bereits vor der Ausfällung des zu revidierenden Bundesgerichtsentscheids bekannt war, der Gesuchsteller aber keine Möglichkeit hatte, die neue Tatsache vorzubringen, z.B. weil das Urteil ohne Schriftenwechsel gefällt wurde (BGE 121 IV 317, 323 E. 2).

10 Die Tatsachen müssen ferner **erheblich** sein, d.h. sie müssen geeignet sein, die tatbeständliche Grundlage des angefochtenen Urteils zu verändern und bei zutreffender rechtlicher Würdigung zu einer anderen Entscheidung führen.

Beweismittel haben entweder dem Beweis der die Revision begründenden neuen erheblichen Tatsachen oder dem Beweis von Tatsachen zu dienen, die zwar im früheren Verfahren bekannt gewesen, aber zum Nachteil der gesuchstellenden Person unbewiesen geblieben sind. Sollen bereits vorgebrachte Tatsachen mit den neuen Titeln bewiesen werden, so hat die Person auch darzutun, dass sie die Beweismittel im früheren Verfahren nicht beibringen konnte. 11

Entscheidend ist ein Beweismittel, wenn angenommen werden muss, es hätte zu einem andern Urteil geführt, falls das Gericht im Hauptverfahren hievon Kenntnis gehabt hätte. Ausschlaggebend ist, dass das Beweismittel nicht bloss der Sachverhaltswürdigung, sondern der Sachverhaltsermittlung dient. Es genügt daher bspw. nicht, dass ein neues Gutachten den Sachverhalt anders bewertet; vielmehr bedarf es neuer Elemente tatsächlicher Natur, welche die Entscheidgrundlagen als objektiv mangelhaft erscheinen lassen. Für die Revision eines Entscheids genügt es nicht, dass die Gutachterin oder der Gutachter aus den im Zeitpunkt des Hauptsurteils bekannten Tatsachen nachträglich andere Schlussfolgerungen zieht als das Gericht. Auch ist ein Revisionsgrund nicht schon gegeben, wenn das Gericht bereits im Hauptverfahren bekannte Tatsachen möglicherweise unrichtig gewürdigt hat. Notwendig ist vielmehr, dass die unrichtige Würdigung erfolgte, weil für den Entscheid wesentliche Tatsachen nicht bekannt waren oder unbewiesen blieben (BGE 110 V 138, 141 E. 2; 110 V 291, 293 E. 2a; 108 V 170, 171 E. 1; vgl. auch BGE 118 II 199, 205). 12

Der bundesgerichtliche Sachentscheid über eine Beschwerde ersetzt das mit diesem Rechtsmittel angefochtene vorinstanzliche Urteil. Sobald das Bundesgericht in der Sache entschieden hat, ist deshalb ein kantonales Revisionsverfahren oder ein solches nach Art. 45 VGG nicht mehr möglich. Im Rahmen des Revisionsgrundes von Art. 123 Abs. 2 lit. b BGG muss es daher grundsätzlich zulässig sein, in einem Revisionsgesuch gegen den Beschwerdeentscheid auch Tatfragen aufzuwerfen, die der bundesgerichtlichen Kognition im Beschwerdeverfahren entzogen waren (BGE 107 Ia 187, 189 E.1a). Zu beachten ist jedoch, dass diese Möglichkeit entfällt, wenn die neuen Tatsachen oder Beweismittel bereits vor der Ausfällung des bundesgerichtlichen Entscheids entdeckt worden sind und in einem kantonalen Revisionsverfahren hätten geltend gemacht werden können. 13

2.3 Revisionsgründe nach Art. 229 Ziff. 1 oder 2 BStP (Abs. 2 lit. b)

Gemäss Art. 229 Ziff. 1 bzw. 2 BStP kann um die Revision eines rechtskräftigen Urteils nachgesucht werden, und zwar 14

– **zugunsten** des Verurteilten jederzeit, wenn (a) entscheidende, dem Bundesgericht nicht unterbreitete Tatsachen oder Beweismittel gegen seine Schuld sprechen oder ein leichteres Vergehen begründen als dasjenige, wegen des- 15 sen er verurteilt wurde; oder (b) wenn seit der Verurteilung ein Strafurteil ausgefällt wurde, das mit dem frühern in unvereinbarem Widerspruch steht;

16 – **zuungunsten** des Freigesprochenen oder des Verurteilten, solange das Vergehen nicht verjährt ist, wenn entscheidende, dem Bundesgericht nicht unterbreitete Tatsachen oder Beweismittel seine Schuld oder ein schwereres Vergehen als dasjenige, wegen dessen er verurteilt wurde, namentlich wenn er nach dem Urteil ein glaubwürdiges Geständnis ablegt.

17 Im **Unterschied** zum Revisionsgrund nach Abs. 2 lit. a ist nicht massgebend, ob der Gesuchsteller die fraglichen Tatsachen oder Beweismittel vor dem angefochtenen Urteil bereits gekannt hat oder hätte kennen können; entscheidend ist nur, dass sie dem Bundesgericht nicht vorlagen.

Art. 124

Frist

¹ Das Revisionsgesuch ist beim Bundesgericht einzureichen:
a. wegen Verletzung der Ausstandsvorschriften: innert 30 Tagen nach der Entdeckung des Ausstandsgrundes;
b. wegen Verletzung anderer Verfahrensvorschriften: innert 30 Tagen nach der Eröffnung der vollständigen Ausfertigung des Entscheids;
c. wegen Verletzung der EMRK: innert 90 Tagen, nachdem das Urteil des Europäischen Gerichtshofs für Menschenrechte nach Artikel 44 EMRK endgültig geworden ist;
d. aus anderen Gründen: innert 90 Tagen nach deren Entdeckung, frühestens jedoch nach der Eröffnung der vollständigen Ausfertigung des Entscheids oder nach dem Abschluss des Strafverfahrens.

² Nach Ablauf von zehn Jahren nach der Ausfällung des Entscheids kann die Revision nicht mehr verlangt werden, ausser:
a. in Strafsachen aus den Gründen nach Artikel 123 Absatz 1 und Absatz 2 Buchstabe b;
b. in den übrigen Fällen aus dem Grund nach Artikel 123 Absatz 1.

Délai

¹ La demande de révision doit être déposée devant le Tribunal fédéral:
a. pour violation des dispositions sur la récusation, dans les 30 jours qui suivent la découverte du motif de récusation;
b. pour violation d'autres règles de procédure, dans les 30 jours qui suivent la notification de l'expédition complète de l'arrêt;
c. pour violation de la CEDH, au plus tard 90 jours après que l'arrêt de la Cour européenne des droits de l'homme est devenu définitif au sens de l'art. 44 CEDH;
d. pour les autres motifs, dans les 90 jours qui suivent la découverte du motif de révision, mais au plus tôt cependant dès la notification de l'expédition complète de l'arrêt ou dès la clôture de la procédure pénale.

² Après dix ans à compter de l'entrée en force de l'arrêt, la révision ne peut plus être demandée, sauf:
a. dans les affaires pénales, pour les motifs visés à l'art. 123, al. 1 et 2, let. b;
b. dans les autres affaires, pour le motif visé à l'art. 123, al. 1.

Termine

¹ La domanda di revisione deve essere depositata presso il Tribunale federale:
a. per violazione delle norme sulla ricusazione, entro 30 giorni dalla scoperta del motivo di ricusazione;
b. per violazione di altre norme procedurali, entro 30 giorni dalla notificazione del testo integrale della sentenza;
c. per violazione della CEDU, entro 90 giorni da quello in cui la sentenza della Corte europea dei diritti dell'uomo diviene definiti-

va ai sensi dell'articolo 44 CEDU;
d. per altri motivi, entro 90 giorni dalla loro scoperta, non prima però della notificazione del testo integrale della sentenza o della chiusura del procedimento penale.

² Dopo dieci anni dalla pronuncia della sentenza la revisione non può più essere domandata, salvo:
a. in materia penale, per i motivi di cui all'articolo 123 capoversi 1 e 2 lettera b;
b. negli altri casi, per il motivo di cui all'articolo 123 capoverso 1.

Inhaltsübersicht   Note   Seite

I. Bisheriges Recht und Entstehungsgeschichte   1   530
II. Kommentar 2   531
   1. Verfahrensfragen   2   531
      1.1 Zuständigkeit   2   531
      1.2 Begründungspflicht   3   531
   2. Abs. 1 – relative Fristen   4   531
      2.1. Lit. a – bei Verletzung der Ausstandsvorschriften   5   531
      2.2. Lit. b – bei Verletzung von anderen Verfahrensvorschriften ... 6   532
      2.3. Lit. c – bei Verletzung der EMRK   7   532
      2.4 Lit. d – aus anderen Gründen   8   532
      2.5 Bei Kumulation von Revisionsgründen   9   532
   3. Abs. 2 – 10-jährige Verwirkungsfrist und Ausnahmen 10   532
      3.1. Grundsatz 10   532
      3.2. Ausnahmen 12   533
   4. Fristwahrung 14   533

I. Bisheriges Recht und Entstehungsgeschichte

1 Altes Recht: Art. 141 OG.

Entwurf der Expertenkommission: Art. 117.

Entwurf des Bundesrates: Art. 110 (BBl 2001 4352).

Ständerat: unverändert angenommen (Amtl. Bull. S vom 23.9.2003 S. 913).

Nationalrat: stimmt dem Beschluss des Ständerates zu (Amtl. Bull. N vom 5.10.2004 S. 1615).

II. Kommentar

1. Verfahrensfragen

1.1 Zuständigkeit

Das Revisionsgesuch ist beim Bundesgericht einzureichen. Diejenige Abteilung, die das angefochtene Urteil gefällt hat, tagt, wenn immer möglich, in derselben Zusammensetzung wie bei der Ausfällung des angefochtenen Urteils. Dieses Vorgehen ist nicht nur sachlich angebracht, sondern auch zulässig, weil die Mitwirkung derjenigen Richter, die bereits das angefochtene Urteil gefällt haben, für sich alleine keinen Ausstandsgrund darstellt (s. Art. 34 Abs. 2 BGG). Aus Opportunitätsüberlegungen kann die zuständige Abteilung auch in einer anderen Zusammensetzung tagen (BGE 96 I 279, 280 E. 2). Wird dagegen die Verletzung einer Ausstandspflicht als Revisionsgrund geltend gemacht (Art. 121 lit. a BGG), entscheidet in sinngemässer Anwendung von Art. 37 Abs. 1 BGG die Abteilung unter Ausschluss der betroffenen Gerichtsperson über das Revisionsbegehren.

1.2 Begründungspflicht

Es obliegt dem Gesuchsteller, die massgeblichen Umstände zu belegen (Art. 42 BGG), die es ermöglichen, die Einhaltung der Frist zu kontrollieren.

2. Abs. 1 – relative Fristen

Die Fristen hängen vom geltend gemachten Revisionsgrund ab.

2.1. Lit. a – bei Verletzung der Ausstandsvorschriften

Wird die Verletzung der Ausstandsvorschriften im Sinne von Art. 121 lit. a BGG geltend gemacht, ist das Revisionsgesuch innert **30 Tagen** nach Entdeckung des Ausstandsgrundes einzureichen. Die Frist läuft von dem Zeitpunkt an, seit dem der Gesuchsteller den Revisionsgrund sicher genug kennt, um ihn geltend machen zu können (Urteil 4P.120/2002 vom 3.9.2002, E. 1.2).

2.2. Lit. b – bei Verletzung von anderen Verfahrensvorschriften

6 Liegt die Begründung in der Verletzung von anderen Verfahrensvorschriften (Art. 121 lit. b, c und d BGG), ist das Revisionsgesuch innert **30 Tagen** nach der Eröffnung der vollständigen Ausfertigung des Entscheids einzureichen.

2.3. Lit. c – bei Verletzung der EMRK

7 Liegt der Revisionsgrund in einer Verletzung der EMRK (Art. 122 BGG), gilt eine Frist von **90 Tagen**, nachdem das Urteil des EGMR nach Art. 44 EMRK endgültig geworden ist (s. Art. 122 BGG N 5).

2.4 Lit. d – aus anderen Gründen

8 In diesen Fällen ist das Revisionsgesuch innert **90 Tagen** nach der Entdeckung von anderen Gründen im Sinne von Art. 123 BGG, frühestens jedoch nach der Eröffnung der vollständigen Ausfertigung des Entscheids oder nach dem Abschluss des Strafverfahrens zu stellen.

2.5 Bei Kumulation von Revisionsgründen

9 Liegen mehrere Revisionsgründe vor, muss die für den jeweiligen Revisionsgrund anwendbare Frist eingehalten werden, so dass gegebenenfalls mehrere Gesuche eingereicht werden müssen.

3. Abs. 2–10-jährige Verwirkungsfrist und Ausnahmen

3.1. Grundsatz

10 Grundsätzlich gilt eine absolut wirkende 10-jährige Verwirkungsfrist nach der Ausfällung des Entscheids, d.h. ab dem Zeitpunkt des Eintritts der Rechtskraft (s. Art. 61 BGG). Dieser Zeitpunkt kann mit dem Zeitpunkt der Zustellung des anzufechtenden Entscheids auseinanderfallen, weil die Rechtskraft mit der Ausfällung des Entscheids durch das Bundesgericht eintritt, der Entscheid in der Regel aber zu einem späteren Zeitpunkt zugestellt wird.

11 Da es sich um eine absolute Verwirkungsfrist handelt, kann sie weder stillstehen, noch unterbrochen oder wiederhergestellt werden.

3.2. Ausnahmen

Die Revision kann auch später als 10 Jahre nach Ausfällung des fraglichen Entscheids verlangt werden, wenn ein Strafverfahren ergeben hat, dass durch ein Verbrechen oder Vergehen zum Nachteil der gesuchstellenden Partei auf den Entscheid eingewirkt wurde (s. Art. 123 Abs. 1 BGG). 12

Ebenso wenig gilt die absolute Verwirkungsfrist, wenn ein Revisionsgrund nach Art. 229 Ziff. 1 oder 2 geltend gemacht wird (s. BStP Art. 123 BGG N 14 ff.). 13

4. Fristwahrung

Für die Fristwahrung gilt Art. 48 BGG. Das Revisionsbegehren muss spätestens am letzten Tag der Frist beim Bundesgericht eingereicht oder zu dessen Handen der Schweizerischen Post oder einer schweizerischen diplomatischen oder konsularischen Vertretung übergeben werden (Art. 48 Abs. 1 BGG). Im Falle der elektronischen Zustellung ist die Frist gewahrt, wenn der Empfang bei der Zustelladresse des Bundesgerichts vor Ablauf der Frist durch das betreffende Informatiksystem bestätigt worden ist (Art. 48 Abs. 2 BGG). 14

Es kann auch vorkommen, dass eine Partei ein Revisionsgesuch stellt, bevor die Frist überhaupt zu laufen begonnen hat. Das ist namentlich in den Fällen von Art. 124 Abs. 1 lit. d BGG möglich. Danach beginnt die Frist **frühestens** nach der Eröffnung der vollständigen Ausfertigung des Entscheids oder nach dem Abschluss des Strafverfahrens zu laufen. Wenn das Bundesgericht den Parteien vorerst nur das Dispositiv zukommen lässt, muss die Zustellung der vollständigen Ausfertigung abgewartet werden. Wird das Revisionsgesuch dennoch zu früh gestellt, hat das für den Gesuchsteller keine Nachteile zur Folge (BGE 123 I 283, 286 E.2). 15

Die Frist gilt auch dann als gewahrt, wenn das Revisionsgesuch, zwar fristgerecht, aber **unzuständigenorts** eingereicht wird (Art. 48 Abs. 3 BGG). 16

Wird die Frist verpasst, ist das Rechtsmittel unter Vorbehalt der Wiederherstellung nach Art. 50 BGG **verwirkt**, und das Bundesgericht tritt nicht auf das Gesuch ein. 17

Art. 125

Verwirkung Die Revision eines Entscheids, der den Entscheid der Vorinstanz bestätigt, kann nicht aus einem Grund verlangt werden, der schon vor der Ausfällung des bundesgerichtlichen Entscheids entdeckt worden ist und mit einem Revisionsgesuch bei der Vorinstanz hätte geltend gemacht werden können.

Péremption La révision d'un arrêt du Tribunal fédéral confirmant la décision de l'autorité précédente ne peut être requise pour un motif qui a été découvert avant le prononcé de l'arrêt et qui aurait pu être invoqué dans une procédure de révision devant l'autorité précédente.

Perenzione La revisione di una sentenza del Tribunale federale che conferma la decisione dell'autorità inferiore non può essere chiesta per un motivo scoperto prima della pronuncia della sentenza e che avrebbe potuto essere invocato con domanda di revisione dinanzi a tale autorità.

Inhaltsübersicht   Note   Seite
I. Bisheriges Recht und Entstehungsgeschichte 1   534
II. Kommentar 2   535
   1. Grundsatz 2   535
   2. Anfechtungsobjekt 3   535
   3. Zeitpunkt des Bekanntseins des Revisionsgrundes 5   535
   4. Revisionsgründe nach Art. 123 BGG 7   535
   5. Verwirkungsfolge 9   536
   6. Verhältnis zum kantonalen Recht 13   536

I. Bisheriges Recht und Entstehungsgeschichte

1 Altes Recht: Art. 138 OG

Entwurf der Expertenkommission: Art. 118

Entwurf des Bundesrates: Art. 111 (BBl 2001 4352)

Ständerat: unverändert angenommen (Amtl. Bull. S vom 23.9.2003 S. 913)

Nationalrat: stimmt dem Beschluss des Ständerates zu (Amtl. Bull. N vom 5.10.2004 S. 1615)

II. Kommentar

1. Grundsatz

Die Revision eines Entscheids, der den Entscheid der Vorinstanz bestätigt, kann nicht aus einem Grund verlangt werden, der schon vor der Ausfällung des bundesgerichtlichen Entscheids entdeckt worden ist und mit einem Revisionsgesuch bei der Vorinstanz hätte geltend gemacht werden können.

2. Anfechtungsobjekt

Art. 125 BGG findet nur Anwendung, wenn es um die Revision eines bundesgerichtlichen Entscheids geht, der das Urteil einer (kantonalen oder bundesrechtlichen) Vorinstanz bestätigt.

Nicht in den Anwendungsbereich von Art. 125 BGG fallen Endscheide des Bundesgerichts, mit denen vorinstanzliche Urteile aufgehoben oder abgeändert werden.

3. Zeitpunkt des Bekanntseins des Revisionsgrundes

Art. 125 BGG findet Anwendung, wenn der geltend gemachte Revisionsgrund schon vor der Ausfällung des bundesgerichtlichen Entscheids bekannt war.

Der Zeitpunkt des Bekanntseins des Revisionsgrundes ist nicht immer einfach festzustellen. Nach der Rechtsprechung gilt der Revisionsgrund dann als bekannt, wenn der Gesuchsteller den Revisionsgrund sicher genug kennt, um ihn geltend machen zu können (Urteil 4P.120/2002 vom 3.9.2002, E. 1.2).

4. Revisionsgründe nach Art. 123 BGG

Es kann sich ausschliesslich um einzelne in Art. 123 BGG genannte Revisionsgründe handeln, weil nur diese bereits im vorinstanzlichen Verfahren bekannt sein können. Das gilt namentlich für nachträglich in Erfahrung gebrachte Tatsachen oder gefundene Beweismittel.

Die Revisionsgründe nach Art. 121 BGG betreffen einen Mangel an einem Entscheid des Bundesgerichts selbst, der naturgemäss nicht vorher bekannt sein kann. Dasselbe gilt für den Revisionsgrund nach Art. 122 BGG, bei dem ein erst nachträgliches Urteil des Europäischen Gerichtshofs den Grund für die Revision setzt.

5. Verwirkungsfolge

9   War ein Revisionsgrund schon vor der Ausfällung des bundesgerichtlichen Entscheids bekannt und hätte dieser mit einem Revisionsgrund bei der Vorinstanz geltend gemacht werden können, ist der Anspruch auf Revision durch das Bundesgericht verwirkt und führt zu einem **Nichteintretensentscheid**.

10 Um der drohenden Verwirkung vorzubeugen, muss nach Bekanntwerden des Revisionsgrundes bei der zuständigen Vorinstanz ein Revisionsgesuch gestellt werden. Gleichzeitig ist das Bundesgericht davon in Kenntnis zu setzen und, im Sinne einer vorsorglichen Massnahme (Art. 104 BGG), die Einstellung des Verfahrens zu beantragen (BGE 92 II 133, 135 E.2).

11 Die Verwirkungsfolge gilt selbstverständlich nur, wenn der geltend gemachte Revisionsgrund auch von der zuständigen Vorinstanz gehört wird, was z.B. in Bezug auf die Frage von neu bekannt gewordenen Tatsachen nicht immer der Fall ist. So lassen die Kantone BS, BL, VD und GE auf kantonaler Ebene die Revision nur bei Entdeckung neuer Urkunden zu (OSKAR VOGEL, Grundriss des Zivilprozessrechts, 8. Auflage, 13 N 98).

12 Ist die Frist für das Revisionsbegehren vor einer Vorinstanz bereits abgelaufen, findet Art. 125 BGG auch keine Anwendung.

6. Verhältnis zum kantonalen Recht

13 Die Anbindung von Art. 125 BGG an das vorinstanzliche Prozessrecht hat zur Folge, dass namentlich die Kantone die Zulässigkeit eines Revisionsbegehrens nicht allein deshalb ausschliessen können, weil die gesuchstellende Partei das Bundesgericht als Rechtsmittelinstanz angerufen hat.

Art. 126

Vorsorgliche Massnahmen	Nach Eingang des Revisionsgesuchs kann der Instruktionsrichter oder die Instruktionsrichterin von Amtes wegen oder auf Antrag einer Partei den Vollzug des angefochtenen Entscheids aufschieben oder andere vorsorgliche Massnahmen treffen.
Mesures provisionnelles	Après le dépôt de la demande de révision, le juge instructeur peut, d'office ou sur requête d'une partie, accorder l'effet suspensif ou ordonner d'autres mesures provisionnelles.
Misure cautelari	Dopo la ricezione della domanda di revisione, il giudice dell'istruzione può, d'ufficio o ad istanza di parte, sospendere l'esecuzione della sentenza impugnata o ordinare altre misure cautelari.

Inhaltsübersicht   Note   Seite

I. Bisheriges Recht und Entstehungsgeschichte 1   537
II. Kommentar 2   537
    1. Begriff und Zweck vorsorglicher Massnahmen 2   537
    2. Kreis möglicher vorsorglicher Massnahmen 4   538
    3. Anordnende Instanz 6   538

I. Bisheriges Recht und Entstehungsgeschichte

Altes Recht: Art. 142 OG.   1

Entwurf der Expertenkommission: Art. 119.

Entwurf des Bundesrates: Art. 112 (BBl 2001 4352).

Ständerat: unverändert angenommen (Amtl. Bull. S vom 23.9.2003 S. 913).

Nationalrat: stimmt dem Beschluss des Ständerates zu (Amtl. Bull. N vom 5.10.2004 S. 1615).

II. Kommentar

1. Begriff und Zweck vorsorglicher Massnahmen

Als einstweilige oder vorsorgliche Massnahme wird diejenige Anordnung   2
bezeichnet, die von Amtes wegen oder nach Anhörung der Gegenpartei auf ein entsprechendes Gesuch hin erlassen wird. Möglich ist sogar, sofort nach Eingang des Begehrens mit einer superprovisorischen Verfügung Anordnungen zu treffen, welche bis zum Entscheid über die vorsorgliche Massnahme gelten (vgl. BGE 115 Ia 321, 323 E. 3c).

3   Sämtliche vorsorglichen Massnahmen dienen einem effektiven und umfassenden Rechtsschutz. Sie sollen die **Veränderung der Sach- und Rechtslage** sowie die Schaffung von vollendeten Tatsachen **verhindern**, damit der Entscheid in der Hauptsache nicht vorweggenommen und die Beschwerde damit nicht illusorisch wird.

2. *Kreis möglicher vorsorglicher Massnahmen*

4   Der Kreis möglicher vorsorglicher Massnahmen ist unbeschränkt. Die konkrete Ausgestaltung von vorsorglichen Massnahmen ist durch ihren **Zweck**, nämlich die einstweilige Sicherstellung des bestehenden Zustandes oder von bedrohten Interessen, beschränkt.

5   Auch die Erteilung der **aufschiebenden Wirkung** in Bezug auf den Vollzug des angefochtenen Urteils bildet eine vorsorgliche Massnahme.

3. *Anordnende Instanz*

6   Der **Instruktionsrichter** ist für die Anordnung vorsorglicher Massnahmen zuständig.

Art. 127

Schriftenwechsel Soweit das Bundesgericht das Revisionsgesuch nicht als unzulässig oder unbegründet befindet, stellt es dieses der Vorinstanz sowie den allfälligen anderen Parteien, Beteiligten oder zur Beschwerde berechtigten Behörden zu; gleichzeitig setzt es ihnen eine Frist zur Einreichung einer Vernehmlassung an.

Echange d'écritures Pour autant que le Tribunal fédéral ne considère pas la demande de révision comme irrecevable ou infondée, il la communique à l'autorité précédente ainsi qu'aux éventuels autres parties ou participants à la procédure, ou aux autorités qui ont qualité pour recourir; ce faisant, il leur impartit un délai pour se déterminer.

Scambio di scritt Se non ritiene inammissibile o infondata la domanda di revisione, il Tribunale federale la notifica all'autorità inferiore e a eventuali altre parti, altri partecipanti al procedimento o autorità legittimate a ricorrere; nel contempo impartisce loro un termine per esprimersi in merito.

Inhaltsübersicht Note Seite

I. Bisheriges Recht und Entstehungsgeschichte 1 539
II. Kommentar 2 539
   1. Schriftenwechsel und Beweisverfahren 2 539
   2. Die Verfahrensbeteiligten 4 540
   3. Fristen 5 540

I. Bisheriges Recht und Entstehungsgeschichte

Altes Recht: Art. 143 OG.   1

Entwurf der Expertenkommission: Art. 120.

Entwurf des Bundesrates: Art. 113 (BBl 2001 4352).

Ständerat: unverändert angenommen (Amtl. Bull. S vom 23.9.2003 S. 913).

Nationalrat: stimmt dem Beschluss des Ständerates zu (Amtl. Bull. N vom 5.10.2004 S. 1615).

II. Kommentar

1. Schriftenwechsel und Beweisverfahren

Das Revisionsgesuch wird, wenn es nicht als unzulässig oder unbegründet   2
erscheint, den Verfahrensbeteiligten zur Vernehmlassung zugestellt. Ausnahms-

weise kann – wie bisher (Art. 143 Abs. 3 OG) – ein weiterer Schriftenwechsel oder eine mündliche Schlussverhandlung angeordnet werden.

3 Erfordert der Entscheid über das Revisionsgesuch die Erhebung von Beweisen, so führt der Instruktionsrichter ein Beweisverfahren durch (Art. 55 BGG).

2. Die Verfahrensbeteiligten

4 In den Schriftenwechsel sind die Vorinstanz, die Parteien und andere Beteiligte sowie die zur Beschwerde berechtigten Behörden einzubeziehen. Wer zu diesen «anderen Beteiligten» gehört, bestimmt das Bundesgericht von Amtes wegen. Als solche anerkennt es Personen und Körperschaften, die nicht Gegenpartei sind, aber durch die Gutheissung des Revisionsgesuchs in ihren Rechten berührt würden (BGE 100 Ia 445, 447 E. 1).

3. Fristen

5 Das Gesetz sieht keine feste Frist vor für die Vernehmlassung zum Revisionsbegehren. In Anbetracht der bundesgerichtlichen Praxis unter dem alten Recht dürfte die Frist im Allgemeinen auf 30 Tage angesetzt werden.

Art. 128

Entscheid

¹ Findet das Bundesgericht, dass der Revisionsgrund zutrifft, so hebt es den früheren Entscheid auf und entscheidet neu.

² Wenn das Gericht einen Rückweisungsentscheid aufhebt, bestimmt es gleichzeitig die Wirkung dieser Aufhebung auf einen neuen Entscheid der Vorinstanz, falls in der Zwischenzeit ein solcher ergangen ist.

³ Entscheidet das Bundesgericht in einer Strafsache neu, so ist Artikel 237 des Bundesgesetzes vom 15. Juni 1934 über die Bundesstrafrechtspflege sinngemäss anwendbar.

Arrêt

¹ Si le Tribunal fédéral admet le motif de révision invoqué, il annule l'arrêt et statue à nouveau.

² Si le Tribunal fédéral annule un arrêt qui avait renvoyé la cause à l'autorité précédente, il détermine les effets de cette annulation à l'égard d'un nouveau jugement de l'autorité précédente rendu entre-temps.

³ Si le Tribunal fédéral statue à nouveau dans une affaire pénale, l'art. 237 de la loi fédérale du 15 juin 1934 sur la procédure pénale est applicable par analogie.

Sentenza

¹ Se ammette il motivo di revisione invocato dall'instante, il Tribunale federale annulla la sentenza precedente e ne pronuncia una nuova.

² Se annulla una sentenza di rinvio della causa all'autorità inferiore, il Tribunale federale determina gli effetti di tale annullamento nei riguardi della nuova decisione eventualmente già pronunciata dall'autorità inferiore.

³ Se pronuncia una nuova sentenza in una causa penale, si applica per analogia l'articolo 237 della legge federale del 15 giugno 1934 sulla procedura penale.

Inhaltsübersicht   Note   Seite

I. Bisheriges Recht und Entstehungsgeschichte 1   542
II. Kommentar 2   542
    1. Verfahrensfragen 2   542
        1.1 Iura novit curia 2   542
        1.2 Inhalt des Revisionsentscheids 3   542
        1.3 Mitwirkende Gerichtspersonen 4   542
        1.4 Kein vereinfachtes Verfahren 5   543
        1.5 Übergangsrecht 6   543
    2. Der Revisionsentscheid 7   543
    3. Kosten- und Entschädigungsfolgen 12   544

I. Bisheriges Recht und Entstehungsgeschichte

1 Altes Recht: Art. 144 OG.
Entwurf der Expertenkommission: Art. 121.
Entwurf des Bundesrates: Art. 114 (BBl 2001 4352).
Ständerat: unverändert angenommen (Amtl. Bull. S vom 23.9.2003 S. 913).
Nationalrat: stimmt dem Beschluss des Ständerates zu (Amtl. Bull. N vom 5.10.2004 S. 1615).

II. Kommentar

1. Verfahrensfragen

1.1 Iura novit curia

2 Wie in den ordentlichen Beschwerdeverfahren wendet das Bundesgericht das Recht von Amtes wegen an. Art. 106 Abs. 2 BGG bleibt vorbehalten.

1.2 Inhalt des Revisionsentscheids

3 Das Bundesgericht urteilt über die ihm gestellten Anträge (s. Art. 107 BGG). Unterlässt es die Beurteilung eines Rechtsbegehrens oder spricht es mehr zu, als verlangt wurde, kann das zu einer Revision des Revisionsentscheids führen (s. Art. 123 BGG).

1.3 Mitwirkende Gerichtspersonen

4 Grundsätzlich ist diejenige Abteilung des Bundesgerichts für die Beurteilung eines Revisionsgesuchs zuständig, die das Urteil, dessen Revision angestrebt wird, erlassen hat. In der Regel wird auch in der gleichen Zusammensetzung entschieden; eine unterschiedliche Zusammensetzung ist indessen auch möglich, namentlich wenn sich eine solche aus **Zweckmässigkeits- oder Glaubwürdigkeitsgründen** aufdrängt (BGE 96 I 279, 280 E. 2). Wenn die geltend gemachte Verletzung einer Ausstandsvorschrift begründet erscheint, wird Art. 37 Abs. 1 BGG (Ausschluss der betroffenen Gerichtsperson) analog angewendet.

1.4 Kein vereinfachtes Verfahren

Das vereinfachte Verfahren gemäss Art. 108 ff. BGG gilt nicht für Revisionsverfahren, selbst wenn die Gesuche offensichtlich unzulässig sind, keine hinreichende Begründung haben oder rechtsmissbräuchlich bzw. querulatorisch erscheinen (Art. 108 BGG N 9).

1.5. Übergangsrecht

Die Bestimmungen des BGG gelten für nach dem 1. Januar 2007 eingereichte Revisionsgesuche (Art. 132 Abs. 1 BGG), selbst wenn das zu revidierende Urteil vor dem 1. Januar 2007 gefällt worden ist. Die Beurteilung der Revisionsgründe richtet sich indes nach demjenigen Recht, das zur Zeit der Urteilsfällung galt. So kann z.B. ein vor dem 1. Januar 2007 gefälltes Bundesgerichtsurteil nach dem 1. Januar 2007 nicht aus dem Grund revidiert werden, weil ein als Anwalt tätiger nebenamtlicher Bundesrichter, der berufsmässig Dritte vor dem Bundesgericht vertritt, mitgewirkt hat; dieser Unvereinbarkeitsgrund wurde erst mit dem BGG eingeführt (Art. 6 Abs. 2 BGG).

2. Der Revisionsentscheid

Erachtet das Bundesgericht das Revisionsgesuch als begründet, so **hebt** es den angefochtenen Entscheid **auf** und **befindet in der Sache neu**. Das Verfahren wird dabei jedoch stets nur so weit wieder aufgerollt, als der Revisionsgrund reicht (BGE 120 V 150, 156 E. 3a m.H.).

Hebt das Bundesgericht einen Rückweisungsentscheid auf, und hat die Vorinstanz zwischenzeitlich bereits wieder entschieden, muss jenes gleichzeitig die Wirkung der Aufhebung auf den neuen Entscheid der Vorinstanz bestimmen.

Hebt das Bundesgericht einen Rückweisungsentscheid auf, ohne dass die Vorinstanz bereits wieder entschieden hat, kommt eine Bestätigung des vorinstanzlichen Urteils in Frage, aber auch die Ausfällung eines Urteils in der Sache selbst.

Entscheidet das Bundesgericht in einer Strafsache neu, so ist Art. 237 BStP sinngemäss anwendbar.

Wird der Verurteilte im neuen Entscheid freigesprochen oder lautet das neue Urteil auf Einstellung des Verfahrens, so ist er in alle Rechte wiedereinzusetzen. Bussen und Kosten sind zurückzuerstatten. Auf seinen Antrag ist ihm eine angemessene Entschädigung zuzusprechen und das Urteil auf Kosten des Bundes im Bundesblatt und nach Ermessen des Bundesgerichts auch in anderen Zeitungen zu veröffentlichen (Art. 237 Abs. 1 BStP). Ist der Verurteilte gestorben, hat das

Bundesgericht den Personen, denen gegenüber er zur Unterstützung verpflichtet war oder die durch die Verurteilung eine besondere Unbill erlitten haben, auf ihr Begehren eine angemessene Entschädigung zuzusprechen (Art. 237 Abs. 2 BStP).

3. Kosten- und Entschädigungsfolgen

12 Für die Kosten- und Entschädigungsfolgen des Revisionsverfahrens kann auf die allgemeinen Regeln (Art. 65 ff. BGG) verwiesen werden. Bei Gutheissung des Revisionsgesuchs wird zumeist keine Gerichtsgebühr erhoben; die Parteientschädigung wird zu Lasten der Gegenpartei oder zu Lasten der Bundesgerichtskasse gesprochen (vgl. z.B. das unveröffentlichte Urteil 4C.32/1993 vom 3.5.1993).

2. Abschnitt: Erläuterung und Berichtigung

Art. 129

¹ Ist das Dispositiv eines bundesgerichtlichen Entscheids unklar, unvollständig oder zweideutig, stehen seine Bestimmungen untereinander oder mit der Begründung im Widerspruch oder enthält es Redaktions- oder Rechnungsfehler, so nimmt das Bundesgericht auf schriftliches Gesuch einer Partei oder von Amtes wegen die Erläuterung oder Berichtigung vor.

² Die Erläuterung eines Rückweisungsentscheids ist nur zulässig, solange die Vorinstanz nicht den neuen Entscheid getroffen hat.

³ Die Artikel 126 und 127 sind sinngemäss anwendbar.

¹ Si le dispositif d'un arrêt du Tribunal fédéral est peu clair, incomplet ou équivoque, ou si ses éléments sont contradictoires entre eux ou avec les motifs, ou s'il contient des erreurs de rédaction ou de calcul, le Tribunal fédéral, à la demande écrite d'une partie ou d'office, interprète ou rectifie l'arrêt.

² L'interprétation d'un arrêt du tribunal qui renvoie la cause à l'autorité précédente ne peut être demandée que si cette dernière n'a pas encore rendu sa nouvelle décision.

³ Les art. 126 et 127 sont applicables par analogie.

¹ Se il dispositivo di una sentenza del Tribunale federale è poco chiaro, incompleto o ambiguo o contiene elementi che sono in contraddizione tra loro o con i motivi oppure errori redazionali o di calcolo, il Tribunale federale, su domanda scritta di una parte o d'ufficio, interpreta o rettifica la sentenza.

² L'interpretazione di una sentenza di rinvio della causa può essere domandata soltanto se l'autorità inferiore non ha ancora pronunciato la nuova decisione.

³ Si applicano per analogia gli articoli 126 e 127.

Inhaltsübersicht

	Note	Seite
I. Bisheriges Recht und Entstehungsgeschichte	1	546
II. Kommentar	2	546
1. Allgemeines	2	546
1.1. Anwendungsbereich	2	546
1.2. Das Erläuterungsobjekt	4	547
1.3. Das Berichtigungsobjekt	9	547
1.4. Verfahrensfragen	11	548
a) Zuständigkeit	12	548

	b)	Erläuterung und Berichtigung auf schriftliches Gesuch einer Partei oder von Amtes wegen	13	548
	c)	Legitimation	15	549
	d)	Frist	17	549
	e)	Der Entscheid	19	549
	f)	Kosten- und Entschädigungsfolgen	22	550

2. Abs. 1 – Art der Mängel 23 550
   2.1. Unvollständiges Dispositiv 23 550
   2.2. Unklares oder zweideutiges Dispositiv 24 550
   2.3. Widersprüchliches Dispositiv 26 551
   2.4. Redaktions- oder Rechnungsfehler 30 551
3. Abs. 2 – Zulässigkeit der Erläuterung und Berichtigung bei Rückweisungsentscheiden 32 551
4. Abs. 3 – sinngemässe Anwendung von Art. 126 (vorsorgliche Massnahmen) und Art. 127 (Schriftenwechsel) 33 552
   4.1. Vorsorgliche Massnahmen (Art. 126 BGG) 33 552
   4.2. Schriftenwechsel (Art. 127 BGG) 34 552
5. Der Anspruch auf Erläuterung als verfassungsmässiger Anspruch 37 552
6. Übergangsrecht 38 553

I. Bisheriges Recht und Entstehungsgeschichte

1 Altes Recht: Art. 145 OG.

Entwurf der Expertenkommission: Art. 122.

Entwurf des Bundesrates: Art. 115 (BBl 2001 4354).

Ständerat: unverändert angenommen (Amtl. Bull. S vom 23.9.2003 S. 913).

Nationalrat: stimmt dem Beschluss des Ständerates zu (Amtl. Bull. N vom 5.10.2004 S. 1615).

II. Kommentar

1. Allgemeines

1.1. Anwendungsbereich

2 Art. 129 BGG findet auf **alle Entscheide des Bundesgerichts** Anwendung, d.h. auf Sachurteile, Nichteintretensentscheide und Rückweisungsentscheide, aber auch prozessleitende Verfügungen.

3 Kein Entscheid im Sinne von Art. 129 BGG liegt vor, wenn ein Urteil auf Publikation des Urteilsdispositivs lautet und die unterlegene Partei die Richtigkeit der Übersetzung desselben bestreitet (BGE 101 II 374, 375).

1.2. Das Erläuterungsobjekt

Die Erläuterung dient dazu, Abhilfe zu schaffen, wenn die Entscheidformel (**Dispositiv**) unklar, unvollständig, zweideutig oder in sich widersprüchlich ist. Sie kann sich ferner auf Gegensätze zwischen den Entscheidungsgründen und dem Dispositiv beziehen (BGE 110 V 222 E. 1). 4

Die **Erwägungen** unterliegen der Erläuterung nur, wenn und insoweit der Sinn des Dispositivs erst durch Beizug der Entscheidungsgründe ermittelt werden kann (BGE 110 V 222 E. 1). Das trifft namentlich auf Entscheide zu, mit denen eine Streitsache «im Sinne der Erwägungen» zu neuer Beurteilung an die Vorinstanz zurückgewiesen wird. 5

Vom **Urteilsinhalt** ist der Erläuterung nur zugänglich, was den Charakter einer Anordnung aufweist. Nicht dazu gehören namentlich Fragen, die vom Gericht nicht zu prüfen waren und über die es deshalb nicht zu entscheiden hatte (BGE 110 V 222, 223 E. 1). 6

Das Erläuterungsgesuch steht nicht zur Verfügung, um eine (angeblich) unklare oder unvollständige Entscheidbegründung vom Bundesgericht «nachbessern» zu lassen (Urteil 1P.521/2002 vom 8.1.2003, E. 2). 7

Unzulässig sind Erläuterungsgesuche, die auf eine **inhaltliche Abänderung** der Entscheidung oder eine nachträgliche **neue materielle Prüfung** der Angelegenheit abzielen (BGE 110 V 222 E. 1). Ebenso wenig geht es an, auf dem Weg des Erläuterungsgesuchs über den rechtskräftigen Entscheid eine allgemeine Diskussion (z.B. über dessen Recht- und Zweckmässigkeit) einzuleiten, die schlechthin jede Äusserung des Gerichts, insbesondere die verwendeten Rechtsbegriffe und Wörter, zum Gegenstand hat. 8

1.3. Das Berichtigungsobjekt

Die **Berichtigung** ist dazu bestimmt, Redaktions-, blanke Rechnungsfehler oder Kanzleiversehen im **Dispositiv** zu berichtigen, während Missschreibungen, Auslassungen oder Rechnungsfehler in den **Erwägungen** nur insoweit Gegenstand einer Berichtigung (oder Erläuterung) sind, als sie zur Korrektur (oder Klärung) des Dispositivs richtig gestellt werden müssen (BGE 110 V 222 E. 1; Urteil U 11/2004 vom 12.2.2004). 9

Unzulässig ist ein Berichtigungsbegehren, das auf die Ergänzung des Dispositivs abzielt, wenn sich der Sinn der fraglichen Dispositivziffer unzweideutig aus den Erwägungen ergibt (Urteil 1P.633/2004 vom 17.11.2004, E. 3). 10

1.4. Verfahrensfragen

11 In Absatz 3 verweist Art. 129 BGG auf Art. 126 BGG (vorsorgliche Massnahmen) und Art. 127 BGG (Schriftenwechsel). Andere Verfahrensvorschriften enthält diese Bestimmung nicht. Soweit in diesem Kapitel keine Spezialregelung vorgesehen ist, gelten die allgemeinen Verfahrensvorschriften des BGG.

a) Zuständigkeit

12 Weil es darum geht, einem Entscheid die vom Bundesgericht gewollte Bedeutung zu verschaffen, ist die urteilende Abteilung, wenn möglich in der seinerzeitigen Zusammensetzung, für die Beurteilung eines entsprechenden Gesuchs **zuständig** (BGE 102 Ib 86, 91 E. 2.c).

b) Erläuterung und Berichtigung auf schriftliches Gesuch einer Partei oder von Amtes wegen

13 Das Bundesgericht erläutert und berichtigt auf ein **schriftliches Gesuch** einer Partei hin. Art und Umfang des Erläuterungs- bzw. Berichtigungsbedarfs sind im Gesuch darzulegen. Die blosse Behauptung, die Formulierung einer Entscheidung sei für eine Partei unverständlich, genügt indessen nicht zur Begründung eines Erläuterungsanspruchs. Vielmehr hat die um Erläuterung ersuchende Partei substantiiert darzulegen, weshalb und inwiefern der fragliche Entscheid für sie unklar ist. Sie hat das Klarstellungsbedürfnis plausibel zu machen (Urteil 4C.86/2004 vom 11.3.2003, E. 1.4).

14 Mit dem Inkrafttreten des BGG kann das Bundesgericht seine Entscheide ausdrücklich auch **von Amtes wegen** erläutern oder berichtigen. Es hat indessen auch schon unter der Herrschaft des alten Rechts von Amtes wegen korrigiert, namentlich wenn es Differenzen zwischen dem den Parteien noch ohne Erwägungen verschickten Dispositiv und dem begründeten Urteil gab. *In concreto* ging es um die Festsetzung der Parteientschädigung (Urteil 6P.18/2005 vom 4.5.2005, E. 4, nicht publ. Erwägung aus BGE 131 IV 97 und Urteil 1A.39/2005 vom 1.6.2005, E. 6). Ebenso hat das Bundesgericht auch schon die Parteibezeichnung in einem Dispositiv von Amtes wegen berichtigt (5C.5/2003 E. 6).

c) Legitimation

Grundsätzlich sind nur die am Verfahren beteiligten Parteien zur Gesuchstellung **legitimiert**. Der Parteivertreter kann nicht in eigenem Namen ein Erläuterungsgesuch stellen (Urteil 1P.416/2001 vom 28.6.2001, E. 1). 15

Das Bundesgericht hat indessen auch das Erläuterungsgesuch eines Schiedsgerichts entgegengenommen (Urteil 4P.84/1996 vom 6.5.1996). In einem Entscheid vom 29. März 1999 (Urteil C 35/99) warf das EVG die Frage auf, ob im Fall einer Rückweisung nicht auch die Vorinstanz zur Stellung eines Erläuterungsbegehrens berechtigt sei, weil sie wissen müsse, wie sie im konkreten Fall weiterzufahren habe. Im Urteil 4C.267/2005 vom 10.10.2005 hat das Bundesgericht die Frage, ob die kantonale Vorinstanz, an welche ein Entscheid zurückgewiesen wurde, zur Gesuchstellung legitimiert sei, offen gelassen (weil das Gesuch in materieller Hinsicht offensichtlich unbegründet war). 16

d) Frist

Das Erläuterungsgesuch ist an **keine Frist** gebunden (Urteil 4C.86/2004 vom 11.3.2003, E. 1.5). Aus dem Grundsatz von Treu und Glauben dürften sich indessen gewisse zeitliche Grenzen ergeben. Eine bundesgerichtliche Praxis zu dieser Frage gibt es nicht. 17

Die Erläuterung eines **Rückweisungsentscheids** unterliegt insofern einer zeitlichen Beschränkung, als dass eine solche nicht mehr zulässig ist, wenn die Vorinstanz den neuen Entscheid bereits getroffen hat (s. dazu N 32 unten). Das Gesetz behandelt diese Voraussetzung allerdings als eine Zulässigkeitsfrage. 18

e) Der Entscheid

Ein Erläuterungsbedarf wird vom Bundesgericht – von offensichtlich unklaren Entscheiden abgesehen – nur mit Zurückhaltung bejaht (Urteil 4C.86/2004 vom 11.3.2003, E.1.4; vgl. auch HAGGER, Die Erläuterung im schweizerischen Zivilprozessrecht unter besonderer Berücksichtigung des Kantons Zürich, Diss. Zürich 1982, S. 75). 19

Wird das Gesuch gutgeheissen, ist das Urteilsdispositiv neu zu verfassen bzw. zu berichtigen. Dies bedeutet weder eine Abänderung des Urteils noch eine Aufhebung desselben. 20

Es kann auch vorkommen, dass das Bundesgericht zwar das Erläuterungsgesuch abweist, immerhin aber Erklärungen zum besseren Verständnis des Entscheids 21 abgibt, ohne dass diese Erklärungen der Rechtskraft teilhaftig werden (BGE 101 II 374).

f) Kosten- und Entschädigungsfolgen

22 Für die Kosten- und Entschädigungsfolgen des Erläuterungsverfahrens kann auf die allgemeinen Regeln (Art. 65 ff. BGG) verwiesen werden. Bei Gutheissung des Erläuterungs- bzw. Berichtungsgesuchs wird zumeist keine Gerichtsgebühr erhoben; die Parteientschädigung wird zu Lasten der Gegenpartei oder zu Lasten der Bundesgerichtskasse gesprochen (s. z.B. Urteil 2P.63/2001 vom 10.7.2002, E. 5).

2. *Abs. 1 – Art der Mängel*

2.1. Unvollständiges Dispositiv

23 Im Gegensatz zum Revisionsgrund nach Art. 121 Abs. 1 lit. c BGG geht es hier nicht um Fälle, bei denen das Bundesgericht einen Antrag unbeurteilt gelassen, sondern wenn es seinen Entscheid nicht in das Dispositiv übernommen hat (BGE 116 II 86, 88 E. 3). Die Abgrenzung wird nicht in jedem Fall einfach sein. Ein Berichtigungsgrund ist anzunehmen, wenn das Dispositiv ohne weiteres aus den Erwägungen abgeleitet werden kann. Äussern sich die Erwägungen nicht mit genügender Klarheit zu einer zu beurteilenden Frage, ist das Erläuterungsgesuch wohl als Revisionsgesuch zu behandeln.

2.2. Unklares oder zweideutiges Dispositiv

24 Eine Unklarheit liegt vor, wenn die Parteien oder die mit dem Vollzug (bzw. nach Rückweisung mit weiteren Abklärungen) betrauten Gerichte oder Behörden den Entscheid tatsächlich subjektiv anders verstehen, als es die Meinung des Bundesgerichts war. Es kommt insofern nicht darauf an, ob der Entscheid klar und vollständig gedacht und gewollt war (Urteil 4C.86/2004 vom 11.3.2003, E. 1.4 und 5C.122/2002 vom 7.10.2002, E. 2.1).

25 Ein Erläuterungsgrund liegt z.B. dann vor, wenn sich aus dem zu erläuternden Urteil nicht genau ergibt, welche Dispositivziffern des vorinstanzlichen Urteils aufgehoben werden sollen (Urteil 4C.267/2005 vom 10.10.2005). Ein Erläuterungsbedarf wird auch dann bejaht, wenn die Vorinstanz, an welche ein Entscheid «im Sinne der Erwägungen» zurückgewiesen worden ist, die Tragweite der Rückweisung verkennt (Urteil 4C.86/2004 vom 11.3.2003, E. 1.3).

2.3. Widersprüchliches Dispositiv

Das Gesetz unterscheidet zwei Varianten der Widersprüchlichkeit: den inneren Widerspruch im Dispositiv selbst und den Widerspruch des Dispositivs zu den Erwägungen. Aus einem blossen Widerspruch zwischen zwei Erwägungen ergibt sich hingegen kein Anspruch auf Erläuterung. 26

Einen inneren Widerspruch im Dispositiv sah das Bundesgericht, als es eine Klage abwies, obwohl es sich für unzuständig erklärt hatte (BGE 101 II 375, 378 E. 2). 27

Einen inneren Widerspruch hat das Bundesgericht angenommen, als es die beschwerdeführende Partei trotz Obsiegens zur Kostentragung verurteilt hatte, obwohl nur diese Partei Beschwerde geführt hatte; richtigerweise mussten die Beschwerdegegner die Kosten tragen (s. Art. 66 BGG; Urteil 2A.442/2001 vom 19.6.2002, E. 3). 28

Kein Widerspruch zwischen Dispositiv und Erwägungen liegt vor, wenn der Nichteintretensentscheid auch Erwägungen zur materiellen Rechtslage enthält (BIRCHMEIER, Bundesrechtspflege, S. 516). 29

2.4. Redaktions- oder Rechnungsfehler

Als Redaktions- oder Rechnungsfehler kommen in Frage: eine falsche Zusammensetzung des urteilenden Gerichts, falsche Bezeichnung der Parteien, des Streitgegenstandes, einer Grundbuchblattnummer, eines Datums, eine offensichtlich falsche Zahl, eine falsche Rechnung, die fehlende Unterzeichnung des Entscheids (BGE 82 I 18 E. 1; 99 V 62, 64 E. 2c; 102 Ib 86, 89 E. 2). 30

Da eine Zustelladresse nicht mit dem zivilrechtlichen Wohnsitz einer Partei übereinstimmen muss, liegt bei Angabe der Zustelladresse kein Redaktionsfehler oder Kanzleiversehen vor und besteht somit kein Anlass zur Berichtigung, selbst wenn das Urteil am Wohnsitz der fraglichen Partei zu erfüllen ist (Urteil 1P.581/2002 vom 13.11.2002, E. 2). 31

3. Abs. 2 – Zulässigkeit der Erläuterung und Berichtigung bei Rückweisungsentscheiden

Die Erläuterung eines Rückweisungsentscheids ist nur zulässig, solange die Vorinstanz nicht den neuen Entscheid in der Sache selbst getroffen hat. Diese Lösung liegt auf der Hand, zumal der Rechtsweg gegen den neuerlichen Entscheid wieder offen steht. Kein neuer Entscheid liegt vor, wenn die Vorinstanz 32

Vor- oder Zwischenentscheide fällt, die nicht selbständig anfechtbar sind (BGE 65 II 181).

4. *Abs. 3 – sinngemässe Anwendung von Art. 126 (vorsorgliche Massnahmen) und Art. 127 (Schriftenwechsel)*

4.1. Vorsorgliche Massnahmen (Art. 126 BGG)

33 Das Erläuterungsgesuch hat keine aufschiebende Wirkung. Indessen kann der instruierende Richter – auf begründetes Gesuch hin, aber auch von Amtes wegen – vorsorgliche Massnahmen, namentlich die aufschiebende Wirkung, anordnen.

4.2. Schriftenwechsel (Art. 127 BGG)

34 Für den Schriftenwechsel gelten die unter Art. 127 BGG gemachten Ausführungen sinngemäss. Das Bundesgericht stellt das Erläuterungsgesuch den anderen Parteien, Beteiligten oder zur Beschwerde berechtigten Behörden zu unter gleichzeitiger Ansetzung einer Frist zur Einreichung einer Vernehmlassung.

35 Erweist sich das Erläuterungsgesuch als unzulässig oder unbegründet, kann das Bundesgericht ohne Schriftenwechsel und ohne öffentliche Beratung einen Nichteintretensentscheid fällen (Urteil 6P.99/2004 vom 13.9.2004, E. 7).

36 Das vereinfachte Verfahren gemäss Art. 108 ff. BGG gilt nicht für Erläuterungsgesuche, selbst wenn diese offensichtlich unzulässig sind, keine hinreichende Begründung haben oder rechtsmissbräuchlich bzw. querulatorisch erscheinen (Art. 108 BGG N 9).

5. *Der Anspruch auf Erläuterung als verfassungsmässiger Anspruch*

37 Das Bundesgericht leitet aus dem Gleichheitsgrundsatz (Art. 8 Abs. 1 BV) einen **verfassungsmässigen Anspruch** auf Erläuterung und/oder Berichtigung von anderen Instanzen gefällten Entscheiden ab (BGE 130 V 320, 326 E. 2.3). Der bundesverfassungsrechtliche Minimalanspruch auf Erläuterung wird durch Art. 129 BGG definiert (BGE 130 V 320, 327 E. 3.1, damals noch in Bezug auf Art. 145 OG).

6. Übergangsrecht

Die Bestimmungen des BGG gelten für nach dem 1. Januar 2007 eingereichte Gesuche um Erläuterung oder Berichtigung (Art. 132 Abs. 1 BGG), selbst wenn der zu erläuternde oder zu berichtigende Bundesgerichtsentscheid vor dem 1. Januar 2007 ergangen ist.

38

8. Kapitel: Schlussbestimmungen

Art. 130

Kantonale Ausführungsbestimmungen

[1] Die Kantone erlassen auf den Zeitpunkt des Inkrafttretens einer schweizerischen Strafprozessordnung Ausführungsbestimmungen über die Zuständigkeit, die Organisation und das Verfahren der Vorinstanzen in Strafsachen im Sinne der Artikel 80 Absatz 2 und 111 Absatz 3, einschliesslich der Bestimmungen, die zur Gewährleistung der Rechtsweggarantie nach Artikel 29a der Bundesverfassung erforderlich sind. Ist sechs Jahre nach Inkrafttreten dieses Gesetzes noch keine schweizerische Strafprozessordnung in Kraft, so legt der Bundesrat die Frist zum Erlass der Ausführungsbestimmungen nach Anhörung der Kantone fest.

[2] Die Kantone erlassen auf den Zeitpunkt des Inkrafttretens einer schweizerischen Zivilprozessordnung Ausführungsbestimmungen über die Zuständigkeit, die Organisation und das Verfahren der Vorinstanzen in Zivilsachen im Sinne der Artikel 75 Absatz 2 und 111 Absatz 3, einschliesslich der Bestimmungen, die zur Gewährleistung der Rechtsweggarantie nach Artikel 29a der Bundesverfassung erforderlich sind. Ist sechs Jahre nach Inkrafttreten dieses Gesetzes noch keine schweizerische Zivilprozessordnung in Kraft, so legt der Bundesrat die Frist zum Erlass der Ausführungsbestimmungen nach Anhörung der Kantone fest.

[3] Innert zwei Jahren nach Inkrafttreten dieses Gesetzes erlassen die Kantone Ausführungsbestimmungen über die Zuständigkeit, die Organisation und das Verfahren der Vorinstanzen im Sinne der Artikel 86 Absätze 2 und 3 und 88 Absatz 2, einschliesslich der Bestimmungen, die zur Gewährleistung der Rechtsweggarantie nach Artikel 29a der Bundesverfassung erforderlich sind.

[4] Bis zum Erlass der Ausführungsgesetzgebung können die Kantone die Ausführungsbestimmungen in die Form nicht referendumspflichtiger Erlasse kleiden, soweit dies zur Einhaltung der Fristen nach den Absätzen 1–3 notwendig ist.

Dispositions cantonales d'exécution

[1] Les cantons édictent d'ici à l'entrée en vigueur d'un code de procédure pénale suisse les dispositions d'exécution relatives à la compétence, à l'organisation et à la procédure des autorités précédentes en matière pénale au sens des art. 80, al. 2, et 111, al. 3, y compris les dispositions nécessaires pour garantir l'accès au juge prévu à l'art. 29a Cst. Si un code de procédure pénale suisse n'est pas encore entré en vigueur six ans après l'entrée en vigueur de la présente loi, le Conseil fédéral fixe, après avoir consulté les cantons, le délai dans lequel ceux-ci doivent édicter les dispositions d'exécution.

² Les cantons édictent d'ici à l'entrée en vigueur d'un code de procédure civile suisse les dispositions d'exécution relatives à la compétence, à l'organisation et à la procédure des autorités précédentes en matière civile au sens des art. 75, al. 2, et 111, al. 3, y compris les dispositions nécessaires pour garantir l'accès au juge prévu à l'art. 29a Cst. Si un code de procédure civile suisse n'est pas encore entré en vigueur six ans après l'entrée en vigueur de la présente loi, le Conseil fédéral fixe, après avoir consulté les cantons, le délai dans lequel ceux-ci doivent édicter les dispositions d'exécution.

³ Les cantons édictent, dans les deux ans à compter de l'entrée en vigueur de la présente loi, les dispositions d'exécution relatives à la compétence, à l'organisation et à la procédure des autorités précédentes au sens des art. 86, al. 2 et 3, et 88, al. 2, y compris celles qui sont nécessaires pour garantir l'accès au juge prévu à l'art. 29a Cst.

⁴ Jusqu'à l'adoption de leur législation d'exécution, les cantons peuvent édicter, à titre provisoire, des dispositions d'exécution sous la forme d'actes législatifs non sujets au référendum si cela est nécessaire pour respecter les délais prévus aux al. 1 à 3.

Disposizioni cantonali di esecuzione

¹ Con effetto dall'entrata in vigore del diritto processuale penale svizzero unificato, i Cantoni emanano le disposizioni di esecuzione concernenti la competenza, l'organizzazione e la procedura delle giurisdizioni inferiori in materia penale ai sensi degli articoli 80 capoverso 2 e 111 capoverso 3, incluse le disposizioni necessarie alla garanzia della via giudiziaria di cui all'articolo 29a della Costituzione federale. Se il diritto processuale penale unificato non è ancora vigente sei anni dopo l'entrata in vigore della presente legge, il Consiglio federale, previa consultazione dei Cantoni, stabilisce il termine per l'emanazione delle disposizioni di esecuzione.

² Con effetto dall'entrata in vigore del diritto processuale civile svizzero unificato, i Cantoni emanano le disposizioni di esecuzione concernenti la competenza, l'organizzazione e la procedura delle autorità inferiori in materia civile ai sensi degli articoli 75 capoverso 2 e 111 capoverso 3, incluse le disposizioni necessarie alla garanzia della via giudiziaria di cui all'articolo 29a della Costituzione federale. Se il diritto processuale civile unificato non è ancora vigente sei anni dopo l'entrata in vigore della presente legge, il Consiglio federale, previa consultazione dei Cantoni, stabilisce il termine per l'emanazione delle disposizioni di esecuzione.

³ Entro due anni dall'entrata in vigore della presente legge, i Cantoni emanano le disposizioni di esecuzione concernenti la competenza, l'organizzazione e la procedura delle giurisdizioni inferiori nelle cause di diritto pubblico ai sensi degli articoli 86 capoversi 2 e 3 e 88 capoverso 2, incluse le disposizioni necessarie alla garanzia della via giudiziaria di cui all'articolo 29a della Costituzione federale.

⁴ Sino all'emanazione della legislazione esecutiva, i Cantoni possono emanare disposizioni di esecuzione in forma di atti normativi non sottostanti a referendum, sempre che sia necessario per il rispetto dei termini di cui ai capoversi 1–3.

Inhaltsübersicht   Note   Seite

I. Bisheriges Recht und Entstehungsgeschichte   1   557
II. Kommentar   4   558
    1. Kantonale Ausführungsbestimmungen   4   558
    2. Strafrecht (Abs. 1)   11   559
    3. Zivilrecht (Abs. 2)   13   559
    4. Öffentliches Recht (Abs. 3)   15   560
    5. Form der Ausführungsbestimmungen (Abs. 4)   21   561
    6. Folgen der Unterlassung   28   562

I. Bisheriges Recht und Entstehungsgeschichte

Altes Recht: Ziff. 1 der Schlussbestimmungen der Änderung des OG vom 4. Oktober 1991. 1

Entwurf der Expertenkommission: --

Entwurf des Bundesrates: Art. 116 (BBl 2001 4354).

Ständerat: Zustimmung (Amtl. Bull. S vom 23.9.2003 S. 913).

Nationalrat: Zustimmung (Amtl. Bull. N vom 5.10.2004 S. 1615).

Der so angenommene Art. 130 BGG in seiner ursprünglichen Fassung verpflichtete die Kantone in seinem Abs. 1, innert fünf Jahren die notwendigen Ausführungsbestimmungen in Zivil- und Strafsachen zu erlassen. Abs. 2 verpflichtete die Kantone innert zwei Jahren zum Erlass von Ausführungsbestimmungen über die Vorinstanzen in öffentlich-rechtlichen Angelegenheiten. Abs. 3 sah den Verzicht auf das Referendum vor. Im Rahmen einer nachträglichen Bereinigung des BGG schlug der Bundesrat vor, die Fristen für die Anpassung an das BGG mit denjenigen für die Anpassung an die neue eidgenössische Zivil- und Strafprozessordnung zu koordinieren. Der ursprüngliche Abs. 1 wurde auf die neuen Abs. 1 und 2 aufgeteilt. Der bisherige Abs. 2 wurde, ergänzt um einen Hinweis auf die Rechtsweggarantie, zum neuen Abs. 3. Der ursprüngliche Abs. 3 wurde redaktionell präzisiert zum neuen Abs. 4 (BBl 2006 3074–76). 2

Diese Vorschläge wurden in Ständerat (Amtl. Bull. S vom 9.6.2006 S. 380 f.) und Nationalrat (Amtl. Bull. N vom 13.6.2006 S. 909) angenommen. 3

II. Kommentar

1. Kantonale Ausführungsbestimmungen

4 Die Bestimmungen des BGG über die Zuständigkeit, die Organisation und das Verfahren der Vorinstanzen haben in verschiedenen Punkten erhebliche **Änderungen der kantonalen Gesetzgebung** zur Folge. Den Kantonen muss für diese Anpassungen genügend Zeit eingeräumt werden (BBl 2001 4354).

5 Als Element der Justizreform soll das bisher kantonale **Zivil- und Strafprozessrecht** eidgenössisch geregelt werden (Art. 122 Abs. 1 und Art. 123 Abs. 1 BV, je in der Fassung gemäss Justizreform). Entwürfe für eine eidgenössische Strafprozessordnung (BBl 2006 1085) und Zivilprozessordnung (BBl 2006 7221) sind in Vorbereitung. Auch diese werden kantonale Anpassungen bedingen. Um zu vermeiden, dass die Kantone kurz hintereinander zweimal ihre Gesetzgebungen anpassen müssen, sind die Fristen für die Anpassung an das BGG mit denjenigen für die Anpassung an die eidgenössischen Straf- und Zivilprozessordnungen koordiniert (Abs. 1 und 2; BBl 2001 4354, 2006 3074 f.).

6 Die Justizreform hat ferner mit dem neuen Art. 29a BV eine **Rechtsweggarantie** für grundsätzlich alle Rechtsstreitigkeiten eingeführt. Diese Bestimmung tritt gleichzeitig mit dem BGG am 1. Januar 2007 in Kraft. Ihre Umsetzung erfordert ebenfalls eine Anpassung der kantonalen Gesetzgebung. Auch dafür räumt Art. 130 BGG Anpassungsfristen ein. Diese Anpassungsfristen sind im Bereich der **Straf- und Zivilrechtspflege** identisch mit den in Abs. 1 und 2 vorgesehenen Anpassungen an das BGG, wie aus dem Hinweis auf Art. 29a BV in diesen Absätzen hervorgeht (BBl 2006 3076).

7 Im **Verwaltungsrecht** ist die Lage anders: Eine eidgenössische Verfahrensregelung ist nicht vorgesehen. Die Pflicht zur Schaffung gerichtlicher Vorinstanzen war im Zulässigkeitsbereich der Verwaltungsgerichtsbeschwerde bereits in Art. 98a OG enthalten. Die durch das BGG bedingten Anpassungen halten sich deshalb in Grenzen, weshalb die Anpassungsfrist kürzer bemessen ist (Abs. 3; BBl 2001 4354).

8 Innerhalb der Anpassungsfristen von Abs. 1–3 kommt die Rechtsweggarantie von Art. 29a BV noch nicht vollumfänglich zum Tragen. Die Übergangsfrist gemäss BGG ist damit zugleich eine **vorübergehende Ausnahme von Art. 29a BV** i.S. von dessen Satz 2. Mit anderen Worten können vor Ablauf dieser Fristen die Kantone nicht gezwungen werden, Anpassungen an Art. 29a BV vorzunehmen (BBl 2006 3076; AUER, S. 137 f.; THOMAS GÄCHTER, Rechtsweg-Garantie: Ein Grundrecht auf Raten, Plädoyer 3/06 S. 31 ff., 33; KARLEN, S. 75).

Entgegen dem missverständlichen Wortlaut müssen innert den genannten Fristen die entsprechenden kantonalen Bestimmungen nicht bloss erlassen, sondern **in Kraft gesetzt** sein. S. zu den Folgen der Unterlassung unten N 28 ff. 9

Die Anpassungsfristen gelten nur für die in den Abs. 1–3 genannten Anpassungen. Andere Anforderungen an das kantonale Verfahren müssen mit dem Inkrafttreten des BGG **ohne Übergangsfrist** umgesetzt werden. Das betrifft namentlich die Mindestanforderungen an die Kognition (Art. 110 BGG) und die Legitimation (Art. 111 Abs. 1 und 2 BGG) sowie die Vorschriften über die Eröffnung der Entscheide (Art. 112 BGG). 10

2. Strafrecht (Abs. 1)

Die Anpassungsfrist gilt für die Pflicht, als letzte kantonale Instanzen **obere Gerichte** einzusetzen, die als **Rechtsmittelinstanzen** entscheiden und mindestens die gleiche Kognition wie das Bundesgericht haben (Art. 80 Abs. 2 und Art. 111 Abs. 3 BGG). Bis zum Ablauf der Anpassungsfrist bleiben also kantonale Gerichte, die als einzige kantonale Instanzen entscheiden (wie z.b. Wirtschaftsstrafgerichte, Geschworenengerichte) zulässig, ebenso Instanzenzüge, die von einer Strafverfolgungs-, Polizei- oder Verwaltungsbehörde zu einem unteren kantonalen Gericht führen (wie das im Übertretungs- und Verwaltungsstrafrecht vorkommt). 11

Die **Anpassungsfrist** dauert bis zum Inkrafttreten der **eidgenössischen Strafprozessordnung**, von Gesetzes wegen jedoch spätestens bis zum 31. Dezember 2012. Der Bundesrat ist ermächtigt, die Frist zu verlängern. Eine solche Verlängerung wird sich vor allem dann aufdrängen, wenn sich das Inkrafttreten der eidgenössischen Strafprozessordnung aus eher technischen Gründen etwas verzögert. Sollte sich das Inkrafttreten erheblich verzögern (bspw. wenn die Strafprozessordnung in der Volksabstimmung abgelehnt werden sollte und grundlegend überarbeitet werden müsste), wäre eine Verlängerung der Frist kaum mehr gerechtfertigt. 12

3. Zivilrecht (Abs. 2)

Die Anpassungsfrist gilt für die Pflicht, als letzte kantonale Instanzen **obere Gerichte** einzusetzen, die als **Rechtsmittelinstanzen** entscheiden und mindestens die gleiche Kognition wie das Bundesgericht haben (Art. 75 Abs. 2 und Art. 111 Abs. 3 BGG). Bis zum Ablauf der Anpassungsfrist bleiben also kantonale Gerichte, die als einzige kantonale Instanzen entscheiden (z.B. Obergericht im Falle einer Prorogation auch in Fällen, die nicht von Art. 75 Abs. 2 lit. c BGG erfasst sind) zulässig. Ebenso bleibt es zulässig, dass ein unteres Gericht als obere Auf- 13 sichtsbehörde in Schuldbetreibungs- und Konkurssachen oder als letzte kantonale Instanz im Bereich der nichtstreitigen Zivilrechtspflege amtet oder dass der Instanzenzug von einem Friedens- oder Einzelrichter zu einem unteren kantonalen Gericht führt, wie das für gewisse Streitsachen von geringerer Bedeutung vorkommt.

14 Zur **Dauer der Frist** gilt Analoges wie im Strafrecht (N 12).

4. Öffentliches Recht (Abs. 3)

15 Die Anpassungsfrist gilt für die Pflicht, **obere Gerichte** als Vorinstanzen einzusetzen (Art. 86 Abs. 2 BGG). In denjenigen Bereichen, in denen bisher bereits die Verwaltungsgerichtsbeschwerde zulässig war, ergab sich diese Anforderung bereits aus Art. 98a OG und war im Prinzip überall erfüllt. Indessen war es bisher zulässig, dass als letzte kantonale Instanz ein unteres Gericht fungierte (z.B. ein Amts- oder Kreisgericht als Haftprüfungsgericht für die Ausschaffungshaft). Hier wird eine Anpassung erforderlich sein.

16 Ferner ist neu eine **gerichtliche Vorinstanz** auch in denjenigen Fällen vorgeschrieben, in denen bisher die Verwaltungsgerichtsbeschwerde nicht zulässig war (Art. 86 BGG N 13), und zwar auch dort, wo nur die subsidiäre Verfassungsbeschwerde zulässig ist (Art. 114 BGG N 3 und 5). Dies wird in den meisten Kantonen ebenfalls eine Anpassung der Gesetzgebung erforderlich machen.

17 Schliesslich wird eine (nicht unbedingt gerichtliche) Vorinstanz für **Stimmrechtsmaterien** einzurichten sein (Art. 88 Abs. 2 BGG), wo eine solche nicht bereits besteht.

18 Da diese Anpassungen in der Regel nicht die Errichtung neuer oder Umkrempelung bestehender Institutionen bedingen, sondern mit einer Neufassung des Zuständigkeitskatalogs für bestehende Instanzen (in der Regel Verwaltungsgericht) erfolgen können, erachtete der Gesetzgeber eine **Anpassungsfrist** von zwei Jahren für genügend (BBl 2001 4354).

19 Will der kantonale Gesetzgeber von der Kompetenz Gebrauch machen, **Entscheide mit vorwiegend politischem Charakter** von einer gerichtlichen Überprüfung auszunehmen (Art. 86 Abs. 3 BGG), so muss er auch dies innert der zweijährigen Anpassungsfrist vornehmen. Geschieht dies nicht, ist nach Ablauf dieser Frist eine Beschwerde an ein Gericht zulässig, da Art. 29a BV unmittelbar Anwendung findet, soweit das Gesetz keine Ausnahme festgelegt hat.

20 Anders als die sechsjährige Frist nach den Abs. 1 und 2 ist die zweijährige Frist nicht eine maximale, sondern eine **feste Frist**. Sie kann nicht vom Bundesrat verlängert werden.

5. Form der Ausführungsbestimmungen (Abs. 4)

Die Rechtsform, in welcher kantonale Bestimmungen zur Gerichtsorganisation zu erlassen sind, richtet sich grundsätzlich nach kantonalem Staatsrecht. In der Regel werden dazu **formelle Gesetze** erlassen, die dem Referendum unterstehen. Dies birgt das Risiko, dass die notwendigen Anpassungsgesetzgebungen nicht innert der sechs- bzw. zweijährigen Anpassungsfristen gemäss Abs. 1–3 erlassen werden. Das BGG gibt daher den Kantonen die Möglichkeit, die Ausführungsbestimmungen ohne Referendum zu erlassen. 21

Der auf Art. 130 BGG gestützte **Verzicht auf das Referendum** ist nur zulässig für Anpassungen, die notwendig sind, um den Anforderungen gemäss Abs. 1–3 zu genügen. Weitere Änderungen der Justizorganisation, die aus diesem Anlass erfolgen, ohne bundesrechtlich vorgeschrieben zu sein, können nicht in diesem Verfahren erlassen werden. 22

Soweit in einem Kanton schon nach **kantonalem Recht** Ausführungsbestimmungen zu Bundesrecht ohne Referendum erlassen werden können, ist es nicht erforderlich, sich auf Art. 130 Abs. 4 BGG abzustützen. 23

Im Unterschied zu anderen bundesrechtlichen Bestimmungen, welche die Kantone zu Ausführungsbestimmungen verpflichten (z.B. Art. 72 Abs. 3 StHG; Art. 36 Abs. 2 RPG), ermächtigt das BGG nicht die **Kantonsregierungen** zum Erlass von Ausführungsbestimmungen, sondern erlaubt nur ein Absehen vom Referendumserfordernis. Soweit sich nicht aus dem kantonalen Recht die Zuständigkeit der Regierung ergibt, kann daher die Anpassungsgesetzgebung nicht durch eine Regierungsverordnung erfolgen; sie hat auf dem parlamentarischen Weg zu erfolgen, lediglich ohne Referendumsvorbehalt. 24

Art. 130 Abs. 4 BGG ist auch dann anwendbar, wenn der ordentliche Gesetzgeber zwar entsprechende Gesetzgebungsarbeiten an die Hand genommen hat, aber absehbar ist, dass diese nicht termingerecht **beendet** sein werden (vgl. BGE 131 I 291, 301 E. 2.6 in Bezug auf Art. 72 Abs. 3 StHG). 25

Die auf Art. 130 Abs. 4 BGG gestützten, nicht dem Referendum unterstellten Ausführungsbestimmungen bleiben so lange **in Kraft**, bis der ordentliche Gesetzgeber eine den Anforderungen des BGG entsprechende Regelung getroffen hat (vgl. BGE 131 I 291, 304 E. 2.8). 26

Sie gehen wegen ihrer bundesrechtlichen Grundlage entgegen den normalen Regeln der Normenhierarchie einem referendumspflichtigen kantonalen Gesetz vor (vgl. BGE 131 I 291, 303 E. 2.7.2). 27

6. Folgen der Unterlassung

28 Mit Ablauf der Anpassungsfristen gemäss den Abs. 1–3 werden die entsprechenden Anforderungen des BGG **unmittelbar anwendbar** (vgl. BGE 123 II 231, 236 E. 7 in Bezug auf Art. 98a OG; contra PFISTERER, S. 331). Wird trotz dem in Abs. 4 vorgesehenen Dispens vom Referendum die kantonale Anpassungsgesetzgebung nicht fristgerecht erlassen, so entsteht eine Lücke im kantonalen Gerichtsorganisationsrecht, da das Bundesrecht eine entsprechende gerichtliche Zuständigkeit verlangt, welche vom kantonalen Recht nicht gewährleistet ist. In diesem Fall müssen in erster Linie die kantonalen Gerichtsbehörden lückenfüllend eine bundesrechtskonforme Lösung suchen, indem sie bspw. trotz einer kantonalrechtlichen Ausschlussbestimmung auf eine Beschwerde eintreten oder entgegen einer kantonalrechtlichen Kognitionsbeschränkung die bundesrechtlich vorgeschriebene Überprüfung vornehmen.

29 Ein kantonal letztinstanzlicher Entscheid, der diesen Anforderungen nicht genügt, ist vom Bundesgericht **aufzuheben** und an die Instanz zurückzuweisen, die als letzte kantonale Instanz entschieden hat, damit sie eine Lösung suche (BGE 128 II 311, 322 f. E. 6.3), allenfalls auch an diejenige Gerichtsinstanz, die am ehesten zuständig erscheint (BGE 123 II 231, 240 E. 8c).

30 Der Rechtssuchende, der **nach Ablauf der zweijährigen Frist** gemäss Abs. 3 den Entscheid einer nach bisherigem kantonalem Recht letztinstanzlich zuständigen, nicht gerichtlichen Behörde anfechten will, muss bei derjenigen kantonalen gerichtlichen Instanz, die am ehesten zuständig ist, Beschwerde erheben. Erhebt er stattdessen direkt Beschwerde beim Bundesgericht, so tritt dieses darauf mangels Erschöpfung des (bundesrechtlich vorgeschriebenen) kantonalen Instanzenzugs nicht ein (BGE 123 II 231, 237 E. 7, in Bezug auf die Rechtslage nach Art. 98a OG).

Art. 131

Aufhebung und Änderung bisherigen Rechts

¹ Das Bundesgesetz vom 16. Dezember 1943 über die Organisation der Bundesrechtspflege wird aufgehoben.

² Die Änderung bisherigen Rechts wird im Anhang geregelt.

³ Die Bundesversammlung kann diesem Gesetz widersprechende, aber formell nicht geänderte Bestimmungen in Bundesgesetzen durch eine Verordnung anpassen.

Abrogation et modification du droit en vigueur

¹ La loi fédérale d'organisation judiciaire du 16 décembre 1943 est abrogée.

² Les modifications du droit en vigueur figurent en annexe.

³ L'Assemblée fédérale peut adapter par une ordonnance les dispositions de lois fédérales contraires à la présente loi qui n'ont pas été formellement modifiées par celle-ci.

Abrogazione e modifica del diritto vigente

¹ La legge federale del 16 dicembre 1943 sull'organizzazione giudiziaria è abrogata.

² La modifica del diritto vigente è disciplinata nell'allegato.

³ L'Assemblea federale può adeguare mediante ordinanza le disposizioni di leggi federali che, nonostante siano in contraddizione con la presente legge, non sono state modificate formalmente dalla stessa.

Inhaltsübersicht

		Note	Seite
I.	Bisheriges Recht und Entstehungsgeschichte	1	563
II.	Kommentar	2	564
	1. Aufhebung des OG (Abs. 1)	2	564
	2. Änderung bisherigen Rechts (Abs. 2)	4	564
	3. Delegation an die Bundesversammlung (Abs. 3)	16	565

I. Bisheriges Recht und Entstehungsgeschichte

Altes Recht: Art. 169 OG; Ziff. 2 der Schlussbestimmungen der Änderung vom 4. Oktober 1991.

Entwurf der Expertenkommission: --

Entwurf des Bundesrates: Art. 117 (BBl 2001 4355).

Ständerat: Zustimmung (Amtl. Bull. S vom 23.9.2003 S. 913).

Nationalrat: Zustimmung (Amtl. Bull. N vom 5.10.2004 S. 1615).

II. Kommentar

1. Aufhebung des OG (Abs. 1)

2   Das **OG** tritt am 31. Dezember 2006 **ausser Kraft** (vgl. Art. 133 BGG), unter Vorbehalt der übergangsrechtlich weiter geltenden Bestimmungen (Art. 132 BGG). Gleichzeitig tritt das untergesetzliche Recht ausser Kraft, das sich auf das OG stützt, soweit es nicht auch im BGG eine gesetzliche Grundlage findet. Das betrifft namentlich die vom Bundesrat gestützt auf Art. 146 OG erlassene Verordnung vom 14. Dezember 1956 über Reiseentschädigungen und Taggelder beim Bundesgericht und beim Eidgenössischen Versicherungsgericht (AS 1956 1497), welche durch eine von der Bundesversammlung zu erlassende Verordnung ersetzt wird (Art. 1 Abs. 1 und Art. 2a des Magistratengesetzes, in der Fassung gemäss BGG).

3   Ebenso sind die bisher vom Bundesgericht gestützt auf den bisherigen Art. 15 Abs. 2 SchKG und Art. 46 Abs. 1 SchGG erlassenen **Verordnungen zum Schuldbetreibungs- und Konkursrecht** durch Bundesratsverordnungen zu ersetzen (Art. 15 Abs. 2 SchKG und Art. 46 Abs. 1 SchGG in der Fassung gemäss BGG). Sie bleiben jedoch in Kraft, soweit sie dem neuen Recht nicht widersprechen und der Bundesrat nichts anderes bestimmt (Schlussbestimmungen zu den Änderungen des SchKG und des SchGG, in der Fassung gemäss BGG; Anhang Ziff. 6 und 7).

2. Änderung bisherigen Rechts (Abs. 2)

4   In Anpassung an das BGG werden in dessen **Anhang** eine Anzahl weiterer Gesetze formell geändert. Eine erheblich grössere Zahl von Gesetzesänderungen erfolgt im Anhang zum gleichzeitig in Kraft tretenden VGG. Diese sind indirekt für das Bundesgericht von Interesse, weil sie das Anfechtungsobjekt (z.B. Verfügungsbegriff, Art. 5 und 25a VwVG in der Fassung gemäss VGG) oder das vorinstanzliche Verfahren regeln.

5   Mit der Revision des **GlG** (Anhang Ziff. 1) wird die bisher auch für das Bundesgericht geltende Kostenlosigkeit des Verfahrens auf das kantonale Verfahren beschränkt (BBl 2001 4355; vgl. Art. 65 BGG N 1 und 21). Gleichzeitig wird durch die Streichung des bisherigen Art. 13 Abs. 4 GlG die Sonderregel aufgehoben, wonach die Behördenbeschwerde (Art. 103 lit. b OG) nicht zulässig war. Diese richtet sich nun auch in Gleichstellungssachen nach Art. 89 Abs. 2 lit. a BGG.

6   Mit der Änderung des **BPR** (Anhang Ziff. 2) werden die Anpassungen vorgenommen, die sich daraus ergeben, dass die Abstimmungs- und Nationalratswahl-

beschwerden neu letztinstanzlich zum Bundesgericht führen (vgl. Art. 82 BGG N 70 und Art. 88 BGG N 5 ff.).

Die Änderung des **Magistratengesetzes** (Anhang Ziff. 3) überträgt die Kompetenz zum Erlass der Regelungen betreffend Reiseentschädigungen und betreffend Entschädigung der nebenamtlichen Bundesrichter vom Bundesrat auf die Bundesversammlung (vgl. oben N 2). 7

Die Änderung von Art. 31 Abs. 1 **SGG** (Anhang Ziff. 4) ist rein redaktionell; die bisherige Fassung verwies auf das OG, die neue auf das BGG. 8

Auch die Änderungen des **BZP** (Anhang Ziff. 5) sind weitgehend rein redaktionelle Anpassungen an das BGG. Zudem wird auch im BZP eine elektronische Kopie von Urkunden zugelassen. 9

Die Änderung des **SchKG** (Anhang Ziff. 6) ergibt sich einerseits daraus, dass die Aufsicht über das Schuldbetreibungs- und Konkursrecht vom Bundesgericht neu auf den Bundesrat übergeht (BBl 2001 4357; vgl. Art. 1 BGG N 9). Zudem wird auch für das Beschwerdeverfahren in SchKG-Sachen vor Bundesgericht die Kostenpflicht eingeführt (BBl 2001 4358; vgl. Art. 65 BGG N 1 und 21). 10

Die Änderung des **SchGG** (Anhang Ziff. 7) betrifft ebenfalls die Änderung in der Aufsichtsbehörde. 11

Die Änderung des **IPRG** (Anhang Ziff. 8) betrifft die Anpassung an Art. 77 BGG. 12

Mit der Änderung des **StGB** (Anhang Ziff. 9) wird ein Verweis auf das OG durch einen Pauschalverweis auf andere Bestimmungen ersetzt. 13

Die Änderung des **BStP** (Anhang Ziff. 10) ergibt sich daraus, dass die Nichtigkeitsbeschwerde in Strafsachen bisher im Wesentlichen in diesem Gesetz geregelt war, neu jedoch die Beschwerde an das Bundesgericht auch in Strafsachen abschliessend im BGG geregelt wird. Zudem werden in den Bestimmungen über das vorinstanzliche Verfahren (d.h. vor dem Bundesstrafgericht) die Verweise auf das OG durch diejenigen auf das BGG ersetzt. 14

Die **weiteren Änderungen** (Anhang Ziff. 11–14) betreffen redaktionelle Anpassungen an das BGG. 15

3. Delegation an die Bundesversammlung (Abs. 3)

Aufgrund der Lex-posterior-Regel ergibt sich automatisch, dass das BGG den ihm widersprechenden älteren Gesetzen vorgeht. Um Irreführungen zu vermeiden, ist es jedoch sinnvoll, derart widersprechende ältere Gesetze auch formell anzupassen. Das Gesetz gibt der **Bundesversammlung** die Kompetenz, solche Anpassungen auf dem Verordnungsweg (Art. 163 Abs. 1 BV; Art. 22 16

Abs. 2 ParlG), d.h. unter Ausschluss des Referendums, zu beschliessen (vgl. Verordnung der Bundesversammlung betreffend die Anpassung von Erlassen an die Bestimmungen des Bundesgerichtsgesetzes und des Verwaltungsgerichtsgesetzes).

17 Da dies dem Grundsatz des Parallelismus der Formen widerspricht, muss diese Kompetenz auf Anpassungen beschränkt werden, bei denen der Widerspruch zum BGG klar ist. Das ist der Fall bei **rein formellen Anpassungen**, so bei der Ersetzung eines Hinweises auf das OG durch denjenigen auf das BGG. Wo aber Zweifel bestehen, ob eine abweichende ältere Bestimmung als lex specialis weiterhin Geltung haben soll, ist der ordentliche Gesetzesweg zu beschreiten.

Art. 132

Übergangs-
bestimmungen

¹ Dieses Gesetz ist auf die nach seinem Inkrafttreten eingeleiteten Verfahren des Bundesgerichts anwendbar, auf ein Beschwerdeverfahren jedoch nur dann, wenn auch der angefochtene Entscheid nach dem Inkrafttreten dieses Gesetzes ergangen ist.

² Gegen Plangenehmigungsentscheide des Eidgenössischen Departements für Umwelt, Verkehr, Energie und Kommunikation betreffend die zweite Phase der NEAT (Art. 10bis Abs. 1 Bst. b des Alpentransit-Beschlusses vom 4. Oktober 1991) kann in Abweichung von Artikel 86 Absatz 1 direkt beim Bundesgericht Beschwerde geführt werden. Das Bundesgericht kann in diesen Fällen den Sachverhalt frei prüfen.

³ Die Amtsdauer der ordentlichen und nebenamtlichen Bundesrichter und Bundesrichterinnen, die gestützt auf das Bundesrechtspflegegesetz vom 16. Dezember 1943 oder den Bundesbeschluss vom 23. März 1984 über die Erhöhung der Zahl der nebenamtlichen Richter des Bundesgerichts gewählt worden sind oder die in den Jahren 2007 und 2008 gewählt werden, endet am 31. Dezember 2008.

⁴ Die zahlenmässige Begrenzung der nebenamtlichen Bundesrichter und Bundesrichterinnen gemäss Artikel 1 Absatz 4 gilt erst ab 2009.

Droit transitoire

¹ La présente loi s'applique aux procédures introduites devant le Tribunal fédéral après son entrée en vigueur; elle ne s'applique aux procédures de recours que si l'acte attaqué a été rendu après son entrée en vigueur.

² Les décisions d'approbation de plans qui sont prises par le Département fédéral de l'environnement, des transports, de l'énergie et de la communication en ce qui concerne la 2e phase de la NFLA (art. 10bis, al. 1, let. b, de l'arrêté fédéral du 4 octobre 1991 sur le transit alpin) peuvent, en dérogation à l'art. 86, al. 1, faire directement l'objet d'un recours devant le Tribunal fédéral. Celui-ci peut, dans ces cas, examiner librement les faits.

³ La période de fonction des juges ordinaires et suppléants qui ont été élus sur la base de l'organisation judiciaire du 16 décembre 1943 ou de l'arrêté fédéral du 23 mars 1984 concernant l'augmentation du nombre des juges suppléants du Tribunal fédéral ou qui seront élus pendant les années 2007 et 2008 prend fin le 31 décembre 2008.

⁴ La limitation du nombre de juges suppléants au sens de l'art. 1, al. 4, s'applique dès 2009.

Disposizioni transitorie

¹ La presente legge si applica ai procedimenti promossi dinanzi al Tribunale federale dopo la sua entrata in vigore; ai procedimenti su

ricorso si applica soltanto se la decisione impugnata è stata pronunciata dopo la sua entrata in vigore.

² In deroga all'articolo 86 capoverso 1, le decisioni di approvazione dei piani pronunciate dal Dipartimento federale dell'ambiente, dei trasporti, dell'energia e delle comunicazioni per quanto concerne la seconda fase della realizzazione della NFTA (art. 10bis cpv. 1 lett. b del decreto federale del 4 ottobre 1991 concernente la costruzione di una ferrovia transalpina) sono direttamente impugnabili mediante ricorso al Tribunale federale. In tali casi, il Tribunale federale può esaminare liberamente i fatti.

³ I giudici ordinari e i giudici supplenti eletti in base alla legge del 16 dicembre 1943 sull'organizzazione giudiziaria o al decreto federale del 23 marzo 1984 concernente l'aumento del numero dei giudici supplenti del Tribunale federale e quelli eletti nel 2007 e nel 2008 restano in carica fino al 31 dicembre 2008.

⁴ La limitazione del numero dei giudici supplenti secondo l'articolo 1 capoverso 4 si applica dal 2009.

Inhaltsübersicht	Note	Seite
I. Bisheriges Recht und Entstehungsgeschichte	1	568
II. Kommentar	2	569
1. Zeitliche Anwendung (Abs. 1)	2	569
1.1 Allgemeines	2	569
1.2 Beschwerdeverfahren	5	569
2. NEAT (Abs. 2)	14	571
3. Amtsdauern (Abs. 3)	15	571
4. Zahl der nebenamtlichen Bundesrichter (Abs. 4)	18	572

I. Bisheriges Recht und Entstehungsgeschichte

1 Altes Recht: Art. 171 OG; Ziff. III Abs. 2 und 3 der Schlussbestimmungen der Änderungen vom 20. Dezember 1968; Ziff. 3 der Schlussbestimmungen der Änderung vom 4. Oktober 1991.

Entwurf der Expertenkommission: --.

Entwurf des Bundesrates: Art. 118, entsprechend den heutigen Abs. 1 und 2 (BBl 2001 4355).

Ständerat: Zustimmung (Amtl. Bull. S vom 23.9.2003 S. 913).

Nationalrat: Zustimmung (Amtl. Bull. N vom 5.10.2004 1615).

Um die Amtsdauern am Bundesgericht und am EVG sowie diejenigen der nebenamtlichen Richter zu koordinieren, schlug der Bundesrat im Rahmen der Bereini-

gung und Aktualisierung der Totalrevision der Bundesrechtspflege die zusätzlichen Abs. 3 und 4 vor (BBl 2006 3069–3072, 3078).
Ständerat: Zustimmung (Amtl. Bull. S vom 9.6.2006 S. 381).
Nationalrat: Zustimmung (Amtl. Bull. N vom 13.6.2006 S. 909).

II. Kommentar

1. Zeitliche Anwendung (Abs. 1)

1.1 Allgemeines

Grundsätzlich ist das Gesetz auf alle Sachverhalte **anwendbar**, die sich ab seinem Inkrafttreten (1.1.2007; Art. 133 BGG) ereignen. Das gilt für die organisationsrechtlichen Bestimmungen (1. Kapitel; KARLEN, S. 75). Dazu gehören auch die Aufsichtstätigkeit über das Bundesstraf- und das Bundesverwaltungsgericht (Art. 1 Abs. 2 BGG) und die Verwaltungstätigkeiten des Bundesgerichts mit Einschluss des Öffentlichkeitsprinzips (Art. 28 BGG).

Für die **gerichtlichen Verfahren** enthält Absatz 1 jedoch Sonderregeln. Verfahren, die am 1. Januar 2007 bereits beim Bundesgericht hängig sind, werden in jedem Fall noch nach altem Recht zu Ende geführt.

Für **Klageverfahren** (Art. 120 BGG) sowie **Revisions-, Erläuterungs- und Berichtigungsgesuche** (Art. 121–129 BGG) gilt das neue Recht für Verfahren, die ab dem 1. Januar 2007 eingeleitet worden sind. Mit Einleitung ist das Datum der Postaufgabe oder elektronischen Zustellung (Art. 48 Abs. 1 und 2 BGG) der Klage oder des Gesuchs gemeint.

1.2 Beschwerdeverfahren

Für **Beschwerdeverfahren** gilt das neue Recht nicht schon dann, wenn das Verfahren nach dem 31. Dezember 2006 beim Bundesgericht eingeleitet worden ist, sondern erst dann, wenn der **angefochtene Entscheid** nach dem 31. Dezember 2006 ergangen ist. Das bezieht sich sowohl auf die ordentlichen Beschwerden als auch auf die subsidiären Verfassungsbeschwerden. Dasselbe muss über den Wortlaut hinaus analog auch für Beschwerden gegen Erlasse (Art. 82 lit. b BGG) gelten.

Massgebend ist also bei Beschwerden – anders als bei Klagen und Gesuchen – nicht der Zeitpunkt, in dem das Verfahren beim Bundesgericht eingeleitet wird, sondern der Zeitpunkt, in dem der angefochtene Entscheid ergangen ist. Dies erlaubt den Kantonen, bis Ende 2006 ihre Entscheide nach dem **bisherigen Recht** zu fällen.

7 «**Ergangen**» meint das Urteilsdatum und nicht etwa das Datum der Eröffnung oder der Zustellung des Urteils (vgl. JdT 2000 IV 96 Ziff. 3 in Bezug auf die gleichlautende Ziff. 3 Abs. 1 der Schlussbestimmungen zur Änderung des OG vom 4.10.1991, an die sich die gesetzliche Regelung anlehnen will, BBl 2001 4355).

8 Ist der angefochtene Entscheid bis zum 31. Dezember 2006 ergangen, so ist somit noch das alte Recht anwendbar. Das gilt auch für die Art und die **Zulässigkeit von Beschwerden** mit Einschluss der Rechtsmittelfristen. Es sind bspw. noch Berufungen, Nichtigkeitsbeschwerden, Verwaltungsgerichtsbeschwerden oder staatsrechtliche Beschwerden nach altem Recht zu erheben und es ist bspw. eine Abstimmungsbeschwerde an das Bundesgericht in Bezug auf eine eidgenössische Abstimmung nicht zulässig.

9 Das alte Recht gilt auch in Bezug auf die **Erledigungsart durch das Bundesgericht**: Einzelrichterliche Nichteintretensentscheide (Art. 108 BGG) sind demnach nicht zulässig. Auch müssen die altrechtlichen Quorumsvorschriften eingehalten werden, auch z.B. die Siebnerbesetzung (Art. 15 Abs. 3 OG), auch wenn die Abteilungen des Bundesgerichts ab 1. Januar 2007 nach neuem Recht gebildet werden (ebenso KARLEN, S. 75 Fn. 281).

10 Es gilt auch in Bezug auf die **Kognition des Bundesgerichts** und die **Kosten**. So sind Beschwerden in Sozialversicherungsleistungssachen (ausser in der Invalidenversicherung) noch mit uneingeschränkter Kognition zu beurteilen und kostenfrei (Art. 132 und 134 OG).

11 Das alte Recht gilt auch für die **Anforderungen an das kantonale Verfahren**, soweit nicht ohnehin die Anpassungsfristen von Art. 130 BGG zur Anwendung kommen. So müssen bspw. die Eröffnungsvorschriften von Art. 112 BGG nicht erfüllt werden, soweit sie sich nicht schon aus dem bisherigen Recht ergeben.

12 Umgekehrt ist das **neue Recht** anwendbar, wenn der vorinstanzliche Entscheid nach dem 31. Dezember 2006 ergangen ist. So kann z.B. ein auf kantonales Recht gestützter Entscheid, gegen den bisher nur die staatsrechtliche Beschwerde möglich gewesen wäre, mit ordentlicher Beschwerde in öffentlich-rechtlichen Angelegenheiten angefochten werden, wenn keine Ausnahme (Art. 83–85 BGG) vorliegt. Infolge der Anpassungsfrist von Art. 130 Abs. 3 BGG ist es allerdings in Abweichung von Art. 86 Abs. 2 BGG noch nicht erforderlich, dass ein Gericht zuständig ist, wenn dies nach der bisherigen kantonalen Rechtslage nicht erforderlich war (Art. 130 BGG N 16). Hingegen müssen – anders als nach bisherigem Recht – im kantonalen Verfahren auch die zur bundesgerichtlichen Beschwerde Legitimierten teilnehmen können (Art. 111 Abs. 1 BGG; vgl. Art. 130 BGG

N 10). Sind sie bisher nicht ins Verfahren einbezogen worden, muss dies nachgeholt werden.

Die Bestimmung stimmt überein mit der **Übergangsbestimmung** in Art. 53 Abs. 1 **VGG**. So ist bspw. ein Tarifentscheid in der Krankenversicherung, der bis zum 31. Dezember 2006 ergangen ist, noch mit staatsrechtlicher Beschwerde beim Bundesgericht anfechtbar (vgl. BGE 130 I 306, 308), ein Entscheid, der später ergangen ist, hingegen mit Beschwerde beim Bundesverwaltungsgericht (Art. 34 VGG).

2. NEAT (Abs. 2)

Mit der Sonderregel von Abs. 2 soll der bisherige einstufige Rechtsmittelweg (Art. 18h Abs. 5 Satz 2 EBG i.V.m. Art. 18 Abs. 2 lit. b und Anhang Ziff. 3 EBG sowie Art. 12 Alpentransit-Beschluss, SR 742.104) übergangsrechtlich beibehalten werden, um die bereits weit fortgeschrittenen Verfahren zur Planung der zweiten Phase der **NEAT** noch nach der bisherigen Regelung abwickeln zu können (BBl 2001 4355).

3. Amtsdauern (Abs. 3)

Das Inkrafttreten des neuen Gesetzes ändert nichts an den Amtsdauern der bereits gewählten Richter. Diese bleiben bis zum Ablauf ihrer gesetzlichen Amtsdauer (Art. 9 BGG) im Amt (BBl 2006 3070 f.). Aus historischen Gründen stimmen bisher jedoch die Amtsdauern der Richter am Bundesgericht in Lausanne nicht mit denjenigen am EVG überein (Art. 9 BGG N 1): Die laufende Amtsdauer in Luzern würde bis 31. Dezember 2007 dauern, diejenige in Lausanne bis 31. Dezember 2008 (BBl 2006 3069). Da aufgrund der Fusion der beiden Gerichte und der Möglichkeit eines Wechsels der Richter zwischen Lausanne und Luzern unterschiedliche Amtsdauern zu sehr komplizierten und unbefriedigenden Verhältnissen führen würden, wird übergangsrechtlich einmalig die Amtsdauer der **Luzerner Richter** in Abweichung von Art. 145 BV auf sieben Jahre verlängert, d.h. in Übereinstimmung mit der Lausanner Amtsdauer gebracht und auf Ende 2008 erstreckt (BBl 2006 3071). Die ersten Gesamterneuerungswahlen (vgl. Art. 9 BGG N 4) für das neue Bundesgericht werden somit im Jahre 2008 für die Amtsdauer 2009–2014 stattfinden (BBl 2006 3078).

Die Amtsdauern gelten gleichermassen für die **nebenamtlichen Richter** (Art. 9 BGG N 2). Auch hier galten bisher die Unterschiede zwischen Lausanne und Luzern, die mit Abs. 3 gleich wie bei den ordentlichen Richtern ausgeebnet werden.

17 Bisher gab es zwei Arten von nebenamtlichen Richtern: Einerseits die ordentlichen nebenamtlichen Richter gemäss Art. 1 Abs. 1 und Art. 123 Abs. 1 OG, andererseits die ausserordentlichen nebenamtlichen Richter aufgrund des Bundesbeschlusses vom 23. März 1984 über die Erhöhung der Zahl der nebenamtlichen Richter des Bundesgerichts (AS 1984 748). Obwohl dieser Bundesbeschluss gemäss seinem Art. 4 Abs. 3 bis zum Inkrafttreten der umfassenden Reform des Bundesrechtspflegegesetzes befristet war und somit die ausserordentlichen nebenamtlichen Richter mit dem Inkrafttreten des BGG ihre gesetzliche Grundlage verloren hätten, ging der Gesetzgeber davon aus, dass aufgrund der Wahlbeschlüsse, in denen die betreffenden Richter jeweils vorbehaltlos bis zum Rest der Amtsdauer gewählt wurden, sie ihr Amt für den Rest dieser Amtsdauer ausüben (BBl 2006 3070 f.). Auch für sie wird deshalb mit Abs. 3 die **Amtsdauer bis Ende 2008** festgelegt.

4. Zahl der nebenamtlichen Bundesrichter (Abs. 4)

18 Bisher gab es (zusammen mit den ausserordentlichen) 39–41 nebenamtliche Richter. Nach Art. 1 Abs. 4 BGG gibt es nur noch maximal 30, nach der Verordnung der Bundesversammlung über die Zahl der Bundesrichter gar nur noch 19. Als Konsequenz von Abs. 3 (oben N 17) bleiben jedoch die bisher gewählten nebenamtlichen Richter bis **Ende 2008** im Amt. Die Begrenzung der Zahl gemäss neuem Recht kommt deshalb vollumfänglich erst ab 2009 zum Tragen. Vorher zurücktretende Richter werden nicht mehr ersetzt, bis die verordnungsmässige Zahl erreicht ist.

19 Abs. 4 gilt nur für die zahlenmässige Begrenzung gemäss Art. 1 Abs. 1. **Andere** mit dem neuen Gesetz neu geschaffene **Amtshindernisse** gelten unmittelbar ab Inkrafttreten des Gesetzes, so namentlich die neue Unvereinbarkeitsregelung gemäss Art. 6 BGG (Art. 6 BGG N 3).

Art. 133

Referendum und Inkrafttreten	¹ Dieses Gesetz untersteht dem fakultativen Referendum. ² Der Bundesrat bestimmt das Inkrafttreten.
Référendum et entrée en vigueur	¹ La présente loi est sujette au référendum. ² Le Conseil fédéral fixe la date de l'entrée en vigueur.
Referendum ed entrata in vigore	¹ La presente legge sottostà a referendum facoltativo. ² Il Consiglio federale ne determina l'entrata in vigore.

Inhaltsübersicht   Note   Seite

I. Bisheriges Recht und Entstehungsgeschichte 1   573
II. Kommentar 2   573
   1. Referendum (Abs. 1) 2   573
   2. Inkrafttreten (Abs. 2) 5   574

I. Bisheriges Recht und Entstehungsgeschichte

Altes Recht: Art. 170 OG; Ziff. III Abs. 1 der Schlussbestimmungen der Änderungen vom 20. Dezember 1968; Ziff. 4 der Schlussbestimmungen der Änderungen vom 4. Oktober 1991.   1

Entwurf der Expertenkommission: ---

Entwurf des Bundesrates: Art. 119.

Ständerat: Zustimmung (Amtl. Bull. S vom 23.9.2003 S. 913).

Nationalrat: Zustimmung (Amtl. Bull. N vom 5.10.2004 S. 1615).

II. Kommentar

1. Referendum (Abs. 1)

Publikation der **Referendumsvorlage** am 28. Juni 2005 (BBl 2005 4045), unbenützter Ablauf der Referendumsfrist (Art. 141 Abs. 1 BV) am 6. Oktober 2005.   2

Nachträgliche Änderungen im Zusammenhang mit der **Revision des IVG** (Art. 97 Abs. 2 und Art. 105 Abs. 3 BGG): Publikation der Referendumsvorlage am 27. Dezember 2005 (BBl 2005 7285), unbenützter Ablauf der Referendumsfrist am 6. April 2006.   3

4   Nachträgliche Änderungen im Zusammenhang mit der **Bereinigung und Aktualisierung** der Totalrevision der Bundesrechtspflege (Art. 25a, Art. 130 und Art. 132 Abs. 3 und 4 BGG): Publikation der Referendumsvorlage am 4. Juli 2006 (BBl 2006 5799), unbenützter Ablauf der Referendumsfrist am 12. Oktober 2006.

2. *Inkrafttreten (Abs. 2)*

5   Das BGG ist am **1. Januar 2007** in Kraft getreten (AS 2006 1205), gleichzeitig mit dem VGG (AS 2006 1069) und den vorher noch nicht in Kraft gesetzten Bestimmungen der BV zur Justizreform (AS 2006 1059).

6   Auch die **nachträglichen Änderungen** im Zusammenhang mit der Revision des IVG (AS 2006 2003) und mit der Bereinigung und Aktualisierung der Totalrevision der Bundesrechtspflege sind auf den 1. Januar 2007 in Kraft getreten, ebenso die Verordnung der Bundesversammlung über die Anzahl Richter am Bundesgericht (SR 173.110.1; AS 2006 2739).

Sachregister

A

Ablehnung
- s. Ausstand

Abschreibung von Verfahren
- infolge Gegenstandslosigkeit Art. 32 N 10
- infolge Rückzugs Art. 32 N 10
- infolge Vergleichs Art. 32 N 10

Abstand
- Kostenfolgen Art. 66 N 37

Abstimmung
- absolutes Mehr Art. 21 N 2
- Stichentscheid des Präsidenten bzw. des Vorsitzenden Art. 21 N 8
- Verbot der Stimmenthaltung im Rechtsprechungsverfahren Art. 21 N 10
- Öffentlichkeit der Art. 59 N 2

abstrakte Normenkontrolle
- gegenüber kantonalen Erlassen Art. 82 N 38
- auch gegen Erlasse im Bereich des Ausnahmekatalogs Art. 83 N 12
- Ausschöpfung des innerkantonalen Instanzenzuges Art. 29 N 4
- Beschwerdelegitimation Art. 89 N 32
- keine Pflicht der Kantone Art. 87 N 2
- Vorinstanzen Art. 87 N 5 ff.
- Zulässigkeit Art. 82 N 38 ff.
- nicht gegen Erlasse des Bundes Art. 82 N 41

Abteilungen
- Allgemein Art. 18 N 2 ff.
- Autonomie des Bundesgerichts Art. 13 N 5
- Bestellung durch das Gesamtgericht Art. 18 N 7
- öffentliche Bekanntmachung Art. 18 N 11
- Präsidien Art. 19 N 2
- Vereinigung bei Praxisänderung oder Begründung einer Praxis Art. 23 N 4
- Verteilung der Geschäfte Art. 22 N 2

Abteilungspräsidenten
- im Allgemeinen Art. 19 N 2
- nur ordentliche Richter Art. 19 N 4
- für zweijährige Dauer Art. 19 N 5
- keine Vizepräsidenten Art. 19 N 6
- Wahl durch das Gesamtgericht Art. 15 N 17, Art. 19 N 3

acte de gouvernement
- nicht Anfechtungsobjekt der BörA Art. 83 N 16
- politischer Entscheid Art. 86 N 22

Adressat
- des ursprünglichen Entscheids ist besonders berührt Art. 89 N 16

Akkreditierung
- beim Bundesgericht Art. 27 N 10

Aktenüberweisung
- Art. 30 N 2, 4

Aktenzirkulation
- Urteil auf dem Wege der Art. 58 N 5
- im vereinfachten Verfahren Art. 58 N 5
- Vorbehalt von Art. 6 EMRK; 58 N 5; 59 N 2

allgemeine Rechtsgrundsätze
- Bundesrecht Art. 95 N 15

Allgemeinverfügung
- als Anfechtungsobjekt der BörA Art. 82 N 15
- Legitimation zur BörA Art. 89 N 18

Altersgrenze
- für Richter Art. 9 N 9
amtlicher Wirkungskreis
- Voraussetzung für Kostenbefreiung Art. 66 N 49
Amtsdauer
- der Richter Art. 9 N 2 ff.
- Wiederwahl Art. 9 N 5
Amtseid
- der Richter Art. 10 N 2 ff.
Amtsenthebung
- von Richtern Art. 9 N 7
Amtshilfe
- innerstaatliche Art. 83 N 67
- s. internationale Amtshilfe
Amtssprache
- für Rechtsschriften Art. 42 N 2; 54 N 2 ff.
Anfechtungsfristen
- s. Fristen
Anfechtungsobjekt
- der Beschwerde in Strafsachen Art. 78 N 2
Anonymisierung
- in der amtlichen Publikation Art. 27 N 7
- keine des öffentlich aufgelegten Urteilsdispositivs Art. 27 N 7; 59 N 3
- öffentlich publizierter Dispositive Art. 27 N 5
- Ausnahmen Art. 27 N 8
Anschlussbeschwerde
- nicht zulässig Art. 102 N 14
Anwalt
- Vertretungsmonopol Art. 40 N 4
- eingesetzt bei Postulationsunfähigkeit der Partei Art. 41 N 3
- unentgeltlicher Beistand Art. 64 N 31 ff.
- Zustellungsdomizil Art. 39 N 3
arbeitsrechtliche Streitigkeit
- Streitwert Art. 51 N 15

Arbeitsverhältnisse
- besonderer Gebührenrahmen Art. 65 N 30
- Streitwert Art. 74 N 8; 85 N 7 ff.
- s. auch öffentlich-rechtliche Arbeitsverhältnisse
Arrestentscheid
- als Endentscheid Art. 90 N 6
Asylrecht
- Entscheide des Bundesamtes nicht Anfechtungsobjekt der BörA Art. 83 N 37
- Legitimationseinschränkung Art. 115 N 14
Aufhebung
- des vorinstanzlichen Entscheids Art. 107 N 10
- bei Eröffnungsfehler Art. 112 N 29
aufschiebende Wirkung
- Begriff Art. 102 N 2
- als Regel bei Gestaltungsurteilen Art. 103 N 7
- als vorsorgliche Massnahme Art. 104 N 5
- Anordnung durch den Instruktionsrichter Art. 32 N 9
- Anordnung von Amtes wegen oder auf Gesuch Art. 103 N 10
- keine als Grundsatz im Verfahren vor Bundesgericht Art. 103 N 4
- keine als Grundsatz bei Beschwerden in Schiedssachen Art. 77 N 7
- Ausnahme im IRSG Art. 103 N 9
- Ausnahme in Strafsachen Art. 103 N 8
- Ausnahme in Zivilsachen Art. 103 N 7
- im Revisionsverfahren Art. 126 N 5
- keine Haftung bei ungerechtfertigter Beschwerde Art. 103 N 3
- keine Vorbefassung nach Entscheid über Art. 34 N 9

Sachregister

Aufsicht
- der Bundesversammlung über das Bundesgericht Art. 3 N 2
- des Bundesgerichts über Bundesstrafgericht und Bundesverwaltungsgericht Art. 1 N 2; 15 N 10; 17 N 13
- keine materielle Kontrolle der richterlichen Entscheidungen Art. 3 N 5

Augenschein
- als Beweismittel Art. 55 N 8
- Duldungspflicht Art. 55 N 9

Ausfällung des Urteils
- bei öffentlichen Verhandlungen Art. 61 N 3
- bei Zirkulationsentscheiden Art. 61 N 3

Ausländerrecht
- Entscheide nur ausnahmsweise Anfechtungsobjekt der BörA Art. 83 N 25 ff.

Auslieferungshaft
- Beschwerde zulässig Art. 93 N 20

Aussetzung des Verfahrens
- Verweis auf BZP Art. 71 N 5

Aussichtslosigkeit
- fehlende als Voraussetzung für unentgeltliche Rechtspflege Art. 64 N 21
- wenn Beschwerde offensichtlich unbegründet ist Art. 109 N 11

Ausstand
- Mitteilungspflicht der Gerichtsperson Art. 35 N 2
- Beschwerde über den Art. 92 N 14
- Entscheid Art. 37 N 2
- Unzulässigkeit von pauschalen Ablehnungsbegehren Art. 37 N 3
- Vor- und Zwischenentscheid Art. 92 N 6
- Vorbefassung Art. 34 N 3
- Wirkung auf bereits erfolgte Amtshandlungen Art. 38 N 2
- Revisionsgrund Art. 22 N 5; 38 N 4

Ausstandsbegehren
- Entscheid über Art. 37 N 2
- Rechtzeitigkeit des Ausstandsbegehrens Art. 22 N 4; 36 N 2

Ausstands- und Ablehnungsgründe
- im Allgemeinen Art. 34 N 2 ff.
- infolge Verwandtschaft Art. 34 N 3
- Mitteilungspflicht Art. 35 N 2
- Form und Inhalt des Ausstandsbegehrens Art. 36 N 2 ff.
- Rechtzeitigkeit Art. 36 N 3
- Ablehnung aller betroffener Gerichtspersonen Art. 36 N 4
- Entscheid Art. 37 N 2
- Folgen bei Vorliegen von Art. 38 N 2 ff.
- für Sachverständige Art. 55 N 10

Autonomiebeschwerde
- Art. 89 N 51 ff.
- Anfechtungsobjekt Art. 89 N 52
- gegen kantonale und gegen eidgenössische Entscheide Art. 89 N 53
- Gemeindeautonomie Art. 89 N 54
- Bestandesgarantie Art. 89 N 54
- andere verfassungsrechtlich garantierte Rechte Art. 89 N 54
- Legitimation Art. 89 N 56

B

Barauslagen
- Begriff Art. 63 N 2
- Vorschusspflicht Art. 63 N 2
- Folgen bei Nichtleistung des Vorschusses Art. 63 N 7

Bau- und Umweltrecht
- Beschwerdelegitimation Dritter Art. 89 N 21

Baubewilligung
- Beschwerdelegitimation Dritter gegen Art. 89 N 22

577

Bauhandwerkerpfandrecht
- vorsorgliche Massnahmen Art. 98 N 9

Bedürftigkeit
- Voraussetzung für unentgeltliche Rechtspflege Art. 64 N 10

Befangenheit
- Anschein der Art. 34 N 5
- Ausstandsgrund Art. 34 N 2, Art. 37 N 7

Begnadigung
- Entscheid mit politischem Charakter Art. 86 N 22
- öffentliches Recht Art. 82 N 34

Begründungspflicht
- im Allgemeinen Art. 42 N 4

Behindertengleichstellungsgesetz
- besonderer Gebührenrahmen Art. 65 N 31

Behörden
- Legitimation zur Beschwerde in
- zivilrechtlichen Angelegenheiten Art. 76 N 2 ff.
- in Strafsachen Art. 81 N 2 ff.
- in öffentlich-rechtlichen Angelegenheiten Art. 89 N 11

Behördenbeschwerde
- in der Beschwerde in Zivilsachen Art. 76 N 10
- bei Vergleich zwischen den Parteien Art. 89 N 45
- der Bundesbehörden Art. 89 N 40 ff.
- gegen Vor- und Zwischenentscheide Art. 89 N 47
- keine formelle Beschwer Art. 89 N 43
- keine subsidiäre Verfassungsbeschwerde Art. 115 N 7
- Legitimation der Bundeskanzlei und der Departemente Art. 89 N 48
- zuständiges Organ der Bundesversammlung Art. 89 N 50

Beratungen
- Öffentlichkeit der Art. 59 N 2

Berufliche Vorsorge
- Zulässigkeit der BörA Art. 82 N 35
- Reglemente der Vorsorgeeinrichtungen sind frei überprüfbares Bundesrecht Art. 95 N 28

Berufszulassung
- Entscheide nicht Anfechtungsobjekt der BörA Art. 83 N 102

Beschlagnahme
- Beschwerde zulässig Art. 93 N 20

Beschleunigungsgebot
- Art. 94 N 10

Beschwer
- Art. 76 N 2; 89 N 12

Beschwerde
- Fristwahrung Art. 100 N 3
- Ort der Einreichung Art. 100 N 2
- über den Ausstand Art. 92 N 14

Beschwerde an den Bundesrat
- wegen mangelhafter Vollstreckung Art. 70 N 4 ff.

Beschwerde gegen Erlasse
- Art. 82 N 38 ff.
- Erschöpfung des kantonalen Instanzenzuges, soweit das kantonale Recht ein Rechtsmittelverfahren vorsieht Art. 87 N 5
- ohne kantonales Rechtsmittelverfahren Art. 87 N 2
- Vorinstanzen Art. 87 N 2 ff.
- s. auch abstrakte Normenkontrolle

Beschwerde in öffentlich-rechtlichen Angelegenheiten
- Allgemein Art. 82 N 3 ff.
- Anfechtungsobjekt Art. 82 N 4
- Hoheitsakt als Anfechtungsobjekt Art. 82 N 10
- öffentliches Recht als Grundlage des angefochtenen Entscheids Art. 82 N 33
- Streitwertgrenzen Art. 85 N 2 ff.
- Vorinstanzen Art. 86 N 2 ff.

- Begnadigung Art. 82 N 34
- Definition des anfechtbaren 'Entscheids' Art. 82 N 8
- gegen Entscheide Art. 82 N 5 ff.
- gegen kantonale Erlasse Art. 82 N 38 ff.
- gegen interkantonale Erlasse Art. 82 N 43
- in Stimmrechtssachen Art. 82 N 53 ff.
- Wahlentscheide bilden Gegenstand der Stimmrechtsbeschwerde Art. 82 N 14
- gegen informales Verwaltungshandeln Art. 82 N 24
- gegen Konzessionen Art. 83 N 14
- gegen Nutzungspläne Art. 82 N 22
- internationale Rechtshilfe in Strafsachen Art. 84 N 3
- Unzulässigkeit Art. 83 N 8 ff.
- nicht gegen Entscheide im Straf- oder Massnahmenvollzug Art. 82 N 34
- nicht gegen Richtpläne Art. 82 N 23
- nicht gegen Vollstreckungsentscheide Art. 82 N 31
- s. auch abstrakte Normenkontrolle, Stimmrechtsbeschwerde

Beschwerde in SchKG-Sachen
- Art. 72 N 19; 74 N 11; 75 N 5

Beschwerde in Strafsachen
- Anfechtungsobjekt Art. 78 N 2
- Beschwerdebegründung Art. 78 N 8
- Begründungsanforderungen Art. 78 N 11
- Beschwerdelegitimation Art. 81 N 2 ff.
- besondere Rechtsbegehren Art. 78 N 12
- Vorinstanzen Art. 80 N 2 ff.
- Vorinstanz als Rechtsmittelinstanz Art. 80 N 7
- Erschöpfung des Instanzenzuges Art. 80 N 3
- Zulässigkeit einer dritten kantonalen Instanz Art. 80 N 8
- Fristenlauf Art. 78 N 11
- für Zivilansprüche Art. 78 N 6
- wegen Rechtsverzögerung Art. 78 N 2
- gegen Entscheide der Beschwerdekammer des Bundesstrafgerichts Art. 79 N 2
- gegen Entscheide über den Vollzug von Strafen und Massnahmen Art. 78 N 7
- gegen Teil-, Vor- oder Zwischenentscheide Art. 78 N 2
- keine Streitwertgrenzen Art. 78 N 14; 79 N 3
- Sachverhaltsfeststellungen Art. 78 N 9
- Versehensrüge Art. 78 N 9
- vorsorgliche Massnahmen Art. 78 N 10
- subsidiäre Verfassungsbeschwerde Art. 78 N 13
- Übergangsrecht Art. 80 N 9
- nicht gegen Entscheide der Militärgerichte Art. 78 N 5

Beschwerde in Zivilsachen
- Allgemeines Art. 72 N 2 ff.
- Streitwert Art. 51 N 15; 74 N 2 ff.

Beschwerdelegitimation zur BörA
- Allgemeines Art. 89 N 2 ff.
- Voraussetzungen gelten für sämtliche Arten der öffentlich-rechtlichen Beschwerde Art. 89 N 3
- Prüfung von Amtes wegen Art. 89 N 4
- Adressat des ursprünglichen Entscheids Art. 89 N 16
- Substantiierungslast der Beschwerdeführer Art. 89 N 4
- Behörden Art. 89 N 11

579

- Behörden des Bundes Art. 89 N 40 ff.
- Gemeinwesen Art. 89 N 11, 34
- juristische Personen Art. 89 N 10
- Kantonsregierungen Art. 89 N 37
- Drittbeschwerde Art. 89 N 10
- Bau- und Umweltrecht Art. 89 N 21
- Baubewilligung Art. 89 N 22
- bei Allgemeinverfügungen Art. 89 N 10
- bei Nutzungsplänen Art. 89 N 17
- egoistische Verbandsbeschwerde Art. 89 N 10
- ideelle Verbandsbeschwerde Art. 89 N 10, 60, 66
- gegen Erlasse Art. 89 N 32
- Popularbeschwerde Art. 89 N 20
- Stimmrechtsbeschwerde Art. 89 N 67 ff.
- Submissionsverfahren Art. 89 N 27

Beschwerdelegitimation zur Beschwerde in Strafsachen
- Allgemeines Art. 81 N 2 ff.
- formelle Voraussetzungen Art. 81 N 2 ff.
- materielle Voraussetzungen Art. 81 N 5
- der Bundesanwaltschaft Art. 81 N 9
- der Bundeskanzlei Art. 81 N 10
- der Departemente des Bundes Art. 81 N 10
- des Opfers nach OHG Art. 81 N 8
- im Straf- und Massnahmenvollzug Art. 81 N 10
- nicht bei Verzicht auf Teilnahme im vorinstanzlichen Verfahren Art. 81 N 4

Beschwerdelegitimation zur Beschwerde in Zivilsachen
- Art. 76 N 2 ff.

Beschwerdelegitimation zur subsidiären Verfassungsbeschwerde
- Art. 115 N 2 ff.

Beschwerdeobjekt
- keines bei Rechtsverweigerung Art. 94 N 11

Besitzesschutz
- vorsorgliche Massnahmen Art. 98 N 9

besondere Berührtheit
- als Voraussetzung der Beschwerdelegitimation in öffentlich-rechtlichen Angelegenheiten Art. 89 N 16 ff.
- Adressat des ursprünglichen Entscheids Art. 89 N 16

besonders bedeutender Fall
- als Voraussetzung der Beschwerde in Rechtshilfe Art. 84 N 8
- einzelrichterlicher Nichteintretensentscheid wenn Beschwerde offensichtlich unzulässig Art. 109 N 4
- gesteigerte Begründungspflicht Art. 42 N 6
- Nichteintretensentscheid in Dreierbesetzung Art. 109 N 3
- Vorprüfungsverfahren Art. 109 N 3

Bestätigung
- bei elektronischer Zustellung Art. 48 N 3

betreibungsrechtliche Streitigkeiten
- Art. 72 N 17 ff.

Beweiserhebung
- Akteneinsichtsrecht Art. 56 N 5
- Anwesenheit der Parteien Art. 56 N 2, 5
- Ausschluss der Parteien zwecks Wahrung überwiegender öffentlicher Interessen Art. 56 N 2, 6
- Ausschluss einer Partei bei Geschäftsgeheimnissen Art. 56 N 2
- Einsicht in Urkunden Art. 56 N 2

Sachregister

Beweismassnahmen
- Anordnung durch den Instruktionsrichter Art. 55 N 12
- Übertragung an eidgenössische oder kantonale Behörde Art. 55 N 12
- Wiederholung nach erfolgreicher Ablehnung Art. 38 N 2

Beweismittel
- Augenschein Art. 55 N 8
- Beizug von nicht angebotenen Art. 55 N 4
- Beweisaussage Art. 55 N 11
- Parteiverhör Art. 55 N 11
- Sachverständige Art. 55 N 10
- Urkunden Art. 55 N 7
- Zeugen Art. 55 N 6

Beweisthema
- allgemein Art. 55 N 3

Beweisverfahren
- Allgemeines Art. 55 N 2
- Verweis auf BZP Art. 71 N 3
- im Revisionsverfahren Art. 127 N 3

Beweiswürdigung
- antizipierte Art. 55 N 4
- keine starren Beweisregeln Art. 55 N 5
- nach freier Überzeugung Art. 55 N 5

Bilaterale Abkommen mit der EU
- Völkerrecht Art. 95 N 31

Bundesamt
- Legitimation zur Behördenbeschwerde Art. 89 N 48

Bundesbehörden
- Beschwerdelegitimation Art. 76 N 10
- Adressaten letztinstanzlicher kantonaler Entscheide Art. 112 N 36

Bundesgericht
- Sitz Art. 4 N 2
- Stellung Art. 1 N 2
- Unabhängigkeit Art. 2 N 2 ff.
- Zahl der Richterinnen und Richter Art. 1 N 10
- Aufsicht über Bundesstrafgericht und Bundesverwaltungsgericht Art. 1 N 5
- Aufsichtsbefugnisse Art. 1 N 7
- Geschäftsbericht Art. 3 N 9
- Information über die Rechtsprechung Art. 27 N 2
- Infrastruktur Art. 25a N 2
- Voranschlag Art. 3 N 7
- Jahresrechnung Art. 3 N 8; 25 N 6
- Organisationsautonomie Art. 4 N 4; 13 N 2 ff.
- Verwaltungsautonomie Art. 25 N 2
- Personal Art. 13 N 4; 25 N 5

Bundeskanzlei
- Legitimation zur Behördenbeschwerde Art. 89 N 48
- Vorinstanz der Stimmrechtsbeschwerde Art. 88 N 6

Bundeskanzler
- Ansprüche auf Schadenersatz aus Amtstätigkeit gegenüber Art. 120 N 15

Bundesrat
- Beschwerde an den Art. 83 N 20
- Subsidiarität zur subsidiären Verfassungsbeschwerde Art. 113 N 16
- Ansprüche auf Schadenersatz aus Amtstätigkeit gegenüber Art. 120 N 15

Bundesrecht
- Begriff Art. 95 N 12
- Gewohnheitsrecht Art. 95 N 14
- allgemeine Rechtsgrundsätze Art. 95 N 15
- kantonales Recht der beruflichen Vorsorge Art. 95 N 16
- materielle Rechtskraft Art. 61 N 5
- Reglemente der Vorsorgeeinrichtungen der beruflichen Vorsorge Art. 95 N 28

581

- verfassungsmässige Rechte Art. 95 N 4
- Willkürverbot Art. 95 N 22

Bundesrichter
- s. Richter

Bundesstrafgericht
- Aufsicht des Bundesgerichts Art. 1 N 5; 15 N 10; 17 N 13
- Entscheide als Anfechtungsobjekte der Beschwerde in Strafsachen Art. 80 N 3
- in öffentlich-rechtlichen Angelegenheiten Art. 86 N 6
- Entscheide der Beschwerdekammer als Anfechtungsobjekte Art. 79 N 2
- Vorinstanz in der BörA Art. 86 N 6
- Öffentlichkeit des Verfahrens Art. 59 N 9
- Beschwerdeentscheide betreffend die Überwachung des Fernmeldeverkehrs Art. 83 N 94 ff.
- vorinstanzlicher Rechtsschutz in der internationalen Rechtshilfe in Strafsachen Art. 84 N 3
- Wahl der eidg. Untersuchungsrichter Art. 15 N 18
- Zuständigkeit bei Kompetenzkonflikten Art. 120 N 3

Bundesversammlung
- Beschwerdeinstanz bei Fragen der Immunität Art. 11 N 20
- Unvereinbarkeit mit Richter Art. 6 N 3
- Wahl der Richter Art. 5 N 3 ff.
- Wahl des Präsidenten Art. 14 N 2
- Wahl des Vizepräsidenten Art. 14 N 2
- zuständiges Organ für Behördenbeschwerde Art. 89 N 50

Bundesverwaltungsgericht
- Aufsicht des Bundesgerichts Art. 15 N 10; 17 N 13

- Öffentlichkeit des Verfahrens Art. 59 N 9
- Vorinstanz in der BörA Art. 86 N 3 ff.
- Wahl der Präsidien der Schätzungskommissionen und der Hälfte der Mitglieder der Oberschätzungskommissionen Art. 15 N 18

Bundeszivilprozess
- Art. 55 N 2

D

Datenschutz
- Entscheide als Anfechtungsobjekte der BörA Art. 83 N 15

Departement (eidg.)
- Legitimation zur Behördenbeschwerde Art. 89 N 48

Direktprozess
- Verweis des BGG auf BZP Art. 71 N 2

Dispositiv
- Rechtskraftwirkung Art. 31 N 9
- Massgebend für Beurteilung der Beschwer Art. 76 N 3
- öffentliche Auflage Art. 59 N 3
- keine Anonymisierung bei öffentlicher Auflage Art. 27 N 7; 59 N 3

Doppelbesteuerung
- interkantonaler Kompetenzkonflikt Art. 100 N 14

doppelter Instanzenzug
- in Zivilsachen Art. 75 N 5
- in Strafsachen Art. 80 N 5 f.
- beschränkt in öffentlich-rechtlichen Angelegenheiten Art. 86 N 15 f.; 87 N 6; 88 N 11

Dreierbesetzung
- als ordentlicher Spruchkörper Art. 20 N 2
- im vereinfachten Verfahren Art. 109 N 2

Sachregister

Drittbeschwerde
- Legitimation zur BörA Art. 89 N 10, 19 ff.

E

Eheschutz
- vorsorgliche Massnahmen Art. 98 N 9

Einbürgerung
- Anfechtungsobjekt der BörA Art. 83 N 22
- Entscheid mit politischem Charakter Art. 86 N 22

Einbürgerungsrecht
- Legitimationseinschränkung Art. 115 N 14

Einheit des Verfahrens
- Art. 111 N 4 ff.
- auch in Bezug auf die subsidiäre Verfassungsbeschwerde Art. 117 N 15
- s. auch kantonales Verfahren

Einheitsbeschwerde
- Vorbemerkung zu den Art. 72–89
- s. Beschwerde in Strafsachen, in Zivilsachen, in öffentlich-rechtlichen Angelegenheiten (BörA)

Einlassung
- begründet keine Zuständigkeit Art. 29 N 2

Einstellung im Amt
- eines Richters Art. 9 N 8

einstweilige Massnahmen
- s. vorsorgliche Massnahme

Einzelrichter
- Kompetenzen Art. 20 N 3
- für Abschreibung des Verfahrens Art. 32 N 10 ff.
- für instanzabschliessende Endentscheide im vereinfachten Verfahren Art. 108 N 8

- Nichteintretensentscheid Art. 108 N 11
- Nichteintretensentscheid bei Nichtbezahlen des Gerichtskostenvorschusses bzw. der Sicherstellung von Parteikosten Art. 62 N 24
- querulatorische oder rechtsmissbräuchliche Beschwerde Art. 108 N 15
- s. auch Instruktionsrichter

Einzige kantonale Instanz
- in Zivilsachen Art. 75 N 6

elektronische Signatur
- als Voraussetzung für die elektronische Zustellung einer Rechtsschrift Art. 42 N 11

elektronische Zustellung
- Allgemeines Art. 39 N 6
- Beginn der Fristen Art. 44 N 2
- Fristwahrung Art. 48 N 3

elektronischer Verkehr
- des Bundesgerichts mit Einzelpersonen Art. 60 N 6
- mit dem Bundesgericht Art. 60 N 6

EMRK
- Art. 57 N 2; 58 N 5; 59 N 2
- Bedeutung für die Verfahren vor Bundesgericht Art. 59 N 9

Endentscheid
- Definition Art. 90 N 4
- Arrestbewilligung Art. 90 N 6
- auch bei vorsorglichen Massnahmen Art. 90 N 6
- auch solcher über Teilklage Art. 91 N 10
- Feststellung neuen Vermögens Art. 90 N 6
- Konkurseröffnung Art. 90 N 6
- Nachlassentscheid Art. 90 N 6
- nicht ein Rückweisungsentscheid einer Vorinstanz Art. 90 N 9
- provisorische Eintragung eines Bauhandwerkerpfandrechtes Art. 90 N 6

583

Sachregister

- Rechtsöffnung Art. 90 N 6
- vorsorgliche Massnahmen Art. 98 N 8
- Anfechtungsfrist Art. 90 N 10
- s. auch Teilentscheid

Enteignungsrecht
- vorsorgliche Massnahmen Art. 98 N 12

Entschädigung
- des amtlichen Anwalts Art. 64 N 36

Entscheid
- als Anfechtungsobjekt für die BörA Art. 82 N 8 ff.
- als Anfechtungsobjekt in der Beschwerde in Strafsachen Art. 78 N 3
- auch Nichteintretensentscheid Art. 82 N 16
- im Verfahren der abstrakten Normenkontrolle Art. 107 N 11
- in der Strafrechtspflege Art. 78 N 3; 107 N 12
- kassatorisch als Regel bei unvollständig festgestelltem Sachverhalt Art. 107 N 9, 10
- reformatorisch Art. 107 N 9
- Rückweisung an erste Instanz Art. 107 N 14
- verbunden mit Anweisungen oder Feststellungen Art. 107 N 13
- Verfügung, die ein Einigungs- oder Vergleichsergebnis festhält Art. 82 N 17
- Verfügungsbegriff Art. 82 N 15
- Ordnungsfrist für IRSG Sachen Art. 107 N 15

Entwicklungszusammenarbeit und humanitäre Hilfe
- Entscheide als Anfechtungsobjekte der BörA Art. 83 N 19

Ergänzungswahl
- von Richtern Art. 9 N 11

Erlass
- Definition Art. 82 N 46 ff.
- als Anfechtungsobjekt der BörA Art. 82 N 38 ff.
- Allgemeinverbindlicherklärung eines Gesamtarbeitsvertrages Art. 82 N 49
- Tarife Art. 82 N 50
- nicht Verwaltungsverordnungen Art. 82 N 52

Erläuterung und Berichtigung
- Anwendungsbereich Art. 129 N 2
- verfassungsmässiger Anspruch auf Art. 129 N 37
- Berichtigungsobjekt Art. 129 N 9
- Erläuterungsobjekt Art. 129 N 4 ff.
- Zuständigkeit Art. 129 N 12
- von Amtes wegen Art. 129 N 14
- Gegenpartei Art. 66 N 13
- Legitimation Art. 129 N 15
- keine Fristen Art. 129 N 17
- Begründungspflicht Art. 129 N 13
- Schriftenwechsel Art. 129 N 34
- vorsorgliche Massnahmen Art. 129 N 33
- Entscheid Art. 129 N 20
- Kosten- und Entschädigungsfolgen Art. 129 N 22
- Redaktions- oder Rechnungsfehler Art. 129 N 30
- unklares oder zweideutiges Dispositiv Art. 129 N 24
- unvollständiges Dispositiv Art. 129 N 23
- widersprüchliches Dispositiv Art. 129 N 26
- Zulässigkeit bei Rückweisungsentscheiden Art. 129 N 32
- Übergangsrecht Art. 129 N 38

Ermächtigung zur Strafverfolgung
- Entscheide nicht Anfechtungsobjekt der BörA Art. 83 N 39
- der subsidiären Verfassungsbeschwerde Art. 114 N 5

584

Sachregister

Ermessen
- keine Prüfung durch Bundesgericht Art. 95 N 49
- keine Pflicht zur Prüfung durch Vorinstanzen Art. 110 N 11; 111 N 16
- Ermessensmissbrauch ist Rechtsfrage, nicht Ermessensprüfung Art. 95 N 50
- Ermessensüberschreitung ist Rechtsfrage, nicht Ermessensprüfung Art. 95 N 50
- Ermessensunterschreitung ist Rechtsfrage, nicht Ermessensprüfung Art. 95 N 50

Ermessensmissbrauch
- Kognition des Strafrichters bei Prüfung von Vorfragen Art. 31 N 7
- Rechtsfrage, nicht Ermessensprüfung Art. 95 N 50

Ermessensüberprüfung
- nach OHG Art. 110 N 11
- nach RPG Art. 110 N 11

Eröffnung
- des kantonal letztinstanzlichen Entscheids Art. 112 N 2

Eröffnungsfehler
- im kantonalen Verfahren Art. 112 N 28
- Zurückweisung an die Vorinstanz Art. 112 N 29

Erschöpfung des kantonalen Instanzenzuges
- Beschwerde in Zivilsachen Art. 75 N 2
- Beschwerde in Strafsachen Art. 80 N 3
- BörA Art. 86 N 8
- Beschwerde gegen Erlasse Art. 87 N 5
- Stimmrechtsbeschwerde Art. 88 N 9 ff.

Erwerbstätigkeit
- als Unvereinbarkeitsgrund Art. 6 N 16

EU-Recht
- Völkerrecht Art. 95 N 31

Europäischer Gerichtshof für Menschenrechte
- Art. 2 N 7
- Urteile des als Revisionsgrund Art. 122 N 3 ff.

Eventualbegehren
- Einfluss auf Streitwert Art. 52 N 3

Eventualmaxime
- im Klageverfahren Art. 120 N 21

F

Fachgericht
- Handelsgericht Art. 75 N 7

faires Verfahren
- Art. 102 N 5

Feiertage
- Art. 45 N 2 f.; 46 N 2

Fernmeldeverkehr
- BörA Art. 86 N 6
- Entscheide nicht Anfechtungsobjekt der BörA Art. 83 N 94

Feststellung neuen Vermögens
- als Endentscheid Art. 90 N 6

formelle Beschwer
- keine bei der Behördenbeschwerde Art. 89 N 43
- Teilnahme am vorinstanzlichen Verfahren Art. 89 N 12

Freiwillige Gerichtsbarkeit
- Art. 72 N 7

Fristen
- Beginn Art. 44 N 1
- Beginn des Fristenlaufs Art. 100 N 12
- Beginn bei Beschwerden wegen interkantonaler Kompetenzkonflikte Art. 100 N 14

- Beginn mit Veröffentlichung bei Beschwerde gegen Erlasse Art. 101 N 4
- Fristwahrung Art. 48 N 2
- gesetzliche Fristerstreckung Art. 45 N 2
- Stillstand während Gerichtsferien Art. 46 N 2
- Wiederherstellung Art. 50 N 2
- dreissigtägige als Grundsatz Art. 100 N 4
- dreissig Tage bei Beschwerden gegen kantonale Erlasse Art. 101 N 3
- zehntägige für Beschwerden bei internationalen Kindesentführungen Art. 100 N 8
- zehntägige für Beschwerden in IRSG Sachen Art. 100 N 7
- zehntägige für Beschwerden in SchKG Sachen Art. 100 N 6
- fünftägige für Beschwerden im Rahmen der Wechselbetreibung Art. 100 N 9
- fünftägige für Beschwerden in eidg. Abstimmungssachen Art. 100 N 10
- dreitägige für Beschwerden bei Nationalratswahlen Art. 100 N 11
- bei Revisionsgesuch aus anderen Gründen Art. 124 N 9
- bei Revisionsgesuch wegen Verletzung der EMRK Art. 124 N 7
- bei Revisionsgesuch wegen Verletzung von Ausstandsvorschriften Art. 124 N 5
- bei Revisionsgesuch wegen Verletzung von Verfahrensvorschriften Art. 124 N 6
- für Klage bei Ansprüchen auf Schadenersatz und Genugtuung Art. 120 N 17
- keine bei Erläuterungs- oder Berichtigungsgesuchen Art. 129 N 17
- keine bei Rechtsverweigerung oder -verzögerung Art. 100 N 12
- Verwirkungsfrist für Revisionsgesuche Art. 124 N 11

Fristenlauf
- Beginn Art. 100 N 13
- Beginn bei Beschwerden wegen interkantonaler Kompetenzkonflikte Art. 100 N 14

Fristenstillstand
- Art. 46 N 2 ff.

Fristerstreckung
- Art. 47 N 2; 50 N 2

Fristwahrung
- Art. 124 N 15
- bei elektronischer Zustellung Art. 48 N 3
- im Allgemeinen Art. 48 N 2 ff.

Funktionstheorie
- Art. 72 N 11

G

Gegenpartei
- Definition Art. 66 N 8 ff.
- i.d.R. nicht die Vorinstanz Art. 66 N 12
- im Beschwerdeverfahren Art. 66 N 10
- nicht 'übrige Beteiligte' Art. 66 N 14
- öffentlich-rechtliche juristische Personen Art. 66 N 11
- Vorinstanzen im Rahmen von Rechtsverweigerungs- oder Rechtsverzögerungsbeschwerden Art. 66 N 12
- im Klageverfahren Art. 66 N 9
- im Revisionsverfahren Art. 66 N 13
- im Erläuterungs- und Berichtigungsverfahren Art. 66 N 13

Gegenstandslosigkeit
- Begriff Art. 32 N 11

Sachregister

- des Verfahrens Art. 32 N 10

Geheimnis
- Geschäftsgeheimnis als öffentliches Interesse Art. 56 N 6
- militärisches als öffentliches Interesse Art. 56 N 6

Gehör, rechtliches
- s. rechtliches Gehör

Geldleistungen
- im Sinne des Unfall- und Militärversicherungsrechts Art. 97 N 28

Gemeindeautonomie
- verfassungsmässiges Recht Art. 95 N 39, 98 N 17
- als Beschwerdegrund in der Einheitsbeschwerde Art. 95 N 39 ff.
- Beschwerdelegitimation Art. 89 N 51 ff.
- Beschwerdegrund in der subsidiären Verfassungsbeschwerde Art. 115 N 8, 116 N 2
- s. auch Autonomiebeschwerde

Gemeinden
- Anrufung des Willkürverbots Art. 116 N 6

Gemeinwesen
- auch selbständige und unselbständige öffentlich-rechtliche Anstalten und Körperschaften Art. 66 N 45
- Beschwerdelegitimation Art. 89 N 11, 34 ff.
- entschädigungspflichtig bei Unterliegen Art. 68 N 23
- Gleichstellung von mit öffentlich-rechtlichen Aufgaben betrauten Organisationen bei Kostenbefreiung Art. 66 N 46
- Kostenbefreiung Art. 66 N 44
- nicht entschädigungsberechtigt bei Obsiegen Art. 68 N 23

Generalsekretär
- Anstellung durch das Gesamtgericht Art. 15 N 22
- Anstellung durch das Gesamtgericht Art. 26 N 4
- Aufgaben Art. 26 N 5
- beratende Stimme in der Verwaltungskommission Art. 17 N 6
- führt das Protokoll des Gesamtgerichts Art. 15 N 3
- führt das Sekretariat der Präsidentenkonferenz Art. 16 N 4
- leitet die Gerichtsverwaltung Art. 26 N 2
- Stellvertretung Art. 26 N 6

Generalsekretariat
- s. Generalsekretär

Gerichtsferien
- Stillstand der Fristen Art. 44 N 3

Gerichtsgebühren
- Streitwertabhängig Art. 51 N 15
- als Teil der Gerichtskosten Art. 65 N 6
- Gebührenrahmen im Regelfall Art. 65 N 16
- besonderer Gebührenrahmen bei Streitigkeiten nach Behindertengleichstellungsgesetz Art. 65 N 31
- besonderer Gebührenrahmen bei Streitigkeiten um Arbeitsverhältnisse Art. 65 N 30
- besonderer Gebührenrahmen bei Geschlechtsdiskriminierung Art. 65 N 29
- besonderer Gebührenrahmen bei Sozialversicherungsleistungen Art. 65 N 28
- Höhe der Art. 65 N 2 ff.
- Reglement Art. 15 N 13
- der Vorinstanz Art. 67 N 2

Gerichtskosten
- Zusammensetzung Art. 65 N 6
- Vorschusspflicht Art. 62 N 2
- Kostentragungspflicht Art. 66 N 2 ff.
- Kriterien der Gebührenbemessung Art. 65 N 11

587

- Verdoppelung als absolute Maxima Art. 65 N 32
- Verzicht auf Art. 66 N 29 f.
- bei Abschluss eines Vergleichs Art. 66 N 38
- bei Stimmrechtsbeschwerde Art. 66 N 32
- im Klageverfahren Art. 120 N 27
- keine in Verfahren nach OHG Art. 65 N 22
- bei Gutheissung eines Revisionsgesuchs Art. 66 N 35

Gerichtsschreiber
- Anstellung durch die Verwaltungskommission Art. 17 N 10
- Rechtsstellung Art. 24 N 2
- beratende Stimme Art. 24 N 8
- Urteilsentwürfe Art. 24 N 10
- Urteilsredaktion Art. 24 N 11
- Verfahrensinstruktion Art. 24 N 7

Gesamtgericht
- Zusammensetzung Art. 15 N 2
- Präsident des Bundesgerichts als Vorsitzender Art. 14 N 7
- Aufgaben Art. 15 N 4
- beschliesst über die Ermächtigung zur Strafverfolgung Art. 15 N 23
- bestellt die Abteilungen Art. 15 N 20
- Erlass von Reglementen Art. 15 N 6
- macht Wahlvorschläge zu Handen der Bundesversammlung Art. 15 N 21
- stellt den Generalsekretär und dessen Stellvertreter an Art. 15 N 22
- verabschiedet den Geschäftsbericht Art. 15 N 19
- wählt die Abteilungspräsidenten, die zusätzlichen Mitglieder der Verwaltungskommission sowie die Mitglieder er internen Rekurskommission Art. 15 N 17

- keine Rechtsprechungskompetenz Art. 15 N 2
- Abstimmung Art. 21 N 2
- Beschlussfassung Art. 15 N 24

Geschäftsbericht
- des Bundesgerichts Art. 3 N 9

Geschäftsgeheimnis
- als überwiegendes öffentliches Interesse Art. 56 N 6

Geschlechtsdiskriminierung
- Zulässigkeit der BörA in nicht vermögensrechtlichen Angelegenheiten Art. 83 N 63
- in vermögensrechtlichen Angelegenheiten Art. 85 N 7
- besonderer Gebührenrahmen Art. 65 N 29

Gewaltenteilung
- Inhalt Art. 95 N 38
- verfassungsmässiges Individualrecht Art. 95 N 37; 98 N 17
- Abgrenzung zur Stimmrechtsbeschwerde Art. 82 N 64 ff.

gewerblicher Rechtsschutz
- vorsorgliche Massnahmen Art. 98 N 9

Gewohnheitsrecht
- Teil des Bundesrechts Art. 95 N 14

Glaubhaft machen
- von Ausstandsgründen Art. 36 N 6

Grundrecht
- als Teilmenge der verfassungsmässigen Rechte Art. 98 N 16; 106 N 9
- Rügeprinzip für Geltendmachung einer Verletzung Art. 106 N 9

H

Handelsgericht
- Fachgericht Art. 75 N 7

Hoheitsakt
- nicht wenn der Staat als Privater handelt Art. 82 N 10

Sachregister

I

Immunität
- der Bundesrichter Art. 11 N 2 ff.
- der nebenamtlichen Richter Art. 1 N 16; 11 N 7
- Ermächtigung zur Strafverfolgung durch das Gesamtgericht Art. 15 N 23
- nur wegen Verbrechen oder Vergehen Art. 11 N 8

Information
- über die Rechtsprechung Art. 27 N 2
- öffentliche Beratung Art. 27 N 4
- öffentliche Auflage der Dispositive nicht öffentlich beratener Entscheide Art. 27 N 4

Infrastruktur
- des Bundesgerichts Art. 25a N 2

Inkrafttreten
- des BGG Art. 133 N 5

Instruktionsrichter
- Anordnung des Schriftenwechsels Art. 32 N 4
- Anordnung von Beweismassnahmen Art. 32 N 7
- Anordnung von Vorschüssen für Barauslagen Art. 32 N 6
- bestimmt einen Vertreter bei Postulationsunfähigkeit Art. 41 N 2
- Entscheid über Gewährung oder Entzug der aufschiebenden Wirkung Art. 32 N 9
- Entscheid über vorsorgliche Massnahmen Art. 32 N 9
- Gewährung der unentgeltlichen Rechtspflege in klaren Fällen Art. 32 N 8
- Anordnung der Sicherstellung der Parteientschädigung Art. 32 N 5
- Abschreibung von Verfahren Art. 32 N 10
- keine Rechtsmittel gegen Verfügungen des Art. 32 N 13
- s. auch Einzelrichter

Interessentheorie
- Art. 72 N 10

interkantonale Instanzen
- als Vorinstanzen in der BörA Art. 86 N 10

interkantonaler Erlass
- Anfechtungsobjekt der BörA Art. 82 N 43

interkantonales Recht
- Begriff Art. 95 N 47
- Kognition des Bundesgerichts Art. 95 N 46

internationale Amtshilfe
- Entscheide nicht Anfechtungsobjekt der BörA Art. 83 N 66

internationale Rechtshilfe in Strafsachen
- gesteigerte Begründungspflicht Art. 42 N 6
- Ergänzung der Beschwerdeschrift Art. 42 N 3
- Allgemeines Art. 84 N 2 ff.
- Anwendungsfall der BörA Art. 84 N 3
- BörA Art. 86 N 6
- Vor- und Zwischenentscheide sind grundsätzlich nicht anfechtbar Art. 93 N 19
- Zulässigkeitsvoraussetzungen Art. 84 N 6 ff.

internationale Schiedsgerichtsbarkeit
- Art. 53 N 2; 75 N 3; 77 N 2 ff.
- keine subsidiäre Verfassungsbeschwerde gegen Entscheide Art. 113 N 10
- striktes Rügeprinzip Art. 42 N 10

Invalidenversicherung
- Kognition Art. 95 N 6

iura novit curia
- Begriff Art. 106 N 2

589

Sachregister

- Rechtsermittlungspflicht Art. 106 N 2 f.
- Rechtsanwendungspflicht Art. 106 N 4
- Begrenzung durch Rechtsbegehren der beschwerdeführenden Partei Art. 106 N 6
- Einschränkung durch das Rügeprinzip Art. 106 N 11
- für Rechtsfragen von grundsätzlicher Bedeutung Art. 42 N 7
- auch hinsichtlich ausländischen Rechts Art. 106 N 3
- nicht bei Anwendung ausländischen Rechts in vermögensrechtlichen Angelegenheiten Art. 106 N 3, 7
- und ne eat iudex ultra petita Art. 106 N 6
- im Revisionsverfahren Art. 128 N 2

Jahresrechnung
- des Bundesgerichts Art. 3 N 8, Art. 25 N 6

juristische Personen
- Legitimation zur BörA Art. 89 N 10

K

kantonale Ausführungsbestimmungen
- zu Bundesrecht Art. 95 N 24
- zum BGG Art. 130 N 4 ff.
- in formellen Gesetzen Art. 130 N 21
- teilweise Abhängig vom Inkrafttreten der schweizerischen Strafprozessordnung bzw. Zivilprozessordnung Art. 130 N 5
- Verzicht auf das Referendum Art. 130 N 22
- Übergangsrecht Art. 130 N 4
- Folgen der Unterlassung Art. 130 N 27

kantonale Instanzen
- ein oberes Gericht als Vorinstanz der BörA Art. 86 N 14
- Vorinstanzen in der BörA Art. 86 N 8
- auch interkantonale Instanzen Art. 86 N 10
- auch Organisationen ausserhalb der Kantonsverwaltung Art. 86 N 9

kantonale verfassungsmässige Rechte
- Art. 95 N 33 ff.

kantonaler Erlass
- Definition Art. 82 N 42
- Anfechtungsobjekt der BörA Art. 82 N 39

kantonales Recht
- Kognition des Bundesgerichts Art. 95 N 21 ff.
- Willkürprüfung Art. 95 N 22
- Zuständigkeiten nach unbenütztem Ablauf der Fristen für den Erlass von Ausführungsbestimmungen Art. 130 N 29

kantonales Verfahren
- Art. 111 BGG als Mindestvorschrift Art. 111 N 6
- Gerichte als Vorinstanzen Art. 110 N 2
- Beschwerdelegitimation von Bundesbehörden Art. 111 N 10
- Beteiligung von Drittlegitimierten im Einspracheverfahren Art. 111 N 5
- freie Sachverhaltsprüfung von mindestens einer Vorinstanz Art. 110 N 5
- Begründung des letztinstanzlichen Entscheids Art. 110 N 13
- Inhalt des letztinstanzlichen Entscheids Art. 112 N 8
- Ermessensbetätigung Art. 110 N 11
- Eröffnung an Bundesbehörden Art. 112 N 36
- Eröffnung an Parteien Art. 112 N 5

Sachregister

- Folgen mangelhafter Eröffnung Art. 112 N 24
- Hinweis auf Streitwerterfordernis in der Rechtsmittelbelehrung Art. 112 N 13
- Hinweis auf subsidiäre Verfassungsbeschwerde in der Rechtsmittelbelehrung Art. 117 N 17
- keine Übergangsfrist Art. 110 N 13; 111 N 9
- Kognition der letzten kantonalen Instanz Art. 111 N 15
- Kognitionsvorschrift Art. 110 N 4
- Legitimation bereits für das erstinstanzliche Gericht Art. 111 N 5
- Legitimation im kantonalen Verfahren wer zur Beschwerde an das Bundesgericht legitimiert ist Art. 111 N 4
- öffentliche Bekanntmachung, wo eine grosse Zahl von nicht namentlich bekannter Dritter Parteistellung beanspruchen können Art. 111 N 7
- Rechtsanwendung bei vorsorglichen Massnahmen Art. 110 N 10
- Rechtsanwendung von Amtes wegen Art. 110 N 8
- Rechtsmittelbelehrung Art. 112 N 13
- Verzicht auf Begründung Art. 112 N 16
- Vorschriften über die Eröffnung des letztinstanzlichen Entscheids Art. 112 N 2
- Zulässigkeit eines Kassationsgerichts als dritte Vorinstanz Art. 111 N 17
- Zustellung eines anfechtbaren Entscheids an nicht beteiligte Bundesbehörden Art. 112 N 5

Kantonsregierung
- Beschwerdelegitimation Art. 89 N 37
- Vorinstanz der Stimmrechtsbeschwerde Art. 88 N 6

Kapitalwert
- als massgebender Streitwert Art. 51 N 24

Kartellrecht
- vorsorgliche Massnahmen Art. 98 N 12

Kernenergie
- Entscheide nicht Anfechtungsobjekt der BöRA Art. 83 N 86

Kindesschutz
- vorsorgliche Massnahmen Art. 98 N 9

Klage
- Einheitsklage Art. 120 N 2
- Streitgegenstand Art. 120 N 7
- Streitgegenstand bei Ansprüchen auf Schadenersatz und Genugtuung Art. 120 N 16
- Streitgegenstand bei zivilrechtlichen Streitigkeiten Art. 120 N 12
- öffentlich-rechtliche Streitigkeiten zwischen Bund und Kantonen oder zwischen Kantonen Art. 120 N 11
- zivilrechtliche Streitigkeiten zwischen Bund und Kantonen oder zwischen Kantonen Art. 120 N 11
- Konkordatsstreitigkeiten Art. 120 N 13
- Kompetenzkonflikte Art. 120 N 3
- nicht bei Kompetenzkonflikten über die Zuständigkeit von Strafverfolgungsbehörden Art. 120 N 3
- Parteien Art. 120 N 8
- Vertretung bei Streitigkeiten unter Gemeinden verschiedener Kantone Art. 120 N 14
- Kognition Art. 120 N 10
- Verfahren Art. 120 N 19 ff.
- Verhandlungsmaxime Art. 120 N 20
- Eventualmaxime Art. 120 N 21

- Fristen bei Ansprüchen auf Schadenersatz und Genugtuung Art. 120 N 17
- keine Frist für Kompetenzkonfliktsklage Art. 120 N 9
- Gerichtskosten Art. 120 N 27
- Parteientschädigung Art. 120 N 27
- Subsidiarität Art. 120 N 18
- Übergangsrecht Art. 120 N 28

Kognition
- Bundesgericht nicht uneingeschränkte Appellationsinstanz Art. 95 N 7
- kein allgemeines Rügeprinzip Art. 95 N 11
- interkantonales Recht Art. 95 N 46
- kantonale verfassungsmässige Rechte Art. 95 N 33 ff.
- kantonales Recht Art. 95 N 21
- eidg. Bestimmungen über die politischen Rechte Art. 95 N 43
- eingeschränkt auf Verletzung verfassungsmässiger Rechte bei vorsorglichen Massnahmen Art. 98 N 4
- eingeschränkt bei Sachverhaltsfeststellung Art. 97 N 2
- keine Einschränkung bezüglich Sachverhalt im Unfall- und Militärversicherungsrecht Art. 97 N 27
- keine Ermessensprüfung Art. 95 N 49
- Völkerrecht Art. 95 N 29
- Beurteilungsspielraum der Vorinstanzen Art. 95 N 10
- kantonaler Gerichte Art. 110 N 4
- der letzten kantonalen Instanz Art. 111 N 15
- ausländisches Recht Art. 96 N 3

Kompetenzattraktion
- Art. 53 N 4

Kompetenzkonflikt
- positiver Art. 120 N 5
- negativer Art. 120 N 5
- in der Rechtsanwendung Art. 120 N 6
- in der Rechtsetzung Art. 120 N 6
- Zuständigkeit des Bundesstrafgerichts Art. 120 N 3
- zwischen Bundes- und kantonalen Behörden Art. 120 N 4

Konkurseröffnung
- als Endentscheid Art. 90 N 6

Konzept
- ist mangels verbindlicher Wirkung für Private kein anfechtbarer Hoheitsakt Art. 82 N 23

Konzession
- Entscheid mit politischem Charakter, Art. 86 N 21, 23

Kosten der Vorinstanz
- Entscheid von Amtes wegen Art. 67 N 6
- Regelung bei Abweichung vom Entscheid der Vorinstanz Art. 67 N 2; 68 N 37

Kosten- und Entschädigungsfolgen
- im Erläuterungs- bzw. Berichtigungsverfahren Art. 129 N 22
- im Revisionsverfahren Art. 128 N 12
- s. Art. 65 und Art. 68

Kostenbefreiung
- Voraussetzungen Art. 66 N 48
- bei Beteiligung von Gemeinwesen Art. 66 N 44
- von mit öffentlich-rechtlichen Aufgaben betrauten Organisationen Art. 66 N 46
- von Umwelt- und Naturschutzorganisationen Art. 66 N 47

Kostenpflicht
- Nebenintervenient Art. 66 N 15
- 'übrige Beteiligte' Art. 66 N 14

Kostenverteilung
- von Amtes wegen Art. 66 N 4
- bei Obsiegen Art. 66 N 17

- bei teilweisem Obsiegen bzw. Unterliegen Art. 66 N 21
- bei Unterliegen Art. 66 N 17
- Ausnahmen vom Unterliegerprinzip Art. 66 N 28 ff.
- bei Gegenstandslosigkeit Art. 66 N 39
- bei Abschreibung des Verfahrens Art. 32 N 11
- auch wer im Genuss der unentgeltlichen Rechtspflege ist Art. 66 N 5
- Verzicht auf Kostenerhebung Art. 66 N 30
- von unnötigen Kosten Art. 66 N 41
- wer Parteistellung hat Art. 66 N 6
- solidarische Haftung bei mehreren Kostenpflichtigen Art. 66 N 59
- gemeinsame Gebührenauferlegung bei notwendiger Streitgenossenschaft Art. 66 N 60
- Aufteilung zu gleichen Teilen bei mehreren Kostenpflichtigen Art. 66 N 61
- Parteientschädigung Art. 68 N 4 ff.
- der Parteientschädigung im Revisionsverfahren Art. 68 N 10

Kostenvorschuss
- Entscheid durch Instruktionsrichter Art. 32 N 12
- Pflicht der beschwerdeführenden, klagenden oder gesuchstellenden Partei Art. 62 N 2
- rechtzeitige Leistung Art. 48 N 4
- Befreiung Art. 62 N 5
- nicht bei unentgeltlicher Rechtspflege Art. 62 N 6
- Rückerstattung bei Obsiegen Art. 62 N 4
- s. auch Sicherstellungspflicht

L

Landesversorgung
- s. wirtschaftliche Landesversorgung

Landwirtschaft
- Entscheide nicht Anfechtungsobjekt der BörA Art. 83 N 100

Legalitätsprinzip
- im Straf- und Abgaberecht Art. 98 N 18
- Verfassungsprinzip Art. 95 N 20

Legitimation s. Beschwerdelegitimation

M

Mangelhafte Eröffnung
- Art. 49 N 2 ff.

Meinungsaustausch
- über die Zuständigkeit Art. 30 N 2
- bei Zweifel an der Zuständigkeit des Bundesgerichts Art. 29 N 4

mietrechtliche Streitigkeit
- Streitwert Art. 51 N 15, 24

Militärdienst
- Entscheide nicht Anfechtungsobjekt der BörA Art. 83 N 70

militärische Geheimnisse
- als öffentliche Interessen Art. 56 N 6

Militärjustiz
- keine Beschwerde in Strafsachen gegen Entscheide der Militärgerichte Art. 1 N 3; 6 N 6; 78 N 5

Militärversicherung
- Entstehungsgeschichte N 11
- freie Prüfung des Sachverhalts Art. 86 N 5; 97 N 27; 105 N 6 f.

mündliche Beratung
- auf Anordnung des Abteilungspräsidenten Art. 58 N 3

- auf Verlangen eines Richters Art. 58 N 3
- bei fehlender Einstimmigkeit im Zirkulationsverfahren Art. 58 N 3
- keine im vereinfachten Verfahren bei Nichteintretensentscheiden Art. 58 N 4

N

Nachfrist
- bei Nichtleistung eines Kostenvorschusses oder einer Sicherstellung Art. 48 N 5; 62 N 20
- Folgen bei Nichtleistung Art. 62 N 22

Nachlassentscheid
- als Endentscheid Art. 90 N 6

Nachteil
- nicht wieder gutzumachender Art. 93 N 8

ne eat iudex ultra petita
- Bedeutung Art. 107 N 2
- keine Ausnahmen Art. 107 N 3
- und iura novit curia Art. 106 N 6
- Verletzung des Grundsatzes als Revisionsgrund Art. 107 N 4

NEAT
- Übergangsrecht Art. 132 N 15

nebenamtliche Richter
- Stellung Art. 1 N 12 ff.
- Zuständigkeit für deren Wahl Art. 5 N 2
- Einsatz Art. 22 N 8
- Unvereinbarkeit Art. 6 N 3, 9 f., 18
- Immunität Art. 11 N 7

Nebenbeschäftigung
- der Richter Art. 7 N 2

Nebenintervenient
- Kostenpflicht Art. 66 N 15

Nebenpartei
- Art. 76 N 8

Nebenrechte
- Kein Einfluss auf Streitwertberechnung Art. 51 N 23

neue Begehren
- Art. 99 N 10

Nichteintretensentscheid
- bei fehlender Zuständigkeit Art. 29 N 2
- bei Nichtbezahlen des Gerichtskostenvorschusses bzw. der Sicherstellung von Parteikosten Art. 32 N 12; 48 N 5; 62 N 24
- bei Unzuständigkeit Art. 30 N 2
- gilt als Unterliegen im Sinne der Kostenverteilung Art. 66 N 20

Normenkontrolle
- s. abstrakte Normenkontrolle

Notbedarf
- Definition Art. 64 N 17

Noven, Novenverbot
- Allgemeines Art. 99 N 2 ff.
- neue Tatsachen und Beweismittel Art. 99 N 3
- nicht nach dem Entscheid der Vorinstanz eingetretene Tatsachen Art. 99 N 4
- zulässig ist die Änderung des Rechtsstandpunktes Art. 99 N 7
- zulässig bei direkten Beschwerden Art. 99 N 6
- zulässig, wenn erst durch den vorinstanzlichen Entscheid rechtswesentlich Art. 99 N 6
- zulässig sind neue Einreden Art. 99 N 8
- zulässig sind neue rechtliche Vorbringen Art. 99 N 7
- unechte in der Revision Art. 123 N 7

Nutzungsplan
- ist anfechtbarer Hoheitsakt Art. 82 N 14

Sachregister

- besondere Berührtheit des Eigentümers bei grundeigentümerverbindlichem Plan Art. 89 N 17
- politischer Entscheid Art. 86 N 21

O

Oberaufsicht
- s. Aufsicht

oberes Gericht
- als Vorinstanz der BörA Art. 86 N 14

objektive Klagenhäufung
- Art. 91 N 3

Obsiegen
- Kostenverteilung Art. 66 N 17 ff.

offensichtlich begründete Beschwerde
- Art. 109 N 13

offensichtlich unbegründete Beschwerde
- Voraussetzungen Art. 109 N 8

offensichtlich unrichtige Sachverhaltsfeststellung
- Allgemeines Art. 97 N 14 ff.
- Aktenwidrigkeit Art. 97 N 14
- bei technischen Angelegenheiten Art. 97 N 16
- wenn bloss geschätzt wird Art. 97 N 17
- wenn eine Frage nur aufgrund von Fachwissen beurteilt werden kann Art. 97 N 15

offensichtlich unzulässige Beschwerde
- fehlende Zuständigkeit Art. 108 N 12
- keine Nachbesserung einer nicht in einer Amtssprache abgefassten Beschwerde Art. 108 N 12
- bei Nichtleistung des Kostenvorschusses Art. 108 N 12
- bei Verspätung Art. 108 N 12

öffentliches Interesse
- an der Einhaltung der Kompetenzordnung Art. 120 N 9
- Geschäftsgeheimnis Art. 56 N 6
- militärische Geheimnisse Art. 56 N 6

öffentliches Recht
- Grundlage für die BörA Art. 82 N 33
- Begnadigung Art. 82 N 34
- berufliche Vorsorge Art. 82 N 35
- Sozialversicherung Art. 82 N 35

Öffentlichkeit
- der Parteiverhandlungen, Beratungen und Abstimmungen Art. 59 N 2
- Publikums- und Presseöffentlichkeit Art. 59 N 10
- Disposition der Parteien Art. 59 N 7
- einmal im gesamten Verfahren Art. 59 N 8
- für Rechtsmittelinstanzen mit voller Kognition Art. 59 N 8
- in Strafsachen Art. 59 N 4
- Anspruch nach Art. 6 EMRK Art. 59 N 5 ff.
- Anspruch nicht absolut Art. 59 N 6
- Ausnahmen Art. 59 N 11
- Ausschluss zum Schutz des Privatlebens Art. 59 N 6
- nicht bei Rechtsmittelinstanzen mit eingeschränkten Kompetenzen Art. 59 N 8
- vor Bundesstrafgericht Art. 59 N 9
- vor Bundesverwaltungsgericht Art. 59 N 9

Öffentlichkeitsprinzip
- gemäss BGÖ Art. 28 N 2
- gilt für Verwaltungs- und Aufsichtsaufgaben Art. 28 N 2
- gilt nicht für Verfahren der Rechtsprechung Art. 28 N 2

Sachregister

öffentlich-rechtliche Arbeitsverhältnisse
- Entscheide nicht Anfechtungsobjekt der BörA Art. 83 N 55 ff.; 85 N 7 ff.

öffentlich-rechtliche juristische Person
- Legitimation zur BörA Art. 89 N 34 ff.
- zur subsidiären Verfassungsbeschwerde Art. 115 N 5
- Parteistellung im Sinne der Kostenverteilung Art. 66 N 11

öffentlich-rechtliche Verträge
- gestützt auf Bundesrecht Art. 82 N 18
- gestützt auf kantonales Recht Art. 82 N 19

OHG
- Beschwerdelegitimation des Opfers Art. 78 N 6; 81 N 8
- Ermessensüberprüfung Art. 110 N 11
- Gerichtskosten Art. 65 N 22

Opfer nach OHG
- Beschwerdelegitimation Art. 81 N 8

Organisationsautonomie
- des Bundesgerichts Art. 4 N 4; 13 N 2 ff.

Organisationsgesetz
- Aufhebung Art. 131 N 2

P

Parlamentarier
- Ansprüche auf Schadenersatz aus Amtstätigkeit gegenüber Art. 120 N 15

Parlamentsdienste
- Legitimation zur BörA Art. 89 N 49

Parteien
- im Beschwerdeverfahren Art. 66 N 7, 10 ff.
- im Klageverfahren Art. 66 N 7 und 9; Art. 120 N 8

Parteientschädigung
- Allgemeines Art. 68 N 2 ff.
- Bemessung der Art. 68 N 12 ff.
- Reglement Art. 15 N 14
- Anwaltskosten Art. 68 N 14
- Anordnung von Amtes wegen Art. 68 N 3
- Anordnung der Sicherstellung der Parteientschädigung durch den Instruktionsrichter Art. 32 N 5
- Anspruch nur, wer Partei ist Art. 68 N 5
- anteilsmässige Verlegung bei teilweisem Obsiegen bzw. Unterliegen Art. 68 N 9
- Erstattung durch unterliegende Partei Art. 68 N 9
- Ausnahmen vom Unterliegerprinzip Art. 68 N 11
- bei nicht anwaltlichen Rechtsvertretungen durch qualifizierte gemeinnütziger Organisationen Art. 68 N 15
- bei Rechtsvertretung durch Treuhänder und anderen Personen Art. 68 N 15
- für Parteigutachten Art. 68 N 19, 34
- i.d.R. kein Anspruch von Gemeinwesen Art. 68 N 11
- im Klageverfahren Art. 120 N 27
- keine Befreiung bei unentgeltlicher Prozessführung Art. 68 N 8
- nicht für eigenen Aufwand Art. 68 N 16
- für das vorinstanzliche Verfahren bei Abweichung durch das Bundesgericht Art. 68 N 37

- Verteilung im Revisionsverfahren Art. 68 N 10
- bei Obsiegen des Gesuchstellers im Revisionsverfahren zu Lasten der Bundesgerichtskasse Art. 35 N 35

Parteistellung
- im Allgemeinen Art. 66 N 6 ff.
- im kantonalen Verfahren Art. 117 N 15
- Eröffnung des kantonal letztinstanzlichen Entscheids an Personen mit Art. 112 N 5
- des Gesuchstellers im Verfahren um aufsichtsrechtliche Zustimmungen nach KEG Art. 83 N 91
- im Submissionsverfahren Art. 66 N 27
- namentlich nicht bekannter Dritter Art. 111 N 7

Parteiverhandlungen
- Entscheid des Abteilungspräsidenten Art. 57 N 2
- Öffentlichkeit der Art. 59 N 2
- im Verhältnis zu Art. 6 EMRK Art. 57 N 2

Parteiverhör
- als Beweismittel Art. 55 N 11

Parteiwechsel
- Verweis auf BZP Art. 71 N 7

Personal
- des Bundesgerichts Art. 13 N 4; 25 N 5

Persönlichkeitsschutz
- vorsorgliche Massnahmen Art. 98 N 9

Pläne
- Anfechtungsobjekt des BöRA Art. 82 N 22 f.

politischer Charakter
- unbestimmter Gesetzesbegriff Art. 86 N 21
- acte de gouvernement Art. 86 N 22
- Begnadigung Art. 86 N 22
- Einbürgerung Art. 86 N 22

- Richtpläne Art. 86 N 22
- Zulässigkeit einer nichtgerichtlichen Vorinstanz Art. 86 N 20 ff.; 87 N 6

Popularbeschwerde
- Unzulässigkeit der Art. 89 N 20

Postulationsfähigkeit
- Teil der Prozessfähigkeit Art. 41 N 2

Präjudiz
- Vereinigung der betroffenen Abteilungen Art. 23 N 12

Präsident
- Aufgaben Art. 14 N 7 ff.
- vertritt das Bundesgericht nach aussen Art. 14 N 10
- Vorsitzender des Gesamtgerichts und der Verwaltungskommission Art. 14 N 7
- nicht Vorsitzender der Präsidentenkonferenz Art. 14 N 7
- Wahl durch Bundesversammlung Art. 14 N 2
- Wiederwahl Art. 14 N 5
- Amtsdauer Art. 14 N 4

Präsidentenkonferenz
- Aufgaben Art. 16 N 5 ff.
- Zusammensetzung Art. 16 N 2
- Abstimmung Art. 21 N 2

Praxisänderung
- Vereinigung der betroffenen Abteilungen Art. 23 N 6
- Beschluss der Vereinigung der betroffenen Abteilungen Art. 23 N 8

Prorogation
- Art. 75 N 8

Protokollführung
- Verweis auf BZP Art. 71 N 6

Prozessbedürftigkeit
- Differenz zwischen verfügbaren Mitteln und Notbedarf Art. 64 N 10

prozessleitende Verfügungen
- sind nicht anfechtbar Art. 93 N 5

- Zuständigkeit des Instruktionsrichters Art. 32 N
Prozessvoraussetzung
- keine res iudicata Art. 61 N13
- Zuständigkeit Art. 29 N 2
- Leistung des Kostenvorschusses Art. 32 N 13
- für die Beschwerde in Zivilsachen Art. 72 N 5
Prüfungs- und Fähigkeitsbewertung
- Entscheide nicht Anfechtungsobjekt der BörA Art. 83 N 102

Q

querulatorische Beschwerde
- Entscheid durch Einzelrichter Art. 108 N 15
querulatorische Prozessführung
- Nichteintreten Art. 42 N 16

R

Raumplanungs- und Baurecht
- Entscheide als Anfechtungsobjekte der BörA Art. 82 N 5; 83 N 6
Realhandeln
- Anfechtungsobjekt der BörA Art. 82 N 24 ff.
rechtliches Gehör
- Anspruch auf Art. 56 N 4
- keine formelle Natur Art. 97 N 26
- Rechtsverletzung Art. 97 N 23
- Rügepflicht Art. 97 N 26
- als Rügegrund für die subsidiäre Verfassungsbeschwerde Art. 116 N 5 f.
- im Meinungsaustauschverfahren Art. 29 N 37
Rechtsanwendungspflicht
- Teilgehalt von iura novit curia Art. 106 N 4

Rechtsermittlungspflicht
- Teilgehalt von iura novit curia Art. 106 N 3
Rechtsfrage
- Begriff Art. 97 N 13
Rechtsfrage von grundsätzlicher Bedeutung
- unbestimmter Rechtsbegriff Art. 20 N 5; 74 N 5, 8; 83 N 53
- gesteigerte Begründungspflicht Art. 42 N 6
- einzelrichterlicher Entscheid wenn Beschwerde offensichtlich unzulässig Art. 109 N 4
- Nichteintretensentscheid in Dreierbesetzung Art. 109 N 3
- Vorprüfungsverfahren Art. 109 N 3
Rechtshängigkeit
- nicht beendet bei Weiterleitung der Akten an zuständige Behörde Art. 30 N 4
- Umrechnung von Geldleistungsansprüchen in ausländischer Währung zum Zeitpunkt der Art. 51 N 20
- bei Zurückweisung an Vorinstanz zur Verbesserung Art. 112 N 30
Rechtskraft
- allgemein Art. 31 N 7; 60 N 2
- Eintritt mit Ausfällung des Urteils Art. 61 N 3
- formelle Art. 61 N 3
- materielle Art. 61 N 4
- bei Beschwerden an EGMR Art. 61 N 3
- des Urteilsdispositivs Art. 61 N 6
- Einrede der abgeurteilten Sache Art. 61 N 11 ff.
- Reichweite der materiellen Art. 61 N 6
- Urteile über auf Dauerleistungen gerichtete Ansprüche Art. 61 N 10
- von Rückweisungsentscheiden Art. 61 N 8 f.

Sachregister

- von in Rückweisungsentscheiden enthaltenen Anweisungen Art. 61 N 8
- des Entscheides über eine Vorfrage Art. 31 N 9
- auch für Teilentscheide Art. 91 N 8
- nicht der Erwägungen Art. 61 N 7
- nicht für obiter dicta Art. 61 N 7

rechtsmissbräuchliche Prozessführung
- Art. 42 N 16

rechtsmissbräuchliche Beschwerde
- Entscheid durch Einzelrichter Art. 108 N 15

Rechtsmittel
- keine gegen Verfügungen des Instruktionsrichters Art. 32 N 14

Rechtsmittelbelehrung
- kein Nachteil bei mangelhafter Art. 49 N 3
- Folgen des Fehlens einer Art. 112 N 27
- Hinweis auf die subsidiäre Verfassungsbeschwerde Art. 117 N 17
- Hinweis auf Streitwerterfordernisse Art. 112 N 13
- im kantonalen Verfahren Art. 112 N 13
- kein Rechtsmittel bei fehlerhafter Art. 49 N 4

Rechtsöffnung
- als Endentscheid Art. 72 N 17; 90 N 6
- vorsorgliche Massnahme Art. 98 N 11

Rechtsöffnungstitel
- Entscheid des Bundesgerichts Art. 69 N 2

Rechtsverletzung
- bei der Ermittlung des Sachverhalts Art. 97 N 22
- Verletzung des rechtlichen Gehörs Art. 97 N 23

Rechtsverweigerung
- formelle Art. 94 N 2
- materielle Art. 94 N 9
- Beschleunigungsgebot Art. 94 N 10
- Rechtsverzögerung Art. 94 N 5
- Voraussetzungen für Beschwerde Art. 94 N 8

Rechtsweggarantie
- Art. 80 N 6
- Ausnahmen Art. 86 N 20; 88 N 10; 130 N 8
- Übergangsrecht Art. 130 N 8

Rechtszögerung
- besondere Form der formellen Rechtsverweigerung Art. 94 N 5

Rekurskommission des Bundesgerichts
- interne Beschwerdeinstanz gegen Personalentscheide Art. 13 N 4
- Wahl der Mitglieder durch das Gesamtgericht Art. 15 N 17

res iudicata
- im Allgemeinen Art. 61 N 4
- Einrede Art. 61 N 13
- Prozessvoraussetzung Art. 61 N 13

Revision
- Allgemeines Art. 121 N 2 f.
- Art des Entscheides Art. 128 N 7 ff.
- ausserordentliches Rechtsmittel Art. 121 N 4
- führt zur Aufhebung eines rechtskräftigen Entscheids des Bundesgerichts Art. 121 N 4
- gegen Nichteintretensentscheide Art. 121 N 5
- gegen Rückweisungsentscheide Art. 121 N 5
- gegen Sachurteile Art. 121 N 5
- gegen Vor- oder Zwischenentscheide Art. 121 N 5
- nach einem Entscheid des EGMR Art. 122 N 2
- gegen Revisionsentscheide Art. 121 N 5
- Gegenpartei Art. 66 N 13

599

Sachregister

- Legitimation Art. 121 N 5
- hinreichendes Rechtsschutzinteresse Art. 121 N 5
- mitwirkende Gerichtspersonen Art. 128 N 4
- Verwirkung Art. 125 N 2
- Nichteintreten bei Verwirkung Art. 125 N 9
- Kosten- und Entschädigungsfolgen Art. 128 N 12
- Verzicht auf Erhebung von Gerichtskosten bei Gutheissung Art. 66 N 35
- Übergangsrecht Art. 128 N 6

Revisionsgrund
- Geltendmachung Art. 121 N 14 f.
- Verwirkung Art. 125 N 2
- Zeitpunkt des Bekanntseins Art. 125 N 6
- Einwirkung durch ein Verbrechen oder Vergehen Art. 123 N 3
- nach Art. 229 Ziff. 1 oder 2 BStP Art. 123 N 14
- nachträgliches Beibringen erheblicher Tatsachen oder Beweismittel Art. 123 N 6
- Entscheid des EGMR Art. 122 N 3 ff.
- ne ultra petita Art. 121 N 17
- Unvereinbarkeit Art. 121 N 12
- Verhältnis zum kantonalen Recht Art. 125 N 13
- Verletzung von Ausstandsvorschriften Art. 121 N 13
- Versehensrüge Art. 121 N 27
- Vorbefassung Art. 121 N 16
- wenn einzelne Anträge unbeurteilt geblieben sind Art. 121 N 22

Richter
- ordentliche Art. 1 N 11
- nebenamtliche Art. 1 N 12
- Wahl Art. 5 N 2 ff.
- Wiederwahl Art. 9 N 5
- Ergänzungswahl Art. 9 N 11
- Amtsdauer Art. 9 N 2 ff.
- Übergangsrecht bezüglich Amtsdauern Art. 132 N 16
- Amtsenthebung Art. 9 N 7
- Einstellung im Amt Art. 9 N 8
- Wählbarkeit Art. 5 N 7
- Altersgrenze Art. 9 N 9
- Nebenbeschäftigung Art. 7 N 2
- Unabhängigkeit gegenüber dem Ausland Art. 2 N 2 ff.
- Unvereinbarkeit mit Funktionen beim Bund Art. 6 N 2 ff.
- Unvereinbarkeit mit Funktionen in einem Kanton Art. 6 N 15
- Wohnort Art. 12 N 2
- Amtseid Art. 10 N 2 ff.
- Immunität Art. 11 N 2 ff.
- s. auch nebenamtliche Richter

Richtplan
- ist mangels verbindlicher Wirkung für Private kein anfechtbarer Hoheitsakt Art. 82 N 23
- politischer Entscheid Art. 86 N 22

Rückweisungsentscheid
- als Zwischenentscheid Art. 93 N 2
- Erläuterung und Berichtigung Art. 129 N 32
- Revision Art. 128 N 8

Rückweisungsentscheid einer Vorinstanz
- ist kein anfechtbarer Endentscheid Art. 90 N 9

Rückzug
- des Rechtsmittels Art. 32 N 11

Rügepflicht
- in der subsidiären Verfassungsbeschwerde Art. 117 N 11

Rügeprinzip
- Allgemeines Art. 42 N 5; 42 N 8 ff.
- Begriff Art. 106 N 8
- Einschränkung des Grundsatzes iura novit curia Art. 106 N 11
- Anforderungen an die Beschwerdebegründung Art. 106 N 10

- gilt bei Geltendmachung einer Verletzung von Grundrechten Art. 106 N 9
- gilt bei Geltendmachung der Verletzung kantonalen oder interkantonalen Rechts Art. 106 N 13
- bei vorsorglichen Massnahmen Art. 98 N 4
- nicht bei Verletzung von Bundesrecht Art. 78 N 8
- nicht unbedingt bei Begründungspflicht Art. 42 N 5
- Nichteintreten als Folge mangelhafter Rüge Art. 106 N 8

S

Sachplan
- ist mangels verbindlicher Wirkung für Private kein anfechtbarer Hoheitsakt Art. 82 N 23

Sachverhalt
- Bindung des Bundesgerichts an Feststellungen der Vorinstanz Art. 97 N 2; 105 N 2
- Entscheidrelevanz Art. 97 N 25
- Ausnahmen von der Kognitionsbeschränkung Art. 97 N 27
- freie Prüfung im Unfall- und Militärversicherungsrecht Art. 97 N 30; 105 N 5
- Berichtigung oder Ergänzung von Amtes wegen Art. 105 N 3
- Unvollständigkeit Art. 97 N 24
- Verletzung von Verfahrensvorschriften Art. 97 N 22
- wann offensichtlich unrichtig Art. 97 N 14
- Festlegung in zeitlicher Hinsicht Art. 97 N 20
- massgebender in der subsidiären Verfassungsbeschwerde Art. 118 N 2

Sachverständige
- als Beweismittel Art. 55 N 10

Schadenersatz
- aus der Amtstätigkeit der Parlamentarier, der Bundesräte, des Bundeskanzlers, der Mitglieder der obersten Eidgenössischen Gerichte Art. 120 N 15

Scheidungsverfahren
- Art. 76 N 6

Schriftenwechsel
- Allgemeines Art. 102 N 2
- einfacher Art. 102 N 4
- zweiter Art. 102 N 9
- Verfahrensbeteiligte Art. 102 N 10
- Vernehmlassungsrecht Art. 102 N 5 ff.
- Verzicht bei offensichtlich unzulässigen oder unbegründeten Beschwerden Art. 102 N 8
- Fristen Art. 102 N 12
- keine Anschlussbeschwerde Art. 102 N 14
- im vereinfachten Verfahren Art. 108 N 17
- im Revisionsverfahren Art. 127 N 2
- im Erläuterungs- bzw. Berichtigungsverfahren Art. 129 N 34

Schuldbetreibungs- und Konkurssachen
- im Allgemeinen Art. 72 N 17 ff.
- Keine Fünferbesetzung Art. 20 N 7

Schutzschrift
- Art. 102 N 3

Sicherstellung der Parteikosten
- Sicherstellungspflicht Art. 62 N 8
- auf Gesuch hin Art. 62 N 9
- nur für künftig anfallende Kosten Art. 62 N 11
- Voraussetzungen Art. 62 N 13
- Befreiung Art. 62 N 16
- Entscheid durch Instruktionsrichter Art. 62 N 19

Sachregister

- Nachfrist Art. 62 N 20
- Rückerstattung bei Obsiegen Art. 62 N 12

Sitz
- des Bundesgerichts Art. 4 N 2

Sozialversicherung
- Kognition Art. 95 N 4

Sozialversicherungsleistungen
- besonderer Gebührenrahmen Art. 65 N 28

Spitalplanung und Tarifwesen gemäss KVG
- Entscheide nicht Anfechtungsobjekt der BörA Art. 83 N 99

Spruchkörper
- Zusammensetzung Art. 22 N 3
- einzelrichterliche Kompetenzen Art. 20 N 3
- Dreierbesetzung als Regel Art. 20 N 2
- Fünferbesetzung Art. 20 N 4
- Fünferbesetzung für Entscheide betreffend das Erfordernis eines Referendums Art. 20 N 13
- Fünferbesetzung für Entscheide über die Zulässigkeit einer Initiative Art. 20 N 12
- Fünferbesetzung für politische Angelegenheiten Art. 20 N 8
- Fünferbesetzung für Rechtsfragen von grundsätzlicher Bedeutung Art. 20 N 5
- Fünferbesetzung im Verfahren der abstrakten Normenkontrolle Art. 20 N 10
- Nichteinhaltung der Vorschriften über die Besetzung als Revisionsgrund Art. 20 N 17
- Abstimmung Art. 21 N 2

Staatshaftung
- ist keine Zivilsache Art. 72 N 15
- s. auch Streitwertgrenzen

Staatsschutzakte
- nicht Anfechtungsobjekt der BörA Art. 83 N 16

Stimmrechtsbeschwerde
- Allgemeines Art. 82 N 53 ff.
- Art. 88 lex specialis gegenüber Art. 86 Art. 88 N 2
- Legitimation der in der konkreten Angelegenheit Stimmberechtigten Art. 89 N 67
- Legitimation der Mitglieder eines Initiativkomitees gegen Verfügungen der Bundeskanzlei über die formelle Gültigkeit einer Unterschriftenliste Art. 89 N 70
- Legitimation von juristischen Personen, die staatspolitische Interessen wahrnehmen Art. 89 N 69
- Legitimation von Kandidaten Art. 89 N 69
- Legitimation von politischen Parteien Art. 89 N 69
- Legitimation, wer besonders berührt ist Art. 89 N 67
- Zulässigkeitsbereich Art. 82 N 54
- in kantonalen Angelegenheiten Art. 82 N 60; 88 N 3
- in eidgenössischen Angelegenheiten Art. 82 N 68
- in eidgenössischen Stimmrechtsangelegenheiten Art. 88 N 6
- Wahlentscheid Art. 82 N 14
- nicht gegen Entscheide der Bundesversammlung Art. 88 N 6
- nicht gegen Entscheide des Bundesrates Art. 88 N 6
- Gerichtskosten Art. 66 N 32

Strafsachen
- Vertretung durch Anwälte Art. 40 N 5
- s. auch Beschwerde in Strafsachen

Straf- und Massnahmenvollzug
- Anfechtungsobjekt der Beschwerde in Strafsachen Art. 87 N 7

Sachregister

- nicht Anfechtungsobjekt der BörA Art. 82 N 34
- Beschwerdelegitimation Art. 81 N 10

Streitigkeiten
- zwischen Bund und Kantonen Art. 120 N 11
- zwischen Gemeinden verschiedener Kantone Art. 120 N 14
- zwischen Kantonen Art. 120 N 11

Streitwert
- nur in vermögensrechtlichen Streitigkeiten Art. 51 N 2
- als Kriterium für die Gebührenbemessung Art. 65 N 12
- bei Beschwerden in Zivilsachen Art. 74 N 2

Streitwertberechnung
- Allgemeines Art. 51 N 16 ff.
- bei Klagehäufung Art. 51 N 25
- Berechnung bei Teilentscheid Art. 51 N 18
- keine Zusammenrechnung mit Widerklage Art. 53 N 2

Streitwertgrenzen
- bei der BörA Art. 85 N 2 ff.
- keine für die Beschwerde in Strafsachen Art. 79 N 3
- nicht bei Rechtsfragen von grundsätzlicher Bedeutung Art. 85 N 13
- öffentlich-rechtliche Arbeitsverhältnisse Art. 85 N 7
- Staatshaftung Art. 82 N 29; 83 N 54, 75; 85 N 5

Stufenklage
- unechtes Teilurteil Art. 91 N 12

Stundung und Erlass von Abgaben
- Entscheide nicht Anfechtungsobjekt der BörA Art. 83 N 83 ff.
- Legitimationseinschränkung Art. 115 N 14

subjektive Klagenhäufung
- Art. 91 N 4

Submissionswesen
- ausnahmsweise Zulässigkeit der BörA Art. 83 N 50
- Beschwerdelegitimation bei der BörA Art. 89 N 27
- bei der subsidiären Verfassungsbeschwerde Art. 115 N 16
- Parteistellung Art. 66 N 27

Subordinationstheorie
- Art. 72 N 12

subsidiäre Verfassungsbeschwerde
- Charakterisierung Art. 113 N 5 ff.
- Subsidiarität Art. 113 N 14; 119 N 2
- gleichzeitiges Ergreifen mit ordentlicher Beschwerde Art. 119 N 3
- nur gegen Entscheide letzter kantonaler Instanzen Art. 113 N 9
- Vorinstanzen Art. 114 N 2 ff.
- Anfechtung von Teil-, Vor- und Zwischenentscheiden Art. 113 N 13; 117 N 4
- zulässig, auch wenn ordentliche Beschwerde unzulässig ist Art. 108 N 13
- Anfechtungsobjekt Art. 113 N 7
- Beschwerdeverfahren Art. 117 N 2 ff.
- auch im vereinfachten Verfahren Art. 117 N 13
- Legitimation Art. 115 N 2 ff.
- Rügepflicht Art. 116 N 8; 117 N 11
- Beschwerdefristen Art. 117 N 7
- Beschwerdegründe Art. 116 N 2 ff.
- massgebender Sachverhalt Art. 118 N 2
- Sachverhaltskorrektur Art. 118 N 3
- Novenverbot Art. 117 N 6
- Schriftenwechsel Art. 117 N 8
- keine aufschiebende Wirkung von Gesetzes wegen Art. 117 N 9
- Willkürbeschwerde Art. 115 N 10
- Verletzung des rechtlichen Gehörs Art. 116 N 5

Sachregister

- Anfechtung wegen Rechtsverzögerung Art. 117 N 4
- bei Anwendung ausländischen Rechts Art. 95 N 14, Art. 96 N 14
- der Gemeinde wegen Verletzung der Gemeindeautonomie Art. 115 N 8
- keine Behörden- oder Verbandsbeschwerde Art. 115 N 7
- keine gerichtliche Vorinstanz erforderlich für Entscheide mit vorwiegend politischem Charakter Art. 114 N 5
- nicht gegen Entscheide internationaler Schiedsgerichte Art. 113 N 10
- Verletzung der Gemeindeautonomie als Beschwerdegrund Art. 116 N 2
- Verletzung von Konkordaten und Völkerrecht Art. 116 N 3
- Entscheid nicht nur kassatorisch Art. 117 N 12
- Hinweis in vorinstanzlicher Rechtsmittelbelehrung Art. 117 N 17
- Subsidiarität der Verwaltungsbeschwerde an den Bundesrat Art. 113 N 16

Subsidiarität
- der Klage Art. 120 N 18
- der subsidiären Verfassungsbeschwerde Art. 119 N 2

Subventionen
- Entscheide nicht Anfechtungsobjekt der BörA Art. 83 N 77
- politische Bedeutung Art. 114 N 5

Subventionsrecht
- Legitimationseinschränkung Art. 115 N 14

Suspensiveffekt
- s. aufschiebende Wirkung

T

Tatfrage
- Begriff Art. 97 N 12

Tatsachen
- allgemein zugängliche Art. 55 N 3
- allgemeinkundige Art. 55 N 3
- bestrittene Art. 55 N 3
- gerichtsnotorische Art. 55 N 3
- nicht entscheidrelevante Art. 55 N 4

Teilentscheid
- echter Art. 91 N 3
- auch Rückweisungsentscheid Art. 91 N 7
- unechter Art. 91 N 4
- nicht ein Endentscheid über Teilklage Art. 91 N 10
- Streitwert Art. 51 N 18
- Stufenklage Art. 91 N 13

Transplantationsmedizin
- Entscheide nicht Anfechtungsobjekt der BörA Art. 83 N 97

Trennung von Klagen
- Verweis auf BZP Art. 71 N 9

Typengenehmigung von Strassenfahrzeugen
- Entscheide nicht Anfechtungsobjekt der BörA Art. 83 N 93

U

Übergangsbestimmungen
- Art. 132 N 2

Übergangsrecht
- am 1.1.2007 hängige Verfahren Art. 132 N 4
- Rechtsweggarantie Art. 130 N 6
- Amtsdauern bereits gewählter Richter Art. 132 N 16
- nebenamtliche Richter Art. 132 N 17
- Beschwerdeverfahren Art. 132 N 6

- bezüglich Vorinstanzen in der Beschwerde in Strafsachen Art. 80 N 9
- Entscheide mit vorwiegend politischem Charakter Art. 130 N 19
- Erläuterungs- und Berichtigungsverfahren Art. 132 N 6
- für Klagen Art. 120 N 28; 132 N 5
- für Revisionsgesuche Art. 128 N 6; 132 N 5
- für Erläuterung und Berichtigung Art. 129 N 38
- kantonale Ausführungsbestimmungen Art. 130 N 4
- keine Übergangsfrist in Bezug auf die Eröffnungsvorschriften letztinstanzlicher kantonaler Entscheide Art. 112 N 38
- keine Übergangsfrist in Bezug auf die Kognitionsvorschriften letztinstanzlicher kantonaler Gerichte Art. 110 N 13
- keine Übergangsfrist in Bezug auf die Legitimationsvoraussetzungen im kantonalen Verfahren Art. 111 N 9
- NEAT Art. 132 N 15
- Vorinstanz für Stimmrechtsmaterien Art. 130 N 17

Übersetzung
- von Beweismitteln, die nicht in einer Amtssprache verfasst sind Art. 54 N 5

übrige Beteiligte
- Verfahrensbeteiligte Art. 102 N 9
- im vereinfachten Verfahren Art. 108 N 17
- im Revisionsverfahren Art. 127 N 5
- im Erläuterungs- bzw. Berichtigungsverfahren Art. 129 N 34
- im Sinne der Kostenverteilung Art. 66 N 14
- kostenpflichtige Parteistellung Art. 66 N 19
- Urteilseröffnung Art. 60 N 2

Umwelt- und Naturschutzorganisationen
- entschädigungspflichtig bei Unterliegen Art. 68 N 27
- Kostenbefreiung? Art. 66 N 47
- nicht entschädigungsberechtigt bei Obsiegen Art. 68 N 27

Unabhängige Beschwerdeinstanz für Radio und Fernsehen
- Vorinstanz in der BörA Art. 86 N 7

Unabhängigkeit
- des Bundesgerichts Art. 2 N 2 ff.

unentgeltliche Prozessführung
- s. unentgeltliche Rechtspflege

unentgeltliche Rechtspflege
- verfassungsrechtlicher Anspruch Art. 64 N 2
- Voraussetzung der Bedürftigkeit und der Nichtaussichtslosigkeit Art. 64 N 8
- Notbedarf Art. 64 N 17
- Prozessbedürftigkeit Art. 64 N 10
- Anordnung durch den Instruktionsrichter Art. 32 N 8; 64 N 43
- nur auf Gesuch hin Art. 64 N 7
- Anspruchsberechtigte Art. 64 N 5
- für Konkursmassen Art. 64 N 6
- für juristische Personen Art. 64 N 6
- Befreiung von Gerichtskosten, Vorschüssen und Sicherstellung von Parteikosten Art. 64 N 25
- befreit nicht von der Pflicht zur Bezahlung einer Parteientschädigung an obsiegende Partei Art. 64 N 27; 68 N 8
- Rückerstattungspflicht Art. 64 N 48
- kein Ausstandsgrund Art. 34 N 9
- s. auch unentgeltliche Verbeiständung

605

unentgeltliche Verbeiständung
- bei Bedürftigkeit und wenn anwaltliche Vertretung notwendig ist Art. 64 N 28
- nur durch Anwalt Art. 64 N 32
- s. auch unentgeltliche Rechtspflege

Unfallversicherung
- Entstehungsgeschichte N 11
- Art. 86 N 5; 97 N 27; 105 N 6
- freie Prüfung des Sachverhalts Art. 105 N 7

Unmittelbarkeitsprinzip
- Durchbrechung Art. 55 N 12

unnötige Kosten
- Verteilung Art. 66 N 40 ff.; 68 N 31 ff.

unrichtige Bezeichnung
- der Beschwerde Vorbem. zu Art. 72–89

Unterliegen
- auch bei Nichteintretensentscheid, Rückzug des Rechtsmittels oder Abschreibung Art. 66 N 20
- bei Abstand Art. 66 N 37
- für Kostenverteilung Art. 66 N 17
- im Erläuterungs- bzw. Berichtigungsverfahren Art. 66 N 25
- im Revisionsverfahren Art. 66 N 24

Unvereinbarkeit der Richter
- gegenüber dem Ausland Art. 6 N 11
- mit Funktionen in einem Kanton Art. 6 N 15
- Erwerbstätigkeit Art. 6 N 16
- in der Person Art. 8 N 2 ff.
- mit Funktionen beim Bund Art. 6 N 2 ff.
- zulässig sind Nebenbeschäftigungen ohne Erwerbszweck Art. 7 N 2

unvollständige Sachverhaltsfeststellung
- Rechtsverletzung Art. 97 N 24

Unzulässigkeit der BörA
- im Allgemeinen Art. 83 N 8 ff.
- Asylrecht Art. 83 N 36
- Ausländerrecht bei Bewilligungen ohne Anspruch Art. 83 N 25
- eidgenössische Subventionen Art. 83 N 77
- Ermächtigung zur Strafverfolgung Art. 83 N 39
- Fernmeldeverkehr Art. 83 N 94
- internationale Amtshilfe Art. 83 N 66
- kantonaler und kommunaler Einbürgerungsentscheid Art. 83 N 23
- Kernenergie Art. 83 N 86
- Landwirtschaft Art. 83 N 100
- Militär-, Zivil- und Zivilschutzdienst Art. 83 N 70
- öffentlich-rechtliche Arbeitsverhältnisse Art. 83 N 55
- Prüfungs- und Fähigkeitsbewertungsentscheide Art. 83 N 102
- Sicherheit, Neutralität, auswärtige Angelegenheiten Art. 83 N 16
- Spitalplanung und Tarifwesen gemäss KVG Art. 83 N 99
- Stundung und Erlass von Abgaben Art. 83 N 83
- Submissionswesen Art. 83 N 45 ff.
- Transplantationsmedizin Art. 83 N 97
- Typengenehmigung von Strassenfahrzeugen Art. 83 N 93
- wirtschaftliche Landesversorgung Art. 83 N 75
- Zollveranlagung Art. 83 N 82

Urkunde
- als Beweismittel Art. 55 N 7

ursprüngliche Verwaltungsrechtspflege
- Vorinstanz der BörA Art. 86 N 15

Urteilsdispositiv
- s. Dispositiv

Sachregister

Urteilseröffnung
– Adressaten Art. 60 N 2
– elektronisch Art. 60 N 6 f.
– Voraberöffnung des Urteilsdispositivs Art. 60 N 3

Urteilserwägungen
– Entscheid über Vorfragen in den Art. 31 N 7

V

Verbandsbeschwerde
– Legitimation zur BörA Art. 89 N 10
– ausdrückliche Regelung in einem Bundesgesetz Art. 89 N 61
– egoistische Art. 89 N 10; 115 N 7
– ideelle Art. 89 N 10, 60 ff.; 115 N 7
– Legitimation Art. 89 N 62
– Legitimation im Einzelnen Art. 89 N 66

vereinfachtes Verfahren
– bei offensichtlich unzulässiger Beschwerde Art. 108 N 12
– summarische Begründung Art. 108 N 17; 109 N 15
– vereinfachte Erledigung Art. 109 N 14
– Dreierbesetzung Art. 109 N 2
– nur für Beschwerden Art. 108 N 9
– für subsidiäre Verfassungsbeschwerde Art. 108 N 9; 117 N 13
– nicht für Klagen Art. 108 N 9
– nicht für Revisionsgesuche Art. 108 N 9; 128 N 5
– nicht für Erläuterungs- und Berichtigungsgesuche Art. 108 N 9

Vereinigung der betroffenen Abteilungen
– als Organ des Bundesgerichts Art. 23 N 4
– für Begründung eines Präjudizes Art. 23 N 12
– für Praxisänderung Art. 23 N 4
– Einberufung Art. 23 N 7
– Anwesenheitsquorum Art. 23 N 13
– Abstimmungsverfahren Art. 23 N 13

Verfahrensbeteiligte
– Schriftenwechsel Art. 102 N 10
– im Revisionsverfahren Art. 127 N 4
– s. auch Parteien

Verfahrenssprache
– Amtssprache Art. 54 N 2

verfassungsmässiges Recht
– Grundrecht Art. 98 N 16
– Willkürverbot Art. 95 N 22; 98 N 21
– verfahrensrechtliche Garantien Art. 98 N 16
– Anspruch auf rechtliches Gehör Art. 98 N 16
– Rechte aus der EMRK Art. 98 N 16
– derogatorische Kraft des Bundesrechts Art. 98 N 17
– Gemeindeautonomie Art. 95 N 39; 98 N 17
– Grundsatz der Gewaltenteilung Art. 98 N 17
– Legalitätsprinzip im Straf- und Abgaberecht Art. 98 N 18
– politische und Bürgerrechte Art. 98 N 16
– Recht auf gebührenfreie Benützung der öffentlichen Strassen Art. 98 N 17
– verfassungsrechtliche Grundsätze der Steuererhebung Art. 98 N 17
– Verbot gleichgearteter Steuern Art. 98 N 17
– Doppelbesteuerungsverbot Art. 98 N 17
– kantonale Art. 95 N 34
– nicht das Verhältnismässigkeitsprinzip Art. 98 N 18

607

Verfassungsprinzip
- Legalitätsprinzip Art. 95 N 20
- Verhältnismässigkeitsprinzip Art. 95 N 20

Verfügung
- Begriff Art. 82 N 15; 131 N 4
- auch Allgemeinverfügung Art. 82 N 15

Vergleich
- Abschreibung des Verfahrens bei Abschluss eines Art. 32 N 11
- Behördenbeschwerde gegen Art. 89 N 45
- Entscheide, die ein Vergleichsergebnis festhalten, sind Verfügungen Art. 82 N 17
- Kostenfolge Art. 66 N 38

Verhältnismässigkeitsprinzip
- ist Verfassungsprinzip, nicht verfassungsmässiges Recht Art. 98 N 16, 20; 116 N 7
- Rechtsfrage, nicht Ermessensprüfung Art. 95 N 51
- bei vorsorglichen Massnahmen Art. 104 N 4

Verhandlungsmaxime
- im Beschwerdeverfahren Art. 55 N 3
- im Klageverfahren Art. 120 N 20

Verletzung verfassungsmässiger Rechte
- Beschwerdegrund in der subsidiären Verfassungsbeschwerde Art. 116 N 2

vermögensrechtliche Streitigkeit
- Begriff Art. 72 N 7; 74 N 3, 6f.
- Streitwert Art. 51 N 2; 85 N 2 ff.
- keine Anwendung ausländischen Recht Art. 96 N 13

Vernehmlassungsrecht
- Art. 102 N 5 ff.

Veröffentlichung eines Erlasses
- Beginn des Fristenlaufs für die Anfechtung Art. 101 N 4

Verrechnungseinrede
- Art. 76 N 4

Versehensrüge
- in der Beschwerde in Strafsachen Art. 78 N 9
- als Revisionsgrund Art. 121 N 27
- im Revisionsverfahren Art. 128 N 3

Vertrag, öffentlich-rechtlicher
- Abschluss eines öffentlich-rechtlichen Vertrags als Anfechtungsobjekt der BöRA Art. 82 N 20 f.
- Streitigkeiten aus öffentlich-rechtlichen Verträgen Art. 82 N 18 f.

Vertretungsmonopol der Anwälte
- Art. 40 N 4 ff.

Verwaltungsakt
- Entscheid mit politischem Charakter, wenn direktdemokratisch beschlossen Art. 86 N 21

Verwaltungsautonomie
- des Bundesgerichts Art. 25 N 2

Verwaltungsbeschwerde an den Bundesrat
- bei mangelhafter Vollstreckung bundesgerichtlicher Urteile Art. 70 N 4
- in Sachen Sicherheit, Neutralität und auswärtige Angelegenheiten Art. 83 N 20
- ist subsidiär gegenüber der subsidiären Verfassungsbeschwerde Art. 113 N 16

Verwaltungsgebühren
- Reglement Art. 15 N 16

Verwaltungskommission
- Präsident des Bundesgerichts als Vorsitzender Art. 14 N 7
- Zahl der Mitglieder Art. 17 N 4
- Zusammensetzung Art. 17 N 2

- Wahl der zusätzlichen Mitglieder durch das Gesamtgericht Art. 15 N 17
- Aufgaben Art. 17 N 7
- Abstimmung Art. 21 N 2

Verwaltungsverordnung
- Anfechtbarkeit Art. 95 N 13
- Handhabung im Rahmen der Anwendung von Bundesrecht überprüfbar Art. 95 N 13

Verwirkung
- eines Revisionsgrundes Art. 125 N 2

Verwirkungsfrist
- für Revisionsbegehren Art. 124 N 11
- Ausnahme für Revisionsgesuch bei Einwirkung durch Verbrechen oder Vergehen Art. 124 N 13

virtuelles Interesse
- Beschwerdelegitimation für Beschwerde gegen Erlasse Art. 89 N 32

Vizepräsident des Bundesgerichts
- Wahl durch Bundesversammlung Art. 14 N 2
- vertritt den Präsidenten Art. 14 N 12
- keine eigenen Vizepräsidialaufgaben Art. 14 N 12

Völkerrecht
- Begriff Art. 95 N 29
- EU-Recht Art. 95 N 31
- als Rügegrund in der Einheitsbeschwerde Art. 95 N 29 ff.
- wenn self-executing Art. 95 N 32
- in der subsidiären Verfassungsbeschwerde Art. 116 N 3

Vollmacht
- Form Art. 40 N 8

Vollstreckung
- Art. 69 N 2; 70 N 2 ff.
- eines Urteils auf Klage hin Art. 70 N 3
- von Entscheiden, die erstinstanzlich von einer Bundesverwaltungsbehörde ausgehen Art. 70 N 3
- von Entscheiden, die erstinstanzlich von einer kantonalen Behörde ausgehen Art. 70 N 3
- von Geldleistungsurteilen nach den Vorschriften des SchKG Art. 69 N 2
- Beschwerde an den Bundesrat bei mangelhafter Art. 70 N 4

Vollstreckungsentscheid
- ist nicht Anfechtungsobjekt der BöRA Art. 82 N 31

Vor- und Zwischenentscheide
- Begriff Art. 92 N 3
- über gerichtsorganisatorische Fragen Art. 92 N 6
- 'andere' Vor- und Zwischenentscheide Art. 93 N 2
- nicht wieder gutzumachender Nachteil als Anfechtungsvoraussetzung Art. 93 N 7
- selbständige Eröffnung als Anfechtungsvoraussetzung Art. 92 N 5, Art. 93 N 6
- auch vorsorgliche Massnahmen Art. 93 N 3; 98 N 7
- in der internationalen Schiedsgerichtsbarkeit Art. 77 N 5
- Beschwerde über den Ausstand Art. 92 N 14
- Endentscheid bei Gutheissung der Beschwerde Art. 93 N 10
- Überweisungsbeschlüsse in Strafsachen Art. 93 N 4
- nicht anfechtbar die prozessleitende Verfügung Art. 93 N 5
- nicht anfechtbar im IRSG Art. 93 N 19
- i.d.R. kein förmlicher Vorentscheid bei Vorliegen der Prozessvoraussetzungen Art. 29 N 3

Sachregister

Voraberöffnung
- des Urteilsdispositivs Art. 60 N 3

Voranschlag
- des Bundesgerichts Art. 3 N 7

Vorfrage
- Zuständigkeit für deren Beurteilung Art. 31 N 2
- Kognition des Bundesgerichts für die Beurteilung von Vorfragen Art. 31 N 4
- keine Rechtskraftwirkung Art. 31 N 9

Vorinstanz
- als Partei im Rahmen von Rechtsverweigerungs- und Rechtsverzögerungsverfahren Art. 66 N 12

Vorinstanzen bei Beschwerden gegen Erlasse
- Allgemeines Art. 87 N 2 ff.

Vorinstanzen der Beschwerde in Strafsachen
- Art. 80 N 2 ff.
- Übergangsrecht Art. 80 N 9

Vorinstanzen der BöRA
- Bundesverwaltungsgericht Art. 86 N 3
- Bundesstrafgericht Art. 86 N 6
- Unabhängige Beschwerdeinstanz für Radio und Fernsehen (UBI) Art. 86 N 7
- Entscheide letzter kantonaler Instanzen Art. 86 N 8
- nicht letzte kantonale Instanzen, wenn Beschwerde an das Bundesverwaltungsgericht zulässig ist Art. 86 N 11
- 'oberes' kantonales Gericht Art. 86 N 14
- auch Entscheide der ursprünglichen Verwaltungsrechtspflege Art. 86 N 15
- andere Vorinstanzen Art. 86 N 20
- nicht der Bundesrat Art. 86 N 2

- nicht die Bundesversammlung Art. 86 N 2

Vorinstanzen der Stimmrechtsbeschwerde
- Art. 88 N 6

Vorinstanzen der subsidiären Verfassungsbeschwerde
- Art. 114 N 2 ff.

Vorprüfungsverfahren
- Vorschlag der Expertenkommission Art. 108 N 2

Vorschusspflicht
- Entscheid durch Instruktionsrichter Art. 62 N 19
- für Barauslagen Art. 63 N 2
- Nachfrist Art. 62 N 20
- nicht bei unentgeltlicher Prozessführung Art. 63 N 5

vorsorgliche Massnahmen als Anfechtungsobjekt
- Begriff Art. 98 N 6; 104 N 2
- als anfechtbare Zwischenentscheide Art. 32 N 9; 93 N 3; 98 N 7
- Endentscheid, wenn Massnahme losgelöst von einem Hauptverfahren angeordnet wird Art. 90 N 6; 98 N 8
- Anfechtung durch Behörden Art. 98 N 22
- Arten Art. 104 N 4
- auch Erteilung der aufschiebenden Wirkung Art. 104 N 5
- Bauhandwerkerpfandrecht Art. 98 N 9
- Besitzesschutz Art. 98 N 9
- des gewerblichen Rechtsschutzes Art. 98 N 9
- des Wettbewerbsrechts Art. 98 N 9
- des Kartellrechts Art. 98 N 9
- Persönlichkeitsschutz Art. 98 N 9
- Rechtsöffnung Art. 98 N 11
- Eheschutz Art. 98 N 9
- Kindesschutz Art. 98 N 9

Sachregister

- Sicherstellungen im Arbeitsrecht Art. 98 N 9
- vorbereitende Handlungen im Enteignungsrecht Art. 98 N 12
- vorläufige Eintragungen im Grundbuch Art. 98 N 9
- vorläufige vormundschaftliche Anordnungen Art. 98 N 9
- nicht Ausschaffungshaft Art. 98 N 13
- Rügeprinzip Art. 98 N 4
- nur Rüge der Verletzung verfassungsmässiger Rechte Art. 98 N 4, 14
- Kognition der letzten kantonalen Instanz Art. 111 N 16

vorsorgliche Massnahmen im Verfahren vor Bundesgericht
- Instruktionsrichter als anordnende Instanz Art. 104 N 6
- im Revisionsverfahren Art. 126 N 2 ff.
- im Erläuterungs- bzw. Berichtigungsverfahren Art. 129 N 33
- keine Gerichtsferien Art. 98 N 5
- superprovisorische Verfügung Art. 104 N 2
- Verhältnismässigkeitsprinzip Art. 104 N 4

W

Waffengleichheit
- Art. 102 N 5

Wahl
- des Präsidenten Art. 14 N 2
- des Vizepräsidenten Art. 14 N 2
- der Richter Art. 5 N 2 ff.
- der Abteilungspräsidenten Art. 15 N 17
- der Mitglieder der internen Rekurskommission Art. 15 N 17
- der zusätzlichen Mitglieder der Verwaltungskommission Art. 15 N 17
- Ergänzungswahl Art. 9 N 11
- Zuständigkeit Art. 5 N 2

Wählbarkeit
- der Richter Art. 5 N 7

Weiterleitung
- der Akten Art. 30 N 4
- nach Meinungsaustausch Art. 30 N 3

Wettbewerbsrecht
- vorsorgliche Massnahmen Art. 98 N 9

Widerklage
- Bestimmung des Streitwertes Art. 51 N 26
- keine Zusammenrechnung für die Streitwertbestimmung Art. 53 N 2

Widerspruchsverfahren gegen eine Marke
- Art. 72 N 22; 73 N 2

Wiederherstellung
- einer Frist Art. 47 N 5; 50 N 2

Willkürbeschwerde
- im Rahmen der subsidiären Verfassungsbeschwerde Art. 115 N 10 ff.
- Legitimation des übergangenen Mitbewerbers im Submissionsverfahren Art. 115 N 16

Willkürverbot
- verschafft für sich allein keine geschützte Rechtsstellung Art. 115 N 11
- als Rügegrund in der Einheitsbeschwerde Art. 95 N 22
- in der subsidiären Verfassungsbeschwerde Art. 116 N 4
- Anrufung durch Gemeinden Art. 116 N 6
- Legitimationseinschränkung in Bezug auf Bewilligungen oder Leistungen, auf die kein Rechtsanspruch besteht Art. 115 N 14

611

Wirtschaftliche Landesversorgung
- Entscheide nicht Anfechtungsobjekt der BörA Art. 83 N 75

Wohnort
- der Bundesrichter Art. 12 N 2 f.

Z

Zeugen
- als Beweismittel Art. 55 N 6

Zirkulationsentscheid
- des Gesamtgerichts Art. 15 N 25

Zirkulationsweg
- Urteil auf dem Art. 58 N 5
- Vorbehalt von Art. 6 EMRK Art. 59 N 2

Zivildienst
- Entscheide nicht Anfechtungsobjekt der BörA Art. 83 N 70

Zivilsache
- Begriff Art. 40 N 5; 72 N 7
- Vertretung durch Anwälte Art. 40 N 5
- Beschwerde Art. 72 N 2 ff.

Zivilschutzdienst
- Entscheide nicht Anfechtungsobjekt der BörA Art. 83 N 70

Zollveranlagung
- Entscheide nicht Anfechtungsobjekt der BörA Art. 83 N 82

Zurückweisung
- an die Vorinstanz bei Eröffnungsfehler Art. 112 N 29

Zuständigkeit
- örtliche Art. 92 N 7
- sachliche Art. 92 N 7
- funktionelle Art. 32 N 1; 92 N 8
- Prüfung von Amtes wegen Art. 29 N 2
- freie Kognition Art. 92 N 12
- Beschwerde über Zuständigkeitsfragen Art. 92 N 7
- bundesrechtliche Vorschriften Art. 92 N 11
- des Instruktionsrichters Art. 32 N 2
- für die Beurteilung von Vorfragen Art. 31 N 2
- kantonalrechtliche Vorschriften Art. 92 N 13
- Meinungsaustausch Art. 30 N 2
- nach Staatsvertrags- und Völkergewohnheitsrecht Art. 92 N 9
- Vor- bzw. Zwischenentscheid Art. 92 N 6

Zustellung
- elektronische Art. 39 N 5; 42 N 11

Zustellungsdomizil
- für Zustellungen des Bundesgerichts Art. 39 N 2

Zustellungsfiktion
- nach erfolglosem Zustellungsversuch Art. 36 N 5; 44 N 4

Zwischenentscheid
- Begriff Art. 92 N 3; 93 N 2 ff.
- Anfechtbarkeit Art. 92 N 6 ff.; 93 N 6 ff.
- in der internationalen Schiedsgerichtsbarkeit Art. 77 N 5
- s. auch Vor- und Zwischenentscheide